新编21世纪教育学系列教材

西方教育学名著提要

最新版

The Summary of Western Pedagogical Classics

单中惠　杨汉麟　主编

中国人民大学出版社
·北京·

图书在版编目（CIP）数据

西方教育学名著提要：最新版/单中惠，杨汉麟主编．—北京：中国人民大学出版社，2016.9
新编21世纪教育学系列教材
ISBN 978-7-300-22951-5

Ⅰ.①西… Ⅱ.①单…②杨… Ⅲ.①教育学-著作-内容提要-西方国家-高等学校-教材 Ⅳ.①Z89：G

中国版本图书馆CIP数据核字（2016）第119413号

新编21世纪教育学系列教材
西方教育学名著提要（最新版）
单中惠　杨汉麟　主编
Xifang Jiaoyuxue Mingzhu Tiyao

出版发行	中国人民大学出版社		
社　　址	北京中关村大街31号	**邮政编码**	100080
电　　话	010－62511242（总编室）		010－62511770（质管部）
	010－82501766（邮购部）		010－62514148（门市部）
	010－62515195（发行公司）		010－62515275（盗版举报）
网　　址	http://www.crup.com.cn		
经　　销	新华书店		
印　　刷	北京七色印务有限公司		
开　　本	787 mm×1092 mm　1/16	**版　　次**	2016年9月第1版
印　　张	31.75	**印　　次**	2023年9月第4次印刷
字　　数	734 000	**定　　价**	58.00元

作 者 简 介

单中惠　华东师范大学基础教育改革与发展研究所教授、博士生导师，曾任中国教育学会教育史分会副理事长、华东师范大学教育系主任。主要研究领域为西方教育思想、外国教育问题史、外国幼儿教育史等。主要学术成果有《现代教育的探索——杜威与实用主义教育思想》《西方教育思想史》等。

杨汉麟　华中师范大学教育学院教授、博士生导师。主要研究领域为外国教育史、外国幼儿教育史、近现代外国教育思潮等。主要学术成果有《外国幼儿教育史》《外国实验教育史》等。

内 容 简 介

本书精选了100部从柏拉图时代直至20世纪末的西方经典教育学论著，以内容提要的方式逐一加以论述。有代表古代教育理论的柏拉图的《理想国》、昆体良的《雄辩术原理》；有代表近代教育理论的夸美纽斯的《大教学论》、洛克的《教育漫话》、赫尔巴特的《普通教育学》等；有代表现代教育理论的杜威的《民主主义与教育》、朗格朗的《终身教育引论》、富尔等的《学会生存》等。这本由单中惠教授和杨汉麟教授主编的《西方教育名著提要》，已被众多师范院校选为教育学参考教材。

本书为《西方教育学名著提要》的最新修订版，作者对原有的100部西方教育学名著提要进行了删减，增补了华生的《行为主义的幼儿教育》、怀特海的《教育的目的》、多尔的《后现代课程观》、阿普尔的《意识形态与课程》、达林-哈蒙德的《专业发展学校：形成专业的学校》、博耶的《教育演说选》等。本书是教育学专业师生必备参考书，有开阔视野、丰富学识之裨益。

前　言

任钟印

庄周有言曰："吾生也有涯，而知也无涯。以有涯随无涯，殆已。"诚然，人的生命短促，而学海无边，这个矛盾是客观存在。回避这个矛盾，抱着消极无为的悲观主义，躲进"弃圣绝智"的蜗牛壳里，这是懦夫的心态；积极进取者，则努力克服、化解这个矛盾，力图以有限的生命，在无限的知识海洋里凌万顷而击水，饱览壮丽神奇的水色天光。

学科的分化、知识的专门化，使人们能节省时间和精力，将求知的重点放在某一个知识领域。但是，经过几千年的积累，每个知识领域的历史遗产都足以汗牛充栋，非任何人一生所能穷尽。于是贤明的人士想出了刊印"名著丛书"的办法，从各个知识领域中精选出一批有代表性、权威性的"名著"供读者品味。领略某一知识部门中的"名著"，就是撷取这一知识部门中的精品，在这一知识部门中取得主动权。但是，在每个知识部门特别是那些古老的知识部门中，"名著"何止千百种，除了少数持之以恒的专业理论研究者以外，一般人未必能读完这些"名著"。于是，人们进一步从这些"名著"中去其芜杂，取其精华，编印"通览""大全"之类的书，为不能或不欲尽读"名著"的人提供方便。但是，这类"通览""大全"仍然篇幅巨大，不易竟读。例如，本人曾主编《世界教育名著通览》，尽管出版后受到社会好评，但全书近 400 万字，不是非专业理论工作者能轻易读完的。为了给忙于工作而又对教育理论深有兴趣的人提供把握古今教育名著的便捷门径，有必要从精华中再选精华，编写古今教育名著的"精华之精华"，这便是本书编写的旨趣。

其实，编印"名著提要"的想法并非始自今日。早在 17 世纪，夸美纽斯在《大教学论》中便提出过这个建议。他说，此做法犹之乎地理学家绘制地图，把巨大的陆海缩成渺小的比例，呈现在眼前，使人一目了然。夸美纽斯认为，编印"名著提要"的好处有四：第一，如果没有时间去读一位作者的全部作品，由此可以对那位作者得到一个概念；第二，凡是想专心研究一位作者作品的人，便可以迅速地浏览全体作者的作品，根据他们的嗜好和需要去决定他们的选择；第三，对于打算阅读作者的全部作品的人，这种提要可以使阅读得到更大好处，正如旅行家可以从地图或指南中受益一样；第四，凡是想对读过的作品复习一遍的人，这种提要对他们大有好处，它可以帮助他们记住其中的要点，彻底领悟那些要点。

上述四点对于现在提供给读者的这本《西方教育学名著提要》也是完全适用的。除此之外，我们还要补充的是，当读者读完这本提要，因而对教育名著有了全貌的了解以后，便可以将各种不同的甚至对立的理论、观点加以比较、分析、综合，以便从中取长去短、存优汰劣。在与实践的结合过程中，必将诱发出新的构想，推进理论的发展。不了解全貌，囿于一家一派之言，是不可能进行比较、鉴别的。

判断某一著作是否称得上“名著”，应有客观标准，而不能凭主观印象。大英百科全书董事会主席、《如何读书》的作者莫蒂然·阿德勒提出了“名著”的六条标准：(1) 名著是经久不衰的畅销书，而非畅销于一时；(2) 面向大众，通俗易懂，而不是为少数专业人士写的书；(3) 名著不因时代变迁，政治、思想、原则的变更而失其价值；(4) 言近旨远，隽永深刻，一页书的内容多于整本的其他著作；(5) 有独到见解，言前人之所未言；(6) 探讨人类长期困惑、悬而未决的问题，并在某一方面取得突破性进展。①

“名著”应区分为两大类：一类是各行各业人士和广大人民群众所共赏的名著，一类是各个专业领域中主要供专业人士阅读的名著。因为读者对象不同，对名著的要求也不同。前述六条标准中，第二条标准只适用于前一类名著，其余五条标准适用于后一类名著。本书所选名著基本上符合五条标准。它们是 2 000 多年来西方各国（亦包括少数其他地区）浩如烟海的教育文献中的精品，其中绝大多数在历史长河中已经过大浪淘沙的洗练，是公认的优秀作品，它们的价值是普遍的、永恒的。读这些名著，不管你是否同意或接受作者的观点，你都会感到“别是一番滋味在心头”。除了上述五条名著标准外，我们在考虑本书的篇目时，还特别注意了贴近现实、贴近生活这一原则。因此，我们充分选择了当代的一些有影响的教育理论家或国际组织对当前和未来教育的各种独到见解的代表作——尽管它们还有待历史或岁月的考验；其中有一些目前还没有中译本，有一些是正在国外学习深造的学人撰写的。本着厚今但不薄古的观点，我们将选择名著的时间界限延长到 20 世纪 90 年代后期。因此，读者读完本书，不仅可以了解教育理论的历史源流，而且可以了解它直到最近几年的最新发展和对未来的展望，融古今未来于一体。

一切名著的作者都有其超乎常人的洞察力、想象力、创造力，他们为人类的文明、智慧、经验、思想的积累和升华做出了开创性的贡献，使世世代代的后人受到启迪和教益。但是，历史上一切优秀、睿智的人物，都有其由时代、社会地位、个人经历和各种内外因素所带来的局限性和弱点，所以，我们对任何一位名著作者，即使是曾经或仍然声名显赫的大家，也不能盲目迷信。说某一个人的话句句是真理，这是愚昧的宗教迷信。一切名著都是智慧的结晶，也是智慧的源泉，它们使人百读不厌，每读一遍都有新的领悟。但是大部分名著中都有糟粕。有时，精华和糟粕扭结在一起，难解难分；有时，精华藏匿在满是糟粕的外壳中；有时，糟粕又藏匿在闪闪发光的外壳中。本书的缩写，只是将每本名著的梗概、要点揭示给读者，为读者提要勾玄，作为进一步选择、阅读原著的向导。由于篇幅的限制和策划者的约定，编写者没有对名著中的各种倾向、主义、论点和材料一一进行分析、评论、批判。我们相信读者有足够的判断力对每一本名著或每种观点做出高屋建瓴的鉴别，去粗取精，去伪存真，去旧图新，善于“剥取”。读者应是书本的主人，而不是书本的俘虏。

在教育理论发展史中，曾经出现过各种互相矛盾甚至彼此截然对立的观点。巴格莱曾经列举了 8 组矛盾：个人与社会、自由与纪律、兴趣与努力、游戏与工作、目前需要与长

---

① 参见《八小时以外》，1992 (9)；又见《中国青年报》，1998-06-07。

远目标、个人经验与种族经验、（教材的）心理组织与逻辑组织、学生主动性和教师主动性。除这 8 组矛盾外，至少还可以补充 15 组：今生和来世、性善和性恶、古典教育和科学教育、普通教育和专（职）业教育、教育平等和精英教育、理论和实践、系统知识和做事、儿童中心和社会中心、个性和社会性、形式教育和实质教育、知识和智力（能力）、学校和非学校、智育第一和德育第一、天性和教育、内发和外铄。教育思想的历史，就是在这一系列矛盾中左右摇摆地蹒跚前进的历史。由于某种特定的环境和需要，人们往往侧重于矛盾的某一个方面，当情况改变、认识深化时，为了纠正既已存在的片面性，又向另一个片面倾斜，即所谓矫枉必须过正。当历史再前进时，人们又会从新的基础回到原来的片面，尽管是更理智的回复。例如，前面所引巴格莱所列举的 8 组矛盾，他是针对美国实用主义和进步教育而有的放矢。实用主义和进步教育偏重于 8 组矛盾中的前一个片面，巴格莱则认为重新回复到后一个片面才是回到正轨。正是在这些片面性的互相冲突中，认识逐步深化，真理渐现端倪，思想日益升华。

读者在阅读本书时，不必在那些看似片面甚至极端的观点面前望而却步，要善于在那些片面甚至极端的观点的字里行间，剥离出闪光的真知灼见。例如，有的作者对学校持否定态度。切不可将这种观点视作荒唐，而是要从作者对学校存在的严重缺点的痛彻针砭中思考改革学校的路子，使学校能更好地与时代、社会和生活密切融合，充分发挥学校的功能。又如，19 世纪以来，教育理论中一直进行着古典教育和科学教育两种观点的论争。科学教育论者强调现代科学和技术的重大意义，把古代遗产、古代文字、文学贬低得毫无价值；古典教育论者则对片面迷信科学技术和忽视人的健全发展的狭隘功利主义忧心忡忡，大力提倡回到古希腊、古罗马去。现在，随着科学技术一日千里地进步，科学教育论在事实上变成了时代的强音，而古典教育论的声音日渐微弱。眼前的实利使人们对科学技术在造福人类的同时给人类带来的负面影响和灾难视而不见或暂时无暇顾及。但是，古典教育论者所担心的现代科学技术的负面影响不是没有道理的。总有一天人类会认识到：提升人的价值、尊严，提高道德水平比科学技术更重要，科学技术只有掌握在道德高尚之人的手里，才能为人类造福，而不至成为毁灭人类的手段。古典教育论看似迂阔、不合时宜，但是其中包含着许多发人深省的远见卓识，切不可轻看或轻易否定。总之，读者可以将本书看作教育理论的大论坛，这里学术自由，百家争鸣，异彩纷呈。只要你善于倾听各种声音，你就会变得更加理智和聪明。

教育关系到人类的生存和未来的发展，它是全人类的事业，因此，理所当然地受到全人类的关注。收入本书的教育名著的作者并不都是专业的教育工作者，他们之中有哲学家、文学家、诗人、史学家、心理学家、伦理学家、政治家、经济学家、数学家、自然科学家、医学家、将军、神学家和雄辩学家。“不识庐山真面目，只缘身在此山中。”这些人站在教育岗位之外看教育，往往比圈内人士更能别具只眼，入木三分。因此，善于“兼听”的读者必然从中受益。

目 录

1. 柏拉图

理想国 约公元前 370 年*

柏拉图（Plato，公元前 427—前 347）是古希腊哲学家、教育家。《理想国》（*Republic*）是反映其哲学、政治、伦理及教育思想的代表作。

柏拉图出生在雅典城邦，是名门望族的后代。年轻时候接受了良好的教育。20 岁时又投到苏格拉底门下，前后 8 年。公元前 429 年，雅典的政治强人伯里克利在一场瘟疫中病逝，标志着雅典黄金时代的结束。在柏拉图的青少年时代，雅典群龙无首，内争不断，社会动荡不安，民主制度几废几兴。每一次政局变动都伴随着逮捕、审判、处死、放逐、没收财产。极端民主没有法制约束，演变为无政府主义。公元前 399 年，发生了柏拉图的恩师苏格拉底被陷害、诬告、处死的恶性事件。柏拉图目睹了雅典社会的混乱、多变、无序、争斗、邪恶，遂萌生了探求并建立一个稳定、和谐、正义、公正、完善的理想社会的宏愿。

青年柏拉图起初打算遵从家族传统而从政。公元前 404 年三十僭主当权时，头目大多是柏拉图的亲属，欲拉他入伙。经过冷静观察，柏拉图对其倒行逆施深感厌恶，遂放弃从政的念头，退而转入哲学的沉思，寻找理想社会的蓝图。他四处游历，40 岁时回到雅典，创建带有研究院性质的柏拉图学园，研究学术，培养人才，以图实现自己的理想。他主持柏拉图学园 40 年，取得丰硕成果，弟子弥众，著作甚多。《理想国》一书即为重要成果之一。

柏拉图遍考当时存在的各国政治制度，认为没有一种合乎理想。他认为，最理想的国家是由哲学家担任国王，或者现有的国王（或王子）潜心学习哲学，成为哲学家，实行哲学家治国。哲学家是爱智慧、深明事理、认识真理、品德高尚、一心为全体公民谋幸福的人。哲学家治国也就是圣人治国。

理想国由三类居民构成。哲学家是统治者，军人是辅佐统治者的人，农人和手工业者则从事劳动，创造物质财富。这三类人各安本分，各尽其职，分工而又合作，不同而又团结，化多为一，全国团结如一人，这就是正义。

柏拉图认为，每个人属于这三类人中的哪一类，不由出身、血统、财富决定，而由各人的天赋以及在教育和训练中的表现决定。生来具有金质的哲学家，如果其子只具有银质或铜、铁质，则应归入军人或农夫、手工业者行列。反之，只具备铜质或铁质的农夫、手

---

* 本书中译本，郭斌和、张竹明译，北京，商务印书馆，1986。

工业者的儿子，如果生来具有金质或银质，则应归入哲学家或军人行列。总之，应真正做到选贤举能，无德不贵，无能不官。为了杜绝争夺、假公济私，在哲学家和军人中废除了私有财产和一夫一妻制家庭，实行公产、共妻、儿童公育和优生优育制度。柏拉图认为这样的社会政治制度就能达到和谐、稳定、安宁、幸福、万古长青。实现和维持这一理想社会的手段就是教育，因此他赋予教育特别担当。

《理想国》是西方历史上第一部教育理论著作，被后人称为西方教育史上的三大里程碑之一，还有人称之为西方历史上的第二大畅销书，历来备受重视。

一、教育的功能

柏拉图认为，当政者应注意的一件大事就是教育和培养，因而他在《理想国》中拟定了教育和培养公民的原则纲要。

在柏拉图看来，良好的政治制度和良好的教育能培养出良好的公民。如果在一个国家的公民中充斥着小偷、扒手、盗贼，就是由于在这个国家里缺少良好的教育、良好的培养和良好的政治制度之故。

一种正确的教育，能防止公民的护卫者变成公民的残害者，或由公民的温和的朋友变成野蛮的主子——犹如牧羊人养了猎犬以保护羊群，猎犬不去驱赶豺狼，保护羊群，反而危害羊群。如果护卫者受过良好的教育，就可以保证他们不致变质，就不致擅自改变国家已制定的法律。

社会需要医生、法官这一类专业人才，如果一个国家不能自己培养此类专业人员，而必须利用舶来品，乃是这个国家的教育的耻辱。

柏拉图相信良好的教育可使一国中的人性得到改造。正确的教育可以使人们成为有理性的人。有健全性格的人受到良好教育，又会变成更好的人，胜过他们的祖宗，也使他们的后裔更好。例如，身体的训练：良好的培养和教育造成良好的身体素质，良好的身体素质再接受良好的教育，产生出比前代更好的体质。这除了有利于别的目的外，也有利于人种的进步。

每个人的灵魂中都有理性、激情、欲望三种成分，欲望占据每个人的灵魂的最大部分，并且本性是贪得财富的。只有当一个人受过良好的教育，他的理性和激情受到良好的培养和训练，使理性得到加强，这个人的理性、激情和欲望三者间的关系才能得到协调。用理性领导激情和欲望，三部分彼此友好和谐，各自安守本分，这样的人才是有节制的人。国家和个人的节制的美德是由教育培养而成的。

一个人成为什么样的人，从小所受的教育至关重要。每个人最初所受教育的方向容易决定以后行为的性质，感召的力量不容小觑。一个人从小所受的教育把他往哪里引导，能决定他后来往哪里走。

总之，柏拉图认为，教育对于良好的政治制度的维护、人性的改进、人种的改良、道德水平的提高都是至关重要的。

二、教育的任务

教育的任务不在于把知识灌输到灵魂中去，而在于使灵魂转向。柏拉图认为，人生来就有一种获取知识的能力，例如眼睛有视力，耳朵有听力，但是只有当整个身体和灵魂转变方向，转离黑暗、转向光明时，才能见到事物本身而不是认识事物的影像。所谓转离黑暗、转向光明，就是转离变动不居的现象世界，转向永恒不变的理念世界，看到实在，看到真理，认识善的理念。

在《理想国》第7卷的开头部分，柏拉图打了一个著名的“洞穴”的比喻。过去，人们多是研究这个“洞穴”比喻的哲学意义，忽视了它在教育理论上的深刻含义。其实，柏拉图是用这个比喻“把受过教育的人与没受过教育的人的本质”做一个对比。那些身体受着束缚不能动弹、面向洞壁的阴影的囚徒，就如同没有受过教育的人，他看见的只是事物的影像而不是事物本身，听见的只是声音在洞壁上折回的声响，而不是真实的声音。他们没有认识真理，没有认识善。受过教育的人则挣脱了身体的束缚，转过身来，面向火光，面向真实的人和物的人。只有他们才能看到实在，认识真理，认识善的理念。教育的任务，就是使人挣脱束缚，转离黑暗和影像，转离转瞬即逝的现象世界，转向光明和实物，转向永恒的理念世界，眼睛向上，认识最高的理念——善。

柏拉图认为，教育实际上并不像某些人在自己的职业中所宣传的那样。他们宣称，他们能把灵魂里原来没有的知识灌输到灵魂里去，好像他们能把视力放进瞎子的眼睛里去似的。而知识是每个人灵魂里都有的一种能力，每个人用以学习的器官就像眼睛——整个身体不转变方向，眼睛是无法离开黑暗、转向光明的。同样，作为整体的灵魂，必须转离变化世界，直至它的“眼睛”得以正面观看实在，观看所有实在中最明亮者，即我们所说的善者。

善，即是认识对象，也是认识能力。当人们挣脱了可变世界的束缚，转向了实在以后，他们也就有了敏锐的视力，能更好地认识事物的本质。柏拉图认为，善的理念给予知识的对象以真理，给予知识的主体以认识能力。

柏拉图所反复阐述的最高的理念——善，并不是抽象、漫无边际、玄妙而不可捉摸的东西，相反，它是非常明确、具体的。柏拉图说，当哲学家看见了善本身的时候，他们得用它作为原型，管理好国家、公民个人和他们自己。由此可见，所谓最高的善的理念，不过就是在《理想国》中提供的一套治国方略和教育方案；认识并接受这一套治国方略和教育方案，就是认识了最高的善，趋向了真理；实践这一套方略和方案，就是实践了最高的善。教育的最高的和根本的任务就是引导人们转离变动着的世界，认识存在于头脑中、思维中的不变的理想世界，并实践这个理想。

三、培养目标

教育的最高理想是造就哲学家，由这种哲学家担任国王，即哲学家—国王（哲学王）。柏拉图所理想的哲学家的品格，也就是他所要培养的理想的人格。

柏拉图的理想人格，总的说来，就是身心和谐发展的人。其细目则是有良好的记性、敏于理解、豁达大度、温文尔雅、爱好亲近真理、正义、勇敢和节制。或者说，哲学家的特点是敏于学习、强于记忆、勇敢大度、天性稳定。

哲学家首先应是智慧的爱好者，眼睛专注于真理的人。他能把握永恒不变的事物，能认识美本身，而不是含有美的个别东西。他永远酷爱那种能让他看到永恒的实体的知识，酷爱关于实体的知识的全部，接触每一事物的真正实体，追求真理。

哲学家必须是爱国的、能经受考验的人。无论是遭遇到困难还是恐怖或是任何其他变故时，都能不改变自己的爱国心，如同真金不怕烈火，他们必须在劳苦、恐怖、快乐中受到考验。

哲学家必须是为全体公民谋最大幸福的人。在任何政府里，当他是统治者时，他不能只顾自己的利益而不顾老百姓的利益。他的一言一行都应是为了老百姓的利益。哲学家应有节制，不贪财。

哲学家应守卫国家的法律和习惯。

哲学家应追求完整、完全，摒弃小肚鸡肠；他应公正贤良，具有天然有分寸而又温雅的心灵。

总之，哲学家应是爱智、刚烈、敏捷、有力、高尚的人，是内外美兼备的人。

不过柏拉图认为只有少数人能达到这种境界。对于大多数人来说，则只要求他们具有节制、正义的美德；军人集团则要求具有勇敢的美德。通过从幼年开始的教育、长期的观察、实践中的锻炼、艰难困苦中的考验或考试，从中逐级筛选，被筛选出的优秀者须进行长时间的系统的哲学学习，再到实践中考验，最后才能成为哲学家。故哲学家的培养是一个长期教育的过程，长期锻炼、考验的过程，层层筛选的过程，严格考试的过程。

四、学科设置

柏拉图为护卫者的教育设计的学科包括音乐、体操、数学、几何、天文学、和声学及辩证法（哲学），此外还有作为必修科目的实际锻炼。

（1）音乐。古代希腊的音乐教育的内容比现在宽泛，包括讲故事、唱歌、演奏乐器、朗诵诗歌等，实际上是文艺教育。柏拉图认为护卫者的教育应从幼年的音乐教育和体操开始，而音乐应先于体操，两者的目的都是为了陶冶心灵。在一个人幼小柔嫩的阶段，最容易接受陶冶，你要把他塑造成什么形式，就能塑成什么形式。先入为主，早年接受的见解总是根深蒂固、不容易更改的。因此人们要特别注意，为了培养美德，儿童最初听到的应该是最优美高尚的故事。于是，就提出了审查并慎重选择教材的问题。柏拉图主张，首先要审查故事的编者，接受他们编得好的故事，拒绝那些编得不好的故事。要鼓励母亲和保姆给孩子们讲那些已经审定的故事。用这些故事铸造他们的心灵，比用手去塑造他们的身体还要仔细。他们现在所讲的故事大多数我们必须抛弃。首先必须痛加谴责的是丑恶、虚假的故事。最荒唐的莫过于把最伟大的神描写得丑恶不堪，绝不该让年轻人听到诸神之间明争暗斗的事情，他们也不应听到关于大逆不道、想尽方法严惩自己犯了错误的父亲的神话故事，不应听到诸神或巨人之间争斗的故事，把诸神与英雄们对亲友的种种怨仇作为故事和刺绣的题材，以便使护卫者从小受到熏陶，把钩心斗角、耍弄阴谋诡计当作奇耻大辱。必须强迫诗人按照这个原则写作故事，不许他们写不合规范的东西。

不但要监督诗人，强迫他们在诗篇里描绘有良好品格的形象（否则，宁可不要诗歌），同时也要禁止人们在绘画、雕刻、建筑或其他任何艺术作品里描绘邪恶、放荡、卑鄙、龌龊的坏精神，以免护卫者从小接触罪恶的形象，耳濡目染，不知不觉间铸成大错。我们必须用健康的艺术作品，使年轻人如入健康之乡，眼睛看到的、耳朵听到的，随处如坐春风，如沐春雨，潜移默化，不知不觉间受到熏陶，从小就和优美、理智融合为一。

音乐的曲调和节律也应加以选择，使之符合歌词的内容。

柏拉图反对在音乐上标新立异，认为任何花样翻新都对国家充满危险。音乐应该培养人们的守法精神。

（2）体操。音乐教育之后，年轻人应接受体育锻炼。护卫者必须从童年起就在体育方面接受严格训练。体育锻炼应着眼于军事上的需要。未来的战争参加者必须如猎犬一般警觉，视听敏锐；在行军时，虽经烈日风雨，仍毫发无损。年轻人宜经历劳作、痛苦和竞赛的考验，经历恐怖和欢乐的考验，并戒除酗酒、贪睡的坏习惯。

（3）数学。计算和数学是把灵魂拖离变化世界，进入实在世界的学问。算术和算学全是关于数的。这个学科能把灵魂引导到真理。数学还有实用价值。军人必须学会它，以便统率军队。哲学家学习它，是为了脱离可变世界，把握真理。那些天性擅长算术的人，也敏于学习其他一切学科；而那些反应迟钝的人，如果受到算术的训练，他们的反应也总会有所改善。

（4）几何。它在军事上有用是很明显的，因为事关安营扎寨、划分地段、作战和行军中排列纵队、横队以及其他各种队形。指挥官有没有学过几何学是大不一样的。几何学中的大部分较为高深的东西能帮助人们较为容易地把握善的理念。这门学科的真正目的是纯粹为了知识，把灵魂引向真理，使哲学家的灵魂转向上面。学习几何学对于学习其他学科也是有益的。

（5）天文学。如果我们要真正研究天文学，并且正确地使用灵魂中的天赋理性的话，我们就应该像研究几何学那样来研究天文学，提出问题，解决问题，而不去管天空中那些可见的事物。

（6）和声学。如果目的是寻求美者和善者，这门学问就是有益的。

柏拉图认为，研究以上学科，要深入研究它们之间的相互联系和亲缘关系，并且得出总的认识，对这些学科的研究才算有了结果，才有助于达到既定的目标。这就提出了研究辩证法——哲学的问题。所以，上述各学科的研究也可看作研究辩证法的“序言”（预备性学科）。

（7）辩证法。辩证法是最高的学问，再没有什么别的学科在它之上。学习的课程到辩证法就完成了。当一个人企图靠辩证法通过推理而不管感官的知觉，以求把握每一事物的本质，并且坚持靠思想本身理解到善者的本质时，他就达到了可以理知事物的顶峰了。这个思想的过程就叫作辩证的过程。只有辩证法有能力让人看到实在，也只让学习过我们所列举的那些学科的人看到它，别的途径是没有的。辩证法是唯一的一种研究方法，能够不用假设而一直上升到第一原理本身，以便在那里找到可靠根据。

然而学好辩证法并不是轻易的事，因此必须挑选那些具有天赋品质的人，必须挑选出最坚定、最勇敢、在可能范围内也是最有风度的人，要求他们不仅性格高贵严肃，而且还具有适合这类教育的天赋。他们必须热爱学习，还要学习起来不感到困难。灵魂对学习中的艰苦比体力活动中的艰苦是更为害怕得多的，因为这种劳苦更接近灵魂，是灵魂所专受的，而不是和肉体共受的；他们还必须强于记忆，百折不挠，喜爱一切意义上的劳苦，否则不能完成如此庞大的学习和训练课程。

柏拉图列入课程中的四门学科：数学、几何、天文学、音乐，后来合称为“四艺”，和早期智者建立的“三艺”（文法、修辞、辩证法）合起来并称“七艺”，在西方历史上成为稳定的学校教学科目长达1 000多年。

五、教育阶段

在柏拉图的时代，还没有形成正规的三级学制，也没有固定的学习年限。所以，《理想国》中规定的学习年限不十分明确，带有一定的随意性。例如，柏拉图一再强调早期教育的重要性，主张教育应尽早开始，但正规的教育从几岁开始，他并未明确规定。又如，他主张儿童到10岁时应送到乡下去锻炼，但是，他们是否或何时还要回到城市，却没有明确的交代。再如，柏拉图主张音乐教育和体育教育应从幼年开始，体操训练是终生的事；他又说在20岁以前应有一个2～3年的体育训练阶段。这些说法有不够协调之处。

从《理想国》中，我们只知道，每个公民，不分男女，从幼年开始就要受教育，首先学习音乐和进行体育锻炼。所有公民的孩子在10岁时都要送到乡下去受教育。在20岁以前，有一个2～3年的体育训练阶段。在20岁以前，年轻人应学习前述除辩证法以外的学科。

到20岁时，进行第一次筛选，挑选那些能将学习过的各门学科内容加以综合、研究了它们相互之间的联系以及它们和事物本质的关系，并在学习、战争以及履行其他义务中表现得坚定不移的人，给他们进一步深造的荣誉。

到30岁时，再从第一次筛选出的青年中进行第二次挑选，选出天赋更好的青年，给予他们更高的荣誉，并用辩证法考试，看他们能否不用眼睛和其他感官，跟随着真理达到纯实在本身。通过了这次挑选和考试的人再用4～6年专心致志地学习辩证法。然后再让他们在35岁左右时参与到实际工作中去，负责指挥战斗或从事其他公务，积累实际经验。这样经过15年的实际锻炼，当他们接受各种考验，在各种诱惑面前坚定不移、决不畏缩时，当他们在一切方面都以优异的成绩通过考核时，迎来最后的考验。

在50岁时，他们必须接受最后的考验，要求他们把灵魂的目光转向上方，注视着照亮一切事物的光源，看见善本身，并用它作为原型，管理国家、公民和自己。这时，他们用大部分时间研究哲学，轮到他们值班时，他们每个人都要不辞辛苦地处理繁冗的政治事务。一旦走上统治者的岗位后，就要尽职尽责，直到他们培养出了自己的接班人，才可以辞去自己的职务，进入乐土。

六、教育方法

《理想国》中关于教育、教学方法虽然着墨不多，但柏拉图提出的几个原则意见对后世影响深远。

（1）寓教学于游戏。被迫进行的学习不能在心灵上生根，因此不要强迫孩子学习，要用做游戏的方法。教育者可以在游戏中更好地了解到他们每个人的天性。但是孩子们所进行的游戏必须是符合法律精神的游戏，否则他们就会成为违法的孩子，不可能成为品行端正的守法公民。寓教学于游戏的思想是柏拉图从古代埃及人的经验中吸取的，其对后世西方教学思想产生了深远的影响。

（2）实际锻炼。教育的每一步都要和实际锻炼结合起来。一个长大了要做军人的人，必须从小实地见习战争，同时也要采取必要的安全保护措施。在整个教育过程中，年轻人始终必须经历劳苦、艰难、危险、痛苦的磨炼，必须实际接受战争和其他工作的考验，取得实践经验；在集中学习哲学数年之后，又回到实践中锻炼。只有这种学习、研究和实践锻炼的紧密结合，才能培养出胜任职责的治国者或辅佐者。实践做好事能养成美德，实践做丑事能养成邪恶。

（3）考察、考试。柏拉图是西方教育史上第一个提出以考试作为选拔人才方法之一的教育家。他要求一个未来的治国者，除了接受平时的观察、考察（其中 17～20 岁的考察格外重要），还必须在 30 岁和 50 岁时接受辩证法的考试，以测定他们的学习成绩以及做出综合评价。

七、美　德

《理想国》中提到四种重要的美德，即智慧、勇敢、节制和正义。

（1）智慧。是少数统治者的专利品，只有具有爱智天性的哲学家才能具备。智慧就是用来考虑整个国家的大事，改进对内对外关系所必备的知识。

（2）勇敢。是军人所必备的美德。勇敢就是不论处于什么情况下，如处于苦恼还是快乐中、处于欲望还是害怕中，都能永远保持住坚定信念的品质。

（3）节制。意味着一种良好秩序或对某些快乐和欲望的控制。节制不是某一部分人应有的美德，而是全体公民须有的美德。节制的美德要求自我克制。对一般人来讲，最重要的自我克制是服从统治者。对于统治者来讲，最重要的自我克制是控制饮食与肉体上快乐的欲望。

（4）正义。是规范三类人之间的关系的准则。正义就是各守本分而不干涉别人的事。哲学家尽统治者的责任，军人尽辅佐统治者的责任，农夫和手工业者尽体力劳动的责任。三类人谨守自己的职责范围，不干涉别人的事情，各尽其职，各安其分，分工而又合作，不同而又和谐团结，各自向集体提供利益让大家共享，每个人不至于自行其是，而是全体公民团结成一个不可分割的整体，化多为一，这就是正义，这就是全体公民的幸福，这就是《理想国》的理想。

八、人　性

正如在国家中有三类人，三类人各安其分、各尽其责，就是正义，在人的灵魂中，也有相应的三个组成部分，即理性、激情和欲望。这三个部分各安其分，和谐共存，不至于彼此发生冲突，就是正义。

灵魂中的理性部分即爱智部分，是人们用以思考推理的。理性在灵魂中居于领导地位。

欲望是人们用以感觉爱、饿、渴等物欲之骚动的，是灵魂中的非理性部分，亦即种种满足和快乐的伙伴。

激情处于欲望之外且与欲望有冲突。激情是理性的盟友。

理性是为整个心灵的利益而谋划的，应该起领导作用。激情应服从并协助理性。理性应在激情的协助下领导欲望。不正义就是这三个组成部分之间争斗不和，相互管闲事和相互干涉，灵魂的一个部分起而反对整个灵魂，企图在内部取得领导地位，从而造成不正义、不节制、怯懦、无知。总之，一切邪恶，就是三者混淆与迷失的表现及结果。

柏拉图认为，可怕的、强烈的、非法的欲望存在于每个人的心里，甚至在一些道貌岸然的人心里也有。欲望占据着每个人灵魂中的最大部分，并且本性是贪得财富的。柏拉图称人性中的这一部分为兽性部分、野性部分（可称为狮性、多头怪兽、专制暴君）。但是欲望中有必要的部分和非必要的部分。必要的欲望首先是不可避免的，其次是满足了它对我们是有益的。满足这两种欲望是我们本性所需要的。非必要的欲望不是出于本性的需要。如果从小受到良好教育，是可以戒除的。这些欲望的存在对我们不但无益，反而有害。我们的一切行动、言论应当是为了让我们内部的人性能够完全主宰整个的人，管好那个多头的怪兽。所谓美好的和可敬的事物则是那些能使我们天性中兽性部分受制于人性部分的事物，而丑恶和卑下的事物则是那些使我们天性中的温驯部分受奴役于野性部分的事物。如果作为整体的心灵遵循其爱智部分的引导，内部没有纷争，那么每个部分就会是正义的。如果欲望部分脱离理性的领导和监视，因追求肉体快乐而变大变强而不再恪守本分，企图去控制、支配那些它所不应该控制支配的部分，就会毁灭人的整个生命。

九、女子教育

柏拉图认为，各种天赋才能同样分布于男性和女性。根据自然，各种职务，不论男女都可以参加，只是总的来说，女子比男子稍弱一些罢了。所以理想国中的女子可和男子从事同样的职业，乃至成为护卫者。如果不分彼此地使用女子，像使用男子那样，就一定要给女子以同样的教育，对女子和男子不能使用两种不同的教育方法。女子也应同样接受音乐、体育及军事教育，如安排女子在健身房里和男子一起锻炼。不仅年轻女子这样做，年纪大的女人也可像健身房里的老头儿一样，坚持锻炼。无论在国内还是在国外打仗，女子应和男子一样，像猎犬似的，一起守卫，一起追逐，并尽可能以一切方式共同享有一切事物。一个国家能够造就这些出类拔萃的男子和女子，还有什么事情能比这些更令人欣慰的呢？

十、教育立法

上述教育制度、原则和方法要制定成法律，依法治教，依法治国，使教育成为建立和维持理想国的可靠保障。

《理想国》有些自相矛盾的地方。例如，柏拉图认为，只有靠哲学家治国，才能建立理想国，同时又认为只有在理想国中才能培养出哲学家并使他们发挥作用。到底是先有哲学家，还是先有理想国？在此问题上，他陷入循环论的泥沼。

柏拉图除了从理论上论证自己的政治及教育理想外，还曾力图付诸实践。他曾三次去叙拉古，希望指导那里的僭主学习哲学，把他培养成哲学家—国王，以实现自己的政治理想。但柏拉图屡屡碰壁，幻想破灭。晚年，他意识到《理想国》中的一些构想过于理想，实际上不可能实现，于是 74 岁时开始写作《法律篇》——柏拉图的另一部名著，力图设计一个最接近于理想的、可行的政治制度。在这个新制度的蓝图中，用法治代替了哲学家的人治，恢复了私有财产制和一夫一妻制家庭，教育制度也更完善。不过该书只留下一个初稿，并不完整，尽管如此，它依然是研究柏拉图教育思想及政治学思想发展轨迹的重要文献。

（杨汉麟）

2. 亚里士多德

政治学 约公元前330年*

亚里士多德（Aristotle，公元前384—前322）是古代希腊哲学家、思想家、百科全书式的学者，古代希腊学术思想的集大成者和创造性的科学家。黑格尔称亚里士多德是“从来最多才最渊博（最深刻）的科学天才之一”和“人类的导师”。恩格斯称亚里士多德“已经研究了辩证思维的最主要的形式”。亚里士多德的研究涉及哲学、伦理、逻辑、政治、心理、物理、生物、解剖、诗学、修辞学等众多领域。他的著作有400卷（一说有1 000卷），现在仅存1/4，且经后人增删、编纂。

亚里士多德出生于希腊殖民地色雷斯一个医生家庭。公元前367年，亚里士多德来到雅典，先师从艾索克拉底，后入柏拉图学园学习，凡20年，被誉为“学园的精英”。公元前343年，亚里士多德受聘担任马其顿王子亚历山大的老师，他的教育取得成功，培养出一代雄主。公元前335年，亚里士多德在雅典创办吕克昂学园，在此讲学、研究、著述凡13年，直至终老。

《政治学》(*Politics*) 是亚里士多德的重要著作之一。全书共8卷。第1卷论政治团体的形成及基本单位——家庭；第2卷是对柏拉图在《理想国》和《法律篇》中所设计的政体以及当时被称为三种典型政体的斯巴达、克里特和迦太基的政体的批评；第3卷阐述政治理论；第4卷是对政体的各种类型的分析批评；第5卷论政体变更的原因及方式；第6卷论建立稳定不变的政体的方法；第7、第8卷论理想的城邦及其教育制度。

一、人的特性

在《政治学》中，亚里士多德论述了人之所以为人、人区别于动物的特性，也就是人的本质。

（1）人的社会性。亚里士多德认为，人类自然是趋向于城市生活的动物，人类在本性上也正是一个政治动物。人不可能脱离社会而离群索居。凡隔离而自外于城邦的人，或是为世俗所鄙弃而无法获得人类社会组合的便利或因高傲自满而鄙弃世俗组合的人，他如果不是一只野兽，那就是一位神祇，而唯独不是人。人类生来就有合群的习性，所以能不期而共趋于这样高级（政治）的组合。

另一方面，社会又是由个人组成的，没有个人也就没有社会，正是因为有了各种不同

---

* 本书中译本，吴寿彭译，北京，商务印书馆，1997。

的人的组合，才形成社会。亚里士多德认为，组成一个城邦的分子必须是品类相异的人，各以所能和所得，通工易事，互相补益，这才能使全邦的人过渡到较高级的生活。这说明任何个人都不能离开其他人而单独生存，个人与个人都是相互需要、相互依赖的。不同品类的人们各尽所能来有所贡献于社会，也从别人对社会的贡献中取得应有的报偿。这种通工等偿的原则，正是城邦增进福利的基础。

（2）人区别于动物的另一特征表现为人乃是具有理性的动物，而其他动物则顺应其天赋（本能）而行动。亚里士多德认为，人类的某些自然品质，起初对于社会是不发生作用的。积习变更天赋。人生的某些品质及其长成，日习熏染，或习于向善，或习于从恶。人类以外有生命的物类大多顺应其天赋以活动于世界，其中只有少数动物能够在诞生以后稍稍有所习得。人类除了天赋和习惯外，又有理性的生活，理性实为人类所独有。人类对此三端必须求其相互间的和谐，方才可以乐生遂性，而理性尤应是三者中的基调。人们既知理性的重要，所以三者之间要是不相和谐，宁可违背天性和习惯，而依从理性，把理性作为行为的准则。

因为理性为人类所独有，所以唯有人能分辨善恶，动物则没有这种分辨能力。亚里士多德说，人类不同于其他动物的特性，就在于其对善恶和是否合乎正义以及其他类似观念的辨认，这些都由言语为之互相传达，而家庭和城邦的结合正是这类义理的结合。

人类虽独具理性，但人和动物之间并无不可逾越的鸿沟。动物永远不能成为人，人则可因其丧失理性而沦为动物。亚里士多德认为，人类由于志趋善良而有所成就，成为最优良的动物；如果不讲礼法，违背正义，则堕落为最恶劣的动物。亚里士多德的这一见解和中国先秦教育思想家谆谆告诫人们要注意人和禽兽之间的分别的观点可谓殊途同归。

二、城邦（国家）与教育

古代希腊的国家就是城邦。亚里士多德关于城邦与教育的论述，就是关于国家与教育的论述。

（1）教育方针应引向善德。亚里士多德认为，政治学术的终极目的是善德，也就是人间的至善。城邦应是自然所趋向的至善的社会团体。城邦的善德不是命运决定的，而是人力可致的。立法家应制定措施，通过教育，使城邦中参与政事的公民都具有善德。全体公民对政治人人有责，所以应该个个都是善人。一个城邦的公民人人都是善人，城邦才能成为善邦。城邦之中有统治者和被统治者，二者教育有相同之处，也有不同之处，教育制度应为此制定相应的措施。亚里士多德认为，妇女和儿童的善良与否，攸关城邦的优劣，因为妇女占全邦人口的半数，而儿童不久就要成长为公民，所以他们的教育不应被忽视。

（2）唯有教育能节制人欲。现世的种种罪恶，都是导源于人类罪恶的本性。人类的欲望是无止境的，许多人终生营营，力求填充自己的欲壑。但是，欲望无尽，欲壑难填。必须用法律制定有效的教育。人欲无止境，除了教育，别无节制的方法。亚里士多德批评苏格拉底、柏拉图在《理想国》中指望用财产公有制消弭人间的争斗及罪恶，认为公产制并不能消除人间罪恶，在公产制度下产生的人间纠纷只会更多。

（3）唯有教育能达到城邦的统一。城邦应该是许多分子的集合，唯有教育才能使它们成为团体而达到统一。他批评苏格拉底、柏拉图企图用公产制达成善德，而忘记了积习、文教和法度可以化民成俗。

（4）以公立教育取代私家教育。当时的情况是，教育作为各家的私事，父亲各自照顾其子女，各授以自己认为有益的教诲，这在实际上是不适宜的。一个城邦就全体公民而言，共同趋向于一个目的，全体公民也应遵循同一教育体系，而规划这种体系乃是公众的职责。教育（训练）所要达到的目标既然为全体所共同拥有，那么对所有人应采取一致的教育方案，所以建立公办的教育制度是适宜的。

（5）教育要立法。少年的教育应为立法家所最应关注的事情。理由有二：其一，邦国如果忽视教育，其政制必将毁损。一个城邦应经常教导公民，使之能适应本邦的政治体系及生活方式；政体随公民品性的高下而有差异，公民品性优良方可缔造较优良的政治制度。其二，人要自如运用每一种机能或每一种技术，必须先行训练并经过相当的复习，方能效果彰显。在作为一个城邦分子之前，必须先行训练和适应，而后才能从事公民所应实践的善业。因此，教育应订有规程（法制）并由城邦办理。亚里士多德特别推崇有些城邦设置从事教化的专门机构，例如妇女监护、法律（礼俗）监护、儿童监护、体育训导等项职司。

三、教育宗旨

（1）入德成善。人们所由入德成善者出于三端，即出生时所禀的天赋、日后养成的习惯以及其内在的理性。人生的最高目的是修炼理性，运用思想。此为邦国教育制度所应树立的宗旨。

（2）批评斯巴达教育的片面性。斯巴达教育制度的整个体系都在培养一种品德——战斗的军人的品德，以保证在战争中取得胜利而树立霸权。但他们昧于和平时期的生活和性情，不懂得如何利用闲暇以求长治久安之计。他们所受的锻炼完全属于军事性质，此外就不具备其他才德。所以人们如欲入德成善，就不应实施斯巴达和克里特的教育制度，而应同时注意其他方面，和谐发展。

四、优生优育

为了培养健康的下一代，亚里士多德主张实行优生优育的政策，并提出以下主张：

（1）以法律规定婚配制度，保证在最宜于生育的年龄生育健康的下一代。

（2）已婚夫妇要受教于医师和自然学家，学习生育知识。

（3）注重孕妇的保健。孕妇要注意自己的身体，经常进行锻炼，但不宜过于劳累；要摄取富有营养的食物，保持情绪稳定；此外应实行人口控制，如胎婴超过规定的数额，就要实行人工流产。

（4）早期教育。婴儿出生后，食物对他们体力的影响甚大，乳类最适宜于儿童身体的发育，故宜多食。儿童应戒饮酒。应及时诱导儿童做适宜于其肢体的各种活动，让婴儿尽早培养耐冷的习惯是有益的。凡在儿童身上可能培养的习惯，都应及早开始，然后渐渐加强这些训练。

5 岁以前，不要教孩子任何功课，可安排他们游戏和娱乐，儿童的游戏既不要流于粗鄙，亦不可劳累，也不应内含柔靡的情调。负责这一职司的官员（即教育监导）要注意慎选讲给儿童听的故事和传奇。儿童的号哭有助于扩张肺部，有益于儿童的发育。

教育监导应注意儿童的日常生活的管理。应注意周围的环境影响，任何粗鄙的见闻都可能养成不良的习惯。立法者要负责在全城邦杜绝一切秽亵的语言，也不应让儿童接触秽亵的图画展览和秽亵的戏剧表演。人如果轻率地口出任何性质的恶言，他就离恶行不远了。对于儿童，应该特别谨慎，不使其听到，更不使其口出任何恶言。凡不顾一切禁令，仍然发出秽亵的语言和有类似举动者，必须予以惩处。

五、初等教育的学习科目

初等教育的学习科目包括读写、体操、绘画和音乐。读写不仅有实际应用价值，也是研究学术和从事政治活动所不可缺少的。体操除了强身，还可培养勇毅的品德。绘画可以培养对物体和形象的审美观念与鉴别能力。音乐则具有多种功能。亚里士多德论述较详的是体操和音乐。

（1）体操。亚里士多德认为，在教育儿童时，应该先把功夫用在他们的习惯方面，然后再及于理性方面；必须首先训练其身体，然后启发其理智。所以，开始要让少年就教于体育教师和竞技教师。体育教师将培养他们身体所应有的习惯，竞技教师将授以各项角赛的技能。亚里士多德批评斯巴达的体育训练过于严酷，采取的是发展兽性的野蛮措施。这种专重勇毅一种品德而忽视“多方面训练”的体育，只能使青少年趋于鄙陋。

在发情年龄（14 岁）以前的儿童应教以轻便的体操（竞技）。早期的过度锻炼及剧烈运动所遗留的恶劣影响是深远的，实际上损伤了儿童的体魄。到了 18 岁才适宜从事剧烈的运动。

亚里士多德认为体育这一门课应研究下列问题：其一，何者才是最合乎理想的教练方法。所谓理想方法应是指适宜于具有最良好的体质而又最优越的生活条件的人们的最好教练方法；其二，适合于不同体质的各种不同教练方法；其三，还要考虑有些人愿意接受教练，却不想具备可以参加体育竞赛那么高的技艺，得为他们设置相宜的较低课程；其四，何者才是普遍适宜于大多数人体质的教练方法。

体育教师和他所教的生徒一起操练是有益的。

（2）音乐。音乐有陶冶性情、娱乐和操修心灵三种功能，所以应将音乐列入教育科目。少年所使用的乐器应当是能够对音乐方面以及其他学术方面助长聪明、增进理解的乐器。歌词和乐调的选择应以培养品德为主。

六、道德教育

道德教育的核心问题是培养人以理性节制情欲。亚里士多德认为，人的发展程序是躯体先于灵魂，灵魂的非理性部分先于理性部分：情欲的一切征象，例如愤怒、爱恶和欲望，在人们从开始其生命的历程，便显见于孩提；而辩解和思想的机能则必须等待其长成，日渐发展。身体从属于灵魂，灵魂的情欲部分受制于理性及其理智部分，是合乎自然的、有益的；要是两者平行或倒转关系，则有害无益。

一个城邦应具备的品德是节制、勇毅、坚韧、智慧，而节制和中庸是最好的品德。人间的至善是善德，善就是正义。这些都是道德教育的目标。

统治者和被统治者有着共同的道德。统治者要是不能克己复礼、正义自持（奉公守法），就无法进行治理，被统治者缺乏这些品德就不能循规蹈矩，服从统治，所以两者应具备相通的道德品质。

奴隶也是具有理性的人类，所以奴隶也应有善德。

居高位者的习尚，很快就导启众庶的风气。

七、教育方法

亚里士多德对教育、教学方法没有专门的论述，但有两个观点对后世有长远影响。

（1）效法自然。教育的目的及作用有如一般的艺术，原来就在效法自然，并对自然的任何缺漏加以殷勤的补缀。效法自然的原则后来由夸美纽斯做了进一步发挥。

（2）正确处理兴趣与努力的关系。亚里士多德认为，教育少年的目的不是为了使他们娱乐。学习必须努力，而且免不了疲劳，实在不是娱乐。这些话隐含着对柏拉图的批评。后者在《理想国》和《法律篇》中极力推荐埃及人在儿童教育中寓学习于游戏的经验。18世纪时，巴泽多提倡变学习为游戏，而康德对此有所批评。19世纪时，乌申斯基主张二者结合而以努力为主。20世纪初，杜威又写了《兴趣与努力》的专著，对同一问题进行了探讨。

由于亚里士多德的著作散佚很多，现在已无法知道他关于中等教育和高等教育的意见。此外，亚里士多德的白板说、伦理学、灵魂论对后世影响很大，但不属于《政治学》一书的内容，此处不赘。

（杨汉麟）

3. 昆体良

雄辩术原理 公元 96 年*

昆体良（Marcus Fabius Quintilianus，约公元 35—114）是公元 1 世纪罗马最有成就的教育家。他约于公元 35 年出生于西班牙。这时西班牙已是罗马帝国的一个文化中心和高等教育中心，名家辈出。昆体良的父亲在罗马担任雄辩术教师，故其少年时代跟随父亲在罗马接受教育。他曾师从被释奴隶、著名文法学家帕利门。公元 58 年左右，昆体良回到西班牙，操律师业务。10 年后，再到罗马。这时罗马皇帝韦帕芗在罗马历史上第一次开办了由国库支付薪金的两所学校，即一所希腊语雄辩术学校和一所拉丁语雄辩术学校，后者由昆体良主持。他在这个岗位上辛勤工作 20 年。在此期间，昆体良同时承接法庭辩护业务，其律师业务对其教学大有裨益。故其执教成绩卓著，在罗马享有盛誉。

公元 90 年左右退休以后，昆体良应友人之邀，开始潜心撰写总结自己一生教学经验的《雄辩术原理》一书，并花两年多时间完成了这部 12 卷的巨著。

本书既是古代希腊以来雄辩术研究成果的集大成者，也是古代教育思想的集大成者；它对古代希腊时期、罗马共和制时代和罗马帝制初期的教育思想和经验进行了总结。该书被后人誉为“整个文化教育领域中古代思想的百科全书”。昆体良是夸美纽斯以前西方历史上最杰出的教学法学者。文艺复兴时期，该书湮没千年后被重新发现，大受欢迎，得到广泛传播，一时洛阳纸贵。

一、天性与教育

昆体良肯定天性在人的成长中的重要作用，并对人的发展的可能性和教育在人的成长中的作用做了乐观主义的估计。

本书开宗明义地指出：当儿子刚一出生时，做父亲的就要对他寄予最大的希望，抱怨“只有极少数人生来具有接受教育的能力，而多数人由于悟性鲁钝，对他们的教育是徒然浪费劳力和时间”，这是没有根据的。恰恰相反，大多数人既能敏捷地思考，又能灵敏地学习，因为此种灵敏是与生俱来的。正如鸟生而能飞，马生而能跑，野兽生而凶残，唯独人生而具有敏慧而聪颖的理解力，所以心智的根源也是来自天赋。只有天生畸形和生来有缺陷的人才是愚鲁而不可教的人，然而这种人很少。有些人的天赋能力比别人强，这是事实，但是受了教育而一无所获的人是没有的。要培养出一个理想的雄辩

* 本书中译文，见《昆体良教育论著选》，任钟印选译，北京，人民教育出版社，2001。

良好的德行也是搞好学习的必要条件。如果头脑不能完全摆脱邪念，就不能集中思想去追求最崇高的理想。潜心于这样一种理想的人必须摆脱一切其他杂念。只有当头脑变得无挂无碍而成为自己的主人时，当没有任何别的事情妨碍、分散注意力时，才能集中精力于所追求的目标。孜孜于猎取地位，汲汲于追逐财富，以狩猎取乐，虚掷光阴于各种展览，所有这一切都严重地干扰儿童的学业，由此而产生野心、贪婪、嫉妒，甚至想入非非，使之夜不能眠。试想，这一切将产生什么结果？没有什么东西像一个有邪念的头脑那样心烦意乱、心猿意马，被无穷无尽的五花八门的情感所撕裂。因为当心中萌生邪念时，它受着希望、小心翼翼和迫不及待的心情的骚扰；当他达到了作恶的目的时，它又被心神不宁、懊悔、对各种惩罚的恐惧心理所折磨。在这种心神不安之中，哪里还有学问的地位？哪里还有高尚追求的地位？昆体良坚持认为，有德行的生活较之最出色的雄辩才能要重要得多。德行和雄辩才能这两者是密不可分的，但雄辩家的学习首要的是培养德行。

要在雄辩术上达到理想的境界，成为“精于雄辩的人”，就必须将专业的学习建立在宽广扎实的普通教育的基础之上。昆体良建议文法学校的课程应包括发音、拼音、词类、朗读、口语、格言、悲喜剧、各种散文、诗的讲解、记叙文、各种类型的演说词，此外还应学习音乐、几何、天文、形式逻辑、伦理学、手势学等。在学习雄辩术时还应学习法律，包括宗教法、私法和公法、历史、古代和现代的作品等。昆体良所列举的学习内容几乎包括了当时已积累起来的各个知识部门。昆体良认为，专业教育应建立在尽可能广博的普通知识的基础之上。基础若不深厚牢固，上层建筑迟早会坍塌。

五、教学法

昆体良是班级教学制的拥护者。他提到他的老师就曾把学生分成班级，对学生进行集体教学。昆体良多方面论证了对学生进行集体教学，较之教师个别施教，具有无比的优越性，它能产生个别教学永远不可能产生的效果。

1. 因材施教

这是昆体良的教学法思想中的重要组成部分。其前提是观察、了解自己的教育对象。他认为，一个高级的教师，当他接受托付给他的儿童时，首先要弄清他的学生的能力和天赋素质。善于精细地观察学生能力的差异，弄清每个学生的天性的特殊倾向，通常是优秀教师的标志之一。因为各个人的才能的确有着不可思议的差别，人心之不同，各如其面。

昆体良所理解的因材施教包括两个方面，一是用不同的方法教育个性不同的学生；二是发现、发展各个人的特长。

学生的心理是不同的。有的学生懒惰，除非你加以督促；有的学生不能忍受管束，恐吓能约束一些学生，却使另一些学生失去生气；有的学生需要长期的用功才能塑造成人，而另一些学生通过短期的努力就能取得巨大的进步。假如一个学生因称赞而受到鼓励，因荣誉而感到喜悦，在失败时容易哭泣，则必须用成功的希望去培育他的力量，用责备督促他向进步快的学生学习，用荣誉去鼓舞他。对这样的学生，永远不必担心他会变得懒惰。有的学生需要加以鼓励，而另一些学生则需要加以抑制。对不同年龄的学生，纠正错误要用不同的方法。作业的分量和改正错误的标准都应适合学生的智力水平。

因材施教的另一个方面是，教学要能培植各人的天赋特长，要沿着学生的自然倾向最有效地发展他的能力。如同一个体操教师，当他走进挤满了少年的体育馆时，用各种方法对他们的身体和精神状态进行测验，然后才决定每个人接受哪一类竞赛的训练。同样，一个雄辩术教师也应敏锐地观察哪些学生乐于运用简洁优美的演说风格，哪些学生乐于运用单刀直入的、庄重的、和颜悦色的、猛烈的或机智的演说风格，然后在教学中适应各人的特殊情况和需要，使每个学生能发挥各自的长处。但是，识别并充分运用、发展各个学生的特殊才能不是和其他学科相对立的，只要细心培养，在其他学科上也会像它所擅长的方面一样达到完善的程度。

2. 量力而行

昆体良是教学中的量力性原则的最早倡导者。他提出，教师本身要小心谨慎。如果他希望自己的学生成为有用的而不是华而不实的人，他在教育头脑尚未成熟的学生时，不要使之负担过重，要节制自己的力量，俯就学生的能力。正如紧口瓶子不能容受一下子大量流进的液体，却能为慢慢地甚至一滴一滴地灌进的液体所填满。所以我们也必须仔细考察学生的接受能力。他们远远不能理解的东西是不能进入他们头脑的，因为头脑还没有成熟到能容受它们。

雄辩术教师应当是明智的人。他应当深知教学方法，懂得俯就学生的能力，如同一个走路很快的人，如果他恰好和一个小孩走在一起，他就会用手牵着小孩，放慢自己的步伐，不能走得太快，免得他的小同伴跟不上。

对于智力较弱的学生应该做些迁就，对他们的教育应仅限于天性对他们的要求，因为他们只有做力所能及的事才能取得更好的效果。但是，如果交给我们的是天赋素质丰饶的学生，可望培养成为真正的雄辩家的学生，他应该学习雄辩术的全部长处。

量力性原则要求避免两种情况：一是企图去做不可能做到的事，二是让学生放弃力能胜任的事而去做不能胜任的事。

3. 如何防止疲劳

昆体良指出，对于一切儿童，都应当允许他们有休息时间，这不仅是因为没有什么人能经受持久的劳累，而且是因为专心致志的学习有赖于学生的意愿。如果学生的精力和精神因休息而得到恢复，他就能以更旺盛的力量和更清晰的头脑进行学习，而这种力量通常是不能用强迫得到的。

学生爱好游戏是自然的，那是天性活泼的标志；那种总是迟钝麻木、无精打采，甚至对那个年龄所应有的激动也漠然无动于衷的学生，是不能指望他能热心学习的。但是，应该给休息规定一个限度，否则，你不让他休息时，就使他产生对学习的厌恶，而过度放纵的休息则容易养成懒惰的习惯。有些娱乐有助于发展敏锐的智力。

变换课业有益于防止疲劳。不管我们已经做完了多少事，对于即将开始做的新事在一定意义上还是新鲜的，与此相反，如果一个人整天只听某一学科的一个教师讲课，不论这是什么学科，谁不会被弄得头昏脑涨？正如食物一样，食物多种多样，食欲就旺盛。

4. 课堂提问

这是保持学生注意力的有效方法。提问可以测验学生的鉴别能力，还可以防止学生漫不经心，防止他们对教师的讲课充耳不闻；同时，可以引导班上的学生自己提出问题，运用他们的智力，而这正是这种教学方法的最终目的。昆体良提出了教学理论中一个深刻的思想：教是为了不教。他说，除了使我们的学生不需要总是有人教，我们的教学还能够有什么别的目的呢？

5. 关于教师

昆体良对教师的态度提出了许多有益的忠告。他指出，教师应当德才兼备，但是仅仅自己做严于律己的榜样是不够的，还必须以严格的纪律约束学生的行为。教师要以慈父的态度对待学生，他应当想到，父亲把孩子托付给他，他就是处于代行父亲职责的地位。

他既不应自己有恶习，也不应容忍学生有恶习。他应当严峻而不冷酷，和蔼而不纵容，否则冷酷引起厌恶，纵容则招致轻视。他要经常讲解什么是荣誉与善良，因为愈是经常告诫，就愈少需要惩罚。他不应当发脾气，但又不应当对应该纠正的错误视而不见。他的教学应当简明扼要，他应忍劳耐苦，对学生的要求应坚持，但又不要过分苛求。

他应当善于回答学生提出的问题，向不发问的学生提问。对学生的表扬既不可吝啬，也不可浪费。因为吝啬使学生产生对课业的厌恶，浪费则产生自满。

在纠正学生的过失时，既不能讽刺挖苦，也不应辱骂。有些教师在责备学生的过失时好像是在厌恶学生，这就会挫伤学生勤奋学习的积极性。昆体良指出，在纠正学生的过失时，如果过于吹毛求疵，学生就会丧失努力的信心，意志消沉，最后会憎恶他的功课，担心动辄出错，什么功课也不想做。对待年幼的学生，教师要尽量和蔼，不论犯了怎样的错误，都要以温和的态度处理。

6. 对体罚的态度

人类在进入文明社会以后，世界各民族的教育中都流行一种不文明的教育方法，即体罚。昆体良是最早提出反对体罚的教育家。他所持的理由是：（1）体罚是一种残忍行为，是一种凌辱；（2）如果申斥还不足以矫正孩子的过失，他就会对体罚习以为常；（3）如果经常正面告诫，在课业上加以督促，体罚就没有必要；（4）幼年时使用体罚，一旦长大以后恐吓失去作用，就更加难以驾驭；（5）体罚造成儿童心情压抑、沮丧和消沉。因此，对于无力抗拒虐待的幼儿，任何人都不允许滥用权威。

昆体良对学生也提出了要求。学生应尊师不亚于重道，要视教师为慈父，这不是指身体，而是指精神。这种敬师的感情对他们的学业是大有帮助的。因为在这种感情影响之下，学生将不仅愉快地听讲，而且会相信教师的教导，愿意仿效教师。他们的错误被纠正时不会生气，他们得到称赞时会受到鼓舞，他们会以专心学习尽力争取教师的珍爱。

（杨汉麟）

4. 莫尔

乌托邦 1516年*

托马斯·莫尔（Thomas More，1478—1535）是欧洲文艺复兴时期英国政治家、作家、人文主义者，早期空想社会主义的鼻祖。他出生于伦敦的一个律师家庭，自小对古代经典情有独钟，14岁便进入牛津大学攻读古典文学及哲学，开始在这方面崭露头角，并深受前辈学者器重。然而在父亲的影响和压力下，两年后，他转攻法律，毕业后从事律师工作，不久在此领域亦声名鹊起。后来莫尔还担任过国会议员、司法官、王室顾问、大臣、下议院议长，乃至英王之下的第一号要人——大法官。丰富的阅历使他对当时社会、政治、法律制度中的弊端有着深刻的认识。尽管他一生处事谨慎，举止谦逊，但杰出的才华和独立的精神仍不免与专制王权发生冲突。1535年，由于在宗教问题上不肯附和英王亨利八世，被后者送上了断头台。

莫尔生活的时代是英国君主专制制度最为强大的时期，也是资本原始积累极为残酷的时期。大批农民被特殊的资本原始积累方式——圈地运动夺走了耕地和家园，无以为生，到处流浪，以致饿殍遍野，盗匪猖獗。英王政府不惜以严刑苛律来使铤而走险者就范，使得社会矛盾更加尖锐。现实的黑暗促使莫尔深思解决社会问题的途径，并力图在《乌托邦》一书中加以阐明。莫尔生活的时代同时也是人文主义方兴未艾和地理大发现的时代，对人的关注以及海外探险及奇闻异事的涌现为《乌托邦》的创作奠定了思想基础和提供了灵感。

《乌托邦》（*Utopia*）一书全名为《关于最完美的国家制度和乌托邦新岛的既有益又有趣的全书》。"utopia"（乌托邦）这个词本身就是根据古希腊语虚造出来的，意思是"虚无之乡"，即客观世界中不存在的地方。在《乌托邦》一书中，所谓乌托邦是浩瀚大海中的一个岛国，故有幸登临者首先是航海家或探险家。

此书的创作明显受到了柏拉图《理想国》一书的影响。作者一开头就以虚拟的口气说自己受英王委派，出使法兰德斯。在安特卫普逗留期间，结识了人文主义者彼得·贾尔斯和旅行家、探险家拉斐尔·希斯拉德，三人进行了长谈，后面的谈话（即本书主要内容）就是这次谈话的展开与记录。全书分为两卷。第一卷是关于莫尔所处时代英国及其周边国家基本政治制度和社会制度的状况，其精神是批判性的；为敛锋芒，作者隐约其词，运用了虚实相生的影射手法。第二卷是借拉斐尔·希斯拉德之口，全面地介绍了他有幸登临的

---

* 本书中译本，戴镏龄译，北京，商务印书馆，1982。

乌托邦这个理想国的社会、政治、文化和教育概况。

《乌托邦》是一部政治学、经济学及社会学著作，同时也是一部教育著作。但作者在书中很少谈及封闭性的学校教育，而将教育问题与政治、经济、社会、家庭等方面的问题联系起来考虑和研究，因此，书中反映的教育思想属于广泛的、开放性的社会教育范畴，并且是建立在空想社会主义的基础之上的。

一、对私有制度和资本原始积累的揭露与批判

在《乌托邦》第一卷中，作者借拉斐尔之口指出：推行战争的国王总是豢养一大批扰乱社会秩序、危及国家安全的雇佣兵和侍候绅士的懒散随从，导致对人民的剥削有增无减。人民选举统治者，是为了自身能安居乐业，统治者的安全与光荣系于人民，残暴的统治只会危及统治者本身。然而，这些合理的原则在国王的宫廷里却无人愿意理会，国王的廷臣们只会协助国王作恶，甚至大发谬论，说贫穷会使人民养成忍耐的习惯，且能保障社会的安宁。实际上却恰恰相反，贫穷永远是产生动乱的根源，最倾向于革命的，正是那些对现行制度不满的人。战争与和平取决于统治者。

拉斐尔还议及对当时极为猖獗的盗窃犯的处罚问题。他认为，以法律惩治犯罪是治标不治本，指出产生这种社会弊端的原因可归结为两点：首先是由于大批贵族不劳而获，残酷剥削佃农；其次是由于圈地运动，广大农民丧失了立身之本，并流离失所。他提出了“羊吃人”的观点：“你们的羊一向是那么驯服、那么容易喂饱，据说现在变得很贪婪、很凶蛮，以至于吃人，并把你们的田地、家园和城市蹂躏成废墟。”这样，社会呈现出两极分化，一极是贫困不堪，另一极是奢侈无度。在此情况下，政府本应采取措施，消除祸端，但实际上却是用严刑峻法来对付那些失去诚实劳动机会而沦为流浪汉和盗窃犯的穷人。这样的国家“无非是富人狼狈为奸，盗用国家名义为自己谋利”。

拉斐尔断言，在存在私有制的任何地方，绝对不会有正义和繁荣可言，因为在这种制度下，金钱成为万物的尺度，贫富分化不可避免。只要私有制存在一天，“人类中绝大一部分，也是最优秀的一部分将始终背上沉重而甩不掉的贫困灾难的担子”。以往的改革措施不过是治标不治本，“达到普遍幸福的唯一道路是一切平均享有”。

二、乌托邦的地理及社会、政治、经济概况

在《乌托邦》第二卷里，拉斐尔详细介绍了乌托邦的地理位置、城市布局、经济活动、社交生活、文化教育、奴隶、战争、宗教等多方面的情况。

乌托邦是一个南北长 500 英里、东西宽 200 英里的岛国，由 54 座城市及周边农场构成。各地有着共同的语言、传统、风俗和法律。每座城市限定 6 000 住户，每户有成年人 10～16 名，未成年人若干。每座城市划为均等的 4 个部分，各有市场、医院与公共食堂。城市街道宽敞，注重绿化及营造幽雅的生活环境。

在这个国家里，最大的特点是实行财产公有、按需分配。不管什么产品（包括食品及消费用品）都汇聚到每座城市的几个指定的市场，家家户户到市场领取其所需之全部物品，不付钱，不需要付出任何代价，也不受数量限制，但是从来无人多领，因为乌托邦物资充裕，取之不尽，如果在自己家中积存物资，实属多此一举。由于没有私人财产，个人生活与

国家息息相关，因此公民无须过多考虑个人利益，而将国家利益置于个人利益之上。

政府的各级官员均由选举产生，并设有议事会和全岛大会等民主管理机构。城市是社会生产的直接组织者，也是社会生活的中心。城市的周围有农场，但生产者来自城市，城市居民轮流到农场参加农业生产。家庭是乌托邦的基本经济单位，每个家庭从事一定的手工业生产，生产受国家官员监督，生产资料全部由国家供给，产品亦全部交给国家。乌托邦的家庭不完全是以传统的血缘关系为基础的自然家庭，经济利益或专长爱好亦为构成家庭的重要因素。

在乌托邦里，除了极少数政府官员、教士和钻研学术者外，凡年龄、体力适合于劳动的公民都要参加劳动。由于所有的人都参加劳动，且从事的都是有益的生产性工作，故他们虽然每天劳动时间不长，产品却十分丰富。在生产者中，尚存有奴隶，他们来自俘虏和罪犯。奴隶主要干脏活和重活。乌托邦保留在常人看来是野蛮落后的奴隶制，有两方面的意义：一是作为对违反法律者的一种震慑和惩罚手段，二是给原本应被处死者以新生的希望，因为任何表现良好的奴隶都可重新释为自由人。

乌托邦人的生活崇尚自然、俭朴，从不着色的朴素简单的衣着到人生观均是如此。在乌托邦里，华服盛装不受重视，丝绸被视为贱品，黄金更是可耻的标志。他们认为，这些东西并无太大的实用性，崇尚它的人只是由于无知罢了。乌托邦并不缺乏金银，每年的剩余产品从国外换回了大量的金银，但乌托邦却把它们制成粪缸尿盆或奴隶的镣铐，用尽心力使之成为可耻的标记。这样人们不仅不再会去追求它，而且也不必为失去它而痛心。乌托邦人尊老爱幼，既重视新生命的诞生，又坦然面对死亡。他们把幸福视为遵循自然指导的快乐。他们崇尚和平、友谊和真诚，认为“不应当把未加害于你的任何人看成敌人，天然产生的伙伴关系须取代条约，能更好更牢固地把人们团结在一起的是善意而不是协定，是精神而不是文字”。

乌托邦人痛恨战争，在他们看来，战争是一种野兽的行径，然而任何一种野兽都不像人那样频繁地进行战争，在战争中追求光荣是极不光荣的。尽管乌托邦人重视军事训练，但他们决不轻言战争。他们出战往往是出于三种考虑：一是保护本国领土，二是援助友邦，三是解放在暴君统治下的民族。

三、乌托邦的文化教育概况

1. 文化

（1）伦理观。乌托邦人推崇乐天的伦理观。他们认为，构成人类幸福的是快乐，不过，并不是一切快乐都构成幸福，只有正当、高尚的快乐才会带来幸福。那么，何谓正当、高尚的快乐呢？乌托邦人认为：正当、高尚的快乐应该符合哲学的理性和宗教的原则，应该遵循自然的指示。按照自然的指示，人们应该过舒适的生活，人与人之间应该互相帮助以达到更愉快的生活。因此，乌托邦鼓励人们享受生活，只要在追求快乐时“未通过不正当手段，未丧失更为愉快的事物，未招致痛苦的后果”。在乌托邦人看来，快乐是指人们自然而然喜爱的身心活动及状态。真正的快乐可分为肉体和精神两类。肉体的快乐又可分为两种：一是感觉上的快乐，二是身体的安静及和谐，亦即身体的健康。后者是所有快乐之本。精神的快乐主要来自德行的实践以及高尚生活的自我意识，这是一切快乐中

“第一位的，最重要的”。乌托邦的宪法明文规定，在公共需要不受损害的范围内，所有公民除了从事体力劳动外，还应有尽可能充裕的时间用于追求精神上的自由和提高修养。他们认为这才是人生的快乐。在追求快乐的过程中，乌托邦人遵循这样一条原则：不因小快乐而妨碍大快乐，不因快乐而引起痛苦后果。

（2）宗教观。宗教信仰作为精神世界的一部分，乌托邦人亦予重视。但在乌托邦并未形成统一的宗教。人们或崇拜自然，或崇拜祖先；有的人信奉多神教，有的人信奉一神教。尽管形式不同，但人们开始摆脱盲目的信仰，并逐渐形成一种理性的信仰，而且大家都相信存在一个至高无上的神，即世界的创造者和主宰者。乌托邦人对于宗教问题的复杂性有深刻的认识，因此在处置这一问题时相当谨慎。他们在法律上赋予每个公民信仰的自由，反对强迫公民接受某种信仰，以此来避免由于信仰不同而可能造成的矛盾和内乱。公民有选择信仰的自由，但如果不相信天命和灵魂不死，则会受到公众的谴责，失去人们的信任。因为按照乌托邦人的看法，这些人丧失了效忠公共秩序的重要动力。在乌托邦，教士是地位显赫、备受尊崇的人物。他们由公民秘密投票选举产生，非品德高尚之人不可能当选。其职责是主持礼拜，掌管宗教仪式，监督社会风纪，教育青少年；而且亲临战场，保护本国公民不遭敌人屠杀，同时从本国公民手下保全敌人的性命。因此，乌托邦的教士受到国内外的普遍尊敬。

（3）学术研究。乌托邦人赋予学术研究和国民教育重要的地位。拉斐尔在介绍中，多次把乌托邦优秀公民的造就归功于此。

在乌托邦有专门从事学术研究的人，这些人需经教士的推荐和行政官员的秘密投票。通过者便集中精力钻研学术，因此可免于参加体力劳动。从这些人中，乌托邦选出自己的外交使节、教士、行政官员（包括各城市的首长），他们享有很高的荣誉。但这种身份并不是终身的，如果后来发现有人不能胜任研究工作，那就仍然得回到普通劳动者的行列。相反，一个劳动者如在业余时间钻研学习，成绩显著，那么就可能被定为专做学问。此外，乌托邦重视古代文化遗产的保存，对吸收外来先进文明成果抱有极大的热情。他们对外国过客所带来的欧洲古代经典名著——不管是哲学、文学、历史，以及科学（如医学、植物学）等——都认真保存。但他们不是专重书本知识的学究，而是理论与实践并重；对于外来的技术，他们除领会其理论外，更重视亲手实验。乌托邦人公共生活的特点之一是：每天早晨举行公开的学术报告会，专职研究人员必须参加，同时欢迎一般男女公民去自由听讲，这成为普及科学文化的重要途径。

2. 教育

（1）普及教育。乌托邦实施普及教育。家长、教师和社会上有经验的学者、生产技术人员都有责任教育年轻一代。不过教士在儿童教育中担任最重要的角色。他们负有教育儿童及青年的任务，把关心培养青少年的品德和关心他们读书求知看得同等重要。“教士从一开始就向儿童的幼嫩而善于适应的心灵大力灌输有利于维护他们的国家的健全意识。这种意识一旦为儿童所牢固接受，成年后永不会忘记”，对国家长治久安大有裨益。乌托邦普及教育的结果，“使岛上未开化的淳朴居民成为有高度文化和教养的人，高出几乎其他所有的人”。

（2）德育。乌托邦注重德育，认为“在一切财富中，美德占首位”，并要求德行、理性和自然统一。他们认为重要的精神之乐来自德行、实践及高尚生活的自我意识，声称“德行引导我们的自然本性趋向正当高尚的快乐，如同趋向至善一般”，而“至善”就是“符合于自然的生活”，自然号召人人相互帮助。在乌托邦，主张行善修德有赏，为非作歹受罚，但以正面教育为主。为此采取了许多措施，如在每天集体进餐前，有人先读一段书，劝人为善，但内容简短，不至于令听者厌烦。老人可按这段书的提示，引出认为适当的话题，对青年进行谆谆告诫。又如在葬礼中为死者立碑，讲述死者的高风亮节；为为国建功立业的伟人在广场上竖立雕像，纪念其崇高业绩，以鼓励后人敬仰前人而奋发上进；等等。乌托邦人认为，这样做是纪念死者的最佳方式，同时也是鼓励生者向往善行的最有效的方法。

乌托邦人对不良行为采取防患于未然的办法。他们认为，某种不良行为一经在某人身上生根，那么在他的头脑中便会留下牢固的关于这种行为的快乐的谬见，就不能接受正确的良好行为或真正的快乐。为此，当不良行为刚刚出现或“当罪恶的诱因出现在脑际时，每个人都应持精神的 12 把利剑来对待之”。

乌托邦人给有善行者以荣誉，同时用刑罚防止人犯罪。处罚的目的是根除罪恶，挽救犯罪者，使之改过自新；同时可将犯错误者作为反面教员，防止他人犯罪，以利于促进社会道德水平的提高。

（3）智育。乌托邦人除重视德育外，同样关心知识的学习，认为与美德联系在一起的学习要比王国的全部宝藏还要珍贵。除专门从事学术研究的人外，其他人也都勤勉向学，自愿学习的积极性甚高。因此，通过参加公共演讲会及学校探讨等，“在不到三年的时间里，他们精通了希腊文，能毫不困难地阅读名家作品”。

乌托邦重视实用科学，注意观察、研究自然现象，如对星辰的运行、天体的运动、气候的变化、潮汐的形成等关于天体和宇宙的起源及其本质都进行了研究。因此，“他们从长期实践所发现的确切征兆，能预测风雨及一切气候变化”。为了达到观察研究的目的，“他们巧于发明各式仪器，用于十分精确地观测日月的运行及部位，观测地平线上出现的一切星辰的运行及部位”。由于乌托邦人自觉地努力学习和锻炼，他们的智力不断提高，从而促进了生活质量的提高。

（4）教劳结合。如前所述，在乌托邦，凡年龄、体力适合于劳动的男女都要参加劳动；此外，乌托邦宪法还规定：在公共需要不受损害的范围内，所有公民应该除了从事体力劳动，还有尽可能充裕的时间用于精神上的自由及开拓。他们认为这才是人生的快乐。因此，在乌托邦，在一定意义上将体力劳动与脑力劳动结合起来，并实行了教劳结合。

乌托邦的劳动分为农业劳动及手工艺劳动两大类。在农业劳动方面，“儿童从小学农，部分是在学校接受理论，部分是在城市附近农庄工作、实习、旅行”。到年龄、体力适合劳动后，每人要在农村住满两年，参加农业劳动。第一年因缺乏经验，要接受已在那里住过一年并享受耕作的人的训练。第二年，他再以已获得的耕作经验传授新来者。在劳动实践过程中，一个人在农业知识技术方面经历学习和传授的阶段，并从中获得经验。这种轮换是以户为单位进行的。每户每年有 20 人往返城市和农村。乌托邦人除务农外，还要学习一门手艺，这种专门手艺一般通过子承父业的方式传授。家庭是按专业组成的。如果某一家子女不喜欢自己家的行当，可以寄养到从事他所喜欢的那种行业的人家。这是一种适应生产发展的学徒制的教学方式。

乌托邦人每日安排 6 小时劳动，故闲暇时间甚多，这为公民学习、教育以及发展自己的兴趣爱好创造了良好的条件。乌托邦人既情绪高昂地从事体力劳动，又心情愉快地从事脑力劳动。在乌托邦，只有少数有才之士或官员，劳动才被减免。

（5）健康及审美教育。乌托邦人将健康看作最大的快乐，视“美观、矫健、轻捷”为“来自大自然的特殊的令人愉快的礼品而高兴地加以珍视”，并抨击禁欲主义者“鄙视美观，损害矫健的体力，变轻捷为迟钝，因节食反伤身，糟蹋自己的健康，以及摒绝大自然的其他一切恩典”，声称“这种态度是极度疯狂的，是对自己残忍而对自然忘恩负义的一种心境的标记”。乌托邦人重视身体的健康与锻炼，要求男女在固定的日子里刻苦地参加军训，以便强身健体，同时还有抵御外敌入侵之功能。

乌托邦将身体的快乐分为两类。一类“在于身体的安静以及和谐”，即具有健康的体魄，享受生活的赐予。另一类则属于情感陶冶方面的，指的是通过感官获得的“从音乐产生的快乐”，这是“一种秘密的非常动人的力量”。故乌托邦人在一天劳动后，进晚餐时必有音乐相随，一方面缓解劳动带来的疲劳，同时获得听觉美的享受。乌托邦人不但注意音乐美的作用，而且注意环境自然美的作用。乌托邦人酷爱自己的花园，因为从中可获得视觉美的享受，使人心情舒畅。

（杨汉麟　郑　松）

5. 伊拉斯谟

论基督君主的教育 1516年*

伊拉斯谟（Desiderius Erasmus，1469—1536）是16世纪北欧地区著名的人文主义者和教育家，被誉为“人文主义之父”。他出生于尼德兰（今荷兰）鹿特丹的一个教士家庭，早年进过教区学校以及大主教学校。尽管伊拉斯谟曾作为教士在修道院里生活了10年（1483—1493年），但由于在欧洲游历时受到了人文主义者尤其是英国人文主义者托马斯·莫尔的影响，他不仅脱下了修士服，而且积极倡导人文主义。在英国期间，他曾在剑桥大学开设讲座，还帮助重建了圣保罗学校。伊拉斯谟的主要教育著作有《愚人颂》（1509年）、《论基督君主的教育》和《论儿童早期的自由教育》（1929年）等。

《论基督君主的教育》（*The Education of a Christian Prince*）一书除最前面的“献辞”外，共11章。这本著作是伊拉斯谟呈献给查理一世（西班牙国王）的。作为“君主之鉴”派的一位作者，伊拉斯谟在该书中集中阐述了他的君主教育理论。在1504年1月6日的“颂奥地利大公腓力”的颂词中，他曾这样写道：“我们真正期待的君主，或者不如说我们所拥有的君主，必须是完完全全、彻彻底底地实践德行。”当代西方领导学家伯恩斯（James MacGregor Burns）在《领袖》（*Leadership*）一书中就指出：伊拉斯谟在这本书中“就如何训练世袭领导者，在实践及理论方面提出了精辟的建议”。

一、君主的职责

伊拉斯谟在《论基督君主的教育》中十分强调君主对于国家的职责。因为“君主之于国家，当如上帝之于宇宙，太阳之于世界，眼睛之于身体”。所以，对于一个国家来说，君主肩负了更多的和更重要的责任。

具体来讲，君主的职责表现在以下五个方面：

一是善于治理国家。

伊拉斯谟认为，君主应该特别关注增进国家力量和尊严的事情，通盘衡量一切，而不能按照是否适合自己来治理国家。“只有那些无私地奉献国家的人，而不是让国家奉献自己的人，才配得上‘君主’之名。”对于一个国家，由一个贤明良善的君主统治是最有裨益的，而由一个愚蠢邪恶的君主统治则是祸害最深的。

---

* 本书中译本，李康译，上海，上海人民出版社，2003。

二是关爱子民。

伊拉斯谟认为，君主经营着万民之事务，他应该敏于体察其子民的需要，给他们提供帮助，关爱他们的福祉。“因此，接受基督教教义和智慧箴言培育的君主，会以其子民的幸福为最值得珍视的东西。实际上，他不会珍视别的任何东西，他必须挚爱他的子民，珍视他的子民，就像与自己合为一体。”在关爱子民上，君主应该奉献出自己全部的思想、行动和热情。

三是管好廷臣（随从）。

伊拉斯谟认为，管好廷臣（随从）不是一个无足轻重的问题。君主不仅要展现自己的良善品性，而且要使其所有廷臣（随从）都和他一样。“如果君主失察于这些人的行动，甚或默许他们，那么十恶不赦的人也能够打着君主的旗号，将暴政强施于民。表面上他们是在推行君主的事业，实际上却对君主的声名造成莫大的危害。”所以，君主必须谨慎和公正地选任官员，确保地方官位及职责交托给那些最正直的和最热心于奉献公益的人。

四是监管法律。

伊拉斯谟认为，确保其法律为所有良善之人所接受是君王的应尽之责。作为“护法者”的首领，君主应该推行最有益于国家的法律，使法律的整体宗旨在于保护每一个人，尤其倾向于帮助弱者。对于一个国家来说，“繁荣昌盛的首要方法，就是让最好的君主掌管最好的法律；如果君主为万民所遵从，而君主本人又遵从法律，那么只要法律符合正义与荣誉之理念，以增进万民之福祉为唯一之旨归，则天下幸甚”。由于滥施法律将使国家陷入劫难，因此，君主应该对那些以腐坏的方式监管法律的人给予最严厉的处治。

五是与所有国家和平相处。

伊拉斯谟认为，没有任何国家能在与邻国全无友善的情况下长久生存，而且战争始终会给国家带来灾难。但是，“睿智的良君会努力与所有国家都和平相处，但特别是与其邻国和睦友好。因为邻国的敌视能造成莫大的伤害，而邻国的友好会带来莫大的益处”。

二、对君主的要求

在《论基督君主的教育》一书最前面的“献辞”中，伊拉斯谟就写道：“他打算描绘一位完美的君主的理想面貌”。这位君主应该是良君，而不是暴君。因为国家的幸福有赖于君主的智慧，所以君主应该追求尽善尽美。

因此，伊拉斯谟在第一章中十分赞同并大段引用了罗马皇帝康茂德（Commodus）儿时的导师、修辞学家波吕克斯（Julius Pollux）对良君与暴君的描述：良君是“严慈之父，温和沉静，宽厚仁慈，高瞻远瞩，公正无私，虚怀若谷，胸襟坦荡，不贪私财，不为情迷，自控力强，消遣有度，讲求理性，判断敏锐，洞察力强，深谋远虑，不徇不私，举止有节，上敬天神，下察人事，言行持重，坚毅果断，诚信可靠，思虑高远，富有主见，日理万机，成就卓著，爱民如子，乐于助人，慎于报复，处事决断，性情稳定，矢志不移，热爱正义，公允持正，谨守君道，平易近人，相处如沐春风，交谈和蔼可亲，魅力四射，开诚布公，体恤民情，爱兵如子，骁勇善战但不滥生争端，热爱和平，缔造和平，维护和平，宜于增进公德，明于指挥之术、君主之道以及修行善法之理，生具良愿，宛如天人。此外尚有众多品质可以一书，唯憾只言片语难以尽表”。然而，暴君是“专制残酷，野蛮粗暴，强取豪夺，唯利是图，贪恋财富，劫掠成性，吞噬臣民，傲慢自持，狂妄自大，孤高冷漠，性情乖戾，不喜结交，执拗难处，言谈多不投机，脾气喜怒无常，忽而令人战战兢兢，忽而兀自暴躁不已，耽于欲望，无以自制，我行我素，全无韬略，为人刻薄，处事不公，行止粗率，徇私枉法，道德欠缺，蠢笨有加，浅薄短视，三心二意，遇事缺乏主见，纳谏难以从容，冷酷无情，任性而为，不容批评，滥施权力，乱生战事，遍行苛政，四处挑衅，难以应付，无法容忍”。

面对波吕克斯对良君与暴君的描述，伊拉斯谟明确指出：“无可争议的是，对于全人类来说最厌憎的莫过于一个恶君。”因为暴君是一种怪兽，会使一个国家的治理沦为暴政，给国家带来更加苦痛的灾难，从而加速其覆亡。因此，伊拉斯谟认为，如果君主缺乏使其成为君主的东西，他就根本算不上君主。

具体来讲，对君主的要求应该包括以下五个方面：

一是品性。伊拉斯谟认为，君主必须具有良好的品性。例如，和善和仁慈是特别值得称赞的品性；礼貌也是一种最起码的品性。这样，有良好品性的君主将是一切纯洁良善的源泉。“如果您想要证明自己是一位卓越的君主，就要保证，没有人在睿智、宽宏、节制和正直这些必不可缺的品性上高过您。”君主的无可指摘的品性实际上是举国之舟的锚。如果君主腐化堕落了，那么其腐化堕落的传播比任何瘟疫的传染都要更加迅速和更加广泛。

二是智慧。伊拉斯谟认为，君主必须具有卓越的智慧，并把这种智慧用于他的国家。因为国家之幸福有赖于君主之智慧。与此同时，君主有智慧，才能有君主的尊严。因此，“在最高等的智慧上，也就是在对于如何公正地治理国家的理解上，君主必须有卓越的表现。发号施令乃主子之职责……如果某人不知道何者为最佳，又该发出怎样的号令？甚或有人出于愚昧无知或情绪冲动，错把最劣当成最佳？……倘若一位君主缺乏智慧，照看起国家利益来，也就无异于盲人观物了”。君主之所以伟大就在于其心智的卓越以及其智慧给子民带来福祉。君主作为一个国家的最高部分，必须最具辨别力和展现其智慧。

三是行动。伊拉斯谟认为，君主需要通过自己的行动来获得臣民的爱戴和尊敬。因此，“希望自己得享君主之尊号而摆脱暴君之恶名的人，都必须自己凭借仁慈的行动而不是恐惧与威胁来赢取”。如果一个君主把他的大部分生命都浪费在赌博、打猎、闲荡甚至其他更加琐碎的杂事上，他在行动上也就偏离了正道。如果一个君主在行动上是这样的话，还不如放弃君主之位。所以，君主要想赢得好的口碑，最重要的是在行动上表明自己确实是配得上君主尊号的人。

四是楷模。伊拉斯谟认为，君主在品性、智慧、行动及其他方面成为廷臣和子民的楷模。对于君主来说，他必须牢记自己的一言一行都会是万众瞩目和四海皆知的。君主应该能使其他的人民，无论是王公贵族，还是庶民百姓，都以他的生活作为节俭与平和的模范。别人越是让君主任性，君主就越是不应该姑息自己；别人越是纵容君主，君主就越是应该严加约束自己；别人越是赞誉君主，君主就越是应该更加努力。因为如果君主走上邪路，那么难以计数的民众就会效仿他而为非作歹。

五是仪表。伊拉斯谟认为，君主必须注意自己的行为举止，要有礼貌，而不要粗俗；同时，必须注意自己的外表形象，要维护自己业已承担的角色，而不要有失君主的身份。

例如，君主外出时要注意自己的面容、衣着、王冠、权杖、王袍、金链等。但是，伊拉斯谟又指出，君主并不仅仅靠这些东西来装点自己。如果君主以为只要使自己浑身珠光宝气，尽显帝王尊贵，仆从前呼后拥，兼之外表的修饰就可以了，那实际上是荒唐的想法。

总之，要成为良君绝对不是一件容易的事情。因此，“必须记住，要证明自己是位良君，其实绝对是件最美妙的事情，但同时也是件最艰难的事情”。

三、对君主的教育

从君主的职责及对君主的要求出发，伊拉斯谟十分重视对君主的教育。如何确保君主能受到正确的教育，正是他在《论基督君主的教育》一书中提出的核心问题。

一是君主教育的重要性。

伊拉斯谟认为，影响人的发展有三个因素，即天性、教育和实践。其中，最重要的是教育。因为“如果没有精心设计的教育，天性必定是不完美的；而实践如果没有教育所提供的方法，那必定会导致毫无希望的混乱”。对于“当君主都是天生而不需要后天培养”的说法，伊拉斯谟是持反对态度的。他指出：君主教育是至关重要的。君主必须接受教育，学习治理国家的原则以及那些有助于国家治理的技能。对于君主来说，不仅需要生具良质，而且更需要通过教育来防止生具良质者堕落腐化或者对不是生具良质者加以改进。因此，“良善而睿智的君主在留意其子嗣的教养时应当始终铭记：生而注定治国者必须以国家为目标加以教养，而不是随其性情。……无论君主可以塑立多少雕像，无论他可以多么煞费苦心建造宏伟工程，他所能留下的对于自己良善之质的最佳纪念碑，也莫过于一位各方面都不逊乃父、并以自己卓越之行动再创乃父之卓越的子嗣”。

与此同时，伊拉斯谟强调必须使君主受到正确的教育，以便获得对于君主来说非常需要的智慧。因为得到一位良君的主要希望有赖于他所受到的恰当教育，所以，对于这种教育的照管应当倍加留意。“事实上，国家的主要希望就在于其子嗣的正确训练……这便是教育之力量，正如柏拉图曾经写到的那样，一个接受了正确的养成训练的人，将会成为一种神圣的生灵；反之，错误的养成会使此人沦为一头可怖的怪兽。”如果一个人先天出身相当完美，但后天教育却相当糟糕，那是最为不幸的。正因为如此，他也呼吁人们关心儿童的教育问题，并以国家的利益为宗旨来培养他们。

二是君主教育应该从小抓起。

伊拉斯谟认为，教育应该从襁褓时期就开始。对于君主来说，这尤为重要。“教育必须从小抓起，必须配得上一位真正的君主，必须明确坚定。”正因为儿童维系着举国之民的财产和道德，所以，他们的教育就应该及早受到细致的关注。

君主教育之所以要从小抓起，其理由主要是：

（1）早期教育有助于人的终生发展。伊拉斯谟认为：“王储的心智必须从（人们所谓之）襁褓之始，当其仍保持开放、未经发育之时，即灌输以健康的思想。从那时开始，就必须在他那尚为婴儿的灵魂的处子地里播撒上道德的种子，以期随着年事渐长，阅历日丰，这些种子会逐渐发芽、成熟，一经播下，便可以深植于君主内心，伴其终生。”

（2）早期教育给人的印象最为深刻。伊拉斯谟认为，这是因为再没有什么能够像最初数年留下的印象那样，刻下如此根深蒂固和难以磨灭的印记。而且，在幼儿时期，稚嫩年纪的儿童对他喜欢的任何训练都会有积极的反应。

(3) 早期教育有助于习惯成自然。伊拉斯谟认为，智慧和德行自有其婴幼期。有很多至关重要的东西需要在幼儿时期进行灌输，特别是德性的培养。例如，从孩童时代起就让他们熟悉荣辱观，这必然会给人以正确的引导。因此，“必须殚精竭虑，让这些孩子从一开始就习惯于最好的东西，因为不管是什么音乐，在习惯了的耳朵听来总是动人的。一个人若是已经习惯成自然，再要让他根除业已在其性格中扎下根的行为，可就极其困难了”。

三是君主教育的内容与方法。

伊拉斯谟认为，君主教育既包括德性的培养，也包括智慧的培养。因此，君主教育的内容应有文化知识（历史和地理）、格言、寓言、故事以及治国之道等。例如，从历史中可以获得相当的智慧，并把读到的东西转变成正确行为的范例；从简明的格言、有趣的寓言和动人的故事中，可以领会到具有教育意义的东西并得到不少的启迪。

关于君主教育的方法，伊拉斯谟在《论基督君主的教育》一书中提及了以下几种：

(1) 阅读。伊拉斯谟认为，开卷有益。一旦孩子掌握了语言，就应该让他去阅读。因为没有人讲述真理会比书本更有益、更坦率，所以，君主从阅读中能够自我充实和自我增进。但是，在阅读时，“首先得对作者有所筛选，因为男孩最初阅读并吸收什么书非常重要。不良的交流会败坏心智，不良的阅读所造成的危害也毫不逊色”。

(2) 榜样。伊拉斯谟认为，既要使君主远离各种不良影响，又要给他提供各种正面榜样。因为名人树立的榜样不仅能够生动有力地激发他的想象力，而且更重要的是它所渗透的那些观念能成为良好品性的源泉。由此，“必须标举最适当的准则，树立一些值得称颂的君主为其楷模，让君主准备周全以抗御一切诱惑”。如果要想矫正君主的行为，最有效的方法就是为他设立一位良君之典范。

(3) 实践。伊拉斯谟认为，对于君主的教育来说，实践也是重要的。因此，应该通过陪坐国事咨议、参加法庭审判、出席授官典礼、听取国王颂旨等，让君主从孩提开始就慢慢熟悉治国之道。正是通过实践，君主锻炼了他自己的才干。但是，必须认识到，实践对于一位君主是有相当的危险的，他学习如何治理国家实际上使国家承担着严重的后果，因为他不能像一位琴师可以练坏几把竖琴。

四是教师的职责及挑选。

伊拉斯谟十分强调教师对于君主教育的重要性。“国家的一切都应归功于一位良君，但君主本人却得归功于那位以其正确的教导养成君主现状的人。”因此，对于勤勤恳恳、尽心尽力地负责恰当的君主教育的人，应该像那些替国家建立功勋的人塑立雕像、拱门和匾额。

在教师的职责上，伊拉斯谟认为，担任教育君主之责的人应该认识到他所承担的工作具有重大无比的责任。“他首先应以堪当此任的精神着手此事，不去考虑自己能从中牟取多少利益，而是思索自己能够以何种方式，把一位仁君交回给这个对其真诚善意寄予厚望的国家。”“为人导师者请铭记于心，对于这个将其幸福的完美实现交托给你的国家，你所负何多！”

伊拉斯谟认为，教师应该很好地履行自己的职责。在履行职责时，教师的目标始终如一，但他必须因时而异地采取不同的方法。例如，教师应该指明一个真正的君主的形象；

教师应该以悦耳的措辞讲述；教师应该当众表扬学生，而在私下才斥责学生；教师应该有值得敬重而平易近人的风格；教师应该既不因过分严苛而伤害学生，又不因过分纵容而娇宠学生；等等。与此同时，伊拉斯谟特别要求教师不要把儿童看成小大人，并告诫教师要记住："你的学生还是一个小孩，而你自己也曾经是一个小孩。"因此，教师在进行教育时应该注意采用适合儿童的方式，可以时而用暗示、时而用类推、时而用榜样、时而用格言、时而用谚言，甚至可以把一些道德箴言刻在戒指上、画在图画中和挂在花环上。

由于教师的职责如此重要、教师的工作如此艰辛，由此，伊拉斯谟十分重视教师的挑选，要求从成千上万的人当中挑选出德才出众之士来担任教师。"要是无权选择君主，就必须相当细致地挑选教育王储的人。"担任教师的这些人士应该睿智正直、纯洁高尚、年高德劭、品行清白、和蔼友善和勤勉工作，他们所受的教育来自长期的实践阅历。尤其是，教师不能骄傲自大，把自己看作比最有经验的哲学家还要聪明。

此外，伊拉斯谟还提及了保姆和友伴的问题。他认为，既要把孩子交托给具有母爱的和认真负责的保姆悉心照管，又要为孩子提供教养很好的友伴。这对君主的教育来说也是十分重要的。

（单中惠）

6. 拉伯雷

巨人传 1532年*

拉伯雷（Francois Rabelais，1483—1553）是欧洲文艺复兴时期法国人文主义者。他出生于小农家庭，幼年曾在修道院受教育，还当过牧师，后入蒙彼利埃医学院学习，毕业后当过医生。拉伯雷曾因不满修道院生活而出走，漫游法国各地，加深了对社会现实的认识。在行医的同时开始创作并完成法国历史上的第一部长篇小说《巨人传》[原名《卡冈都亚与庞大固埃》(*Gargantua and Pantapruel*)]。

《巨人传》是一部高扬人性、讴歌人性的人文主义杰作，鞭挞了法国16世纪封建社会，是新兴资产阶级对封建教会统治发出的呐喊，充分体现了人文主义者对人、人性和人的创造力的肯定。在小说中，拉伯雷淋漓尽致地批判了教会的虚伪和残酷，特别痛斥了毒害儿童的经院教育。

《巨人传》共五部。第一部用夸张的手法塑造了一个理想的君主——巨人卡冈都亚（或译高康大）的形象。起初，他在中世纪旧教育方式的培养下，各方面都显得落伍，人也变得颟顸。后来聘请了一位年轻的人文主义者做家庭教师，采用新式教育方法，一扫愚钝，使他焕发青春。第二部写巨人卡冈都亚的儿子庞大固埃到法国各大学学习，遇到许多人物。书中还提到他的父亲卡冈都亚给儿子写了一封情真意切的信，要他好好做人。《巨人传》第三部的主人公不再描写巨人，改为主要描写普通人。第四、第五部描写庞大固埃到各地的旅行经历。

该书的教育意义主要集中在前两部。作者借小说主人公卡冈都亚的经历和言论，以虚拟夸张的手法，鞭挞了旧教育的弊端，表达了人文主义的教育理想。该理想反映了作为新兴社会力量代言人的人文主义者对经院生活、禁欲主义以及死记硬背、空疏无用的旧教育的厌恶，对自然、人性、自由、生活乐趣、创造活动的追求；主张抛弃迂腐的教条，让年轻人学习天下万事万物，成为多方面发展的能文能武的体魄健全、知识广博、能说能行的新人，亦即巨人。人文主义者抨击教会的腐败，但不反对宗教，热爱自然而又忠于上帝，追求个性解放但不背离虔信，向往自由却能尊崇德行。像任何一个时代的先进人物一样，社会生活中新生的幼芽和沉重的传统的包袱都在历史人物的思想中同时反映出来。像其他人文主义者一样，拉伯雷也不例外。

拉伯雷的教育思想对以后的教育家如蒙田、卢梭等产生了重要影响。

---

* 本书中译本，鲍文蔚译，北京，人民文学出版社，2004。

一、新旧教育的对比

格朗古西看到自己的儿子卡冈都亚卓越的智力和惊人的理解力，打算把他托付给一位学者，按照他的才能进行教育。有人推荐了一位有名的诡辩学博士，名叫何洛佛纳。何洛佛纳花了5年零3个月教卡冈都亚认字母，使他能倒背，又花了13年6个月零两星期教他读杜内脱斯等拉丁文作者的作品，还教他学会写花体字，将读过的书全部抄下。何洛佛纳还教他读《字义大全》以及众多名家的注释，又花去18年11个月，这些书他都读得烂熟，能倒背如流。后来又花16年零2个月读《历书》。

以后，格朗古西又找了一个名叫若不伦·布立德的老痨病鬼教卡冈都亚。他教卡冈都亚读《希腊词释》《文选》《修辞》《问答集》《补遗集》《圣经注释》《饮食规范》《四德全书》及巴萨万德的《注释》，还有宗教节日的《安息集》以及诸如此类的书。卡冈都亚读完这些书后，变成了老实得不能再老实的人。

格朗古西看到自己的儿子卡冈都亚确实努力学习，但是没有得到什么实效。更糟的是，他反而因此变得愚蠢、无知、迷迷糊糊、冥顽不灵，因为他学的知识都只是一些死东西，他的老师们的智慧只是愚钝而假装聪明的玩物，只能毁坏善良高贵的心灵，浪费青春的大好时光。经过比试，卡冈都亚的判断力、智慧、言谈、表达能力、礼貌还不如一个不足12岁的孩子。

此后，格朗古西改聘浦洛克拉特担任卡冈都亚的教师。这位教师用一种与传统教育方式对立的新方式教育卡冈都亚，结果迥然不同。

新教师首先让卡冈都亚将他从旧教师那里习得的毛病和怪癖都清洗干净，忘掉过去学过的一切东西。他将学生带到当地学者中间，模仿他们，变更学习方法，改造他的资质。

新教师要求学生一天里不得耽误哪怕一小时的时间，把全部时间都用在学习和诚实地做学问上。

卡冈都亚早上四点就醒来，教师给他按摩，同时给他读几章《圣经》。学生须按读经课的目的和教训经常做礼拜，祈祷上帝。然后，观察天象，预测当天太阳和月亮会呈现什么状态。梳洗完毕后，温习头一天的功课，拿一些人生的实例来说明。

随后有三个小时讲课。讲课完毕，他们出外散步，一面讨论讲课的内容；然后到大学附近的球场或别的草地上玩球，以便在锻炼心智之后锻炼身体。他们的活动是自由的。等待午餐时，就背几句讲课中的句子。

午餐时，有人读古代武侠故事，或者自由地谈论餐桌上一切东西的长处、功效、性质及烹调方法。这样，卡冈都亚就学到了很多有关饮食的知识。他还时常把有关的书籍带到餐桌上以便查对。

午餐毕，唱完圣歌，就拿出牌来，玩各种新戏法和新发明，这是学习算术的基础。

卡冈都亚还学习算术、几何学、天文学、音乐、书法、绘画，以及骑马、使枪弄棒、练习军斧舞、舞矛、舞双手剑、打猎、游泳、爬山、掷标枪、张弓射箭、攀登、玩哑铃。

晚饭后，卡冈都亚唱歌、弹琴、玩纸牌。睡觉前观测天象，向教师复述一天之中读到、见到、学到、做到和理解了的东西。

卡冈都亚还从事各种劳动，作为有益的健身运动，如捆干草、劈柴、锯木、在谷仓里打粮食。他还去参观如何冶炼金属、铸造枪炮，看玉石匠怎样劳动；访问家具工匠、纺织工匠、织绒工匠、钟表工匠、制镜工匠、炼具工匠、造纸币工匠、印刷工匠、乐器制造工匠及其他各类工匠，学习并研究工业和各种技艺上的发明。

卡冈都亚还去听公开演讲，参加典礼，听律师的辩论和传教士的讲道。

他还进武术馆和练武场所，和剑术师比武。

他还采集药草，参观药房。他还仔细考察果实、根、叶、胶、籽以及外国进口的油脂和软膏，研究它们怎样调配。

他还去看变戏法的、卖艺的、走江湖卖假药的，观察他们的手法、功夫和油腔滑调。

卡冈都亚受到这样的管束，不断接受这样的教导，日新月异，一天比一天大有进步，面貌彻底改观。可以理解，像他这般年纪的一个年轻人，富于判断力，可以继续给他良好的训练。这种教育，虽然在开始时似乎有些困难，但是不久以后，它就变得那么甜蜜、轻松和愉快，与其说他是一个学生在学习，不如说他是一个国王在娱乐。

通过以上新旧教育的对比，作者嘲笑了老式经院学者的教育方式：死记硬背、关门读书、脱离实际、扼杀个性，把人造就成迂腐愚蠢、毫无用处的人。这种教育是对人的摧残。新教育则提倡自由、个性、活泼、乐天，主张理论与实际结合、学习与劳动结合、课内和课外结合、学习知识与发展智力结合，把人培养成为个性和能力得到充分发展的、有判断力和实践能力的新人。这种人知识渊博，见多识广，善于思考，身体强健，文武双全，多才多艺，是未来社会所需要的新人。

二、破坏一切压抑人性的陈规陋习

作者通过卡冈都亚为约翰教士修建的德廉美修道院的新院规，嘲笑了旧修道院压抑人性的陈规陋习，提倡行动自由、个性解放，享受乐天的生活，让年轻人在一个宽松的、自尊的环境中成长，藐视一切旧传统、权威、束缚，争取人的率性发展。

德廉美修道院内整个生活起居，不用法规、章程、条例来规定，而取决于各人的自愿与乐意。人们什么时候愿意起床，便什么时候起床，什么时候心里动念，就什么时候餐饮、工作、睡觉；没有人来叫他们起身，也没有人勉强他们喝酒吃饭，或做任何别的事情。他们的主要规则只有一条："想做什么便做什么。"此外，德廉美修道院还有许多和其他修道院截然相反的规定：

修道院周围没有围墙；

凡修士或修女进院，走了以后要将走过的路用水冲洗干净，而不是像其他修道院一样，只冲洗修女走过的路；

院内一切活动不按钟点规定时间，一切行动由正常的理性与智慧裁夺；

只收容貌端丽、身体合度、秉性温良的女子和气宇轩昂、体格魁梧、秉性温良的男人；

凡有女人的地方必须有男人，凡有男人的地方必须有女人，打破森严壁垒；

入院之后，只要本人愿意，随时可以出院，不受任何约束。

男女修士可以正大光明地结婚，人人都可拥有钱财，自由自在地生活。

在院内，因为出身清白，受过良好教育，惯于和良朋益友交谈的自由的人们自有一种天生的本性，推动他们趋向德行而远避邪恶。这种本性，他们称为品德。如果困顿屈辱于压迫和束缚之下，人便会改换他原先追求德行的高贵热情，转而从事颠覆和摧毁这种制约及束缚。因为人们总想追求违禁的事物，思念无法到手的东西。

有了自由，他们看见一个人喜欢做的，便大家争着去做，形成一种值得称道的竞赛。比如有一个修士或修女说："我们喝酒吧！"大家便去喝酒。一个人说："游戏吧！"大家便去游戏。一个人说："到外面去活动活动吧！"大家便到外面去活动。如果是去放鹰打猎，修女便骑着驯良的坐骑，在戴着手套的玲珑的手腕上，每人架着鹰、雕或鹞子；修士们则携带着别的猛禽。

大家受过高尚的教育，不论男女，没有一个不是能读、能写、能歌唱，能吹弹各种乐器，能讲五六种语言，而且能用这些语言作诗、写文章。除了这里，谁见过如此知书达理，同时勇武、矫捷、雄健、活跃，又善于使用各种武器的骑士？除了这里，谁见过如此皎皎、窈窕、容貌娟丽、手腕灵巧，针黹和一切女红又做得如此精妙的体面而自由的妇女？

为此之故，当有一天修道院的修士，或由于父母的申请，或由于其他原因而要求出院的时候，他可以选一位把他当作知音的修女，带出去结为伉俪。倘若他们在修道院里即已相敬相爱，在结婚之后，这种感情只有更见增进，直至百年。

三、广博的学识

拉伯雷认为，新人应掌握人类一切有用的知识，成为无所不知的人。这种观点除在上述新旧教育对比中已提及的外，还在卡冈都亚给他在巴黎学习的儿子庞大固埃的信中充分反映出来。信中说：

> 虽然我记忆中的父亲格朗古西，尽过他最大的努力以使我成为一个完美无缺的人，并具有丰富的政治知识，同时，我的努力和学习完全和他的意愿相符合，乃至超出他的愿望；但是，当时的时间，并不像现在这样适宜于学习，而且我也没有像你现在有这么多好的教师，因为，愚昧的阴云使那个时代呈现着一片黑暗。由于神的善意，总算在我死之前已经恢复了学艺的光辉和尊严，并且还补充和增加了这样多的知识。
>
> 现在，人们的心灵能够经受一切形式的训练和复兴了的古代科学，这些科学很多世纪以来是消灭了的。现在，学者用的语言即希腊文、希伯来文、阿拉伯文、迦勒底文和拉丁文，恢复了它们原有的纯洁性。一个人如果不会希腊文而说自己是学者，就会感到耻辱。印刷术现在也用了，这样美观、这样正确，不能想象还能有更好的东西，这在我那个时代，肯定说是受神的启示而发明的。另一方面，在魔鬼的指引下发明了炮火。整个世界充满了有学问的人，包括有学识的教师，还有规模庞大的图书馆。在我看来，这是一个真理：无论在柏拉图的时代，或是西塞罗的时代，或是巴比尼安①的时代，都没有像我们现在所有的这种学习上的方便。从今以后，如果不在密涅瓦庙堂学成后才出来，谁也没法再在社会上立足，也没有人肯和他交往。我看现在的强盗、绞刑吏、士兵、马夫等也比我那个时候的博士和牧师要有学问。

① 巴比尼安（公元142—212），罗马时代的大法学家。——编者注

我还要说些什么呢？妇女和儿童都希望有这种值得称赞的天国的良好的精神食粮。语言在今天变得这样需要，甚至到了我现在这个年纪，还不得不学习希腊文。我并不像卡多那样轻视希腊文，但是，在我青年时代我没空闲学习希腊文。我很愉快地读了普鲁塔克的《道德论》、柏拉图的《对话录》、保萨尼亚斯的《纪念碑》和阿西尼厄斯的《古代风物》，同时，我等待着这样的时刻，上帝将召唤我，命令我离开这个世界，结束这个短暂的旅程。

这就是为什么，我的儿子，我要告诫你尽量利用你的青年时光从事学习和勤修德行。你在巴黎，那里有很多值得钦佩的勇士范例可以激发你去干一番英勇的事业；同时，你得到学者爱皮斯特蒙做你的导师，他可以通过生动的口头的教学，使你学习文艺和科学。

我要求你把各种语言学习得十全十美。首先学好希腊文，像昆体良所要求的那样；其次学好拉丁文，然后学习希伯来文，这是为了读《圣经》的缘故；最后学习迦勒底文和阿拉伯文。学习希腊文，要模仿柏拉图的文体；学习拉丁文，要模仿西塞罗，希望没有一种历史不在你的记忆里。为了实现这个计划，像《宇宙志》一类的书籍是很有益处的，会对你有很大帮助。

至于七艺中的几何、数学和音乐，在你年轻的时候，我曾经教过你一点儿，你要继续学习下去，如果可能，把余下的都学完。至于天文学，要学习所有的规则，但不必学习卜卦、占星学和炼丹术，因为它们只是一些曲解和没有价值的东西。

至于民法，你应该把条文读熟，然后再理智地加以比较。

至于自然科学知识，我要你仔细地学习。要做到没有一处海洋、河流和泉水里的鱼类你不知道；天空中的飞鸟、森林里或是在果园里的一切灌木和乔木、生长在地面上的各种草和花卉、隐藏在地球内部的各种矿产以及世界东方和南方可以见到的各种各样的宝石，所有这一切你都应该知道。

此外，必须非常仔细地阅读希腊、阿拉伯和罗马各地医学家的著作，也不要轻视犹太法典的学者和谶纬学家的学说。你应该学习解剖学，获得关于微观世界即人的充分的知识，每天应该有几小时的时间学习《圣经》；先学习希腊文的《新约》和信徒们的书信，然后再学习希伯来文的《旧约》。

总之，希望你成为一个知识的无底洞；而且，我希望你过不久就检查一下你学习的收获。检验的最好的办法是参加各种讨论会，公开接受对一切学问的答辩。任何人都可以和你争辩。此外，还要常常与巴黎或其他地方的文人学士交游往还。

但是，正如智者所罗门说过的，智慧不入恶意的心灵，有知识而无良心只是灵魂的毁灭。你应该侍奉上帝、热爱上帝、敬畏上帝，把你的全部理想和愿望都寄托于他，通过仁爱所形成的信心应该固着于他，使你永远不会因为你的罪孽而和他分离。

（杨汉麟）

7. 蒙田

论儿童的教育 1580年*

蒙田（Michel Eyquem de Montaigne，1533—1592），又译为“蒙旦”，是16世纪后期法国人文主义者、散文作家和教育思想家。他出生于波尔多的一个新贵族家庭。其父极为重视对他的教育，为他创造了良好的条件。在著名的基恩中学上学时，蒙田深受人文主义思想的影响。成年后，他长期从事法律工作，并两度当选为波尔多市市长。后来辞官回乡，闭门著述。

蒙田的主要著作是《散文集》，共3卷107章，《论儿童的教育》（*The Education of Children*）是其中的一章。《散文集》是一部体现人文主义思想的作品，其中包含了作者的哲学和社会政治思想，教育思想也占有相当大的比重。

蒙田是一位怀疑主义哲学家，他以“我知道什么?”这句话说明人类认识的局限性。这一思想是以当时科学知识的不断拓宽为背景的，反映了时代的特征。在教育问题上，他以培养体智全面发展的新贵族——新绅士为目标，因此他主张教育要兼顾心智和身体。他认为在教育活动中，知识的传授比品德的形成相对较为容易；知与行相比较，行更重要。蒙田主张以世界为书，学习广博的知识。在教育方法上，蒙田的观点也多真知灼见。

蒙田的教育思想都见于结构松散的散文中，没有系统的论述。但从后世夸美纽斯、洛克等人的教育思想来看，蒙田对教育理论的发展起了奠基石的重要作用。

一、儿童教育的重要性和困难

文章一开始，蒙田就坦言自己的知识的特点与缺陷：涉猎很广，博而不精。但这也从另一个侧面反映了他对权威不盲从，甚至有些蔑视的心理，他还以讽刺的口吻将亚里士多德学说称为“近代学问的主宰”。

随后，蒙田以亲身的体验介绍了如何读书、如何正确对待前人闪光的思想。历史和诗歌是蒙田喜欢阅读的材料，尤其是后者，富于韵律，感情强烈。蒙田认为，书读得越多，视野就越开阔，模糊不清之处也会越多。在思索的过程中，或者从作者的思想中得到启发，或者会很高兴地发现自己的观点与贤者不谋而合。在贤者的真知灼见面前，有的人坦然诚服，有的人却以抄袭的方式据为己有，结果弄巧成拙，使别人的弱点和自身的弱点暴

---

* 本书中译文，见华东师范大学教育系和浙江大学教育系选编：《西方古代教育论著选》，王承绪译，北京，人民教育出版社，2001。

露无遗，虽然他们可能获得普通人的称赞，但聪明的人必定能发现他们的无知。

在蒙田看来，儿童的教育是一件极其困难的事。育儿犹如培植作物，生之者易，养之者难，要把他（它）培养成熟，需要悉心的养护和辛勤的培育。儿童的教育难就难在儿童的性情多变不定，他们的希望和前途不可捉摸。而且，儿童心智的发展不能强制，只能引导，应该教给他们最好、最有用的东西，而不应像柏拉图那样在教育之前妄加推测、判断。

要教给儿童以科学和真知，因为这是一种特殊的、华丽的装饰品和非常有用的、有成效的工具。但是，并不是谁都配得上这种装饰品和有权使用这种工具。村夫俗子学习科学和真知，就像一个粗野下贱的人向高贵的公主求爱，对于后者来说是一种蔑视和耻辱。

蒙田指出，儿童的教育取决于导师的选择，特别是对于望族的后裔。因为对他们的教育，目的并不在于名利和值得炫耀的外表，而在于"修饰和丰富他们的内心，希望塑造和教育出有才能、有本事的人"。所以，他们的导师应该是一个心神镇静、有智慧、有判断力、举止文雅、谦逊，能采用新方法进行教学的人。

二、儿童教育的新方法

新方法表现在以下方面：

（1）反对灌输，因材施教。蒙田认为，儿童的体质、性情、能力各不相同，不顾教育对象的差异，一律采取同样的教学方法，结果只会事倍功半。因此，教育者应首先认识儿童的发展水平，在此基础上，"有些时候给他开条路，有些时候要让他自己去开路"。

（2）在教学中反对权威。这包括两方面：一是反对教师的权威，反对在教学中只是教师一个人讲，不给学生发言的机会；二是反对学术权威，教师应引导学生谨慎地、严密地吸取一切东西，对权威不盲从，"我爱知识，也爱怀疑"，即使对亚里士多德的学说也应保持怀疑的态度。不过，这不意味着否认别人发现的真理，因为真理是属于一切人的。

（3）理解所学的东西。蒙田认为，"死记硬背，并不是完善的知识"，这只是把别人要求记住的东西保持在记忆里罢了。只有理解了其实质和意义，才算是真正为自己所有。蒙田赋予理解重要的意义，认为"理解给一切带来益处，它安排一切，推动、统率和管理一切"。

（4）重视练习与实践。仅仅学习书本知识是贫乏的，要在实践中学习。因此，练习、交谈、旅行对于增长知识、磨砺心智是很重要的。此外，不要太溺爱孩子，"让他在露天，在充满失望的事情中生活"。只有这样，才能保证健康的体魄，保障心智的发展。

三、儿童的性格与品质的培养

在论述了教育方法之后，蒙田谈了儿童的性格与品质的培养问题。他认为，年轻人应该谦虚、节俭、服从真理，要成为国王最忠诚的臣民、最热情和勇敢的绅士。要培育良心和德行，发展理性，勇于改正自己的错误，善于吸收别人的长处，要培养探索世界的好奇心。

蒙田认为，与人交往有两种重要途径：一是借助于历史，与历史上最伟大的人进行交往。这就要求在读史时，不能停留在历史事实上，而应该做"历史的裁判者"。不同的人能从历史中读到不同的内容，获得不同的教益。二是旅行，以此了解各地的风土人情，开阔眼界，这样就可以改变狭隘、妄自尊大的天性，成为像苏格拉底那样的“世界的人”。

蒙田还花了很大篇幅谈论对哲学的看法及其在教育中的作用。他认为，一切有益的哲学论文，都应该成为人类行为的试金石，成为使行为正直的规则，它是真正有用的知识。然而，经过某些教师之口，哲学成了一个无聊、空洞和奇怪的名字，而失去了其愉快可亲的面貌。因此，蒙田建议导师讲授时，形式要多样，教法要容易和自然，要激发儿童的心智。学习哲学的意义在于使儿童不仅具有庄重坚定、活泼勇敢的性情，而且具有敏捷而惹人喜欢的姿态和沉着而愉快的面貌，总而言之，要培养德行。蒙田告诉人们，德行并非高不可攀，相反她像是一位美丽、可爱的女神，是容易接近的；通向她的道路并非崎岖、陡峭，而是平坦、林荫覆盖、鸟语花香的道路。因此，导师应该使学生热爱德行。获取德行取决于“履行德行是否容易、有益和感到愉快”，要依靠慎重和节制，而不是暴力和任性。儿童要学要做的东西很多，因此要选择和运用简单的哲学论文去教育他们，从而使他们不畏惧、不厌烦。

教育儿童不仅仅是让他们读书，运动和锻炼也应成为必要的组成部分。所有的学习内容要合理地、巧妙地进行安排。通过学习，使他的“外表、态度或礼节和他的身体及他的心智一起形成起来”，因为“我们所训练的，不是心智，也不是身体，而是一个人，我们决不能把两者分开”。蒙田建议采取宽严结合的教育方法，认为粗暴和强制只会使“生来善良和温和的天性迟钝和堕落”。

蒙田指出，性情和行为上的一切怪癖会妨碍社会交往。教育有助于消除这些怪癖。在教育的过程中，应培养儿童在不损害自身健康的前提下，适应各种生活方式和性情，要学会扮演多种社会角色。

在蒙田看来，教育所要培养的不是文法学家或逻辑学家，而是有实践能力的“完全的绅士”。在教育的目标中，形成思想比精通文字和语言更为重要，因为有了思想，表达的语言自动就会流出来。“文字是为事物服务的，不是事物为文字服务”。蒙田认为，最好的语言不是一味地追求韵律、格式的矫揉造作的语言，而是自然、平易、简洁、紧凑、有表现力、有实质的语言。过于追求语言的奇巧精致会损害它所表述的思想。在以往的教育中，受教育者往往花很多的、而且是一生中最宝贵的时间去学习“绅士的重要装饰品”——希腊文和拉丁文，但仍不能达到理想的程度，为此，蒙田介绍了他的父亲在对他的教育中所采用的巧妙而简便的方法：一种是在纯粹的语言环境里学习语言，把学习对象用作日常用语，在日常生活中学习语言；另一种是娱乐和游戏的方法。两种方法都不用书本、规则和语法，也不用鞭打和流泪。

文章的最后，蒙田以自己在基恩中学阅读和表演经历两个例子，说明教育儿童最好的方法莫过于培养对于学问的兴趣和爱好，只有这样，知识才能和儿童的心灵紧紧地结合在一起。

（郑　松）

8. 康帕内拉

太阳城 1602年*

康帕内拉（Tommas Campanella，1568—1639）是意大利早期空想社会主义的主要代表之一。他早年在一位多米尼克派的僧侣指导下接受教育，学习逻辑，后来进入修道院研究经院哲学，同时也接触了大量亚里士多德的著作。他在童年时代就表现出不平凡的才能，并对经过中世纪注释家介绍的亚里士多德的著作产生质疑。1587年出版了第一部著作《感官哲学》，提出必须根据感觉到的材料说明自然。此后又写了《论物质的感觉》。在这些著作中体现的自由思想引起了教皇的不满，并招致了许多守旧人士的嫉恨。

康帕内拉还积极参与政治活动。他在《告意大利公爵书》中号召人民推翻当时意大利的西班牙统治者，建立一个世界君主国。康氏为此积极密谋起义。起义失败后，康帕内拉被教会逮捕，从此开始了长达25年之久的囹圄生活。虽然经受了可怕的刑讯，但他却坚贞不屈，并在狱中坚持写作。《太阳城》（*City of Sun*）即是康帕内拉在狱中完成的对话体名著。对话的主人公是一位热那亚的航海家及其下榻的招待所管理员。通过两人的对话（主要是航海家的奇遇）来反映作者的乌托邦式的社会政治理想（包括教育思想），故本书又名《朝圣番客招待所管理员和一位热那亚的航海家的对话》。

《太阳城》与《乌托邦》《基督城》一样，是早期空想社会主义思想的代表作之一。该书从思想渊源来看，明显受到了柏拉图的《理想国》及莫尔的《乌托邦》的影响。在本书中，作者抨击了由私有制产生的种种弊端，主张废除私有制，同时也描绘了一个理想的社会制度。在这里人们共同劳动，共同消费，平等地接受教育。《太阳城》中提出的空想社会主义体系，使其成为社会主义思想史上的重要文献。其中的教育主张对后世的教育思想，尤其是社会主义教育思想的发展产生了重要的影响。

一、太阳城的社会概况

1. 政治制度

太阳城的政权机构由13个人组成。最高统治者被称为“太阳”或“形而上学者”。他集世俗与宗教的权力于一身。在他下面直辖3个领导人：“威力”“智慧”“爱”，分管军事、科学和生育事务。其中每一个人都有3个助手来协助其工作。在处理国家事务时他们共同协商，由“太阳”做出最后决定。

---

* 本书中译本，陈大维、黎思复、黎廷弼译，北京，商务印书馆，1995。

“太阳”通过选举产生。条件是年龄在35岁以上，知识渊博，通晓世间万物运行的自然规律，从而随机应变地处理各种事务，很好地治理国家。

在太阳城里，人们在一切公有的基础上过着公社生活。他们共同劳动，公平分配劳动产品。这里无职业的高低贵贱之分，也不存在因为不是统治者而产生怨恨的感情。相反，他们都热爱劳动，喜欢自己的职业，因为每个人的职业并不是自行决定的，而是根据其先天禀赋和出生时的星相时辰确定的，符合其本身的能力。在这里实行共妻制。因为他们认为，如果人们没有个人的家室，就不会有把遗产留给自己后代的想法，自私自利也就不会产生。人们之间保持着亲密的互助关系，在困难时彼此帮助，在竞争时互相启发。一切同岁的人彼此互称兄弟，比自己年长22岁的人被称为父亲，反之被称为儿子。总之，这里的公社制度使大家都成为富人，因为大家共同占有一切；他们又都是穷人，因为每个人都没有任何私有财产。

对政府人员的监督是通过每月举行的“大会议”进行的。年满20岁的公民都有权利发表对国家及工作人员的意见和讨论国事。工作人员的更换要根据人民的愿望来决定，但4位最高的领导人却要经过慎重协商方可离职，因为他们要确保把职位移交给一个的确更为贤明的人。这种人一旦出现，他们将会乐于让位。

2. 军事制度

在太阳城里，每一个公民都有保卫祖国的义务。一般由男子充当战士，并上前线作战。妇女和儿童则在后方照顾伤员及从事其他后勤工作。在紧急关头，妇女也要加入战斗，就像她们尊崇的斯巴达妇女和亚马逊女人那样。

“威力”掌管一切和平与战争的事务。他懂军事艺术，是战时的最高统帅，负责指挥一切部队。太阳城居民持有各种先进的武器，掌握灵活多变的战术。他们只有在受到压制、凌辱和劫掠时才发动战争。

3. 生活、宗教和外交制度

太阳城的每一个居民都很健康。这得益于负责人和医生为他们安排的合理的饮食：在不同的季节有不同的饮食结构，对不同年龄的人配以有益于他们健康的食品。他们适量饮酒是为了增进健康，无节制地酗酒和暴食被认为是可耻行为。这里的人们注意锻炼身体和保持清洁的习惯，因此几乎与疾病无缘。对于一些特有的痉挛病、炎症和热病都有其独特的治疗秘方。他们的衣着也要根据天相的变换，在一年内一般更换4次。他们共同劳动，根据风向和星座所处的良好位置进行农业生产。除少部分土地用以耕种外，其余的用来放牧牲畜。他们利用占星表中各个星座处于良好方位的时刻让动物交配，以得到良好的仔畜。同时，太阳城的人们也注意掌握星辰运动和海洋涨潮退潮的规律，以促进航海业的发展。

祭祀和祈祷是在神殿中进行的。祭司是最高负责人，大祭司就是“太阳”本人。其职责是：首先，要接受每个公民的秘密忏悔，以使灵魂得到净化；其次，要向3个最高领导人忏悔自己和别人的罪过，这3位领导人也须向“太阳”做同样的忏悔。当“太阳”了解了哪些罪过在全国容易发生后，就由他向上帝献祭，祈求上帝恕罪并保佑人民。被征服的每个城市的最高领导人每年也要代表其人民向“太阳”忏悔一次，以便“太阳”了解各属地的问题，从而采用各种世俗与宗教的办法加以解决。

康帕内拉对占星术情有独钟，并在《太阳城》中多次提及。他认为天体的运行与人类的活动密切相关，从星相的运动可以预测吉凶祸福（包括人类的命运）。因此在太阳城，人们根据太阳的运行确定节日的时间，男女交合生育后代的最佳时刻亦须恪守星相运行的规律。故占星术成为太阳城的人们从事各种活动的重要理论依据之一。

太阳城的人民很注意对外关系。他们热情招待来访者，提供食宿，并带他去参观城市的构造和建筑。如果外来者愿意，经过一段时间的考验合格后即可成为太阳城的公民。他们也学习各国语言，常派一些使者去一些国家了解其风俗习惯、实力、政治制度和历史，使本国得到有益的启示。因为一切公有，所以在太阳城内部不使用货币，但他们仍用货币同邻国做生意，以换取所需的生活用品。太阳城的人们始终相信没有哪一种国家制度能比得上他们的国家的。而事实的确如此，许多邻国的人非常向往太阳城的生活，宁愿受其统治。

二、教育制度

在太阳城里，教育并不是作为社会的一个子系统来独立运行的，而是渗透在社会生活的各个领域并面向全体公民的一种开放教育。

按照“智慧”的命令，每一个城区的城墙上都悬挂着美丽的图表，并配有文字或诗对图表的内容和内在联系加以说明。在神殿的外墙上画满了各种星辰，并有说明其力量和运行情况的题诗。每一个城区的内墙上画有各种数学公式的图表，并配以诗歌，做相应的说明，还有一些定义和定理。城墙的外面画有各个地区的地图，并有介绍其风俗、法律和居民起源的散文。在第二个城区的城墙里面有各种矿石和金属的图形及标本，墙外边画着各种液体，如海、河、湖、酒、油及治疗疾病的药液，并标明其特性和功用。除此之外，墙上还逼真地画着雪、雹、雷电等各种自然现象，同样予以说明；第三个城区的内墙上有标明产地、性质和用途的各种植物，外墙上画有各式鱼类及关于其习性和生存繁衍的文字。第四个城区的内墙上有各式鸟类及其习性和生活方式的说明，外墙画着各种虫类，并介绍了它们的特性、毒性及利用方法。第五个城区的内外墙上画满了多得惊人的较高级的动物。第六个城区的内墙上有各种手工业的工具，附有说明和发明者的肖像，在墙外边画着各种科学和武器的发明者及某些立法者。城墙上的这些内容图文并茂，包罗万象，几乎囊括了自然科学和社会科学的全部内容。在认识一种事物时可以同时掌握与之相关的其他学科的知识。

太阳城的人们认为生育后代是一个关系到国家利益的问题，而不是仅仅与个人有关。生儿育女是为了保存种族而不是为了保存个人。因此，他们提倡优生，男女的配合必须根据他们天赋的优良品质和哲学原理来决定，领导人根据其体格状况来决定哪个男人最适合同哪个女子性交。太阳城有一个规定，体格匀称、美貌的女子只同体格匀称、健壮的男子结合，肥胖的男子与消瘦的女子结合，反之亦然，为的是使他们能得到有益的平衡。性交要由星相家和医生努力抓住最好的时刻来进行。人们在卧室中摆一些名人（男性）的漂亮雕像，为的是供女子经常去凝视，并祈求上帝赐给她一个受人尊敬的后代。人们认为，在同一个时日同一个星辰闪耀时出生的儿童，其天分、性情和面貌大多数是相似的。

妇女受孕后两周内不必参加体力劳动，此后要做一些轻松的工作，使胎儿易于汲取母体的营养而健康生长，同时也须加强母体本身。在分娩之后，她们有两年的哺乳期，在此期间婴儿由母亲在一所特设的公共大厦中抚养。断乳后，小孩便按性别交给男首长或女首长抚育。他们从 2 岁到 3 岁期间就在房屋墙壁的周围玩耍，学习和读念字母，根据图画认识历史和学习语言。他们被分为 4 组，由 4 位有学问的老人来照管。稍大后他们开始学习体操、跑步、掷铁饼和其他可以平均发展四肢的体操与游戏。从 7 岁开始，他们一边学习自然科学和其他科学知识，一边学一门手艺，如做鞋、做面包、冶铁等，以便了解每个人将来的志向。之后大家开始研究抽象科学：数学、医学和其他学术，并经常举行讨论和辩论。最后，大家在各个科学或手工业部门中获得职务。每个人从幼年时代起就按照他天生的爱好开始研究各种艺术，并经过最好的训练和学习，因此他日后从事的工作是与他的能力相符的。

太阳城的每个人都有充足的学习时间，他们每天只需做 4 个小时的工作，其余的时间用来研究科学，开座谈会、阅读、讲故事、写信、散步及从事各种发展体力和脑力的活动，所以这里的人都富有知识。

太阳城的儿童在 10 岁前通过直观教学法从城区的城墙上获得各种科学的基本知识。人们反对死记硬背，强调要研究事物，掌握其发展规律，认为这样才可获得灵活多样的知识。这是一种高效率的学习。人们断言，这里的学生在 1 年内取得的成绩要比其他国家的学生在 10 年乃至 15 年内学到的还要多。

太阳城对军体训练非常重视。男孩从小就要进行角力、赛跑等体育活动。12 岁以后在“大力士”的指导下学习使用武器、击剑及搏斗；演练进攻和退却及保持战斗队形和支援战友等。妇女也在其男女指导员的指导下接受这些训练。除此之外，人们还通过学习军事理论和阅读名人传记接受道德教育。在阅读历史人物的传记之后，每个人都要根据自己的理解畅谈心得体会，包括哪些人值得学习、哪些人应受尊敬等，然后由教师来对他们的想法进行归纳总结，这就使青少年从思想上树立起保卫祖国及不惜为祖国牺牲一切的坚定信念。

（梁淑红）

9. 安德里亚

基督城 1619年*

安德里亚（Johann Valentin Andreae，1586—1654）是欧洲文艺复兴时期德国思想家。他出生于德国西南部符滕堡州图宾根市附近的赫伦堡。其父为路德派神父，热衷于化学炼金术，其母对自然也颇感兴趣，安德里亚亦深受影响。1601年，其父去世，他随母迁至图宾根，并在图宾根大学学习了天文学、神学、历史和文学，掌握了多种语言，广泛涉猎了文艺复兴时期的各种著作。1607年后，开始到欧洲各国游历。在五年的游历中，他对西欧新兴的资本主义制度及其所带来的社会变化和矛盾有了许多感性的认识，加之文艺复兴运动的冲击，这些为他以后写出《基督城》奠定了基础。1614年，安德里亚回到国内，从事著述和担任牧师工作。到1620年止，他一直为宗教改革操劳，设想建立一种理想的教区社会。与此同时，他潜心著述，在莫尔的《乌托邦》和康帕内拉的《太阳城》的影响下，于1618年写成《基督城》（*Christian Polis*），并于1619年出版。1620—1638年，他任卡尔夫城教长，进一步设计了自己的理想国的方案，并且努力付诸实践。

安德里亚一生从事教职工作，所以《基督城》一书充满了基督教的色彩。作者希望仿效基督的生活，建立理想的国家。他设想，在这个国家里，人人平等，消灭了贫富差异；没有战争，人们和平共处；人们淡泊名利，蔑视金钱；人们信仰上帝，精神得到了净化。有人称此书为“空想社会主义史上的第三颗明珠”，是名副其实的。综观全书，集体主义、人道主义、生产资料公有制、平均分配等思想一再体现，闪烁着“社会主义”的光芒。同时，《基督城》也是一部教育名著，作者用大量篇幅介绍了基督城学校教育的目的和教育现状、教育设施，目的在于批判当时的旧教育，建立理想的教育模式。

《基督城》一书共分为四个部分。第一部分是“献辞”，作者将此书献给当时德国著名神学家约翰·安弟，因为他的著作给了安德里亚很大启示。第二部分是“谨致基督徒读者”，谈到写作本书的原因。作者认为由于教会腐化，社会风气日下，因此必须建立一个理想国家“基督城”，“仿效基督的生活并改进我们每日的生活”，使“公众事务的管理得到调整，辉煌灿烂的文学、艺术得到恢复……彻底战胜许多已被征服的敌人——迷信、放荡和粗野”。第三部分为“基督城概况”。作者以第一人称的写法，似乎记叙了作者的亲身经历，使读者读起来有身临其境的感觉。这一部分有100章，每章只有几百字或千余字，分别记叙一人、一物、一事或者一个侧面，短小精悍，便于理解和阅读。书中还附有一张

---

* 本书中译本，黄宗汉译，北京，商务印书馆，1991。

“基督城平面图”和一张“基督城结构图”，给人以总揽全局的直观印象。虽然全书在编排上并没有严密的逻辑结构，但在叙述安排上还是有分类的。第1章到第6章，叙述了“我”到达基督城的原因、基督城的由来以及“我”历经3次审查，终获参观基督城的资格。从第7章到第38、42、45章，以及从第82章到第100章，从城市布局及政治经济制度、社会生活和对外关系等方面，对基督城进行了描绘。从第39章到第81章（包括第36章）重点介绍基督城的教育设施、教育状况和教育内容。第四部分为“再致基督徒读者”，叙述作者参观完毕后，基督城领导人对他的祝福。

一、基督城的社会概况

顾名思义，基督城就是基督教化的国家。在基督城里，城中心有一个环形大教堂，居民每天早、午、晚要做3次公共祷告，每次集会要进行一个半钟头，教堂里每3个月还演出一次宗教喜剧。教堂里的主要牧师在每个星期日向人民布道，学校里学习神学、神智学和占星学。

基督城是集体领导的共和国，由3个人联合执政，分管司法、审计和经济。政府共有官员8个，每个官员还有一个下属作为助手。作为立法机关的议会由24名议员组成。法律和律师在这里没有什么用处，因为大家都是循规蹈矩地生活，除了一年一度要尽纳贡的义务之外，不受任何法律约束。这里的人们思想精神素养达到很高的境界。

基督城市区很小，但各种设施一应俱全，有商场、磨坊、面包房、肉店等生活设施，有健身锻炼的场所，还有游览观光的胜地。郊区大片土地供农业、畜牧业和手工业作坊使用。生产资料公有，所有产品也都交到公共仓库。全部生产是手工劳动，生产力水平仍然低下。所有适龄人全都劳动，没有剥削者、懒汉和奴隶。人们劳动时间不长，在劳动之余有“全国性”的休息日。

从居民的吃、穿、住、用方面我们就可以真正地理解基督城的生产资料公有制这一特点。食物按年成和人口发给，肉、鱼、禽等每人一份。应发的次数须考虑各人的年龄。酒则一次发给，可供半年之用。所有的人每日三餐自理。在穿着方面，每人每年发两套衣服，一套为工作服，另一套供节日使用。衣服的质地与颜色一致，仅在样式上注重性别和年龄的差异。在居住方面，基督城没有私人住宅。住宅由国家统一分配和指定个人使用。住宅的建筑质地、结构与设施完全一样。

基督城内社会结构稳定，实行一夫一妻制。男子24岁、女子18岁以上才能结婚。一般来说每户只有三四人，即父母与一两个孩子，大孩子都集中在学校住宿。国家内充满了人道主义。婴儿出生时，具备科学知识的接生员为孕妇接生，由寡妇照料产妇和婴儿。妇女产假是42天，产假期间还有特别供应。如果是孤儿，也会得到国家一视同仁的教养。老人深受人们的尊敬，并由国家指定专人护理。病人可以平等地随意享用医药、诊所和厨房，由有技能的已婚妇女和寡妇照料。

基督城的人民期望遍及全球的和平。为了防御外敌入侵，不得不设有12个坚固的大塔楼和16个小塔楼，防守严密。另外，还建有兵器库。虽然人们并不喜欢这种残害人类的武器，但是仍须把武器分发给各个公民，以备在紧急情况下使用。国库内储存大量金币和银币，但是并非国内使用，而是用在和外国人做生意或是赠送给外来人。他们很节俭地招待外来客人食宿，对流亡者则长期予以庇护。可见基督城对外既立足于防御，又实行开放，并不是闭关锁国的世外桃源。

二、基督城的教育概况

1. 学校教育状况

基督城很重视教育。学校教育的目的在于把“青年训练成为爱上帝、爱纯真、爱理想、爱公共安全的人”。

在基督城里，对担任教师的人有严格要求，他们必须经过严格挑选，符合下列条件：(1) 是上了年纪之人，以端庄、正直、积极和豁达而闻名；(2) 是出色的学者和信徒，受到公众的高度评价；(3) 虔信上帝，处理自己的生活严格、有节制；(4) 具有技艺，在教育上有极高的评价能力；(5) 能用仁爱的心肠、谦恭的礼遇和开明的训练去发展学生的自主能力，而不是采用恐吓、打击和类似的粗暴态度。

孩子们在经过六年的家庭训练之后，就交由国家教育，也就是说孩子们六岁入学。儿童被分为三类，即儿童、少年、青年。他们食宿都在一起，并且接受体力和智力的锻炼。一般有三种方式接受教育：祷告和虔诚的起誓、学习各种文化知识、进行体育锻炼。闲暇时光，学生们可以在城里的空地或在旷野里进行赛跑、摔跤、打球等运动。

学校里有细致周到的男女导师照顾年幼的学生。他们生活舒适，经常保持清洁卫生。如果学生犯了错误，教师可依据所犯错误程度，对学生施以禁食、劳役、鞭笞和监禁的处罚。

学校男女生兼招。男生在上午学习，女生在下午学习，女生其他时间还要进行手工工艺训练和学习家政学。

2. 教育内容

学校设有8个讲堂，分别是文法、数学、逻辑学、音乐、天文学、自然科学、伦理学和神学。若将它们加以分类，分属智育、美育和德育的内容。体育则是闲暇时间进行的活动。

(1) 智育。文法、逻辑学（论理学）、数学、天文学、自然科学和神学均是为增加学生的知识而设的。在学校之外，人们还可接受医学和法学的知识。

文法讲堂按学生的不同年龄分为文法和古代语言、演讲术和现代语言三个部分。在第一部分中，学生通过忠诚、祈祷和歌唱学习希伯来语、希腊语和拉丁语。学习重在理解，有必要把自己所不理解的东西译成方言；反对教师用生涩的语言教给学生不懂的内容，反对死记硬背。作者认为灌输给孩子们不懂的东西，强迫他们去记名目繁杂或数目太多的学科，会损害他们娇嫩脆弱的性格，并且使尚未成熟的思维陷于迟钝。演讲术讲堂用来教会学生运用语言去反驳各种观点，学会演讲的技巧。作者突出强调演讲时应注重神态自然，避免矫揉造作。学习现代语言可以和世界上许多民族相互沟通，同时避免对每一个假想的学者盲目崇拜。其内容为一些专业术语和语法。

论理学是逻辑学的古称，分为教学法、形而上学和神智学三部分内容。教学法的目的在于教会学生对事物分门别类、演绎推理，最后做出判断，认识真理。

数学包括算术和几何学的内容。作者特别推崇几何学，因为它适合人类的需要，并且在实际中具有惊人的效能。比如说，学了几何学，就可以更容易地从事艺术，可以激发人努力地去度量和权衡他们自己，甚至可以对上帝的言行做出评价。

天文学主要学习有关天文的知识和占星学。通过学习天文学，让学生懂得天体的运行与缓慢的转动，认识行星的轨道和它们的位置、星座方位、它们的排列和差别，看得见的星星的数量和大小，以及它们之间的关系。占星学主要是探讨天文现象，并且可以掌握气候变化的规律，可以培养和栽种好地上的庄稼。

自然科学的学习可以使学生发现“物质的构成因素，它们的形状、程度、位置和时间；天体是怎样运行的，它们是怎样显露出来的，各种元素是怎样组合在一起的，它们又是怎样增殖的，动物和植物为何而生长，金属有什么用处”。与此同时，这门学科还涉及历史。作者强调把历史真实地写下来，使后代有可能原原本本地了解过去的历程。在他看来，学习历史可以使人温和、谦恭和细致。他强调学习教会的历史，尤其要学习基督城的历史。

神学的课堂主要包括两部分内容。第一部分是理论知识，学习《圣经》上的知识，理解《圣经》的含义，然后虔诚地仿效，并用上面的论点武装自己。第二部分为神学的实践，通过实践使学生学会祷告、深思和经受考验，目的是认识到上帝的奥秘，成为合格的基督徒。

开设医学的目的在于深入探究各种疾病及治疗术，还要对超越正规学校所提出的问题给予指导。在实施方面，医生一方面向公民提出禁酒和体操锻炼的建议，另一方面提供外科手术的训练及对人的身体提供诊视。

至于开设法学，“并不是出于需要，而是出于荣誉”。目的是为政治的管理机构服务，对充满平等和诚实的罗马法律做出解释，同时亦为他人抄写提供材料。

(2) 美育。作者特别强调音乐的教化作用。音乐可以陶冶人的身心，因为“没有什么别的东西能够和如此雄壮的音乐相提并论。因为当圣灵的宠爱、作曲的成功、歌词的动人、协调音响的力量融为一体的时候，其结果必然会产生巨大的魅力”。同时音乐把基督教的主要论点、正直生活的榜样、最值得牢记的事迹都内化到人的心灵中去。

音乐的教学从声乐和器乐着手，根据学生的性别和年龄对声音做了精确的配合。城内成立合唱队，在城市里走街串巷。学校里的人全都加入游行队伍，每个星期一次，节日另加。每个学生都可以根据其爱好，自由选择乐器，包括古琵琶、小提琴、竖琴、风琴等应有尽有。

美术教育也无处不在。基督城另设了一间供绘画艺术用的工作室，并且城市里到处都有图画装饰。另外，名人的图片和雕像随处可见，他们英勇的气概和独创的事业激励青年奋发有为，努力去仿效他们的美德。

(3) 德育。德育的主要内容是有关伦理学的。注重培养人类的一切美德，包括谨慎、正义、公道、勇敢以及诸如此类的品质。

3. 教学方法

教师在辅导学生学习文法时，应该由易到难，理解了之后再进一步学习；反对死记硬背；强调理论学习和实践相结合，尤其是在学习自然科学和神学、医学时。

直观教学法在教育中起到了巨大作用。教师利用一连串图片来吸引孩子，引导男女少年思考，也使青年受到教育。与此对应，与智育内容相关的教育设施有实验室、解剖室、药品供应室、绘画和图片工作室、数学实验室等，让学生在这些实验室中接触实物，更形象地认识事物。如在自然科学的实验室里，各种自然图片都画在墙上，有天空的万千气象、地上各个地区的气象、不同种族的人们、动物的画像、生长发育的万物的形态、各种等级的石头和宝玉。通过接触这些直观的东西，可以使认识更深刻，因为“通过眼睛来接受教育比起通过耳朵来接受更容易些”。

“做中学”也是教学法中所推崇的。从化学实验室的仪器设备，我们就可以了解。在那里，配备有最精巧的炉子、化合与分解物质用的各种机械装置。学生可以通过这些设备了解金属、矿物、植物的性质。

4. 其他各类教育

基督城中很重视家庭教育。孩子们从很小的时候起就做祷告。所有的孩子都由父母带到公众礼拜处，以使他们从牙牙学语的时候起就学会赞美上帝。注重家庭的榜样给孩子以熏陶，使他们受到道德传统潜移默化的影响，从而具备良好的品德。在这样的教育下，并没有出现因为门第显贵而堕落的英雄后代。

社会教育也得到重视，从图书馆、档案馆和绘画图片工作室的设置就可以看出。图书馆面积相当大，里面藏有无数种类和非常精彩的文学艺术作品，并且分门别类。所有的公民均在这里阅读。最受欢迎的书是神学书籍，但人们也不排斥其他书籍。他们广泛地阅读书籍，追求真正的知识。档案馆专门用来保存国家的法院记录、法律和国家公布的条例。公民可以从各个时期的编年史了解先辈的言行，并且将此与目前完成或正在完成的业绩加以比较，做到有则改之，无则加勉。城市中到处可见的图画和雕像也是社会教育的题材，激发青年奋发向上；城中每周一次的合唱团演唱，也可以说是社会教育的一种方式。

（郑春芹）

10. 培根

新大西岛 1627年*

培根（Francis Bacon，1561—1626）是英国哲学家，英国唯物主义和整个实验科学的真正始祖。他出生于一个新贵族家庭，1573年进入剑桥大学三一学院读书，表现出卓越的才智和独立思考的精神，对经院主义课程表示不满。尽管培根25岁时已被选为国会议员，但在伊丽莎白时代一直没有得到擢升。詹姆士一世即位后，他担任过检察长、掌玺大臣和全国大法官等职。在担任政界职务的同时，他并未放弃著述活动和对科学的探求。1621年，培根被人控告贪污受贿而被迫离开政界。此后，他更加致力于自然科学研究和著述。他撰写过《学术的进展》（1605年）、《新工具》（1620年）、《新大西岛》（1627年）等著作。

《新大西岛》（*New Atlantis*）是培根晚年未完成的一部著作，死后第二年由他的秘书罗莱博士整理出版。该书描绘了培根所理想的科学主宰一切的社会图景，提出了富有浪漫主义色彩的科学教育方案。

一、新大西岛——理想的乌托邦国家

在《新大西岛》中，培根首先描绘了新大西岛的情况。当地人称新大西岛为“本色列岛”。它的面积为5 600平方英里，大部分土地特别肥沃。

一位名叫所罗蒙那的国王治理着这个与外界隔绝、不为人知的岛。作为国家的立法者，国王所罗蒙那宽仁大度，广行善政，一心一意为他的国家和人民谋幸福。他使得这个国家可以自给自足而不需要外邦人的帮助。他唯一要做的就是，永远保持这个国度的兴盛繁荣景象以及人民现在已经获得的幸福生活。

由于国王所罗蒙那的贤明统治，在这个国家里，人们最大限度地尊重和利用科学。政府的成员都是地质学家、生物学家、物理学家、化学家、建筑学家、心理学家、社会学家、经济学家、医学家、哲学家等。概括地说，政治家也就是科学家。

正因为如此，新大西岛繁荣兴盛起来，成为一个富强的国家。它拥有强大的武力、无数的船舶和大量的财富。它的船舶可以用于航行、捕鱼、各个港口之间的运输。

在新大西岛上，人民的品性坚贞纯洁，并充满了虔诚和人道主义精神。这里没有妓

---

* 本书中译本，何新译，北京，商务印书馆，1959。

院、娼寮和妓女，也没有任何那一类的东西；相反，存在着一切美德。如果家庭成员之间有什么不和或者争端，就予以消除和和解；如果家庭里的任何人陷于痛苦或者贫困，就予以解救和提供生活上的帮助；如果家庭里的任何人为非作歹或者趋于堕落，就予以责备和惩罚。总之，新大西岛的道德是高于欧洲的，世界上没有一个地方能再有像这里所见到的忠诚信实的友谊。

由于新大西岛这个国家派人到世界各地去搜集其他国家的情报，所以对外边的世界大部分都熟悉。但它也保存了所有的人道主义精神，对所有遭到苦难的外邦人都进行照顾和救助。

二、所罗门宫——理想的科学教育机构

培根指出，在国王所罗蒙那的许多光辉事迹中，最突出的是所罗门宫的兴建和创办。所罗门宫有时也称为“六日大学”。它是一个教团、一个公会，是世界上最崇高的组织，也是这个国家的指路明灯。作为一个科学教育机构，它是专门为研究自然和人类以及其他一切事物的本质而建立的。

1. 所罗门宫兴建的目的

作为一个科学教育机构，所罗门宫兴建的目的是探讨事物的本原和它们运行的秘密，并扩大人类的知识领域，以使一切理想的实现成为可能。

2. 所罗门宫的设施

为了实现上述目的，所罗门宫具有进行科学研究所需要的各种设施。培根认为，这些就是所罗门宫的财富。具体来说，这些设施包括：

各种深度的洞穴。它们被用来凝结、冷冻和保存各种物体，也被用来埋藏各种各样的胶泥制品。在那里，可以仿造各种天然矿物，并利用化合物和原料以及地下物质来生产人造金属。同时它们也可以作为治疗某种疾病和延年益寿的场所。

各种不同位置和不同高度的高塔。其中有一些高塔建造在高山上，它们被用来观察诸如风、雨、雪、雹和其他突变的气象情况。

面积很大的咸水湖和淡水湖。它们被用来养鱼和水禽。有时在那里也埋藏一些自然物体。有时可以应用科学技术从盐池中汲出淡水或把淡水变成盐水。

人造井和温泉、疗养院以及放有各种药品的浴池。它们被用来治疗各种疾病和保持健康，祛除身体的过度疲劳，增强体质，延年益寿。

宏大宽敞的建筑。它们被用来做气象研究，进行降雪、降雹、降雨、打雷和闪电等实验。

各种巨大的果园。它们被用来进行土壤的实验和各种嫁接的实验，应用各种技术使树木花草长得更好，并更快更多地结出果实来。

许多养着各种鸟兽的动物园。在做观赏之用的同时，它们被用来进行解剖和实验，并把得到的知识应用到人体上。在那里，仅可以在这些动物身上实验各种毒素和药品，而且可以应用各种技术进行生长、繁殖和杂交等实验。此外，在池塘中养的鱼类身上，也可以做实验。

酒厂、面包房和厨房。它们被用来做各种精美的酒类、面包和肉食品。人们食用了这

些酒、面包和肉食品，可以长时期不饿，或者可以使身体更为结实、健壮并富于灵活性。

药房和药店。它们被用来配制各种各样的药品。人们在配制过程中进行最完善的过滤和分析，并使用正确的配制方法，以使配成的药品如同天然产品一般。

各种各样保持不同温度的熔炉。它们被用来做仿造的太阳热、天体热以及其他热力产生的实验。

光学馆。它们被用来做各种颜色的光线和辐射的实验，或者增加光的强度而使它照射得更远，或者使光线具有各种颜色，或者用比现在所用的眼镜更好的办法来帮助视觉，或者人造彩虹、日月晕和光圈，或者使物体的光柱发生各种反射、折射和复光。

音乐馆。它们被用来做各种声音和发音的实验，或者弹奏各式各样的乐器，演奏出柔和动听的乐曲，或者表现和模仿各种语言的发音以及各种鸟啼兽叫，或者利用助听器来帮助听觉，或者设法把声音传到不同的方向和不同的距离。

香料室。它们被用来仿造各种各样的香味。

机器馆。它们被用来制造各种各样的机器和工具，或者制造各种武器军械、火药以及供观赏和使用的各种各样的焰火，或者制造机器人、机器兽、机器鸟、机器鱼、机器蛇，或者制造其他各种非常匀称、精美和细致的机器。

数学馆。在那里，拥有制造得非常精美的几何学和天文学的仪器。

幻术室。它们被用来表演各种魔术、幻影、幻法和假象并揭露其秘密。但是，严厉禁止使用骗术，以使人们看到事物的本来面目。

3. 所罗门宫成员的工作和任务

在所罗门宫里，其成员都是热心从事科学研究的人。培根指出，这些人的工作和任务是不同的。有的人到国外搜罗书籍和论文以及各种实验的模型；有的人专门收集各种书籍中所记载的实验；有的人收集所有关于机械工艺、高等学术的实验和不属于技艺范围的各种实际操作方法；有的人从事有用的新的实验；有的人把各种实验制成图表并从中得出知识和定理；有的人专门观察其同伴的实验，并从中抽出对于人类的生命、知识和工作实际有用的东西，以及能清楚地说明事物本原和预见未来的方法；有的人从事于新的、更高级的、更深入自然奥秘的实验；有的人专门执行计划中的实验并提出报告；有的人把以前实验中的发现提高为更完全的经验、定理和格言。

此外，在所罗门宫里，还有许多学徒和实习生，以及大批的男女用人和侍者。培根认为，对学徒和实习生要不断地进行训练和教育，以保证能够源源不断地接替所罗门宫从事科学研究的人员的职务。

4. 所罗门宫的规章和仪式

培根指出，对于每一个有价值的发明，所罗门宫都要为它的发明者竖立雕像，并给以优厚的和荣誉的奖赏。因此，在所罗门宫里，有两条很长的、美丽的走廊，其中一条陈列着各种特别新奇而有价值的发明模型和样品，另一条陈列着主要发现者和发明者的雕像。

与此同时，每天都用赞美诗和乐曲以及祷文歌颂上帝有奇妙的创造，并赐福给人们，使人们劳动成就更辉煌和神圣而有用的事业。最后，对全国的主要城市进行巡视和访问，并发表那些好的、有用的新发明，以及预告各种灾情并指示人民如何进行防御和救治。

通过对所罗门宫四个方面的描述，培根以丰富的想象和卓越的智慧向世人展现了他的科学教育理想，其中有许多科学的预见以后都实现了。

（单中惠）

11. 夸美纽斯

大教学论 1632 年*

夸美纽斯（Johann Amos Comenius，1592—1670）是 17 世纪捷克教育家，生活于欧洲宗教改革爆发以后的动荡时期。他经历了民族压迫、宗教迫害和“三十年战争”的磨难，一生背井离乡、颠沛流离，但始终没有离开教育工作岗位，亦从未中断教育理论研究和编写新教科书的工作。由于他曾长期担任中学的教师和校长，得以将教育实践、实验、经验总结和创造性的教育理论研究结合起来。在夸美纽斯生前，他在教育实践和教育理论研究上的卓越成就已蜚声国际，其教育活动和学术活动的足迹遍及波兰、捷克、匈牙利、瑞典、荷兰、英国等国。夸美纽斯的著作多达 256 种，《大教学论》是其中的重要代表作。

《大教学论》（*Didactica Magna*）出版于 1632 年。其内容远远超出了“教学”的范围，实际上是一本系统的教育学著作，堪称近代教育学的奠基之作。斯皮尔曼（C. C. Spielman）指出：“倘若各时代关于教育学的著作全丢了，只要留得《大教学论》在，后代人便仍可以把它做个基础，重新建立教育的科学。”

《大教学论》全书 33 章，可以划分为 6 个部分：(1) 总论：第 1～14 章。讨论人生的目的，教育的目的、任务、效能和重要性，普及教育的意义，旧教育的缺陷，教育改革的必要性，探索教育教学普遍规律以及教学理论的根本指导思想。(2) 体育保健：第 15 章。(3) 教学理论：第 16～22 章。这一部分是本书的精华所在，讨论了教学的根本指导原则：自然适应性，各种教学原则、规则和方法，教学组织形式，班级授课制以及各科教学法。(4) 德育论：第 23～26 章。(5) 学制系统及各级学校的课程设置：第 27～31 章。(6) 结语：第 33 章。

一、总　论

第 1 章可以看作全书的绪论或引言。“人是造物中最崇高、最纯粹、最卓越的”这一标题反映了作者的人文主义世界观，它驱散了原罪论的阴影，歌颂生命的意义。这是夸美纽斯的全部教育思想的理论基石之一。

第 2～4 章从人生的目的探讨教育的目的和任务。虽然夸美纽斯还沿袭了人的今生是为永生做准备的旧观点，但是他的思想具有鲜明的时代色彩，和中世纪的世界观已经有了重大区别。中世纪的基督教会提倡抛弃今生的幸福，以期死后进天堂；夸美纽斯则主张热

---

* 本书中译本名为《大教学论·教学法解析》，任钟印译，北京，人民教育出版社，2006。

爱生命，珍惜今生的幸福，充分利用现世的人生，这才是为永生做的最好准备。夸美纽斯终生奋斗的目标是“使基督教社会可以少些黑暗，少些困扰和纷争，而是相反地增加光明、秩序、平和与安宁”。他把教育青年看作对国家最伟大的贡献。

既然立脚点在于今生，在于现世的生活，那么教育的任务就是知识、德行和虔信。这是一个崭新的观点。旧传统认为一切真理已经在《圣经》中提出，上帝已准备好了一切真理，独立思考和研究现实世界是犯罪；夸美纽斯则将认识自己和万物、培养俗世道德放在首要地位，而将虔信置于末位。他指出，人是理性动物，是一切造物的主宰；他必须认识自己、认识万物，要唤出万物的名字并推考世间的一切事物；要知道世界的构造和各种运行的潜力；要知道时间、太阳运转与季节变换、星辰的位置；要了解生物的个性和野兽的凶猛；要知道植物的种类与草根的效能。人能认识万物就能当之无愧地被称为理性动物。人要主宰万物，使万物为己所用，就要使自己的行为来得高贵，即来得庄严与正直，以保持天赋的尊严。他应管束自己的行为，平等对待一切人，顾念到邻人的利益。

认识万物，使万物为人所用，这是夸美纽斯研究泛智学、提倡自然科学的思想基础。

第 5～7 章讨论教育的可能性、必要性和早期教育的重要性。夸美纽斯深信人接受教育的可能性。他认为，人是自然能获得一种关于万物的知识的。我们的心理不独能攫取较近的事物，而且也能攫取遥远的事物，不论是空间上的遥远，或是时间上的遥远；它能克服困难，发现隐匿，揭穿遮掩，考究奇秘难究的事物；它的力量没有限度，没有边际。总之，人心的能量是无限的，它上天入地，无所不至，它能测度一切、领悟一切。

我们除了身内有个理性的灵魂以外，还有感官，这些感官可以比作密使或间谍，灵魂得到它们的帮助就可以支配身外的万物，无论何物都不能逃脱它们的注意，宇宙中的事物是没有一件不能被一个具有感觉与理性的人所认识的。

道德可以在人身上培养起来，因为每个人身上都有和谐的根底，人不过是身心两方面的一种和谐而已。在灵魂的运动里面，最重要的转轮是意志；钟锤是那些左右意志的欲望与情爱。转轮装置是理智，它能衡量并决定什么事情或什么地方应当追求或避免，和追求或避免到什么程度。只要理智能控制欲望与情爱，德行的和谐与融合是不会不出现的。

夸美纽斯还将人看作一种和谐，深信人接受教育的可能性，驱散了人的命运已由上帝预定的早期中世纪和加尔文派的宿命悲观论，为正在成长的新的社会力量提供了思想武器。

此外，教育又为人人所必需。凡生而为人的人都有受教育的必要，因为他们既然是人，就不应当成为无理性的兽类。一个人愈是多受教育，便愈能按照准确的比例胜过别人。夸美纽斯还举了几个“狼孩”的例子，说明在兽群中长大而没有受过人的教育的人，他们的智力不能超过野兽的水平。因此，不论愚笨的人、聪明的人、富人、贫民、国王、亲王、官吏、牧师、教师都应受教育。

人的教育应当尽早开始，因为在人身上，唯一能够持久的东西是从少年时期吸收得来的。

学校是人接受教育的最合适的地方。夸美纽斯还在第 8 章论证了学校教育的优越性。夸美纽斯重视学校的观点，不仅是对当时上流社会只相信家庭教育的偏见的批判，而且与他的普及教育的民主思想是相联系的，因为广大平民无钱聘请私人家庭教师，只有公共学校能为他们提供受教育的机会。

第 9 章论述了普及教育的民主思想。夸美纽斯认为一切男女青年都应进学校。一旦工匠、农夫、脚夫、妇女都受到教育，他们便不会缺乏思考、选择、守纪及表现其他良好德行的材料。人人就会知道，人生的行动与努力应该怎样加以调节，应在什么限度之内前进，每个人要怎样才能保护他自己的地位。

第 10 章概述学校的职能。人人从学校中学到的应是存在中的一切最重要的事物的原则、原因和用途，使一个人在人生的旅途中不会遇到任何他所完全不知的事，以至于无法对其做出健全的判断，不能把它纳入正当的用途而犯严重的错误。在学校里面，人人都应学到关于人的一切事项，虽则在日后的生活里，某些事项对于某一个人较有用处，其他事项对于另一个人较有用处。学校还要发展每个人的心灵：智性、意志和记忆，使智性变敏锐与伶俐，使意志的选择不犯错误，使良心渴望把一切归于上帝。总之，博学、德行、虔信应得到协调一致的发展。

第 11 章批评了当时的学校，包括：学校太少，小村庄没有学校；学费太贵，学校是为富人设立的；办理不善，学校成了儿童恐怖的场所及才智的屠场；学校纪律荡然，效率低下，徒然浪费青年的时间；等等。

第 12 章论述了改革学校教育的必要性。第 13 章提出要探索出贯穿于万事万物中的从而也是一切教育教学活动中的根本规律——规则，这是夸美纽斯所追求的理想，即将教育研究从经验的总结和积累上升到理论的高度，寻找规律，这是教育理论发展史上的一次突破，一个新的转折点。夸美纽斯提出的一切教育教学活动的根本指导原则就是模仿自然，以自然为向导（第 14 章）。这是 17 世纪西方自然科学的勃兴对教育理论发展的推动的结果。

二、体育保健

早期中世纪教会提倡贱视生命，视肉体为灵魂的监狱，要求摧残肉体，扼杀生命的欲望，以拯救灵魂。夸美纽斯一反传统，以专章（第 15 章）论述延长生命、爱惜生命、保持身体健康的观点，这是对禁欲主义的摒弃。这一章位于总论之后，智育和德育之前，这是有深刻寓意的，可惜的是语焉不详。后人洛克结合时代需要，在此方面做了深入探讨。

三、教学理论

夸美纽斯在第 16～18 章中总结了丰富、具体、有用的教学经验，包括前人、时人和他本人长期从事实践的经验。夸美纽斯还力图使这些经验总结上升成为规律、理论，使它们从属于一个总的、更高的原则，他所提出的这个总原则就是自然适应性。他认为，在自然、社会和人类的活动中存在着普遍的规律，一切好的教育、教学原则、规则、方法都受这种普遍规律的支配，必须服从（或适应）这种普遍规律，这就是自然适应性。

在第 16～18 章中，夸美纽斯的论证公式是：

（1）先提出一条自然现象的规律；

（2）用自然界的事例说明这条规律；

（3）在人类活动中，园丁如何模仿这条规律；

（4）现存的学校教学工作怎样违反了这条规律而出现了错误（偏差）；

（5）纠正偏差的办法。

下面仅举其中一例，以见其梗概。

（1）规律：自然并不跃进，它只是一步一步地前进。

（2）以鸟的孵化、生长为例说明之。

（3）模仿。建筑师、园丁的活动如何模仿这条规律。

（4）偏差——所以，假如教员不为本身设想并为学生设想，不把他们所教的学科分成阶段，使每一阶段不仅可以直接导入另一阶段，而且每一个阶段都可以在一定的时限内教完，这显然是很荒谬的，会导致诸多不良后果。

（5）纠正。包括以下措施：1）各个班级的一切功课都应该仔细分成阶段，务使先学的能为后学的开辟道路，指出途径。2）时间应该仔细划分，务使每年、每月、每日、每时都有一定的工作。3）时间与学科的划分应该严格遵守，务使无所省略或颠倒。

夸美纽斯的这种论证公式的特点是：

（1）他承认在自然、人类社会和教育教学中存在着普遍的客观规律；

（2）体现了探求教育教学的客观规律、使经验上升成为理论的可贵愿望；

（3）从过去以《圣经》为真理的唯一来源转变到从《圣经》以外、从客观事物中寻找真理，这是一个世界观上的巨大跃进；

（4）中肯地揭示了学校中流行的错误；

（5）总结了正面经验，提出了改革教育的积极主张。

应指出的是，夸美纽斯提出的“自然规律”有许多是肤浅的，另一些只是现象，谈不上规律；他对鸟儿的活动、建筑师、艺术家、园丁的活动的解释也是牵强的。这三章的阅读重点是每个问题中的“偏差”和“纠正”，特别是后者，这是《大教学论》中的精华，应作为研究的中心。

夸美纽斯在这三章中提出的其他教育改革的建议主要有：

（1）教育应从人生的青春期开始；早晨最宜于读书；学科的排列应适合学生的年龄。

（2）关于事物的知识应在关于文字的知识之前学习，作品先于文法，例证先于规则。

（3）使学生在一定的时候只学一件事情。

（4）先学会理解事物，再去记忆它们；教师应知道使悟性变敏锐的方法。

（5）每种语文、科学或艺术必须先教它的最简单的原理，使学生对它能得到一种概念；然后教规则和例子；然后系统学习这门学科，学习它的例外和不规则，然后加以评论。

（6）防止学生中途离校或逃学。

（7）一个班级只能有一种教科书，学生不得和不良伙伴混在一起。

（8）尽一切可能激发孩子的求知欲，教学应减轻学生的苦楚，以排除学习上的障碍。

（9）每一种艺术都应包含在最简短和最实用的规则里面，每一条规则应当用最简短最清晰的字句表达出来，每一条规则应有许多例证。

（10）教学语言应是学生能听懂的语言，德语的学习应先于拉丁语；教材的排列应由近及远；学生应先运用感官，然后运用记忆，然后运用理解，最后才用判断。

（11）尽量减少课堂教学时间，给同样多的自习时间；尽量少强迫学生记忆，只记最重要的东西；功课的安排适合学生的能量。

（12）教学应适合学生的年龄、心理力量和愿望；没有被悟性彻底领会的事情，不可用熟记的方法去学习；在教学生做某件事以前，先向他彻底讲清事情的性质和进行的规则。

（13）不应用鞭挞强迫学生学习，对学科应彻底讲解清楚，使学生了如指掌；尽可能通过感官进行教学。

（14）凡是学生学习的东西，应指明它们在实际生活中的用途。

（15）不学无用的、无价值的东西。

（16）学习每门功课以前，应先引起学生对学习这门功课的兴趣；先讲明该学科的目标、限度和内部结构，使学生知道它的梗概。

（17）彻底激发学生求学的欲望。

（18）一切知识都应该从有关事物的不变的原则去推演；任何知识都不应只根据书本去教，而应该得到实际指证；不仅用分析法，更应偏重综合法。

（19）功课的安排应使后学的依靠先学的，使先学的能靠后学的固定在心灵里；先学的必须成为后学的基础，基础必须牢固。

（20）不仅说明事物的性质，而且说明事物的原因、理由，才能彻底了解事物。

（21）安排温习与练习时，让学生重述教师所讲的内容或把知识传授给其他同学，可以使学习彻底。

第 19 章论述了班级教学制。当时，学校仍沿用传统的个别教学法，即教师一个一个地对学生进行个别教学。宗教改革以后，天主教和新教各派的学校开始试行班级教学制。夸美纽斯大力提倡这种新的教学组织形式并做了理论上的论证和概括，从而推动了班级教学制的传播。夸美纽斯论述的要点是：

（1）把学生分成班级，班级又分成 10 人小组，每组有一个学生进行管理。

（2）绝对不进行个别教学，而只同时一次去教所有学生。

（3）每班有一个教师。

（4）教师站在高高的讲台上，眼光同时看着全体学生，学生不许做别的事，只准用心听讲，只准看着他。

（5）除非全体学生都在静听，否则教师决不可说话；除非他们全在注意，否则不可进行教学。

（6）教师应运用技巧，引起学生的注意，如不断介绍有趣的和实际有用的事物，在开始新学科之前向学生提出问题以激发兴趣，尽可能利用感官尤其是视觉以帮助注意，中途向学生提问，有时向全班提问，让学生有提问的机会，等等。

（7）教导从每年的一定时间开始，学科的划分要使每年、每月、每周、每日甚至每小时都有一定的工作。

（8）文字应当永远和事物一道教授、一道学习。

（9）压缩学科，除去一切不必要的、不合适的材料和细枝末节，只教有用处的东西。

（10）不强迫学生违背自己的意志去学习任何学科，让每个人顺着他自然的倾向去发展。

第 20～26 章分别论述了科学、艺术、语文、道德和宗教的教育教学方法。其中最重要的是第 20 章。在这一章中，作者以唯物主义感觉论的认识论为基础，论证了直观教学的理论依据和实施细则。

作者对感觉经验高度评价，指出知识的开端永远来自感官，所以智慧的开端在于真正知觉事物本身；科学的真实性与准确性依靠感官的证明多于其他一切，从感官得来的知识，我们立刻就可以相信；感官是记忆的最可靠的仆役，通过感官知觉的方法，知识一经获得，永远得以记住。因此，教学中的一条金科玉律就是：在可能的范围内，一切事物都应该放在感官面前。一切看得见的东西都应该放在视觉面前，一切听得见的东西都应该放在听觉器官的面前。假如有一件东西能够同时在几个感官上留下印象，它便应当和几种感觉器官去接触。假如事物本身得不到，便可利用它们的模型图像或者制造范本或模型。在接触实际事物时，应强调事物之间的区别。

四、德育论

关于道德教育部分，夸美纽斯提出包括德行与虔信。有两个必须注意的重点：

（1）在他那里，世俗道德的培养已从宗教教育中解放、分离出来，成为独立的组成部分，而且其地位在宗教教育之前，这是教育思想上的一次大解放。直到 19 世纪，道德教育才取代宗教教育而占据了学校中的主导地位。

（2）夸美纽斯十分重视学校的纪律（第 26 章），声称“没有纪律的学校犹如没有水的水磨坊”。

五、学制系统及各级学校的课程设置

夸美纽斯在第 27～31 章论述了他所建议的新学制以及各级学校设置的课程。

夸美纽斯建议的新学制的特点是：

（1）它是历史上第一次提出的一个最系统、最完整的学制，包括学前教育、初等教育、中等教育和大学（各六年）。划分的依据是“根据学生的年龄和他已有的知识将全部教导划分等级”，循序渐进地进行。这个学制基本上接近于现行各国的学制，充分说明了夸美纽斯的才识和远见。

（2）学前教育的地位得到肯定，并纳入学制。

（3）小学教育年限延长。当时小学没有固定年限，一年、数月或数年不等，带有随意性；每年每天上课的时间也无规定，教育质量毫无保证。夸美纽斯将初等教育延长至六年并使之正规化，有益于推动初等教育的发展及其水平的提高。

（4）普及教育思想。作者提出母育学校与国语学校应收容一切男女少年，甚至拉丁语学校（中等学校）也不应当限定只有富人、贵族和官吏的子弟才能入学，而必须向所有有志向的男女青年开放。夸美纽斯的建议直到 20 世纪才在一些国家成为现实。

（5）保证普及教育的实施，必先普设学校。夸美纽斯主张，每个家庭应当有个母育学校，每个村落应当有个国语学校，每个城市应当有个高等学校（即文科中学），每个王国或每省应有大学。

（6）国语学校位于拉丁语学校之前，这是基于夸美纽斯在第17章中阐明的思想：“一切讲解都用学生所懂得的语言进行”，应把德语“放在前面”，因为它是学生所最熟悉的，“接着才是拉丁语”。这是教育思想上的进步观点。中世纪的学校用学生所不懂的拉丁语作为教学语言，造成严重困难和死记硬背。这样一来，本民族语言受到重视，反映了现代民族的逐渐形成和发展民族文化的要求。

（7）各级学校的课程按统一的要求，做圆周式的排列，即由浅入深地排列，“这些不同的学校并不是要学习不同的学科，而是应当用不同的方法教同样的学科”（第27章）。

（8）夸美纽斯所建议的课程计划大大超出了《圣经》、《教义问答》、“七艺”的狭隘范围，他提供了一种无所不包的百科全书式的知识体系，包括自然、社会和人自身的各种有用的知识。关于现实世界的实际知识已经在课程中居于主导地位，关于上帝的知识实际上已被挤到一个狭小的角落。夸美纽斯后来在泛智学研究中进一步深化、充实了这一思想。这是17世纪西欧处于时代潮流前列的思想，是当时资本主义发展、自然科学勃兴、教育为现世生活服务的思想兴起的必然结果。

夸美纽斯为学前儿童开列的课程包括玄学、物理学、光学、天文学、地理学、年代学、历史学、算术、几何、静力学、机械学、辩证法、文法、修辞学、韵文、赞美诗、经济学、政治学、伦理学的初步知识，其涉及范围之广，是前所未有的，它包括了17世纪西欧已经积累起来的全部知识领域。

夸美纽斯在第28章的最后写道：“应该为父母和保姆写一本手册，将他们的任务明明白白地摆在他们面前……这本书叫作《母育学校宝鉴》，还有待我来写。”又说：“母育学校学习的另一种学习辅助读物是一本图画书，应当把它直接放到儿童手上。”前一本书就是后来的《母育学校》，后一本书就是后来的《世界图解》，前者是历史上第一本学前教育书，后者是历史上专为儿童编写的第一本看图识字书。

第29章论述了国语学校（初等学校）的概况。这一级学校的特点是：

（1）为公立的而非教会设立的学校。

（2）遍设于每个村落，以便于入学。

（3）向一切儿童开放，男女兼收；夸美纽斯批驳了女孩不应受教育的错误的传统观念。

（4）入学年龄是7～12岁。

（5）首先学习本民族语言文学，以民族语作为教学语言。

（6）初等学校学生可以根据需要与自愿学习外语，可在10岁以后开始。

国语学校的课程涉及本民族语文的读、写、说能力及计算、测量、音乐、赞美诗、《教义问答》、《圣经》、道德、经济学、政治学、世界通史、宇宙学，还有各种技艺的最重要原则。

第30章论述了拉丁语学校（中等学校）的课程计划。拉丁语学校在英国称文法学校，德国在宗教改革以后称文科中学。

中等学校课程设置的改革、创新不及初等学校。这是因为，当时的初等学校年限短、学习时间短，教师素质极低，教学内容简陋、贫乏、质量低劣，除了简单的识字，几乎谈不到什么课程计划。夸美纽斯提出的初等学校课程全面、宽广、新颖，令人耳目一新，富有改革、创新的意义。而中等学校的课程，从中世纪以来长期形成的“七艺”的传统变成了固定的框架，牢不可破。夸美纽斯不可能完全废除这个根深蒂固的传统，他只能在接受、承袭这个传统的基础上做局部“改良”，使旧传统和新时代的要求结合起来。因此，我们看到拉丁语学校课程的如下几个特点：

（1）拉丁语学校学生要学习四种文字：本族语文、拉丁文、希腊文和希伯来文。

（2）全部承袭传统的“七艺”，即文法、修辞、辩证法、算术、几何、天文学和音乐。

（3）夸美纽斯不满足于“七艺”，他认为“我们的学生的目标必须比这更高”，因此，还应增设物理学、地理学、年代学、历史学、伦理学、神学。

（4）历史课应贯穿于全部中学六个年级，因为“熟悉历史是最重要的因素，它似乎是人整个一生的眼睛。所以，这个学科在六年之中每个年级都要教，使我们的学生对于从古至今所发生过的事件不至于无知”。

（5）课程安排的先后顺序是：文法放在最前面，因为它是一切知识的钥匙；其次，把学科放在辩证法和修辞前面，因为，应当先研究事实，然后研究事实的组合，从逻辑上看来，内容先于形式，“所以我们必须首先通过观察学习事实。然后或对事实做出健全判断，或者用优美的词句对它们加以阐明”。夸美纽斯在第 16 章中曾说：“事物是主要的，文字只是附属的；事物是身体，文字只是外衣；事物是核，文字是外壳和外皮。”又说，“事物的知识先于关于事物连接的知识”。这种具有唯物主义感觉论因素的观点是前后一致的。他还进一步指出，事物的存在不依靠思维与语言，但思维与语言离开了事物就没有意义。

第 31 章是关于大学的论述。在这一章中，夸美纽斯的主要论点是：

（1）大学的课程应是普遍的，即应学习人类知识的一切部门。

（2）大学必须有精通一切科学、艺术、学部和语文的有能力的教授，能在任何学科上把知识灌输给全体学生。

（3）大学必须有图书馆供大家利用。

（4）进入大学学习的，必须是人类的精英，只有勤劳努力、德行优良的学生才能入学。

（5）大学的入学必须经过公开的考试。

（6）经过考试准予进入大学的学生，可根据个人的天性倾向、教会及国家的需要，集中全部精力于最适合他的天性的学科上，或学神学，或学政治，或学医学。

（7）天分特别优秀的学生，则应研究各种学科，成为具有百科全书式知识的人。

（8）为了给学生学习各种知识提供向导，夸美纽斯建议摘编各种名人名著的提要，使没有时间阅读全部作品的人可以得到一个概念，给有志阅读全部作品的人提供向导。

（9）大学应提倡辩论，就教授的演讲、某种作品进行评判，对教授的讲课也可以提出不同意见。

（10）国家应任命专门的委员会对大学的工作进行检查，以测定教师和学生努力的程度。

（11）大学生活应以旅行结束。

（12）夸美纽斯在历史上第一次提出了建立“学校之学校”（school of schools）或“教学法学院”（didactic college）的大胆设想，这是后世的师范学院的雏形。17 世纪的“奇想”，300 年后成了世界各国普遍的事实。夸美纽斯思想的超前性又见一端。

夸美纽斯的另一本教育代表作《母育学校》（*Mother School*）① 是教育史上的第一部幼儿教育专著，或者更准确地说，可称作历史上第一部家庭幼儿教育专著。该书于 1630 年写成，1633 年正式出版。之所以起名《母育学校》，其意即此类教育机构应带有母亲般关怀幼小子女的特点，母亲应成为幼儿的主要教师。前面已提到，夸美纽斯在《大教学论》第 18 章中曾专门讨论了幼儿父母教育指导和儿童读物的问题。他认为，要想帮助父母和保姆有效地教育好孩子，必须考虑为他们编写一部手册，手册应包括：（1）父母及保姆的教育责任；（2）幼儿教育教学方法。夸美纽斯的上述思想在《母育学校》里得到了详尽的阐述。全书共 12 章，包括：儿童的价值（第 1 章）、父母的责任（第 2 章）、早期教育的性质和价值（第 3、4 章）、智育（第 4、6、7、8 章）、体育保健（第 5 章）、德育（第 9 章）、宗教教育（第 10 章）、幼小衔接（第 11、12 章）。《母育学校》和为幼儿看图识字而编绘的读物《世界图解》（1654 年）一起构成了夸美纽斯对学前教育的重要贡献。它对后来的幼儿教育家福禄培尔、蒙台梭利及杜威等都产生了直接或间接的影响。

（杨汉麟）

① 本书中译文，见任钟印选编：《夸美纽斯教育论著选》，任宝祥等译，北京，人民教育出版社，1990。

12. 弥尔顿

论教育 1644 年[*]

弥尔顿（John Milton，1608—1674）是17世纪英国诗人、政论家。他出生于伦敦一个绅士家庭，1625年进入剑桥大学基督学院攻读，大学毕业后，曾到法国、意大利游历，1639年回国后，曾任克伦威尔的秘书。1640—1660年，他撰写了许多政论文，抨击保皇派，为共和政体辩护。王政复辟后，他已双目失明，但仍克服困难，创作了著名长诗《失乐园》《复乐园》《力士参孙》。后来，它们成为英国文学史上的经典之作。

弥尔顿青年时代曾担任家庭教师达八年之久，并尝试对传统课程加以改革。他开设的课程较之于当时文法学校或公学的课程范围更为广泛，教学的重点也大有改进。由于志同道合，弥尔顿和当时在英国推动新教育思潮的核心人物哈特利布交往甚密，并曾一起讨论教育改革问题。哈特利布对弥尔顿在谈话中发表的改革教育的见解深表钦佩，要求弥尔顿把自己的见解写成文字，于是弥尔顿在1644年给哈特利布写了这封论教育的长信，并于同年发表。

《论教育》(*On Education*) 一文篇幅不长，但内容丰富。弥尔顿认为当时的教育内容陈旧，方法落后，远远不能适应新时代的需要。他认为新教育应把青年绅士培养成体魄健全、道德完美、有广博的实用知识、高度文化修养、丰富实践经验且熟悉武器使用、行军打仗的能文能武的干练人才。为此，他提出了一个教改方案，建议在全国各地创建新型学校——学园，这是兼具中等教育和高等教育双重性质的学校，其中开设的学科无所不包，学生要向各行各业有实际经验的人学习，进行军事训练，使他们在平时能成为各行各业的实用人才，战时则能在军队担任指挥官。这些主张反映了当时社会对新型人才培养规格的需要。

1662年，一批不信奉英国国教因而被解职的教师开始按弥尔顿教育改革的精神创办独立的学园，并于1665年开学。这种新型学校将传统的通才教育（liberal education）和适应需要的实用学科结合起来，成为早于德国的实科学校近半个世纪的具有实科教育性质的中等学校。这种学校在英国日益发展，并传播到国外，成为19世纪美国中等学校的主要类型。

《论教育》大体包括两部分内容：其一是批判传统的封建经院教育；其二是细致阐述了自己的新教育实施方案。后者几乎占了全文的五分之四。

---

* 本书中译文，任钟印译，见任钟印主编：《世界教育名著通览》，武汉，湖北教育出版社，1994。

一、旧教育的弊端

弥尔顿认为，儿童学习的目的是解除因亚当、夏娃堕落而使人类蒙受的原罪，重新获得对上帝的正确认识，由此去热爱上帝、效法上帝。然而旧教育存在诸多弊端，无助于达到这一目的。

（1）学习语言时，不同时学习文字和词语所表达的具体事物，这样就算一个人自夸掌握了上帝在巴别[①]将世人划分成的一切语言，他的学习也是没有实际效用的，他丝毫也不能被看作有学问的人。弥尔顿认为，那种让学生花七八年时间仅仅用于积攒很多蹩脚的拉丁语和希腊语，实在是浪费学生最宝贵的青春年华。

（2）学习语言时，不从儿童的智力水平出发，强迫头脑空虚的儿童写文章、诗歌和演说词。弥尔顿认为，这样做只能是在儿童有了成熟的判断力以及通过长期的阅读和观察使头脑中充满了优美的格言和语汇之后才能进行。

（3）教师教授各学科时，不是从最容易的学科，即最明白地诉诸感官的学科开始，而是给刚入学的新生教最需要理智的抽象的逻辑学和形而上学。这些都破坏了学生学习的兴趣，影响对上帝的理解，不利于形成纯真美德。

二、新教育实施方案

1. 建立新的教育机构——学园

弥尔顿在指出旧教育的弊端后，主张为12～21岁的青少年设计一种完善、丰富的教育，培养他们公正、高尚的品德，使其熟练地履行一切私人的和公众的、平时的和战时的职责。

由于不满意传统文法学校的做法，弥尔顿主张创办一种新学校——学园（academy）。学园一般能容纳130名学生，校内设校长1人，教职工20名。校长应是公认的道德完美之人，有能力履行一切义务或能明智地进行指导以确保工作的完成。

2. 学园的具体活动

学生每天作息及活动分为3部分，即学习、锻炼、饮食。

（1）课程及教法。学园开设的课程包括古代和现代的各种语言、文字课程、自然学科、社会学科、德育课程及写作、演讲课程。这些课程按学生智力发展情况及知识间的相互关系由浅入深、由易到难，循序渐进。

首先是学习语言，包括拉丁语、希腊语、意大利语、希伯来语、叙利亚方言和迦勒底语。学生学的第一门语言是拉丁语。具体学法是：先学习一些当时通用的或修改过的正确文法书中主要的、必需的规则，接着给学生读一些易懂的、使人愉悦的教育书籍。

继而学习算术规则，在游戏中教几何学的初步知识。晚餐后就寝前，专注于学习宗教的简易原理和《圣经》故事。

接下来学习论农业的著作，可先读古代作家的作品，再读现代作家的著作；同时学一

① 巴别，《圣经》上提到的城市名。据《旧约》记载，挪亚后裔要在示拿造一城一塔，塔顶通天。耶和华便变乱他们的口音，使他们的计划破产。后来这些人分散各地，便形成了世界上的各种语言。

点地球仪和各种地图的使用要领，先学旧名称，再学新名称；再学一点自然哲学和历史哲学。这样就学完了算术、几何学、天文学和地理学的原理以及物理学的一般要点。此后可转入学习数学，再学习作为工具科学的三角学，并进而学习筑城学、建筑学、工程学和航海学。在自然哲学方面，可学气象学、矿物学、植物学和生物学直到解剖学。再从一些作家著作中学习医学原理，认识气质、体液、节令变化以及如何防治消化不良。在学习自然、数学等自然科学实科方面的知识时，他们可以向猎人、捕禽者、渔夫、牧羊人、园丁、药剂师、建筑师、工程师、海员、解剖师学习有益经验。

道德方面，在学生学了希伯来语后，可阅读原版的《圣经》，能明辨“至善”与“邪恶”；再通过柏拉图、色诺芬、西塞罗、普鲁塔克、利尔修斯的一切论道德的著作和罗克里安著作的残篇，引导他们年轻而柔顺的情感。当他们掌握了关于个人责任的知识以后，就可以学经济学。

接下来应学习政治学，了解政治社会的始末和原因。这之后可以探究法律的原理和司法，首先的和最可靠的是摩西所订的律法，再学习那些受到赞扬的希腊立法者莱库古、梭伦、扎留库斯、查伦达斯的遗篇，进而学习全部罗马的法令——《十二铜表法》直至《查士丁尼法典》，下及盎格鲁-撒克逊法以及英国的不成文法和成文法典。

星期天和每天傍晚，学习神学的最重要问题，以及古代、现代的教会史。

最后，学习历史学、英雄史诗和主题最严肃、最庄严的阿提卡（Attic）悲剧；学习一切著名的政治性演说词；读有关谈话和写作的实用技巧；学习逻辑学、修辞学、诗学；培养写作能力。

（2）锻炼。包括音乐、体育方面活动。锻炼按场所不同分为校内、校外两种。

1）校内锻炼。午餐前，至少有一个半小时用于锻炼和锻炼后的休息。锻炼的内容首先是正确使用武器。可用利刀、尖矛进行防御和攻击的演练。其次是练习各种扭打、角力，以应付进行拖拉、搏斗和扭打的争斗。休息时则听庄重、神圣的协奏乐曲或完整的交响乐；有时伴随着笛子或柔和的风琴音栓唱宗教歌曲、军歌或民间小调。

晚餐前约两个小时，进行军事运动。首先跑步，然后视年龄许可骑马，直到学习各种骑术。做完这些并经检查确认合格后，就让学生在作战、行军、扎营、筑城、攻击、炮击等各种技术方面学习军事学的基础知识，辅以各种古代和现代的战略，以及战术和战争格言，使他们成为好像久经战阵的完美的指挥官。

2）在校外获取其他经验。当学生在室内学习了两三年，已打下牢固基础后，可让他们在稳重的教师的带领下，结伴骑马出游，到各地学习、观察，包括去考察城镇的建筑和耕地的土壤有何优异之处；观察港湾和贸易港口，有时还要出海，远至英军的海外驻地，在那里他们学习航海和海战的实际知识。学生年届二十三四岁时，为增长经验，还可访问参观其他国家。

（3）饮食。弥尔顿对这一部分着墨不多，强调两点：其一，学生最好同室共餐；其二，食物应清淡，有益健康而又花钱不多。

（熊仕葵）

13. 洛克

教育漫话 1693年*

洛克（John Locke，1632—1704）是17世纪英国哲学家、教育家。他出生于英格兰一个自由派律师家庭，年轻时曾就读于威斯敏斯特公学与牛津大学。尽管他是学校公认的优秀学生，但他内心深处对当时流行的古典教学内容和经院式的教学方法却深感厌恶，认为与现实生活需要相去甚远，从而萌生了革新思想。他在大学学的是文科，毕业后也曾担任过希腊文及修辞学教师，但对自然科学（尤其是医学）以及自然哲学却具有浓厚兴趣，与牛顿、波义耳等大科学家交往甚密，曾利用波义耳的实验室从事实验，并取得不俗成果。他先后获得牛津大学的文学硕士及医学学士学位。他的医术在当时英国社会享有盛誉。由于洛克在自然科学方面的造诣，他被英国皇家学会——英国自然科学最具权威的学术机构——接纳为会员。

35岁那年，洛克结识了英国著名政治家沙甫兹伯利伯爵，并受到沙氏的青睐。沙氏聘请洛克先后担任自己的秘书、医生以及孙子的家庭教师。这段执教生涯，使得洛克得以牛刀小试——将自己非传统的教育革新思想付诸实践，获得了较为丰富的教育经验。由于沙甫兹伯利伯爵卷入当时的政治斗争，受到英王迫害，洛克亦受到牵连，不得不到国外避难，直到1688年英国“光荣革命”后，才返回英国。洛克晚年仕途顺利，曾任贸易和殖民大臣。

洛克还是历史上著名的唯物主义哲学家和杰出的思想家。在社会政治观点上，洛克作为“一切形式的新型资产阶级的代表”，坚持维护资产阶级的利益，反对封建专制制度及“君权神授”说，坚持国家起源于契约及自然权利的理论。在哲学上，洛克继承并发展了培根以来的唯物主义经验论，论证了“白板”说，即认为在人的意识内没有天赋观念，人生下来其心灵犹如一张“白纸”，可以在上面任意涂写，观念的发生系外部世界作用于人的感官的结果。这种观点成为他的教育学说的理论依据。

《教育漫话》（*Some Thoughts Concerning Education*）是洛克的教育学代表作。这本书本来是1683年以后他与友人爱德华·克拉克讨论儿童问题的书信，于1693年结集出版。全书的主题是论述“绅士教育”。所谓绅士教育，是指自文艺复兴以来在英、法等欧洲国家出现的一股教育思潮。关于绅士及绅士教育有一个发展过程，其含义和性质在前后各个时期并不完全相同。早期被称为绅士的人须具有贵族身份，故绅士教育实为封建贵族

---

* 本书中译本，杨汉麟译，北京，人民教育出版社，2006。

子弟的教育。洛克生活的时代，英国绅士阶层开始扩大。当时大封建贵族日趋衰落，新兴资产阶级和新贵族（即资产阶级化的贵族）势力日益壮大，并取代传统封建贵族，成为绅士阶层的主体。洛克讲的“绅士教育”指的就是已夺得政权的英国资产阶级与新贵族子弟的教育。由于这些子弟家境富裕，特权意识甚强，教育不当极易成为沾染诸多不良习气的纨绔子弟。洛克作为一位目光远大的资产阶级思想家，对此类教育中的弊病明察秋毫，并基于资产阶级的长远利益，在书中从体、德、智诸方面详细阐述了绅士教育应当采取的措施。

由于当时英国的小学基本上为教会及慈善团体控制，是招收贫民子弟的机构，富人不屑一顾；而面向中上阶层子弟的中学教学内容流于空疏无用，方法不当，弊病甚多。洛克对此十分不满，因此他倡导的绅士教育主要在家庭中，通过父母或他们所雇用的家庭教师去实施。所以他的绅士教育理论基本上属于一种家庭教育理论，其中主要涉及的是幼儿教育及初等教育，小部分涉及中等教育。

《教育漫话》全书共217节，主要分为3部分：第1～30节论述身体保健；第31～146节论述道德教育（约占全书篇幅的一半）；第147～216节论述智育（包括学问、知识和技能等）；第217节为结论。在论述中，也夹杂着有关教育目的、作用等问题的论述。此书在问世后的3个多世纪中，一直在欧美乃至世界各国流传不绝，成为众多教育工作者及父母的必读之书。18世纪，它曾在英国被奉为新型学校办学的“宪章”；在美国，仅19世纪就发行了35版。该书与《爱弥儿》并称为18世纪欧洲儿童教育的经典。

一、健康教育

1. 教育的作用及健康教育的意义

洛克认为，平常的人之所以有优劣之分，或千差万别，均可归因于教育；特别是幼儿期的教育，足可影响人的一生，正如江河的源泉，水性柔和，稍用一点力便可导向不同方向。儿童的心智易于引导就像水性易于引导一样。

心灵是我们应知的主要东西，但外在躯壳也不可忽视，因为健全的心智寓于健康的身体，才有人生幸福可言；我们要功成名就，出人头地，具有强健的体魄是前提条件。

2. 健康教育的具体意见

洛克指出：多数儿童由于娇生惯养而导致身体受到损害，因而在绅士教育中，要尽量避免这一现象的产生。为此他根据自己的医学知识提出关于儿童身体保健的10条建议：

（1）无论冬、夏，儿童的衣着都不可过暖，要让儿童从小养成适应寒热变化的习惯。大月氏人习惯在冰天雪地中赤身露体，马耳他人则习惯在骄阳下干活，就是经过锻炼养成习惯的缘故。在英国这样的气候条件下，家长同样不必过分操心风寒问题，千万不可让孩子在冬天穿得过暖，否则极易导致头痛、感冒之类的疾病。洛克提出：“诚然，我们的身体的确是能够承受一切的，只要从小养成习惯。”

（2）儿童应每天用冷水洗脚或洗澡。用冷水洗脚的好处是：1）增强抵抗力，不易感冒；2）培养坚强的性格；3）预防鸡眼。不过锻炼最好从春天开始，并循序渐进，养成习惯。

（3）学习游泳。会游泳不仅可使一个人获得应付急需的技能，而且其功效类似冷水浴，对健康很有益处。只有一点要注意，即当运动使得全身发热的时候，或在血脉贲张的时候，不可下水。

（4）多到户外活动，多呼吸新鲜空气。即使冬天也应当尽量少烤火，以使绅士子弟的身体适应冷热晴雨的变化。如果老是把少主人放在阴凉的地方，不让他吹一点风，晒一点太阳，这种办法也许可以把他养成一个美男子，但却不能把他培养成一个有用的人才。女孩子的教育应遵循同一原理。

（5）儿童的衣着不可太紧。应让“自然”按照它所认为的最好方式去形成身体。许多儿童因衣着太紧而受到伤害。因为这会导致胸部狭窄、呼吸短促、肺功能衰弱和上身佝偻。

（6）儿童的饮食应清淡而简单。要少放盐、少吃糖、少放调料；幼小儿童宜少吃肉，多吃面包及适当喝饮料。最好的早餐是一大块质量上乘、烘烤适宜的黑面包，进食时宜细嚼慢咽，以便充分吸收。不饿时不得进食。用餐的时刻不必固定。因为儿童一旦养成按钟点进食的习惯，坏了规矩便会犯病。贪杯的习惯对儿童极为有害，要力避烈性饮料。水果可适当选用。

（7）使儿童养成早睡早起的习惯。因为早睡早起有益于健康，也不会浪费时间，或染上沉溺于放荡夜生活的习惯。7～14 岁的儿童每天适宜的睡眠时间是 8 小时。

（8）儿童应当睡硬床。因为硬床可锻炼体格。此外，睡惯硬床的人出外旅行时不会由于床褥不软而有失眠之虞。儿童的睡床宜经常变化，以适应日后动荡生活的需要。

（9）养成按时大便的习惯。大便通畅对于保持康健意义重大。故对此问题也不可漠视。

（10）不滥用药物及滥请医生。除非绝对必要，对儿童娇嫩的身体应尽量少加干涉。许多疾病只靠少许简单的药物乃至静养就可痊愈，小题大做反而会加剧病情。

二、道德教育

洛克认为，绅士教育包括以下四个方面：“德行、智慧、教养和学问”。道德教育涉及德行的培养、教养和教师。

1. 德行的培养

洛克极为重视道德教育。他说：德行是人生最重要的、最不可缺少的品德，缺乏德行就无所谓人生幸福可言，因为缺乏德行的人不可能被人瞧得起，也难以取得事业的成功。

洛克认为，一切德行和价值的伟大原则和基础在于，一个人能够克制自己的欲望，能够不顾自己的爱好而纯粹遵从理性认为是最好的指导，以便为自己谋取更大的人生利益。

为了培养良好的德行，洛克提出了以下主张：

（1）注重早期教育，反对溺爱。一般人教养子女有个重大错误，即儿童的早期教养没有得到及时而充分的注意，儿童的精神在最柔软、最易于支配的时候没有习惯于遵守约束，服从理智。父母爱护子女本是一种义务，但这种爱如果摆脱了理性就很容易转变成溺爱。不少父母常常连子女的过失也放纵不管，结果导致孩子学会打人、骂人，随心所欲，无法无天。由于父母小时候把孩子的性格宠坏了，到他们长大后，必然会缺乏理性、任性固执、桀骜不驯、放荡不羁。此时他们想拔除他们亲手种下的杂草也许已为时太晚，因为这些杂草已根深蒂固，不容易去除了。故当儿童年幼时父母教育不当，等于是在“污染源泉”，在儿童身上播下邪恶的种子，使之离开德行的大道。

洛克还细致分析了儿童的需要及父母应如何正确处置。

1）穿衣。人穿衣的目的是遮羞取暖，保护身体，可是在有些目光短浅的父母误导下，衣服被他们的孩子看成“虚荣与斗胜的工具”。他们教子女为了贪图漂亮而去盼望一套新衣服；当小女孩被新衣帽打扮起来后，她的母亲感到如果不去叫她几声“小皇后”“小公主”，教她赞美自己，似乎就辜负了新衣。按照这种方式对待孩子，孩子长大后必然崇尚浮华、虚荣、时髦，并导致华而不实。

2）需要。父母应仔细地区分儿童“嗜好的需要”与“自然的需要”。孩子说“我饿了”是一回事，说“我要吃烤肉”又是一回事。对于“自然的需要”，成人应当设法满足，但是对“嗜好的需要”则绝不可满足，儿童哭闹着要求得到的东西尤其不可满足。采取这种办法可帮助儿童学会忍耐、克制、谦逊、顺从。

3）啼哭。儿童的啼哭有两种，一种是不屈的、跋扈的，另一种是抱怨的、哀诉性的。第一种啼哭常常是无理取闹，是儿童蛮横或顽劣的公开宣告，是因为自己的某种目的没有达到而显示的一种抗议。对这种啼哭绝对不可允许。容许这种啼哭，就会助长儿童不合适的欲望。儿童的第二种啼哭的确是遭受了某种痛苦和不幸，家长和教师应予以同情，并尽力帮助，但不能流露出怜悯的感情，否则就会使他们的心理变得脆弱，痛苦更加扩大。“人生的磨难很多，要求我们不可对每一样轻微的伤害都过于敏感。”啼哭可以使儿童变得脆弱，所以要加以阻止。要从小训练儿童具有坚强的意志，教育他们以斯巴达儿童为榜样，善于忍受痛苦和磨难。家长有时甚至不妨故意使儿童受点痛苦，在这样做时要求儿童不畏缩、不抱怨。

（2）慎用体罚、训斥。洛克主张对儿童加以认真管束，不得溺爱，但这并不意味着对儿童过分严厉乃至滥用体罚。他认为体罚是教育上最不适用的一种办法。其弊端是：体罚只能使儿童遭受皮肉之苦，并不能消除他们不正确的思想，一旦教鞭不到之处，他们会愈加放任猖狂。体罚如果不导致任性，则可能导致更恶劣、更危险的心情沮丧的毛病。驯良死板的儿童，既不会吵闹，也不会使成人受到任何烦扰，但是这种儿童终生对于自己和别人都是没用的，较之行为放荡的青年更无价值。

除体罚外，责骂的效果也是不好的，可能降低父母的威信，减少子女对父母的尊敬。因此儿童干了一般的错事，只消给点眼色即可，需要责备时，话语应当严肃、和蔼而庄重，并耐心讲明道理，而不可胡乱骂几句了事。

洛克并不主张完全取消体罚。他认为儿童只有一种过失应受鞭笞，那就是顽劣、反抗，故意和父母做对。他强调鞭笞是惩罚儿童的方法中最坏的一种，只有在其他方法都不奏效的极端情况下才可采用。不打则已，要打就要完全制服儿童，使之顺从为止。通过鞭挞制服儿童、树立父母威信之后，便可采取一种严肃之中富有和蔼的方法，把它永远保持下去。

（3）正确运用奖励。奖励和惩罚对于儿童的心理是最有力量的一种刺激，如运用得当，有很大教育作用。但物质引诱不可取。成人不宜拿金钱、糖果或其他物质作为动力去鼓励儿童学习或从事其他他们应干的事情，因为这会激起儿童一种不良的欲望、嗜好，甚至误入歧途。可采用“称誉”的奖励方法。儿童对于称誉是极敏感的。他们觉得被人看得起，尤其是被父母及自己依赖的人看得起是一种快乐。儿童做了好事，可爱的事物应“伴随来到”，这不是物质刺激，而是良好行为的必然后果。

（4）通过实践养成习惯。在教师监督下，教儿童反复练习某项行为，以期养成习惯，这是一种益处颇多、值得倡导的做法。因为习惯一旦养成之后，会很容易地发挥作用，较之理智“更加深刻、持久”。在培养习惯时，教师应和颜悦色地劝导，而不是疾言厉色地责备，同时一次培养的习惯不可过多，否则欲速则不达。

（5）说理教育。“说理”是对待儿童的真正办法。“儿童一到使用语言之日，就是明了道理之时”，因此“无论对于应在他们身上激发的德行，还是应远离的过错，无不可以用道理说服”。在大多数情况下，温和地据理劝说比起运用“权力”或“命令”来，效果要好得多。但说理时要注意的是：一是不要长篇大论地说教；二是教育者态度要镇定，举止要温和，要使儿童感到你的话是合理的、有益的及必需的。

（6）榜样教育。在各种教导儿童的方法中，“最简单易行且富有成效的方法是：将儿童应做出或是避免做出的事情的榜样放到他们跟前”。采用榜样的办法并加以口头上的开导，必定能使儿童“懂得更清楚，印象更深刻，这是任何规则及教训都无法企及的”。道德教育与其依从规则，不如根据榜样。耳闻不如目见，儿童的举止大多是通过模仿得来的，没有任何事情能像榜样这样温和而又深刻地打进人们的心里，因此榜样教育不失为“一个最好的办法”。在这样做时，家长和教师应以身作则。另外，家长要为子女慎选伴侣，因为伴侣影响极大，“染于青则青，染于黄则黄”。

2. 教养

在对“德行”做了详细阐述之后，洛克进而论述了与之密切相关的“教养”问题。洛克讲的教养，主要指礼貌、礼仪、礼节与风度。他认为，美德是一个人精神上的宝藏，教养则使之生出光彩，故教养堪称一个绅士必备的“第二种美德”。

洛克指出，礼貌是青少年所应特别小心地养成习惯的“第一件大事”。儿童见人应“脱帽与退步致敬”，举止要合度，符合其身份，容貌、声音、言辞、动作、姿势以及整个外表的举止都要优雅合礼。儿童应学做一个高雅、友善、殷勤的人，举止有丈夫气概，谈吐能镇定自如，在这些方面做得好就叫作有教养。

教养、礼仪不良的表现有：“忸怩羞怯”“轻狂放肆”，以及对别人显示出“粗暴”“轻蔑”“非难”“刁难”等。务使儿童不受到它们的不良影响，或使儿童从它们的不良影响中自拔出来。

3. 教师

为了使绅士子弟具有良好的德行，洛克对家庭教师也提出了要求。他主张家长要不惜花高薪聘用一位优秀的家庭教师，在这方面的投入是绝对值得的。教师“不一定要是个通儒”，但应娴于礼仪，深知世故人情，“懂得他所置身时代的人们的行径、气质、愚蠢、奸诈及其他缺点”。教师的重要工作在于：（1）使学生养成良好的风度、健康的心理；（2）使学生养成良好的习惯，怀抱德行与智慧的原则；（3）将人世间的美丑善恶向学生揭示，并使学生喜爱与模仿优良的、值得称誉的行为；（4）在学生形成良好行为时，给予力量和鼓励。

三、知识与技能教育

1. 学问在教育中的地位

在洛克的绅士教育体系中，智育也是为培养有健全精神的绅士服务的，较之于德育，智育则处在一个较次要的地位。他认为，一个有德行、有智慧的人比一个“大学者”更为可贵，父母在教育子女时，切不可只想着拉丁语与逻辑等古典学问，知识学问只有能作为辅导更重要的品质，即德行与智慧时，才可去追求。

2. 书本知识的学习及教学方法

在学习书本知识方面，洛克提出的科目有阅读（包括《伊索寓言》、祷词、教义、十诫、《圣经》等）、写字、作文、作诗、修辞学、逻辑学、图画、速记、法语、拉丁语、地理、算术、天文、几何、历史、伦理学、法律和自然哲学等多种。尽管如此，绅士需要的是“事业家”的实用知识，不要求他们成为“专门学者”。

洛克同意语文知识对于各种身份的人都有用处，但他批评英国当时的学校本末倒置，让儿童在他的最好的年岁里拿出七八年乃至上十年的工夫去苦学外国过时的、毫无实际用处的希腊文和拉丁文，而没有留心去增进青年的国语能力，以便纯熟地掌握国语。这是舍本逐末。至于拉丁文等古典学科的学习对于一个绅士子弟来说虽是“绝对必需的”，但“极不重要”，因为并不常用。至于现代外语，儿童应当学习当时欧洲上流社会开始流行的法语。此外，儿童学习文字的同时，也可以学习“种种科学的知识”。绅士要外出旅行，做生意，故应学习地理，有了地理知识后对于学习历史也颇为有益。算术在生活与工作的各个部分的用途都很普遍，差不多没有什么事情离得开它。天文学可以教给儿童各种星座的形象与位置以及哥白尼的学说，向他们解释行星的位置，每个行星距离它们围绕旋转的中心——太阳的远近，从而使他们懂得行星的运行及其学说。几何课主要学习欧几里得的一部分数学著作。历史是绅士和事业家应该研究的，因为它能使人懂得整个时间的进程和历史上的几个大时期，它“最能给人教训”。绅士应懂得他本国的法律，“一个绅士无论身在何处，法律都是须臾不可或缺的，从一个保安官一直到政府部长，我知道没有一个地方的人缺少了它会感到踏实”。

洛克在论述学习内容的同时，也谈到教学原则和方法等方面的问题。

洛克认为，不能强迫儿童学习，不可把学习当作儿童的一种烦恼，反对教师用斥责和惩罚的方法去使学生注意。他说，“教师不可把自己当成惊吓鸟儿的稻草人，使学生总是在他们的目光下战栗”；教师“不能在一颗战栗的心灵上写上美观平正的文字，正如你不能在一张震动的纸上写下美观平正的文字是一样的道理”。要激发儿童的学习积极性，使他们自己去要求学习，把求学当成另外一种游戏或娱乐去追求，幼儿可在游戏中学习。教师的教态应慈祥和蔼，使学生因此容易接受教导，热爱学习。

教孩子“要从明白简单的地方开始”，一次不可学得太多。“教师的重大作用和技巧就在于尽力使得一切事情变得容易”。为此，教师应帮助儿童克服学习中的困难，同时教师“也可以故意设置一些困难，去激发他们努力，使他们的心理习惯于竭尽全力去推理”。教师还应要求学生每天记住一些值得记住的事情，以迫使其经常用心。这是他们所能养成的最好的智能上的习惯。

洛克认为，应当鼓励并尽量满足儿童的好奇心，因为儿童的好奇心是一种追求知识及自我完善的欲望。为此，可采取以下教育措施：（1）对于儿童提出的任何问题，教师都不可制止或讥笑，而应根据儿童的接受能力，耐心解释，力求使之清楚明白。（2）教师除了认真答复，还应称誉，以鼓励儿童求知的积极性。（3）教师回答问题不可虚妄，不可以假话搪塞。

3. 技能教育

除了文化知识的学习外，洛克还倡导技能教育，在技能技艺方面，可以学习跳舞、音乐、击剑、绘画、园艺、细木工、熏香、油饰、雕刻、铁工、铜工、银工、刻板、琢磨、镶嵌宝石、琢磨光学玻璃、商业算学（簿记）等。不过在众多的技艺中，绅士子弟只可学习一两种，最多两三种，而特别注重其中的一种。学习技能或技艺的优点除了其本身的价值外，更重要的是可调剂生活、增进健康，此外也可当作正当的娱乐。青年热爱这类娱乐，就会避免沉溺于打牌、聚赌以及酗酒等卑下的娱乐。

《教育漫话》最后谈到的是旅行。旅行是绅士教育的“最后一部分”，出国旅行主要有两大好处，一是学习外语，二是了解外国的习俗、礼仪、法律、政治以及生活方式，从而增长阅历。

（杨汉麟）

14. 卢梭

爱弥儿 1762年*

卢梭（Jean-Jacques Rousseau，1712—1778）是18世纪法国启蒙思想家和教育家。他出生于瑞士日内瓦，父亲是钟表匠，母亲在生下他一周后便离开了人世。卢梭10岁时，父亲因和一位军官发生冲突而被迫逃往他乡，他遂由舅父抚养，并在一位乡村教师那里接受了两年的教育。16岁以后，卢梭开始了流浪的生活。经人介绍，他认识了对他一生有重大影响的华伦夫人。在华伦夫人帮助下，他系统地读了许多书籍，并在文学和音乐方面大有长进。1740年，卢梭离开华伦夫人，经人介绍到里昂的马布里家中担任两个孩子的家庭教师，从而积累了一定的教育经验。1742年，他来到巴黎，先后结识了狄德罗、霍尔巴赫、达朗贝尔和格里姆等启蒙学者，并参加了《百科全书》的撰写工作。1749年，他应法国第戎科学院的征文，撰写了《论科学和艺术的复兴是否有助于敦风化俗》一文，认为文明的进化亵渎了人类善良、淳朴的天性，造成了良知和道德风尚的普遍堕落。此文获得头奖，使卢梭声名鹊起。1755年，卢梭又撰写了《论人类不平等的起源和基础》，明确指出，私有制的产生是人类社会不平等的起源。1761年，他写下了书信体小说《新爱洛漪丝》。小说描写了朱丽和圣·普乐的恋爱故事，歌颂了恋爱、婚姻自由和个性解放的思想，控诉了封建婚姻制度。1762年，卢梭完成了《社会契约论》，意在设计一种理想的，保障人民的自由、平等、财产权和幸福，培育公民道德的国家制度。同一年，卢梭又写下了教育史上的重要著作《爱弥儿》（*Emile*）。

《爱弥儿》这部著作是卢梭应德舍农索夫人之请而写的。书中虚构了出身名门的孤儿“爱弥儿”和他未来的妻子“苏菲”的教育。贯穿《爱弥儿》一书的中心思想是如何培养适合于未来理想社会的新人。这是卢梭一生苦苦思索和追求的主要问题。他曾经说过：“《爱弥儿》一书，构思20年，撰写3年。”他对这部著作也最为满意，认为这是他的著作中最为系统的一部。该书在教育学上的主要贡献是分析了人的发展和外部环境的关系，论述了儿童生理、心理发展的自然进程，倡导自然教育和儿童本位的教育观，为教育科学的建立开辟了道路。

一、自然教育和幼儿期教育

1. 自然教育是人的所有教育中最重要的教育

（1）人的自然本性是善良的，是“文明”的社会使之堕落的。卢梭在《爱弥儿》开篇

---

* 本书中译本，李平沤译，北京，商务印书馆，1996。

就指出，出自造物主之手的东西，都是好的，而一到了人的手里，就全变坏了。人生而禀赋着自由、理性和良心，它们构成人的善良天性。自由是人的最宝贵的本性。在自然的状态下，所有的人都是自由的。只是在进入文明状态以后，人才失去了自由。文明状态为什么会使人失掉自由呢？主要是因为在文明状态下，人们违背了自然法则，滥用自己的自由，使得偏见、权威、需要、先例等制度扼杀了人的天性。

（2）要使人的自然本性得以自然地发展，必须进行自然的教育。人生来是善良的，又是软弱的，人需要力量，需要帮助，需要判断，人的一切需要是由教育得来的。基于这种性善论，卢梭提出了自然教育的原则。他认为由于人的本性是善良的，而且如果能让其自然地发展，则必然趋于善，所以教育应放任人的本性自然发展，教育必须是一种自然的教育。这种教育由自然的教育、人的教育和事物的教育组成。人的才能和器官的内在发展，是自然的教育；别人教我们如何利用这种发展，是人的教育；我们对影响我们的事物获得良好的经验，是事物的教育。每一个人都是由这三种教育培养起来的。一个人，如果在他身上这三种教育相互冲突的话，他所受的教育就是不好的；如果这三种教育是一致的，他所受的教育就是良好的。那么如何使这三种教育不相互冲突而趋向一致呢？卢梭认为，在这三种教育中，自然的教育完全是不能由我们决定的，事物的教育只是在有些方面才能由我们决定，只有人的教育才是我们能够真正加以控制的。因而，只有使人的教育与事物的教育、自然的教育趋向一致，才能实现三种教育的良好结合。

（3）对自然教育目的的理解。从自然教育的目的来看，自然教育不是培养野蛮人，而是培养自由人；不是培养“公民”，而是培养自然人，它培养的人是一个自由的、自然的、独立的、不依附别人的人。因此，从对人性的考虑来看，自然教育不是根绝人的本性或改变人的本性，而是依据对人的本性善良的认识，遵循人的本性法则进行教育。而旧教育目的的主要依据是“人性本恶”。从与人的职业关系来看，自然教育培养的人，不是依附于任何固定的社会地位和职业的人，而是培养一个能够适合于所有人的环境的人。当然，卢梭所培养的自由人和自然人不是完全自私自利的人。从与他人的关系来看，自然教育培养的人既不是为别人受教育，也不是为自己受教育，而是两重目的结合为一个目的。总之，卢梭所谓的自然教育是以儿童的自然倾向为基础的，受儿童的自身发展的法则所支配，培养适应一切环境、适应一切人生活的自由人的教育。

2. 幼儿期应实施自然教育

（1）幼儿期实施自然教育的表现及理由。卢梭十分重视在幼儿期实施自然教育。他认为，幼儿出生后伸展肢体是自然的，而用襁褓束缚幼儿是不自然的，这样会影响幼儿的脾气和性格。幼儿出生后，由保姆哺育和看管是不自然的，而由母亲亲自哺育是自然的，因为形成亲子关系，母亲比保姆重要。母亲给予孩子关心是自然的，不关心或过于关心是不自然的。不关心就是放弃了权利，过于关心“实际上是在给他们准备苦难”。由父亲教育孩子是自然的，如果父亲不能教，则找教师教也是自然的；而由教师教是不自然的，因为教师不拿东西教孩子，而是指导孩子做人。

（2）幼儿期的自然教育应在乡村中进行。应当送孩子到乡村接受自然教育。其理由有：乡间空气好，有益于婴儿的体格发育；乡间人口少，可以更新人类；在乡村可以恢复城市所失去的人的活力；在乡村可以远离城市的不良习俗。总之，在卢梭看来，乡村的自然环境对幼儿的发展是有利的，它可以使人远离城市腐朽的“文明”，保持善良的天性。

（3）幼儿期教育的内容和方法。在幼儿期，主要对儿童进行身体的锻炼，只有身体健康，才能听从精神的支配。卢梭要求幼儿的饮食要简单、清淡，穿着要宽松，而且从小就要接受锻炼。卢梭还主张，这一时期对幼儿进行感官和感觉的教育。他认为儿童出生时就有学习能力，人的学习能力是无止境的。可以在幼儿活动时，让他通过看、摸、听的办法，去发展自己的感官和感觉。这一时期也是幼儿开始学说话的时期，卢梭主张大人不必急于要孩子说话。对于正在说话的孩子，应该让他只听他能够听懂的话。在这一时期，由于幼儿主要是以哭泣来表达自己的需要，因此，也要避免孩子养成役使他人的不良习惯。其原则主要有：不要让孩子滥用自己的力量；孩子有困难时要提供帮助，但只有在真正需要时才帮助；应当辨别孩子的自然欲望，并适当对待。

二、儿童期的教育

1. 儿童期与幼儿期的区别

儿童期的到来标志着幼儿期的结束，但儿童期包括了幼儿期，它是在幼儿期的基础上发展的。在卢梭看来，幼儿是指“不会说话的人”，他们主要是用哭泣来表达自己的需要。而儿童期开始后，他们开始说话，哭的时候要少一些。这是用一种语言代替了另一种语言。而且随着儿童的成长，他们会感到哭泣是没有必要的，他们更多地依靠自己，开始了个人的生活。对于这一阶段的儿童，应当把他们看成是有“心思的人”“会说话的人”。

2. 儿童与成人的区别

（1）在儿童期，让儿童忍受一定的痛苦是必要的，但使整个儿童期成为一个苦难的时期是应坚决反对的，儿童期的教育应是一种快乐的教育。卢梭一方面批评了成人过分保护儿童的做法，指出在儿童期一点痛苦都没有尝过的儿童，长大以后是没有勇气应对痛苦的。但他更严厉地批评了成人减少儿童快乐，经常折磨儿童的做法。指出孩子的童年有其自己的特点，是不能由成人随意安排的；成人在早期对儿童进行教训，害多益少。卢梭强调，在儿童期成人应爱护儿童，帮助他们做游戏，使他们快乐，培养他们可爱的本能。

（2）在人生的秩序中，童年有它的地位，应当把成人看作成人，把孩子看作孩子。卢梭认为儿童期是一个人发展最重要的时期，并把这一时期定为 2～12 岁，共 10 年，这在他对儿童年龄发展阶段的划分上是最长的一段。这意味着儿童应有一个较长、较充分的发展时期。这一时期，儿童的力量还不能够满足自己的需要，因此，他们还比较柔弱，需要依靠成人，他们的主要任务是学会使用自己的力量。成人要理解儿童这一时期的发展特点，关心儿童的现实生活，按照儿童的天性进行教育。

3. 应对儿童进行“依赖于物”的教育

（1）“物的隶属”和“人的隶属”。人有两种隶属：物的隶属和人的隶属。前者是属于自然的；后者是属于社会的。前者不含有善恶的因素，不损害自由，不产生罪恶；后者隶属混乱，罪恶丛生，败坏了人与人的关系。

（2）应对儿童进行“隶属于物”的教育。卢梭指出，如果使儿童依赖于物，就能按照自然的秩序对他进行教育。例如，如果儿童有冒失的行为，只需要让他碰到一些有形的障碍或受到由他的行为本身产生的惩罚就可加以制止。

4. 反对过早对儿童进行理性教育

（1）过早用理性教育孩子是不可靠的。卢梭从人的理智官能与其他官能比较出发，认为人的理智官能是一种综合官能，它在一切官能中最难以发展，过早进行理智教育是把目的当成手段了。从儿童的特点来看，这一时期的孩子还不懂道理，从小对他进行理性的教育会使他养成种种不良习惯，如反抗、虚伪和撒谎。

（2）要按照儿童的年龄来对待儿童。卢梭认为，对孩子讲体力，对成人讲道理，这才是自然的秩序。因此，他强调，要按照儿童的年龄来对待他们。这就要把儿童放在他应有的地位，不宜对儿童采取命令的方式。凡是儿童不应做的，不要禁止，只需提防，提防时也不用向他解释道理；凡是打算给儿童的东西，一要就给，不要等他们提出条件以后再给。

5. 应对儿童进行“消极教育”

（1）进行“消极教育”的必要性。卢梭认为，这一时期应主要对儿童进行“消极教育”。因为，只有到12岁乃至15岁以后，儿童的智慧才可以接受理性，对儿童进行“消极教育”可以使儿童避免染上偏见和不良习惯；另外，这样做还可以使儿童自由地表现自己，有利于全面地观察儿童。

（2）“消极教育”的含义和方法。“消极教育”即要求不必教学生道德和真理，或学习文化知识，而让他的心闲着不用，防止他的心沾染罪恶，防止他的思想产生谬见。其方法主要是锻炼儿童的身体、器官、感觉和发展他的能力。如在儿童产生情感以前，先要形成判断情感的能力；在儿童明白道理之前，先要形成自己的理智。

6. 儿童应通过做事情来学习

（1）通过做事情来学习是儿童获得知识的最基本的途径。卢梭认为，爱弥儿如果要学习知识，应通过做事情来学习。这种方式可以使他对知识的学习有直接的体验，留下深刻的印象。如学习“财产权”的观念，爱弥儿通过与导师一起“种蚕豆”的经历，懂得了“财产权”是指第一个通过自己的劳动而获得的对某物的占有权。

（2）可以利用“自然后果法”教育儿童。儿童在做事情时会出现一些破坏的行为，这时应采取“自然后果法”进行教育，即通过儿童自己行为的后果来教育儿童。如一个儿童弄坏了他所用的东西，教育者先不要修理，而是让儿童感到没有这种东西所带来的不方便，让他感到痛苦和心烦，最后再修理。卢梭指出，在用“自然后果法”教育儿童时，要注意应把惩罚孩子不良行为的后果与惩罚孩子本身区分开来，不能为了惩罚孩子而惩罚孩子。

（3）事物学习与符号学习的区别。事物的学习主要是通过儿童自己做事情获得的。他反对用符号的学习来代替事物的学习。认为这一时期的孩子容易接受形象的东西，很难接受符号的东西，而让孩子的头脑中记住许多符号是没用的。儿童会产生极其危险的偏见，会把一些根本不懂的话作为学问，不明白其用途，丧失了自己的判断力。因此，在这一阶段，儿童不应读书。

7. 让孩子成为学习的主人

（1）让孩子有学习的欲望。对于儿童的学习，先要让他们有学习的欲望，然后再学习各种方法。如何使孩子产生学习欲望？卢梭指出，现实利益是最大的动力。要让学习的东西与儿童自身的利益发生联系，要学习有用的东西。

（2）让儿童按照自己的思维和能力学习。旧教育的一个主要特征是儿童用自己的身体和别人的头脑来生活，而新教育的主要特征是儿童用自己的身体和自己的头脑来生活。它可以使儿童注意与他有直接关系的事物，通过自己的观察、记忆、推理来学习。

（3）培养儿童成为学习主人的技巧。教育者在儿童管理上有两种不同的方法，一种是表面上你做主，实际上是儿童做主；一种是表面上他做主，实际上是你在做主。教育的技巧主要是如何让儿童支配自己的意志，同时又让他听从你的教育。方法主要有：给儿童一定的自主权，让他认为自己在做主；让他自己想办法解决问题，发挥他自己的理智；教育活动要让儿童感到有利于他自己的利益。

8. 身体教育和感官教育

（1）身体教育与理解力。卢梭十分重视儿童的身体教育。他把儿童的身体教育与理解力的形成联系起来，认为人的理解力是不能脱离身体而形成的，而是有了良好的体格才能使人的思想敏锐和正确。因此，卢梭在儿童的穿衣、吃喝、睡眠、运动、防止疾病等方面提出了许多建议，要求儿童养成良好的习惯，有一个健康的身体。

（2）感官教育是儿童能力发展的基础。在这一阶段，卢梭把感官教育放在一个重要的地位。他认为，在人身上首先成熟的官能是感官，因此，应该首先锻炼的是感官。锻炼感官不仅仅是使用感官，而是要通过它们学习正确的判断，学会怎样去感受。感官教育主要通过对儿童触觉、视觉、听觉、味觉、嗅觉、知觉等官能的训练，让每一种感觉都各尽其用，促进儿童各方面能力的发展。

三、少年期的教育

1. 少年期与儿童期的区别

卢梭认为少年期与儿童期相比有较大的区别。在儿童期，儿童还是很柔弱的；在少年期，尽管从绝对意义上看，少年仍是柔弱的，但从相对意义上看，他们已经变强了。这一时期是人的体力和智力发展的最重要的时期。个人的体力超过了欲望，智力发展成为重要任务，“现在是到了工作、教育和学习的时期了”。因此这一时期应主要进行知识学习和职业、劳动教育。

2. 知识学习

关于为什么要进行知识学习，卢梭指出，人的智慧是有限的，不能知晓一切事物，而且在人们所知晓的内容中，也有许多错误。另外，从人的发展来看，在儿童期应当放弃一些时间，而在少年期应抓紧时间学习。

在知识学习的内容上，卢梭认为，首先，应当学习有用的，而且能够增进人的聪明才智的知识。他说，真正有益于我们幸福的知识，才值得我们去追求；问题不在于一个人学到什么样的知识，而在于他所学的知识要有用处。其次，儿童应学习能够让他们理解的知识。在这一阶段，儿童应通过与大自然的接触，学习自然科学方面的知识，但不宜学习历史、哲学等社会学科的知识，因为这些学科涉及抽象观念，是这个时期的儿童无法领会的。在学习各种技术的问题上，卢梭提出了一种技术比较价值的观点。他认为，应对各种技术进行次序排列，把最能独立操作的技术列在前面，那些需要许多其他行业的帮助才能操作的技术，则列在后面。最不需要其他技术帮助的技术，是最自由的、最接近独立操作的。

在知识学习的方法上，卢梭强调，要把培养儿童爱好学问的兴趣和提高能力放在首位。为了培养儿童的兴趣和学习能力，卢梭指出，应让儿童从观察自然现象开始，在学习中不要急于去满足他的好奇心，给他答案，而应让他自己动脑、动手去解答。因为教师一旦在儿童心中用权威代替了理智，儿童就不再运用自己的理智了，他将为别人的见解所左右。为此，卢梭呼吁：不要教儿童这样那样的学问，而要让他在学习中自己去发现那些学问。在学习上，卢梭反对华而不实，认为不讲实际用处，一味旁征博引，只是为了给大人听，不是为了给孩子听，孩子听了只能不懂装懂。对于某个问题，孩子之所以不感兴趣，主要原因在于教学没有让孩子知道其中的因果关系，孩子没有形成一点概念，从没有感觉过有了解的需要。为了使儿童的学习能够与儿童的需要联系起来，应让学生在实际活动中自觉地学习，要创造一种环境，使儿童置身其中来学习。如爱弥儿就是通过在散步时看日出日落、在晚间看星星月亮来学习天体知识，通过实验学习物理，由旅行来学习地理方位的。

3. 职业和劳动教育

卢梭认为，“劳动是社会的人不可豁免的责任。任何一个公民，无论他是贫或是富，是强或是弱，只要他不干活，就是一个流氓”。在这个阶段，卢梭认为，儿童在发展智力的同时，应该接受职业和劳动教育。

卢梭认为，在人类所有一切可以谋生的职业中，最能使人接近自然状态的职业是手工劳动；在各种身份的人当中，最不受命运和他人影响的是手工业者。手工业者所依靠的是他的手艺，他是自由的，他所享受的自由恰好同农民遭受的奴役形成对照。因为，农民固定在土地上，受外界各种因素影响大，而要想获得自由，必须学会一门手艺。

职业和劳动教育不仅仅是学习手艺的需要，也是培养人的趣味和心灵的需要。卢梭认为，儿童通过参与劳动，可以养成对职业的上进心，养成反复思考的习惯。他反对那种在某些职业中像机器一样一双手只会干活的人，从事这种职业的人，等于是使用另外一架机器的机器。

在如何选择职业问题上，卢梭提出了几条原则：一是要有用；二是要适合自己；三是不要选择那种坐在房间里的职业，因为这样的职业只会败坏自己的身体。卢梭为爱弥儿选择的职业是木工。其主要原因有：这种工作很干净，也很有用，而且可以在室内做；它使身体有足够的活动量；它要求工人既要有技术，又须勤勤恳恳地干；在实用为主的产品的样式中，也不排除典雅和美观。

卢梭要求学生学习职业技能时，导师和学生要一起学习，要保持一种淳朴的心情。卢梭非常重视儿童在学习时思想与劳动的结合，指出，爱弥儿必须像农民那样劳动，像哲学家那样思想；教育的最大的秘诀是：身体锻炼和思想锻炼互相调剂。

四、青年期的教育

1. 青年期和少年期的区别

15～20 岁的青年期是儿童发生重大变化的时期。它虽然较短，但影响是深远的。在这一时期，儿童在性情上已不同于以前，其变化频繁，心灵不断激动，使得儿童几乎成了一个不守规矩的孩子。过去儿童对成人的话是言听计从，现在则充耳不闻了；儿童成为一头“发狂的狮子”，他不相信他的向导，他再也不愿意受人的束缚了。在生理方面，这一时期儿童也有很大变化；他的相貌轮廓分明，腮上的绒毛浓密，声音粗浊。在以前，教育者主要关注的是儿童的活动和游戏。现在主要关注的是儿童的道德、宗教和性的教育。

2. 道德教育

（1）自爱和他爱是道德教育的基础。人的种种欲念须源自自爱。人的自爱始终是好的、符合自然秩序的，因此人的最重要的职责是应当不断关心自己的生存。为了保持自己的生存，我们必须要爱自己，爱自己要胜过爱其他一切东西；同时也要爱保持我们生存和有益于我们的人。因此，人还要进而爱同他亲近的人、爱其他人、爱全人类；要教育学生爱自己和爱一切人。

（2）要培养儿童具有善良的情感、道德判断力和道德意志。在培养儿童具有个人良好行为的基础上，培养儿童善良的情感是重要的。教育中要引起或激发儿童仁慈、善良、同情及宽容之心。要让儿童参观医疗机构和监狱，让他们感受到人类的不幸而产生恻隐之心。培养儿童的判断力可以让儿童学习和评价历史人物；培养儿童的道德意志可以让儿童参与帮助穷人的活动。

3. 宗教教育

卢梭认为，宗教教育与道德教育是密切联系的，没有宗教教育就没有真正的道德。从自然神论的思想出发，卢梭同意世界是由上帝安排的，但它不干预人世。卢梭反对传统的宗教教育，认为向儿童灌输宗教教条是无益的，因为儿童还不理解上帝。对上帝的信仰只有在青春期以后，在感性经验和理性思维的基础上进行。对上帝的信仰主要是对上帝的力量、善良和公平等美德的信仰。

4. 性教育

卢梭指出，当人需要一个伴侣时，他同别人的种种关系，他心中的一切爱，都将随着他同这个伴侣的关系同时发生，因此进行性教育是十分必要的。卢梭认为，一种性别的人为另一种性别的人所吸引，这是天性的冲动，因此，要使人懂得爱，必须学会判断和选择。只有经过判断才有所爱，只有经过比较以后才有所选择。爱是需要尊重的，没有这种尊重，就不能感受到爱；爱还是相互的，为了得到别人的爱，就必须使自己成为可爱的人。

卢梭认为，人获得性知识的年龄是随人所受的教育以及随自然的作用而有所不同的，因而应尽可能延迟这个年龄的到来，可使年轻人体格得到更好的发展。可以给儿童讲一些关于两性的知识，但要避免色情的观念。要从小保持儿童的天真，他们周围的人都要尊重和爱护他们的天真。

（郭法奇）

15. 爱尔维修

论人的理智能力和教育 1772年*

爱尔维修（Claude Adrien Helvétius，1715—1771）是18世纪法国唯物主义哲学家和启蒙思想家。他幼年时代接受了良好的家庭教育，后入耶稣会创办的专利学校接受教育，深切体会到神学及经院哲学教育的空疏与烦琐，同时开始广泛涉猎文艺复兴以来闪耀着科学和民主思想光芒的文学及哲学著作。其中，法国伦理学家拉罗什弗科的《道德箴言录》、英国哲学家洛克的《人类理解论》对其思想体系的形成与完善发挥了尤其显著的作用。

1758年，爱尔维修的成名之作《论精神》一书面世。这部著作是爱尔维修历经7年潜心思考、殚精竭虑的成果。该书全面论述了人、道德、法律、教育等各方面的问题，字里行间闪现着唯物主义的智慧与光彩。

1767年，爱尔维修的另一部潜心之作《论人的理智能力和教育》撰写完毕。为躲避来自教会及其他社会反动势力的迫害，该书直至1772年（爱尔维修谢世第二年）方得以出版。

《论人的理智能力和教育》（*De I'Homme, des ses Facutés Intellectuelles et de son Education*）分上下两卷，共10篇，每篇又分若干章，另有前言和提要。在这部著作中，爱尔维修对教育这一社会活动持广义的理解，认为教育活动开展的空间不应局限于学校围墙之内，而应把家庭、学校、社会政治制度、法律、自然等诸方面对人所施加的影响都纳入教育的范畴。

一、教育万能

爱尔维修反对天赋观念，认为众人天生智力均等。而现实生活中人们在知识水平、道德修养以及其他个人发展方面所存在的差异，其原因在于人们所生活的具体环境、所接受的外部世界的影响和教育不同。一切差异均是教育使然。同样，一个国家、民族性格的形成与变化也是教育的结果。一句话，教育对于人的发展，对于国家、民族性格的形成与完善，对于社会政治、法律、道德水平的提高与进步往往发挥着决定性的作用。

爱尔维修在《论人的理智能力和教育》的前言中明确指出：个人身上的精神、美德和天才均为教育的产物，这永远是真实无误的；教育对于天才、对于个人的性格和民族的性格发挥着意想不到的作用，也是真实无误的，且获致世人的赞同。爱尔维修认为每个人身

* 本书中文节译，见北京大学哲学系外国哲学史教研室编译：《十八世纪法国哲学》，北京，商务印书馆，1963。

上的才能和美德，只是所受教育的结果。这一认识具有巨大的现实意义，这等于向各国政府及世人昭示了这样一个真理：政府及公民个人手里掌握着强大与幸福的工具，那就是改善教育的科学。

不过，爱尔维修认为，对于教育应做区别性的理解。

首先，教育有真伪之分。真教育使人聪慧有知，伪教育则教人愚蠢无知。人生而无知，但并非生而愚蠢。而在文明民族中间所存在的愚蠢只是一种传染性的教育的产物。这种传染性的教人愚蠢的教育就是一种伪教育，它所传授的是伪科学，目的在于教人无知。

其次，不能人人接受同样的教育。儿童自获得生命运动的时刻便开始接受教育。儿童最初的教导者只是他们所感受到的各种感觉。儿童在七八岁入学时已从实际生活中获得了相当数量的观念。这些观念有的得之于机遇，有的得之于父母和同伴。由于每个儿童在成长环境上存在较大的歧异，接受的总观念便也表现出很大的不同，他们入学后表现出不同的学习志趣便在情理之中了。

事实上，儿童接受学校教育时往往受到互相矛盾的教育规条的困扰。这是因为在欧洲，尤其在一些天主教国家，教育是委托给两种对立的势力，即宗教势力与世俗势力办理的。宗教势力的强大依赖人民普遍性的迷信和愚昧无知，世俗实力的强大则凭借广大臣民的勇敢、勤劳、明理与道德。两种势力追求目的既不同，那么实现这种目的的手段——教育当然也就存在较大的差异。

二、机体构造与教育

爱尔维修主张：所有机体构造同样完好的人都有同等的能力获致精神。同时，他又把这种精神界定为："精神乃是我称之为气质或机体构造的一种未知原因或隐秘性质的结果。"现实生活中精神的不等则是一种已知原因的结果，这个原因便是教育的不同。精神的优越并非气质的产物，并非感官比较完善所致，并非一种隐秘的性质所造成，而是教育这一众所周知的原因的结果。进一步说，生活经验虽然能证明我们的观念源自感官对外部世界的感知，但并不能证明我们的精神与感官的精致程度和机体构造的完善程度成正比。生产和生活经验反复证明：精神的优越程度与感官的完善程度无关，凡是构造得同样完好的人，都由自然赋予了必要的感官细致程度，足以在数学、化学、政治学、物理学等方面获得最大的发现，取得相应的成就。此外，爱尔维修还提出机体构造对个人感情的影响并不大，对性格的影响也不大。个人感情与性格只是一种后天获得的东西，是教育的结果。国家性格的形成及变易同样也与公共教育所发生变化的类型及性质密不可分。爱尔维修把这些不同方面的现实归结为：人们在生下来的时候，或者是根本没有任何倾向，或者是带有各种趋于一切对立的罪恶和美德的倾向，因此他们只能是他们的教育的产物。

三、政体与法律制度的教育作用

政体和法律制度可以造就一切，并在事实上发挥着教育的作用。好的政体保证一国的国民有支配自己财产的权利，有安排自己生活的自由，有反对国民财富过于不公平分配的责任。与政体所发挥的作用相类似，立法也往往发挥着教育的作用。不良的立法借法律之手导致人的恶习屡屡发作，扰乱安定的社会秩序。不良的立法深处隐藏着一个民族恶习的全部根源，往往给整个民族带来不幸；良好的立法则会依凭个人自爱、追求个人幸福的倾向，把这些倾向自然而然地引向有利于公共福利的轨道，注重培养人的美德。一句话，一个国家的政体、立法及其他一切社会设施无不对这个国家的国民发挥着引导、塑造及教育的作用。

四、德育、智育与体育

爱尔维修认为，自爱、趋乐避苦是人的本性，而禁欲及压制个人对幸福的追求是违背人类天性的。为此，需要为公民道德确立一项新的基本原则，即肉体感受性。依此原则可以判断一切道德行为的完善程序，同时可以发现所谓“健全道德”奉为至高无上准则的“己所不欲，勿施于人”只不过是从属的、第二位的准则。据此原则也就可以更全面地理解把公共的福利视为最高法律的必要性。在具体的实施方式上，首先要着手取缔传统的宗教道德教育，废除“教义问答”以及其他类似的空洞说教；坚决反对教会教育中所盛行的体罚现象。他认为体罚只能毁灭人的自尊心，使人养成卑怯和欺诈的恶习。取而代之的是开设体现公民切身利益的关于正义的“教理问答”课，以使道德教育达到最高的完善程度。在安排道德教育内容时，应把握这样一个准则，即围绕公共福利及个人的肉体感受性的正当合理要求来组织安排道德教育的材料。利用这些精心选择的材料来养成国民坦率、忠诚、勤奋、人道的品格，培养人们热爱自由、尊重他人、乐观向上的行为习惯。此外，在道德教育实际问题上，爱尔维修还提出道德教育应从小抓起，向幼小的儿童传授一些清楚明白和良好的道德观念，在日常学习与生活中培养他们良好的行为习惯。

在智育问题上，爱尔维修主张智育的最终目的在于向儿童传授科学知识，并在传授知识的过程中培养他们独立思考的智力习惯。知识就是力量，愚昧无知只能导致懒惰、虚浮和四分五裂。一个缺乏知识的民族只能是一个衰弱的民族，摆脱不了灭亡的命运。而国民一旦拥有了知识便会变得聪明，就能获得幸福。在实施方式上，智育应改变死记硬背的方式，注重儿童思考力、判断力、积极性与主动性的发展与培养。

在体育问题上，爱尔维修主张体育的目的在于造就强壮和健康的身体。为此，应为儿童建造合适的体育场馆，安排儿童每日进行体育锻炼，以利于未来的成长与发展。

（王保星）

16. 狄德罗

俄国大学计划 1775 年*

狄德罗（Denis Diderot，1713—1784）是 18 世纪法国唯物主义哲学家，彻底的无神论者。他出生于手工工匠家庭，幼年在家乡——巴黎东南约 50 英里之遥的朗格尔城——一所耶稣会学校接受教育，学习希腊文、拉丁文。15 岁时赴巴黎多维克大公学院求学，系统学习了修辞学、逻辑学、伦理学、物理学、数学和形而上学等课程。1732 年完成学业，获索邦学院文学硕士学位，随后开始哲学生涯。1746 年，他与达朗贝尔共同受聘，致力于《钱伯斯百科全书》法文译本的出版事业。后来这一事业演变成一种独立创作的工作，成为狄德罗毕生从事的主要事业。1772 年，经狄德罗亲手编辑的 28 卷《百科全书》完成，其中文字 17 卷，图册 11 卷。后由哈勒和孔多基编辑的《百科全书》"补篇"5 卷（文字 4 卷，图册 1 卷）于 1777 年出版，由莫松编制的《百科全书索引》于 1780 年出版。所以《百科全书》实际上共出版了 35 卷，其中文字 23 卷，图册 12 卷。这部书在历史上产生了重大影响，开同类书籍之先河，对普及科学文化知识居功至伟。狄德罗一生著述宏富，除《百科全书》外，他还先后出版了《哲学思想录》《白鸟·童话》《论盲人书简》《论聋哑人书简》《拉摩的侄儿》等引起巨大社会反响的作品。1784 年他患病（肺水肿），病中断然拒绝神父的忏悔要求，溘然长逝。恩格斯曾对狄德罗的一生给予极高的评价："如果说，有谁为了'对真理和正义的热诚'（就这句话的正面的意思说）而献出了整个生命，那末，例如狄德罗就是这样的人。"

《俄国大学计划》（*Plan of A University for the Russian Government*）为狄德罗 1775 年旅俄期间应"开明君主"叶卡捷琳娜二世之邀所作。这部计划书虽耗费了狄德罗大量的心血，集中体现了狄德罗有关国民教育的真知灼见，可惜女皇并无实施的诚意。为此，狄德罗曾给女皇发去一封措辞严厉的信，指责她没有信守自己的诺言。

《俄国大学计划》系统而全面地展现了狄德罗的国民教育思想，同时体现了当时欧洲教育管理思想的最高成就。

一、教育的作用

在《俄国大学计划》的开篇，狄德罗即简明而清晰地就教育的作用进行了阐述。首

---

* F. Fontainerie (editor), *French Liberalism and Education in the Eighteenth Century: The Writings of La Chalotais, Turgot, Diderot, and Condurcet on National Education*, New York: McGraw-Hill Book Company, Inc., 1932.

先，对于一个民族来说，“教育一个民族就是使这个民族文明化”。一个民族重视学习新知识，注重通过教育来增长知识总量，那么这个民族便会逐步强大，最终走向文明、繁荣、富强，这已被无数的历史事实所验证。希腊与意大利原为野蛮民族，后凭借教育步入文明发达国家的行列。如果一个国家或民族不注意发展教育，那么这个国家或民族迟早要走向衰败，重新退化到野蛮的原始状态。此外，人类的文明史同样证明：一个没有受过教育的民族或许是强大的，但这个民族却是野蛮蒙昧的。而野蛮蒙昧绝对不是一个幸福民族的最佳状态。其次，对于个人而言，教育是使个人摆脱愚昧、弘扬理性、拥有尊严的最佳手段。愚昧无知是奴隶和原始人的特性，教育是祛除愚昧无知的一剂良药。教育还有助于摆脱自然界和外部异己力量的控制和束缚，帮助个人实现自己的价值，并拥有尊严感和成就感。

二、大学教育论

既然教育对国家和个人均发挥着如此巨大的作用，那么就需要制定一项向所有国民提供此类科学教育的宏伟计划。这项计划便是他为叶卡捷琳娜二世制定的《俄国大学计划》。在该计划书中，狄德罗首先就大学的培养目标做出了层次性的规定：大学应当为君王提供忠心而可靠的仆人；为帝国造就有用的公民；为社会准备富有学识、诚实、友好的个体；为家庭提供有责任感的合格的丈夫和父亲；为文坛提供文思敏捷、出类拔萃的作家；为宗教界提供净化、启迪灵魂的牧师。只有这些目标都得到实现，大学才能较好地履行其对整个国家的教育职责。而且，俄国已经为大学履行其职责准备了必要的条件：国民理智已经完全摆脱了幼稚状态，已经完全认识到经院教育的空疏无用，已经抑制了对宗教制度的狂热。

大学欲更好地履行自身的职责，必须依循一种普及性的模式开展教育，即“大学是一所无区别地向所有民族的儿童敞开大门的学校，是一所由国家供养的教师把一切科学的基础知识传授给他们的学校”。为此，狄德罗提出所有阶级的儿童都拥有不可剥夺的同等的学习一定范围和种类的知识的权利，要让农民的子弟与贵族的子弟无区别地接受教育。不过无区别不等于无差别。具体到每个人来说，其教育的安排应该以其自然素质、生理结构和天生倾向为基础。

俄国大学在实际教学中还要遵循一定的原则。首先，所有学科的教学内容应从易到难，必须适合学生的年龄特征和接受能力。其次，应把普通知识和专业知识的学习作为一个完整的过程来安排。普通知识即是人人都要学习的知识。继学习普通知识之后，接下来要学习文学、法学、神学、医学等专业知识。鉴于此，狄德罗把大学分为四个学院：文学院、法学院、神学院和医学院。文学院是传授一切知识的学院，后三个学院的目的则在于传授专门知识，培养个人具备从事特定职业所需的职业能力。

三、大学管理论

为保证大学更好地实现其培养目标，履行其教育职责，狄德罗为倡议创办的俄国大学确立了严密的管理体制。在大学的整体管理上，大学下设总监。该职务由才华出众、责任意识强，且学识渊博的政治家出任，全权处理大学的日常教育教学事务，评判大学内部的一切有争议的事件。在学院的专门管理上，每所学院下设一位院长，由其负责监督教师，管理全院事务。院长下设一名学生级长、一名财务长和一名牧师。学生级长在学生不上课时承担监管之责；财务长负责掌管全院财务；牧师的职责则在于学生的宗教教化。值得提出的是，在学生管理问题上，狄德罗要求对学生实行全程管理。上课时由教授管理；课间和户外活动期间由学生级长管理；下课后由舍监管理；宗教节日和星期天由牧师管理。牧师要引导学生做祈祷，同时启迪他们的智慧，培养他们的美德。更为重要的是，学生应该严格地遵守日常作息时间，为此，他为学生制定了一个日常作息时间表。他认为，严格的作息制度能够使学生精神饱满，养成学生的学习自律性和刻苦意识，培养学生守时惜时的学习习惯。学校所制定的一切规章都应让学生明白，他们学业上的成功完全要靠他们自己长期不懈的努力来获得，一切管理措施只是为这种成功提供了一种外部保证。

在教师管理问题上，《俄国大学计划》也做出了明确的规定。首先，为人师表者须先具备一定的任职资格，那就是渊博的学科知识、高尚的道德品质、极强的洞察力和领悟力。其次，教师在教学中的错误绝对不能容忍，不能姑息迁就任何一位不称职的教师。同时，他又对教师的工作给予很高的评价。教师承担着为国家未来建设与发展培养高素质人才的任务，他们辛勤的工作理应得到全社会的尊重。最后，国家应重视教师的培养及其水平提高的工作。他把教师的培养视为建造整个教育大厦的基础："让我们打下扎实的基础，构筑一道围墙吧。"

狄德罗还在《俄国大学计划》中就教材问题发表了自己的见解。教材编写应注意包容所有学科的知识，还可以是优秀论文的节选本。

（王保星）

17. 裴斯泰洛齐

林哈德和葛笃德 1781—1787年*

裴斯泰洛齐（Johann Heinrich Pestalozzi，1746—1827）是近代瑞士教育家。他出生于瑞士苏黎世一个医生家庭，5岁时父亲去世，由母亲和女仆抚养成人。这一经历对其性格和思想产生重要影响，使他对母亲、女性和家庭生活在儿童早期成长中所起作用的认识与评价比任何教育家都高。幼年时代的裴斯泰洛齐还常随同做牧师的祖父看望和帮助穷人，并对他们产生深切同情。大学期间，他又受到法国启蒙思想家——特别是卢梭——激进思想的影响，向往革命（当时瑞士资产阶级革命正在酝酿中），并参加了一个进步青年学生团体"爱国者协会"。该协会不久被政府取缔，裴斯泰洛齐也遭到短期拘捕。获释后，他放弃了学业，决定到农村去探求如何帮助农民和走"教育救民"之路。

1768年，裴斯泰洛齐借钱在苏黎世附近买了一个小田庄，取名"新庄"，试图开办一个示范性农场，帮助农民改进耕作方法，提高产量，摆脱生活困境，结果失败了。1774年，他将新庄改办成孤儿院，专招流浪及赤贫儿童。在组织儿童从事田间劳动和纺织工作的同时，教他们学习读、写、算。这是在历史上首次实施教劳结合的实践。1799年，应瑞士新政府聘请，裴斯泰洛齐到瑞士山区斯坦茨开办孤儿院，招收战争孤儿。在条件极为艰苦的情况下，他按照家庭模式办教育，实施爱的教育，并开始初等教育新方法的研究与实验，短期内大有斩获。由于战争之故，这所孤儿院只办了几个月即告关闭。他遂到布格多夫开办一所新学校，继续新教学方法的实验。1804年，学校迁往伊弗东。在此，裴斯泰洛齐的教学方法达到纯熟运用的程度，学校亦声名鹊起，远播欧美。各国教育界都对裴斯泰洛齐的教育思想和办学经验产生浓厚兴趣，一些著名教育家——如德国的福禄培尔和赫尔巴特、美国的霍勒斯·曼等——都成为裴斯泰洛齐教育思想的积极研究者和传播者。19世纪初，瑞士教育家费林别尔格在瑞士按裴氏教劳结合的观点开办新学校，影响及于欧美诸国。德国在洪堡实行教育改革时，曾普遍推行裴斯泰洛齐的新教学法。欧文在美洲建立"新和谐村"时，亦采用裴斯泰洛齐的教法。19世纪在美国还产生了裴斯泰洛齐运动。

裴斯泰洛齐去世后，瑞士民众在为他竖立的墓碑上写道："亨利希·裴斯泰洛齐，新庄贫民的救济者，《林哈德和葛笃德》里的国民导师，斯坦茨的孤儿之父，布格多夫及缪恩欣布赫捷新式学校的创设者……毫不利己，专门利人。"

---

* 本书中译本，北京编译社译，北京，人民教育出版社，1984。

《林哈德和葛笃德》(*Lienhard und Gertrud*)，旧译《贤伉俪》《醉人妻》，是一部小说体裁的教育著作，被公认为裴斯泰洛齐的代表作，是他前半生所从事的社会改革、教育革新和教育理论研究成果的艺术表现。小说中的许多素材都取自他在新庄农场的实验和孤儿院的教育活动。书中的宗旨和许多见解又是他以后继续从事教育实践、理论研究、文学创作的指导思想和基础。

《林哈德和葛笃德》全书包括上下两卷四部分，1781 年第一部分出版，其余三部分于 1783—1787 年相继出版。在这部小说里，作者着力塑造了一个名叫葛笃德的农村妇女的形象。葛笃德既是一位贤妻良母，乐善好施，教子有方；同时又深明大义，疾恶如仇，敢作敢为。作者通过一些虚构人物和故事情节，揭露了封建统治者的罪恶，表现了他救民于水火的人道主义胸怀，阐述了有关理想学校、新教育、教育方法、爱的教育、人性以及社会改良的观点。总体来看，该书体现出裴斯泰洛齐强烈的民主主义、人道主义以及改良主义的思想特征。

一、查处导致坡那镇村民贫穷受苦的封建恶势力

在作品的第一部分，作者重点描写了贫苦农民林哈德一家与镇长胡美尔的矛盾及斗争。林哈德是坡那镇有名的泥水匠，有 7 个子女，收入颇丰。但妻儿缺吃少穿，处境凄惨。林哈德的妻子名叫葛笃德，是坡那镇最贤惠的妻子，又颇有胆识，敢作敢为。她清楚地知道，她丈夫为人老实，本质不坏，导致她家及其他许多家庭贫穷的根源在于镇长胡美尔这个恶棍的倒行逆施。胡美尔利用当地方官的权力，不仅鱼肉百姓，还诱骗、胁迫林哈德及村民们到他开办的酒馆去喝酒、赌博，直到他们花光口袋里的最后一个铜板。

为了使自己的家庭和其他村民过上好日子，葛笃德认为必须清除罪恶的源头——镇长胡美尔。于是，她率先到县长亚尔纳那里去告发胡美尔压迫、敲诈、勒索村民们的罪行。亚尔纳是一个贤明的官吏，主张在农村实行改革，使村民脱贫致富。他对镇长胡美尔的恶行早有所闻，听了葛笃德的控告后，遂下定决心对胡美尔的恶行进行调查，查实后予以撤换。同时，他趁在坡那镇建一所教堂之便，指派林哈德为工长，其他 10 名最穷的村民为散工，使其增加收入，以便改善家庭赤贫状况。

胡美尔知道此事后，对林哈德和亚尔纳怀恨在心，暗中利用金钱和权势收买一些人，策划破坏教堂建设的计划。胡美尔还在午夜里到一个山坡上去挖亚尔纳的领地的界碑，企图使其领地减少，但被人发觉而暴露了自己。在坡那镇教区牧师——一位与亚尔纳一般的开明人士——的耐心教诲下，一些受胡美尔愚弄的村民站出来揭发胡美尔的种种阴谋诡计，终于使胡美尔诈骗鲁迪的牧场、破坏教堂建设和挖亚尔纳的领地界碑的恶行大白于众。亚尔纳在村民大会上宣布撤掉胡美尔的镇长职务，将牧场物归原主。胡美尔在撤职后还被判刑。

第二部分接着写道：在胡美尔被关进监狱的初期，牧师天天到监狱中去做胡美尔的思想工作，劝他把所做的坏事及所牵连的人都老实交代，以表明改过从善的决心。葛笃德不计前嫌，亦到监狱看望，劝胡美尔改恶从善，显示了宽阔的胸怀与爱心。胡美尔表示忏悔。当他说出自己和镇上别的头面人物所做的坏事时，镇上的 17 位“首事”（头面人物）如坐针毡，他们用尽手段阻止胡美尔招供，但未能得逞，因此，镇上“首事”的恶行也被

县长亚尔纳悉数掌握。

为穷苦人民着想的县长亚尔纳要把坡那镇一片较好的公共牧场分给穷人，影响到镇上富有的“首事”的利益。他们企图破坏，借口镇上住户目前拥有的牛的头数多和所存的草料少，反对分配公地。亚尔纳根据新任镇长迈耶尔的调查，发觉他们是在弄虚作假。同时，有人告发了“首事”们过去与胡美尔互相勾结、偷窃县府公物一事。根据这些铁证，县长亚尔纳在镇民大会上宣布把公地分配给贫苦村民的同时，还宣布撤掉犯错误的“首事”，任命一批出身贫苦、能秉公办事的新“首事”。

第二部分的最后一段是以牧师对全镇居民讲道的形式，剖析胡美尔的出身、肮脏的心灵及恶行，以便大家引以为戒。原来，胡美尔变坏是有原因的。他自小受到父母的一味娇惯，从而养成诸多不良习气，加之后来交友不慎，如蝇逐臭，逐渐沦为二流子；混入县府当差后，善于阿谀逢迎，从而窃取了坡那镇镇长之职。从胡美尔这个典型事例，裴斯泰洛齐试图揭示人性之所以变坏的客观因素，具有警示意义。

二、葛笃德管理家庭及教育孩子的经验

葛笃德是裴斯泰洛齐设计出来的一个理想人物，寄托着他对女性的美好感受及愿望。裴斯泰洛齐还试图通过葛笃德的言行来正面体现自己的教育主张。作者在本书第一、第二部分中有许多关于葛笃德如何实施家庭教育及爱的教育的动人描述。

1. 道德教育

葛笃德用自己美好的德行去感染自己的丈夫、孩子，因此当坡那镇因贪官污吏横行而呈现出动荡与悲惨局面时，她的家却首先走出阴影，显得温馨、甜蜜。

葛笃德帮助丈夫改掉一系列缺点，在家中重视培养孩子们的良好品德及行为习惯，尤其注重培养爱心，并做到以身示范，循循善诱，宽严相济，并注重通过实践培养。每周六她让孩子们反省自己一周来的行为，并有的放矢，采取措施。如第一部分第34节葛笃德让安丽、尼可拉、丽赛、格里特等反省自己的行为。葛笃德并不直接指出谁在那周行为不端正，而是让孩子们自己反省，并指出其危害。当孩子们忘却时，她便间接提示，让孩子们回想起来。孩子们如果以后又犯同样的错误，她则不予姑息。如第一部分第36节，孩子们去看望一个叫巴寸的可怜人时，尼可拉又犯了粗心大意、冒失的老毛病，她便罚尼可拉不许吃晚饭。当孩子们求情时，她仍坚持己见。但她让尼可拉认识到，并不是妈妈不爱他，而是因他做错了事，为帮他改掉坏毛病才进行惩罚。同时，她很重视孩子之间的相互关爱。孩子们表示愿推迟看望巴寸的时间，等尼可拉被解除处罚时，大家一块前往，她应允了孩子们的请求。

当村上最穷的鳏夫鲁迪家老祖母去世后，葛笃德立即伸出援助之手，亲力亲为，带领孩子们主动帮助鲁迪处理家务，教育鲁迪的孩子们养成良好习惯，还教他们纺线织布，从而使鲁迪家一改以前的凌乱模样，变得干净、整齐。后来葛笃德还热心帮鲁迪娶妻，重组家庭。葛笃德不仅自己关爱穷人，寻找一切机会帮助他们，也教导孩子们帮助、关心穷人。如在第一部分第49节里，有一次葛笃德在分给孩子们较多的晚餐食物时，暗示孩子们可去亲自实践，帮助饥饿的穷人。当鲁迪家遇到困难时，她引导孩子们将自己节省的口粮秘密送到鲁迪家，并拒绝留名，让鲁迪的孩子们误以为是上帝的恩赐。在葛笃德的教育

及循循善诱下，她的孩子个个心地善良，乐善好施。

2. 简单实用、行之有效的教育方法及教劳结合

小说中多次提及葛笃德，尽管她是一个农妇，但极有智慧，善于根据穷人家庭的特点因地、因时制宜，发明合适的方法教育孩子。她在家庭教育中所采用的教材及教育方法简单实用，注重教劳结合。作者力图说明，葛笃德所做的一切是任何一个普通农妇都能做到的。这正是裴氏家庭及初等教育理论产生的诱因及初衷。

在葛笃德的教育下，孩子们的学习兴趣很高。如第一部分第49节写到当林哈德与葛笃德回家时，孩子们主动围上来，要求快点把功课温习完。

葛笃德重视手工艺教学，且别出心裁，在孩子们学习纺纱、缝纫的时候，教他们学计数和运算。具体方法是：在纺纱和缝纫的时候，要孩子们把纺线和针脚来回地数，计算其数目，用不相等的数字跳过去，练习加法和减法。故葛笃德的家中每天纺车飞转，书声琅琅，读书生产两不误。裴斯泰洛齐认为，教劳结合这个主张抓住了人生的真正需要，找到了造就幸福与保证生活的根源，尤为适合穷苦子弟，在家庭及学校中都可使用。

三、改革农村教育的理想和具体主张

裴斯泰洛齐基于人道主义以及救民于水火的民主主义观念，深切同情当时瑞士的贫苦农民以及其他下层穷苦人民的悲惨境况，希望为他们找到一条走上幸福生活的道路，除了有关葛笃德及其家庭的描写外，还在全书第三部分提出了改革农村经济和教育的理想。

县长亚尔纳为了改革坡那镇的政治、宗教、生产和教育，与牧师一道，深入坡那镇的群众中了解情况。从事纺织业（代表当时先进的生产力）的迈耶尔向县长谈了如何改革坡那镇各行各业的建议。他认为坡那镇的人民应当以农业为主，以纺纱和畜牧业为副业。为了帮助居民搞好农业和副业，应让各行业的先进典型人物进行操作示范。

此外，迈耶尔认为，进行改革，有“本末先后，首先须解决当务之急”，要“整顿本镇的学校”。亚尔纳县长采纳了迈耶尔的意见，于是撤去坡那镇学校校长职务，任命决心跟着县长实行新政的用新思想武装起来的格吕菲少尉为新校长。

在谈到教育改革的理想时，小说中写道：“时代在进步，50年来，一切都变动了，学校还是依然故我，这哪能培养出现代的人才，哪能适合时代的需要?”过去是耕作时代，“现在是纺织时代……乡里的孩子学识不足，头脑不清，不能精益求精，生产落后于城市，再好的职业救济计划，也不能把他们拉出长期贫困的泥潭”。有鉴于此，社会向前发展了，它对教育提出了新的、更高的要求，教育自身必须得到调整，与时俱进，才能更好地服务社会，发挥自身的经济、政治、文化功能。

裴斯泰洛齐在书中同时还指出了旧教育的种种弊端。

（1）等级过于森严。他形象地将该制度比作一座大厦，其上层建筑十分精美，只住有很少的人；在它的中层已住了较多的人，但是没有楼梯可以供他们走到上层去，如果他们中间有一些人企图爬上去，那么，住在上层的人就会无情地把他们赶下来。而在下层住了为数很多的人，他们虽然也跟上层的居民一样有权利享受阳光和新鲜空气，但是不得不住在黑暗里。他们的眼睛被蒙住了，在他们的前面安置着各种闸门，使他们甚至不能看到上层的情形。裴斯泰洛齐反对受教育权的不平等，主张有限度的平等。

（2）教学内容脱离实际。当时学校盛行“里里拉教规”，即过分重视口头讲述，教学不教人谋衣食、求平安、得幸福，而尽讲一些虚幻的于人生无所裨益的东西。作者指出，旧教学只灌输教条而不培养能力，空疏乏味，矫揉造作，这是一大弊端。

裴斯泰洛齐提出，上层阶级的儿童平时备受呵护宠爱，无须再施爱给他们，他把所有的爱都给了社会上最底层的赤贫劳苦大众的儿童。他认为这些儿童通常被社会所忽视、冷落和鄙夷，如果不给他们良好的教育，将来长大成人，就可能成为社会的累赘或毒瘤。

裴斯泰洛齐指出，办教育的目的是使孩子“学好为他个人和他周围人日后幸福所必需的一切”。具体说来是：

（1）社会目的：“为社会造福，使高尚的穷人和自己精神上渴望的天下得以实现，他至死也要争取实现人类得到普遍幸福的天下。”

（2）个人目的：把儿童培养成为有切实知识、“具有一种可以谋生的手艺”“在生活中表现了勤劳、节俭、家庭秩序、道德品质等的实质”的人，即“发育良好……人世间顶天立地敢作敢为的男女”。联系当时农村实际，他认为农村教育应是“使农民毛羽丰满，不能让他们瘦弱下去”，“要使孩子们头脑清醒，教他们以农致富”，“促使农村的手工业和农业发展繁荣”。

书中写道：新校长格吕菲非常赞赏葛笃德教育孩子的方法。他在参观葛笃德家时情不自禁地说：“我们要追求的东西，这位大嫂已经实行了，并且完成得很出色。我们追求的理想中的学校，其实就在她的屋子里啦！”裴斯泰洛齐认为，新教育与理想学校最重要的标志是重视学生的职业教育，把综合技术教育置于职业教育之上。

在学校里，格吕菲重视专业训练和道德培养，修身的教育成为他的学校工作的主要部分。因为他认为人生在世，一生是否幸福、平安、吉祥，要看他的为人处世是否道德高尚，可做社会的表率。在专业训练上，他借鉴葛笃德教育与生产劳动相结合的方法，在生产劳动中教孩子们学读、写、算。格吕菲在施教时，一方面从当时农村经济形势考虑如何教育孩子，另一方面又为孩子将来幸福考虑，力求为他们找到今后自食其力的生活出路。如他与县长商谈设立新学校、实行新教育制度时提出，要把孩子的各方面都教育好，首先要看他长大以后将从事何种职业，要以此为基础，这是“一切教育的根本的、卓越的目的，是人间理想学校中所首先需要的”。所以他“总想探求一个办法，使他的学生中凡是没有恒产的都能获得一样可以谋生的手艺，这件事已完全成了他的宗旨。只要挤得出时间，他就带领学生去参观镇上的各种工艺作坊，不惜花费几个小时去观看人家如何做活，了解多种做法，从多方面研究，估计每个学生的前途”。

教育儿童时，教育者对儿童所产生的影响必须跟儿童的本性一致。教师不论在什么情况下都不应当像当时学校所做的那样，压抑新一代的自然发展，而应当把这种发展引向正确的道路，把足以阻碍它或使它偏离正确方向的障碍和影响消除。

作者非常生动地表达了教育与儿童发展应有的相互关系：教育应当在巨大而坚固的岩石（本性）上建立自己的大厦（形成人），它只有永远跟这岩石紧密结合，不动摇地屹立在它的上面，才能达到它的既定目的。在考虑选用什么样的教学方法时，他的一个基本原则是：反对压抑儿童的天性；但他也认识到儿童的天性中也有不好的方面，易形成许多恶习，因此要加以引导、制约。如父母既要爱儿童，必要时也要严惩孩子，拒绝他们的不合理要求。

裴斯泰洛齐希望通过改革旧教育、建立理想学校来发挥学校对社会生活的重要作用。坡那镇学校对于改变社会风气和提高家庭教育的水平都起着积极的作用，可以成为对抵抗并消除邪恶影响起决定作用的巨大精神支柱。如书中指出，“现代社会已经使很多方面的教育，在家庭里是无法实施也不能实施的，所以学校教育更不可少”，而且“应该充分利用学校教育”的作用。书中的孩子们“在这位和善的校长的领导下，从早到晚无忧无虑地在学校学习”，他们的“家长或亲属纵有邪癖恶习，也影响不到他们的精神”，那些“饶舌闲扯”也不会骚扰他们。因此学生们总是“容光焕发，彬彬有礼”。在这样理想的学校里，“男孩子和姑娘们都发育良好，被培养成人世间顶天立地、敢作敢为的男女”，“个个是社会的表率”。

县长和牧师都配合格吕菲对儿童的教育。为了坡那镇居民的幸福和养成勤劳的习惯，县长无偿发给每个儿童一棵果树苗，并贷款给穷人买一头奶牛。牧师抛弃了过去的空洞说教，以实际行动教导人，使不少人改掉了恶习，为儿童净化了生存环境。

四、新旧势力的激烈较量及保障改革成果的手段

小说第四部分描述旧势力反扑 、新旧势力斗争以及农村实行新政后的新面貌。

亚尔纳县长在坡那镇实行新政，取得初步的成效，并得到镇上大部分居民的拥护。镇上的生产、社会治安、环境卫生及人们的精神面貌及学校教育呈现出欣欣向荣的景象。但坡那镇以海立多为首的保守派反对亚尔纳县长在坡那镇的改革，派遣贵族小姐茜维亚用各种手段造谣惑众，破坏校长格吕菲的声誉，企图把格吕菲赶出坡那镇，以便达到废止新政的目的。保守派还让猎狗咬伤执行新政的积极分子米席尔。亚尔纳县长被气病，一度危殆。幸亏支持改革派的大臣毕立夫斯基派御医到坡那镇给亚尔纳治好了病。毕立夫斯基还亲自到坡那镇进行考察，对新政的成绩表示满意，大力支持亚尔纳的改革，特别支持格吕菲校长的教育改革。

裴氏指出，要保证改良社会的事业能继续顺利地进行，还必须立法。人的天性如果不加约束，任其自然发展，则会出现诸如愚昧、贪欲和损人利己等不良性格。“凡制度不健全的地方。必然是缺乏真正公民教育的地方，也就是养成原始人天然本性的温床。”因此亚尔纳县长病愈后，便委托格吕菲起草坡那镇新的法案。亚尔纳县长制定新法案的要旨是：保证社会基层公民的真正权利；解除以土地所有权为根据的对人的奴役压迫制度；减轻兵役制度对居民造成的负担；减少下层人民缴纳的国家捐税；注意地方居民幸福的普遍进展，并切实保障后代的利益。

在教育上，毕立夫斯基非常赞成格吕菲的教育改革，认为整个教育措施既适合孩子的天性，又符合他们所拥有的社会条件，注意经过锻炼，发展各人天赋的内在力量，使人能尽其才，在社会上达到其应有的地位。发展人的内在力量，要运用正确的教育方法。裴氏强调，使教学与劳作合一，提倡职业训练，这是提高人的工作能力、增加实际生产量的最好途径。

在宗教观上，亚尔纳批判了与奴役人民的暴政势力相勾结的教会，说它们包庇暴君，采取愚民政策，利用人们的愚昧无知达到压迫、奴役人民的目的。他称那些利用宗教权势

迫害人民的宗教工作者为“教阀”。他反对空虚的、形式的宗教礼拜仪式和繁文缛节，批评脱离世俗事务和实际生活的讲道，认为牧师的讲道应该结合民众的生活实际，引导民众改进社会秩序，团结互助，共同幸福。

该书最后写道：小公国的最高统治者经过实地考察和论证，认为亚尔纳的新政取得明显的政绩，受到人民的拥护，因此可以在全公国推广。

由于《林哈德和葛笃德》一书一炮走红，特别是葛笃德的形象深入人心，裴斯泰洛齐遂乐于继续以葛笃德这样一个虚拟的人物的名义来阐述、表达自己的教育思想或观点。裴斯泰洛齐的另一本教育代表作《葛笃德如何教育她的子女》[①] 就是这样问世的。该书以书信体形式写成，出版于 1801 年。全书可分为三个部分。第一部分是序言。介绍了出版本书的原因，即宣传教育心理化理论及实践。第二部分由 15 封信组成。(1) 第 1～3 封信批判了旧教育的弊端，阐述了自己从事教育活动的思想基础。(2) 第 4～12 封信叙述了他的教学心理化理论和智育理论，包括要素教育论、直观性原则和初等学校各科教学法。(3) 第13 封信论述了实践技能的重要性。(4) 第 14～15 封信讨论了道德教育与宗教教育问题。第三部分为方法综述。此书是裴斯泰洛齐对他自己的教育探索活动的系统性总结和理论阐述，以要素教育论为基础的初等学校各科教学法为近代初等教育实践和理论奠定了基础。

（杨汉麟　熊仕葵）

① 本书中译文，见《裴斯泰洛齐教育论著选》，夏之莲等译，北京，人民教育出版社，1984。

18. 康德

论教育 1803 年*

康德（Immanuel Kant，1724—1804）是 18 世纪后半期德国思想家、德国古典哲学奠基人，近代西方哲学史上二元论、先验论和不可知论的著名代表，有重大贡献的自然科学家。康德出生于哥尼斯堡，8 岁时入腓特烈文法学校，形成个人宗教信念的基础。16 岁考入哥尼斯堡大学，学习哲学、自然科学和神学。1755 年以拉丁文论文《论火》获得博士学位，并担任该校编外教师。1770 年被任命为逻辑学和形而上学教授。康德在哥尼斯堡大学执教 40 年，讲授哲学、逻辑学、数学、物理学、法律学、伦理学等。康德的重要著作有构成批判哲学体系的《纯粹理性批判》《实践理性批判》《判断力批判》三部巨著，及《什么是启蒙运动》《道德形而上学探本》《论永久和平》等众多名著。

康德的哲学思想经历可以分成先批判期、过渡期与批判期三个阶段。他创立的批判哲学体系开德国古典哲学的辩证法、人本主义思想之先河，成为近代西方哲学影响深远的一个新开端。

在伦理学方面，康德认为理性提供道德行为的规律——道德律。人类道德介乎上帝与动物之间，一切出于理性的至善是上帝，纯由欲望支配行动的是动物。人类道德的特点则是实践理性与欲望的斗争。实践理性就是善良意志，是向善的意愿和决心，是良心，它本身是绝对的善。善良的意志即使处于逆境，虽竭尽全力仍无所成就，也丝毫不会影响其自身的价值。康德是这样表述道德律的："要这样行动，永远使你的意志的准则能够同时成为普遍制定法律的原则。"康德提出道德律以以下几个基本思想作为前提：（1）人生活在社会之中；（2）人有自由；（3）人人平等；（4）社会应该成为人性得以完满实现的共同体。对于道德律，他在《实践理性批判》（1788 年）的结论部分这样写道："有两种东西，我们愈时常、愈反复加以思索，它们就会给人心灌注一种时时在翻新、有增无已的赞叹和敬畏：头上的星空和内心的道德律令。"

与自己的哲学观相联系，康德对教育学也有突出贡献。1776—1787 年，康德多次开设"教育学"讲座，开大学讲授教育学之先。教育上，康德强调所有人都是主体，彼此不可将对方作为"工具"来使用。他相信，人性能够通过教育得到提高，而教育也应以适合人的方式来设计。

康德在哥尼斯堡大学的有关教育的讲稿后由学生林克整理，名曰《论教育》（*On*

---

* 本书中译本名为《康德教育论》，瞿菊农编译，北京，商务印书馆，1930。

Education），并于 1803 年出版。全书分为 6 章，共 113 节，其中涉及教育的基本理论、教育内容、教育方法等多方面。本书问世后产生了重要影响，例如我们从赫尔巴特的著作中可以明显看到该书影响的痕迹。

一、教育的意义

康德在开篇即提出教育对于人的意义："只有人是需要教育的生物。"人只有依靠教育才能成为人。人完全是教育的结果，人性可以通过教育不断地改进，并逐渐达到配得上做人的状况：这使我们可以展望未来将有较为幸福的人类。他进一步指出，只有人能教育人，换言之，即只有自身受过教育的人才能教育人。有的人因为自身缺少约束和训导的功夫，所以不宜做学生的教育者。

康德认为，教育包含保育（儿童的养育）、管束、训导和道德陶冶。

幼儿期必须保育。在此期间，父母对于子女必须施以种种保护提携，精心照料，使子女不乱用他们的能力，以至于有害于他们自己。

儿童期需要管束。所谓管束就是防止兽性侵略人性。这对个人如此，对个人作为社会的一个成员也是如此。人的目的是"做人"，管束不过是抑制不守秩序的倾向，是防止人类为动物的冲动所支配而不能达到"做人"的目的所采取的措施。管束是消极的，其作用是抵抗人类自然具有的野性，使人服从人类的规则，使他感受到人类的约束力。

求学期须加以训导，这是教育的积极方面。康德认为，人类的一切自然禀赋，都须通过个人自己的努力，逐渐求得自身的发展。人必须尽早地使自己受理性的指挥，因为如果一个人在幼年时任意胡为，无所抑制，则一种不服从规则的性情可能保持。这种情形对于他们自己不利。他们幼年受尽了父母的养育和爱抚，安逸惯了，将来在事业上很可能受到各方面的反对，经常遭到各种挫折。

康德认为，教育是一种艺术，只有通过一代又一代的实施才能变得完善。每一代有前一代提供的知识，才能渐渐形成一种教育，并均衡地向着他们的目的发展人的各种自然禀赋，从而推动整个人类向着他的目的前进。天意要人将他自己潜存于本性中的善性发展起来。在善恶的问题上，康德一方面认为"人是什么或注定会成为什么，从道德意义上说人善或人恶，这都取决于现在和过去他自己的所作所为"。另一方面又认为："恶的根源是在人类自然禀赋中找不到的，恶只是本性未曾受到相当管控的结果，人只有善的胚芽。"人必须发展他向"善"的倾向。上天并不曾将预备好了的善德放置在人的心里，而仅仅是一种倾向，不是什么道德律。人要自己向善，陶冶他的精神，当发现走错了路时，要用道德律来约束自己。

康德认为，儿童受教育，不是为了现在，而是为将来人类可能得到一种改善的境况；换言之，应是适合人类的理想与人生的全部目的。

关于教育的办理者，康德认为主要应靠私人的努力，而非君主贵族的帮助。他认为，后者不以普遍的善为目标，而以国家的幸福为目标，从而达到他们自己的目的。所以办学校要完全依靠最有见识的专家的判断。

康德认为，教育须接受实验的指导。他提出，教育与训导必须以规定的规则为基础，在创办师范学校之前应建立实验学校。他批评那种认为不需要教育实验而仅凭理性就可判断的观点。

在康德看来，自由与纪律是教育上最大的一个问题，是如何调节对必要的抑制的服从和儿童应用其自由意志的能力的问题。他进而论述：

（1）必须允许儿童从幼时即在各方面都得到完全的自由（足以损害其自身者如玩刀剪等事除外），其自由以不侵犯他人的自由为限。

（2）必须使儿童知道只有让别人达到他的目的，他才能达到自己的目的。例如，儿童不服从或不好好学习时，绝不让他得到他所希望的对待。

（3）必须使儿童知道现在教他克制是要他将来会正确地应用他的自由；使他的精神受到教养，是要他将来可以自由。换言之，可以自立，不求助于人。

康德认为，从对有关问题的探讨也可以看到公共教育的好处。在这种教育制度下，我们学习以别人的能力来度量自己的能力，可以懂得权利的范围。他认为，公共教育是培养未来公民的最好学校。

康德也认为，还有一种关乎生活的教育，即“实际的教育”，或道德教育，用以教人如何做人，如何过自由人的生活。这是个人人格的教育、自由人的教育，包括三部分：

（1）学校的普通课程教学。以此发展儿童的一般能力。这是学校教师的职责。

（2）关于实际生活的训导。使人能明智和谨慎地活动。这是导师或女教师的职责。

（3）道德品格的陶冶。

二、幼儿的保育

康德认为，幼儿教育需按自然进程进行，最初的教育是消极的，人们不必对于自然已经为儿童预备好的有所增加，只要使其一一适时地得到实现即可。

康德讨论了幼儿的保育，即幼儿的饮食与抚育的问题，他认为，这些通常是父母和保姆的事。

首先，婴儿的自然滋养料是母亲的乳水，动物的乳水不能取代母乳。其次，儿童穿衣服不必太热，因为儿童的血自然地比成年人的血较热。他提倡让儿童起居有节，饮食以时，对儿童不能溺爱，不能使儿童的生活过于逸乐而养成好逸恶劳的习惯。他不赞成在幼儿时期使用摇篮、小车等工具，认为一切人工的办法都是有害的，儿童应得到自然发展。

三、身体锻炼

康德认为，教化是教育的积极方面，人之所以区别于万物者即在于此。教化主要是指心理功能的运用。他呼吁父母给予儿童以这种运用的机会。而首要的是尽可能免除一切人工的帮助，发展自然能力。小时候的引绳和推车都不必要，可以任小孩在地上爬走，这样，孩子自然就能学会走路。有的时候训导是必要的，但有的时候儿童富有创造力，他能为自己创造合宜的工具。

体育（身体锻炼）应注意的，或是身体的运动，或是各种器官的运用。而第一要紧的是要求儿童应当知道自己帮助自己。为此，力量和技艺、敏捷和自信都是必须有的。然后才能去从事各种艰险的活动。如果一个人不能如此，他便未成为完全的人。

康德还讨论了投掷、捉迷藏、秋千、风筝等游戏，以及将身体训练与儿童对社会的适应能力结合起来的问题。

四、智　育

康德认为，心智的教化也是与体育及身体有关的，但心智的教化与道德的陶冶又不同，前者的目的仅在于本性，而道德陶冶的目的在于自由。一个人可以在身体方面锻炼得很好，心理上也受到了良好的教化，但是如果缺乏道德的陶冶，他仍将是一个坏人。所以广义的体育与“实际的教育”不同，后者是实行的，或道德的，其目的在于道德而不仅在于教化。

康德将心智的教化分为自由的教化与学业的教化。他认为自由的教化不过是一种消遣，而学业的教化则构成一种职责。自由的教化往往是以儿童为主的。学业的教化成为儿童的工作，自由的教化则成为游戏。

在心智的教化中，康德认为，理智与判断分离只会产生愚蠢。理智是对于“普通”的知识，而判断是应用的能力，即将普通的知识应用到特殊问题上去。理性是对普遍和特殊之关系的理解能力。这种自由的教化的历程应从童年开始直至青年被免除教育为止。

在教育儿童时，必须注意所学的知识和将其与实行结合起来。儿童还应学习清楚地区分知识与意见及信仰的不同，然后可引导儿童获得一种正确的理解与正当的爱好。

对于高级心理功能的训练，康德概括为理解力、判断力和理性的培养。

康德还认为，训练心理功能的最好方法，是自己去做自己所希望实现的事。求知的最好方法是去行动。学得最透彻、记忆最清楚的，是自己教导自己而获得的。

五、道德的陶冶

康德认为，道德陶冶必须以“道德律”为基础，而不依靠约束；一则防止恶习的养成，一则陶冶人心使能反省。所以必须要求儿童习惯于以“道德律”为行为的标准，而不以时常变易的行为为标准。通过约束而形成的各种习惯，年纪渐长，其力量也就渐渐减少了。儿童应该学习以“道德律”作为行为的准则，自身能见到这种行为的合理性。

“道德律”须以人为本。在道德教育中，应尽早向儿童灌输善恶观念。想要树立道德，当先放弃惩罚。道德是神圣和高尚的东西，万不可将其降低为与管束和压制一样看待。道德教育的首要目的是养成品格。品格的养成，在于乐意地按“道德律”行事。首先是学校中的道德规则，继而是人类的道德律。首要的是儿童服从规则。“道德律”也是规则，不过是主观上的规则，它以人的认识为起点。

服从是儿童养成品格的一种要素，学校中的儿童尤其需要注意。服从有两类：一则绝对服从师长的命令；一则服从他自己以为善良的和理性的意志。服从可能是强迫的结果，这是绝对的服从；或者由于自信，这是第二类服从。这种自动的服从最为重要，但第一类也很有必要，因为它为儿童将来服从法律做了准备。作为一个公民必须服从法律，不论他是否赞同都得服从。

儿童养成品格的第二要素是诚实。这是品格的本质。

儿童养成品格的第三要素是社会性。他须与其他儿童为友。

康德认为，教给儿童的东西应该适合他们的年纪。许多父母喜欢他们子女早熟，然而这样的孩子成就未必好。小孩子固然应当聪明，但只应该是小孩子的聪明。他不必学大人的样。因为小孩子如以适合大人的道德格言来装备自己，则完全超越了他的本分，至多不过是一种模仿。

六、行动中的教育

“实际的教育”包括技巧、谨慎与道德。

技巧必须熟练，不可流于浅陋。技巧非熟练不可，熟能生巧，久而久之，可以成为习惯。精细透彻是人们养成品格的一个要素。要有才能便非有技艺不可。

而谨慎，即是善用技艺。康德认为，要儿童谦让谨慎，必须让他学习克制自己的感情，学习忍让，同时学习了解别人的品格。礼貌是外表行为的整饰，而且，这是一种艺术，人们非具有不可。

想谦让谨慎，则不应动怒，也不能过于冷淡寡情。

道德是品格的一个方面。忍耐和节制是明智的适度之预备：养成良好品格的第一步是将情欲放在一边。必须注意不要使愿望和爱好变成欲念。所谓忍耐，不但要能忍，而且要习惯于忍耐。

我们的根本目的是养成品格。品格意味着首先有坚定的目的，然后实际上去实现这个目的。霍勒斯说过，人必须立志（坚持其目的），这是一种善良的品性。例如，承诺做一件事，则无论如何困难也不可失信，否则既不能见信于人，也不能自信。

儿童建立道德品格的基础需要履行如下对己对人的义务：

（1）儿童对己之义务。不要丰衣美食，也不是满足他的愿望，相反是应该节制。最重要的是自觉意识到做人的尊严，人是在万物之上，人的义务即是一举一动不要玷污自己人格的尊严。

（2）儿童对人之义务。儿童应尽早知道尊重他人的权利，而且，我们要注意使儿童能见诸实行。

我们对于自己的义务，就在于尊重自身的人格以保全人类的尊严。人心目中有人类的观念，才能事事反求诸己。在此观念之下，他才会觉得人之所以为人的原本。

教育中的事完全基于建立正确的原则，并引导儿童去了解和接受这些原则。儿童必须学习以厌恶反动和荒谬之心取代仇恨之心；以惧怕自己的良心取代惧怕他人与神意的责罚；以自尊与内心的尊严取代他人的意见；以行为的精神价值取代空言与冲动；以知识取代情感；以快乐与虔诚的良好心境取代一种忧郁、羞涩与悲观之心境。

（向蓓莉）

19. 赫尔巴特

普通教育学 1806年*

赫尔巴特（Johann Friedrich Herbart，1776—1841）是19世纪德国教育家。他出生于德国奥登堡，父亲为当地法官，母亲也富有智慧且教养良好。赫尔巴特自幼得到良好的家庭教育；1788年进入奥登堡文科中学学习；1794年升入耶拿大学学习法律。但是，赫尔巴特对法学不感兴趣，却被这所大学浓厚的哲学氛围所吸引，潜心研读了康德、黑格尔、费希特等人的哲学著作，为以后从事教育研究工作奠定了坚实的哲学基础。1797年，赫尔巴特到瑞士担任一个贵族的三个孩子的家庭教师。三年的家庭教师工作，使他积累了不少的教育经验，对他以后教育理论的形成产生了很大的影响。在此期间，他还到布格多夫拜访裴斯泰洛齐，裴氏的直观教学给他留下了深刻的印象。1802年，赫尔巴特到格丁根大学攻读博士学位。获得博士学位后，即受聘在该校讲授教育学、伦理学及哲学等课程。1806年，赫尔巴特的《普通教育学》一书出版。1809年，转赴哥尼斯堡大学，接任康德哲学教席。在哥尼斯堡大学的20多年，是赫尔巴特学术生涯的高峰期。其间，他创办了教育研究所和师范研究班、附属实验学校等，努力将教育理论和教育实践结合起来。这一时期，赫尔巴特还撰写了包括《心理学教科书》等在内的重要的心理学著作。1833年，赫尔巴特重返格丁根大学任教，以讲授教育学为主。1835年，赫尔巴特还撰写了《教育学讲授纲要》。

《普通教育学》（*Allgemeine Pädagogik aus dem Zweekder Erziehung*）一书是赫尔巴特早期的著作。尽管赫尔巴特晚年（1835年）又写了一部重要的教育学著作——《教育学讲授纲要》，但从其体系来看，也是从儿童的管理、教学和道德教育的顺序来安排的，与《普通教育学》并没有大的差别。因此，《普通教育学》被视为西方教育史上第一部具有科学体系的教育学著作。全书分3编，共14章。其中，第一编“教育的一般目的”分为2章；第二编“兴趣的多方面性”分为6章；第三编“性格的道德力量”分为6章。

一、教育理论体系的两个理论基础

赫尔巴特指出，教育理论体系有两个基础，即伦理学和心理学。教育学作为一门科学，是以实践哲学和心理学为基础的，前者说明教育目的，后者说明教育的途径、手段与障碍。

---

* 本书中译本，李其龙译，北京，人民教育出版社，1989。

1. 教育学的实践哲学基础

教育目的应该依据伦理学。道德是人类的最高目的，也是教育的最高目的。因此，实践哲学，即伦理学，应该成为教育学的基础。

就教育学的实践哲学基础来讲，有五种道德观念：

（1）“内心自由”的观念。这一观念要求个人的意志和行为摆脱外来的一切影响，而服从“理性”所指引的善的方向。

（2）“完善”的观念。这一观念要求意志本身在深度、广度和强度三个方面有最大限度的发展。

（3）“仁慈”的观念。这一观念要求个人意志与他人意志和谐一致，当个人意志与他人意志发生冲突时，服从他人的意志。

（4）“正义”的观念。这一观念要求当两种或数种意志发生冲突时，须根据人们自愿协调所制定的守法观念解决争端。

（5）“公平”的观念。这一观念要求当某人的意向有利或有害于他人的意向时，必须有适当的报偿，使善有善报，恶有恶报，以求公平。

在以上的五种道德观念中，“内心自由”和“完善”的观念是针对个人的道德修养而言的，而“仁慈”“正义”“公平或报偿”的观念则是指个人与他人或社会发生关系时所应遵循的原则。这五种观念包含着意志道德的一切类型，是巩固世界秩序的“永恒真理”。

2. 教育学的心理学基础

教育方法的确定必须依据心理学。教育者的第一门科学，虽然远非其科学的全部，也许就是心理学。因此，心理学也就成为教育学的基础。

世界是由无数个“实在”所组成的。人的心灵也是一种“实在”。心灵自身的活动，便是观念。其基本含义是指事物呈现于感官，在意识中留下的印象。

说明新观念形成过程的理论，就是“统觉”的理论。所谓统觉，是指在原有观念的基础上，吸收、融合、同化新观念，并构成观念体系的过程。某种知识引起学生的观念，并和学生的旧有观念相结合，就可以进入学生的意识领域。于是，知识就被学生理解；否则，就不能被学生理解。因此，统觉过程也就是新旧知识互相融合的过程。在教学过程中，教育应利用学生原有的旧观念，使学生获得新观念。

二、儿童的管理

赫尔巴特指出，在进行教学前，首先必须对学生进行管理。如果不紧紧而灵巧地抓住管理的缰绳，那么任何课程都是无法进行的。因为儿童生来便有一种处处都会表现出来的不服从的烈性。这种烈性就是不守秩序的根源。对于这种“烈性”“冲动”，若不从小加以“约束”，不仅学业难成，而且有可能在将来发展成“反社会的倾向”。因此，必须加强对儿童的管理。但是，这种管理并非要在儿童心灵中达到任何目的，而仅仅是要创造一种秩序。

在对儿童实施管理时，可以采取以下方法：

（1）威胁。一切管理首先采取的措施都是威胁。但是，这种方法不可滥用，否则，一方面有些本性顽强的儿童蔑视任何威胁，敢于做他们想做的一切；另一方面有更多的儿童太软弱，以至于不能承受威胁。

（2）监督。由于威胁在某些情况下成为极不可信赖的手段，所以，监督也就成为儿童管理不可缺少的手段。但不能滥用监督，否则将会产生三种不良后果：一是经常的监督对于监督者及被监督者都成为一种负担；二是监督会妨碍儿童自己控制自己，自己考验自己；三是长期的监督可能使儿童的性格变得软弱或古怪。对于在长期的监督下成长起来的人，不可能要求他们机智敏捷，具有创造能力，具有果断精神和自信行为。但也不要认为，对孩子不加监督，不加教养，放任他们撒野，就能培养出伟大品格。

（3）权威与爱。为了防止或克服威胁、监督的不良后果，权威与爱可以作为补救的手段。由于心智屈服于权威，权威能约束其超出常规的活动，因此非常有助于扑灭一种倾向于邪恶的、正在形成的意志。此外，爱的作用也是不可低估的。因为一旦获得了爱，它就能在很大的程度上减轻管理的困难。在家庭中，父母可分别扮演“权威”和“爱”的角色。

（4）惩罚。如果儿童出现恶劣行为，就必须加以惩罚。可以采取的惩罚措施有：体罚、禁止用餐、关禁闭和站墙角等。

（5）活动。管理的基础在于让儿童活动。如果满足了儿童对身体活动的各种需要，就可以排除儿童的不安。另外，通过游戏、讲解图画、叙述故事等活动，也可以使学生保持良好的秩序。

三、教学理论

1. 教育性教学

在教学中，既没有“无教学的教育”，亦即理性、情感和意志都源于观念，在掌握知识的基础上才能形成学生的道德意识和行为；同样，也没有“无教育的教学”，也就是说，教学如果没有进行道德教育，只是一种没有目的的手段；相反，道德教育如果没有教学，就是一种失去了手段的目的。

总之，应该把实现教育目的与传授文化知识看作同一个过程，把学校的全部工作都归结为“教育性教学”。

2. 多方面兴趣与课程

教学论的前提和基础是多方面兴趣的理论。教学除了以培养德行为“最高”“最后”的目的外，还有“较近的目的”，即根据“完善”的观念发展“多方面的兴趣”。没有这种兴趣，教学无疑是空洞乏味的。

兴趣来源于使人感兴趣的事物与活动。多方面兴趣产生于这些事物与活动的富源之中。创造这种富源，并把它恰如其分地奉献给儿童乃是教学的任务。所谓兴趣，就是专心所追随的、审思所积聚的对象。因此，使人厌倦就是教学的最大罪恶。

兴趣可以分为两大类：一类是属于认识周围自然现实的，是认识的兴趣；另一类是属于认识社会生活的，是同情的兴趣。他强调这两类兴趣应该并重，而且将其各细分为三种，共为六种兴趣：（1）经验的兴趣。关于自然的多方面的知识，观察和认识事物到底“是什么”。（2）思辨的兴趣。思考事物“为什么”是这样的，即探究自然界的规律。

(3) 审美的兴趣。从美的自然界、艺术品以及人的生活和品行中产生对美的鉴赏。(4) 同情的兴趣。它涉及的是关于人类交际的知识。(5) 社会的兴趣。这是同情的兴趣之扩大化，由个人之间的情谊扩大为对社会、民族和全人类的了解和同情。(6) 宗教的兴趣。也就是研究人类、社会和宗教之间的关系，表现为虔信上帝、服从教会。

根据对兴趣的分类，应该拟订相应的科目：

(1) 根据经验的兴趣，应设立自然科学、物理、化学、地理等学科；

(2) 根据思辨的兴趣，应设立数学、逻辑、文法等学科；

(3) 根据审美的兴趣，应设立文学、音乐、图画等学科；

(4) 根据同情的兴趣，应设立外国语（古典语和现代语）和本国语等学科；

(5) 根据社会的兴趣，应设立历史、政治、法律等学科；

(6) 根据宗教的兴趣，应设立神学科。

3. 教学阶段

教学过程包括“专心”和“审思”两个基本环节。所谓“专心”是指心智集中于某个主题或对象而排斥其他的思想活动。所谓“审思”是指深入理解与思考，把“专心”活动中对个别事物的认识集中起来，使之互相联合成统一的东西。专心活动和审思活动都各有其静止状态和运动状态。在以上认识的基础上，赫尔巴特将教学过程划分为“明了、联合、系统、方法”四个阶段。与上述阶段相应，学生的心理状态也可分为“注意、期待、探究、行动”四种。

(1) 明了。这是教学过程的第一步。由教师传授新教材内容，要求教师在讲解时应尽量明了、准确和详细。教师主要采用提示教学，也可辅之演示，包括实物、挂图等直观教学方式帮助学生明了新观念，掌握新教材。对学生而言，这一阶段处于静止状态的“专心”活动，其心理状态主要表现为“注意”。在这个阶段中，主要的任务是明了各种知识，要对学习的内容逐个进行静态的学习。

(2) 联合。对学生而言，这是运动状态的“专心”活动。在这个阶段中，教学的主要任务是使学生掌握的观念、教材与以往已有的观念之间产生联系，也就是使学生的新旧观念之间建立联系。由于这一阶段新旧知识之间的联系尚不明确，学生的心理状态表现为“期待”，希望知道新旧观念联系起来所得的结果。这时，教师主要采用分析教学，与学生进行无拘无束的自由谈话，使新旧知识之间产生联合。

(3) 系统。经过“联合”阶段后，学生的新、旧知识和观念之间已产生了一定的联系，但是，还不系统。这需要学生进行一种静止状态的“审思”活动。学生在教师的指导下，在新旧知识联系的基础上，进行进一步的思考，并寻求定义、结论、规则等规律性的知识。这时，学生的心理活动是“探究”。在这一阶段，教师主要采用综合教学。

(4) 方法。这一阶段是学生对观念的进一步深思，表现为一种动态的“审思”活动。这时，学生要求通过实际的练习，将已获得的系统知识付诸运用。在“方法”阶段，学生的心理特征是“行动”。在教学法方面，教师可采用练习法。指导学生通过练习、作业等方式，将所领会的教材应用于实际。

4. 教学类型

从教学方法的角度出发，可以把教学分为单纯提示的教学、分析教学和综合教学三种。

所谓单纯提示的教学实际上就是直观教学。它是一切教学的基础和前提。面对观念极其有限的学生，教师应按照“平衡的多方面”的宗旨使学生的观念加以扩大化。教学可以借助各种插图，可以应用以儿童熟悉的颜色描绘出来的陌生城市、乡村、风俗和信仰的图画，通过生动活泼的讲述，特别是有故事情节的讲述，唤起和补充学生的观念。单纯提示的方法运用在地理、历史等教学中更好。

所谓分析教学是在单纯提示的教学的基础上进行的。单纯提示的教学虽然具有生动性，但为了清楚地感知观念，必须有分析教学做进一步的补充。分析教学就是对同时出现在感官前的事物加以分析。通过分析教学，使儿童对当前刺激的反应更加清晰，从而为观念的联合做好准备。这种教学主要通过谈话或问答进行，必要时还可以采用“争论与辩驳”。

由于分析教学的所有优点也是受制约而有限制的，所以就出现了综合教学。所谓综合教学就是将分析教学的结果加以重新结合，以形成新的观念。综合教学具有重要的作用，因为只有综合教学能够承担教育所要求的建立整个思想体系的任务。学生在学习新教材时所表现的难易、快慢，都与记忆和想象的品质有关，所以综合教学需要充分调动学生的记忆力和想象力。

但是，单纯提示的教学、分析教学和综合教学之间是递进关系、交叉关系，三者必须统一运用，而不能截然分开。

四、德育理论

赫尔巴特指出，道德普遍地被认为是人类的最高目的，因此也是教育的最高目的。道德教育就是品格教育。道德教育的任务就是向学生灌输“内心自由”“完善”“仁慈”“正义”“公平”这五种道德观念，由观念形成意志，用意志去陶冶性格。只有体现这五种道德观念的性格才是道德的性格，也只有这样才算达到了道德教育的终极目标。因此，德育绝不是要发展某种外表的行为模式，而是要在学生心灵中培养起明智及其适宜的意愿来。使绝对明确、绝对纯洁的正义与善的观念成为意志的真正对象，以使性格内在的、真正的成分——个性的核心——按照这些观念来决定性格本身，放弃其他所有意向，这就是德育的目标。

“道德”和“性格”是联系在一起的。道德是人的内在性格的力量，个人意志力量的表现。一个人的道德性格取决于他对主观欲望的控制和对客观观念，即道德标准的服从。一个有良好道德性格的人，一方面具有“内心自由”“正义”“仁慈”等道德观念，并严格地受这些观念的支配；另一方面他能够严格控制自己的欲望，并知道什么是他要容忍的。只有将道德性格的主观和客观这两个方面结合起来，才能形成良好的道德性格。教师的主要注意力应放在道德性格的客观部分，即道德观念的形成和发展上。

“训育”是道德教育范畴中的一个重要概念。所谓训育就是对青少年的心灵产生直接影响，即有目的地进行的培养。训育可以激发情感，或者抑制情感。它是与管理、教学紧密联系在一起的。管理主要在幼儿阶段进行，因为幼儿缺乏知识基础，不具备道德观念，所以必须借助于管理。管理既不属于教学，但也和道德教育有本质的区别。训育与教学的共同之处就在于教养，具体而言，就是要直接以五种道德观念为基础，去进行品格教育。

学生性格的形成与所受的训育是成正比的。训育对性格培养的关系是双重的——间接的和直接的。就间接的关系而言，训育能够帮助教学，使教学成为可能，并影响人的性格的形成；就直接的关系而言，训育作为一种手段，通过一定的活动，直接对人的行动产生影响。

训育既应该与儿童的管理和知识的教学相结合，也应该有其特有的方法。主要方法有：(1) 陶冶。通过陶冶，使受教者逐渐受影响。(2) 教师人格的影响。教师具有很高的权威，通过教师的人格对学生的性格产生影响。(3) 赞许和责备。教师给儿童规定明确的行为规则，根据儿童的执行情况给予必要的奖励和惩罚。(4) 建立有益于健康的生活制度。这是进行完善的训练，并取得充分效果的必要基础。

（巨瑛梅）

20. 费希特

对德意志民族的演讲 1808年*

费希特（Johann Gottlieb Fichte，1762—1814）是19世纪德国哲学家、教育家。他出生于德国东南部拉梅诺村的手工业者家庭。少年时曾就读于波尔达贵族学校，他的教育观点由此受到深刻影响。1780年入耶拿大学，第二年转入莱比锡大学神学系。1790年重返莱比锡大学，改学哲学。1784—1793年，费希特一直在德国以及瑞士各地担任家庭教师。其间与瑞士教育家裴斯泰洛齐相识，并深受其影响。1794—1799年，接任耶拿大学康德哲学教席，成为最受学生欢迎的教师。1800年迁居柏林，以自由职业者身份从事演讲和著述，其公开演讲在德国产生了前所未有的影响。1805年，应聘到爱尔朗根大学担任一个学期的教授。1809年，在普鲁士教育厅长洪堡（W. Humboldt）的领导下参与筹建柏林大学，起草建立柏林大学的计划，并于1810—1812年担任首任校长。费希特一生撰写了许多著作，主要有《一切天启的批判》（1792年）、《论学者的使命》（1794年）、《人的使命》（1800年）、《对德意志民族的演讲》（1808年）等。

《对德意志民族的演讲》（*Reden an die Deutsche Nation*）是费希特1807年12月至1808年3月在柏林科学院公开发表的系列演讲。最初由柏林中学书局于1808年5月出版。该演讲阐述了他的新教育主张，后为普鲁士教育改革所采纳。它不仅对普法战争后德意志民族的解放和复兴发挥了十分卓越的作用，而且对近代德国教育的发展产生了极其重要的影响。全书除“前言”外，包括14篇论文（演讲稿）。其中，第1讲为绪论；第2～3讲阐述新教育的一般特征；第4～8讲阐述德意志民族的特征；第9～13讲阐述新的德意志民族教育的原则、方法以及国家的职责；第14讲为结语。

一、教育是德意志民族复兴的途径

费希特指出，对于德意志民族来说，普法战争失败的灾难实际上是由整个时代精神的堕落造成的。而精神堕落，完全在于现行教育的失败。通过批判旧教育的种种弊端，他发现，现行教育具有两大致命的缺点：首先，没有真正注意人的品德培养。当今的时代，既没有一种关于人的教育的正确概念，也没有表达这种概念的力量。当今的教育，只是对事物现状的单纯被动的理解。所谓的教育，无非是记忆力的锻炼、劝诫性的说教。这种教育方法虽然能使人记住一些名言和成语，但从来都没有把它的道德世界秩序的描述提高到栩

---

* 本书中译本，梁志学等译，沈阳，辽宁教育出版社，2003。

栩如生的程度，使它的学子受到感动，去热爱和向往这种秩序。这种教育远远没有抓到和培养现实生活发展的根苗，因为这种根苗在遭到盲目软弱的教育忽视以后，已经尽其所能，到处肆意生长起来，并在大多数人那里结出了恶果。由于受基督教“原罪”说的影响，他认为儿童天性本恶，因此道德说教不过是徒劳的，道德教育从未被认真看待过。其次，受教育成了极少数人的特权。当今的教育制度，只是将它所能提供的教养施给那些人数极少的阶层，而民族共同体真正依靠的大多数人（即民众）则几乎完全为它所忽视。因此，维护德意志民族生存的唯一手段，就是完全改变当今的教育制度。

费希特又指出，德意志民族的复兴并不是通常所谓的民富国强，而是从人类社会发展的第三个时期过渡到第四个时期，逐步建立起理性王国。告别恶贯满盈的阶段，转向自觉理性的阶段，应该是德意志民族所处的时期，也就是德意志民族的复兴。要建立起合乎理性的国家，一个民族首先必须获得文化素养，教育水准必须得到提高。一个民族只有依靠脚踏实地的工作，首先解决培养全面发展的新人的教育课题，然后才能解决建立完善的国家的课题。

德意志民族为培养完善的新人是做了充分准备的。首先，从历史发展的逻辑看，在德意志过去所处的发展阶段，由于利己主义的自我毁灭，它已经丧失了独立性，救亡图存就必须逐步过渡到人类历史发展的更高阶段，创造一个由自觉的理性支配的新世界，过一种由自觉的理性支配的新生活。而培养全面发展的新人是德意志民族过渡到人类文明史上的一个更高发展阶段的必由之路。其次，从思想发展的过程看，在德意志民族中形成的真正哲学作为时代精神的精华已经获得概念的明晰性，进入了真正干预实际生活的阶段，因而完全有可能解决培养全面发展的新人这样一个教育课题。

因此，只有革新教育，才能改变德国一代人的精神状态。拯救德意志的独立性，绝对只有通过教育，而不是通过其他可能的手段。必须破除旧的教育，用民族教育重新塑造德意志民族，同时把复兴德意志民族视为整个人类的事业，才能实现德意志民族的复兴。德意志民族的复兴完全取决于新人的教育；只有这样，德意志人才能成为其他民族的先驱和典范。

二、论新教育的本质

费希特指出，为了使德意志人有一种全新的民族教育，必须废除当今的教育制度，建立一种培养全新的自我、使德意志民族能过全新的生活的教育制度。为了更好地阐述新教育的本质，费希特对这两种教育制度进行了对比。

首先，教育是培养言行一致的善良公民，还是培养言行不一的利己主义者。当今的教育制度没有抓住现实生活发展的根苗，因而它的学生们都没有遵循那些道德表象和劝诫，而是遵循了他们那种借助任何教育方法就自然而然地形成的利己主义冲动；与此相反，新教育则抓住了现实生活发展的根苗，因而不是要培养人的某种东西，而是要培养人本身，不是要使自己提供的教养成为学生的财富，而是使这种教养成为学生人格的组成部分。

其次，教育是为有钱有势的阶层服务，还是为消灭一切阶层的差别服务。当今的教育制度使绝大多数与国家休戚相关的普通国民反而享受不到教育；与此相反，新教育则把新的教养施给一切德意志人，以致这种教养不是成为一个特殊阶层的教养，而是不折不扣地成为这个民族本身的教养，并且毫无例外地成为它的一切成员的教养，因而各个阶层将来可能发生的一切差别都会完全消失。

通过详细分析拯救德意志民族、彻底改造人类的新教育的各个方面，费希特从远近目标两方面阐明了新教育的精神实质。

从长远的目标来看，新教育的使命在于培养建立理性国家的新人。迄今为止，最先向受教育的学生展示的是通常被看作完全本原的、真实的和现实存在的感性世界，由此才被引向思维，而且大多数是被引向对此感性世界的思维，是为这个世界服务的。新教育恰要把这种秩序颠倒过来，一开始就要将学生引向被思维把握的、真实的和现实存在的世界，把学子全部的爱和全部愉悦同此世界联系起来，使得生命必然唯独产生和出现在此精神世界中。但迄今为止，在大多数人中间，只有肉体、物质、自然力量是活着的。新教育应使大多数甚至所有人的精神得到普遍的培养，这是建设良好国家唯一可能的基础。

从切近的目标来看，新教育既是世界公民的，也是德意志民族的，即它的实质在于世界主义与爱国主义的统一。这种需要加以培养的精神本身直接体现了对祖国的高度热爱，它把尘世生活理解为永恒的生活，把祖国理解为这种永恒生活的载体。从这种爱中，自然会产生出保卫祖国的勇士和安分守法的公民。这种完整的人将在他的各方面都臻于完善，在内部变得圆满无缺，在外部变得十分干练，可以达到他在时间过程和永恒状态中的一切目的。这样精神的本质，就把我们完全摆脱一切压迫我们的苦难的解放事业同我们光复民族和振兴祖国的事业不可分割地联系在了一起。

因此，新教育不是单纯培养学生去过伦理生活的技艺，而是把学生彻底和完全培养为人的技艺。它有两个组成部分：首先，从形式方面来看，得到培养的是现实的、活生生的人，直至他的生命的根本，而绝不是人的单纯的阴影和图像；其次，从内容方面来看，人的一切必要组成部分都毫无例外地、平衡地得到发展。这两个组成部分就是知性和意志。教育想要达到前者的清晰性和后者的纯粹性。总之，新教育必须按照一种确实可靠、普遍有效的原则，培养一种坚定不移的意志。

三、实施新教育的原则和方法

通过对日耳曼人的迁徙和历史考察，费希特指出，德意志民族仍然处于一种由现实生活发展而来的原始语言不断流动的状态。在具有活生生的语言的德意志民族中，精神文化影响生命。德意志民族对精神文化采取认真的态度，诚实、勤奋、认真、不辞辛劳地做一切事，因此，在德意志民族中，教育者将自己的发明用于民众。广大民众都是可以教育的，而非有教养阶层实现自己计划的盲目工具。德意志民族卓越的独特性使其最适合实施新教育。这就是实施新教育所要求的原则。

关于如何实施新教育，费希特向祖国同胞大力推荐了瑞士教育家裴斯泰洛齐的教育理论和教育实践。他把裴斯泰洛齐视为马丁·路德一样将会以全部精神力量支配德意志民族的泰斗。

费希特指出，一切教育都以塑造一种果断有力、不屈不挠的性格为宗旨。这种性格不再是变化的，而是永远存在的。如果教育不以此为宗旨，就不成其为教育，而是某种漫无目标的游戏。新教育要培养能判断什么是善良、什么是公正，并以全部身心力量为实现善良和公正而采取行动的新人。教育标准只有一个，即道德的提高。因此，培养坚定不移的善良意志的确实可靠、深思熟虑的做法，是新教育方法的首要特征。

道德必须表现于行动，成为德行。德育应贯穿于一切教学中，靠教师在各种活动中做深受学生尊敬的表率来感染熏陶。一切道德教育的基础，首先是大家要知道儿童有冲动，并把它作为先决条件；其次是要认识这种冲动的表现，并且要适当地激发它，提供一种使它得到满足的材料，从而越来越多地发展它。教育必须通过被学生自由选为道德顾问的教师，帮助其按照他自己的方式，循序渐进地在自我控制和自我克制方面越来越强，逐渐产生坚定性和独立性。

智育就必须由自我开始，让学生体验自己的内心生活。在多种情况下交替使用和锻炼其心智能力，使之成长为一个善于反思自身、善于把握每一个本质真理的活泼和灵敏的心灵。指导学生在感觉、直观及与直观相联系的活动中获得认识能力的发展，使知识学习变成人的自发的、主动的、积极的内在要求，从而能够学到更多、更正确的东西，而且牢记不忘。由于心智活动得到满足带来无穷的学习乐趣，学到手的东西就决不会是僵死的、漠不相干的，它们出于生活，因而必定反过来深入生活。智育始于感觉，终于理性，而理性的充分发挥，除了可顺带产生现实生活必需的知识之外，更重要的是本身就具有道德价值。

体育的实施必须符合学生的生理发展规律，使身心发育同步前进，以增加健美，并适时地陶冶各自的性情。学生的体力要充分锻炼。体育也是德育的一个组成部分。行动是人的本性，好逸恶劳是德行的大敌，要利用体育养成学生吃苦耐劳和努力奋斗的优良习惯。

宗教教育是新教育的最后部分。它同道德教育是同一回事，都是旨在使人不仅仅是人类社会的一员，而且成为更高级精神秩序的一个环节。不同之处只在于道德教育落实于行动，宗教教育要求达到信仰。但是，宗教教育对于幼儿是完全不必要的，对青少年也只限于使他们逐渐增长宗教情感。学校绝不应越俎代庖，进行有关宗教理论的说教。

四、论新教育计划的实施力量

费希特指出，国家应该处于实施新教育计划的领导地位。唯有教育才能使我们摆脱压迫我们的一切灾难。如果国家承担这个向它建议的任务，就会在它的整个领土上毫无例外地为它的每一位新生的公民普遍实行这种教育。因此，国民教育应该由国家兴办。为使国民身心得以健全发展，国家应为国民学校提供足够的经费和宽敞的校舍，学生一律住校。事实上，国家只要从维持军队和警察的钱里节省出一小部分，教育经费就足够了。如果国家普遍实施我们建议的国民教育，犯罪的人就会减少，国家也就用不着花那么多钱维持社会治安了。新成长起来的年轻一代都经过了完备的训练，习惯于承受任何艰苦努力，心中充满对整体和国家的爱，因此，国家一旦需要，就能召唤他们，将他们武装起来，国家从此刻起就根本不需要任何特殊的军队，而得到了一支在任何时代都还没有见过的军队，并且可以肯定，没有任何敌人能够打垮他们。至于私人捐款，国民学校也可以接受。

这种国民教育的实施应该以民众为其支柱。因为迄今为止，人类的一切进步在德意志民族中都是从民众开始的，各项伟大的民族事务总是被首先交付给民众，由他们加以掌管和进一步加以促进。由于当时的德国并没有从民众中形成一个经济上强大、政治上成熟的新兴资产阶级，现存的有教养的阶层也并不是这个阶级的组成部分，因此，在寻求支持民族教育的社会力量时，整个民众中存在着一股巨大的惰性力量，不得不把自己的目光首先投向乡村中开明的大土地所有者，即开明的封建领主。因为拥有受过教育的民众对于这些开明人士更为有利，所以，他们会乐于实施民众教育，从而在自己的领地上为其臣民的孩子建立新教育的机构。

（陈秋兰　单中惠）

21. 欧文

新社会观，或论人类性格的形成 1816年*

欧文（Robert Owen，1771—1858）是19世纪英国空想社会主义者、社会活动家及教育家。他出生于威尔士一个小手工业者家庭。因家境贫寒，只念了几年小学便辍学，之后当过学徒和店员。经过艰苦奋斗，于1792年成为一家棉纺厂的经理。1800年，又担任了苏格兰拉纳克一家大棉纺厂的股东兼经理，并以此工厂区为实验田，大胆进行了社会改革实验。时值工业革命方兴未艾，针对当时工人劳动条件恶劣、生活贫困、缺乏教育及道德沦丧的状况，他着手进行改革。采取的主要措施有：缩短工时，增加工资，改善居住条件，禁用不满10岁的童工；同时大办教育，包括为工人及其子女创办幼儿学校、小学、青年工人夜校及成人业余教育等。为此还专门修建了一栋两层建筑。1816年元旦，欧文将上述教育机构统一命名为“性格陶冶馆”（简称“新馆”），并正式开馆。

欧文的社会改革实验取得很大成功。工厂区的面貌大为改观，此地亦被改称为“新拉纳克”。在新拉纳克的教育活动是欧文一生中最主要的教育实践活动。1816年欧文的《新社会观，或论人类性格的形成》（*A New View of Society*，*or Essays on the Principle of Formation of Human Character*）一书出版。全书由四篇论文组成，根据作者长期的探索及新拉纳克的实践，论述了其从事社会改革实验的基本理论依据，即关于人的性格形成的理论。

1820年，欧文又发表《致拉纳克郡报告》一文，首次全面地概述了他的空想社会主义思想，标志着他从资产阶级慈善家转变为空想社会主义者。这一转变使欧文遭到上流社会的排斥和攻击。但他仍不放弃自己的社会主义理想，又到美国印第安纳州创办“新和谐村”，继续进行共产主义实验，包括教育改革实验及人的全面发展的实验。但由于历史条件的限制，这些实验均以失败而告终。

除《新社会观，或论人类性格的形成》外，欧文的主要著作还有《新道德世界书》（1836年）、《论婚姻、宗教和私有财产》（1839年）、《人类思想和实践中的革命》（1849年）等。其内容都是批判资本主义制度和宣传空想社会主义理想的。对此，马克思和恩格斯曾给予很高评价，称其为“英国共产主义的代表”“社会主义者运动的创始人”。

作者在《新社会观》开头即指出：本书的主旨是“说明人们可以追溯出不幸的真正根源是以往的治人者和治于人者的愚昧无知；使大家知道和看清这种愚昧无知；并且概述一

---

* 本书中译本，见《欧文选集》，第1卷，柯象峰、何光来、秦果显译，北京，商务印书馆，1984。

个实际施政计划的大纲”。

一、关于性格培养的一般原理和原则

欧文指出，社会混乱是由当时的大多数贫民和劳动群众的不良性格造成的。而他们的不良性格则是由于社会未为他们创造一个良好的环境、未给予他们适当的教育之故，致使许多人受不良习惯的影响而走上犯罪道路，给社会造成“祸害”。

为消除这种社会混乱现象，欧文提出一个普遍的“原理”，即：“运用适当的方法可以为任何社会以至整个世界造成任何一种普遍的性格，从最好的到最坏的，从最愚昧的到最有教养的性格；这种方法在很大程度上是由对世事有影响的人支配和控制着的。”这个原理旨在说明：人的性格并不是由他自己形成的，而是由其所处的环境和所受的教育决定的。“适当的方法”即指好的环境和教育。好的方法产生好的、有教养的性格；坏的方法则造就坏的、愚昧的性格。所以只要从儿童时期就加以培养，使每个人都获得正确的思想和行为方面的习惯和举止，社会上的“祸害”就可以消除。同时欧文还认为，教育和环境并非是每个人都能改变的，它们是被“对世事有影响的人”，即当政者控制和支配的；要想改变当时社会的恶劣环境和坏的教育，必须借助当政者的力量才行。为了说服当政者采纳他的建议，欧文又提出一个观点，即个人幸福和社会幸福是同时增进和削减的，个人幸福要通过促进社会幸福而获得，因此，当政者若接受建议，为劳动人民创造好的环境和教育，不仅不会触动其统治，反而会使它更加稳固。

欧文还论证了实施性格陶冶的可行性。他坚信人可以改变环境，使其向着有利于形成人的良好性格的方向发展，这是可以像数学一样准确地得到预计的。因此，有了良好的环境和教育，性格陶冶就可得到实现。

二、新拉纳克的实验

在欧文看来，幼儿都是可以由人任意塑造的、结构奇妙的复合体，其性格并非由本人来控制和支配，而是由他周围的人或环境来决定的。幼儿在成长过程中不断地与周围环境接触，就会形成与周围人群相类似的情感和习惯。因此幼儿往往具有与父母和师长相类似的习惯和情感。欧文进而总结道：一个人在其品质形成时期是处于被动地位的，他本身无法控制其品质的好坏。所以，如果一个人有了过错或犯了罪行，不应对他产生愤怒或加以惩罚。若真需要惩罚，就应惩罚那些立法者，正是他们制造了使人犯罪的恶劣环境和错误法律。欧文还以罪犯和法官为例来说明环境对人的决定作用。他认为，假设法官和罪犯的生长环境可以对调的话，那么前者就会站在罪犯席上，后者则会坐到审判席上。

既然现实社会的大部分人都是恶劣环境和不良教育的牺牲品，那么实施补救措施就是当务之急了。欧文以其实践活动证明这些措施是有效的。欧文指出在新拉纳克工厂区，他从这些原理出发制定了一些补救措施，还正确处理教派纷争和两性关系，以预防性规章代替惩罚性规章，从而使工人的精神面貌大大改善，工人工作热情高涨，生产效率提高。此外，厂方还对儿童采取了保护及教育措施，规定 10 岁以下的儿童不能进厂打工。5～10 岁的儿童需要在乡村学校接受免费教育，学习读写算等基础知识并增强体质。教学要尽可能采用现代化的手段和设施。所有的这些都旨在为儿童的成长提供良好的环境。

欧文以此为例再一次阐明其观点：造成罪恶性格的过错不在于个人，而在于培育个人的制度和环境。如果代之以好的环境，良好的品质就会形成。所以当政者要不断改善当前的社会教育制度，消除生活中的游惰、贫困和罪恶，代之以合乎理性的教育来陶冶全体国民的性格。

三、新馆中的教育设施

新馆兴建的目的是给幼儿和成人提供受教育和娱乐的场所，使幼儿从小养成公正、坦率等优良品质，使成人去掉和改变从父辈中已习得的坏习惯和坏品质。新馆可分为以下几个部分：

（1）游戏场。这是位于新馆房屋前面的一片场地，它是儿童在学前时期的游戏场所，也可供男孩做军事操练之用，还是在校学生的集合地点。欧文在此着重论述了早期教育的有关思想和实践。他认为早期教育意义重大，可以影响人的一生。若等儿童恶习形成之后再去教育，就会困难得多。儿童的许多品质都是在 6 岁以前养成的，有些印象甚至在 1 岁或 1 岁半就可以获得。所以在幼儿进入游戏场后，就要给他们灌输与人为善的思想，再通过榜样使其他小朋友群起效仿，进而养成习惯，使与人友善原则内化为个体自身情感的一部分，进而表现在他的行动中。另外，游戏场还可以为儿童提供一个较为纯洁的生长环境，使其免受父母的不良影响。

（2）健身房。这是为成人提供娱乐和消遣的地方。由于人们在冬天不能进行户外活动，所以健身房就为他们提供了一些有益的娱乐活动；既使居民的身体在冬天仍健康强壮，也可使他们免于参加不良的活动而有损性格。

（3）学校。新馆的顶楼是教育儿童的场所。欧文批评旧教育只教学生死记硬背，而不训练他们的理解力和推理能力，教授的内容是一些与其年龄不相符的深奥复杂的东西。欧文认为，首先要从思想上教导学生与人为善，在此基础上学习读写算等基础知识，女孩还应学裁剪和缝衣等家务工作，男孩要进行体操训练。在学习时要注意理解书中的内容，不要死记硬背。可从学生最熟悉的身边事物开始教学，进而认识更多的事物。

（4）讲堂。这里冬季每周三个晚上为工人举行“讲演晚会”，其余的晚上则组织一些健康有益的娱乐活动。讲演者使用浅显的语言教给成人一些有用的知识，如怎样教育子女、如何安排自己的生活等。这种方式对受过错误教育的人具有难以估量的价值。

（5）教堂。欧文主张在宗教问题上要排除门派之见，学习最基本的真理。人们应对各种事物的观念加以比较，辨别真伪，找到那些最基本的真理，从而得到真正的知识。

欧文最后指出，上述做法必须教给那些已经意识到自身错误，且敢于为实现真理而奋斗的人。这些人过去曾受到错误教育的指导，但并未执迷不悟地一味信守，而是觉察到自己深受这种教育的毒害，并有勇气去反对。

四、立法者的责任

欧文在此重申：性格由环境形成，而环境则要由政府通过立法来改善，所以，政府在人民的性格培养中起着重要的作用。

欧文阐述了教育的重大作用。他说：“人可以经过教育而养成任何一种情感和习惯，或任何一种性格。”所以当政者最迫切的任务就是采取立法，改善环境和教育制度，为人们良好性格的形成创造条件。

政府首先应该彻底废除“每个人的性格都是由他自己形成的”这一指导一切教育工作的总原则。只有从思想上彻底清除这种错误的认识，才可以改正过去一切错误的做法。其次，要废除使人们养成坏习惯的各种制度和法律，如各种允许酗酒、聚赌的法律等。与此同时，建立优良的教育制度，颁布教育法案，使全体国民都有受教育的机会；并要明确教育最重要的目的不是使学生掌握知识，而是通过学习辨别真理和谬误，从而增长理性。

（梁淑红）

22. 福禄培尔

人的教育 1826年*

福禄培尔（Friedrich Wilhelm August Froebel，1782—1852）是19世纪德国教育家。他出生于德国图林根的一个牧师家庭。自幼养成对自然界花草树木进行观察和思索的习惯。由于母亲早逝，他在舅舅的照顾和关怀下得以进入国民学校学习。1797年，年仅15岁的福禄培尔刚从国民学校毕业就跟随一位林务员当学徒。两年后，他进入耶拿大学学习自然科学和数学，但因交不出学费第二年就辍学了。此后，他坚持自学。1805年，福禄培尔进入法兰克福模范学校任教。第二年，他开始在霍尔茨豪森男爵家里担任家庭教师，一直到1811年。在此期间（1805—1811年），福禄培尔曾两次前往瑞士伊弗东访问裴斯泰洛齐的学校，其中第二次访问长达两年时间，深受裴斯泰洛齐教育思想的影响。为了扩展自己的知识，他在结束家庭教师工作后又先后进入格丁根大学（1811—1812年）和柏林大学（1812—1813年）学习。1813—1814年，他参加了反抗法国拿破仑统治的解放战争。1816年，福禄培尔在施塔提尔姆创办了一所学校，称为“德国普通教养院”。这所学校于第二年迁到卡伊尔霍，并力图实施裴斯泰洛齐的教育原则。由于后来德国反动势力的压制和迫害，他从1831年起流亡瑞士，曾在布格多夫担任一所孤儿院的院长（1834—1835年），积累了幼儿教育方面的经验。1836年，福禄培尔回到故乡，并于第二年在卡伊尔霍附近的勃兰根堡开办了一个“发展幼儿活动本能和自我活动”的机构，同时开始创制一套“恩物”。但这个机构的正式名称一直没有确定下来，后来才决定命名为“幼儿园”（kindergarten），并于1840年6月28日正式公之于世。这标志着世界上第一所幼儿园的诞生。1844年，这所幼儿园迁往马林塔尔，福禄培尔在那里度过了他的晚年。福禄培尔的主要著作有《人的教育》（1826年）、《慈母曲及唱歌游戏集》（1843年）、《幼儿园教育学》（1861年）等。

《人的教育》（*Die Menschenerziehung*）一书是福禄培尔以卡伊尔霍学校教育实践经验为基础写成的，集中阐述了关于儿童的发展和教育的理论。福禄培尔曾打算写《人的教育》的续篇，但是这一计划最后并没有实现。

一、教育的一般原理

在“总论”中，福禄培尔阐述了教育的一般原理，既提出了万物有神论，又强调了人

---

* 本书中译本，孙祖复译，北京，人民教育出版社，1991。

的发展和教育适应自然的观点。

1. 上帝是万物的统一体

福禄培尔指出，有一条永恒的法则在一切事物中存在着、作用着、主宰着。这条法则，无论在外部，即在自然中，或在内部，即在精神中，或者两者的结合中，即在生活中，都始终同样地明确与确定。这条支配一切的法则必然以一个万能的、富有生命的、永恒的统一体为基础；同时，这条法则又被人们通过信仰或观察而明晰和全面地认识到。这个统一体就是上帝。他还指出，球体包罗着从同一中心向各个方向扩散开来的一切东西，最清楚地象征一个统一体。球体既是统一中的多样性和多样中的统一性的表现，又是无限多样性的归结和导源到统一性的表现。因此，球体法则是自然事物的根本依据。

人与动物、植物一样，也是上帝的创造物，应当服从于一条永恒的法则。一切事物的命运和使命就是展现它们的本质，也就是展现它们的上帝精神。人的教育就是要激发和推动人有意识地和完善地展现上帝的精神，达到内部和外部的统一，并指明达到这一目的的途径和手段。也就是说，只有通过教育，人身上所具有的上帝精神，即他的本质才能得到发展和表现。

2. 教育适应自然

人作为宇宙万物的一部分，具有与宇宙万物一样的发展进程和规律，服从同一条法则。人的力量、天赋及其发展方向、四肢和感官的活动，是按照它们本身在儿童身上出现的必然的次序发展的。因此，对于人来说，重视自然和观察自然是十分重要的。

人的教育必须是适应自然的。从儿童刚诞生起，就必须按照儿童的本性去理解他们和正确对待他们，让他们自由地和全面地运用他们的能力，而不能违反他们的本性把成人的形式和使命强加于他们。例如，园丁在修剪葡萄藤时，如果不是十分耐心地、小心地顺应葡萄树本性的话，那么不管园丁的意图是多么的良好，葡萄藤就有可能由于修剪而被彻底毁灭，至少它结出葡萄的能力会被破坏。所以，一切专断的、指示性的、绝对的和干预的训练教育和教学，必然会对儿童的发展起着毁灭的、阻碍的、破坏的作用。

适应自然的教育还必须重视儿童个性的发展。尽管在每一个人身上包含着并体现着整个人性。但它在每个人身上是以完全固有的、特殊的、个人的、独一无二的方式得到表现和塑造的。如果每一个人、每一个儿童最独特和最有个性地表现了自己，那么，作为上帝儿女和人类成员的人也已经表现了上帝和人的全部本质。因此，从儿童刚诞生起，就不能把他们当作一个模拟出来的、没有个性差别的复制品，当作某一先辈模样的铸件。

3. 人是不断发展的

宇宙万物是不断发展的，作为宇宙万物一部分的人在其生命过程中也是不断发展的，总是从一个发展阶段趋势向另一个发展阶段趋势迈进。所以，人和人身上的人性应当被看作外表的现象，不能看作一种已经充分发展的、完全形成的、固定的、静止的东西，而应当看作一种经久不断地成长着的、发展着的，永远是活生生的东西，一种永远朝着以无限性和永恒性为基础的目标、从发展和训练的一个阶段向另一个阶段前进的东西。人为了完成他的使命和实现他的天职而需要经历的发展和训练，乃是一个永久性地连续不断地前进的、始终一贯地从一个阶段向另一个阶段上升的不可分割的整体。在人的发展中，每一个后继的阶段以一切和个别先行的生命阶段的强有力的、完全的和特有的发展为基础。

因此，那种把人的发展和训练作为一种静止的、完结的、似乎始终仅仅是以更大的普遍性重复着的东西的观点，是一种极其有害的观点。同时，那种把人不断前进的一系列发展的阶段划分明显的界限和造成截然的对立，从而完全忽视持续不断的进步、活生生的联系和生活的本质的观点，也是一种十分有害的观点。因为这些观点会给人的发展带来无法形容的不幸、阻碍和干扰，会给教育者带来几乎不可克服的困难。

二、儿童的发展阶段及教育

福禄培尔指出，在儿童的发展过程中，划分成四个相互联系和不间断前进的阶段，即婴儿期、幼儿期、少年期、学生期。

1. 婴儿期

对于儿童来说，婴儿期是一个“吸吮”的时期。因为在这一时期，吸吮几乎是婴儿的唯一活动。这一发展阶段的儿童只是通过他自己的眼睛不断从外界吸收和接受多种多样的东西。例如，在婴儿的自然视线内挂一个晃动着的、关着一只小鸟的鸟笼是很合适的，它既可以刺激婴儿的感官和精神活动，又可以在许多方面给他提供滋养。对于婴儿这个出生到世界上的、正在形成中的人来说，至关紧要的是他的身体、他的感官、他的四肢的运用；仅仅是为了运用、应用和练习，而并不是为了通过身体、感官和四肢的运用而产生的结果。因为运用的结果对他来说是完全无关紧要的，或者更确切地说，他还根本没有预感到这一点。但应该看到，婴儿感官和四肢的活动是最初的萌芽，是最初的身体活动，是最初的求知欲。

在这一时期，除了感官和身体的发展，婴儿的情感也得到了发展。因此，婴儿期也是一个“共同感情”发端的时期。这种感情开始在一定程度上还处于朦胧状态，但必须及早在婴儿身上得到培育、加强、发展。婴儿最初微笑的根源，不仅在一种肉体的自我感觉中，而且在首先是母亲与孩子之间，然后是父亲与孩子之间，以后是兄弟姊妹之间的更高的共同感情之中。

从父母和教育者方面来说，婴儿期主要是“保育”的时期。因此，婴儿的抚育是十分重要的。母亲应该亲自给孩子喂奶。对待孩子，母亲不仅带有内心充满深情的目光，而且提供充满爱的关怀和保护。这样对孩子现在和未来的整个生活都是极其重要和极其有益的。此外，母亲应该不让孩子过久地独自待在床上和摇篮里，防止孩子身体的虚弱以及心理的脆弱。为了防止孩子吸收含糊不清的、病态的甚至低劣的东西，在孩子周围的人的目光、面部表情应当是纯洁的、坚定的、可信任的和起激励作用的，在孩子周围的环境也应当是纯洁和明朗的，例如，新鲜的空气、明亮的光线、清洁的房间。

总之，在儿童的发展过程中，第一个发展阶段对于儿童，对于他的现在和将来都具有无法描述的重要意义。

2. 幼儿期

在感官和身体发展以及四肢活动到了儿童开始自动地向外表现内在本质的程度时，婴儿期即告终止，而开始了幼儿期。这是一个由内向外的时期。人的内在本质向外释放出来，力图向外表现自己，宣告自己的存在。

在幼儿期这一发展阶段，幼儿的食物和进食是十分重要的。因为幼儿可以通过他的食物和进食而成为怠惰或勤勉、萎靡不振或充满朝气、迟钝或敏捷、缺乏生气或充满活力的人。幼儿在母乳之后最初的食物应当简单而适度，尤其不要用过多的香料和不要太油腻，以免阻碍其内脏器官的活动和损害其身体健康。在幼儿的饮食上，唯一的目的是促进体力和智力活动，食物应当以能够维持其生活所需，使体力和智力上达到同样程度的发展为限。

幼儿的衣着也应当注意。为了使幼儿在身体上和智力上不受限制地活动和游戏、发育和发展，他的衣服不应当使自己受到束缚、压迫和禁锢。幼儿的衣服式样、颜色、形状本身不应当成为目的，但衣服应当整洁。因为衣服在幼儿身上发生的影响将会影响到他的精神和心灵，所以，衣服对于幼儿来说绝不是无关紧要的。

但是，应该认识到，与婴儿期相比，儿童身体的保育减少了，而智力的培育和保护却加强了。这表明，随着幼儿期的到来，随着通过外部表现内在本质并寻求两者的统一的时期的到来，真正的人的教育便开始了。对于人的发展来说，幼儿期是至关重要的。如果儿童在这一发展阶段遭到损害，如果存在于他身上的未来生前之树的胚芽遭到损害，那么，他就必须付出最大的艰辛和最大的努力才能成长为强健的人，必须克服最大的困难在他朝着这一方向发展和训练的道路上避免这种损害所造成的畸形，或至少防止这种损害所造成的片面性。

在幼儿期这一发展阶段，幼儿的生活应当是丰富多彩的和生动活泼的。为了促进幼儿智力的发展，应当采用直观的方式，把他周围的一切东西正确地、清楚地、确切地展现在他面前，以便使他能够正确地、清楚地、确切地看到并认识这一切，进而能够正确地、清楚地、确切地描述这一切。对于这一时期的儿童来说，游戏和语言是他的生活的要素，但及早地引导他学会思考也是重要的。

为了使幼儿更好地理解合乎规律的和适度的生活，应当重视幼儿有节奏、有规律的动作的完美的早期发展。这样，不仅使幼儿在生活中、在行动中表现出更多的自制、节度和协调，而且也使他更容易形成对自然和艺术、音乐和诗歌的深刻鉴赏力。如果在幼儿教育中很早就中断这方面的内容，给教育者和幼儿都会带来很大的损失。

此外，在这一时期，幼儿还应当学习绘画和计数。通过对线条的理解和表现，通过对数的注意和认识，幼儿的认识范围以及他所生活的世界扩大了，从而使他的内心生活的本质需要得到了满足。

由于在这一时期幼儿及其教育还是完全被托付给父母和家庭，幼儿与父母和家庭一起构成一个本质上说完整的和不可分割的统一体，因此，应当利用和重视儿童的家庭生活。在家庭中，父母对孩子教育的内容和目的就是要唤醒、发展和激发他的全部力量和全部素质，培养他的四肢和一切器官的能力，满足他的素质和力量的要求。尤其是母亲，她会出于自己的天性，在没有任何指导和没有经过任何学习的情况下本能地自发地做这一切。但是，母亲应当认识到幼儿教育的本质、意义和各种关系，把这一切做得更正确、更完善、更深刻。只有这样，才能更好地促进幼儿的发展。反之，就有可能毁灭幼儿的生命之树的幼芽。因此，我们必须同自己的孩子一起生活，孩子的生活将给我们带来安宁和欢乐，同时也将使我们开始变得聪明地对待事情。

由于正确引导、良好教育和切实保护，我们能从处于幼儿期后期的儿童身上体会到丰富、饱满、生气勃勃的内部和外部生活。

3. 少年期

随着语言从事物中和从说话者那里分离出来，随着语言的真正具体化和语言被看作某种具有形体的东西，人便脱离幼儿期而进入少年期。与幼儿期相比，这是一个由外向内的时期，即“学习”的时期。以幼儿期的发展和教育为基础，儿童在少年期得到了进一步的发展。

在少年期这一发展阶段，儿童通过自身的力量使外界事物向自己接近，为自己所掌握。儿童从观察个别事物出发，发现并指出它们内在的各种倾向，以便以后能够指出它们内在的统一性。由于这是教学的任务和本质，因此少年期主要是“教学”的时期。

如果幼儿期的活动仅仅是模仿家庭生活的活动，那么少年期的活动已包括分担家务。活动本能在少年期儿童身上已发展成为塑造的冲动，他为了创造物而活动或为了成果而活动。他将尝试去表现他看到父母和成年人所创造的、表现的、做的一切，从中认识到人的力量以及表现的可能性和方式。他乐意分担父母和成年人的工作，即使那是费劲的、需要付出力气和辛苦的工作也无妨。但是，如果这种对活动的内在要求遇到外部障碍或被拒绝的话，少年期儿童的内在力量便会削弱或完全丧失，他本人就会感到恼怒和变得怠惰起来。

少年期儿童还会要求逐步扩大他的视野和眼界。他会从渴望知识的心灵出发，不断地提出问题，例如，怎么样？为什么？用什么办法？什么时候？什么原因？什么目的？如果能给孩子提供稍为满意的答案，实际上就为他开拓了一个新的世界。

在少年期，儿童的情感也得到了发展。但是，如果要使真正的友爱、真正的天真无邪、真正充满信任和爱的虔诚心以及对同伴的友好、宽容和尊重占据优势，就必须努力激发在每一个儿童身上潜藏着的共同感情，并十分小心地加以培育和正确地加以引导。

从少年期这一发展阶段起，儿童开始进入学校。学校引导儿童去认识并把握存在于他以外的事物，并按照存在于这些事物中的特殊的和普遍的法则去认识并把握它们的本质。随着学校生活的开始，少年期儿童成了学生。尽管他也进行游戏活动，但许多游戏的目的几乎仅仅在于显示力量。

4. 学生期

少年期是儿童学校教育生活的初期，而学生期则是儿童学校教育生活的主要时期。

在学生期这一发展阶段，儿童将会带着信仰和信念、预感和期望去熟悉面对着他的一个外部世界。进入学校后，儿童便会超越对事物的外部观察而进入对事物更高深的精神的理解。因为他将在学校里学到在学校以外所学不到的东西，获得滋养其精神和气质的食物，他将每天或多或少地意识到他自己好像进入一个高尚的精神世界。

真正的学生不应当是情绪抑郁和生活懒散的，而应当是朝气蓬勃的以及有强健的精神和肉体。由于学校的教育作用，由于内部力量的增强，受到滋养的儿童才会更加自由地行动。

三、游戏与语言

福禄培尔指出，对儿童的发展特别是幼儿期的发展来说，游戏和语言是十分重要的。

游戏和语言是幼儿期儿童生活的组成因素。

1. 游戏

随着幼儿期的到来，幼儿主要是通过游戏来运用他的身体、感官和四肢。对于幼儿来说，游戏是他的内在本质的自发表现，是他的内在本质出于其本身的必要性和需要的向外表现。因此，游戏是人在这一阶段上最纯洁的精神产物，同时是人的整个生活、人和一切事物内部隐藏着的自然生活的样品和复制品。游戏给儿童以欢乐、自由、满足、内部和外部的平静，还使他们同周围世界和平相处。可以说，一个游戏着的儿童，一个全神贯注地沉醉于游戏中的儿童，正是幼儿期儿童生活最美好的表现。

游戏在幼儿期中绝不是无关紧要的，而是具有十分重要的意义，直接影响着儿童的生活和教育。因为各种游戏是整个未来生活的胚芽，而整个人的最纯洁的素质和最内在的思想就是在游戏中得到发展和表现的。

当儿童从幼儿期进入少年期后，他们需要游戏。但是，如果说幼儿期儿童游戏的目的仅在活动本身，那么少年期儿童游戏的目的却始终是一种特定的有意识的目的，即表现的事物本身。在游戏中，儿童不仅增强了身体的力量，而且显示出精神和道德的力量，培养了共同的意识和感情。

在学生期中，儿童仍进行游戏。由于游戏是这一时期儿童身上富有生气地活动着的丰富的生命和生活乐趣的产物，因此游戏是以内部生命和活动力、旺盛的生命力以及实际的外部生活为前提的。就游戏的内容来说，它分为身体的游戏、感官的游戏和精神的游戏。但是，这一时期的游戏需要有人给予特别的指导。

正因为游戏对各个发展阶段儿童的发展是如此的重要，所以，在幼儿期，母亲应当鼓励和支持儿童的游戏，父亲应当保护和指导儿童的游戏。为了给儿童提供游戏的机会，每一个村镇应当设立一个供儿童使用的公共游戏场所，这将对整个社区的生活产生极大的作用。只要参观一下儿童的游戏场所，任何人都能从中呼吸到令人振奋的新鲜的生命气息。

2. 语言

随着儿童的成长，他的语言也得到了发展。在幼儿期，儿童会学习用恰当的名称和词汇去表达他所看到的每一个事物。然而，对于他来说，语言和语言符号同要描述的事物对象是一体的，也就是说，他还不能把词与事物分开。但儿童在游戏中，只要他能够说话，是很想多说话的；而且，他把每一个事物都看作有生命、感情和言语能力的，并相信每一个事物都在听他说话。在这一时期的儿童看来，每一个事物对象似乎只有通过言语才会存在，似乎只有言语本身才会创造事物对象。在儿童的一切行动中，他的行动不可避免地与一定的言语联系起来，并通过言语来说明他的行动。因此，幼儿期也是发展儿童语言能力的主要阶段。

进入少年期后，语言本身已作为某种独立存在的东西而出现，不仅从事物中而且也从说话者那里分离出来。为了促进儿童的语言发展，教育者需要在对外界观察的基础上安排儿童进行语言练习和说话练习。语言练习，指对语言及其事物对象两者结合起来的，从外部世界过渡到内部世界的考察；说话练习，指不考虑事物对象的、而仅仅对被看作素材的语言本身的考察。

总之，语言就是通过外化了的东西自动地向外说明和表现自己内在的东西。作为内部和外部活生生的生命表现的一切最初的语言表现，必然是合乎规律的语言运动中的表现和整体运动中的表现。

四、学校的任务和教学内容

1. 学校的性质与任务

福禄培尔指出，学校作为一种教育机构，应当把外部世界以及作为外部世界的一部分并与外部世界处于密切关系中的学生自己呈现在学生面前。同时，学校还要为学生指出各种事物的内部倾向以及相互之间的关系，使他们的认识朝着越来越高的普遍性和思想性上升。因此，只有当学生超越对事物外部的、表面的观察而进入对事物的观察，因而也是达到对事物认识、洞察和形成意识的观察，学校才成为真正意义上的学校；只有使一切事物具有生气和一切事物得以在其中活动的精神和生命的气象，才是真正的学校应有的本质。对此，学校领导、管理人员和教师应当加以深刻的考虑。

在真正的学校里，教师的作用是向学生指出并使之理解事物内在的、精神的本质。对于作为一个人的儿童，不仅应教给他学习的对象本身，而且还应教给他与该学习对象有关的知识。教师必须克服一种老毛病，即以为用他人的知识和技能来装饰学生的精神和心灵，便能达到我们的目的和使学生获得最大的好处。

由于儿童是在家庭里逐渐长大的，因此学校必须与家庭保持联系。为了引导儿童达到完善境界的完善的人的发展，学校与生活一致、家庭生活与学校生活一致是首要的和绝对不可缺少的。

2. 教学内容

学校的教学内容分为四类：第一类，宗教与宗教教育；第二类，自然常识与数学；第三类，语言与语言教学以及与此相关的阅读和书写；第四类，艺术与艺术对象。

具体来讲，应当包括以下一些方面：

- 唤起、培育、加强和提高宗教意识。
- 注意身体的发展，重视身体的训练。没有与精神的训练相联系和一致的身体训练，教育就不能达到使人完善化和圆满训练人的目的。
- 学会对自然及外部世界的观察，然后再由近及远地逐步前进。
- 学习和掌握诗歌。
- 语言练习和说话练习。
- 学习和掌握空间表现。
- 学习和掌握制图。
- 学会对颜色的理解，以便在颜色的丰富多彩中认识统一和认识内部关系。
- 游戏，即以自由活动的方式进行各种各样的表现和练习。
- 讲述，即联系日常发生的事情以及生活中发生的事情来讲述故事、传说、寓言和童话。
- 短途旅行和远足，重视在大自然中的户外生活。
- 学习和掌握数的常识。
- 学习和掌握形的常识。

- 学会写字。
- 学会阅读。

以上的内容是丰富多样和广泛的，这些内容无疑能够满足人的一般需要；而且，通过这些内容，人的一切感觉以及一切内部和外部的天赋力量也能够得到发展。

但是，我们应当认识到，过多地在成长中的人身上错误压制这些天赋力量和多方面的精神倾向，将会极其有害地干预他们的本性；而且，在幼儿期和少年期，在人的教育与发展中被耽误的和被忽略的东西是无法挽回的。

福禄培尔的另一本教育代表作《幼儿园教育学》[①] 是一本阐述关于幼儿园教育学思想的名著。该书是由德国作家兰格博士收集整理其老师福禄培尔的 15 篇文章结集而成的，出版于 1861 年。福禄培尔在书中论述了幼儿的发展及教育、“发展幼儿活动本能和自我活动能力”的教育机构的建立、恩物与游戏以及幼儿的读写教学。

（单中惠）

① Friedrich Froebel，*Pedagogics of the Kindergarten*，translated by Josephine Jarvis，New York：D. Appleton and Company，1895.

23. 第斯多惠

德国教师培养指南 1835年*

第斯多惠（Friedrich Adolf Wilhelm Diesterweg，1790—1866）是19世纪德国教育家，被誉为“德国教师的老师”。他出生于德国威斯特伐利亚西根市的一个法官家庭。拉丁语学校毕业后，第斯多惠于1808—1811年在赫尔朋大学和图宾根大学攻读，并获得哲学博士学位。在此期间，他开始接触卢梭和裴斯泰洛齐的教育思想，并对当时经院式的教学提出尖锐批评。1813年，他应聘到法兰克福模范学校任教。五年后，又应聘到爱北斐特拉丁语学校任副校长。1820—1832年，第斯多惠应聘担任莱茵省梅尔斯国立师范学校校长。1827年，他创办《莱茵教育杂志》，并担任主编直到去世。1832年，第斯多惠应聘担任柏林师范学校校长。1832年，他在柏林发起组织了“教育学协会”。1835年，其代表作《德国教师培养指南》一书出版。由于第斯多惠所进行的一系列社会和教育活动引起反动政府的不安，他于1847年被解除柏林师范学校校长的职务。1851年，他又创办了《教育年鉴》。1857年，他还出版了《教育理想与可能性》一书。1858年，他被柏林的教师选为众议院议员，利用议院讲坛，提出教育改革面临的问题和建议。

《德国教师培养指南》（*Wegweiser zur Bildung für deutsche Lehrer*）全书分两编：第一编为普通编，由第斯多惠撰写；第二编为特殊编，由第斯多惠与柏林师范学校教师合作撰写。其宗旨从广义上讲是培养和提高国民学校教师的素质。该书于1835年首次出版，后又再版多次，成为19世纪40年代后德国教师案头必备的一本书。

一、教师的使命和任务及社会关系

第斯多惠指出，只有当所有教师都明确自己的使命和任务以及正确处理自己的社会关系时，国民教育事业才能得到蓬勃发展。

1. 教师的使命和任务

自古以来，许多造诣很深的思想家和教育家都明确提出了人生的目的和使命。从整体上说，人类的奋斗目标就是实现真、善、美的伟大理想。这是全人类也是个人的最崇高的永恒理想。

因此，教师应当认识并肩负这一崇高的使命，把真、善、美看成是人生的最宝贵财富，用全部纯洁的爱去激发人们对真、善、美的追求，最大限度地发展人们的天资和能

---

* 本书中译本，袁一安译，北京，人民教育出版社，1990。

力。总之，真正的教育是为了人类的自身发展，教师应当以教育事业为终身职业。

2. 对教师的要求

为了实现自己崇高的使命，教师应当努力做到：一是自我教育。教师要教育别人，就得首先开始自我修养。凡是不能自我发展、自我培养和自我教育的人，也就不能发展、培养和教育别人。对于自我完善来说，教师不仅要倾听真理和学习真理，而且更重要的是要把这些真理和自己的实际生活、思想与意志紧密地联系起来并融为一体。二是具有丰富的知识，并使知识转化为自己的精神财富。因为教师与其说是用本身的知识去影响人，还不如说是用自己的思想行为去培养和教育人。教师的素质决定教学的成功或失败。三是恪尽职守的教学态度。国家是为教学工作而设立学校的，因此，教师应当提高教学的责任感，诚诚恳恳、兢兢业业、孜孜不倦地投身于教学工作，最后取得丰硕的教学成果。

3. 教师的社会关系

教师的社会关系就是教师和他的团体、上级以及同事之间的关系。实际上，同事间团结互助，互通有无，取长补短，经常交流教学经验，可以不断提高教学水平。例如，成立教师联合会、教师协会等。

教师的职务是神圣的，应当受到学生、家长、同事、上级以及社会的尊重。当然，对于教师的作用要实事求是地正确评价，并通过社会评价来进行自我评价。

二、人的天资与人的智力培养

1. 人的天资

第斯多惠指出，人的天资是一个人本身能力和活动可能性的基础。它是大自然赐给人的。天资本身既不能得到也不能失掉，不能接受也不能赠送。凡是天资存在的地方，才能发展能力，才有发展和培养的可能性；相反，凡是没有天资存在的地方，教育家也无能为力。

每个人的天资有一种固有的差异，也就是说，一个人和另一个人在不同的发展中有各自的天资。但是，每个人的天资都是随着时间持续不断地发展的。其发展过程或变化过程总是不间断地经过一切中间阶段的，跳跃或飞跃发展是不可想象的。

为了使发展和培养的可能性变为现实性，就需要有作用于天资的刺激，即激发的存在。因为教育就是激发教育理论。如果没有激发，便没有人的发展，天资也就会停滞不前。

2. 人的智力培养

第斯多惠指出，人的智力培养是一项严肃而认真的事业。但人的智力培养要以追求真理为前提。所谓“追求真理”包括两个方面：一是探求我们自身生活的精神内容；二是检验别人提出的真理的内容。因此，教师应当教会学生检验真理的方式方法，教会他们如何识别真理，并把教学本身看成是一种培养智力的手段。为了培养智力，学生应当努力做到：要有重点，特别要学习那些有争议的而又有独到见解的文章；学习要遵守循序渐进的原则；学习要扎实，知难而进；学习要注意反复推敲；学习要防止考虑问题片面，不动脑筋和粗心大意；学习要坚持相互交流，共同研究；学习应该把所学的学科作为核心。

三、以课堂教学为基础的一般教学规则

第斯多惠指出，课堂教学规则是与人的天资紧密相连的，是与人的智力发展和培养有关的。此外，制约着课堂教学活动的有四种因素，即学生、教材、外部条件以及教师。这四种因素不是绝对分开的，但在课堂教学时应首先考虑学生主体。

1. 与学生有关的课堂教学规则

课堂教学必须符合人的天资和自然规律。这是一切课堂教学的最高规则。教学要按照人的自然发展阶段进行。教学必须遵守人的智力是持续不断地发展的规律。既不教他们当时还不需要的东西，也不教他们以后不再需要的东西。教学必须根据直观性原则。必须由近及远、由简到繁、由易到难、由已知到未知。教学要采用基础教学法。要遵循形式教育目的以及形式教育和实质教育并举，做到知识和能力相结合。不要教超出学生水平的知识。教学要注意让学生记住所学过的一切知识。教学应当奠定普通教育的基础。教学要把学生的注意力都集中在教材上。要重视学生的个性。

2. 与教材有关的课堂教学规则

课堂教学必须根据学生的发展水平和发展规律来安排教材。教学应当在教材讲解和练习上多下功夫。教学要在讲解派生原理时温习基本原理。教学应当把教材分成若干阶段和小结部分。要积极激发学生对教材内容的求知欲。要把未知和已知有机地联系起来。要把内容相近的教材结合起来。应当由实物教学到图形教学。教学要根据学科特点选择教学形式。不要根据臆造概念和公式化地讲授教材。应当根据专业特点来发展原理。应当教符合最新的科学水平的内容。

3. 与外部条件（时间和地点）有关的课堂教学原则

课堂教学要使学生循序渐进地学习各门科目。教学要重视学生未来的前途。应当遵循文化的原则。

4. 与教师有关的课堂教学原则

教师应使课堂教学富有吸引力，能引起学生浓厚的学习兴趣。教师在课堂教学中应当精力充沛，不断创新，千方百计吸引学生的注意力。教师在课堂教学中应当符合学生的口味。能使学生用正确的语言进行表达。教师应当学无止境，把教学过程看成是继续自我教育的过程。教师应当爱好运动，使自己有一个健壮的身体。

四、教育学、教学论和教学法的学习

第斯多惠指出，教师应当学习教育学、教学论和教学法，以便正确处理教学中的一般问题。教育学、教学论和教学法给教师提供了普通教育基础知识。

教育学是关于教育与教学的规律和规则的科学，是从教师的实际经验中总结出来的。因此，教育学知识的来源就是人类特性的经验和知识，在教育与教学工作中，正确的理论可以帮助教师确定正确的行动，并纠正片面性和防止误入歧途。

就“教育学”“教学论”“教学法”三个概念的关系来说，“教育学”一词有广义、狭义之分。从广义上讲，教育学是关于人的（有意识和自觉的）教育活动规律的科学，因而，教育学包括教学论；从狭义上讲，教育学只是提出道德教育的规律，因而教育学和教

立的，就会相互抑制。但这种抑制不会使某一种观念完全消失，而会在一定的启发下再现和联结。正是观念的这种可塑性成为教学的主要条件。在对心理学研究的基础之上，我们可以发现一些基本的教学原则。第一，因为学生害怕惩罚的心理会对他们的学习起作用，所以，在教学中强调监督和管理是很重要的。第二，因为可塑性依赖于已经获得的观念之间的关系，所以，教育的关键必须密切与已经进行的教育结合起来，体现了一种循序渐进的原则。第三，为了更好地了解每个学生的可塑性，教师就必须观察学生的学习情况和学生的表达以及课余情况，通过这些观察来确定教学题材以及教学形式。第四，学生已有的观念群中有两个主要来源：经验与交际。而这两个来源并不是完美的，所以，改进学生的观念是迫切需要做的事情。第五，因为教学是否以及如何被接受、被吸收始终是难以确定的，所以，为了减少这种无把握的程度，我们必须经常注意使学生产生一种与教学相合拍的心理状态。总之，因为以上教学原则的确定都要或多或少地依靠心理学理论，所以，心理学是一门重要的科学。它应该从哲学与生理学中分离出来，行使自己的使命，成为教育学的心理学基础。

二、论管理、教学与训育

赫尔巴特指出，在论述普通教育学的过程中，应该按管理、教学与训育这三个部分进行探讨。

1. 管理

管理，即儿童的管理。首先从管理方面谈起，因为管理是教育的首要条件。在管理的基础方面，最重要的是让儿童活动，但活动也不是无目的的，而应该满足每一个年龄阶段儿童对身体活动的各种需要，排除从中产生的不安。而且，在其他一切条件相同的情况下，自己选择的活动具有优越性。在这些活动的过程中，监督应该与各种活动相联系。在监督中，要有各种命令与禁忌，同时也应该考虑到各种不同的情况，例如，强制与自由活动之间的关系、如何消除学生对监督者的不信任等。在考虑这些情况的过程中，监督者不得不考虑监督和管理的方式，所以，在管理中温和与强硬相结合的手段是必要的。在对儿童责备无济于事的时候，可以采用体罚的手段，但体罚必须极少采用，从而使学生对体罚望而生畏。相对于任何严厉的手段，权威与慈爱更能保证管理的进行。此外，管理也应该注意连贯性与一致性，也就是说，管理应该在儿童早期年龄阶段就进行，而且不能中断。同时，管理者也要对儿童的管理要求前后一致，只是随着儿童年龄的增长而更新方法、放宽约束而已，而不是放弃管理。

2. 教学

教学，是用以管理儿童的各种活动的一部分，这一部分根据不同的情况或大或小。在这里，赫尔巴特第一次明确地提出了“教育性教学”的概念，并把道德教育与学科知识教学统一在一个教学过程中。与管理相比，教学没有管理的范围广；同时，管理所关心的是现在，而教学与训育一样主要是为了未来。在教学的目的方面，赫尔巴特指出，教学的最终目的虽然存在于德行这个概念之中，但是为了达到这个最终目的，教学必须特别包含较近的目的。这个较近的目的可以表达为“多方面的兴趣”。其中，“兴趣”这个词标志着智力活动的特征，而这种活动应由教学引起。但因为活动是多样化的，所以，必须有一个限定。这个限定就存在于多方面性之中。培养多方面兴趣就是教学的阶段目标，它是实现教学的最终目的即培养德行的基础。教学要培养人的多方面兴趣，同时要注意不要使这种多方面兴趣对人起到分散的影响作用。

多方面性不能迅速地达到，而只能逐渐地获得。在教学中，根据不同的情况会产生不同的教学方法。习惯于使用一种方法，而排斥其他方法是不必要的。但是，当许多东西需要学生掌握的时候，就应该用分析来避免混乱。在把这些东西进行联合的时候，分析就可以以谈话的方式开始，并提出主要思想，在学生自己能做出逻辑思考时结束。这就是：清楚、联合、系统和方法。

对于儿童来说，兴趣就是主动性，同时它是多方面的。在激发兴趣时，从心理学上区别被唤起的想象与自由产生的想象是非常必要的。其中，被唤起的想象一般表现在重复所学习的东西方面，自由产生的想象表现在儿童的幻想与游戏方面。在教学中，教师必须注意学生的想象是否是自由产生的，如果是自由产生的，那就说明学生对教学是有兴趣的、对教学是注意的。从培养学生的兴趣来讲，注意是教育中一个很主要的问题，培养学生的注意在教学中是至关重要的。一般地说，注意可以分为有意注意和无意注意两种，而无意注意又分为原始的注意与统觉的注意。其中，统觉的注意是教学中最重要的，但是它依靠前者，即原始的注意是统觉的注意的先决条件。在学生产生注意和保持注意的过程中，有四个要点是值得注意的：一是感觉印象的强度，也就是说，明亮的颜色和洪亮的讲话比暗淡的颜色与微弱的声音更容易引起人的注意；二是接受能力的保持，也就是已经引起的注意能否保持长久；三是避免对已存在的各种观念发生有害的对立，就是避免新的注意与以往的观念发生冲突；四是期待被激发起来的各种观念重新形成稳定性，也就是让以往的观念和新的注意结合并被学生所掌握。教学中，必须要培养学生的有意注意，即决心。这种要求不能仅仅依赖于奖励和惩罚，而主要依靠的是习惯和道德，因此，教学应同管理与训育结合起来。兴趣主要分为六个方面，即经验的兴趣、同情的兴趣、思辨的兴趣、社会的兴趣、审美的兴趣以及宗教的兴趣。只有全面和平衡地发展这些兴趣，才能更好地进行教学。所以，培养多方面兴趣不仅是教学的目的，同时也是教学的手段。

在教学中，教师应该具有训练有素的口头表达能力；应该能对词语做出选择，使词语不仅仅说明内容，而且也使学生能够理解和熟记教学内容。学生对所学内容的复述情况评价着教学的成功与否。在教学的过程中，为了使学生们能较一致地发展，就要对他们原先积累的经验加以改造。首先应该做的就是使学生对周围事务的观念接近一致；其次是讲述某一个整体分割成的各个主要部分，以及它们的相对位置、联系与变动。在教学结束之后，复习则非常重要。例如，要求学生复述时，对他们的帮助和提示既不要太多，也不要太少，既不要太快，也不要太慢，而是恰到好处，以便尽可能使学生的思路接近讲授的正确思路。只有达到这一点，复述才能起到应有的作用，达到所要求的联合与熟练程度。同时，在复习阶段，可以通过压缩与增加内容来对过去的教学加以修正。

3. 训育

训育，将注意到学生的未来。它本来仅仅是一种尽可能友好地对待学生的亲密行为，它只有在需要帮助的时候才有作用，尤其是对学生本身的弱点与缺点起作用。训育不能以学生良好的意志作为前提，但是，训育必须具备的前提是：管理不是软弱的，教学不是差的。有了这个前提，我们就可以用道德性格的力量这一概念来表达训育的目的。在训育中，性格与道德的区别是我们考察的主线。训育应当起决定、维持和调节的作用；应当在整体上考虑使心灵能够平静与清晰；应当部分地通过赞许与责备使心灵受到触动；应当及时地提醒它和纠正它的错误。维持训育的先决条件是：管理以及由管理造成的服从，在学生身上唤起的一种活跃的情感，让学生牢记他自己的意志，教育者自身的态度行为的一致性等。对于训育来说，主要的事情是能否使学生在行为中保持一贯性。

三、论普通教育年龄分期

赫尔巴特指出，教育者的工作是一种连续不断的工作，它应该同时照顾到各种关系，始终使未来的工作与过去的工作保持联系。所以，应该按年龄阶段的次序来阐述教育的作用。

普通教育可以分为四个年龄阶段进行：

1. 3 岁前的教育

在这一阶段，对儿童身体的照料应该放在一切工作之前。尽管智育是极其重要的，但对儿童进行智育的时间分配应视其健康情况而定。为了使儿童获得四肢活动的练习，应该通过无害的方式为儿童自己活动提供场所。既不要把儿童当作玩偶，也不要听任儿童的摆布。从儿童早期起，就要认真细心地对他们进行语言教育。

2. 4 岁至 8 岁的教育

在这一阶段，仍然要加强对儿童的管理。应该研究儿童的个性，给他们尽可能多的自由，使他们能公开发表自己的意见。特别要使他们养成好的习惯。在教育儿童时，应该对必要的严格辅以宽容，而对宽容辅以和蔼可亲。应该激发儿童提问，以便为今后的教学工作打下基础。在这一阶段的后期，可以对儿童开始初步的综合教学、阅读、书写、计算、最容易的组合、初步的观察练习以及简单的绘画。

3. 少年期的教育

在这一阶段，教师不能忽视教学与感性活动的联系。教学应该按照各种个性，既在内容方面又在形式方面做出相应的分类。孤立地从各种角度出发编制广泛的、内容丰富的课程，对儿童的个性是没有什么帮助的。在教学中，应该采用正确的基础教学方法。从教育方面来讲，需要对学生讲解概念，同时进行管理与训育。应该注意，学校教育必须为家庭教育留出必要的时间，家庭作业通常不应该占据大量的时间。

4. 青年期的教育

在这一阶段，教学的作用主要基于青年自己对于维持学习与继续学习的重视程度。与此同时，有义务坦率地告诫青年对自己提出严格的道德要求。

四、论教育学的特殊分支

赫尔巴特指出，按照教育学的观点应该使每个人被培养成他所能够成为的最出色的人。关于宗教教学，其内涵必须由神学家来确定，而哲学必须证明没有任何知识能够超过宗教信仰的可靠性。必须观察宗教教学对每个学生的效果。关于历史教学，最主要的就是教师的表达应尽可能简单。对于早期青年来说，历史教学的主要部分始终是希腊史与罗马史，因为历史是同民族信仰联系在一起的。总之，历史应当是人类的老师。关于数学与自然教学，数学教学的价值在于通过教学对学生的整个思维与知识范围的影响；在自然教学中应特别强调学生自己的观察和自己的动手操作。关于语言教学，应该考虑到学习各种语言的区别，注意阅读与书写。

关于学生的错误，赫尔巴特指出，既有共性的错误，也有个别的错误。对共性的错误，应该从儿童意志的方向、审美判断及其缺陷、准则的形成、各种准则的统一以及统一准则的应用五个方面找到其根源；同时注重训育的作用，减少学生的恶的行为。对个别的错误，首先应该将其与学生自身的各种缺点区别开来。因为一个学生全部的错误并不都是其自身缺点的直接表现。

关于家庭教育，赫尔巴特指出，由于国家能够考查学生的行为表现与知识，但不能了解学生的内心世界，而家庭可以看到并常常可以感觉到其成员的内心，因此，教育实质上始终是家庭的一项重要任务。而家庭教育的先决条件是要获得正确的家庭教育观念。关于学校教育，赫尔巴特指出，学校教育是一个庞大而困难的课题。对于这个课题，我们应该严肃认真地对待，但有一点是肯定的，即只能逐一地改进学校教育，消除最迫切要消除的困境。

（王明鹤　单中惠）

25. 霍勒斯·曼

第十二年度报告 1848年*

霍勒斯·曼（Horace Mann，1796—1859）是19世纪美国教育家。他出生于美国马萨诸塞州富兰克林的一个农民家庭，从小就养成了喜欢阅读的习惯。1819年布朗大学毕业后，他担任律师职务。1827年后，霍勒斯·曼先后担任马萨诸塞州的众议员、参议员和议长。在州议会任职期间，他积极支持公立学校教育改革。1837年，他被任命为马萨诸塞州教育委员会第一任秘书，一直到1848年。在任12年，他积极推动公立学校的发展，并努力奠定公共教育的基础，后被称为"美国公共教育之父"。1852年，他担任安蒂奥克学院院长。1859年8月2日去世。

作为马萨诸塞州教育委员会秘书，在1837—1848年任职期间，霍勒斯·曼亲自撰写了12份年度报告。《第一年度报告》主要论述了学校委员会的职责以及公立学校发展的4个基本要素。《第二年度报告》主要论述了公立学校的阅读、拼写和作文的教学方法问题。《第三年度报告》主要论述了公立学校的改善。《第四年度报告》主要论述了学区学校制度的建立以及校舍和教师资格等问题。《第五年度报告》主要论述了教育的进展对个人和社区福利的作用。《第六年度报告》主要论述了公立学校的课程。《第七年度报告》主要论述了赴欧洲访问考察的结果。《第八年度报告》主要论述了公立学校制度。《第九年度报告》主要论述了师范教育以及儿童的入学权利。《第十年度报告》主要论述了马萨诸塞州公立学校的历史。《第十一年度报告》主要论述了普及教育的意义。《第十二年度报告》主要总结了马萨诸塞州公立学校教育在过去12年里的发展和变化。

一、普及教育

霍勒斯·曼指出，普及教育和办好公立学校是一个共和国存在与发展的必不可少的条件。在一个共和国里，愚昧无知是一种犯罪。因为没有知识的人民，不仅是而且肯定是贫困的人民；不重视普及教育的一个国家，也不能创造出它自己的财富。因此，一个国家不能长期处于愚昧无知的状态，而应该通过普及教育使知识尽可能广泛地在人民群众中传播。对于一个共和国来说，如果不准备使儿童成为好的公民，不发展他们的能力，不用知识来丰富他们的头脑，使他们的心灵富于对真理和责任的热爱，那么，它就必定会趋于

---

* Horace Mann, *The Twelfth Annual Report*, in Lawrence A. Cremin (ed.), *The Republic and the School: Horace Mann on the Education of Free Man*, NewYork: Teachers College Press, Columbia University, 1957.

灭亡。

普及教育的重要性，首先表现在政治意义上。从某种意义上说，普及教育是促使人类平等的伟大平衡器，也是社会机器必不可少的平衡轮。这不仅促进社会改革，而且将使儿童发展成为一个具有更多的学问和更高德行的人。通过普及教育，每一个儿童都能够发展他们的社会责任感和天赋能力。因此，没有强调公民道德和文化价值的普及教育，一个国家的成功是没有希望的。其次表现在经济意义上。普及教育能够解放人的智力，提高民族的文化水平，从而提高生产力和促进社会经济的发展。只有全体人民都受到比较完善的教育，一个国家才能繁荣起来。通过普及教育，每一个儿童都能够被训练成为准备从事所有职业和促进经济发展的人，从消费者变成生产者，并逐渐提高生产能力，成为无法想象的社会财富的创造者。

因此，教育必须是普及的。作为一个政府的领导人，作为一位政治家，必须重视普及教育，把它作为一件大事来抓。如果一位政治家在他的全部计划中，没有包括所有人都应该享有的教育的话，那他就配不上政治家这个光荣的称号。一个国家的政府，在普及教育的发展上应该不惜人力和物力。

但是，要实现普及教育，首先要教导人民认识到普及教育的重要性和必要性。因为强迫的方法即使有时不得不采取，但也不是有效的手段。所以，应该使每一个具有爱国精神的人关心公立学校教育的普及。

二、公立学校

霍勒斯·曼指出，对普及教育来说，最好的途径是设立公立学校。这种公立学校是对所有人开放的，受到税收基金的支持。通过招收所有具有不同信仰、来自不同阶级和背景的儿童，公立学校将唤起一种友好的精神和建立共同的期望，使儿童成为从愚昧无知直接走向掌握初步文化知识和明确基本责任的人。

公立学校应由公众支持和管理，因此，要用公共税收来支持公立学校的改善和建设。如果公立学校没有好的和合乎卫生的校舍，就不能为儿童提供一种清洁和舒适的学习环境。在公立学校的条件设施上，应该考虑到通风和取暖、教室大小、课桌和座椅的种类、校舍建筑的位置、房间的窗户和灯光、操场等方面。总之，对公立学校来说，校舍建筑是极其重要的，因为具有好的校舍是它的基本要求之一。

此外，每一所公立学校必须建立一座图书馆，并添置适宜于儿童阅读的好图书。因为学校图书馆将是使儿童对学习感兴趣的一个最有价值的辅助者。对于儿童来说，好的书籍的作用，犹如温暖的太阳和清新的春雨对冬天里埋着的种子的作用一样。与此同时，在每一个地区，甚至是最偏僻的乡村，也应该建立图书馆，对所有的儿童开放，使他们能够根据自己的兴趣和需要阅读各方面的书籍，不断增进自己的知识。霍勒斯·曼指出，由于学校图书馆和地区图书馆的建立，一个新的天空将覆盖在儿童的头上，一个新的地球将延伸在儿童的脚下。

在公立学校的管理上，除了州政府的支持和管理外，还应该由民选的立法机构成员和校外人士组成的学校委员会成员定期对公立学校进行访问，检查教师的教学工作情况，并审定儿童所阅读的书籍。

三、师资训练

霍勒斯·曼指出，师资训练是改善公立学校的一个非常重要的手段，因为教师是学校的主持者和知识的传播者。哪里没有好的教师，哪里就肯定没有好的学校。一个好的教师甚至能够把教育工作从完全的失败中挽救过来。

由于要教学生去学习，教师就必须懂得怎样去教。在公立学校里任教的教师，应该成为受过专门训练的人。他们的语言是精心选择过的；他们的声音与声调是正确的、有吸引力的；他们的举止是文雅的、优美的；他们所有的谈话题目是振奋人心的、有教益的；他们的心灵是永久保持慈爱的；他们在可能进入的圈子里都能散发出一种无法形容的魅力。此外，他们很好地了解所教的科目，了解儿童的特点，采用直观教学的方法讲授知识；他们具有良好的行为和道德，热爱儿童，热爱教育工作，愿意把自己的全部精力献给教育这一伟大的工作。

在所有的职业中，教师职业是最崇高的一种；同时，教师职业也是最困难的一种。因此，霍勒斯·曼指出，必须建立“师范学校”这样一种教育机构。师范学校的目的主要是训练未来的教师如何去做。如果没有师范学校，那些公立学校就会失去本身的力量和恢复活力的能力，就会在形式上和实际上逐渐消亡。总之，没有师范学校，公立学校绝不会繁荣。需要补充足够的有能力的教师但没有师范学校，正如我们希望穿外衣但没有裁缝，希望戴帽子但没有制帽子的人，希望戴手表但没有制造钟表的人，希望住房子但没有木匠或泥瓦工一样。

为了更好地训练未来的教师，师范学校不仅要使学生了解他们以后所要教的科目，而且要对他们进行教学方法的训练，同时让他们进行教学实习。只有这样，师范学校才能够提供一大批受过良好训练的教师，充实到公立学校的教师队伍中去。从这个意义上讲，师范学校是推动我们民族前进的一种新手段。

（单中惠）

26. 斯宾塞

教育论 1861年*

斯宾塞（Herbert Spencer，1820—1903）是19世纪英国哲学家、教育思想家。他出生于英国德比郡的一个乡村教师家庭。少年时期，他十分喜爱观察自然界。曾在叔父任教的学校读书，对希腊文和拉丁文的学习颇为厌恶。1837年，年仅17岁的斯宾塞曾担任过3个月的学校辅导教师。此后，他在铁路局工作，但同时也进行科学研究、技术革新以及学习地质学。从1842年起（除1844—1846年重新在铁路局工作外），他专注于学术研究，并开始为英国各杂志撰稿。1857年底，他开始考虑建立一个包括所有知识的哲学体系，即撰写多卷本的《综合哲学》，其中包括《第一原理》（1862年）、《生物学原理》两卷（1864—1867年）、《心理学原理》两卷（1870—1872年）、《伦理学原理》（1879—1893年）、《社会学原理》两卷（1876—1896年）。斯宾塞积极参加了19世纪中期在英国进行的科学教育与古典教育之间的论战，在杂志上发表文章，激烈地抨击传统的古典主义教育，对科学知识和科学教育提出了卓越的见解。

《教育论》（*Education*）一书是由斯宾塞从1854年起连续在杂志上发表的4篇论文汇集而成的。在这4篇论文汇集成书出版时，他对个别章节做了一些修改，增加了一些重要内容，又在文字上进行了推敲。《教育论》一书是斯宾塞教育理论的完整表述。该书出版后，在英国以及世界上许多国家产生了很大的影响，极大地推动了近代科学知识和科学教育的发展。

一、什么知识最有价值

1. 对传统的古典主义教育的批判

斯宾塞指出，在当时的英国学校教育中，“装饰主义”的传统习惯势力十分强大，以至教育中装饰胜过了实用。在古典主义教育传统的影响下，英国学校教育所考虑的不是什么知识最有真正的价值，而是什么能获得最多的称赞、荣誉和尊敬，什么最能取得社会地位和影响，怎样表现得最神气。

由于古典主义教育的传统习惯势力，学生在学校里所学的内容除读写算外，大部分都同生产活动无关，而同生产活动直接关系的大量知识又完全被忽略了。为了受到所谓的“绅士教育”，以及获得某种能受人尊敬的社会地位，学生必须死记硬背拉丁文和希腊文。

---

* 本书中译本，胡毅译，北京，人民教育出版社，1962。

然而，斯宾塞认为，学生在他整个一生中，十之八九用不到拉丁文和希腊文，这是大家都熟悉的老生常谈。

由于学校教育所追求的是装饰先于实用，课程内容的安排很少考虑是否真正对一个人的心智发展和社会进步有好处。尽管科学知识已是近代社会生活成为可能和继续发展的基础，但是人们并没有注意这个事实，而因司空见惯而忽略了。斯宾塞认为，学校课程中忽视比其他一切都重要的科学知识学习，如果一直这样下去，近代英国社会就会同在封建时代一样。

总之，崇尚古典主义教育的英国教育制度的根本缺点就在于：它为了花而忽略了植物，为了美丽就忘了实质。

2. 教育预备说

在外国教育史上，斯宾塞第一次明确地提出了“教育预备说”。他指出，怎样生活是我们的主要问题，例如，怎样对待身体，怎样培养心智，怎样处理事务，怎样带好儿女，怎样做好公民，怎样利用自然资源，等等。因此，怎样去过完满生活？这个既是我们需要学的大事，当然也是教育中应当教的大事。为我们的完满生活做准备是教育应尽的职责；而评判一门教学科目的唯一合理办法就是看它对这个职责尽到什么程度。

总之，斯宾塞认为，教育就是教导一个人怎样生活，使他获得生活所需要的各种科学知识，为他的完满生活做好预备。从最广义地看，学习科学是对完满生活的最好准备。

3. 科学知识最有价值

斯宾塞指出，在科学教育与古典教育之间的争论中，首先要解决知识的比较价值问题。在一切教育问题中，这是最重要的问题。由于学生的学习时间是有限的，因此就更加需要对知识的价值进行比较，从而把有限的学习时间花在最有价值的知识学习上。价值最大的给予最多注意，价值小些的就注意少些，价值最小的就给予最少注意。

在《教育论》中，斯宾塞阐明了一种崭新的观点，那就是，什么知识最有价值？一致的答案就是科学知识。这是从所有方面得来的结论。就科学知识与指导人类活动的关系来说，世界上的一切活动都离不开科学知识。如果缺乏科学知识，在近代社会的许多生产行业中，人们就会有这样或那样的损失，而且有时损失会非常大。因为科学知识使我们能够熟悉事物的构成，征服自然，使自然顺从人们的需要。就科学知识与艺术的关系来说，艺术活动也离不开科学知识。美学一般必须以科学原理为根基，而且只有熟悉这些原理，美学的工作才能完全成功。就科学知识与教育的关系来说，教育同样离不开科学知识。科学知识作为学校的课程内容，对于学生来说，具有最大的价值。因为天才只有和科学结婚才能获得最好的结果。

因此，在科学知识最有价值的前提下，确定知识的比较价值就是确定哪些知识对我们最有用处。斯宾塞认为，由此出发，知识的比较价值可以确定为下列一个次序：关于直接保全自己的知识；关于获得生活必需品养活自己的知识；关于家庭幸福所需要的知识；关于社会福利的知识；关于培养各种艺术爱好的知识。这个次序应该是安排学校课程内容的基础和出发点。

4. 制定以科学知识为核心的课程体系

斯宾塞指出，根据人类生活的五种主要活动的重要程度，可以把各种教育排列成一个合理的次序。那就是：准备直接保全自己的教育；准备间接保全自己的教育；准备做父母的教育；准备做公民的教育；准备生活中各项文化活动的教育。由此出发，制定一个以科学知识为核心的课程体系。

这样的课程体系，斯宾塞认为，应该包括五个部分：第一部分是开设生理学、解剖学。这是阐述生命和健康规律，直接保全自己或是维护个人的生命和健康，并使他们保持精力充沛和具有饱满情绪的知识。第二部分是除读写算外，开设逻辑学、几何学、力学、物理学、化学、天文学、地质学、生物学、社会学等。这是与生产活动有直接关系，可以提高生产活动效率和赚取最大利润，从而间接地保全自己的知识。第三部分是开设心理学、教育学。这是为了正当地履行父母的职责，更好地教养自己的子女所需要的知识。第四部分是开设历史。这是作为一个社会公民合理地调节自己的行为和履行社会义务所需要的知识。第五部分是开设了解或欣赏自然、文化、艺术（包括绘画、雕刻、音乐、诗歌）知识的科目。这是为了更好地度过闲暇所需要的知识。

二、智　育

在探讨教学原则与方法问题时，斯宾塞主要论及了两个方面。

1. 教学必须适合心智演化的自然过程

斯宾塞指出，要反对古典教育的传统教学方法，同时采用建立在儿童心智演化的自然过程基础上的新的教学方法。因为儿童心智演化有个自然过程，干扰它就会发生损害，所以我们必须遵循它的规律，而不能把人为的形式强加于它。

为了使儿童更好地学到科学知识，而不对学习产生厌恶之感，教师必须学习和掌握心理学知识，研究儿童心智演化的自然过程，根据儿童能力自然发展的次序进行符合自然的教学。斯宾塞认为，这也是教育的一个秘诀：知道怎样聪明地花费时间。

2. 适合儿童心智演化的自然过程的教学法原理

在教学必须适合心智演化的自然过程的前提下，斯宾塞提出了七条教学方法原理。

（1）从简单到复杂。在课程和教材的安排上，无论在整体上还是在细节上都应该从简单到复杂。在教学过程中，开始应该少教几门课程，然后逐步增加，最后才可以所有课程齐头并进。因为掌握每门课程必须通过一条从简单观念逐渐到复杂观念的道路。

（2）从不正确到正确。由于把确切的观念教给未发展的心灵是做不到的。即使做到也没有好处。因此，教学必须从粗糙的概念开始，然后逐渐得到确切的完整概念，真正理解高深知识的正确定义。

（3）从具体到抽象。在教学过程中，教师应该从具体的事例开始，通过具体的事例来讲授原理。就实物教学来讲，它不应该限于学校内和教室内的东西，而应该扩大到更大范围的事物，包括田野、树丛、山边、海洋的事物。它也不应该在儿童早期一结束就停止，而应该继续到青年期。总之，教学应该从具体开始而以抽象结束。

（4）儿童的教育在方式和安排上必须同历史上人类的教育相一致。如果人类在掌握各种知识中有个次序的话，每个儿童就会倾向于按照同一次序去获得这些知识。因此，按照人类心智发展的步骤来引导每个个别儿童的心智发展是十分重要的。只有研究人类文化中的方法，才能指导教育者决定正确的教学方法。

（5）从实验到推理。每种学习都应该从纯粹的实验入门，然后在充分观察和积累大量经验之后才开始推理。因此，在教学过程中，要求学生先进行实验和观察，再进行推理。

（6）引导儿童自己去进行探讨和推论。儿童只有通过他的自我主动性，通过他的第一手经验和发现，才能令人满意地掌握科学知识。因此，教学中应该尽量鼓励个人发展，给儿童尽量少讲些，而尽量多地引导他们去发现。因为儿童自己得来的任何一种知识，自己解决的任何一个问题，由于是他们自己获得的，就会比通过其他途径得来的更彻底地属于他们所有。

（7）在学习中造成一种愉快的兴奋。在教学中，必须注意引起儿童的兴趣，必须努力运用引人入胜的方式来介绍知识，使获得知识成为一件愉快的而不是苦恼的事情。因为儿童爱好某种知识，就意味着正在发展的心智已经能够吸收它；反过来，他们讨厌某种知识，就表明那种知识提出得过早或者按照那个形式是不能消化的。如果给儿童硬塞一些他们不感兴趣和不能消化的知识，就会使他们对一切知识产生厌恶。为了使儿童更加主动地获得知识，一切教学都应该带有乐趣。

斯宾塞还强调了两个最重要而最被忽视的一般原则：一是整个教学过程应该是一个自然教育的过程。这不仅保证儿童所获得的事实与知识的鲜明性和巩固性，而且使他们把获得的知识不断地加以组织，还有助于他们培养日后生活中所需要的品格。二是整个教学过程也应该是一个愉快的教育过程。这不仅能够引起儿童内在快乐和带来满足，而且使儿童的教育不至于在离开学校时就停止。

三、德　育

1. 德育的目的和原则

斯宾塞指出，道德教育的目的应该是养成一个能够自治的人，而不是一个要让别人来管理的人。

由此，“自然后果”的教育应该作为道德教育的根本原则。因为真正有教育意义和真正有益健康的后果并不是家长们自封为代理人所给予的，而是自然本身所给予的。作为家长来讲，其职责在于使儿童一贯体验到他们行为的真实后果。例如，一个儿童把东西乱扔乱放，家长或保姆不应该把他丢散的东西收拾好，而应该使他下次得不到自己所丢散的东西。这时候他就会认识到不能乱扔乱放东西。对于这个儿童来说，这显然是个自然后果，既没有扩大也没有减少。这种惩罚的特点在于它只是儿童的那个行动的不可避免的后果，只是儿童的那个行动所引起的必然反应。但是，对于自然的后果，既不要避开它，也不要加重它，更不要用人的后果去代替它。

“自然后果”教育的优点是：第一，儿童由于个人经验了好坏后果，他们就能够获得关于正确和错误行为的理性知识。第二，儿童因为只受到了自己错误行动的痛苦后果，他们必然多少明白地认识到惩罚的公正。第三，儿童既认识到惩罚的公正，同时又是从事物的规律中而不是从哪一个人手中受到惩罚，儿童的情绪波动就会较少些，家长也能够相对保持平静。第四，在家长和儿童之间防止了彼此激怒，而会形成一种较愉快和较有力量的亲子关系。

但是，斯宾塞并不赞成法国教育家卢梭提出的不分儿童年龄采用“自然后果”教育的做法，指出“自然后果”教育的原则不适合幼小儿童的教育。例如，3 岁儿童拿着剃刀玩，就不能让他从自然后果中去学习，因为那后果可能太严重。

此外，斯宾塞还提出了功利主义道德观。他指出，一种行为，如果它当时的和日后的整个结果是有益的，就是良好的行为；而一种当时的和日后的整个结果是有害的行为，那就是坏的行为。归根结底，人们是从结果的愉快或痛苦来判断行为的好坏的。例如，酗酒是坏事，因为它既伤害身体又给醉汉和家属带来道德上的坏处。

2. 德育的方法

从培养一个能够自治的人和“自然后果”教育的原则出发，斯宾塞在道德教育上提出了一些具体的方法。

（1）要耐心地对待儿童经常表现出来的缺点。当儿童有缺点时，不要首先想到发泄怒气，而要和善地对待他们。因为野蛮产生野蛮，仁爱产生仁爱，这就是真理。待儿童没有同情，他们就变得没有同情；待儿童粗暴，他们就变得粗暴。

（2）不要给儿童提出一个善良行为的高标准，也不要急于促成儿童的良好行为。因为和高度的智慧一样，高尚的道德也要经过缓慢的成长过程才能达到。希望儿童有任何大量的美德，显然是不妥当的。

（3）要让儿童从经验中去受教育。这样就能够保证儿童的行动得到自然的反应，有助于道德的培养。儿童既不因为性情温顺而由过分的约束成为温室里的好人，也不因为性情任性而由过分的约束引起有伤和气的对抗。

（4）要少给儿童发命令。只有在其他方式不适用或失败的时候才用命令。但是，一旦真发命令时就要决断和前后一致，而且发布命令后决不动摇。然而，要尽可能避免对儿童采用高压措施，但在需要专制时就要认真地专制。

（5）要记住正确地进行道德教育并不是一件简单容易的事情，而是一个复杂和困难的、艰巨的任务。因此，在道德教育中，要点钻研，要点机智，要点忍耐，要点自制；既要分析儿童行为的动机，也要分析自己的动机，不断改进教育方法。

四、体　育

斯宾塞在健康和体育问题上主要论及了三个方面。

1. 注意儿童的饮食营养与衣着

为了使儿童有健全的心智也有强壮的身体，必须纠正不重视儿童健康和合理养育的情况。在饮食营养上，应该养成儿童良好的饮食习惯，不要吃得过多或过少，食物的质量和营养应高于成人又易于消化；饮食也要多样化，定期更换食物，注意每餐食品的搭配。在衣着上，要求儿童所穿的衣服在任何时候都能有效地保护身体，不至于有任何轻微的寒冷感觉；绝对不要因在衣着上追随不合理的时髦而使儿童的体格受到严重的损失。

2. 加强体育运动

对于所有儿童来说，体育运动是十分重要的。学校应该有相当合适的运动场，并规定户外运动的时间。通过体育运动，可以使儿童加快血液循环，增进身体健康。就儿童体育运动的内容来讲，它包括体操和游戏等。但是，两者相比，游戏比体操有本质上的优越性。因为游戏是一种自然的自发运动，儿童不仅感到很有兴趣，而且又能使自己的身体匀称地发育。

3. 防止学习负担过重

由于心智上用心过度，许多儿童的身体受到了损害。因为当用心大为过度的时候，其结果就更为严重，不仅影响身体的健全，而且甚至会影响到脑本身的健全。许多学校在规定时间内要学完的课程繁多，加上教师为了儿童考出好成绩又拼命施加压力，以及儿童每天用 12～13 个小时从事智力劳动，必然会给儿童的身体带来很大的伤害。因此，斯宾塞指出，身体既是心智的基础，发展心智就不能使身体吃亏。当人们在教育中采取一种必然会使受教育者健康受损的办法，这如果不证明是居心不良，就证明是无知得可怜。

（吴　艳）

27. 托尔斯泰

论民众教育 1862 年*

托尔斯泰（Lev Nikolaevich Tolstoy，1828—1910）是 19 世纪俄国文学家。他不仅为后世留下了诸如《战争与和平》《复活》《安娜·卡列尼娜》等许多脍炙人口的文学作品，还是一位足以彪炳史册的民众教育家。其蕴含着睿智的教育学说，特别是关于民众教育的论述也为后人留下了一笔宝贵的教育遗产。

托尔斯泰出身于俄国的名门望族，早年失去双亲，先后由 3 个姑妈抚养，长大后承袭了伯爵爵位，并继承了其母带来的嫁妆，包括有 5 400 英亩田地和 330 个农奴的雅斯纳雅·波良纳庄园。1884 年，托尔斯泰进入喀山大学学习。由于对枯燥乏味的大学教育深恶痛绝，他两年后退学，回家经营田庄，并实行了一些自由主义的改革。1852 年，他到高加索从军，参加过克里米亚战争中最惨烈的塞瓦斯托波尔战役，1856 年退役。1857 年和 1860 年他两次赴欧洲旅行，后一次专门考察德、法、英等国的学校教育。此后直到逝世，大部分时间都在自己的庄园度过，主要是从事文学创作，也参加一些社会活动。

纵观托尔斯泰长达 82 年的一生，虽然他以文学创作活动为主，但也曾将教育作为全身心投入的事业，多次自办学校，出版教育刊物，编写教学课本，担任教学工作，总结教学经验，提出教育理论。尤其是 1859—1862 年，托尔斯泰正值年富力强之际，以忘我的精神、旺盛的精力、巨大的热情第二次为庄园的农民子弟兴办学校，并于 1862 年 1 月出版发行了名为《雅斯纳雅·波良纳》的教育月刊。托尔斯泰大部分关于教育的论文都登载在这份刊物上。《论民众教育》就是该刊物首期首篇论文。

《论民众教育》既是托尔斯泰系统论述教育问题的发轫之作，也是被英国学者称为构建反对以往“强制教育学”的“自由教育学”的奠基之作。托尔斯泰所谈的“民众教育”（英译为“the education of the people”；日译为“国民教育”，似也可中译为“平民教育”或“人民教育”）主要指对平民百姓子女的教育。托尔斯泰的教育理论和思想不仅对当时的俄国教育有影响，而且具有超越时代、国界的影响。20 世纪 80 年代，有位英国教育学者说：托尔斯泰用玄妙的语言阐述的教育理论“并不能遮掩住它在当代的意义，因为近 25 年来这已逐渐成为主导人的发展与学习心理学的基本前提”。

---

* Tolstoy，*On Education*，selected and edited by Alan Pinch and Michael Armstrong，and translated by Alan Pinch，London：The Athlone Press，1982.

一、“强制”是发展民众教育的重大障碍

托尔斯泰通过对欧洲普及学校教育的历史回顾和实地考察，发现了民众教育中一件“难以理解的”咄咄怪事：无论何时，无论何地，受过教育较少的阶层——平民百姓“像寻求和热爱以供呼吸的空气一样寻求和热爱教育”；而受过较多教育的阶层——上流社会和政府也竭力将知识传授给平民大众，愿意承担教育的职责。如此看来，一方的欲之所施与另一方的欲之所求吻合得天衣无缝，为民众办学校教育正是两全其美的好事。可是上流社会或政府无论怎样对民众施行教育，却无一例外地遭到了民众的强烈抵制，使大多数努力付诸东流。

托尔斯泰说：“我们不谈古代印度、埃及、希腊，甚至罗马的学校，因为对那时的学校制度及其民众对学校的态度几乎一无所知。但是自路德时代起直到我们今天的欧洲学校，上述现象是其一个引人注目的特点。”

例如，德国作为学校教育的策源地，历经200年仍然不能消解民众对学校的抵制。尽管历代德国统治者任命获得军功的退伍士兵担任教师，尽管一直有着严格的法令，尽管在师范学校以最新方式来培养教师，尽管德国人具有遵纪守法的精神，强制性的学校教育却一如既往地沉重地压在民众身上，历届德国政府也不能下决心废止强迫入学的法令。德国只有在统计数字上才能为自己的民众教育自豪，而绝大多数人从学校毕业时像以前一样对学校极端厌恶。

再如，法国的学校教育尽管由国王手中转入革命政府的执政官手中，再由执政官手中转入僧侣手中，但民众教育和德国一样收效甚微；而教育史学者依据法国官方报告下的判断是它比德国的还糟。法国的政治家至今还在建议实行强迫义务教育以作为克服民众反抗学校的唯一手段。

还如，在讲究自由主义的英国，虽然现在不可能考虑实行诸如强迫教育之类的法律，在那里，部分学校由政府兴办，部分学校由社会兴办，但兴办教育的宗教团体和慈善团体是如此之多，活动是如此之广，却恰恰证明了英国那些从事民众教育的人士所碰到的抵制力量是如何之大。

俄国的情况同样如此，民众比其他国家更加反对学校教育的思想，政府需要用随学校教育带来官位和其他好处来引诱人们入学。

托尔斯泰认为：“迄今为止，一切地方的儿童都几乎是被强迫入学。家长或是惧怕严酷的法律，或是谋求学校带来的利益，而硬送子女入学；然而，任何地方的民众只有能够自觉自愿地学习，才可被看作良好的教育。”

一边是每个平民百姓天然地需要教育，一边是政府和上流社会急迫地想向民众提供教育，可是无论政府和承担教育的阶层如何软硬兼施，民众总是表现出不满意给予他们的教育，只不过是迫于压力，不得已逐步地屈从这种教育。托尔斯泰写道：“在这种冲突中就像在其他所有冲突中一样，我们必须回答下面这个问题：哪一个是合法而且合理的，是民众对学校教育的抵制呢，还是强制性的学校教育本身呢？”

托尔斯泰认为：“直到现在，就我们从历史中看到的给予这个问题的答案一直是有利于政府和施行教育的精英阶层。”也就是说，他们从不放弃自己的学校经营方式，即从不

放弃可由他们随意支配的教育形式和内容，而且从宗教、哲学、经验、历史四个方面为他们实施强制性的学校教育寻找合法与合理的依据。

根据托尔斯泰的看法，这些依据随着时代的变迁都站不住脚。例如，就宗教而言，神启所含有的真理和合法性无人质疑，因此世界各地各派的宗教都强迫入学者学习教义，也唯有在这种情况下强迫才是合法的。可是因为宗教教育在今天只占全部教育的极小部分，所以从宗教上是不能确定“强制在校的年轻一代非得以一定的方式来学习不可”的合法性；就哲学而言，所有与教育有关的哲学理论都把“教人为善”作为其目标，但“善”的概念不仅是发展变化的，而且各种哲学对此的阐述也各不相同，甚至相互矛盾，因而任何一种教育哲学理论都不能明确解答这个问题或确定这个标准：“我们应该向民众教什么，应该怎样教？”其实，沿着教育哲学发展的轨迹，从柏拉图到康德的所有哲学家都“力图做同样的事情，即使学校摆脱其历史的羁绊得到自由，推测人们需要什么，然后根据他们对这些需要或多或少有些准确的推测，建立起自己的学校”。

教育哲学是从按年老一代认定的东西去教的思想走向按年轻一代的需要去教的思想而取得每一个进步的。“从教育学的全部历史中都可感觉到有一个共同但又自相矛盾的思路。说它共同是因为每个人都要求学校有更多的自由，说它自相矛盾是因为每个人都根据自己的理论提出自己的法则规范，从而限制了自由。”教育哲学的进步在于使学校获得自由，而且哲学本身都充满着矛盾，又怎能为强制性教育提供合法依据呢？就经验而言，过去和现在的学校都是强制性的，但这种经验能证明强制教育是正当的吗？到欧洲各国看一看在家或街上和在校的同一个孩子大相径庭的情形吧。在前一种场合，看到的是一个充分享受生活和知识乐趣的孩子，他眼角唇边挂着微笑，喜气洋洋，十分好奇地探索各种事物的来龙去脉，时常用自己的语言清晰强烈地表达自己的思想；在后一种场合，看到的是一个带着疲惫、恐惧、厌烦的神色，胆怯地缩成一团的孩子，他只不过是借着自己的嘴巴用别人的语言重复地说出别人的话，活像一个把灵魂躲藏在壳中的蜗牛。对比一下，哪一种情况更有利于儿童的发展不是清清楚楚吗？强制的学校教育造成儿童的一种奇怪的“在校心理”，想象、判断、创造等高级能力让位于恐怖、记忆、注意、紧张等“半动物”的能力，致使学生完全丧失了独立性和自主性，表现出虚伪作假、随意撒谎、惶恐不安等病态；同时也造成一种奇怪的在校现象，最愚笨的孩子学得最好，而最聪慧的孩子学得最差。由此可见，“强制”这个历来如此的学校经验并不能为自己找到合法与正当的一席之地。就历史而言，有人说，学校是随历史进程而自然而然地诞生、演变、发展的，我们活得越长久，学校就会变得越好，言下之意是现在的学校比过去好，未来的学校比现在好，从而为现存的强制性学校教育辩护。

托尔斯泰认为，（1）纯历史的论证就像纯哲学的论证一样是片面和错误的。人的意识是历史的主要要素，所以如果人们已经意识到学校的不合理性，那么就应该把这种意识作为一种主要历史事实，并在此基础上建立学校。（2）与社会所处时代应达到的教育水准相比，我们活得越久，学校不是变得越好而是越糟。“学校随着每年每时的强制性而日益恶化，也就是说，学校越来越落后于时代所要求的一般教育水准，因为学校的进步跟不上印刷术发明以来教育发展的步调。”（3）由于各种教育媒体比过去有了长足的发展和普及，教育日益从学校移向生活，学校的教学内容日益无关紧要，民众现在可以在各种场合自由地而非被迫地接受“无意识的生活教育”。(4) 德国是学校教育的鼻祖，可从200多年的历史中只能发现强制的学校教育令人窒息和使人愚笨的恶劣影响，而找不到说明强制的学校教育合法的任何依据。

二、“自由”是发展民众教育的必由之路

托尔斯泰说：“没受过教育的民众希望接受教育，而受过教育的阶层也希望教育民众，但是民众只是在强制下才接受教育。当我们从哲学、经验、历史上寻求承担教育责任的阶层可以有权这样做的基础时，我们没有发现任何基础，恰恰相反，倒使我们深信，人类的思想总是强烈要求把民众从强制的教育事务中解放出来。当我们寻求一种教育学（即我们应该教什么、怎样教的学问）的标准时，我们没有发现任何标准，却发现了多种多样相互矛盾与对立的见解和断言，这使我们深信，人类越向前发展，越不可能有这样一种标准。当我们从教育史中寻求这种标准时，也使我们深信：不仅历史上发展起来的学校不能作为我们俄国人效法的典范，而且这些学校每往前走一步，就日益落后于时代所要求的一般教育水准。正因为如此，这些学校的强制性越来越没有合法性了。最后，欧洲的教育本身，就像从地层中渗出的水，业已选择了其他途径——绕过了学校而慢慢地滴淌进由生活所提供的教育手段之中。”

在民众教育中不能实施强制的学校教育，而且也没有教育学的一定之规，那么如何发展民众教育呢？根据托尔斯泰的看法，教育者不要再把民众对自己所办教育的抵制看成危害教育学的一种力量，而要从中看到所体现出的民众意愿，而唯有民众意愿才能作为教育者行动的指南。如果教育者想要知道什么是善、什么是恶，那么受教育者必须有充分的权利来表达自己的不满，或至少不去接受不能满足他本性的那部分教育，“教育学只有唯一的准则——自由”。

为何要把“自由”作为教育学的唯一准则呢？托尔斯泰在文中阐述了如下理由：

(1) 呈现在人们眼前的教育与教养是关于一些人对另外一些人施加影响的历史事实，所以，教育学的任务就是探索支配这种影响的法则。可是，关于培养完善的人必须做些什么，“我们不仅断然否认我们这一代具有这样的知识，不仅断然否认任何人能有自称对此了然于胸的权力，而且深信，纵使人类具有了这样的知识，我们也不能决定是否把它传授给年轻一代”。因为善恶的意识是不以人的意志为转移而潜藏在所有人的心目之中，并且随着历史的发展而不知不觉地发展，所以，“我们不可能通过教育的手段来训练年轻一代接受我们的意识，正像我们不可能通过教育手段从年轻一代那里剥夺我们的意识以及历史发展而带来的更为高级的意识一样。如果我们自以为知道了善恶的法则，并依此对年轻一代施加影响，那么十有八九，我们是在阻碍，而不是促进我们这一代所未形成的，而在年轻一代正在产生的新意识的发展”。

(2) 每个人都同意，学校要做许多改进，这些改进要以给予学生更多的便利为基础。可是几个世纪以来，每所学校都把“纪律”作为首要条件，这种纪律禁止学生说话、提问，选择学这个或那个学科。学校做出的每项安排，采取的每个措施都是便于教师的教而不便于学生的学，教师只是按自己的兴致和方法去教；如果没有取得效果，他们想改变的不是自己的教学方法，而是学生的天性。结果学校办成了监狱，学生成了囚徒，禁止他们

发言、交谈、走动、欢乐。殊不知，为了对任何对象施加有效的影响，就必须深入研究这个对象（在教育中这个对象就是自由的儿童），教师要想教得好，就必须给予学生充分表现自己的自由，并把儿童流露天性的各种行为作为其研究的基本条件。

（3）教育即历史，所以没有终极目的。既然教育没有终极目的，也就不应该强行规定诸如“年轻一代必须为什么（指终极目的）做准备”之类的问题。同时，“包含教养在内的广义教育是一种人的行为，要求平等与教育必须不断前进是其永恒不变的法则。母亲教自己的孩子说话，只是为了相互了解。从母亲的本性来说，她要降低到孩子观察事物的水平和孩子言语的程度。但从教育必然前进的法则来看，却不允许母亲降低到与孩子一样，相反却要求孩子上升到母亲的知识水准。母子的这种关系同样存在于作家和读者之间，学校和学生之间，政府和社会团体与民众之间”。教育者和受教育者的活动类似母亲教子一样，应该有着同一个目标。教育学的任务就是研究如何使两者的要求趋于一个共同目标的条件，其中平等和自由的交流是促进教育者和受教育者目标趋于一致的必不可少的条件。

托尔斯泰在文章结尾处说：“我们基本的信念是，教育的唯一方法是经验，教育的唯一准则是自由。”

通过不断的思考、考察、实践，托尔斯泰形成了一整套教育理论，其中的主要思想都发源于《论民众教育》这篇论文。他的教育理论不仅反叛当时的俄国教育，而且反叛当时大多数国家的教育模式，可谓“惊世骇俗”。托尔斯泰似乎对此有所预见，因此，他在《论民众教育》中谈了关于教育的看法：“有些人听起来好像是陈词滥调，有些人听起来好像是难以明了的抽象议论，有些人听起来好像是不可能实现的空想。如果我们仅限于这篇文章的推理方面，我们本来不敢打扰教育理论家的清静，说出那些使全世界都觉得讨厌的观点。但是，我们认为有可能一步一步地、一个事实一个事实地来证明我们这些大胆信念的应用性和合法性，仅为此目的，我们将我们的看法公开发表出来。”

（方　形）

28. 乌申斯基

人是教育的对象 1868年、1869年*

乌申斯基（Константин Дмитриевич Ушинский，1824—1871）是19世纪俄国教育家。他出生于图拉的一个庄园主家庭。1840年进入莫斯科大学法律系学习，1846年获法学硕士学位。1850—1854年任职于内务部宗教事务司。1854—1859年在加特钦纳孤儿院任教，后为学监。其间开始从事教育理论研究工作，先后在《教育杂志》发表了《论教育书刊的效益》《论公共教育的民族性》《学校的三个要素》等教育论文。1859年出任斯莫尔尼贵族女子学院学监，对该校的教育教学进行了全面的改革，并创立了俄国女子师范教育。1860年任《教育部杂志》主编，把该刊物办成一份高质量的教育科学研究期刊，并在该刊物陆续发表了《劳动在心理和教育上的作用》《论俄国教育中的道德成分》《师范学校草案》《祖国语言》等有影响的教育论文。乌申斯基激进的教育改革活动招致当时教育界保守势力和沙皇政府的不满，他也因此相继失去了《教育部杂志》主编和斯莫尔尼贵族女子学院学监的职务。

1862—1868年，乌申斯基被迫离开俄国，到欧洲各国考察教育。旅居国外期间，他完成了《人是教育的对象》第1卷、第2卷的撰写，还为第3卷搜集了材料。

《人是教育的对象》以“教育人类学试作”为副标题，1868年出版第1卷，为生理篇，共50章；1869年出版第2卷，为心理篇，共51章。正文前有一长篇序言，阐述教育和教育理论建设的意义、教育学的性质、教育理论的发展道路等问题。1908年，奥斯特罗戈尔斯基把原来乌申斯基为《人是教育的对象》第3卷所搜集的资料，以《教育人类学第3卷的资料》为书名出版。

《人是教育的对象》是乌申斯基最重要的教育及心理学理论著作。虽因作者早逝而未全部完成，但其学术价值仍受到极高评价。苏联学者称其为“俄国古典教育学的王冠”“俄国心理学著作中最重要的里程碑之一”。

一、教育与教育艺术

《人是教育的对象》的序言部分主要讨论教育与教育艺术问题，包括以下三方面的内容。

---

* 本书中译本，郑文樾等译，北京，人民教育出版社，1989。

1. 教育是一门艺术，而不是一门科学

科学的目的在于客观地、比较充分而全面地叙述一个对象或一类对象的某些现象的规律，其研究对象是自然现象、人的精神现象或数的关系与形式。艺术则是指那些力图满足人的高尚道德和精神需要、满足人所独有的构成人的本性所需要的任何实践活动。教育目的在于研究未来的实践活动，其最终目的在于满足个人和人类的最伟大的需要——满足他们求取人性本身完善的需要。教育的永恒理想在于造就完满的人。从这些意义上来说，教育是一门艺术，一门需要耐心、天赋的才能和本领以及专门知识的艺术，而教育学便是一门最高级的艺术。教育所关注的主要问题不应该是学校的教学科目、教学论或体育规则问题，而应该是人的精神和人生问题；教育学不应该是科学原理的汇集，而应该是教育活动规则的汇集。教育学又可分为广义的教育学和狭义的教育学。前者是对教育学家来说必需的或有用的知识汇集。

2. 教育学需要以“人类科学”为基础

教育学是一门最高级的艺术，只有依据许多广泛而复杂的科学所提供的知识建立起来的广义的教育学，才能为教育实践提供真正的帮助。乌申斯基把凡能为教育学提供依据的科学统称为“人类科学”，其中包括人体解剖学、生理学、病理学、心理学、逻辑学、语言学、地理学、统计学、政治经济学、宗教史、文明史、哲学史、文学史、艺术史和教育史。他认为所有这些科学都能叙述和比较那些能够揭露教育对象的事实，即人的特性的事实及其相互关系，并把它们加以分类。由于接受教育的对象是人，所以一个教育者在研究狭义的教育学，即掌握教育活动的规则汇编之前，必须学习门类众多的“人类科学”。也就是说，如果教育学希望全面地教育人，就必须首先全面地去了解人。

教育艺术是以科学为依据的。作为一种复杂而又广泛的艺术，它依靠许多复杂而又广泛的科学。同样，作为一门艺术，它追求一个要永久实现但却永远也难以充分实现的理想，即完人的理想。也只有在教育者中间推广教育艺术所依据的那些多种多样的人类科学知识的时候，才有可能促进教育艺术的发展与完善。尽管不可能要求一个教育者成为每一个学科领域的专家，但应该要求他对每门科学都不完全陌生，并要求他尽可能多地从这多门科学中获得他将要培养人的本性的全面的知识。

知识和思想的片面性已经严重地危害了教育实践；仅运用生理学、病理学和精神病学的知识来考察教育，难以全面地理解人和教育的需要；单纯地应用政治经济学的观点，把人理解为价值的生产者和价值的消费者也不能为教育的实施提供真正而永久的帮助。不仅如此，在应用历史学、语言学、生理学、心理学等各种不同门类的科学知识来理解教育对象的时候，也都不同程度地存在割裂教育学的完整的“人类科学”基础的危险性。

在所有堪为教育学的成熟与完善准备基础的各门人类科学中，它们各自所发挥的作用也是不同的，而其中以生理学与心理学最为重要。乌申斯基坚持认为，只有根据儿童身心发展规律合理开展的教育实践活动，才能最大限度地实现既定的教育目标。他旗帜鲜明地倡议：教育者应力求了解教育对象，“了解他实际上是什么样，了解他的一切弱点和伟大之处，他的一切日常琐细的需要以及他的一切伟大的精神上的需求”。“只有这样做时，他才能从人的本性中采取教育影响的手段，而这些手段都是些极大的手段。”

了解人的最简便而又最有效的手段便是把握人的身心发展特征。教育发展的历史以及当下的实践已经反复证明并将继续证明：习惯、记忆、理智、想象、注意、意识、情感、需要都曾在教育实践中发挥令人预想不到的作用。而现实的俄国的教育实践也同样证明，俄国教育不慎重地对待教育过程中的记忆，不注重发挥习惯的力量在教育过程的作用；教育与教学在形成儿童情感和性格方面显得无能为力；还没有完全意识到教育过程的意志是一个十分强大的杠杆，它不仅能改变精神，同时也能改变身体及其对精神的影响；教育理论的探讨及研究尚处于起步阶段，教条式的引进及肤浅的分析是现阶段教育研究的主要特征。

3. 发展教育艺术的正确道路

只有在教育者中间推广教育艺术所依据的那些种类繁多的人类科学的知识，才有可能促进教育艺术的发展，为此目的，就有必要设立教育系以发展教育艺术，培养教育学者；就有必要鼓励每一位关心教育事业发展的人从事教育理论著作的撰写。乌申斯基认为，如果在大学里设有医学系甚至财经系，而不设教育系，只能表明人们对身体健康和金钱的关心超过对精神健康的关心，对后代物质财富的关心超出对他们的教育的关心。教育系应该把研究任何人和人性的一切表现及其在教育艺术上的专门应用作为自身的工作职责。

不过，因为大学的教育系和人类学系还不能很快出现，研究教育理论、发展教育艺术只剩下一条道路可走，就是著书立说。这里，应对教育著作持广义的理解，即一切能够促进教育者获得教育理论规则所依据的全部人类科学的精神知识的著作，都有助于教育理论的繁荣，都有助于教育技艺的日益精湛。在研究教育理论、撰写教育著作时，对于古今中外的教育遗产应表现出科学、全面而又辩证分析的态度。以心理学为例，正确的态度是不偏袒任何一种学说。我们从各种学说里选取正确无误的心理事实，选取对心理事实的最成功的心理说明。基于这一原则，我们接受黑格尔和黑格尔派对心理事实所做的解释，不论黑格尔主义如何因一些浮华而声名狼藉；我们感激斯宾塞著作中的正确思想，尽管我们对他的某些观点难以接受；我们撷取亚里士多德对心理现象所做的许多精辟的描述，但我们不准备让他来束缚我们对自己和对他人的认识；我们为斯宾诺莎就人类激情所做的最好的描绘而欢呼，尽管我们完全不同意他的东方世界观；我们认为赫尔巴特是一位伟大的心理学家，不过他又过于迷恋德国人的幻想和莱布尼茨的形而上学体系。一句话，对于不同的教育学家的心理学主张以及不同的心理学流派，我们要“取其精华，弃其糟粕”。

二、教育的生理学基础

既然人是教育的对象，那么教育活动的安排就必须以对人的生理特征的把握为基础。为此目的，教育者必须通晓生理学知识。乌申斯基在《人是教育的对象》第1卷中详细地探讨了这一问题。

1. 有机体的概念及其营养过程

有机体通常是指具有独立的内在发展力和多种器官的存在物。有机体包括个体有机体和群体有机体两大类。而按其呈现形态的不同又可分为动物、植物和人。植物的生长是它的最终目的，而动物和人的生长则只是为更高级的过程做准备。研究发现，所有动、植物有机体都由一些简单的化学元素所组成。有机体摄取无机元素，并把它们改造成各种各样的有机化合物的过程就是营养过程。对植物来说，土壤气候以及它们在周围自然环境中的地位的改变，其有机体的发展便会发生相应的变化。对动物有机体来说，它的营养过程有两个目的：第一个目的在于为有机体以及有机体所必需的一切器官构造的有形发展提供必需的材料；第二个目的在于恢复被神经活动耗损了的身体。有机体维持正常的生命活动不仅需要水分、温度、空气和阳光，还需要两个不可或缺的条件：其一是神经机体的某个系统必须休息或暂停活动，其二是睡眠。

2. 神经系统在生命活动中的作用

感觉和运动是生命的特征，感觉和运动的实现有赖于神经系统的参与。动物有机体的神经系统可分为三大部分：中枢、分枝、末梢和适应器官。神经活动超过一定的阈限时便会出现神经疲劳与神经兴奋。神经疲劳可以表现在整个神经系统上，也可以表现在不同部分的神经系统上，甚至可以表现在某一种神经纤维上。正常神经活动的表现在于神经疲劳现象的出现，而一旦脱离了这种正常的状态，就会出现连续性的且持续很久的神经兴奋活动，这就有可能导致体力衰竭。神经的疲劳与神经的兴奋，神经的正常的活动或是兴奋的活动，对我们所得到的各种观念的鲜明性、清晰性和进程，以及对记忆、想象、情感和意志都发挥着重要影响。

神经系统对记忆的影响表现在这样一些方面：个人在青少年时期记忆力最好，在这一时期进入机体的印象较后来进入机体的印象要深刻得多，原因在于后来神经机体的发展已经停止或延缓下来了；参与接受记忆的感觉器官越多，所获得的印象就会越牢固地在我们的机械的和神经的记忆中扎根，同时也就会越真实地保存在记忆之中。就神经系统对想象的影响而言，神经系统对想象的影响已经不是表现在这一心理过程不仅经常不依照我们的意志，而且还违反我们的意志在我们身上运行。我们同幻想做斗争，一如同某种外在于我们的东西做斗争一样。这种外在于我们的东西就是我们的神经系统。

此外，乌申斯基还指出，感觉器官，尤其是大脑的构造、反射运动、形成习惯，以及熟巧的生理基础都与教育活动的安排存在密切的联系，需要深入地研究与考察。

三、教育的心理学基础

如果说生理学知识为教育活动的开展提供了物质基础，那么心理学知识则为教育活动的实施提供了机制上的基础。乌申斯基在《人是教育的对象》的“心理篇”（即第 2 卷）中系统地论述了意识、情感和意志，并系统分析了这些心理现象和心理过程与教育之间的紧密联系。

1. 意识

乌申斯基在“意识”部分比较详细地探讨了注意、记忆、想象和思维问题，并着重从教育的角度阐释认识过程及其规律。乌申斯基认为意识表现在各种不同的心理过程之中，表现在注意、记忆、想象和思维的过程中。

（1）注意。注意是整个心理过程的开始，注意所指的是意识收集外界给予的某些印象的一种行为，这种行为是神经印象转变为心灵感觉的必要条件。无数事实证明，要使印象转化为感觉，注意是完全必要的；注意是与某种特殊动因相关的。这动因和神经系统密切联系，但并不等于神经系统；按其活动情况，注意可以分为随意注意与不随意注意两大类。随意注意是指我们在选择收集外部客观存在的事物时付出了显著的努力；不随意注意则恰恰相反，它为对象所吸引，为外部世界的某种影响在神经系统中引起的神经系统的状况所吸引。在通常的思维过程中，随意注意与不随意注意是结合在一起的；在智力发展与生活实践中，我们对注意力的支配力往往发挥着较大的作用；我们对注意力的支配力与我们的意志力量有关，同时也和神经机体的健康状况有关；在一定条件下，随意注意和不随意注意可以相互转化。注意具有鲜明的教育意义：针对注意的一些基本特征，教师必须合理利用学生随时调整注意力的才能，巩固心灵支配注意的能力。注意还是控制欲望的最佳手段，培养一个人对注意的控制力就是为其发展智力开辟道路，并引导他走上理智和美德的健康道路。

（2）记忆。记忆可以理解为：保存以往感觉和表象的痕迹而且此后能够意识到它们的能力；一种心理—生理过程，借助于这一过程，我们重现从前所体验过的感觉；是上述能力和心理—生理过程的结果，是我们所记得的一切东西的总和。记忆作为一种能力，为一切稍微发展的动物有机体所具备。

记忆按其刺激来源的不同可分为主动记忆和被动记忆；主动记忆的刺激来自心灵，被动记忆的刺激来自神经系统。记忆作为一种心理—生理过程，记住以往和想起的过程，是我们在意识活动的全部时间内所不断进行的，是在神经系统与心灵的支配与影响下进行的。记忆能力是在记忆的过程中发展起来的，记忆内容本身即是记忆发展的材料。记忆许多无用而烦琐的事实只能有损于记忆力的发展。滞留于记忆中的孤立而烦琐的事实材料只能增加记忆的负担，而不能发展记忆能力。任何记忆的练习都能锻炼我们的意志对神经系统的控制能力。学生在学习活动所存在的对自己的记忆能力缺乏信心的现象往往与教师的过失有关，而学生的这种信心缺失对记忆有着十分恶劣的影响。为此，教师就应当引导学生经常复习学习过的知识以预防遗忘，而不是竭力恢复已经遗忘的东西。必须在学习的开始阶段就引导儿童加强复习。记忆的结果不仅仅在于获得新表象，而且还包括构成已掌握的表象的新联想。重建联想是心灵的一项系统工作，尽管我们不应该也不可能要求儿童把他们心灵中所保存的一切表象都构成一个系统，不过，我们应当在学生的心灵中为构成这种系统创造可能，并帮助他养成从事内心活动的习惯，这将有助于他的全部表象呈现明晰而清楚的完整性。

总之，在心灵中发展的一切东西都会在它的内部实体留下痕迹，这一记忆的原理和机制可为教育家提供两方面的启迪。第一，教育家应对自己所从事的育人工作充满自豪感和自信心。如果教育家善于施加他的教育影响的话，他就可能对一个人的一生发挥巨大的影响。第二，教育家应对所有有关学生接受外来的影响方面持特别谨慎的态度，应该意识到自己可以做很多事情，但不能做一切事情。

（3）想象。想象过程一方面同记忆过程相区别，另一方面又同思维过程相区别。由想象根据保存在记忆内的表象所制造的联想的新颖性使想象区别于记忆。记忆为我们保存表象的痕迹和观念；不管记忆对象来自何处，记忆过程都重新把这些观念和痕迹用表象的可感觉的形式交给意识，而想象所做的则是将记忆所保存的这些要素进行新的排列组合。而在思维过程中，我们的任务则在于把由记忆提交给意识的表象结合起来。

想象也可分为主动想象与被动想象两大类。被动想象过程中表象的正常运动受营养过程规律的制约，而主动想象过程中表象的正常运动取决于我们的意识的力量，决定于我们的神经系统或多或少的对我们的服从，决定于我们的愿望的力量。值得注意的是，被动想象的过程并非是只与我们自由的思维相敌对的过程。事实上，个体的机智与创造能力也在很大程度上受被动想象的制约。

（4）思维。思维是个人所拥有的一种特殊才能。思维活动的对象包括概念的形成过程、判断的形成过程、得出推理的结论。思维活动则包括对对象和现象的理解，对现象的原因和规律的理解，科学的体系和关于生活的实际规则的建立。

概念即是由很多单独表象中的一些共同的属性结合而成的联想。概念的形成是一个没有止境的过程。概念在形式上以词语表达、在内容上以概念表述之前，这个过程就在不断地延续。

判断是一种概念，是一种还在形成过程中的概念。一个完成了的分析判断才能成为概念。从概念和特殊的表象，或者从两个或更多的概念才能够产生判断。判断又可分为简单的分析判断、共同存在的判断、因果的判断。在简单的分析判断中，个别的表象是主语，概念则充当了谓语。共同存在的判断所表达的是个体思想中两个对象之间的相同和区别。因果判断是对两种存在着内在的因果联系的概念之间的判断。

推理的形成建立在判断的基础上。从一定意义上来说，推理完全不是思维活动中某种独立的形式，它只是对那个已具有判断形式并已形成为概念的东西进行的验证和分析。

2. 情感

乌申斯基在“情感”部分论述了情感的生理基础，关于情感的各种理论见解，并结合教育实际论述了恐惧与勇敢、羞耻与自满、期待、受骗感、惊奇、信心等各种情感表现。

围绕情感，人们提出了多种理论见解，如情感的生理学理论、情感的力学理论或数学理论、情感的哲学理论等。应该说情感起源于意识的表象，它对个人来说具有重大的意义。我们的行动来自我们的愿望，而我们的愿望来自我们的意向得到满足或得不到满足时我们所体验的情感。真实的情感使得我们的全部心灵内容或身心结构的性质得以外显。个体心灵中不同性质的情感之间还往往存在着斗争。个体有时对自己的情感表现出不能自主的现象。由此，我们可以说，熟悉人类情感的起源和形成过程以及由情感产生出愿望、趋向和欲望的过程，对于一个教育者来说具有十分重要的意义。

乌申斯基主张把情感作为心灵现象的中心，而不是像赫尔巴特学派那样把意识看作心灵现象的中心，更不像叔本华及其追随者那样把意志视为心灵现象的中心。情感不仅是意识现象和意志现象之间联系的中介，而且还引发了意识现象和意志现象。

乌申斯基还对情感进行了分类研究。

（1）满意与不满意。满意感完全受人的意向制约，意指个人的意向得到满足时感觉到压抑在减少或者完全停止；不满意则是个人在其意向得不到满足时反映出来的压抑的情感。满意的强烈程度取决于意向本身的力量和由意向激起的不满意的程度；满意或不满意的稳定程度和广度取决于引起这些情感的表象组合的广度和巩固性，而不取决于满意感本身的质的区别。

（2）向往感与厌恶感。向往感又称爱的情感，产生于天然的、由某种单个的对象独立化的意向，它是形成爱好、趋向、欲望和意志的一个因素。向往感的对立面便是厌恶感，厌恶感常常产生于这样一种情况，即当某一对象已经满足了我们的意向，但却仍在继续进入我们的感觉范围，仍在强制地满足已经不存在的意向。

（3）愤怒与善良。愤怒情感的产生需要具备一定的条件，就是在遇到阻碍满足自己意向的障碍时，心灵会努力克服这些障碍，并为此而聚集必需的肉体或心灵的力量。这种为了与既定障碍相抗衡而进行的力量的情感就是愤怒的情感，愤怒感与一些表象或一些别的情感相结合，就导致恨、恼怒、报复、凶狠、残酷、残暴等情感的产生。善良的情感则产生于不同愤怒情感的原因，当心灵体验到它的力量超越了意向的急切性的时候，就产生善良的情感。

（4）恐惧与勇敢。恐惧的情感是一种十分典型且人人熟悉的情感。它往往表现为与我们的心绪不安或怀疑相适应的心情不安。这种情感是一种令人厌恶的情感，但同时也是一种防护性的情感。当然，事实已经证明在任何事件中恐惧都明显地起着削弱意志的作用。勇敢则是人类心灵的最伟大的品质之一。拥有这种品质是个人产生高尚的活动、正派的思想以及独立性格的前提条件。在儿童身上表现出天生的勇敢的情感。教育者应该保护儿童身上所存在的这种天生的情感，但不能听任这种情感一直维持在原始状态。教育者应尝试着把儿童置于可以使他自己克服恐惧心理的环境里，同时又应该避免让孩子陷入只能屈从于无所不能的恐惧的环境。

3. 意志

乌申斯基在“意志”部分论述了形成人的意志性格的条件，并强调意志必须在活动、劳动与实际生活中得到锻炼。

意志这一概念共有三种意义：第一是指心灵对肉体的支配力；第二是指一种完全形成并控制了整个心灵的愿望；第三是指某种与强制相对立的东西。意志概念的第一种意义可以给我们这样的启发：心灵对于肉体的这种支配力使我们对有机体的健康不仅能发挥损害作用，而且也能发挥挽救作用。性格是情感与愿望的表现形式，既不包括人的治理状况，也不包括人的道德状况，更不包括人的情感和愿望的内容本身。

有两种因素影响着人的性格形成：一种是人的先天气质，另一种是人的生活印象。就人的先天气质对性格形成的影响而言，我们承认机体的先天特性可以影响性格的形成。同时，教育实践的一些现象表明教育与整个生活对人所发挥的全部影响能极大地改变人的心理活动的先天特性。机体的先天特性对性格形成的影响可以分为这样几种：机体状态的一般影响、食物过程特性的影响、大脑器官构造的影响、神经组织特性的影响以及机体的病理状态的影响。

对于机体的先天特性对性格形成的影响，我们应有一个基本的立场，即无论这类影响多么强烈，它仅仅是一方面的条件。性格形成主要受人的生活印象的影响。不论性格的先天素质如何，生活及其广泛的教育影响——学校的影响只是其中一个部分，而且还不是最重要的部分——即使不能改变性格的先天素质，也能使它们发生很大的变化。

这就启示我们，对教育者而言，应该为孩子顺利而迅速地形成性格营造这样一种环境：这种环境对孩子来说不应该太狭隘，而在它的范围之外应该存在着稳定的难以改变的生活；当孩子企图跨越为它规定的界限时，这种生活应毫不容情地把他推回去。这种环境应能让儿童拥有大量的成功与失败、顺利与挫折的经验，而这些正是把一些感性表象群集中为一种刚强的性格的最好手段。

此外，教育者还需树立的一个观念是：教育不应仅仅关心学生智慧的发展，因为成为学生心理活动中心的是情感，而不是思想。教育者应该把学生正当情感的形成作为自己的主要目的。良好的意志性格的形成必须在个体参与实际活动时才有可能完成。例如追求自由这一先天意向只是在独立活动的尝试中才有可能表现出来，然后通过这些尝试以某种方式得到发展。假如自由离开了活动，它就可能把有道德的人葬送。

这一认识可为教育者提供这样的启示：教育者在培养学生的性格方面肩负着极大的责任。在实际教育活动中，教育者应当把固执任性与对自由活动的需求区别开来，而且不要在压制学生的固执和任性时还压制他们对自由活动的需求。如果缺乏对自由活动的需求，学生就不可能发展起任何高尚的性格与品格。

当一个人从事自己所喜爱的活动，全神贯注于自己所从事的活动时，他即是在活动中追求自己的幸福。他在埋头工作中所达到的心灵状态便是人的正常状态，这就是不以快乐为转移并且不依从于追求快乐的意向的那种最高级的幸福。个人天生便具有劳动的倾向。个人所喜爱的那种认真地不追求享乐的自由劳动，自人出生时起便在充实着人的空虚生活。教育者应当使每一个人都认识到：人的天性的发展需要劳动，劳动对于人的心灵健康是必需的，正如清新的空气对于人的机体健康是必需的一样。劳动不仅为人的天性所需，而且正是在劳动中人的正当性格才能够形成和造就。

（王保星）

29. 纽曼

大学的理想 1873年*

纽曼（John Henry Newman，1801—1890）是英国维多利亚时代的神学家、教育家、作家。他早年毕业于牛津大学。毕业后留校任教，并任英国国教会牧师。后转归天主教，担任过都柏林天主教大学校长及红衣主教。一生具有强烈宗教背景，并颇具争议。他在神学、教育和文学领域均为后世留下了丰富的思想遗产。其中在教育领域声誉的获得主要源自他的《大学的理想》一书。该书是他在任大学校长期间就大学教育的相关问题所做演讲的合集。全书包括"大学教育"（University Teaching）和"大学科目"（University Subjects）两部分，共19讲。其中主要探讨了神学的学科性质、知识观和大学的定义等方面的问题。该书第一次以《大学的理想》为名出版是在1873年。书中所阐述的观点主要是力图维护天主教神学对大学的影响，调和神学与科学的矛盾，对抗忽视宗教的新大学的兴起，因此具有保守性，但这些观点在西方颇有代表性，并反映了一种新的动向。作者的某些观点亦有可资借鉴之处。

一、大学是什么

纽曼认为，大学是传授普遍知识的场所。首先应承诺讲授任何一门人类知识，包容人生思想中所有高尚的思想观念。没有任何一门知识是因太博大或太细微，因太遥远抑或太具体而不值得去关注，相反，大学应吸纳人类所有的艺术、科学、历史和哲学等方面的知识，并对每门学科进行合适的定位。在此意义上，可把大学看成一种普遍性的学术机关。大学这一称谓包含着许多互不相识的人从不同地域而来、聚在一处的意思。

综上所述，纽曼指出，从大学的简单与原始的形式上看，它乃是包括所有各部门知识的学校，拥有来自各地的教授与学生；大学具有知识的交流、沟通以及知识、智慧的集中特性。一所大学根本是一个凭借人与人彼此交往，在一个地域中实行思想上的交换与流通的场所。大学内部的这种交流特性犹如科学集会一样。虽然科学集会只能是非经常的，和学校一年一度的表演、毕业典礼或纪念会等相似，但就性质而言，此等集会却与大学无异。它们的出发点在于促进相互间知识的即时而直接的沟通，促进一般的意见交换和科学与科学之间的比较与调整，促进学术方面与社会方面眼界的扩张，促进每一个人对他所选定的特殊学科的热忱，以及对于与此特殊学科有关各种活动的高度忠心。纽曼认为这也正

---

* J. H. Newman, *The Idea of a University*, Chicago: Loyola University Press, 1987.

是大学的交流、沟通特性。

此外，纽曼也认为，大学是一个学术荟萃中心，各地的学生都到那里去求他们各自所追求的学问。他说，照一般的事例来说，伟大与统一是在一道的，精华往往暗示中心之所在。这样的一个地方便是大学。在这里，由于心灵与心灵、学术与学术互相激荡，研究工作得以推进，各种发明得以验证而且归于完善；在这里，教授口若悬河，他是传教士，也是讲道者，以最大的热忱发挥科学最完全而可信的方式，把他自己对这一门科学的热爱，在听者胸中点燃起来；在这里，教授以问答充实他所教授的理论，每日以真理浇灌学子的心田，使它渗透到并凝固到学子那日渐增长的理智中去。这里是智慧的首府，是人文的光源，是宗教的传播地，是下一代文明之母。纽曼认为这就是一所大学的理想与目的。大体上说，过去如此，今日亦然。

二、神学的学科性质

纽曼在本书第二、第三、第四讲中，就神学学科在大学中的地位以及神学与其他知识部类的关系做了详细的说明和论证；此外，他还具体说明了神学与科学、神学与文学等学科的关系。

纽曼指出，目前流行的风气便是创办一些所谓大学，而其中根本不设神学科目和神学的教职，与大学的定义不相符合。他说，顾名思义，大学是传授普遍知识的场所和机构，而神学无疑属于知识的重要组成部分之一，因此，大学绝不能将之排除门外。如果某大学竟没有把宗教科目包括进去，只会有两种结论：要么神学不是真正的知识，不属于知识的组成部类；要么是大学本身的学科设置存在缺陷，遗漏掉了神学这一知识中的重要组成部分。那些拥护这样一所大学的人，必须在二者之间择其一：或者承认对于神学所研究的至高的创造者知之甚少；或者承认他的学府有名无实。

那么神学究竟属不属于知识的范畴呢？纽曼提出：大学传授的知识，其概念若仅限于人们感官上的证据，就是排除了伦理学；若仅限于直觉，就是排除了历史；若限于口供证言，就是排除了玄学；若限于抽象的推理，就是排除了物理学。而上帝的存在，乃是由直接证言所报告，由历史所传下，由演绎所推论出来，由玄学所证实，并由我们良心所提示的。在自然和超自然的程序中，上帝之存在都同样是真理。因此，宗教教义或神学是一种知识，而大学对神学科目的排斥无疑是非哲学的、是不合逻辑的。

这种非哲学性和非逻辑性，还表现在以下两个方面：

（1）大学对神学学科的排挤会影响到其他学科或科学的准确性和完整性。科学领域内知识门类的划分仅仅是一种智力抽象而已，并非科学的、客观准确的分解；然而科学研究的主题却是客观实在的，因而在科学的不同知识部类之间存在着融合、交叉，每一门科学都需要其他部门的科学来加以修正、完善和改进。因此，如果遗漏掉一门学科，就会伤害所有其他科学或学科的发展，就会影响科学本身应获得的结论，影响到科学自身的价值以及该科学所运用领域的重要性。具体到神学，也应充分考虑到其他学科或科学的特点，实现神学与其他学科的相互借鉴、相互支撑。纽曼指出，神学的重要性应从被不同时代和不同地域所广泛认同的程度，提升到一种研究的层次，这样，神学便有了科学的真义和生命力。此外，纽曼还指出：把神学从公立学校教育内容中排斥出去，无疑是对公立学校教育内容完整及可信度的一种损害。总之，在神学与知识的关系方面，神学不仅是普遍知识的一个重要组成部分，还是普遍知识存在的一个重要前提和条件，因此，不能将神学从大学教育中排斥出去。

（2）大学如果把神学排除出去，那么神学走后留下的空间将会被其他学科所占据，从而造成学科间的侵蚀和渗透。纽曼指出，宗教界人士反对宗教与世俗教育分离往往被大多数人理解成是由于惧怕科学的缘故。然而事实上，宗教并不惧怕人类的世俗知识，它们以拥有神性的知识而自豪。但是对知识各组成中任一部分的遗漏，都不成其为一种完整的知识，相反却是一种蒙昧的表现。因为把任一种科学或学科从整个知识界中单列出去，实际上是鼓励其他学科或科学填补由此而产生的空白，并且以它们自身的规则对原有学科发生影响，从而有损于原有学科本身的逻辑性和完整性。人类思维不能停止思索和系统化，如果神学不能固守自己的领域，那么其他相邻学科（也许还有那些与神学风马牛不相及的学科）就会侵蚀或侵占神学原有的研究领域，导致人们对神学的误读。

纽曼以雕塑、绘画和音乐等艺术科目为例对此进行了具体的说明。雕塑、绘画和音乐等艺术科目原本只是宗教的仆人和侍从，但后来随着它们的发展和独立地位的获得，这些科目的一些规则、规律逐渐演变成为宗教的规律和规则，从而在不同程度上造成了宗教的偏见和歧义。纽曼从世俗科学对神学的敌视角度做了进一步的论证，声称世俗科学对神学的敌视与偏见是由种种原因所造成的科学的偏差所致，这种偏见在神学被从科学中排斥出去的前提之下是不可避免的。当神学被排斥出去后，神学所留下的真空势必为其他并不适合于那个位置的科学或学科所代替，这些科学或学科因而便顺理成章地为神学制定规则，但由于这些科学并不是相应规划制定的权威，这样便导致人们对神学的误读和偏见。这种带有敌视意味的偏见会迅速感染和影响其他的学科，从而导致整个世俗科学对神学的偏见。因此，如果说神学将信仰、教义作用于科学是错误和不合理的话，那么科学家用天文学或生物学等学科来建构或解释神学同样是不合理的。在此意义上，神学应与其他世俗科学一样居于对等的地位，因此，神学同样与世俗科学一样，应成为大学里的重要组成之一。

关于神学与科学和文学的关系，纽曼在“大学科目”部分对此做了相应的介绍和分析。纽曼认为，从理论上讲，神学与科学不应存在任何真正的矛盾或冲突。因为无论是科学指向的理性还是神学所关注的启示，无论是自然还是恩典都来自同一个神性的创造者——上帝。如果神学是超自然世界的哲学，科学是自然哲学，那么神学与科学，无论是从各自的观念角度，还是从各自实际指涉的范畴来讲，都是不可通约的，因而也不可能产生冲突。它们在各自领域的研究中都不可能对另一领域产生任何的干涉或影响，更不用说冲突与矛盾了。理论上虽然如此，但事实上神学与科学之间却存在着激烈的冲突，对此纽曼做了相应解释：这种冲突首先是由学科间的偏见和相互猜疑所致；其次是由神学和科学二者研究方法的差异所致。尽管如此，这种冲突并非真正的冲突，而是研究过程中的不足引起的表面现象，是暂时的和可以克服的，从本质上讲，神学与科学并不矛盾。在神学与文学的关系问题上，纽曼指出从二者的指向对象来看，不存在任何直接的联系。如果文学将用作对人性的探究，意味着用人类语言去表达人性，那么对文学的追求只能局限于尘世之中。这并不能排除教会对文学领域的介入。如果教会介入科学教育是必要的话，那么教会对自由教育的另一重要组成部分——文学的介入也是不可避免的。在介入的方式上，教会并不主张把文学从世俗教育中排除出去，而是主张把文学引入教会教育中来。这样形成世俗文学与宗教文学并举的局面，从而拓展神学教育的范围与空间。

三、知识观

1. 知识即目的

纽曼指出，知识是指某种理智的东西，它能领会通过感觉所发现的事物，也能考察事物，比感觉能了解更多的事物，能边察看事物边进行思考，具有概括能力。正是这种概括能力体现出了知识本身的价值。知识真正尊贵的原因及价值就在于它是起源于本身的一种科学或一种哲学的过程（如果不考虑结果的话）。因此，知识也可被看作精神的一种状态。知识不仅是达到某事物的手段及一种初级的艺术，而且是一种目的，是以自身为追求目标的目的。对此纽曼做了两方面论证：（1）知识作为精神的一种状态，对知识的追求必然是一种精神追求，而精神追求的最大目的也就在于精神本身。在此意义上，知识成为自身的目的。（2）以科学形式表征的知识同时也是一种权力，这种权力建立在善的基础之上，而对善的追求是不需要其他外在目的的，因而知识不但是工具，而且更主要的是目的。由此，纽曼完成了他知识即目的观念的论证。

2. 怎样获得知识

在知识获得的方法上，纽曼提倡应主动学习和主动思维，主张用联系的观点去主动掌握知识，反对被动的机械式的记诵学习。他指出知识不只是一种获取，更多的应是一种哲学式的抽象。对于那些仅仅博览群书、拥有大量信息的人，如果未做进一步的系统思维，他们也就谈不上有系统的智力文化，更谈不上完成了文雅教育。知识的获得、智力的扩充并不是单纯的知识积累和知识传授所能达成的。还需思维对新的观念进行加工、整理并使之系统化，只有这样才有可能真正促进智力的扩充。具体而言，知识的扩充就是把我们接触到的新知识，通过思维的过程融入已有思想体系和知识体系中去的结果；用熟悉的话来讲，就是把我们所接受的知识加以消化。如果没有这个消化的过程，就谈不上拓展或扩充。在此基础上，纽曼进一步指出，除非建立在对新旧观念进行比较并且加以系统化的基础上，否则知识的扩充只能是子虚乌有。在此，纽曼实际上涉及了知识获得过程中的同化与顺应问题。

（王晓华）

30. 福泽谕吉

劝学篇 1880年*

福泽谕吉（1835—1901）是日本明治时代的启蒙教育家、思想家。少时进入村塾学习汉学。19岁赴长崎学习兰学。学成之后，1858年在江户开办兰学学塾。1860年作为遣美使节的随员抵达美国，首次目睹了文明演进的方向。两年之后，他以翻译的身份随遣欧使节团游历法、英、荷、德、俄、葡六国。此次出访使福泽谕吉开始思考如何使日本彻底摆脱封建制度的束缚以进入文明国家行列等重大问题，开始致力于把文明开化、教育救国的思想传播到日本的伟大事业，为达此目的开始了多产的著述活动。1866年8月，由他翻译改编而成的《西洋事情》一书出版，日本国民借助此书得以了解西方社会的概貌。1872年之后，他又相继出版了《劝学篇》《文明论概略》等为其带来巨大声望的学术著作，其毕生著述达60余种。

《劝学篇》共由17篇文章（17编）组成，各篇陆续出版于1872年至1876年。1880年，福泽谕吉把已出版的17篇文章结集出版，汉译名为《劝学篇》。此书在日本发行量很大，17编共计发行340万册。

一、知识富人，教育立国

福泽谕吉认为，天不生人上之人，也不生人下之人，即众生一律平等。而现实生活中之所以存在贤人与愚人、穷人与富人、贵人与贱人，主要原因在于有无知识，是学与不学造成的。所以，人们生来并无贫富贵贱之分，唯有勤于学问、知识丰富的人才能富贵。这种学问又非一般的空洞学问，而是指能有助于人们处世立身的学问，能达到一定目的的学问，有实际用途的学问。福泽谕吉要求学习47个字母，练习写字记账，学会打算盘等；倡导学习地理学、物理学、历史学、经济学、修身学以及外国语。对于国家来说，实施教育及文明开化政策是国家得以独立富强的前提和保证。为此，福泽谕吉主张大力普及学校教育，以最终实现教育立国的主张。他赞成用强迫的方法，让全国的适龄儿童一律就学。除实施普及性教育外，福泽谕吉还倡导通过教育培养公民的民族意识和国家观念。他认为，世界上没有哪一个人喜欢苛政而嫌恶仁政，也没有哪一个人不希望本国富强而甘受外国凌辱。重要的是要把这种朴素的意识借助于行之有效的教育手段上升到民族意识和国家观念的高度。从某种意义上说，教育是民族独立、国家富强的保证，更是形成民族、国家

---

* 本书中译本，群力译，北京，商务印书馆，1984。

意识并把这种民族、国家意识上升到国家观念的重要途径。

二、修习学问，唯尚实学

福泽谕吉认为，学问包括有形学问和无形学问。前者有天文、地理、物理、化学等学问；后者有心理学、神学、理学等学问。这两类学问均能扩大知识见闻的领域，使人辨明事物的情理和懂得做人的本分。但在修习学问时应分清主次，应该主要学习那些能够解决实际问题的学问，而把那些远离实际的学问视为次要。福泽谕吉认为，所谓学问，并不限于能识难字，能读难读的古文，能用和歌和做诗等不切实际的学问。这些学问虽也有一定的用处，能给人精神安慰，但并不像一些儒学家和国学家所理解的那样。福泽谕吉所崇尚的实际学问包括：介绍日本国内及世界万国风土的地理学，考察天地万物的本质并探究其作用的物理学，详记年代、研究古今万国情况的历史学，讨论国家、世界生计的经济学，阐述修身交友及处世之道的修身学。学习各门科学时均应实事求是，就每一事物深切追求真理，以满足当前的需要。

在研究学问时必须确立远大的志向，切忌舍难就易，浅尝辄止。研究学问的最终目的在于追求独立不羁和自由自主。所谓独立，不仅指家庭的独立，而且还指国家的自由独立。学者研究学问的最终目的在于与国人共同努力，使国家获得自由独立的地位，而不可满足于一家一民的衣食无忧。更为重要的是，学者们应明确身上所承担的职责，即致力于改变日本当时聘用外国人做教习、购买外国货物的被动局面。福泽谕吉倡议学者们应身体力行，致力于务农、经商、治学、为官、著述、办报、讲法律、学艺术、创办工业、提倡议院等社会百业之中，依靠个人贡献所长，而绝不可袖手旁观。

学者绝不可满足于普通的学校教育，其志趣要远大，要力求通晓科学的本质，要有独立不羁的精神。即便单枪匹马，也要养成担负国家兴旺重责的气魄。当下日本学者及一般民众首先要认清只知治人而不知修身的日本国学家与汉学家的空谈本质。其次要倡导人人平等、人人自食其力的新观念。要教导青年勿酗酒，而应从事一项职业以自养其身，有益于家庭。首先做一个普通的社会青年，然后再立志做一个有益于国家和社会的合格国民。

在学问主旨问题上，福泽谕吉认为存在着两种学问的主旨。福泽谕吉把人们的脑力劳动与体力劳动分为两大类：第一是指人本身的劳动，第二是指人与人的来往中所发生的行动。以脑力或体力的劳动来解决衣、食、住问题，使自己能过安乐幸福的生活，此即属于个人本身的劳动。在这类劳动中，个人只不过对自然界的物资加以改造，使其适于自己使用。人类所需衣、食、住等生活资料，自然界已经提供了99%，所需人力只有1%。因而，人们自谋生活绝非难事，而完成此事亦不值得炫耀。一般世人，大多为着生活和家庭而劳力操心，这虽无愧于古人之训，但与整个社会的进步却无太多的补益。“世上的人如果只求自己满足，安于小康，那么，今天的世界同洪荒时代的世界又有什么区别呢?”在人与人的交往中所发生的活动也需要学问来指导，工业、政治、法律都是为着人类交际而设立的。政府制定法律，旨在防止坏人、保护好人，以保证人类的交际得以正常进行；学者著书立说，旨在启发后人智慧，以保持人类交际。人类的智慧愈开，则交际愈广；而交际愈广，则人情愈和。当今的日本学者承受了文明的遗产，应志存高远，建功立业，外纳西方文明，内承先辈遗业，致力于大学问的研究，把天下人心导向高尚领域，为社会的福利、民众的富足而忘我地努力奋斗。

三、明辨独立，言行一致

福泽谕吉认为，独立分有形的独立与无形的独立两种。有形的独立是指物质方面的独立，无形的独立是指精神方面的独立。所谓物质方面的独立，是说人们各有财产，不依赖别人而能维持个人和家庭的生活。无形的精神方面的独立则较为复杂，大致上可以分为这样几类：一言人的内心摆脱了物质的奴役与束缚，无论做什么事情都不迷失本性；二言个人凡事有主见，不受他人意见左右，包括不羡慕他人的物质财富，不模仿他人的生活方式，不让个人与家庭任凭妄念摆布。

精神独立还主要表现为思想和行动的一致、理论与实践的一致。所谓理论，就是心有所思，发之于言，笔之于书。因而可以把理论理解为那些与外界事物尚未发生接触的内心观念与主张，理论是自由而不受任何限制的。实践则指心思表现于外，已与外物接触、实施了的行动。是故，实践必受外部环境条件限制，囿于环境制约而不可自由超越；只有理论与实践保持一致，思想与行动保持一致，方可有益于世，如果二者失去平衡，则会产生弊端。

在处理理论与实践、思想与行动这一问题上，福泽谕吉提出这样一些要求：首先，要有高尚的思想。没有高尚的思想就没有高尚的行动。人之行动有大小轻重之区别，凡能辨明行动的大小轻重，舍其轻者、小者而事其大者、重者，这是品德高尚的表现。有了这种高尚的品德，才能做出伟大的成就和业绩，才能成为高尚的人物。其次，须辨明有用与无用的劳动。人的行动，就其效用而言，有的效用大，有的效用小，有的则无效用。凡能辨明效用的大小、有无者，便是一个思想明白、思路清晰的人。如此，便为下一步的行动奠定了基础。最后，人们在从事某项行动时还需认清行动的环境与时间，以使自己的行动合乎规律，从而最终达到行动的目的。反之，则会于事无补，不但无益，而且有害。这些都说明了人要有正确理论与高尚思想的必要性。但仅仅如此还远远不够。如果思想高尚远大，而没有实际行动，则高尚的思想也只能是空洞的，对自己与国家都不会有实质性的帮助。

福泽谕吉十分强调教育在培养公民独立意识上所发挥的巨大影响，认为只有教育才可以培养个人判断事理、处置事情、独立生活的能力。推而广之，只有教育才可消除贵贱、上下之别，才可培养富有学识的国民，才可缔造一个文明、独立、富强的国家。福泽谕吉要求在公民学习实学之后对其实施独立意识培养。在具体培养上采用自由自在、独立不羁的精神来教育学生；在日常生活中营造独立的氛围，使受教育者耳濡目染，呼吸独立的空气，养成独立意识，所反对的是恣情放荡，无所束缚；“但如果仅仅高唱自由自在，而不懂得守本分，则易陷于恣情放荡”。所以本分就意味着基于天理，顺乎人情，不妨害人而发挥自己的自由。

四、天赋民权，主权在民

福泽谕吉认为，资产阶级的政府是根据约法建立起来的代表人民办理公共事务的机关。“政府是代表人民，按照人民的意志执行事务的。它的职责不外乎是制裁罪人和保护无罪的人，这就是执行人民的意志。”政府和人民订立了契约：政府接受人民的委托而遵守约法，使全国人民，不分贵贱上下，都能享受其权利，务必做到法制正确、奖惩严明和大公无私；人民要遵守国家的法律，尽其作为一个国民的义务。在国家与人民的关系问题上，福泽谕吉还认为人民应享有抵抗权。“如果放任政府的专治特权随意发展的话，那是没有止境的。人民不可不加以防止，防止的办法只有一个：对它进行抵抗。”为培养日本国民的天赋民权意识，福泽谕吉有针对性地提出，明治维新之前，日本人民缺乏正确的国家观念，而在轰轰烈烈的倒幕运动中所表现出来的仅仅是封建性的“愚忠”思想。当务之急是日本国民爱国之心的培养。凡力图伸张本国权力、使国民富裕、提高本国人民的智慧、发扬本国名誉的人均为爱国之民，其心即为爱国之心。福泽谕吉又对国家进一步区分，大凡国家统治可分为两种类型——实威型和虚威型。神权政府注重虚威，这是对上古荒诞时代的延续。人类社会已进入文明时代，仍采用虚威型的统治显然是愚不可及的。正确的做法乃是在批判神权蒙昧主义的基础上，在日本国民中间开展民族意识和国家观念的教育，使每一位日本国民清醒地意识到自己作为一位日本国民所享有的权利，以及相应所承担的义务。在具体实施中，福泽谕吉反对在西方文明面前顶礼膜拜、五体投地的奴才式做法。着重强调民族自尊心的培养。主张一切落后的国家和人民在西方文明面前，无灰心绝望的理由。日本落后是现实的，但却不是永久的，全体日本国民不应丧失信心。对于西方文明（外在文明与内在文明），福泽谕吉主张“择其善而从之，弃其坏者，决不能盲目从事”。落后国家在学习吸收外国先进文明时，力戒全盘效法，而应结合本国情况，取舍适宜。

五、倡文明之实，建设文明国家

福泽谕吉认为，议论国事，首先的一点便是确立自己的立场。每一个爱国的日本人所持的立场便是推进日本的文明进程。所谓文明，一般是指人的身体安乐、道德高尚。而判断一个国家或社会是否文明有以下几个标志：这个社会的一切事业是否纳入一定的规范之内；人民是否朝气蓬勃而不囿于旧习；国民是否能够掌握自己的命运而不需仰仗他人的恩赐；是否敦品励学，不苟安于目前的小康；工商业是否发达。

而就一个国家而言，文明主要分为两种：外在文明与内在文明。前者主要指有关服装、饮食、器械、居室、政令、法律等方面的进步程度；后者主要指精神方面的东西，即渗透于全国人民之间，表现于各种事物之中的社会风气。而当时的日本，仅有文明之名，而无文明之实；徒具文明的外形，而缺乏内在精神。鉴于此，要大力普及学校教育，发展国民的天赋能力，为日本建设成为文明国家提供一个不可或缺的基础。

（王保星）

31. 亚米契斯

爱的教育 1886年*

亚米契斯（Edmondo De Amicis，1846—1908）是意大利作家，出生于今意大利西北部的利古拉，自幼酷爱学习及写作，16岁考入莫德纳军事学校学习。亚米契斯生活的年代，意大利尚未统一，他和许多意大利青年一样，是爱国志士，热衷于民族复兴运动。20岁时曾参加抗击奥地利、解放意大利的战斗。退役后担任军事刊物的记者，发表特写、报道、短篇小说。他曾周游世界各国，撰写了许多游记。他以明快、新颖的笔触，记叙各国的风土人情，同时贯穿了以作品向意大利人民进行爱国主义教育的宗旨。亚米契斯也是博爱主义者，他在许多作品中，以真挚、火热的心，反映了中下层人民穷困的生活和淳厚、朴直、友爱的品德，同时倡导谅解、博爱的精神，以实现各阶层人民感情的融合与地位的平等。在接近社会主义运动后，他将社会主义思想同博爱精神融为一体，思想进一步升华。这些特点都反映在他的作品中。

《爱的教育》是亚米契斯最著名、销行最广的一部小说。其意大利文名为《心》（*Coure*），许多国家均有译本，但书名各异。夏丏尊先生1924年据日、英两种译本将此书译成中文，中译本改书名为《爱的教育》。此书名可以说反映了该书的精髓及核心思想，最为贴切。

该书采用日记的形式，以一个名叫安利柯的小学生的视角，记载一学年的所见所闻。从10月四年级开学第一天写起，一直写到第二年7月止。全书共100篇短文，包括发生在安利柯身边的各式各样感人的小故事、父母在她日记本上写的劝诫启发性的文章，以及10篇老师在课堂上宣读的精彩的“每月故事”。在本书每章每节，作者都将“爱”的主题表现得淋漓尽致。大至国家、社会、民族的“大我”之爱，小至家人、师长、同学、朋友间的“小我”之爱，处处扣人心弦，感人肺腑。作者力图揭示：“爱”是达成理想的学校教育、家庭教育与社会教育的媒介。

亚米契斯曾说：该书“是我20年心血的结晶，是30年理智的内心独白”，“为了它，我辗转反侧，寝食不安，甚至流出了激动的泪水”，并自信该书“水准定能超过其他作品”。该书一经问世，立即震动意大利文坛，迄今已在意大利发行100多版，超千万册，成为引导儿童正直向善的绝佳心灵读本。该书与《木偶奇遇记》被认为是意大利国民教育“最坚实的基础材料”。意大利一位著名总理认为该书把“爱书籍、爱祖国、爱人类”推向

---

* 本书中译本，夏丏尊译，上海，华东师范大学出版社，1995。

了“登峰造极的高度”。该书也被译为多种文字，在各国广泛发行。一位著名学者在《影响中国近代社会的100种译作》中称该书为“五四运动以来除安徒生童话以外影响最大的外国儿童文学作品”。本书译者夏丏尊先生说，这本书给他的感动甚至超过了卢梭的《爱弥儿》与裴斯泰洛齐的《醉人之妻》(即《林哈德和葛笃德》)：“初见此书时，流着泪三日夜读完，翻译时亦时常流下惭愧和感激的泪。”

下面选录书中的数篇日记。

一、我们的先生

从今天起，现在的先生也可爱起来了。我们进教室去的时候，先生已在位子上坐着。先生前学年教过的学生们都从门口探进头来和先生招呼。“先生，早安!”“配巴尼先生早安!”大家这样说着。其中也有走进教室来和先生匆忙握了手就出去的。可知大家都爱慕这先生，今年也想仍请他教。先生也说着“早安”去拉学生伸着的手，却是不看学生的脸。和他们招呼的时候，虽也现出笑容，额上皱纹一蹙，脸孔就板起来，并且把脸对着窗外，注视着对面的屋顶，好像他和学生们招呼是很苦的。完了以后，先生又把我们一一地注视，叫我们默写，自己下了讲台在桌位间巡回。看见有一个面上生着红粒的学生，就让他中止默写，两手托了他的头查看，又摸他的额，问他有没有发热。这时先生后面有一个学生趁先生看不见，跳上椅子玩起洋娃娃来。恰好先生回过头去，那学生就急忙坐下，低下头预备受责。先生把手按在他的头上，只说：“下次不要再做这种事了!”

默写完了，先生又沉默了，看着我们好一会儿，用粗大的、亲切的声音这样说：

“大家听我说！我们从此要同处一年，让我们好好地过这一年吧！大家要用功，要规矩。我没有一个亲属，你们就是我的家属。去年以前，我还有母亲，母亲死了以后，我只有一个人了！你们以外，我没有别的家属在世界上，除了你们，我没有可爱的人！你们是我的儿子，我爱你们，请你们也喜欢我！我一个都不愿责罚你们，请将你们的真心给我看看！请你们全班成为一家，给我慰藉，给我荣耀！我现在并不要你们用口来答应我，我确已知道你们已在心里答应我‘愿意’了。我感谢你们。”

这时校役来通知放学，我们很静很静地离开座位。那个跳上椅子的学生走到先生的身旁，抖抖索索地说：“先生！饶了我这次!”先生用嘴亲着他的额说：“快回去！好孩子!”

二、少年爱国者

做卑怯的兵士吗？决不做！可是，学生如果每日把像今天这种有趣的故事讲给我们听，我还要更加欢喜这学校呢。先生说，以后每月要讲一次像今天这样的高尚的少年故事给我们听，并且叫我们用笔记下来。下面就是今天讲的《少年爱国者》：

一艘法兰西轮船从西班牙的巴塞罗那开到意大利的热那亚来。船里乘客有法兰西人、意大利人、西班牙人，还有瑞士人。其中有个11岁的少年，服装褴褛，避开了人们，像野兽似的用白眼看着人家。他用这种眼色看人也不是没有原因的。原来在两年前他被在乡间种田的父母卖给了戏法班子，戏法班子里的人打他，蹴他，叫他受饿，强迫他学会把戏，带他到法兰西、西班牙到处跑，一味虐待他，连食物都不充分供给他。戏法班子到了巴塞罗那的时候，他受不起虐待与饥饿，终于逃了出来，到意大利领事馆去求保护。领事可怜他，叫他乘上这只船，还给他一封到热那亚的出纳官那里的介绍书，要送他回到残忍的父母那里去。少年遍体是伤，非常衰弱，因为住的是二等舱，人家都很奇怪，对他看。和他讲话，他也不回答，好像憎恶一切的人。他的心已变到这步田地了。

有三个乘客从各方面探问他，他才开了口。他用夹杂法兰西语和西班牙语的意大利语，大略地讲了自己的经历。这三个乘客虽不是意大利人，却听懂了他的话，一半因了怜悯，一半因了吃酒以后的高兴，给他少许的金钱，一面仍继续着和他谈说。这时有大批妇人从舱里走出来，她们听了少年的话，也就故意要人看见似的拿出若干钱来掷在桌上，说："这给了你，这也拿了去!"

少年低声答谢，把钱收入袋里，苦郁的脸上到这时才现出喜欢的笑容。他回到自己的床位上，拉拢了床幕，卧着静静地沉思：有了这些钱，可以在船里买点好的东西，饱一饱两年来饥饿的肚子；到了热那亚，可以买件上衣换上；拿了钱回家，比空手回去也总可以多少好见于父母，多少可以得着像人的待遇。在他，这金钱竟是一注财产。他在床位上正沉思得高兴，这时那三个乘客围牢了二等舱的食桌在那里谈论着，他们一边饮酒，一边谈着旅行中所经过的地方的情形。谈到意大利的时候，一个说意大利的旅馆不好，一个攻击火车。酒渐渐喝多了，他们的谈话也就渐渐露骨了。一个说，与其到意大利，不如到北极去好，意大利住着的都是拐子、土匪。后来又说意大利的官吏都是不识字的。

"愚笨的国民!"一个说。"下等的国民!"另一个说。"强盗……"

还有一个正在说出"强盗"的时候，忽然银币、铜币就雹子一般落到他们的头上和肩上，同时在桌上、地板上滚着，发出可怕的声音来。三个乘客愤怒了，举头看时，一把铜币又被掷到脸上来了。"拿回去!"少年从床幕里探出头来怒叫，"我不要那说我国坏话的人的东西。"

三、万灵节

安利柯啊！你晓得万灵节是什么日子吗？这是祭从前死去的人的日子。小孩在这天应该纪念已死的人——特别应纪念为小孩而死的人。从前死过的人有多少？又，即如今天，有多少人将死？你曾把这想到过吗？不知道有多少做父亲的在劳苦之中失了生命呢？不知道有多少做母亲的为了养育小孩，辛苦伤身，非命地早入地下呢？因不忍见自己小孩陷于不幸，绝望了自杀的男子，不知有多少？因失去了自己的小孩投水，悲痛发狂而死的女人，不知道有多少？安利柯啊！你今天应该想想这许多死去的人啊！你要想想：有许多先生因为太爱学生，在学校里劳作过度，年纪未老，就别了学生们而死去！你要想想：有许多医生为了要医治小孩们的病，自己传染了而死去！你要想想：在难船、饥馑、火灾及其他非常危险的时候，有许多人是将最后一口面包、最后的安全场所、最后从火灾中逃身的绳梯，让给了幼稚的小灵魂，自己却满足于牺牲而从容地瞑目了！

啊！安利柯啊！像这样死去的人，数也数不尽。无论哪里的墓地，都眠着成千成百的这样神圣的灵魂。如果这许多的人能够暂时在这世界中复活，他们必定要呼唤那些小孩的名字——为他们而贡献出自己的壮年的快乐、老年的平和，以及爱情、才能和生命的小孩们的名字。20 岁的女子，壮年的男子，80 岁的老人——为幼者而殉身的这许多无名的英雄——这许多高尚伟大的人墓前所应该撒的花，单靠这地球，是无论如何不够长的。你们小孩是这样地被他们爱着，所以，安利柯啊！在万灵节，要用感恩的心去纪念这许多亡人。这样，你对于爱你的人们，对于为你劳苦的人们，自会更亲和、更有情了。你真是幸福的人啊！你在万灵节，还未曾有想起来要哭的人呢。

四、牺　牲

我的母亲是好人，雪尔维姊姊像母亲一样，也有着高尚的精神。昨夜，我正抄写每月例话《六千英里寻母》的一段——因为太长了，先生叫我们四五个人分开了抄录——姊姊静悄悄地进来，压低了声急忙说："快到母亲那里去！母亲和父亲刚才在说什么呢，好像已出了什么不幸的事了，很是悲痛。母亲在安慰他，说家里要困难了——懂吗？家里快要没钱了！父亲说，要做若干牺牲才得恢复呢。我们也一同做牺牲好吗？非牺牲不可的！啊！让我和母亲说去，你要赞成我，并且，要照姊姊所说的样子，向母亲立誓，要什么都答应做啊！"

姊姊说完，拉了我的手同到母亲那里。母亲正一边做着针线，一边沉思着。我在长椅子的一端坐下，姊姊坐在那一端，就说："喂！母亲！我有一句话要和母亲说。我们两个有一句话要和母亲说。"

母亲吃惊地看着我们。姊姊继续说："父亲不是说没有钱了吗？"

"说什么？"母亲红了脸回答。"没有钱的事，你们知道了吗？这是谁告诉你们的？"

姊姊大胆地说："我知道哩！所以，母亲，我们觉得非一同牺牲不可。你不是说过到了5月终给我买扇子吗？还答应给安利柯弟弟买颜料盒呢。现在，我们什么都不要了。一个钱也不想用，不给我们也可以。啊！母亲！"

母亲刚要回答什么，姊姊阻住了她："不，非这样不可。我们已经这样决定了。在父亲没有钱的时候，水果，什么都不要，只要有汤就好，早晨单吃面包也就够了。这么一来，食费是可以多少省出来吧。一向待我们实在太好了！我们决定只要这样就满足了。喂，安利柯！不是吗？"

我回答说是。姊姊用手遮住母亲的口，继续说："还有，无论是衣服或是什么，如果有可以牺牲的，我们也都欢欢喜喜地牺牲。把人家送给我们的东西卖了也可以，劳动了帮母亲的忙也可以。终日劳动吧！什么事情都做，我，什么事情都做！"说着又将臂勾住了母亲的头颈。

"如果能帮助父亲母亲，父亲母亲再像从前那样快乐给我们看，无论怎样辛苦的事情，我也都愿做的。"

这时母亲脸上的快悦，是我所未曾见过的。母亲在我们额上吻得热烈，是从来所未曾有过的。母亲什么都不说，只是在笑容上挂着泪珠。后来，母亲对姊姊说明家中并不困于金钱，叫她不要误听。还屡次称赞我们的好意。这一夜很快活，等父亲回来，母亲就一五一十地告诉了他。父亲不说什么。今天早晨我们吃早饭时，我感到非常的欢喜，也非常的悲哀。我的食巾下面藏着颜料盒，姊姊的食巾下面藏着扇子。

五、告　别

午后一点，我们又齐集学校，听候发表成绩。学校附近挤满了学生的父母们，有的等在门口，有的进了教室，连先生的座位旁也都挤满了。我们的教室中，教坛前也满是人。有卡隆的父亲、代洛西的母亲、铁匠泼来可西、可莱谛的父亲、耐利的母亲、克洛西的母亲——就是那卖野菜的、“小石匠”的父亲，斯带地的父亲，此外还有许多我所不认识的人。全室中充满了错杂的低语声。

先生一到教室，室中就立刻肃静，先生手里拿着成绩表，当场宣读：

“亚巴泰西 67 分，及格。亚尔克尼 55 分，及格。”“小石匠”也及格了，克洛西也及格了。

先生又大声地说：

“代洛西 70 分，及格，一等奖。”

到场的父母们都齐声赞许说：“了不得，了不得，代洛西。”代洛西披着金发，微笑着朝他母亲看，母亲举手和他招呼。

卡洛斐、卡隆、格拉勃利亚少年，都及格了，落第的有三四个人。其中有一个因见他父亲站在门口做手势要斥责他，就哭了起来。先生和他父亲说：

“不要这样，落第并不全是小孩子的不好，大都由于不幸。他是这样的。”又继续说着，“耐利 62 分，及格。”

耐利的母亲用扇子送亲吻给儿子。斯带地是以 67 分及格的。他听了这好成绩，连微笑也不露，仍是用两拳撑着头不放。最后是华梯尼，他今天着得很华丽——也及格了。报告完毕，先生立起身来：

“我和大家在这室中相会，这次是最后了。我们大家在一起过了一年，今天就要分别，我感到很悲伤。”说到这里中止了一息，又说：

“在这一年中，我好几次地不留意发了怒。这是我的不好，请原恕我。”

“哪里，哪里！”父母们、学生们齐声说：“哪里！先生没有的事！”

先生继续说：

“请原恕我。来学年你们不能和我再住一处，但是仍会相见的。无论到了什么时候，你们总在我心里呢。再会了，孩子们！”

先生说毕走到我们座位旁来。我们站在椅子上，或是伸手去握先生的臂，或是执牢先生的衣襟，和先生亲吻的尤多。末后，50 个人齐声说：

“再会，先生！多谢先生！愿先生康健，永远不忘我们！”

走出教室的时候，我感到一种悲哀，胸中难过得像有什么东西压迫着。大家都纷纷退出，别的教室的学生也像潮水样的向门口涌去。学生和父母们夹杂在一处，或向先生告别，或相互招呼。戴红羽毛的女先生给四五个小孩抱住，给大众包围，几乎要不能呼吸了。孩子们又把“修女”先生的帽子扯破，在她黑袍的纽孔里、袋里乱塞进花束去。洛佩谛今天第一日除掉拐杖，大家见了都很高兴。

“那么，再会。到新学年，到 10 月 20 日再会。”随处都听到这样的话。

我们也都互相招呼。这时，过去的一切不快顿时消减，向来嫉妒代洛西的华梯尼也张了两手去拥抱代洛西。我对“小石匠”叙别。“小石匠”装最后一次兔脸给我看，我吻了他一次。我去向泼来可西和卡洛斐告别。卡洛斐告诉我说不久就要发行最末一次彩票，且送我一块略有缺损的瓷镇纸。耐利跟住了卡隆，难舍难分，大家见了那光景很感动，就围集在卡隆身旁。

“再会，卡隆，愿你好。”大家齐声说，有的去抱他，有的去握他的手，都向这位勇敢高尚的少年表示惜别。卡隆的父亲在旁见了兀自出神。

我最后在门外抱住了卡隆，把脸贴在他的胸前哭泣。卡隆吻我的额。跑到我父亲、母亲身边，父亲问我：“你已和你的朋友告别了吗?”我答过：“已告别过了。”父亲又说：“如果你从前有过对不起哪个的事，快去谢了罪，请他原恕。你有这样的人吗?”我答说：“没有。”

“那么，再会了!”父亲说着向学校做最后的一瞥，声音中充满了感情。

“再会!”母亲也跟着反复说。

我却什么话都说不出了。

（向蓓莉　杨　佳）

32. 赫胥黎

科学与教育 1893 年*

托马斯·亨利·赫胥黎（Thomas Henry Huxley，1825—1895）是英国自然科学家、教育家，出生于英国米德塞克郡伊令的一个教师家庭。少年时，他已养成阅读的习惯，并开始进行一些初步的科学实验。1840 年开始学医，两年后获得奖学金进入查灵十字医院正式学习医学。毕业后，他担任了海斯拉海军医院的助理外科医生，后参加远航南海之行。由于发表研究论文，他于 1851 年即远航归来第二年就被选为英国皇家学会会员。1854 年，赫胥黎应聘担任伦敦矿业学院教授。1860 年 6 月，为捍卫英国生物学家达尔文的进化论，他与牛津大主教威尔伯福斯进行了激烈的论战，使进化论取得了决定性的胜利。此后，他主要从事脊椎动物化石的研究工作，并在皇家科学和教育委员会中任职。赫胥黎曾对英国教育问题发表意见，积极参与英国国民教育制度的创立，大力提倡科学教育的普及与发展，还编写过许多教科书。1893—1894 年，他本人编辑出版了《赫胥黎论文集》（共 9 卷）。

《科学与教育》（*Science and Education*）一书是《赫胥黎论文集》的第 3 卷，集中地表述了赫胥黎的科学教育思想。它一共收入赫胥黎关于教育问题的主要讲演和文章 17 篇，是他在 30 多年里断断续续地向许多地区不同的听众和读者发表的。

一、批判传统的古典教育

针对 19 世纪英国教育制度中所存在的弊病和缺点，赫胥黎在科学教育与古典教育的论战中对传统的古典教育进行了有力的批判。他指出，不要低估传统的古典主义教育阻碍科学教育的严重性，因为这使学生养成只会通过书本学习知识的习惯，宁可相信他在书本上看到的东西，而不愿相信他自己亲眼目睹的东西。传统的大学教育，既不鼓励有创新精神的人，也不提供去创新研究的机会，从而脱离受教育的那些人的心智。因此，对于打算从事科学事业或早一些参加生活事务的人来说，传统的古典教育是一个错误。

传统的古典教育是华而不实的。在这种教育下，学生有可能从来没有听说过地球围绕着太阳旋转，致使学生在进入大学时，除了在古典文学和数学方面接受过一些错误的训练外，对于其他方面的知识则一无所知。而且，在学生进入大学后，多数学生仍停留在对科学教育的基础知识一无所知的状态上。赫胥黎指出，让学生去接受传统的古典教育，实际

---

* 本书中译本，单中惠、平波译，北京，人民教育出版社，1990。

上就是用最柔软而又最牢固的绳子把他们捆缚起来，并用面包来喂养他们。

传统的古典教育极少考虑一个人的实际生活需要，也不能使一个人为参加实际生活做好准备。因此，学生很少被引导到与事实和实际事物的联系之中，学不到与实际生活事务直接有关的知识。学生受的教育仅仅是一种狭窄的、片面的和实质上无教养的教育——在它最糟糕的时候，实在是近于完全没有教育。赫胥黎指出，这样就使得学生白白浪费了一生中最宝贵的时间。

因此，必须对实施传统的古典教育的英国教育制度进行改革。原来，教育之树的根在空中而叶子和花在地上，为了使学生能够通过科学教育获得对工业社会来说最重要的那些知识和能力，就必须把它上下颠倒过来。

二、赋予“自由教育”新意

在 19 世纪中期，英国教育界就“自由教育”问题进行了激烈的争论。有许多人认为，自由教育与古希腊罗马文学的教育是同义的，把自由教育等同于古典教育。虽然赫胥黎也强调自由教育，但他赋予它新意。他指出，自由教育就是在自然规律方面的智力训练，它不仅包括了各种事物以及它们的力量，而且也包括了人类以及他们的各个方面，还包括把感情和意志转化成与那些规律协调一致的真诚热爱的愿望。因此，赫胥黎认为，自由教育是多方面的，不仅包括了智力训练，而且还包括了身体、道德和审美的训练。

关于什么样的人才算受到了一种自由教育，赫胥黎指出，一个已经与自然界完全和谐一致的人就表明他已受到了一种自由教育。从小就受到这样训练的人将会充分地利用自然界，自然界也将会充分地利用他，从而很好地携手并进。自然界永远是他的慈母；而他是自然界的喉舌、自然界的有意识的化身、自然界的代理人和解释者。

这种自由教育应该包括以下四方面的内容：一是体育锻炼；二是家政教育；三是智力训练；四是伦理学教育。其中智力训练最为重要。学生应该用好的智力食物来哺喂，然后就自己动手去做。这种自由教育，既能使学生养成观察事物的习惯并掌握观察事物的方法，又能以科学与艺术相结合的形式获得学科知识，还能帮助学生利用他们的天生智力的宝库。

三、提倡科学和科学教育

赫胥黎指出，科学是十分重要的。首先，科学与社会进步有着密切的关系。现代文明依赖于自然科学。科学不仅在日常生活中，而且在各种实用职业中起着使人震惊和意想不到的作用。其次，科学与民族成功有着密切的关系。依靠科学知识，一个民族就能获得成功，就能真正地得到发展。最后，科学与人的心智发展有着密切的关系。对于人的心智的充分训练来说，自然科学的学习是必不可少的。

关于什么是科学，赫胥黎指出，科学是经过整理和系统化的知识。所有真正的科学都是从经验开始的，但是，所有的科学都力求超越这个经验阶段，进入从经验中演绎出更普遍的真理的阶段。

为了使学生真正获得科学知识，就必须为他们提供科学教育。这种科学教育使得学生在离开学校之前都能牢固地掌握科学的一般特点，并且在所有的科学方法上受到训练。因此，科学教育的最大特点，就是使人的心智直接与事实联系，并且以最完善的归纳方法来训练心智。也就是说，从对自然界的直接观察而获得的一些具体事实中得出结论。由于科学教育有这样重要的特点，其他任何教育是无法代替它的。如果科学教育不是作为一种智力训练，不是建立在对于事实的直接的感性认识，以及对于事物的观察能力和逻辑思维能力的实际运用的基础上，那么，这种科学教育不仅没有效果，而且毫无价值。

科学教育应该引进一切学校。科学教育甚至应该开始于智力的发端。因为当一个儿童开始说话的时候，他就试图获得自然科学知识。与此同时，应该重视各种博物馆在传播科学知识和进行科学教育上的作用，把博物馆当作科学教育的一个重要部分。

在提倡科学和科学教育的同时，赫胥黎提出了文理沟通的观点，强调科学教育与文学教育具有同等的地位。尽管随着时代的迅速发展，不熟悉科学知识的人将被看成没有受过教育的人，但必须避免的最大危险是那些从事科学事务的人片面发展。因为科学和文学不是两个东西，而是一个东西的两个方面。无论是单纯的科学教育，还是单纯的文学教育，都同样会造成心智的扭曲。为了防止培养一些片面发展的人，为了使学生获得真正的文化，赫胥黎指出，既要进行科学教育，又要进行文学教育。

四、倡导理想的大学教育

赫胥黎指出，世界的未来掌握在那些对于自然的解释能够比他们的前辈更进一步的人手里，因此，大学教育的最重要职责就是，发现这些人，爱护这些人，并培养他们最大限度地服务于自己事业的能力。大学就是要给那些出类拔萃的人和具有各种专门才能的人提供方便，使他们成为智慧的中心、自然界的阐述者、美的形式的创造者，并利用他们为社会利益服务。

为了实现自己的职责，理想的大学应该成为一个能获得真才实学的学府、一个自由研究的中心、一个智慧之光的聚合点。一所大学应该帮助学生获得真正的知识，而不是培养死记硬背的书呆子。在学术思想不受任何束缚的那种理想的大学里，所有的入学者都能获得所有的知识和掌握所有的学习工具。在那里，学生能获得各种知识，并在运用获得知识的所有方法上得到训练；在那里，学生将树立崇高的志向努力赶超前辈学者，并沿着开辟知识新领域的探索者的足迹前进。

在理想的大学里，教授注重教学与研究的结合，处在新的科学知识潮流的最前列。他们不仅应该在课堂上讲课，而且还应该在课后对学生进行指导，同时还应该从事创造性的研究工作。而大学生应该真正考虑他们自己将要称职地履行的庄严职责，踏实地和精深地学习必要的真实知识。

赫胥黎特别指出，大学应该避免把一些不能胜任职务的人送到社会上去。少数大学利用特权滥发合格证书，把合格证书作为最廉价的商品出售给顾客，实际上是大学教育中的“害群之马”。因此，有必要采取一些措施强迫所有的考试机构接受一种统一标准。

五、促进完善的技术教育

赫胥黎指出，技术教育相等于手工艺教育，指的是专门适应以从事某种手工艺为谋生手段的人们所需要的那种教育。也可以说，技术教育就是指对于成功地经营一些工商业部门来说必不可少的那种知识的教育。

对于英国工业的发展和进步来说，技术教育是十分重要的。它可以促进国家生产率的提高，最大限度地满足社会福利的需要。同时，对于儿童来说，技术教育也是十分重要的。它可以帮助儿童参加劳动生活和自食其力，促进手工艺者中的优秀人才的成长。

但是，技术教育应该是完善的和全面的，而不是狭隘的。通过技术教育，使儿童成为聪明的人，而不仅仅是掌握一些手工艺技能。在技术教育之前的教育应该致力于增强体质，提高道德能力以及发展智力，尤其要注意充实受教育者的头脑。而且，技术教育也应该是实践性的，注意与生产实践的联系，使学生在原理和方法上得到基本训练，养成观察和分析事实的习惯以及一丝不苟的态度。只有这样，才能使儿童为参加实际生活做好准备。

六、论对教师的要求和培养

赫胥黎指出，为了能使学校教育工作更有效果，提供合格的教师是极其重要的。因为需要一名教师比需要学习的愿望更为重要。

作为一名教师，他首先应该真正地和实际地精通所教的科目，透彻地了解教学的内容，并能够充满信心地用明白易懂的语言去讲述它，使教学生动而又实际。与此同时，作为一名教师，他应该清楚地了解自己的职责，愿意把自己的一生奉献给教师职业。因为没有从事教学工作的人的热诚献身，学生要有效地受到教育，那是绝对不可能的。此外，作为一名教师，他应该懂得在教学中首先是引起学生的注意和激起他们的热情，应该认识到其职责是提供知识，但绝不是填鸭式地要学生死记硬背。例如，大学教授应该能够站在学生和浩如烟海的人类知识之间，把所有的知识汇集在一起，并从中选取能被学生的头脑所吸收的东西；他的主要职责并不是那么多地去培养学者，而是去训练开拓者。

为了得到合格的胜任科学教育或手工艺教育的教师，教师培养必须采用一种不同的训练制度。这种教师训练制度将使那些准备从事教师职业的人懂得教学的科学方法，不仅熟悉所教的科目，而且熟悉所教的对象，从而使得教学更加有系统和更加注重实际。

针对当时英国教师职业不景气的状况，赫胥黎指出，应该采取一些有效的办法来吸引人们对教师职业的兴趣，使一些受过良好训练的有才干的人愿意从事教师职业。例如，对适宜从事教师职业的人颁发奖学金给予资助等。总之，要注意防止教师在各种各样的引诱下或者在遇到麻烦的情况下，带着他们的知识和技能跑到一个更有吸引力的市场上去。

（单中惠）

33. 爱伦·凯

儿童的世纪 1900年*

爱伦·凯（Ellen Key，1849—1926）是瑞典作家、妇女运动活动家、新教育运动的倡导者之一。她从小生活在信仰自由的家庭之中，其父曾为国会议员。爱伦·凯爱好音乐、文学、体育，尤嗜读书，涉猎文学、哲学、进化论、优生学、心理学等诸多领域。23岁时随同父亲漫游欧洲，回国后担任时任国务大臣的父亲的秘书。30岁时，家道中落，乃自谋职业，曾做小学教师，后被斯德哥尔摩平民大学聘为瑞典文明史讲座教授。1889年结束教师生涯，主要从事写作和社会宣传活动，关注妇女解放与儿童的权利及教育。主要著作有《儿童的世纪》和《妇女运动》（1909年）等。

《儿童的世纪》（*The Century of the Child*）是爱伦·凯论述妇女使命和儿童教育的著作，全书共8章，批判了教育中强迫儿童屈从于成人意志的思想和做法；认为理想的教育应减少外来干涉与压制，使儿童天性得到自然发展；理想的学校应该开展以儿童为中心的活动；儿童可按性格和兴趣的不同结为小组，自选图书进行自学；学校应设立手工工场，开展多种独立活动，发展学生能力。教师的任务在于为儿童创造一个适宜的环境，让儿童通过充分的自由活动获得经验，得到发展。她崇尚自由教育，主张按照卢梭的自然教育原则改革教育，培养有理想和富于创造精神的“新人”。

《儿童的世纪》出版于19世纪末，书名蕴含着爱伦·凯对新世纪的期待——期待20世纪成为“儿童的世纪”，在这个世纪里，教育将研究并顺应儿童的成长特点，使他们保持自然淳朴的天性。本书被译为多种文字出版，成为倡导儿童中心主义的新教育运动颇有影响的代表作之一。

一、20世纪将成为儿童的世纪

爱伦·凯批评了教育抑制儿童之真性格的做法。她看到成人往往不顾儿童之意志、情感、兴趣，儿童常常被要求不要去管某种事情，或被要求去做那种与他们自己所做的没有关系的某种事情，被要求去领悟那种与自己所领悟的没有关系的某种事情，被要求去向往那种与自己所愿望的没有关系的某种事情，这样就使得儿童常常转变到与自己性格相悖的其他方面。

爱伦·凯提倡教育的新方法，即允许自然静静地、渐渐地任其本然进行，教育者只需

---

* 本书中译本，魏肇基译，上海，晨光书局，1935。

注意儿童周围的活动环境。教育者应完全地与儿童亲近，将儿童作为与自己同等的人来相待。她认为教育的目的应是创造一个外表与内部都美丽的世界，使儿童得以在其中生长与自由活动，而以不犯他人权利的永久不变的境界为限。爱伦·凯赞赏卢梭、斯宾塞所提倡的“自然后果法”，她认为这样就避免了直接的干涉，而只需着力提供并管理儿童生长的周围环境。

爱伦·凯重视对于儿童独立人格的培养。她认为，为着种族全体的发达，与为着社会同样，以教育去唤起独立不羁之心，是最要紧的事情。儿童需要培养以正直的宣言离开世俗的习惯，还要有离开一般的人情寻求自己独立的机会，她认为这是今日人类的良心之根本，同样也为个人良心的教育基础。而良心是就自发地服从于那种由于自己的良心所证明为善、所承认为善之外的规律而言的。这是指使自己处于与全世界为敌的境地，也不破坏此种规律。

不过，爱伦·凯并非提倡儿童全然地率性而为。她认为，儿童也有学习服从的必要，而且，此种服从必须为绝对的。如果儿童从幼嫩时代已经成为习惯，那么，教育者的一个眼神、一句话、一种音调，都能矫正儿童。她认为，在人生最初的几年里，有训练的必要，以做将来更高一层的陶冶的预备条件。

她反对用殴打的方式教育儿童，认为用殴打的方式教育儿童，或以暴易暴的惩罚法，反而会使权利之观念变得残忍，使人性变为顽固，而且刺激被害者以其自身所受过的暴行去对付他人。她援引夸美纽斯的观点：采用体罚的教育家，好比是那种不去磨炼自己的耳与手使音乐入调，却挥拳去打破乐器的音乐家。

爱伦·凯认为，殴打只能诱起奴隶之道德，而不是自由人之道德。她动情地写道：“正有多少不真实的自白，是为怕殴打而逼出来的啊；正有多少要想做事之勇敢的热情、进取之气象、想象之活动、发明之冲动，是为怕殴打而被压服的啊。纵使殴打不诱起说谎，这也常常妨碍确凿的直白、直行与表示自己之天真之率真的人格表现的勇气。”

她认为，成人常用地狱及地狱的恐怖来说明道德是对儿童心灵的体罚，而这正是儿童时代的地狱。她认为只宜缓缓地、不知不觉地在儿童心中建设对善的优越可尊的信仰，使儿童了解善对于个人以及周围的人的幸福都有着重要的意义，这样儿童才知爱慕善。而以欺骗与威吓的手段诱迫儿童，并不能增加儿童的勇气、自制或意志力。爱伦·凯以儿童入浴为例，她认为只有使这件事情变为兴味，意志力才会增加，而消除儿童对于入浴的恐怖不快之感，并产生一种真正伦理的印象，这一种德，便是其本身的报酬。

在家庭事务上，爱伦·凯提倡要让儿童早年就习惯于忠实地去履行某种可以得一些小报酬的家族义务。与此同时，小小的暂时的工作，不论为自然的还是为他人所要求的，绝不可言报酬。儿童只有高兴去服务，不期报酬，才能扩充宽宏的悦乐。

爱伦·凯提倡使儿童接触到真正的生活，在各个方面遇到人生之真经验；儿童不仅需要了解蔷薇，还需要了解蔷薇上的刺。

对于家庭生活而言，爱伦·凯认为，让儿童完全为父母利益而行动，或父母牺牲自己的生活以满足儿童，结果都同样可悲。前一类父母，要求儿童与他们自己相像，使儿童成为父母的思想、意见、理想的完全复制，实际上是一种不幸，因为儿童可以成为较之父母更丰富的结合、更善美的创造，成为新的典型。后一类父母为了孩子，失去了自身的存在来满足儿童的意愿，以表示他们的爱，同样是不了解儿童的感情与要求。

爱伦·凯将自己对于儿童教育的价值与意义的看法以充满激情的文字写道："我觉得子孙为其祖先做了许多的事情。子孙以那种对于未来之无限的眼界给予其祖先，以超越日常生活苦斗之束缚。我们必须在小儿中观取人类之新命运；我们必须留心处置那种在小儿心中之微妙的丝，因为这种丝是将来有一天织成世界事变之纬的。我们必须十分明白凡人投在平静如镜之小儿心上之每一石子，会把其恶影响，描出一个无穷广大的涡轮来，从一世纪到一世纪而延展下去呢。通过我们的祖先，没有我们的意志与选择，而以统制我们生命之最深的根底之命运给予我们。通过我们的子孙，即我们自己所创造的子孙，我们在某程度，以其为不固定的生命，可以决定人类种族之未来的命运。"

她继而热情洋溢地预言："由于把所有此等事件全然照新的方法来实现，由于在进化之灵光下去看其全过程，20 世纪，将成为儿童之世纪呢。"由此出发，成人需要了解儿童的性格，继而保护儿童性格的单纯性，旧社会的秩序并将因此得以革新。

二、理想的家庭

爱伦·凯看到，现代家庭的父母多因为事业而无法照料家庭，使得母亲把儿童早早地送去学校，而未能担负儿童的初期教育，儿童的教育多由学校去负担。于是，像本国语言与手工那样完全可以由母亲们完成的简单的事，也期待学校去教授，家庭生活愈加衰退。她评述道：被认为是现代家庭生活一大进步的父母与孩子的亲密交往，也没有取完全正当的方向，造成的结果是：儿童做与成人同样的事，分有父母的习惯与快乐；或者父母放弃自己的生活而与孩子同化，这两种方法都不能产生亲子间深厚而健全的关系。只是为着孩子而生活的父母，儿童容易得到一种观念，认为自己是世界之中心；而参与成人娱乐和生活的儿童，则容易模仿成人之虚饰与愚行。

爱伦·凯描述了自己心目中理想的家庭：这种家庭是勤劳与具有最强的道义心的家庭，是孩子与双亲互为伴友而劳作之家庭，"是他们立于同一水准之家庭，是两亲如善良的长姊或长兄一般，把家族中之年少者们看作与自己相同等之家庭；是两亲对小儿则成为小儿，对于青年则成为青年，不用暴力，而帮助在生长期之人们，常常作为人间来处置他们，而使发达到为人间那样的家庭。像在这样的家庭，不必为小儿做何种特别的准备；小儿不被看作与两亲不同的人，两亲因为是真实而自然的，所以得到小儿之尊敬；他们在以小儿得有那种对于他们的事业、他们的努力，如果可能的话，对于他们的悦乐与苦痛、错误与失败之洞察之眼的方法去行动去生活。这样的两亲，不费人为的叮咛或预先的顾虑，而得小儿之同情，又不知不觉在思想与意见之自由交换中以教育小儿。这里，小儿没有作为赠物而得到的任何东西；依照他们的力量，必须分担家庭之工作；他们知道去注意自己的两亲、仆役，以及彼此。他们也像其两亲确实保有其义务与权利一般，也保有其义务与权利；而他们尊敬他们自身也正如所教去尊敬他人一般。他们日日与实际生活相接触，他们能够做实际而有益的事情，不单是假装做着此等事情而已；他们能够准备自己之娱乐，能够管理自己小儿金钱之出纳，更由于其两亲决不刈除那种从他们自身的行为之自然的结果所生之苦痛，所以连其惩罚也自己去处理呢"。

三、未来的学校

爱伦·凯不满意幼儿园与学校的现状。在她看来，幼儿园虽产生了巨大的影响，但它只不过是制造工场，小儿在其中学模造，而不依照自己的嗜好去做黏土馒头。这样所制出来的物品，从制造工场之第一阶，被送到其上第二阶，即学校；学生们就从这里被包装好而送出去——学校造就的是脑力消耗、神经衰弱、独创力麻痹，对于周围事实的观察力迟钝，并在那种竞争名次的狂热中使理想的精神遭到衰灭的学生。学生中的大多数，甚至连报纸也不能真正有益地阅读。学校的辩护者对于学校制度、方法、组织、训练等竭力称赞之处，正是她所认为的不当之处。由是，爱伦·凯建议由家庭之熏陶代替幼儿园与小学。儿童的父母用尊敬他们孩子个性的感情终生观察儿童，因为对于儿童的心理研究，开始于儿童诞生时，继续在其游戏、在其工作、在其休息中做每日的比较研究。

她建议聪明的母亲或教师，使儿童将其活动与某种有益的目的结合；使儿童将其娱乐与某种智识结合。她认为在“家庭学校”里，可以根据儿童的情况，将儿童的读书年龄延后或提前。当儿童自身要求教授、希望去听或去做某种事情，而这种事情只有智识能够帮助他时，我们可开始教授。爱伦·凯的这种思想与中国古代教育思想之“不愤不启，不悱不发”相类似。

爱伦·凯梦想中的学校是什么样的呢？那是一个人格可以得到自由的完全发展的学校。在那里，学校有广大的庭园，每个学生无论在学校与在家庭，同去整列花草。在庭园里，可以鼓励儿童对于美的感情。在那里，年少者首先去学习观察人生与爱人生，他们自身的力量，作为人生之最高价值，将得到有意识的培养。那里“将为具有实际才干者之场所，同样也为理论家之场所，将为现实主义者之场所，同时也为理想主义者之场所。这两种类之人，都能自由地各尽其最善地去做；每种类中之人员，往往感到想由于去做对方种类之人所能做之事情以试验自己之力量。偏向一侧者，将自然地被矫正，而不像今日那样，由于‘训练之调和的理想’之压榨器的方法，而无慈悲地被压平呢”。

与之相应，师范学校也需得到革新。教学需考虑儿童的个性。她认为，只有那种由于天赋，或由于训练，能够与儿童游玩，与儿童生活，从儿童学习，喜欢儿童的人，方可为学校所任命，而在那里亲自去发展他个人的方法。

爱伦·凯提倡教师的独立思想。她认为，在现代教授上的客观性被尊崇，但事实上每个伟大的教育家却是由于全然主观的思想方得以成功的。教师应该为真理的爱好者。所以他绝不可强迫反对的意见去迎合他自身的见解。作为此种态度的结果，则教师愈为主观的则愈好。教师愈能把自己的人生观与自己的特性之精髓与力量，比较充分地、比较丰富地分给儿童，则愈能促进儿童的真正发达。

对于毕业考试，爱伦·凯建议采用检阅者与学生在国内或国外共度一个夏天的方法，在师生共同的生活中，检阅者可以考察学生摄取教育之受容力，可以在职业选择上指导学生，并用苏格拉底的方式传授实际的知识。

（向蓓莉）

34. 拉伊

实验教育学 1908年*

拉伊（Wilhelm August Lay，1862—1926）是德国教育家，出生于德国巴登的一个农民家庭。1876年父亲去世后，他立志当一名教师，后在海德堡附近的一所农村小学任教。后来，拉伊进入卡尔斯鲁厄工业学院学习，后又转入弗赖堡大学。1893年，他应聘担任卡尔斯鲁厄师范学校教师，后升任校长，在那里工作达30年之久。他的许多教育研究成果都来自这所师范学校及其在该校附小的教育实验。1903年，拉伊以题为《实验教学论》的论文获得哈勒大学哲学博士学位。翌年，他在第一届学校卫生学国际大会和第一届实验心理学大会上倡议：在大学、师范学校以及大城市的小学里建立实验教育学实验室。他还与另一位德国教育家梅伊曼一起创办了一份杂志——《实验教育学：实验教育合作研究刊物》，发表实验教育学的研究成果。他还创建了一个规模不大的实验教育学研究实验室。拉伊一生发表了很多著作和论文，主要有《理科教学法》（1892年）、《实验教育学》、《活动学校》（1911年）等。

《实验教育学》（*Experimentelle Didaktik*）一书1908年初版，1912年和1918年又先后出了第2版和第3版。它曾被译成英文、法文、俄文、西班牙文、捷克文、塞尔维亚文和日文出版。1938年，曾由金澍荣、黄觉民从英文本移译为中文，列入“现代教育名著”由商务印书馆出版。

一、实验教育学的性质和意义

拉伊指出，实验教育学的主要特征就是在教育和教学研究中运用新的研究方法去解决出现的各种问题。

1. 实验教育学的渊源和发展

在近代的尤其是生物学的思想和研究趋势中，可以找到实验教育学的渊源。因为实验的研究方法已成功地从物理学和化学领域、生物学和生理学领域移植到心理学和医学领域，并使医学家、生理学家、心理学家以及按照医学、生理学、心理学的原理受过培训的教师考虑采用实验的研究方法来解决儿童身心发展和教育方面的一些问题。正是在这样的背景下，产生了实验教育学。因此，实验教育学力图按照生物学、生理学、心理学、社会学以及道德和伦理学的规律和规范，通过实验、统计和系统的观察，解决教育和教学中的

---

* 本书中译本，沈剑平、瞿葆奎译，北京，人民教育出版社，1996。

问题。

尽管在同一背景下产生的儿童学与实验教育学在教育研究中都采用实验的方法，并关注处于各个发展阶段的儿童或学生，但是，儿童学完全是从理论的角度而不是从实践的角度来研究问题，而实验教育学只追求解决教育和教学方面的实际问题。因此，必须强调，只有当一项实验的主要目的是解决教育学的问题，这项实验才是教育学实验。

由于教育和教学方面的实际问题受到了广泛的关注，实验教育学得到了蓬勃的发展。例如，实验教育学的研究领域正在扩大；实验教育学的研究机构越来越多；在德国的所有大学里，都开设了名称不一的实验教育学课程；国家和地方当鼓励和支持实验教育学研究。

2. 实验教育学的研究方法

人们之所以对实验教育学如此感兴趣，其原因首先是实验教育学的研究方法。实验教育学作为一种新的教育学，与旧的教育学的主要区别是它们累积经验的方式和研究的方法。旧教育学依靠知觉、内省观察和观察别人这些本身并不完善的方法进行研究；实验教育学通过全面的观察、统计和实验的方法进行研究，是对旧教育学的补充和完善。

实验教育学并不是实验心理学或教育心理学。因为实验教育学不仅要研究儿童或学生的心理，而且要研究他们的生物的、人类的、卫生的、经济的、逻辑的、伦理的、审美的和宗教的经验以及相关的社会环境。

拉伊指出，实验教育学的研究方法包括观察、统计、实验。

观察。观察是有意识、有目的的知觉。教育学意义上的观察，不可能是偶发的，而必须经过系统周密的计划。它分内省观察和外向观察两种。其中，内省观察限于个体自身，一般来讲是不可靠的，最后要得到实验的客观验证。外向观察，即对别人的观察，尤其是对儿童和学生的观察是以内省观察为基础的，常常是不可靠的，因此必须在经过简化的、容易检验的和得到可靠控制的条件下进行有目的的观察。

统计。为了使教育研究工作做到可信，就必须对通过观察所得到的结果进行统计。既运用统计对个体进行观察，又运用统计对群体进行观察。在统计中，书面问卷也是统计研究的方法之一。但它特别要注意问题要有实效，而千万不能模棱两可；还要注意问题的要点表达得清晰，必要时应用实例做解释。

实验。因为教育和教学问题比较复杂，除了观察和统计外，在许多情况下要进行实验，即做具有实验性质的观察。在教育实验时，实验的条件要尽可能与班级教学的条件相一致；同时，不仅报告实验的结果，而且对这种结果进行解释和分析。因此，与观察和统计相比，尤其是与日常的教育经验相比，教育实验可以更可靠地确定教育学中的因果关系。教育学实验一般分为三个阶段：（1）提出假设；（2）设计并实施实验；（3）在实践中进行验证。

通过对实验教育学研究方法的研讨，可以得出以下结论：（1）实验教育学通过观察、统计和实验而得到的经验比旧教育学的更全面、完善、精确和可信。（2）实验教育学相比旧教育学能提供一种更可靠的评估手段。（3）实验教育学相比旧教育学能精确地说明各种方法、结果和伴随条件，并在全世界不同的地方都能得到控制、推广和深化。（4）实验教育学建立在比旧教育学更为广泛而坚实的基础上，即以所有生物学科和哲学学科为基础。

（5）实验教育学认为，从所谓的实际经验和辅助学科中推演出来的各种原理和体系只是初步的假定或假设，它们应该受到系统的观察、统计和实验的检验。（6）实验教育学不仅有新的学科基础，而且有新的研究方法，这将把教育学提高到一门独立的科学的地位。

为了更好地发展，实验教育学必须同各种误解和偏见做斗争，从而在一个更新、更广泛、更全面的基础上成为未来的共同的教育学。

二、实验教育学的三个组成部分

拉伊指出，作为一般教育学的实验教育学包括个体教育学、自然教育学、社会教育学三个组成部分。无论在理论上还是在实践上，认识和发现哪些教育现象是由自然的、个体的或社会的原因引起的，并依次区分为个体教育学、自然教育学和社会教育学，是十分重要的。

1. 个体教育学

个体教育学是探讨个体方面的教育，即探讨遗传的能量和种族的特性。它以个体素质和天赋为研究对象。具体来说，个体教育学的内容包括：遗传、禀赋及其相互关系，发育上的差异、变化及其相互关系，等等。实验教育学的任务就是要确定处于各个发展阶段的儿童或学生的生理和心理效能。儿童或学生个体要受到内部的刺激，才能开始和延续其发展的过程，但他们内部的先天倾向必须与自然环境和社会环境中的外部刺激相结合，才能真正得到发展。个体教育学就是要研究在遗传的特征和习得的特征之间形成的一种极为错综复杂的关系。

2. 自然教育学

自然教育学探讨来自自然环境的因素，即影响儿童发展的那些外部刺激。例如，自然和生活环境中的因素对儿童身心发展的作用、对遗传的特性和教育中的个体因素的影响以及对从社会生活中获得的各种能力的影响等。因此，在计划和实施各种观察和实验以及解释其结果时，必须记住儿童或学生的生理和心理状况在一年和一天里都是在变化的。

3. 社会教育学

社会教育学探讨来源于社会生活环境的因素及其对儿童身心发展的影响。因为正是这些因素发展了儿童的社会特性。在这些因素中，包括父母的经济地位和社会地位、睡眠时间、父母酗酒、工业部门雇用童工以及学校里的教学等。拉伊指出，针对学校的弊病，一定要把“文字”和“书本”的学校，转变成根据在社会中活动的教育学基本原则的“行动”的学校。

但是，应该看到，在个体教育学、自然教育学和社会教育学之间没有明显的界限，因为个体与自然环境和社会生活组成了一个相互联系的整体。

三、有机的课程与教学方法

拉伊指出，现代学校存在着许多弊病，其原因在于：各门科目之间不协调、各种活动之间缺乏相关性以及由此而造成浪费和削弱了学生的能量。为了克服这些弊病，必须用“活动”的学校代替“文字”和“书本”的学校，同时必须用有机的课程代替各门科目堆积而成的课程。

1. 有机的课程

有机的课程包括事物（从观察中得到的印象）的刺激、心智（记忆、想象、情绪和理智）的同化，以及形式（通过呈现来做出的表现）的反应三个方面。在活动的学校中，各门科目互相联系并构成一个有机整体。

由此，教学分成从观察入手的事实教学和从表现入手的形式教学。事实教学包括自然科目（因果的领域）和文化科目（目的与价值观的领域），其中自然科目有自然史、自然科学、地理、天文等，文化科目有历史、政治学、经济学、社会学、心理学、逻辑学、道德与宗教教学、教育科学等。形式教学包括三维的表现（塑模、实验、植物栽培、动物饲养、手工等）、数学的表现（机械制图、几何学、算术等）以及用语文表现（说话、阅读、写字、背诵、作文等）、用绘画表现（透视、速写等）、用音乐表现（唱歌等）、用韵律表现（戏剧、游泳、舞蹈、体操等）、自我表现。

在编制有机的课程时，要注意以不同的方式评价、联络、选择和分配学校中的诸多科目；同时要注意观察和表现之间有螺旋形的关系，即它们在内容上和时间上的紧密联系。

2. 教学方法

从生物学、解剖学、生理学、心理学、学校卫生学的研究中，可以归纳出活动或行动的基本教育学原则。由此出发，拉伊探讨了绘画教学、塑模教学、算术教学、阅读教学、书写教学、拼写教学、外语教学、唱歌教学等。

在教学中，要强调驱动力、兴趣和注意。在儿童的每一个发展阶段中，都会引发新的驱动力、兴趣和注意。其中，兴趣是一种持续的、方向明确的、要求同化的愿望，也就是在心智上得到发展的愿望；注意的特征就是意识的固着和集中。因此，要使教学成功，就必须在教学过程中用各种方式和手段引导儿童的兴趣和注意。

在教学中，不仅要对心理内容的各个方面进行研究，而且也要对观察能力、心智同化能力、表现能力的各个方面进行研究。

在教学中，要强调观察的作用。儿童必须学会有确定的目的、按照一定观点的知觉，其中包括视觉、听觉、触觉和动觉、嗅觉、味觉。儿童通过游戏进行自我教学，就是在对自己的用来进行观察和注意的器官进行实验。

在教学中，要强调心智同化的作用。心智同化分为记忆同化和理性同化两种。其中，记忆是以教育中获得的各种知觉的心智同化为基础的，这些知觉中包括伴随的情绪冲动和运动冲动；观念是外部知觉和内部知觉的再现。在同化过程中，各种观念的组合可以是主动的，也可以是被动的，但多少都有点创造性。

总之，实验教育学会使我们越来越发掘出最有效的教学方法和最佳的教育程序。

（单中惠）

35. 蒙台梭利

蒙台梭利方法 1909年*

蒙台梭利（Maria Montessori，1870—1952）是意大利教育家，出生于意大利安科纳省的一个天主教徒家庭。在高等技术学院毕业前，由于对生物学的浓厚兴趣，蒙台梭利产生了学医的想法并进入了罗马大学医学院，1896年毕业，成为意大利第一位医学女博士。随后蒙台梭利担任了罗马大学附属精神病诊所的助理医生，同时开始注意智力缺陷儿童的心理和教育研究。1900年，蒙台梭利应聘担任意大利全国智力缺陷儿童教育联盟下属的一所实验示范学校（即后来著名的“国立特殊儿童学校”）的校长，在那里工作了两年时间。后来，她开始致力于正常儿童的教育，寻求把智力缺陷儿童的教育方法应用于正常儿童的可能性。1907年1月6日，蒙台梭利应罗马住宅改善协会的邀请，在罗马的圣洛伦佐贫民区创办了第一所“儿童之家”。接着，她又相继在罗马和米兰成立了第二所、第三所“儿童之家”。为了进一步传播自己的教育思想，蒙台梭利还在一些国家开设了国际训练课程，培养了很多蒙台梭利学校的教师。国际蒙台梭利协会于1929年在荷兰成立，她亲自担任协会主席直至去世。在从事幼儿教育实践的同时，蒙台梭利还致力于教育理论著述，主要著作有《蒙台梭利方法》、《高级蒙台梭利方法》（1912年）、《童年的秘密》（1936年）、《有吸收力的心理》（1949年）等。

《蒙台梭利方法》（*The Montessori Method*）一书出版于1909年。最早的书名为《应用于儿童之家幼儿教育的科学教育方法》（*Scientific Pedagogy as Applied to Child Education in The Children's House*）。全书共20章，在1911年出版英译本时增加了两章，即“第21章：再谈纪律”和“第22章：结论和印象”。这本著作是蒙台梭利对第一所“儿童之家”教育实验和研究的总结，具体论述了3～7岁儿童的教育方法，凝聚了她长期的深思熟虑的努力。该书出版后很快就被译成20多种文字，在世界范围内产生了广泛的影响。

一、“儿童之家”的创立和成功

蒙台梭利回顾了第一所“儿童之家”创立的历史：受到意大利主要银行资助的罗马住宅改善协会达勒姆邀请蒙台梭利在罗马的圣洛伦佐贫民区公寓里开办幼儿学校，使住在公寓里的3～7岁儿童能在教师的指导下游戏和学习。蒙台梭利接受邀请后进行了积极的筹备。在她的朋友的建议下，这所幼儿学校起名为“儿童之家”，带有家庭的含义，意为

* 本书中译文，见《蒙台梭利幼儿教育科学方法》，任代文主译，1～314页，北京，人民教育出版社，1993。

“公寓中的学校”。1907 年 1 月 6 日，第一所“儿童之家”在圣洛伦佐玛希大街 58 号公寓里正式成立。

“儿童之家”是培育幼儿的园地。它根据儿童的年龄特点进行教育，增进儿童健康，促使其身心协调发展。它的整个环境必须适合幼儿个性的发展，必须有利于幼儿的教育。因此，在“儿童之家”里，摆着与幼儿身体相适应的长方形小桌子和小椅子，桌椅很轻巧，易于搬动；还摆着专门设计的矮长柜橱，里面放着各种教具，橱门易开，便于儿童随意选择自己喜欢的教具。此外，房间周围墙壁上布置了精选的优美图画，构图简单，但能自然地引起幼儿的兴趣；还有挂得很低的小黑板，供幼儿书写和绘画。

“儿童之家”的创立，不仅使得许多母亲可以放心地把她们的孩子送到那里由教师来照管和教育，使她们自己毫无牵挂地外出工作；而且使得被送到那里的每个儿童得到科学教育方法的教育，既促使其个体自然地发展，又培养其独立自主的人格以适应环境。因此，“儿童之家”具有双重的意义：一是社会意义，二是教育意义。

蒙台梭利在回顾中指出，“儿童之家”的教育实验和研究获得了很大的成功，使那些进入“儿童之家”的儿童的心智发生了很大的变化。儿童成为“儿童之家”的真正主人。

二、幼儿教育的方法

蒙台梭利详细论述了“儿童之家”的幼儿教育方法，通称“蒙台梭利方法”。3～6 岁的幼儿时期是形成一个人的主要功能的最重要时期。“儿童之家”的幼儿教育方法具体包括以下四个方面：

1. 肌肉训练

对于“儿童之家”幼儿的教育来说，肌肉训练是重要的。由于幼儿时期是肌肉训练的一个重要时期，因此，必须把肌肉训练作为有助于幼儿身体正常发展的一个方法。肌肉训练的方法也可以称为“体操”。依据幼儿身体有其年龄的特殊比例和特点，可以为幼儿的肌肉训练设计一些适当的器械，例如，平行栅栏、坐式秋千、球摆、走直线、绳梯等，便于幼儿锻炼其上下肢、手的抓握、身体的平衡等。这些训练可以促进幼儿动作的协调和灵活。

在运用器械进行肌肉训练的同时，幼儿也可以进行有音乐伴奏的行走、跑步和跳跃练习，既使他们感到有兴趣，又锻炼了他们肌肉的力量，还发展了他们的节奏感。此外，幼儿还可以进行体操练习，例如，不用任何器械的自由体操（包括有指导的体操和自由的游戏活动）、与自然教育和实际生活练习联系在一起的教育体操、调节呼吸运动的呼吸体操等。

心理的发展与运动相结合，而且有赖于运动。因此，肌肉训练能促进幼儿心理的发展。

2. 感觉教育

在“儿童之家”幼儿教育方法中，感觉教育是最重要的。其目的是通过系统的和多方面的感觉教育，使幼儿发展对不同刺激的敏锐的感觉能力。这是幼儿智力发展的坚实可靠的基础，直接为幼儿的智力教育做准备。在感觉教育中，幼儿不仅仅认识颜色、形状和物体的不同性质，更主要的在于通过注意、比较和判断的练习，改善他们的感官及其能力，从而有助于智力的形成。与此同时，感觉教育也是一种自我教育，如果反复练习，就会完善幼儿的心理感觉过程。因此，感觉教育应该从婴儿期就开始系统地进行，并在准备进入社会生活的整个时期坚持不懈。

感觉教育包括触觉、味觉、嗅觉、视觉、听觉的训练。具体来讲，触觉训练包括辨别物体是光滑的还是粗糙的滑度触觉训练、辨别温度冷热的温度触觉训练、辨别物体轻重的重量觉训练，以及辨别物体大小、厚薄、长短、形状和颜色的实体觉训练；视觉训练包括识别物体度量、形状和颜色的训练；听觉训练包括提高听力灵敏度的训练；味觉训练包括识别各种味道的训练。

感觉教育是在各种教具的正确引导下促进幼儿智力的发展。为了对幼儿进行感觉教育，应该设计并制成系统的教具。因为感觉教育主要依靠教具的系统性：一是教具提供能吸引幼儿自发注意力的实物，二是教具包含合理的刺激等级。例如，用于触觉训练的“粗滑板”和“轻重板”，前者在长方形小木板上各贴一半或交错贴光滑的和粗糙的纸，后者是用 3 种不同木质（紫藤木、胡桃木、松木）制成一样大小的长方形木板；用于视觉训练的圆柱嵌入物体、各种几何形体的嵌板、64 种颜色深浅不同的丝线卷板等；用于听觉训练的 6 个分别装着不同材料因而在摇动时会发出不同声音的有盖木盒、外形相同但敲打时会发出不同音色的小铃铛串等。每一种教具都用于一种特定的感觉训练，并配合一系列固定的动作。这套教具的教育意义在于发现和纠正错误。在感觉教育中，应该让儿童自己选择教具，并进行反复练习。

由于幼儿的注意力不稳定，因此，有必要通过隔离的方法把他们的注意力固定在某一刺激上。在感觉隔离上，可以采用蒙眼或暗室两种方法。这样做，能大大提高幼儿对感觉教育的兴趣。

通过感觉教育，让幼儿自己工作，自动纠正错误，自我进行教育，可以使他们成为一个观察者。这样，既可以丰富感觉和发展对不同刺激的鉴别能力，提高感觉能力，增加娱乐享受；又可以通过形状、颜色和声音去认识世界，为适应现代文明时代的工作和实际生活做准备。

3. 实际生活练习

实际生活练习是“儿童之家”的一种幼儿教育方法。与幼儿的实际生活紧密联系正是这种幼儿教育方法最重要的应用方面之一。实际生活练习的内容分为两大类：一类是与幼儿自己有关的，另一类是与环境有关的。与幼儿自己有关的实际生活练习主要是自我服务的工作，包括穿脱衣服、梳头、洗脸、刷牙、洗手、洗脚、清理指甲、使用餐具、进餐时保持清洁等；与环境有关的实际生活练习主要是管理家务的工作，包括查看一切东西是否整洁，如何将各个角落打扫干净、如何使用打扫房间的各种工具（例如抹布、刷子和小扫把等）、摆放桌椅、端菜等。

为了使幼儿得到实际生活练习，“儿童之家”应该给他们提供小扫把、小刷子、色彩缤纷的抹布、小肥皂和轻便的清洁卫生用具。与此同时，还应该给他们提供可以进行反复练习扣纽扣、梳辫子、打结的专门教具。

同时，“儿童之家”还可以让幼儿参加户外的园艺活动，例如，刨土、下种、浇水、拔草、整理花朵、喂养小动物等。

此外，幼儿的膳食问题也应该与实际生活练习联系在一起考虑。为了保护幼儿的发育，幼儿的饮食必须适合他们的体质，有丰富的营养和糖分；而且幼儿的饮食必须严格定时。

通过实际生活练习，幼儿不仅培养了独立性和掌握了技能，而且练习了各种动作，从而使他们自己更加完善起来。

4. 初步知识教育

对于3～6岁的幼儿来说，他们天生就具备学习初步知识的能力，因此，完全可以教他们学习阅读、书写和计算。而且，幼儿的感觉教育也有助于初步知识教育。为了对幼儿进行初步知识教育，在书写时应该给他们提供图画教材、单个字母或一组字母的硬纸卡、字母表等；在阅读时应该给他们提供清晰书写单词的短语纸片和卡片，还有大量的各种玩具。

在初步知识教育中，书写先于阅读。在开始教幼儿书写的同时，已开始教他们阅读。当幼儿看和认的时候，他们就是在阅读；当幼儿触摸的时候，他们就是在书写。对于幼儿来说，书写无疑是他们最喜欢和最容易掌握的一件事情。为此，可以设计字母教具让幼儿进行练习，使视觉、触觉、听觉和发音结合起来。此外，要注意和帮助幼儿在“儿童之家”这个儿童语言建立的年龄阶段的语言发展，防止语言缺陷的发生。语言学习包括安静练习、发音课程、书面语言练习、练习呼吸和发音的体操学习等。

计算学习应该与幼儿在日常生活中遇到的数字问题和游戏活动联系起来，并与感觉教育联系起来，使他们感到有兴趣。然后，再过渡到更为系统的练习，例如，计数、用书写符号表示数、数的记忆、从1到20的加减乘除、十进位数的课即10以上的运算等。

通过初步知识教育，幼儿迅速掌握了书写、阅读和计算，但最重要的是它们使幼儿感到高兴和愉快。

三、论自由与纪律

蒙台梭利批判压抑儿童的传统教育方法。因为在传统教育方法下，儿童像被钉子固定的蝴蝶标本一样，尽管张开着他们的翅膀，然而这种翅膀已失去了作用。传统教育的纪律就是要儿童们一动也不动并绝对保持安静，因而阻碍儿童学会文雅举止和正确判断以及表现自己的个性，使他们处于缺乏锻炼的状态。传统教育总是以为不动就是好的、活动就是坏的，从而混淆了它们的关系，因此，当现实生活要求真正自觉的纪律时，那些表面的、虚假的纪律就成为泡影。在儿童教育中，通过乞求、命令或暴力行为使儿童服从是最常见的错误。但是，企图用这样的手段达到目的是非常困难的或根本就不可能。

蒙台梭利指出，科学教育学的基本原则应该是自由的原则。这一原则允许儿童个性的发展和天性的自发表现。因此，自由是“儿童之家”幼儿教育体系的不可动摇的基础。自由就是活动。如果窒息幼儿刚开始的积极的自我表现，其后果也许就窒息了生命本身。正是在自由的原则下，幼儿的自发表现才会慢慢地变得日益明显，并真实地表现他们的本性。

要使儿童自由，首先是要使他们独立。如果儿童不能独立，他们也就谈不上自由。因此，必须引导儿童个人自由、积极地活动，使他们能通过这种活动走向独立。实际上，一个儿童从断奶那一天起，就开始了努力走上独立的道路；到三岁时，他已在很大程度上能独立和自由地支配自己了。在“儿童之家”里，要使教育活动对幼儿教育有效，就必须帮助幼儿在独立的道路上前进，例如，使他们学会走路、上下楼梯、穿脱衣服、自己洗手洗脸、明确表达自己的需要、口齿清楚地说话等。如果不给幼儿活动的机会，而把他们当成木偶或布娃娃的话，那就会影响他们的独立自主意识，从而扼杀他们十分有益的主动性和创造性。

由此，在“儿童之家”里，应该采用让幼儿完全自由的方法，使得整个教育方法以幼儿的自由为基础。或者说，应该帮助幼儿把限制他们活动的束缚尽可能地减到最少。幼儿自由自在，没有任何强制；只要是有益于他们身心发展的各种表现，不管是什么行为，也不管是以什么形式表现出来，那都是允许的。但是，“儿童之家”有一条原则：不互相干扰，保持安静。就幼儿自由的限度而言，应该在维护集体利益范围之内；就幼儿的行为方式而言，应该具有我们一般所认为的良好的行为教养。如果一个幼儿发生了冒犯和干扰他人的行为，或不礼貌和粗野的行为，或毫无益处和危险的行为，那就必须加以制止。例如，可以在房间里的某个地方让那个违反纪律的幼儿单独坐在那里工作和活动，以此来“孤立”他，这种“孤立”会有效地使那个幼儿安静下来，并渐渐明白成为集体中一员的好处和希望回到集体中与其他幼儿一样工作和活动。

纪律与自由是相互联系的，如同一枚徽章的两个面。纪律绝不是靠命令、说教以及常为人们所称道的惩罚性措施所能得到的，而是通过自由而得到的。如果纪律是建立在自由的基础上的，那么纪律就必须是积极主动的。对于有纪律的幼儿来说，他们能处于有秩序的行动之中，而且随着时间的推移会变得越来越协调。这说明幼儿已学会思考自己的行为。要使幼儿有一种良好的纪律，指望惩戒和说教是徒劳的。这样的手段也许有时表面上有效，但并不能持久。

真正纪律的第一道曙光来自工作。对于“儿童之家”来说，应该建立积极的纪律、工作的纪律、良好的纪律，而不是静止不动的纪律、被动的纪律、屈从的纪律。真正的纪律是通过工作表现出来的。当幼儿对一项工作有了强烈的兴趣并全神贯注于这项工作时，他们已走上了纪律的道路。当幼儿集中注意力于有益的、运用智力的、自觉的活动，而没有粗野的举动，这表明他们已有了良好的纪律。因为幼儿的激情、高度集中的注意力、细心和耐心、毅力和持久力、主动性和创造性，正是纪律的充分表现。

但是，在幼儿教育中，最困难的部分是建立纪律的方法。要维持持久的纪律，关键是要有正确的方法。这对教师来讲，开始一段时间是极为困难的。在建立纪律的过程中，应该使幼儿按不同的层次分阶段来练习。通过纪律练习，可以使幼儿学会分辨好与坏，并保持良好的纪律；同时，他们所习惯的纪律不仅限于学校环境，而且扩展到社会。

四、论教师

蒙台梭利指出，应该把“儿童之家”的教师改称为“指导者”。因为教师的主要任务是对幼儿的观察并加以引导，以便让幼儿的生命自由发展。在“儿童之家”里，教师教得少而观察得多；教师的作用在于引导幼儿的心理活动和身体发展。对幼儿的观察，应该有一本教师手册，一本鼓舞教师行动的书，一本想成为一个真正教育者的人必须仔细阅读和深入研究的书。

但是，在传统的教育体系中，教师长期以来所履行的职责实际上就是窒息儿童的自我表现和抑制儿童的主动性。如果教师一直想通过强迫和外部的力量来支配儿童，而不是从内心去征服儿童和指引儿童，那么，儿童就会生活在他们之外，而不为他们所了解，他们也不会懂得什么是儿童积极的自发表现。

与传统的教育体系相反，教师更多的应该是一个被动的观察者，而不是一个主动施加影响的观察者。教师必须谨慎地避免违反自由的原则。当幼儿在进行工作时，教具本身会使儿童检查出错误并加以纠正，因此教师除观察外，什么也不要做。一个聪明的教师能引导幼儿去观察生活中最重要的和最美好的事物并获得欢乐和满足，使他们不至于把时间和精力耗费在无益的事物上；一个聪明的教师能进行幼儿个人的心理观察，并大致估计各种刺激保持幼儿注意力的长短；一个聪明的教师能既关心幼儿的身体发展，又关心幼儿的智力发展和道德进步。

“儿童之家”的教师要明确两点：一是对幼儿进行指导，二是幼儿个人的练习。但是，掌握干预的时机和方式，无疑是教师个人的艺术。当幼儿在工作时，教师最好不要去干预他们。教师必须尽可能限制自己的介入，同时也不让幼儿在自我练习中过于劳累。让幼儿的观察能力自然发展并达到自觉的程度，这正是教师的艺术所在。而且，具有正确态度的教师能很快就发现幼儿个性的差别，并根据这种差别而使用不同的帮助方式。总之，在幼儿不断前进的道路上，给他们以阳光就是教师的职责。

为了更好地对“儿童之家”的幼儿进行教育，教师必须受过训练。这是十分重要的。教师应该参加关于“儿童之家”幼儿教育方法的训练班，以便掌握幼儿教育的基本原则并学会运用这些基本原则。当教师受过训练后，他们不仅要具备观察的能力，而且还要具有观察的愿望。在教师的训练上，应该更多地培养教师的科学精神，而不是科学的机械技巧，因为科学精神将为教师打开通向广阔天地的大门。教师对实验心理学方法掌握得越好，就越懂得如何在“儿童之家”里进行科学观察和科学实验以及如何教育幼儿。从这个意义上讲，“儿童之家”的教师更多的是一个心理学家，而不是一个教师，因为他们要指导幼儿的生活和心灵。

蒙台梭利的另一本教育代表作《童年的秘密》（*The Secret of Childhood*）① 是于1936年7月第五次国际蒙台梭利会议在英国牛津举行之际出版的。全书除“导言”外分三个部分，共30章。该书是蒙台梭利对“幼儿之谜”的探索和解答，集中地阐述了她的儿童教育观。其中包括：幼儿生理和心理的发展、幼儿教育的原则及环境、幼儿心理畸变的分析以及成人与儿童冲突的克服。《童年的秘密》一书虽然不如《蒙台梭利方法》这本成名作影响广，但却是在蒙台梭利1914年以后的著作中被最广泛阅读的一本著作。

（单中惠）

① 本书中译本，单中惠译，北京，中国长安出版社，2010。

36. 比纳

儿童学的新观念 1909 年*

比纳（Alfred Binet，1857—1911），多译为“比奈”，是法国心理学家，智力测验的主要创始人，出生于法国的尼斯。比纳的祖父、父亲均为医生，母亲是位艺术家。他幼时随母亲来到巴黎，就学于圣路易中学，后进法律学校。除学法律外，他对心理学、哲学很感兴趣。1892 年，比纳进入巴黎大学的“生理学心理学实验室”，并获得理科博士。1900 年，比纳与贝松等人在巴黎组织了“儿童心理研究会”，会内发行期刊，报告研究所得。1906 年，在万国教育大会邀请下，比纳设立“教育学的万国常存会”，以促进国际教育学界的合作。

此后，除定期出版心理学年刊与儿童心理研究会期刊以外，比纳于 1909 年写了《儿童学的新观念》（*Idées Modernes sur les Enfants*）一书，这是他的封笔之作，也是他一生研究工作的总结。人们常以此作为比纳的代表作。比纳本人也把这本书视为总论式的著作，写作的目的是竭尽所能地回顾 30 年来美国、德国和法国对教育所做的实验研究，介绍其成果和结论，并尝试在众多已发表的著作中，判定哪些应当纳入教育实践中，哪些应当摒弃，以及在什么范围内用这些新方法促进教育学的进步。

一、教育的测量

在我们的社会环境中，不留意社会的利益等于不顾及个人的利益，不能施以某一种价值的判断。有了这条法则之后，就要知道课程表的结构是否合理，教学方法是否健全，这些与儿童的性向是否协调。此外，有必要用确定的事实来证明。之后，要看学生在生活中的表现，知道他在生活中的变化，估量他的发展，这可以拿个别受不同教育或完全没有受过教育的人进行比较。总之，判断学校的优劣，应当以学生走出学校之后的表现为主，除此之外，学校没有别的存在理由；仅从考试与课堂的成绩来判断学校，或者是不能，或者是不完全；用奖赏的多少，用年终的考试成绩来判断教育目的，必然是忘记了教育概念的全面性。

从教育实验的结果来看，教育程度的测量实验是可能的。现将一个非常简单的表列在下面，以表明其可能性。这个表可以称为“计算教育程度表”。

---

* 本书中译本，曾展漠译，上海，商务印书馆，1927。

儿童的年龄		6～7 岁	7～8 岁	8～9 岁	9～11 岁	10～11 岁
诵读的等级		发音的或单音的诵读	迟缓的诵读	迟缓的或正式的诵读	正式的诵读	正式的或表意的诵读
算学的题例		今有 19 个苹果，拿去 6 个，还剩几个？	59 个铜子，减去 8 个，还剩几个？	箱内有 604 个橘子，卖出 58 个，还有几个？	做一件袍子，要 7 米布，今有 87 米布，可以做几件袍子？还剩多少米布？	一个工人在 2 月得 250 法郎工钱，但 2 月是 28 日，今他用去 195 法郎，他每日节省几个法郎？
书法	写例句	这些美丽的女孩研究她们昨天采集的植物。				
	错误	16	11	6	4	

我们在许多情境中都证实这个方法的良好，此法本身也表现得十分忠实，所以我们毫不迟疑，请凡想精确了解一个儿童是否正常掌握学业、他的进步是否常态的人用它。

儿童的年龄与其身体发展有密切的关系。认识和测量每人的身体力量，以确定他需要哪些身体训练，什么运动方式适合他，给他安排什么分量的体操功课，这些都很重要。

二、智慧和智慧的测量

许多教育家、哲学家、医生都相信智慧与身体间的某种关系，并以通俗文字表达：有强健的身体，然后有强健的精神。但已做的各种精密测量却难以证明这个推理。建议采用以下两种方法：第一种方法是利用教师的估量，第二种方法是利用教育程度。通过这两种方法，就能清楚明白地说明学生的智慧程度与其身体发展程度的关系。下表所列的数字得自两个学校的学生。

		儿童的智慧发展		
		超前的	正常的	落后的
儿童的身体发展	超前的	33%	36%	21%
	正常的	45%	33%	39%
	落后的	21%	39%	39%

人们总以为，考察儿童的感觉器官应是每位教师都应懂得的重要事情。事实上，有关教育学的著述中，即使是最近出版的，对于这个问题也缄默不言，没有一页一行致力于儿童感觉器官的研究；有的书即使留意到感觉器官，也是如同写自然科学史一样，详细叙述其发展，或者像组织学讲器官那样，这些内容自然足以启发人，但不能供教师在教室中使用，也不能帮助他认出哪一个儿童是近视，哪一个儿童属于正常。

但作者与西门（通译“西蒙”）医生提出一种有用的学说——人心作用综合说。简言之，人心是整个的，无论它的能力作用有多少，有一个是主要的，其他能力皆属于此。人们看过这个学说后，必然更能懂得，探索智慧的种种实验应该具有的条件是什么。

依我们的理解，智慧应当被看作独立于感受。情绪与意志的现象，是一种特殊的知识能力，它指向外界，通过外界给我们的零碎片段来改造和重新构建外界。

儿童与未成年人之间，存在种种智慧的差异。例如，儿童比成年人经验少、懂得的东西少、拥有的思想少、认识的字亦少，但他们有自己的目的、兴趣和专注，因此，自然会产生现实中种种不同结果。单以儿童的无知来看，他就不能有他生活的自由志向。但这不是智慧的心灵组织的差异，所以我们不注意它们。这些差异可以没有，但儿童之所以有智慧，却不能不引起我们的注意。要使这种智慧体现出它的不同，应当回到我们的方案中来。我们相信儿童的智慧是以志向、领悟、创作和监督合成的。这种完全特异的心理，正是我们设法以种种实验去探求的，并要做出判断的。

智慧的测量怎样能做得恰当呢？在受教育程度上，在身体发展上，在智慧上都一样。“测量”一词在这里，不是因为数理的意义，它不表明某一量有几倍的数目，而是一种等级排列的意思。两个儿童中较聪慧的，就是那一个在实验中能得较好成绩的。此外，可以用对年龄不同的儿童进行测量记录下的平均结果作为心理发展的测量器械。至于智慧，也像在教育程度上与在身体发展上一样，我们测量这个儿童的智慧有多少年的超前或落后，是通过他与其同伴的比较而获得的。

记忆是一切教育的基础，所谓学习就是训练其记忆，获得多种记忆的观念，无论是谁，若记得很少，则不能学到什么或学得不好。记忆是心理能力中最强有力者之一。如果有人想知道它在人类发展中的位置，可以说它是与智慧相抗衡的。

三、性向的考察与了解

儿童个人的性向是大家都比较感兴趣的问题之一，因为它有非常重要的实用价值，不仅在学校教育上，而且关系到每个儿童的未来。如果没有人考察个人的性向，那么，在职业的选择上就没有依据。如果预先有这种留意，一定能减少无职业和不喜欢某一职业的人数。如果每个人都在与其性向相一致的位置上，国家经济生产亦必然能增长，而且这可能是最简单、最自然、最良好的方法之一。它能解决——至少是部分解决——一些隐患，这些隐患是许多人人心不安的现实或未来的社会问题。

怎样了解儿童的性向呢？先去询问儿童，与他们谈论学业中最喜欢与最不喜欢的事物，了解他们自己的估计，然后再去看他们所说的是否与其真正的性向相符合。另外，可以让儿童从数种工作中做出选择，然后看他最喜欢的是哪一种。

学生在智慧与知识方面的失败，是由许多原因造成的。这些原因依次是：柔弱、疾病、感官的变化、智慧的缺点、记忆的缺点、性向的专门化，这些都可能影响学生在课堂上的表现。如果这些原因中的这一种或那一种可能是不正确的，则人们不应当把它归咎为儿童的不良意志，也不能用“懒惰”来形容。我认为“懒惰”应是这样一种儿童，他能为意志薄弱负起责任。

德育不仅仅是给人展示种种公正、博大与人道的观念，不仅仅是用适当的言辞发出种种可赞的情感。观念、情感都还不够，更重要的是要有随之而起的行动。一个很有德性的人，即能遵循道德规范去做事的人。一个诚实的人不是相信诚实、夸赞诚实、内心重视诚实的人，而是一个行为诚实的人。引导儿童遵循某种规范去做、去行动，这还不够。单独偶然的行动是不够的，产生于榜样与劝告的行为也是不够的，这些行动要反复去做，变为一种毫不费力、自然做成的行为和态度。凡事若没有成为一种习惯，则不能达到预期的结果。

旧教育学像一辆旧式的车，但仍可以用。新教育学有一种精确机器的外形，有一种神奇、光耀、复杂的发动机，一看到它的外形，人们不得不赞美，但是它的各部似乎没有把这一部与那一部接合得很好，这种机器有一种缺憾，它不能运行。

比纳认为，我们不仅须求得两种相反制度的调和，还须在这两者间寻找自己的路子。调和两种趋向很容易，即把旧教育学和新教育学各自的长处发挥出来。旧教育学给我们提供研究的问题，新教育学则应当给我们提供研究的方法。遵从这个观点，人们可以在教育学上引入许多有用的改革。

（郭志明）

37. 凯兴斯泰纳

工作学校要义 1911年*

凯兴斯泰纳（Georg Kerschensteiner，1854—1932）是德国教育家，公民教育与劳作教育的倡导者。他出生于德国慕尼黑一个小商人家庭，年少家贫，12岁即进入弗赖辛师范学校，毕业后任小学教师。因求学心切，凯兴斯泰纳3年后辞去教职，一边当家庭教师，一边补习文科中学高年级课程。1877年考入慕尼黑工业大学后，他开始学习电机工程，后转入慕尼黑大学学习数学，兼习教育哲学。毕业后，凯兴斯泰纳曾在多所中学任教，积累了丰富的教育经验，并历任督学、督学长、教育局长、政府高级顾问等职。1895年起，他对慕尼黑市的国民学校与补习学校进行了卓有成效的改革，同时对教育理论问题进行了深入的探讨。主要教育著作有《德国青年的公民教育》（1901年）、《学校组织的基本问题》（1907年）、《工作学校要义》、《陶冶过程的根本原理》（1917年）等。

《工作学校要义》（*Begriff der Arbeiterschule*）堪称凯兴斯泰纳教育理论的代表作，于1911年首次出版。在凯兴斯泰纳生前，这本书曾经4次修订，出过8个版本。最大的一次修订是在1925年的第6版中增补了“工作在教育学上的定义”一章。1928年出第7版时又对该章做了部分修改。这反映了凯氏晚年劳作教育思想的演变。全书共分7章，大体可分为4个部分。第1部分为第1章的前半部分，从其国家观出发论述了公立学校的目的；第2部分从第1章后半部分到第4章，详细阐明了公立学校的三大任务；第3部分包括第5、6章，从工作学校的特质出发，讲述了工作学校的具体实施；最后一部分为第7章，为全书内容的概括。该书问世后，曾被译成11种欧洲文字、4种亚洲文字，在各国广为流传，对德国乃至世界的教育都产生了深远的影响。

一、国家的任务与公立学校的目的

1. 国家的性质与任务

自18世纪末，国家逐渐开始重视教育，视教育为公共事业，公立学校成为为国家利益服务的工具，但以现有国家去规定学校的目的是不科学的。要将国家看作历史进化的产物，一个不断向法治和文明的路上发展的伦理集体。这样，才能为伦理的国家与伦理的个体的实现打下坚实的科学基础。国家是最高的表面伦理价值，它包含许多最低限度的价值，以确保个人兴趣与需要得以满足。个体是具有社会性的，不能脱离国家与社会去谈自

---

* 本书中译本，刘钧译，上海，商务印书馆，1935。

我的实现，国家的目的高于个体的目的。现有国家一般有两层任务：为私的任务与为公的任务。所谓为私的任务即确保国家政权与个体生命财产的安全；为公的任务即履行人道国家的职责，为世界的和平发展做贡献。现实条件下，以为私的任务为首要。国家任务的实现与个体的完善是统一的，都有赖于公立学校。

2. 公立学校的目的是培养良好的公民

公立学校是造就良好个人与伦理国家的有力工具。它作为国家机构，必须教育年轻人懂得国家的任务，这样教育出来的人才能称为国家公民。公立学校与整个教育的目的都统一为造就良好有用的公民。国家公民既要有一定的职业技能，又要具备相当的国家知识，还要有崇高的爱国情感。学校培养出这种公民后，学校自身即成为伦理的集体。具体履行这项任务的教育机构即为工作学校，一种古老而又富有新意的新型国家学校。

二、公立学校的任务

由公立学校的目的衍生出公立学校的三大任务，分别为：职业陶冶、职业陶冶的伦理化、团体的伦理化。这三大任务是紧紧相连、不可分割的，前面的任务是后面任务的基础。这里所指的伦理化，具有普遍的意义，意指个体与集体的高度统一，个体在集体的完善中获得独立的人格。凯兴斯泰纳批评当时德国的学校教育是一种片面、狭隘的专门教育，只注重培养具有专门特长的人，忽视了公民的培养。

1. 职业陶冶为公立学校的第一任务

所谓职业陶冶，也就是职业预备教育，帮助学生在将来的社会生活中担任一种工作或职务。裴斯泰洛齐早已提出这个紧要任务。由于时代的局限，他的主张未能实现。德国学校至今对此仍不够重视。现在的时代使得对公民进行职业教育非常必要并且可能。儿童的职业预备教育的重点应放在体力劳作方面。理由如下：一国之内从事体力劳作的毕竟为多数；人们的天赋也一般更多倾向于体力劳作，尤其对 3～14 岁的儿童是如此；而且人类精神的成果大都来源于体力劳作者或体力劳作过程中产生的智慧。对于一般学校而言，没有培养身体活动的课程，没有专门的劳作设施，它就是不完善的。对于某些注重精神培植的学校可以例外。任何一个组织完善的学校都要把劳作教学作为一门独立的科目，这在德国某些学校的女生班早有先例，而男生的劳作课却未受到同等的重视。许多前辈都曾流露出对职业教育的重视。作为独立的劳作课，不仅能培养学生的职业技能，最主要的是养成他们良好的职业习惯、工作态度与积极的工作兴趣，而且这些能力与精神还可迁移到别种工作中。公立学校除职业教育外，对于读、写、算等智育内容以及体育、美育都不能忽视。职业教育最好能按学生的出身、年龄、性格特征来进行分组教学。此外，还要注重通过体力劳作唤起精神力量，使学生的实践兴趣上升为理论兴趣，把体力活动与精神活动完美地结合起来，从而真正实现职业陶冶的任务。

2. 工作在教育学上的定义

作者还专门论述了这个工作学校原理的基本问题，也可以说是对职业陶冶的理论说明。因为工作学校内的工作都有很强的教育意义，所以开设专门的劳作课。

在普通教学中渗入体力劳作教学对于发展儿童实践的好处已得到普遍承认。但大多数的人只同意将工作教学作为原则，而不理解将其作为独立科目来设置的做法。这主要是因为人们对具有教育意义的工作缺乏正确的认识。凯兴斯泰纳坚决反对这种主张。他举了 3 个例子来说明此问题：第一，为寒冬深夜闻火警要不要起床助人灭火的思想斗争活动；第二，为学生用一定面积的木板按照一定结构比例和尽可能省时、省力、省材料的要求制造鸟屋；第三，是按照语法规则翻译一段拉丁文的逻辑思想过程。这三种工作都包含有体力与脑力的活动在内，但都不能绝对肯定为具有教育意义的工作，因为无法肯定学生在做这些工作中是否受到陶冶。任何身体与精神的活动都不能被视为受过陶冶的人的记号。只有当个人在工作中，对于祖国、同胞、艺术、科学、真理、良心等文化价值有深刻的体会，这样的工作才算有教育意义的工作。要摆脱那种以为凡培养人的精神能力的工作都具有教育价值的传统观念，因为许多能力会被卑贱的目的所驱使。只有那些追求高尚的文化价值的工作才是有陶冶意义的。陶冶具有 5 个特征：前瞻性、创新性、实践性、灵活性、务实性。自私的人不会有这些特征，这些是为那些利他的、追求事物客观价值的人所准备的。在人类的几种基本活动中，玩耍无一定目的，而练技只求动作本身的熟练，均不能认为是有陶冶价值的工作。至于经营，虽偶有辛劳在内，但精神活动随动作之完成而结束，也没有什么陶冶价值。只有工作，视劳苦与困乏为常事，且在工作之先有明确的思量和计划，而工作的结果又与预定计划一致，因而能陶冶人，具有教育意义。其实，任何工作都是既有身体活动又有精神活动的，只是二者所占比重不同。有教育意义的工作必须符合一定的条件。首先要有客观的工作目的，其次用外察法（解决“做什么”的问题）和内察法（解决“为什么这样做”的问题）来检验计划与结果的正确性，看是否合于客观的条件，使学生体味到一些高尚的文化价值。

3. 工作学校的第二、第三任务

公立学校的第二任务是职业陶冶的伦理化。以一个教师为例，如果他是为薪金而工作，不算是伦理化；若为了人格的尊严而工作，算是初步的伦理化；若意识到自己的工作对于社会进步的价值而乐于为之，才算最高的伦理化。这里的伦理化主要指对学生进行职业道德教育，培养其热爱工作、认真负责、勤奋笃实的工作作风与态度。这种伦理化在工作团体中能得到很好的实现。工作团体具有很大的同化作用，能吸引外来的人员。工作团体这种组织在德国学校数量很少，只在极个别的中学存在，在英、美国家较为普遍。凯兴斯泰纳认为，学生在校内自行组织各种活动，进行自我管理应是学校中的普遍现象。但在他数年前提出这种设想时，有人提出质疑，认为工作团体中学生领导的权力过大。实际上，在任何一个集体中都是既有领导者又有被领导者的，只要教师善于观察，勤于监督，学生互相能协调联合，这样的工作团体就算是较好的伦理集体了。

教员献身工作的精神对于工作团体的建设是一个关键性的因素。因而，这就涉及公立学校的第三个任务：团体的伦理化，也就是学生所在集体的伦理化。历来德国学校只重书本与口头宣讲，忽视劳动集体的建设。其实，工作团体是一种很大的教育力量，它能使其个体在互相工作中得到职业培训与性格的陶冶，培养学生伶俐、团结、利他、自治等精神，更主要的是能增进学生的集体荣誉感和责任感。具有以上作用的工作团体，就可以称为伦理的集体。这样，学生将这种精神与习性带到将来的工作岗位，就能促进工作单位、社会乃至国家的伦理化。在初级学校，因儿童心智不够成熟，主要是通过集体劳动来实现集体的伦理化。而在中学可通过具体的课程如本国语文、外国文学、历史等来培养对于国家与集体的热爱之情。德国学校在这方面较为欠缺，而有些国家的学校却堪为典范——成立学生法庭，颁布学校宪法，使学校工作健康、有序、积极地发展。学生的自我教育与自我管理的能力得到最充分的体现。

三、工作学校的方法

以上所说的公立学校的任务，只是指明了国民学校工作的具体方向，指明它们将来要走的路，至于具体如何实施，则要在明确工作学校之特质的基础上再来确定。

1. 工作学校就是进行性格陶冶的学校

工作学校就是以性格陶冶作为方向的公立学校。这是教育中的一个重要问题。性格在心理方面主要包括四个内容：意志力、判断力、精细性、自有性。性格中必须要有这四个内容，但还要以崇高的国家理想作为行为的依据。这几种性格力量的发展需要有自由的环境，也就是要将读书的书本学校改造为自由活动的工作学校。工作学校的要义寓于活的进步的工作原理之中。最能体现工作学校精神的即为独立开设的劳作课。有人将工作教学只当作原则，寓于其他科目中；有的将其理解为纯粹的体力工作；还有的将它作为直观教学的原则；这些都说明不了工作学校的真义。这样做只能使工作教学流于形式，起不到性格陶冶的作用。只有在工作学校创造性地自由工作，获得一些高尚的文化价值，并唤起了个人的内在文化价值时才能成为真正意义上的性格陶冶的学校。

2. 工作学校的实施方法

无论何种学校，有什么样的教育方针，性格陶冶中的四种力量都是教育的核心，因而促进四种性格力量发展的工作是不可少的。工作不同于游戏，如果从游戏的态度来看待工作，就会养成懒散、贪图安逸等恶习。要使儿童成为社会的合格公民，必须要让其在艰苦的工作中接受陶冶，养成勤于动手、勤于思索的好习惯。因而一年级至八年级学校要开设独立工作科目，培养其能力与品性，不要把工作与日常工作等同，将日常行为中的不良习惯带到工作中，要将工作中的好习惯在生活中发扬。这一切都要求工作学校要有好的教员。现阶段，小学高年级技术教员暂时缺乏，可以请工厂中素质高的工人来担任。最好是通过师范教育来培养。除教育学、心理学外，应特别注重实践能力的培养。此外，担任理论课的普通教员也要自由选习一项体力劳作工艺，使各科教学体现劳作学校之精神，充分体现了工作学校中工作课与工作原则的并行不悖。其实，技术教员在德国早已存在，但至今却没有引起足够的重视。技术教员实在是工作学校成败的关键所在。

总之，过去那种死读书的书本学校已不符合时代需要，只有工作学校这种古老而有新意的学校才是时代所需。

（龚　兵）

38. 梅伊曼

实验教育学概论 1914年*

梅伊曼（Ernst Meumann，1862—1915）是德国实验教育学派的创始人之一及主要代表人物。他早年师从实验心理学派主要代表冯特，受到冯特科学方法的严格训练，并把实验心理学理论移植到教育学和美学等领域。梅伊曼曾从事过神学研究，后转向哲学、医学和其他自然科学的研究，曾在文科中学担任过教师。从1893年起，梅伊曼在冯特手下担任助教。1897年，梅伊曼在苏黎世大学获得教授职位，此后，先后在哥尼斯堡（1905年）、明斯特（1907年）、哈勒（1909年）、莱比锡（1910年）和汉堡（1911年）等大学任教。1911年，梅伊曼主编杂志《教育心理学》，该杂志是在1906年与拉伊主编的《实验教育学》合并的基础上出版的。1915年4月26日，梅伊曼在德国柏林去世。其主要教育著作有《学习心理学》（1903年）、《实验教育学导论演讲集》（三卷本）、《实验教育学概论》（1914年）等。

《实验教育学概论》一书是梅伊曼对其三卷本《实验教育学导论演讲集》在理论和实验方法论上的概述本，在他去世前一年出版。梅伊曼在"前言"中强调，他试图通过《实验教育学概论》将他一生浩瀚的教育心理实验和观察做一系统总结，并理出一条实验教育学和实验教学论的理论脉络，将实验教育学的方法以及他所获得的科研成果介绍给教育工作者和教育学科研人员。

一、实验教育学的基础

在《实验教育学概论》的第一部分，梅伊曼重点介绍了实验教育学的基础。他反复强调不准备重建教育学，而是试图对教育学做出全新的定义。以往的教育学只是哲学的分支，尽管观察和实验的方法也曾受到洛克、莱布尼茨、康德、费希特等人的重视，但是他们的科学实验思想只是以单独的文章形式散见于他们庞大的哲学体系中，其中涉及的问题也不具有普遍意义。因此，建立一种科学的实验方法，对教育学在现代社会的进一步发展，使其成为独立的一门科学，特别是对各专业课的教学论尤其重要。在20世纪初德国教育改革中，改革的意义就在于在教育学中引进客观和中性的实验机制，运用观察、实验、数据分析的方法，摒弃主观臆断。

---

* Ernst Meumann, *Abriß der Experimentellen Pädagogik*, Leipzig/Berlin: Wilhelm Engelmann Verlag, 1914.

1. 青少年成长学

建立科学教育实验方法论的第一步骤是引入实验性的“青少年成长学”。它不再是传统意义上的“儿童心理学”，而广泛涉及对青少年成长过程中的人类发展学的、实验心理学的以及观察分析型的青少年研究。首先，儿童心理学只注意受教育者的心理因素，而教育学有必要将青少年的整个发展过程全部纳入实验科学中来，例如儿童生理及精神发展的整个过程，其中包括具体每个儿童的身体、性别、器官等发展的研究，以便更客观地鉴定具体某个儿童的精神和生理之间的关系。其次，对青少年的研究还应该注意其生活环境，心理、生理和社会环境的研究应该同时综合进行。再次，不应把儿童从教育过程中分裂出来看待，经济、文化、教育等因素也应当予以充分重视。最后，不仅仅只研究儿童阶段，而是把研究范围扩大到青少年的整个成长过程。在这个意义上，“青少年成长学”是实验教育学的一个重要的基础。

“青少年成长学”的研究范畴有以下几个：第一，发展研究，指的是对成长阶段的青少年精神和生理两方面的研究。其意义在于根据青少年发展的不同阶段来制定不同的中性指标和数据，确定精神和生理发展的相互关系及青少年性格的不同特点，并在此基础上确定偏差值指标。第二，特性研究，指在青少年发展的一般规律基础上进行的各种特性研究。第三，才智学，指在特性研究基础之上对个体儿童的才智差异进行的研究。第四，学生行为学，指对学生在校内和校外行为的研究，其中学生在学校内的行为研究是实验教育学中的重点。

实验教育学并不完全涵盖整个教育学领域，因为教育学涉及的问题不是全部都能用实验方法解决的。教育目的的确定则大部分属于哲学范畴，在很大程度上受历史学和社会学的影响，但实验方法能间接地影响教育目的的制定，能够确定国家和社会以及某个教育家制定的教育目的是否与青少年发展的一般规律、各发展阶段和发展特性相符合。实验教育学另一个受限的领域是教材的制定，在这个领域中逻辑学和其他各个单科起着重要的作用。

2. 青少年生理和精神发展的实验分析的教育学意义

对青少年发展阶段进行的观察和实验，有助于客观地、有计划地检验青少年的自然发展是否符合教育宗旨。儿童出生到发育期（14 岁）定为第一阶段；青春期（14～18 岁）定为第二阶段；第三阶段为青年阶段，是发展的结束期。梅伊曼提出与时间轴发展相反的质量阶段说，指出人的智力发展不是数量的增加。例如，通过对学生的观察发现，许多精神现象和能力在成人身上只是比在儿童身上较为明显地容易观察到，相反，在儿童身上也有许多在成人身上不甚明显的能力。因此，没有任何证据可以证明儿童不具备成人的某种智力。一个 7 岁的儿童已经具备了成人所有的智力特征，只是有一部分表现得相当微弱而已。

在此基础上，梅伊曼对儿童的各种智力做了实验分析。他把智力分为一般意识智力和特殊意识智力。一般意识智力指注意力、适应脑力工作的能力、通过学习和适应对脑力活动过程变化的能力、个体心理有利和不利条件下的调节能力等。属于这个范畴的包括全部的感知过程：感知、记忆、想象、情感、意志。特殊意识智力指在一般意识智力基础上发展出来的智力高级阶段，例如抽象思维等。

在儿童和青少年的生理发展和精神发展的关系问题上，梅伊曼也进行了一系列的实验，对儿童的练习承受力及其发展、儿童的疲惫规律、儿童的空间感、图像感、图像的重新认知、对时间的估计能力、儿童和青少年的经验获得和处理、语汇习得、记忆和想象等都做了客观的观察和测定。通过这些实验得出结论，教育儿童并且提高儿童的各种能力需要一种符合儿童生理和精神发展规律的教育方法，而这种教育方法只有在科学实验的基础上才能正确地制定。

3. 个性研究、儿童的天资区别和智力测试

重视儿童和青少年的个性研究、天资区别研究，就是对传统教育观念的冲击。通过儿童和青少年的个性研究来达到两方面的革新：一方面，能为教师创造条件，创建自己的教学方法；也就是说，根据不同的学生和不同的课堂情形使用恰如其分的教学方法。另一方面，学生也应该获得更大的余地来发展自己的兴趣和特长，能够更好地使自己的天赋得到发展。在这个层面上，应该促使“学习的学校”向“学习实践的学校”过渡。

由于学校教育越来越重视每个学生的特点和专长，提倡学生在完成各项作业时的独立性和创新精神，这样就要求教师的教学方法能促进学生这方面的能力，而这些方法则是建立在科学实验的认知基础之上的。因此，第一，需要精确了解学生在哪一阶段能够拥有哪些独立自主性。第二，需要确切了解哪些学习内容能够促进独立自主的学习。第三，需要通过智力测试区分各年龄组的具体的独立能力。第四，需要制定出每个年龄组的平均智力水平，并在这个参照系上确定儿童的超智和弱智现象。如果没有这方面的科学认识，没有一个科学的智力学，那么，所谓教育改革只是空谈而已。

实验教育学的智力研究可以采用三种主要方法：（1）测试法，也称为抽试法，用来测试儿童的智力和身体指标。（2）系列测试法或体系测试法。这种测试方法是将许多抽试结合起来，从中获得一个比较全面综合的结果。（3）综合法，也是最重要的一种方法，即对一个人的智力做出全面的实验分析。这种测试方法借鉴了比奈和西蒙的智力测验。

二、以实验分析方法为基础的教学论

在《实验教育学概论》的第二部分，梅伊曼阐述了他对实验教育学以及直接相关的实验教学论的见解。实验教育学具体是以在校学生和课堂教学为研究对象，并在它们的研究结果基础上得出相应的教学方法。这种对学生的研究并不是对某种死的对象的研究，因为作为个体的学生是参与学习和实践的积极部分，这是以往的教育学所忽略的。

1. 智力活动的一般研究

一般说来，儿童的智力活动可以在两个方面进行实验分析，即心理学分析和儿童智力活动的外部条件以及达到的目的分析。在智力活动外部条件的实验分析问题上，对智力活动的实用性和技巧性的实验研究是重要的，因为这一部分具有教学论上最主要的意义。所谓实用性是指合乎目的性，也就是说智力活动在最短的时间内最佳的结果达到预定的目的。所谓技巧性是指完成智力活动的全部内在和外在的手段和方法。梅伊曼在这个基础上提出“实用性和技巧性学习”的概念。从广义上说，学习是指对某种内容的记忆活动，目的是使学习者日后可以复制这一内容。从狭义上说，学习就是背诵记忆语言符号的过程。因此，如何最经济实用地达到目的、运用何种达到这个目的的方法和手段就显得尤为重要。从这个意义上应该进行学习方法的实验分析，第一步是确定学习条件，例如，对文字的可读性、视力和文字的关系、语言媒介的视听效果、学习的进程、学习内容及材料等进行定性、定量分析，并做出规范。梅伊曼指出，学习外部的一个重要环节式学习内容的合理重复性，这种重复性如何在最佳的时间周期内进行也是实验的重要内容。

因此，学习方法可以总结为三种：(1) 完全学习方法。以学习单词为例，就是从第一个字母到最后一个字母的按序记忆全过程，而不是将学习分割成若干单元进行记忆学习，其缺点是容易囫囵吞枣。(2) 部分学习方法。大多数人在自学过程中采用这一方法，其缺点是容易陷入局部，不能循序渐进。(3) 传递型学习方法。这是一种结合前两种方法优点的学习方法。在学习过程中重视整体，但又间以合理的停顿和复习，使学习者能够有更多联想复制和改进学习过程的机会。

2. 特殊智力活动和实验教学论的任务

与传统的教育学不同，实验教学论应该是实验教育学中的核心问题，而不再是分支问题。因为学校教育核心是课堂教学，所以对课堂教学的实验研究就成了中心。这一范畴内的实验是在上述智力一般实验分析的基础之上进行的，主要是体现在每一门专业课程的课堂教学论上。在观察、测试和分析一般智力活动的同时，必须对学生的某一具体、特殊的智力活动进行观察，因为只有在针对具体每一科目的实验论据和数据的基础上，才能制定出科学的课堂教学方法，保证总的教育目标在优化的条件下实现。具体的实验方法分为两大类：一类为班级实验和个体学生实验；另一类是教学法结果实验方法和学生智力活动分析方法。同时，这两类实验方法又可以随情况不同而相互结合。

以语文课（包括外语）为例，语文课的教学目的是让学生掌握包括读、写、说在内的语言运用能力。教育工作者应该把整个语言习得领域看成是一个完整统一的教学论范畴，通过实验分析阅读机制来得出适当的阅读课教学方法。同样，写作课也应在分析写作过程心理机制和其他物理机制的基础之上得出适当的教学方法。

三、实验教育学有待继续发展

梅伊曼指出，由于实验教育学才刚刚起步，在很多方面还是不成熟的，因此有待继续发展。同时，对于来自各个方面的批评，如传统教学论派和精神科学教育学派的批评，他都以非常谨慎的科学态度对待，进行科学的反思，并且在以经验科学为基点的实验教育学立场上对自己的学术观点进行了辩护。教育学领域内的哲学思辨必须和科学实验区别对待，不能混淆。对于科学研究而言，只能采用观察和实验两种方法。观察是一种专注的、有计划的分析认知行为，要使观察具有科学性，必须要有明确规定的观察目的。经验科学只有在正确的方法论前提下才能成立，而这些实验方法又是必须建立在各个学科具体的逻辑关系之上的。

任何科学研究一定是实证研究，但不仅仅是确定事实，而且还有对事实进行分门别类、分析综合的任务。事实和数据目的是从中总结出事物的一般规律性，并把这些规律移植运用到别的领域里去，以期达到初级范围、中级范围和大范围的普遍合理性。

（范捷平）

39. 克鲁普斯卡雅

国民教育和民主主义 1915 年*

克鲁普斯卡雅（Надежда Константиновна Крулская，1869—1939）是苏联社会活动家及早期马克思主义教育家，出生于彼得堡的一个没落的贵族家庭。1886 年，克鲁普斯卡雅以优异的成绩毕业于奥波连斯卡亚女子中学，并于一年后取得家庭教师资格证书，开始从事教育工作。1889 年秋，她开始接触一些进步学生团体，并潜心学习马克思主义著作。1891—1896 年，她在斯摩棱斯克星期日男子夜校从事教学活动，其间逐步形成马克思主义世界观，并结识了列宁。

1896 年夏，克鲁普斯卡雅参加了彼得堡纺织工人大罢工，罢工失败后随列宁一起被流放到西伯利亚的舒申斯克村。其间，在列宁的建议下完成了《女工》的撰写工作，并于 1901 年出版。1900 年之后，克鲁普斯卡雅开始对教育理论与教育实践问题产生浓厚兴趣，相继撰写了三篇教育论文：《优秀教师的典型》《教育问题的社会作用》《学校与生活》。1901 年和 1907 年，克鲁普斯卡雅两次随列宁侨居国外。在此期间，她对马克思和恩格斯的教育思想、俄国和欧美的教育理论进行了深入研究，并系统考察了北美和西欧的教育状况。在此基础上，克鲁普斯卡雅于 1915 年完成了反映其教育理论体系的代表作《国民教育和民主主义》，并为苏联创建国民教育制度奠定了理论基础。

十月革命后，为巩固十月革命的胜利成果，克鲁普斯卡雅投入到紧张的工作中，特别是领导了苏联的文化教育建设。为此，她同由孟什维克、社会革命党人和立宪民主党人操纵的全俄教师联合会、以波格丹诺夫为代表的无产阶级文化派等或右或左的干扰活动进行了坚决的斗争。繁忙的政务工作之余，克鲁普斯卡雅继续从事教育理论研究工作，时刻关注世界教育理论与实践的发展动向，发表了大量的文章。据统计，克鲁普斯卡雅生前，苏联报刊所发表的她撰写的教育论文、演说词和评论约 1 600 篇；在她逝世后，又有 300 多篇陆续发表。1957—1963 年苏联教育科学院编辑出版了《克鲁普斯卡雅教育文集》（11 卷）。20 世纪 70 年代苏联政府又出版了《克鲁普斯卡雅教育文集》（6 卷）。

贯穿于《国民教育和民主主义》一书的中心思想是：国民教育必须使生产劳动同智力发展相结合的观点是怎样产生和发展起来的。这部著作完成于十月革命前，是克鲁普斯卡雅为迎接社会主义革命的胜利而撰写的。苏联教育人民委员卢那察尔斯基认为，《国民教

---

* 本书中译文，见《克鲁普斯卡雅教育文选》，卫道治译，北京，人民教育出版社，1959。

育和民主主义》是苏联教育改革初期制定整个工作纲领的依据；无论是确立新的教育思想，还是实施新的教育措施，以及安排具体的教学进程，无不以《国民教育和民主主义》所阐明的教育思想为依据。

《国民教育和民主主义》在世界教育史上也占有重要地位。这是第一部用马克思主义观点撰写的教育专著。这部著作除对世界教育史上许多教育家的教育思想进行剖析，对形形色色的资产阶级教育思潮进行全面探讨之外，还列专章阐述了马克思和恩格斯的教育理想。

一、近代教育家对生产劳动在国民教育中的作用的看法

克鲁普斯卡雅对卢梭、裴斯泰洛齐、欧文有关国民教育与生产劳动相结合的教育思想逐一进行了研究。她认为，卢梭在《爱弥儿》中所着重表述的是这样一种教育信念：在人类所有一切可以谋生的职业中，最能使人接近自然状态的职业是手工劳动；在所有一切有身份的人当中，最不受命运及他人影响的是手工业者。由此，卢梭提出劳动是每个人的社会义务，国民教育必须教会学生劳动。在这个问题上，卢梭还进一步指出：儿童从事劳动的目的不在于获得劳动的成果，而在于其教育意义。

由此，克鲁普斯卡雅进一步指出，卢梭所重视的并非职业教育，而是综合技术教育；不是准备从事某项职业，而是进行一般的劳动。卢梭之所以重视综合技术教育，并将其置于职业教育之上，其原因在于：（1）综合技术教育可以使学生受到从事任何职业的训练；（2）综合技术教育可以扩大学生的智力眼界；（3）综合技术教育为评价在劳动中产生的社会关系提供了可靠的标准；（4）综合技术教育使得学生真正了解现存的社会制度成为可能。

克鲁普斯卡雅认为，卢梭的教育思想具有普遍的民主性意义，为后来各国生产劳动与教育的结合指明了道路和方向。实践也证明，工人阶级是怀着感激的心情继承了卢梭的遗产。

克鲁普斯卡雅对裴斯泰洛齐的教育思想也进行了深入分析，认为裴斯泰洛齐的著作充满了对人民的热爱，并进一步主张能使人民成为不依靠财富和善心的人的主要手段是教育。在裴斯泰洛齐看来，理想的教育应该与劳动人民的要求紧密相连。具体表现为：这种教育产生于人民群众的劳动实践之中；这种教育的目的在于培养人民的全面的劳动能力；这种教育是一种简便易行的教育，不需要任何贵重的教学设备、高额的费用、经过特殊训练的教师；这种教育有助于人民获得自我帮助的能力。在具体实施上，这种教育应该与公民的实际生活保持密切的联系。而实施这种教育的学校应该培养学生获得生活的实际本领，并对社会生活从各个侧面加以说明，并最终成为改革社会生活的有力武器，成为防止儿童被单调的劳动弄愚蠢的工具。

克鲁普斯卡雅还把费林别尔格的教育观与裴斯泰洛齐的教育观进行了对比。克鲁普斯卡雅认为，费林别尔格的全部实践在于证明：儿童的生产劳动可以与教育结合，并且可以支付儿童的生活费用。费林别尔格与裴斯泰洛齐之间存在相同之处，两人均把教育视为促使祖国复兴的工具。但两人也存在区别，费林别尔格的理想在于使全人类都受到教育，但这种教育由于接受教育的对象的不同而表现出等级性，理想的状态是每个人所接受的教育

应该适合他所属的阶层的要求；而裴斯泰洛齐则主张使全人类都受到共同的教育。这种教育对所有的人来说都是共同的，不因等级不同而有所改变。总之，费林别尔格的目的在于通过教育来巩固并强化等级划分；裴斯泰洛齐的目的在于通过教育使大家获得自由、平等、友爱。

对于欧文的教育思想，克鲁普斯卡雅做了这样的总结："人是环境的产物；贫穷和犯罪是不合理的社会关系的后果，并非人的本性。如果能建立合理的社会关系，就可以消除贫穷和犯罪现象。"所以，对于社会来说，最重要的事务在于使全体儿童接受同样完善的教育，使全体社会成员都具有参加社会工作的能力，使全体国民都过上体面人的生活。欧文的观点与裴斯泰洛齐的观点也存在着区别：欧文认为人是社会条件（包括劳动条件）的产物；而裴斯泰洛齐则认为人是劳动条件的产物。欧文认为帮助人民的最根本的措施在于改变社会关系（包括改革教育）的总和；裴斯泰洛齐则认为帮助人民的主要方法在于改变儿童的劳动条件（即他所理解的教育）。克鲁普斯卡雅还附带介绍了约翰·贝勒斯有关教育与生产劳动相结合的教育主张。

在对教育家的教育思想进行剖析的同时，克鲁普斯卡雅还对法国大革命时期出现的许多教育改革计划进行了分析。《孔多塞国民教育计划》《雷佩尔提国民教育草案》《布基埃草案》《拉瓦锡国民教育计划》均贯穿了这样一个主题：把准备从事劳动当作国民教育的一个任务予以完成。这一主题在《拉瓦锡国民教育计划》中体现得尤为充分：自童年期就广泛实施综合技术教育，并把综合技术教育与工业和各门社会科学联系起来。这一时期的法国民众接受平等教育的热情高涨，明确提出不希望教育成为长期享有特权的富人阶级的独占财富，而要成为全体同胞的共同财产。

二、工人阶级对生产劳动在国民教育中的作用的见解

工人阶级直接继承了贝勒斯、卢梭、裴斯泰洛齐、欧文、拉瓦锡有关生产劳动在国民教育中的作用的看法。这集中体现了马克思和恩格斯对这一问题的研究及见解。马克思认为，未来教育对所有已满一定年龄的儿童来说，就是生产劳动同智育和体育相结合，这不仅是提高社会生产的一种方法，而且是造就全面发展的人的唯一方法。吸引儿童参加社会生产是历史发展的一种进步现象，这一现象将促进高级家庭形态的建立，并将成为人的个性发展的源泉。马克思再三强调生产劳动和教育的早期结合还将成为改造现代社会的最强有力的手段之一。从现代大工业的本性及现代社会发展的趋势出发，马克思最后把教育理解为三件事：智育、体育和综合技术教育；并且断言把有报酬的生产劳动、智育、体育和综合技术教育结合起来，就会把工人阶级提高到比贵族和资产阶级高得多的水平。

三、读书学校转变为劳动学校的必然性

19 世纪末，随着科学工艺学的发展，资本主义生产对技能性劳动的需要大为减少，而对普通的没有技能的劳动的需要却增加了。工场主所需要的是绝对顺从的粗工。这种粗工不需要有特殊的体力，不需要机智灵敏，不需要有手艺；唯一需要的是遵守时间、克己自制、有耐心和吃苦耐劳。读书学校便是适应这一现实需要而产生并蓬勃发展起来的。对于读书学校的危害，克鲁普斯卡雅进行了具体的分析。她认为，读书学校仅仅传授书本知

识，学生的个性饱受摧残，学生们成了机器，永不停息地接纳传授给他们的知识。与此同时，读书学校的教师也饱受摧残，其个性压抑的程度丝毫不次于学生，整个学校机构就好像一座兵营或作坊。

工业生产对工人技术训练水平的要求降低，直接导致了学徒制的全面瓦解。而读书学校的蓬勃发展和学徒制的瓦解又进一步降低了工人的一般劳动能力和一般技术训练水平。这种状况一直要持续到工业上需要大量在理论和实践上都受过技术劳动训练的工人时为止。

20 世纪初，为适应大生产要求而创办的职业学校得到了很大的发展。美国的实业学校、法国的市立职业学校和民族职业学校以及奥地利、瑞士的许多专业学校都属于这种类型。这类职业学校已不再培养独立的手艺匠，而是培养从事大生产的受过教育的工人、技师、监工、助理工程师等。不过，这类职业学校也有其不足：脱离生产，因循守旧之风浓厚。技术夜校、中等技术学校、补习学校、职业补习学校和工厂学校在各国的出现是适应了现代工业发展的另一个颇具特色的趋势，即把技术教育与生产劳动紧密结合起来。现代大工业生产所需要的已经是受过训练的具有技能的工人，而与生产劳动相结合的技术教育则表现出双重功能：提高工人阶级的一般知识水平；改变现行社会制度。在此背景下，读书学校转变为劳动学校便成为必然的了。克鲁普斯卡雅认为，当大工业日益需要受过综合技术教育的、有首倡精神的、有知识的工人的时候，当人们采取了一些措施来扩大工人的技术教育的内容的时候，读书学校的弊端便充分暴露出来了。

相对于欧洲大陆的学校教育而言，北美的国民学校则在尽最大努力发展儿童的劳动能力。美国心理学家和教育家杜威为美国学校教育的发展制定了一些基本原则，例如，尊重儿童天性，发挥儿童主动性，等等。在杜威的心目中，儿童的个性是有机体的一定力量和本能总和的产物，这种力量和本能是力图按照某些冲动而行动的儿童发生某些冲动的原因。在美国注重儿童主动性精神培养及劳动能力训练的示范作用下，出现于欧洲的一些新学校也在从事着类似的教育工作。但克鲁普斯卡雅明确提出，欧洲新学校的目的在于满足国家对受过教育的、有知识的、有首倡精神的高等公务员的需要，在于满足资产阶级对能干的工业企业领导人才的需要。与一般中学相比，欧洲的新学校是一个巨大的进步，但这并非工人阶级的理想学校。因为裴斯泰洛齐、欧文、贝勒斯、拉瓦锡等人赋予极高教育价值的体力劳动在新学校的作用被极大地缩小了，仅仅具有纯粹教育学和卫生学的意义：增强健康、发展机敏性和求知欲。克鲁普斯卡雅最后提出，只要学校掌握在资产阶级手里，劳动学校只能成为损害工人阶级利益的工具，读书学校也就很难转变为劳动学校。

（王保星）

40. 杜威

民主主义与教育 1916年*

杜威（John Dewey，1859—1952）是美国教育家，出生于美国佛蒙特州的伯灵顿。杜威自幼就养成了阅读的习惯，但对公立学校的传统教学方法感到不满。1875年，他进入佛蒙特大学学习，对进化论和哲学颇感兴趣。大学毕业后，他先后在宾夕法尼亚州石油城和伯灵顿的学校任教。1882年，杜威进入约翰斯·霍普金斯大学攻读；1884年获得了哲学博士学位。之后，除1888—1889年在明尼苏达大学工作外，他一直在密歇根大学任教到1894年。在密歇根大学，他开始对教育产生兴趣，参与了中学师资的培训工作。美国心理学家詹姆斯于1890年出版的《心理学原理》一书，促使他产生了把哲学、心理学和教育学结合起来进行研究的设想。1894年，杜威应聘担任芝加哥大学哲学、心理学和教育学系的教授兼系主任。1896年，他又开办了一所实验学校，通称“杜威学校”，在课程、教材和教法上进行实验。正是从这一时期起，杜威开始形成了具有特色的哲学思想，并开始被承认为一位重要的教育家。从1904年到1930年退休，他一直在哥伦比亚大学哲学系和师范学院任教。1930年以后，他是哥伦比亚大学的名誉教授。在哥伦比亚大学任教期间，杜威除在国内做一系列讲演旅行外，还到过日本、中国、土耳其、墨西哥、苏联等国讲演和考察。他担任过美国心理学会主席（1899—1900年）、美国哲学学会主席（1905—1906年）。由于卓越的学术成就，他还被美国的哈佛大学、密歇根大学、哥伦比亚大学、伊利诺伊大学、佛蒙特大学、宾夕法尼亚大学以及法国的巴黎大学、挪威的奥斯陆大学和中国的北京大学授予名誉博士学位。杜威一生在哲学、教育学和心理学等方面写过很多著作和论文，其中主要有《我的教育信条》（1897年）、《学校与社会》（1899年）、《儿童与课程》（1902年）、《民主主义与教育》、《我们怎样思维》（1910年）、《经验与教育》（1938年）等。

《民主主义与教育》（*Democracy and Education*）一书于1916年出版，副题为“教育哲学导论”。它曾被译成多种文字，产生了世界性的影响。1928年，该书由邹恩润译成中文，商务印书馆出版。该书是杜威的实用主义教育思想最系统的综合阐述，试图发现和阐述民主主义社会所包含的种种观念，以及把这些观念应用于教育事业的问题。全书共26章。

---

* 本书中译本，王承绪译，北京，人民教育出版社，1990。

一、教育性质

杜威在第1～6章中主要讨论了教育与社会的需要和作用，涉及教育与生活、教育与环境、教育与生长以及对一些教育观念和理论的批判等方面。

1. 教育与生活

杜威从最广泛的意义上论述了教育与生活的关系，指出教育是生活所必需的。没有教育，人类生活就要停止。

“生活”这个词乃是用来表示个人的与种族的全部经验，而且个人的、种族的经验是在不断更新的。为了使个人的与种族的经验不断更新，就必须通过教育。因此，教育乃是社会生活延续的工具。教育具有两个作用：一是传递经验，二是交流经验。

教育可以分成两种：一种是非正式的教育，即与他人共同生活而获得的教育。这种教育是偶然的，但它是自然的和重要的。另一种是正式教育，即专门为青少年准备的教育。这种教育是有意识的和直接的，需要通过学校这个专门的机构来进行。

学校教育可以使青少年获得社会生活经验并养成有效地参与社会生活的能力，但是，它存在着一种危险，那就是学校的教材与生活经验的材料脱节，把教育等同于用语言符号传授遥远的知识。

2. 教育与环境

教育必须利用环境的作用，离开环境也就没有教育。所谓环境，不仅仅指个人周围的环境，更主要的是指能促进或阻碍人的某种活动的情境。因为人总是在一定的情境中活动，接受某种刺激，做出某种反应。

环境可以分成两种：一种是自然环境，包括气候、山川、物产等；另一种是社会环境，即人类的环境。在社会环境中，一个人的活动会激励别人的活动，别人的活动反过来也会影响这个人的活动。

对于儿童来说，社会环境是有教育作用的。其教育作用之一就是指导。而真正明智的指导就是使儿童参与社会活动。一般来讲，个人参与社会生活到什么程度，社会环境就有相当的教育影响和效力。

但成人要有意识地控制青少年所受的教育，唯一的方法是控制他们的环境，让他们在成人控制的环境中行动、思考和感受。因此，学校是一种典型的特殊环境，以便更好地影响学生的智力和道德倾向。与普通的生活相比较，学校提供了一个简化的环境、一个纯化的环境、一个平衡的环境。但学校应该使儿童有机会广泛地接触社会环境的各个方面，并对儿童所受的不同影响进行调节。

3. 教育与生长

杜威指出，教育即生长。因为生活即发展，而发展、生长即生活。生长是生活的特征。除生长之外，教育没有别的目的。

所谓生长，就是向着一个后来的结果逐渐往前发展的运动。对于生长来说，其主要条件是未成熟的状态。这种未成熟的状态是潜力，即有一种积极的、向前发展的能力。它有两个特征：一是依赖性，依赖周围的环境而生长；二是可塑性，人所具有的各种能力不是一成不变的。在生长的过程中，儿童能利用环境，养成某种习惯，形成某种倾向。

因此，应该把生长的理论应用于教育的实际。从“生长”的含义出发，教育就是发展。无论正常的儿童还是正常的成人，他们都是在不断生长、不断发展的。其区别不在于生长或不生长，而是各有适合于不同情况的不同的生长方式。教育的关键在于，提供适当的环境以及适当的新刺激，提供儿童生长的条件，使儿童的各种能力不断发展。教育是继续不断乃至终身的。从这个观点出发，教育就是不问年龄大小，提供保证生长或充分生活的条件的事业。

正因为教育即生长，所以，既不要把成人作为固定的标准来衡量儿童时代，也不要把儿童时代理想化。用教育的术语来说，教育即生长就是：教育的过程除它自身之外，没有别的目的；教育的过程是一个不断改组、不断改造和不断转化的过程。

4. 对一些教育观念和理论的批判

从对教育性质的看法出发，杜威对当时在教育学上仍有优势的一些教育观念和理论进行了批判。

对以英国教育家斯宾塞为代表的“预备说”的批评。预备说认为教育只是为将来的生活做准备，而与现在的生活无关。其错误并不在于对预备将来的需要考虑太多，而在于把它作为现在努力的主要根源。因此，应该用全部精力使儿童现在的经验尽可能丰富和有意义，这样现在就不知不觉地进入将来。

对以德国教育家福禄培尔为代表的“开展说”的批判。开展说认为教育只是内在的潜力或理性向着一个确定不变的目标开展，而不是继续不断地生长。其错误是它所提出的完全开展的目标是遥遥无期的，而没有同直接的经验联系起来。从不注意儿童的直接经验这一点来说，开展说实际上是预备说的变种。

对以英国教育家洛克为代表的“形式训练说”的批判。形式训练说认为教育就是各种天赋心能的训练，教育的结果是养成使人成功的专门能力。其错误是在教育实际中的结果将使人偏重狭隘的专门技能的训练，而牺牲了创造能力、发展能力和重新适应能力。

对以德国教育家赫尔巴特为代表的“形成说”的批判。形成说主张教育是从外面提供适当的教材，通过教学活动来发展儿童的心灵和道德，使教学工作变成有意识的方法，成为具有一定的目的和程序的事情。但是，其错误在于缺少教育的精髓，即儿童那种寻求机会有效地运用的富有生气的精力，以及只注重教材而不注重活动。

对以赫尔巴特的门徒为代表的“复演与回顾说”的批判。复演与回顾说主张教育是向儿童复演以往的文化。然而，它所凭借的生物学基础是错误的；而且，教育并不是重蹈前人足迹而亦步亦趋地重演。

在对一些教育观念和理论批判的基础上，杜威指出，教育就是个人经验的继续不断的改组或改造；这种改组或改造，既能增加经验的意义，又能提高指导后来经验过程的能力。因此，教育的根本问题，在于能否不断地改组或改造经验。

二、教育过程

杜威在第 7～17 章中主要讨论了民主主义社会的教育，以民主主义的标准全面而系统地论述了教育的目的、兴趣与训练、思维与教学、课程与教材等方面。

1. 教育与民主主义

杜威指出，教育与民主主义是相互联系的。因为一个民选的政府，除非选举人和受统治的人都受过教育，否则这个政府是不能成功的。民主的社会既然否定外部权威的原则，就必须用自愿的倾向和兴趣来替代它；而自愿的倾向和兴趣，只有通过教育才能形成。此外，民主主义首先是一种联合生活的方式，是一种共同交流经验的方式，会有助于各人的能力的自由发展。

为了使民主主义与教育密切联系起来，不仅要求有适当的学校设施，并辅以儿童能够利用的家庭教育，而且要求对传统的文化思想、传统的课程以及传统的教学和训练方法进行必要的改革。因此，民主主义的教育理想应该越来越支配公共教育制度。

由此出发，杜威对历史上三种有代表性的教育哲学进行了批判，并与民主主义教育哲学做了对照。

对古代柏拉图主义的批判。杜威指出，柏拉图的教育哲学强调了社会组织在教育上的重要性，寄希望于出现“哲人王”创立理想国。但是，它没有认识到教育能改良社会以及社会能改进教育的相互关系，而受静止的理想所束缚。

对 18 世纪的个人主义的批判。杜威指出，卢梭的教育哲学主张教育顺应自然，旨在使个人不受社会的束缚而得以充分地发展。但是，它却把“自然”与“社会”对立起来，因为它未能看到民主国家的出现。

对 19 世纪的国家主义的批判。杜威指出，国家主义教育理论主张把教育作为实现国家政治目的的手段，通过教育造就国民。但是，它忽视了个人的价值，使受教育者最终成为国家的机械工具，而没有自由发展的余地。

2. 教育的目的

在民主主义社会中，一切良好的教育目的都应该具有以下几个特征：一是教育目的必须考虑受教育者个人的能力和需要。二是教育目的必须能转化为方法，通过受教育者的活动加以实现，并提供一种解放和组织他们的能力所需要的环境。三是必须警惕所谓一般的和终极的目的，因为这种目的是从外面强加的，并不直接和受教育者现在的活动发生联系。

所谓教育无目的，指的是教育目的即教育过程自身，反对来自教育过程之外的强加的目的。教育过程自身即为目的，表明教育过程中目的与手段是同一的，目的即手段，不断地转化为手段，转化为一系列行动。

由此出发，杜威对以下三种教育目的论进行了批判：

对自然发展论的批判。杜威指出，卢梭的自然发展论主张把“自然发展”作为教育的目的，促使教育者重视儿童的身体器官与健康的需要，重视儿童的身体活动，重视儿童的个性，以及注意儿童的爱好和兴趣。但是，它过于偏激，完全否定了社会环境的教育作用。

对社会效率论的批判。杜威指出，社会效率论主张以“社会效率”作为教育的目的，促使学校更好地培养有用的公民来为社会服务。但是，它的错误在于主张使个人的自然能力受制于社会的主宰，而不是利用自然能力去获得效率。

对文化修养论的批判。杜威指出，文化修养论主张以“文化修养”作为教育的目的，以便激发个人的理想和鉴赏力，发展个人的人格。但是，它的弊病在于使教育偏重于与社会毫无关系的那些东西，使文化趋于成为一种外表的装饰而没有实际的价值。

然而，自然发展论、社会效率论、文化修养论这三种教育目的并非截然相反，而是相辅相成的。由于这三方面是实现完全的教育目的所不可缺少的要素，因此，应该把它们协调起来。

3. 兴趣与训练

“兴趣”与“训练”是教育上的两个概念。

兴趣一般有三种意义：一是表示对某种职务或事业的爱好；二是指使活动向前发展达到所预见的与所欲得的结果；三是表示个人的感情倾向。因此，兴趣实际上与我们所要达到的目的或要做到的事情是相连的。在教育上，兴趣是十分重要的，因为兴趣是学习的“原动力”。在教学工作中，教育者如果不考虑儿童的兴趣以及对教育的期望，那肯定不能收到满意的效果。

训练是与意志或努力密切联系的。它包含两个基本要素：一是对于结果有先见之明；二是能坚定不移地去达到所预见的结果。同时，它可以分为机械训练和智能训练两种。机械训练是外部的，是服从他人旨意和指导的反复练习或操作；智能训练是内心的，是有自己的目的、智力方面的训练。对于学校教育来说，这两种训练都是重要的。

在有目的的活动中，兴趣与训练互相联系和互相补充，而不是对立的。一个人通过运用事物和事实去应付有目的的活动，既扩充他的兴趣，又训练他的智能，那么，结果就不会是在学校里只学习与实际无关的知识，也不会是只养成偏于实用的习惯。

4. 思维与教学

在学校中，培养学生优良的思维习惯和思维能力是十分重要的，因为思维便是准确地审慎地把所做的事和它的结果联系起来。思维发生于行动以内，没有某种思维的因素，就不可能产生有意义的经验。

思维的进行就是要使我们的经验有智慧的要素。思维过程可以分成五个步骤：(1) 疑难的情境。(2) 确定疑难的所在，从疑难中提出问题，并进行观察和其他心智活动以及搜集事实材料。(3) 提出解决问题的种种假设。(4) 推断哪一种假设能够解决问题。(5) 通过实验去验证或修改假设。这就是后人所称的“思维五步”。

教学法的要素是与思维的要素相同的。因此，教学过程也相应地分成五个步骤：(1) 教师给儿童准备一个真实的情境，一个与实际经验相联系的情境，同时给予一些暗示使得儿童有兴趣了解某个问题并进行活动。(2) 把在这个情境中产生的问题作为思维的刺激物，并获得与儿童本人现在生活经验相联系的知识、资料和事实以应付在情境中产生的问题。(3) 从资料的应用和必要的观察中产生解决问题的思考和假设。(4) 儿童自己把所设想的解决问题的方法加以整理和排列，并做到井然有序。(5) 儿童有机会通过应用来检验他们的方法。在教育史上，这种教学过程被称为“教学五步”。

5. 课程与教材

在课程与教材上，应该考虑到以下三个方面：一是学生的需要和能力，选择和确定课程教材立足于学生而不是教师。二是社会生活的需要，考虑课程教材必须适应现在社会生活的需要。三是与儿童经验发展的历程相应，使课程教材与学生的直接经验联系起来。

学校的课程应该包括主动的作业、地理和历史、自然科学等。其中，首位的是主动的作业，让学生“从做中学”。因为没有主动的作业，就不可能有正常有效的学习。一般来讲，主动的作业包括游戏和工作两种。它们都是有目的的活动，其区别只是时间的长短。在学校中，通过园艺、纺织、木工、金工、烹饪等活动，既可以把人类基本的共同的事务引进学校课程，又可以使儿童本身的社会活动成为课程的互相联系的真正中心。

在教材与教法的关系上，教材是关于“教什么”的问题，教法是关于“如何教”的问题。这两者是互相联系的。如果硬把教材与教法牵强划分的话，就会产生许多弊病，结果是使教学和学习都成为一种形式的、机械的、强制的事情。

三、教育价值

杜威在第 18～23 章中主要讨论了教育价值，即教育在社会生活中的实际应用。

1. 教育价值观

教育的价值就是教育所要获得的利益和所要培养的兴趣，也就是教育所要达到的目的。具体来讲，就是指教育在社会生活中的实际应用，教育给社会和人的生活带来的益处。

根据对教育价值的理解，衡量学科价值有两个标准：一是内在价值，也称“直接的价值”。它指每一种学科本身所具有的增长生活经验的功用和特性。因此，各种学科本身都包含着丰富的生活经验，既能直接使学校的生活更加丰富，又能给学生提供用于其他具有直接利益的事务的材料。二是工具价值，也称“间接的价值”。它指每一种学科能用来达到其他目的，使其也具有内在价值。

教育价值的理论要点，就是如何使经验保持它的统一性或完整性。在组织学科教材时，如果强调各门学科自己的价值和特殊目的，而忽视使经验保持它的统一性或完整性，不必然会使学校的课程门类过于繁多，成为拼凑起来的和各不相干的大杂烩，但必然会造成课程中各种学科的孤立隔离现象。

2. 对教育价值问题上各种二元论的批判

（1）劳动与闲暇。

对教育目的和教育价值的牵强划分，在教育上造成了许多对立的现象，其中最为根深蒂固的就是“劳动”与“闲暇”的对立。这样，就产生了两种教育：一种是为有用的劳动者预备的教育；另一种是为享受闲暇生活预备的教育。在教育史上，也就有了“自由教育”（文雅教育）与“实用教育”（实利教育）的牵强划分。而且，这种划分常常被认为是本质的和绝对的。

在民主主义社会里，每个人都承担有用的劳动，也都享受有价值的生活。因此，学校的课程应该把“文雅”的学科与“实利”的学科统一起来。

（2）知与行。

“知”（理论）与“行”（实际）的对立也是教育上的一种对立现象。从古代希腊以来，一直存在着这种牵强的划分，并对教育的观念产生着深刻的影响。主知主义将理性与经验对立，在抬高理性的同时轻视经验和活动；感觉主义认为知识就是感觉印象，忽视经验中的主动方面。实际上，它们的错误都是把知与行割裂开来。

心理学和实验科学的进步，使得知与行不再处于对立的地位。因此，学校的课程应该把知识学科和实用学科结合起来。

（3）自然与人。

“自然”与“人”的对立也是教育上的一种牵强划分。这种牵强划分自古以来就存在，直至现在仍然严重存在。其结果是造成自然学科与人文学科的牵强划分。

为了制订一个更为统一的教育计划，就必须解决好自然与人的关系问题，不要把自然学科和人文学科截然分离开来，并注意在民主主义社会中自然学科在学校课程中占有它应有的位置。

（4）个人与世界。

“个人”（心）与“世界”（物）的对立也是教育上的一种对立现象。其结果是在学校教育过程中忽视儿童的个性以及个人与社会的关系。

在民主主义社会中，教育要考虑个人的差异，在教育计划中应注意使个人特殊的天赋和兴趣都得到发展。因为在真正的民主社会中，个人与社会应该是统一的。

（5）职业与文化。

教育上的各种对立现象最终归结为“职业”与“文化”的对立。职业就是指任何形式的继续不断的活动。这种活动既能为别人服务，又能利用个人能力达到种种结果。职业活动既是获得真正的知识和个人智力训练的最有效方法，又是培养社会意识以及适应社会生活能力的最有益途径。因此，职业教育具有充分的理智意义和社会意义。

但是，必须反对狭义的职业观和狭隘的职业教育计划，因为它会损害现在的发展可能性，从而削弱对将来适当职业的充分准备。所以，强调职业教育，主要是利用职业的各种因素使学校更有生气、更富有现实意义、与校外生活经验有更密切的联系。

四、教育哲学

杜威在第24～26章中主要讨论了教育与哲学的关系，以及哲学在教育中的实际应用。

1. 哲学与教育

就哲学与教育的关系来说，哲学是教育的最一般方面的理论，而教育是使哲学上的分歧具体化并受到检验的实验室。哲学是审慎地付诸实行的教育理论，教育也肯定受一定的哲学的指导和支配。真正的哲学总是要造成影响于人生的智慧，而教育正是一种智慧训练的过程。这是由哲学的性质和教育的性质所决定的。因此，哲学上的主要问题也就是教育上的主要问题。如果一种哲学理论对教育上的努力毫无影响，那么，这种哲学理论必然是矫揉造作的。如果对教育在社会生活中的地位不能进行像哲学工作所提供的那种广泛的和同情的观察，使教育的目的和方法富有生气，那么，学校教育工作就往往成为机械的和经验主义的事情。

在科学进步、工业革命和民主主义发展的影响下，社会生活已发生了彻底的变革，它必须要求教育进行变革。在教育的变革中，也必然要求对传统的哲学体系进行重新的考虑。因此，哲学、教育和社会的改造是携手并进的。

2. 知识与道德

在知识论上，知识与活动是相互联系的。从个体与环境的关系来看，认知本身就是个人参与社会生活和适应客观环境的一种继续不断的活动。从思想与行动的关系来看，认知为行动所必需，行动是认知的方法和验证。

每一哲学流派都有自己的知识论。就知识论来说，实用主义与经验主义、感觉主义、理性主义、唯心主义、实在主义、经验主义、先验主义等哲学流派的主张是不同的。实用主义知识论也称为工具主义知识论，主张知识是行动的工具。所谓知识，就是认识一个事物和各个方面的联系，这些联系决定知识能否适用于特定的情境。知识应用于经验和改变经验，并增长经验的意义和能力，即经验的智慧性的增长。因此，实用主义知识论的本质特征就是坚持知识和有目的地改变环境的活动之间的连续性。从教育上说，就是要使学校中知识的获得与在共同生活的环境中所进行的种种活动或作业联系起来。

在道德论上，道德意识和道德行为是统一的。因为有目的的意识和有目的的行为是不可分离的，有目的的行为总是在行动之间就预料效果，而有目的的意识则是有目的的行为的有机要素。

在学校中，道德教育的最重要的问题就是关于知识与行为的关系。从某种意义上来讲，道德过程和教育过程是同一的。如果把道德行为的培养看成是最高目的，而把知识的获得和能力的培养看成是与道德行为无关的，那么，学校的道德教育就会成为一种道德的空谈。由于学生直接从经验中获得的知识对道德行为最有影响，因此，一切能发展有效地参与社会生活的能力的教育都是道德的教育。

为了使学校的道德教育起到“维持社会秩序”、实现“团结合作”、促进“共同利益”的效果，学校本身就必须是一种社会生活，具有社会生活的全部含义。只有当学校是一个雏形的社会，使学生共同参与活动，才能在学校中提供一种真正有效的道德教育，逐步形成和谐品性的有用的人。

（单中惠）

41. 斯普朗格

文化和教育 1919 年*

斯普朗格（Franz Ernst Eduard Spranger，1882—1963）是德国教育家，文化教育学派的代表人物，出生于德国柏林。1900 年，斯普朗格进柏林大学哲学系读书，毕业后曾在高级女子中学任教。1909 年，斯普朗格发表了教授资格论文《威廉·洪堡其人及其人文主义思想》，1911—1920 年任莱比锡大学教授，1920—1945 年在柏林大学任教，1925 年当选为普鲁士科学院院士。1933 年纳粹上台后，斯普朗格立即表明了反对纳粹政治的立场，退出了普鲁士科学院，并且基本上停止在纳粹德国发表学术论文。1936—1937 年，他接受一所日本大学的邀请，前往日本任客座教授。第二次世界大战后，斯普朗格曾一度担任柏林大学顾问校长，然而因跟当时的苏军占领机构意见不合，旋即离开柏林前往图宾根大学任教，直至 1952 年退休。主要教育著作有《生活形式论》（1914 年）、《文化和教育》、《青年心理》（1924 年）等。

《文化和教育》是斯普朗格早年形成文化教育学思想的一本重要著作。这本著作将人文精神、历史文化与教育紧密地联系起来，在历史意识中阐释了文化教育学思想。全书分为两个部分：第一部分为历史部分，主要对欧洲精神文化史上的重要人物和他们的教育观做了论述，以阐明精神文化和教育之间的重要关系。第二部分为实践部分，涉及 20 世纪德国学校改革的一些具体思路和问题。

一、对欧洲精神文化史上重要人物的论述

1. 马丁·路德

斯普朗格指出，路德似乎不像柏拉图、斯宾诺莎或者歌德名气那么大，但却是新旧时代交替中的关键人物，要谈 20 世纪的教育和精神世界，则绝对不能忽视路德。基督教从一开始就有两重性，一方面是精神世界，另一方面是外部世界，这两个世界是分离的；而马丁·路德的宗教改革思想中最基本的一点就是宗教的世俗化。马丁·路德的教育思想基于人的伦理教化，他的新教主张从信仰、从自我反思出发来规范人的行为，表现出精神世界和物质世界的某种统一。

对马丁·路德来说，国家是秩序和法律的教育机器，学校是教会的准备阶段，而教会则是培养神圣的人的教育机构。这样，宗教改革后普遍设立的乡村教堂就具有特别重要的

---

* Eduard Spranger，*Kultur und Erziehung*，Leipzig：Quelle & Meyer Verlag，1919.

意义。这些乡村教堂承担起最基本的教育任务，国家和教堂共同形成欧洲中世纪以后的特殊教育联盟。斯普朗格指出，个性和自我认知是新教教会的基本教育准则。

斯普朗格还着重指出，马丁·路德的教育思想深深地寓于他的宗教改革思想之中。他的宗教改革虽然是一个历史事件，但是其精神却依然存在于我们的现实生活之中。马丁·路德宗教改革的最大的革命性就是让基督教脱离了程式化和教条，使其变成了一种活的灵魂，可以在任何时代与社会伦理道德相兼容。基督教新教文化的世俗化和教堂普及化实际上开创了现代欧洲人文教育的先河。新教伦理和新教内心反思机制是现代社会文化心理的土壤。

2. 卢梭

斯普朗格指出，卢梭是充满幻想和追求的哲学家，他所有的哲学思想都是对理想的追求、对理念的幻想、对完美的憧憬。对卢梭来说，“文化”这一概念从一开始就充满了矛盾，因为文化是人创造的，人又是不完美的，人创造文化的过程恰恰是违反自然的过程。因此，他喊出了“回归自然”的口号。从本质上看，卢梭并非真正要回归远古，他要回归的是健康的文化，把以人为本的文化解放出来，把人解放出来，这样就导致了卢梭的文化批评，并通过文化批评来寻求新的文化价值。

卢梭试图在疯狂的世界生活内部寻求新的文化价值，也就是说，人要从原有的价值观出发来评判文化，将绝对自我变为“审视世界的法官”。改变已有的价值观过程就是人的受教育过程，但卢梭从来就没有走出这个思想框架。卢梭的思想充满矛盾，其失败就在于他到处想把自己的思想纳入知识精英的轨道。

在启蒙运动大旗下，卢梭追求的是人的价值，他所要改变的是人和人之间的不平等关系，他所要争取的是人的自由。卢梭在当时的历史条件下看到了人如何在贵族等级文化下被窒息和受束缚。如果说伏尔泰创建了“历史哲学”，那么，卢梭则面对着实际问题，提出文化向何处发展的问题，提出反思历史的问题。

卢梭的回答很明确：“回归自然。”他所指的“自然”的生活应该是人类童年时代伦理和幸福彻底的完美，这样，卢梭的完美世界基本上接近《圣经》里描写的伊甸园，是纯自然主义的乌托邦。但这种“回归”更多的只是一种心灵的回归，回归到梦境，回归到孤寂。

卢梭的“自然”概念是一种科学理念。在卢梭以后的学术上，这个概念几乎已经成为完美的代名词，也成了人的心理认知和价值，成了教育过程中的心理学基础。

3. 歌德

斯普朗格从歌德的意大利之行入手来阐发这一伟人的教育思想。歌德曾经感慨地说过：“当我走进罗马城的那一天，我觉得我获得了第二次生命，而且是真正的生命。”然而，当他日后在魏玛发出“逝者如斯夫”的感叹时，可以看到他的内心又经历了许多变化，这些变化并不亚于他的意大利之行。然而，歌德的意大利之行并不是质变点，而是渐变过程。无论是在浮士德身上，还是在威廉·迈斯特身上，都表现了歌德对人的“树木树人”的渐变教育观。

在歌德看来，任何个体都是绝对自我，但又是与外部世界紧密相连的，任何心理运动都与自然界的运动相关。斯普朗格把这种机制称为伦理进化论。歌德笔下的人物都非常形象地像植物生长一样，有个萌芽、成长、开花、结果的过程。在对人的教育上也是同样，人是世界的诗，是一个耳濡目染、不断变化的过程。

歌德是性善论者。他说人的伦理和激情就像火中的凤凰，当她焚灭的时候则获得新生，新的凤凰在灰烬中腾空而起的一刹那就是自我认知的飞跃。在歌德身上表现出两条达到自我认知的道路：一条通过内心反思；另一条通过外部世界经验。然而人善良的本性不是全部能够得到善的印证的，在歌德的作品人物中，可以看到人不能左右命运的悲剧性。所以，在总结歌德作品中蕴含的教育观时，歌德人文精神中表现出两个基本教育原则：第一是发展人的个性；第二是把人的个性合适地置于世界和生活中去，人的受教育成长过程不仅需要内在因素，也需要合适的周围环境。

4. 裴斯泰洛齐

斯普朗格指出，裴斯泰洛齐的教育思想集中表现在人的内心和外部世界的关系上。他把人的内心看成真理和伦理力量的源泉，人的生活和完美的伦理是一个心灵外化的过程，因此，教育应该从唤醒人的内心着手。只要通过教育和知识把人的内心调节好了，那么，它就像水中落石，水纹就会一圈一圈地向外扩展。

裴斯泰洛齐的行动是走进贫困、走进一般的民众中去。他 52 岁的时候开始实施他的民众教育思想，通过办学来达到开发人本身具有的人性的目的，把人从“自然的人”教育成有自我意识的人。斯普朗格指出，裴斯泰洛齐一生有三大功绩：第一，他发现了民众。他生活在民众中间，了解民众的疾苦，同时也了解民众的弱点。他不是带着上帝的礼物去赏赐民众，而是让民众自己去获得这份原来就在他们心中的礼物。第二，他第一个实施了民众普及教育的思想。假如没有裴斯泰洛齐，欧洲就没有觉醒的民众；假如没有裴斯泰洛齐开创的普及教育，那么，任何高等教育都是无本之木、无源之水。第三，他把知识和技术、经济和艺术、国家和社会等人类生活的方方面面，都在宗教博爱的层面上和谐地统一起来了。这是裴斯泰洛齐思想发展的最高点。

二、论德国学校的改革

1. 学校改革的三个动机

斯普朗格在这篇论文中探讨了当时德国教育和学校改革及学校政策。他从社会学出发，用历史精神阐释的方法，对德国学校改革运动中存在的观念分歧进行了讨论。他指出当时的德国社会教育改革基本上是一个怎样实现法国大革命以来的民主理念的问题，也就是说，是如何在教育中实现“自由、平等、博爱”的原则的问题。这是德国教育和学校改革的三个最基本的动机。问题是它们在现实政治中有不同的侧重，不同的政治派别分别强调其中的一个动机。

“自由”是自由民主派人士的社会学基本原则，他们从保障社会和谐的前提出发，集中强调个人在国家和社会中的权益。与此相对的思想是把“平等”放在首要的地位，这一种观点认为，假如存在着自由竞争，那么，国家和法律就要为竞争者提供平等竞争的前提条件。斯普朗格指出，这是民主的基本原则，因为在这里个人和国家的关系都顾及了，自由民主和社会民主思想就是把侧重面放在个人和国家两个不同的方面。第三种观点把“博爱”放在最重要的地位，这一带有基督教色彩的思想基于社会学原则，即自由和平等只能是相对的，国家和个人很难达到实际的统一，而人和人之间的博爱是社会和谐的内在本质。德国19世纪以来的社会发展，开始是自由主义；1848年后，带有社会主义特点的社会民主主义逐渐占了上风；20世纪初，社会主义思潮开始摆脱了社会民主党的桎梏。因此，在德国教育政策上同样存在着这三种倾向：自由民主派主张在教育上绝对性地促使人的个性发展；社会民主派主张学校教育的统一；社会主义者则要求教育实现集体理想。

德国教育自以洪堡、费希特为精神代表的普鲁士教育改革以来，十分强烈地表现出新人文主义倾向，主张个性的发展，然而自由民主派新人文主义观念中要发展的个性是所谓“民族个性主义”，即在国家绝对权力下发展个性。民族个性主义的实质是用民族文化去充实个体，发展个体的民族文化意识，这样，民族历史、文学和文化的传授就成了教育政策的重头，在这一政策下，学校的主要形式便是文科中学。社会民主主义派也主张发展个性，但是法律保障的平等则是他们教育政策的前提，这种平等包括无论受教育者的经济状况如何，都要享受平等的受教育权利。

斯普朗格指出，从广义上讲，自由民主派和社会民主派在教育旨在发展个性这点上是一致的。在学校和教育形式上，社会民主党人主张统一，这点在魏玛时期的教育法规上得到印证。这两种思潮在学校体制上达成的一致是实行有区别的统一学校体制。第三种学校改革动机是社会主义的，因为以“博爱”为基本原则的教育民主，也主张发展个性，所不同的是要通过教育创造“新人”。20世纪初，德国教育改革运动中的“青年运动”就是一个例子。“青年运动”的基本目的就是要改变旧学校的职能，把学校变成生活的学校、生产的学校，学生应该通过自己的工作来实现自己的个性，将脑力劳动和体力劳动结合起来。但不能简单地将这一思想看成是继承马克思的教育设想，而应该看到这也是基督教新教伦理中的劳动观的体现。

2. 基础教育、职业技术教育和普通教育

斯普朗格在这篇论文中探讨了基础教育、职业技术教育和普通教育三者的关系。因为所有普通教育都从基础教育开始，所以基础教育必须属于普通教育范畴。普通教育即教养，是每个人必须接受的人文素质教育。与此相应，德国的大学教育也是普通教育，但是一种高层次的普通教育。20世纪初，德国的中等职业技术教育要加大人文素质教育的比重，而大学教育则要加强实用性，考虑把高等普通教育放在职业教育和职业经验基础之上。

斯普朗格指出，德国的职业学校和技术学校在19世纪并没有受到重视，这主要是受德国古典唯心主义思潮和民族主义思潮的影响。职业教育比较狭窄的专业和实用性与洪堡、费希特等的教育教养理想是格格不入的。这一点在大学教育中尤为明显。按照洪堡的看法，国家的精英必须要受到全面的教育，掌握全面的科学能力，成为通才。也就是说，德国大学培养出来的毕业生往往首先是人文学者，以哲学家的身份走向职业。大学同时也应该成为职业教育的场所。对职业教育必须要有一个广义的理解，大学同样也应该培养各科专门的职业人才，因为德语中的“职业教育”是由“职业”和“教养”组成的，而教养不能离开普通教育的范畴。

因此，不要把基础教育、职业技术教育和普通教育这三种教育形式机械地分离开来。对职业技术教育来说，应注重普通教育的比重，不能只注重“技匠”教育，而忽视了心灵和文化素质教育；同时，在基础教育阶段应把职业教育糅合进去。以商业职业教育为例，历史课和地理课可结合商业贸易的职业特点教授，例如，贸易历史和经济地理等；德育课可与商业道德等结合起来。注重教育的实用性并不意味着排斥人文和精神教育，而是通过引入各项职业导向内容将比较抽象的人文教育具体化。这一模式同样适用于高等普通教育，通过专业和人文精神的交融，可使大学不仅成为培养人文学者的场所，而且可造就对社会有实际用途的人才。

（范捷平）

42. 沛西·能

教育原理 1920年*

沛西·能（Thomas Percy Nunn，1870—1944）是英国教育家、哲学家、科学家。1890年后，沛西·能相继获得理学士、文学士、文硕士和理科博士学位。他终生从事教育工作，曾担任中学、文法学校的数学、物理学教师，编写过多种数理科教材。从1904年起，沛西·能在伦敦师范学院讲授数学教学法和物理教学法，同时举行数学课和物理学的示范教学；后任伦敦师范学院副院长及伦敦大学教育学院院长，并在数学、物理学方面进行了创造性的研究。

《教育原理》（*Education，Its Data and First Principles*）是沛西·能的代表作，1920年问世后，立即成为英国进步教育运动的“圣经”，在很长时期内是英国中小学教师的必读教科书。该书在20年内重印23次。作者生前还做了较大修改和补充，使内容更充实并切合教育和教育理论发展的新情况。

《教育原理》全书共16章，是名副其实的论述“原理”的教育理论著作。它并没有专章（或专节）系统论述教育工作中的实际问题，如学制、学科设置、教学论、学生管理、道德教育、体育、考试、师资等，而是就涉及教育工作各个方面的一系列基本理论观点进行学理上的探讨，所以，本书也可以看作一本教育哲学或教育心理学著作。

作者对教育理论观点的阐述有如下三个特点：第一，旁征博引、广集众说，而又有取有舍，自成一家之言。本书既集20世纪上半期西方教育理论和心理学之大成，又阐述了作者独特的教育理论见解。第二，作者既有宽广深厚的学识和理论修养，又有丰富的实践经验和细致入微的观察，他将精微的理论论述得深入浅出。第三，历史上的教育理论，往往在两个极端之间左右摇摆，在克服一种偏向或片面性时走向另一个片面。例如，个性与社会、天性与环境（教育）、自由与纪律、游戏与工作、兴趣与努力、理论与实践、继承与创新等，而沛西·能力求避免陷入任何一种极端和片面，力图以冷静客观的、实事求是的态度处理一些互相对立的观点。因此他的理论观点显得平实、合乎情理，容易被人接受。这些特点可能是本书久享盛誉的原因之一。

一、教育目的

一切教育工作的目的都在于使受教育者的个性得到充分自由的发展。一种教育计划最

* 本书中译本，王承绪、赵瑞瑛译，北京，人民教育出版社，2005。

终必须从它根据受教育者的可能培养他们最高度的个人才智的成绩来评价。沛西·能认为，人类社会除了在男男女女的自由活动之中，并通过这些自由活动以外，再没有其他什么善了。教育实践必须按照这个真理来计划。教育上的一切努力，似乎必须限于为每个人获得使个性得以最圆满地发展的条件；换言之，限于使他对富于变化的整个人类生活，做出本性所许可的尽可能充分而又确具特色的创造性的贡献。一个学校的学习和训练，虽然必须代表当局具有重大价值的文化和道德的传统，但是它们还应该留有充分余地，以便个性得以自由发展。需要有各种各样的人来构成一个世界，每个人愈能发展自己的特长，这个世界就愈丰富。

创造性的活动是人类最宝贵的财富。一个大胆而有力量的人，他的个性最初可能和社会制度本身的存在不相容，但终于提高了社会组织的整个道德品质。最能满足社会对于各个成员的要求的，并不在于使每个人尽可能培养得和其余的人一模一样，而在于他能把自己看作集中在他身上的才能和周围事物的继承者，他的任务就在于使它们发挥最大的力量。

因此，就教育的任务而言，除了加强人们对个性的价值感，还教育他们尊重个人生活，真正做到不把它看作个人的财产，而看作世界上获得真正价值的唯一手段。自由的最强硬的堡垒，反抗暴力统治的最坚固的保障就在这里。沛西·能从动物界与外界的能动关系证明，即使是最低级的动物，也是独立自主的，从而说明以培养个性为目的的教育是唯一“适应自然”的教育。

个性充分而自由的发展与社会的要求、传统的影响、道德的规范、纪律的约束并不矛盾。沛西·能认为，人是社会的动物，使他成为社会动物的“合群本能”是一切文明和人类一切价值的来源。人之所以成为人，主要是他对社会环境的各种反应的结果，“社会遗传”——一个民族的全部传统和文物制度——对于个人心智的发育和结构的深远影响是不可否认的，但是民族传统和制度之所以重要，仅仅因为它们有助于形成个人生命的优良形式，在宏伟庄严的传统面前，它不愿丧失自己现实的感觉。只有在社会中，从共同爱好和共同活动中获得养料，个性才能发展。但是，个性在共同生活的范围内，应有按照它自己的道路充分发展的自由，不应有由于外来势力的影响而不能实现它的理想的倾向。个性和古怪绝非同一件事。并不要求教师们特意去制造个性，只要求让它从每个儿童的天性材料中不受阻碍地发展起来，由这个天性可能包含的任何强壮的或是柔弱的力量形成起来。

应该给儿童自由发展个性的余地，勇敢而坚决地把教育自己的责任尽可能全部地交给儿童，使儿童的发展所受的外来干涉减少到最低。离开了自由，义务没有意义，自我牺牲没有价值，权力没有制裁作用。自由对各民族之间的兄弟关系提供一个可靠的基础，这是人们联合起来建筑天国的唯一基础。但是，自由不是放纵。只有当自由选择了有价值的目的，在追求这些目的时，又使自由服从高尚的形式或方法的控制时，自由的高级价值才能产生。生活是一种社会的事情，而学校是社会的雏形，所以必须有一定的规则和一定的集体行动。教师的一个明显的职责，就是要使学校生活的基本目的不为少数人的腐败影响或其余的人的道德弱点所破坏。当这种危险威胁着的时候，他就必须行动，并且要坚决地行动。

二、策动和记忆基质

沛西·能的教育目的论的理论基础是关于策动和记忆基质的心理学。

沛西·能认为，构成生命组织的不断适应环境和冒险进取的基本特性是一种内在的驱力或冲动，这种驱力或冲动便是策动，有目的有意识的策动过程就是意动过程。策动是区分有生命的动物和无生命的物质的活动的本质，是作为动物对待世界所持有的独立态度的本质。“独立”并不意味着与世隔绝。除非有机体和周围环境处于经常的交往之中，否则心理活动就不能发展，也不能保持。另一方面，每一个动物，只要它活着，总对世界有自己的主张或要表现自己，同时它又是这个世界的一部分。

有机体在世界面前的自我表现的态度，表现在保守性的和创造性的两类活动里。维系生命和健康的非常复杂的生理活动是保守性的；生长的事实则是身体的创造性活动所特有的。保守性活动和创造性活动不能截然分开，二者总是共同起作用，正如策动和记忆基质总是共同起作用一样。在平凡单调的保守性活动之中，常常出现创造性的特征。反之，也不可能有完全没有保守因素的创造行动。保守和创造是一切自我表现的因素。创造活动和保守活动之间的界线不能划得太清楚。体现在教育工作中，除非学校使学生对于他们民族生命和整个文明的保守性基础有所理解和体会，并使他们对维护这个基础能有效地、明智地、尽责地起一些作用，否则就没有达到教育的目的。另一方面，除非学校所贯彻的精神使学生至少对于生活中一些平常的冒险行动有热情，并且相信自己有力量使它成功，否则，学校教育也是失败的。

一切策动过程具有一个重要特征，就是它们倾向于会合在一起，将各自的个性吸收到某种范围较广的策动过程中去。

各种记忆现象所代表的生命体的性质称为记忆基质。记忆是有意识的记忆基质，正如意动乃是有意识的策动。在人的意识生活中，记忆基质在记忆中表现得最为明显。在记忆中，我自己的过去仍在我身上活着；同时活着的不仅是我自己的过去，而且还有我出生以前许多时代已经死去的人们的过去。通过我们称作历史的社会记忆，过去不断地塑造着人们当前的行动。记忆基质是比记忆本身含义更广的概念，它是有生命的有机体的一般属性。

动物都具有原始倾向，这种原始倾向因经验而改变。经验在原始倾向上留下的痕迹称为印迹（engrams），若干印迹的结合在动物的倾向中形成有组织的“印迹复合”（engram-complex），成为它的后起倾向结构的一部分。动物和人的行为中所发生的各种形式的“从经验中学习”和“一致的前进性和适应性”的现象，似乎可以用印迹复合来解释。沛西·能没有说明印迹复合与记忆基质之间的关系，他只是指出，印迹复合是表现和行使有机体保守的和创造的功能的媒介物。

策动和记忆基质不可分开，自我表现的每一个行动既是策动性的又是记忆性的。从它作为生命本质的保守的或创造的活动这一点来看，它是策动性的；从它的形式至少有一部分是机体个体的或种族的历史所形成这一点来看，它是记忆性的。

总之，心理分析的记录大大地加强了把个人的独立自主的发展作为教育的中心目的的论证。个性的基础建立在幽暗的深处，个性的自然形成变化无穷，而对于一个成长中的性格强加与统一的原则不相符合的形式，有时可能造成极大的危害。

三、常规趋势和游戏

人类的活动可以大概地分为保守性的和创造性的两种。两者同样是自然的活动，而且，在某种意义上是人类力量的同样重要的表现，虽然从长远来看，必须把保守性的活动看作为了创造性的活动而存在。远在正式学校教育开始以前，在婴儿的行为中，已经可以看到变化不定地混在一起的保守性和创造性的冲动了。前者表现于常规趋势和仪式中，后者表现于游戏和工作中。

1. 常规趋势

儿童是我们宁静生活的无情扰乱者，是我们生活方式的压制不住的质问者，但是他们又是法律、秩序和财产的热心的据守者，他们是那么坚守传统，以至于他们所喜爱的玩具，有最古老的文化史上的纪念物。而他们所习惯的游戏，有世界童年时期支配人类的最坚固的信仰堡垒。在这种类型的行为中，不是单纯地抗拒变动，还有对过去事物的主动坚持和对重复熟习事物的积极爱好。婴儿时期的这种坚持和爱好，可以称为“常规趋势”。例如，婴儿对有节奏的反复的爱好，其来源几乎与生命本身同样深远。学校教育可以更彻底地利用对节奏的自然爱好，如舞蹈和音乐，发挥作用。节奏既体现审美的敏感性，又体现理性，如在几何学教学中利用对称原则。当儿童年龄渐长，常规趋势最初所表现的狂想的冲动便自动变得或多或少有意识地与行为和社会秩序的理想一致。常规趋势在道德的培养、学校和课堂纪律的维持中都有重要作用。一种生活方式一旦确立起来，常规趋势就有力地发挥作用，使这种生活方式长久不变。教师应当记住，儿童为着正当的生物学的理由喜爱反复熟习的东西，这是他们控制其小天地所不可缺少的手段。但是，只有在儿童理解的基础上，常规趋势的利用才是合乎教育目的的。

对于艺术和工艺的教学，利用常规趋势也是必要的。掌握材料是审美方面的自我表现的主要条件；如果不运用连续反复熟习的过程，直到娴熟为止，就不可能在建造性的艺术、绘画和音乐方面取得实在的进步。

有一类常规行动的价值不在于它们本身，而在于它们所象征的东西。它们在生物学上的效用，在于每当它们反复时，它们在当事人和旁观者身上引起情感或情绪状态的能力，这些情感或情绪状态常常具有巨大的社会意义。这些象征性常规行动就是仪式，例如，建筑奠基、婚礼、国王加冕等各种仪式。我们可以在儿童教育中给予仪式以更高的地位，用它作为增强和纯化社会情感的手段。

2. 游戏

儿童的创造性活动的典型表现形式就是游戏。在儿童和青少年时期，有机体所能使用的身体的和心理的精力，多于它单纯自我保存或身体发育的需要，并且大都以游戏的形式来消耗这种剩余的精力。

在游戏中——先是当婴儿躺在摇篮时玩弄手臂、腿和手指，然后是跑来跑去的游戏，后来是在操场上和野外的正式竞技游戏——儿童逐渐地控制自己的身体，并且把对身体的控制提高到最大限度。再者，他在游戏中发现和锻炼他的天赋和智力，并且往往发现以后在他成人生活中占中心地位的各种兴趣。最后，正如古希腊生活和德行的理想是由伟大的竞技游戏和节日活动培养和传播的，今天很多男子和女子都在青年期的集体游戏中发现和建立起其道德的和社会的自我。所以，游戏活动服从一个一般的法则：当自发活动没有遭遇挫折或阻碍时，总是倾向于形式日益完善、表现力更加完全和更加高度的多样性中的统一性。大自然发明游戏，不仅成为无害处理幼小动物剩余精力的手段，而且成为利用这种精力为其准备参加严肃生活的一种手段。所以，充分的游戏机会对于儿童健全、愉快的发展无疑甚为必要。

游戏和工作的区别在于：游戏是一种为了活动本身而不问结果有何价值所进行的活动；工作是为了活动以外的某些进一步的价值所进行的活动。如果一个人对于他的活动可以要干就干，要放下就放下，或者能随意改变活动的条件，就把它看作游戏；如果这种活动是不可避免的必然性强加于他的，或者如果他从事这种活动是由于义务感作为一种职业，就把它看作工作。因为在前一类活动中，自发性的支配几乎毫无限制，而在第二类活动中，自发性常受约束的条件的阻碍。如果教师学会利用在游戏中所释放的极其充沛的智力，学校教学效率将大大提高。狭隘的、没有想象的和过分形式化的学校教学，往往是埋没人才的直接原因。如果要避免这些损失，教学方法必须千方百计使智力游戏的冲动得到营养。

四、天性和教养、本能和模仿

人之所以成长为人，起决定性影响的力量是来自先天的禀赋，还是来自周围的环境和教育的影响，这是一个古老的教育理论问题。

沛西·能介绍了有代表性的两种对立的观点：以爱尔维修为代表的教育万能论和以高尔顿为代表的天性决定论。爱尔维修认为，如果两个人从最初开始有感受性就使他们接受完全同样的感觉，他们的心智就会变得相同，并且保持相同。高尔顿则崇仰天性，认为我们都被我们禀赋的命运注定的力量赶上生活的道路，一个人的性格必然和祖先的性格有关。

沛西·能认为，高尔顿派的观点过低估计了“社会遗传”在使天赋能力表现自己时所起的作用，所以对于普通人类的可能性倾向于悲观主义的观点。另一方面，爱尔维修派过分的乐观主义，导致他们低估普通能力和特殊能力的差异。他们低估天赋能力影响的态度，如果付诸实践，将造成很多教育上的浪费，特别是导致忽视智力的精英。一个明智的民族将在社会的一切阶级中去寻找他们，并且在找到后，将尽量培养他们的天才和能力。

为了能计算出天赋能力差异的程度，沛西·能介绍了比奈的智力测验法。智力测验的实践证明了一个理论：从对于一个人做某些事情的能力的测量，可以推知他做其他显然和那些事情完全不同的事情的能力。那些在一个方面显示最高能力的人，在另一方面将证明也是最有能力的。

总之，一个社会，为了共同的利益，必须在能发现天才的任何地方去发现天才，并且保证给他充分提供全面发展所需要的一切；但是，如果这个社会明智的话，它也将保证使智力比较差的儿童的能力同样地得到培养。

为了观察环境和禀赋在儿童生活定型上各自所起的作用，沛西·能进一步研究了模仿和本能。所谓模仿趋势可以理解为一个人对接受别人行动、情感和思想的方式所表现的一般趋势。有意模仿和模仿趋势之间的关系，就像意动和策动的关系、记忆和记忆基质的关系。

沛西·能高度评价模仿在教育中的意义。他认为，模仿和“创造”的联系对于教育非常重要。新式的教师们有时阻止模仿，理由是模仿“束缚自我表现”。这是一种错误。最有独创性的人们，发现他们自己对于那些沿着相同的自我表现的道路走在他们前面的人来说，仅仅是孜孜不倦地模仿他们而已。实际上，模仿不过是个性创造的第一个阶段，模仿的范围愈广，所发展的个性也将愈丰富。我们愈加重视让孩子走自己的道路，便愈有必要扩大模仿的领域。在一个方面开始的模仿，通常都会扩散到其他方面。

就模仿影响情感而论，它导致“同志感”或者真正的同情。这里，模仿有其极重要的贡献。情感的彼此相共，使各人互不相关的乌合之众，能变为一个具有单一意志的集体，能表现高度的英雄主义，也能表现极度的奸邪丑恶。每当人们集合在一起时，从各人产生的情绪状态容易通过集体的感应而扩散开去。所以，这种群众就不再是单纯的群众或乌合之众，而具有一个集体的某些显著特征。要是师生之间缺乏共同的情感，没有一个学校集体的道德情况会是健康的。要有共同的情感，一个教师必须在他成人的精神中，保持着对年轻人的爱好和热情的纯真的同情心。

当采取别人的思想不是出于自愿时，这是一种较低形式的模仿，这种模仿通常称为“暗示”。沛西·能分析了暗示在社会生活及教育中的作用，并对教师如何运用暗示提出了建议。

本能的本质是一种策动的“驱力”。一个动物的全部力量，它的智力和它可能遗传得来或后天获得的任何动作机能，都会用来为它服务。一句话，即本能就是一种先天的决定趋势。本能所发动的活动，可能遵循一种相对固定的形式（如某种动物），或者，它们可能从开始几乎就是可塑的和可变异的，展开活动的环境塑造它们甚至改变它们。人类的本能一般属于第二种类型。

我们必须坚持先有有机体而后有本能，而各种本能只是自我表现的特殊形式，它们是在有机体种族历史发展过程中，主要由于它们对个人种族长期有用而发展起来和“纳入渠道”的。本能无疑地标出认识能力和自然能动力量沿着前进的路线，但是，有机体在它创造的时刻，为了任何特殊本能范围以外的目的，可以利用这个前进的结果。

五、自我生长

沛西·能还分析了本能和情操在自我生长中的意义，因为它们是“性格的基础”。

在婴儿的最初几个月里，自我最有力的成分之一已经建立，即围绕原始的身体欲求和起着生理学作用的快乐和痛苦而产生的情操或一群相连的情操。这些情操的早期历史对以后的生活具有深远的意义，因为它在很大程度上决定一个儿童的性情是柔顺的抑或是固执的，是“外倾者”抑或是“内倾者”。婴儿早期的心理状态就是一种自爱。他完全为自己而存在。除他自己以外，再没有什么东西存在，世界发展的过程不过是他身体上满足情欲和痛苦的一种故事而已。随后，他认识了母亲和父亲，跟着也产生了爱和憎，产生了“自我理想”和自尊情操，并在自尊情操中奠定了意志和良心的基础。婴儿在和父母、兄弟、姐妹的交往中获得许多印迹情结，它们将会或好或坏地影响他以后的行为和幸福，而早年家庭关系中的缺陷容易造成儿童性格上的弱点或缺陷，影响他的一生。因此，父母和教师应该仔细研究儿童生长所遇到的困难和危险，认识到我们对我们所热爱的年轻人的首要责任，在于帮助他们养成坚定的独立精神；我们对他们所能铸成的最大错误，是使他们仅仅成为我们自己的附属品。

孩子五岁进幼儿学校，七岁进小学。初进小学，儿童有些胆怯，但很快就会意识到一种自豪感，家庭失去唯我独尊的地位，他进入了广阔的天地。这个时期学校的目的应是发展儿童的基本能力，引起他对文明生活的基本兴趣，只要这些能力和兴趣为儿童力所能及；鼓励他逐步获得对他的能力、冲动和情绪的控制和有秩序的处理，这是道德训练和智能训练的本质；帮助他发现并追寻义务的观念，并启迪他的想象和同情，使他准备在以后的年代里能了解和追随生活和行为中的最优秀的榜样。

从幼儿期到儿童期的最大区别在于：前者是受“快乐和痛苦原则”支配的，而后者则受“现实原则”的支配，从前者到后者的过渡在于理智因素的逐步渗入比较盲目的本能冲动。另一个区别是作为社会行为主要根源的合群本能或合群性的明确出现。如果儿童要在经常和别人来往中生活，他就必须和他们公平相处；他必须接受他们的习俗。儿童所属的群体的规则在整个儿童时期对儿童的行为始终具有最有力的影响。

随着青年期的到来，对群体的生活方式和标准的这种主要是无批判的接受，深化为具有真正道德或宗教性质的明显的“社会意识”。合群本能所创造和维系的社会生活，是培养一切人的道德学校。在那里所学到的行为原则，是有助于共同生活的稳定和幸福的那些原则。因此，除非道德教育以男女儿童的崇高的社会经验为基础，并且帮助他们解决他们经验所提出的行为上的问题，否则这种道德教育很少是有用的。此外，学校应该使它的学生有机会在优良传统的指导下自由地进行自我教育。

六、知识和智力

对教育来说，最重要的事情是要知道认识和行动往往是有机的统一，无论哪一方面离开这个统一体，另一方面就要遭到破坏。在高级的理智活动中，认识和行动之间的联系变得非常精微，需要仔细分析才能发现；但是，如果研究得足够深刻，这种联系往往能被察觉。推理就是“做一个观念的实验”；我们在想象中做这样做那样，并且注意有什么结果。即使思想飞翔到形而上学的高峰，它仍不能摆脱动作的束缚。因为须借文字的翅膀而飞升，即使最抽象的文字例如意象，最后也会和身体的动作有关。

“从做中学”这句格言的意思是说理解和行动在性质上密切地联系着。这就是为什么实习作业在数学、地理和自然科学等科目教学上的价值是不会估计过分的，特别在较早的阶段。甚至在实习作业不易安排时，理论的论断一般应该在想象的经验背景上提出来，而不应该是纯粹逻辑的说明。同样，必须使道德训练建立在生动和自然的社会经验的基础上。

一切有神经系统的动物的最早的运动是反射，反射形成动物所能获得的一切熟练的动作的基础。一个婴儿生来就具有强烈的吸吮反射，当他的神经系统成熟时又出现其他的反射。原始的反射综合成为较大的系统，使后来的成就成为可能。

神经系统的功能绝不是纯粹整合的，也不是纯粹分析的，而总是分析综合的。神经系统活动的这种两重性同样表现在认识方面和行动方面。

儿童智力发展的最初表现是反射，经过多次尝试错误之后，开始发生分析和综合的能力。在心理发展的一切阶段，都要运用分析和综合两种方法。

知觉是最早的智力活动，它是理解其他一切智力活动的钥匙。

高级心理活动的第一个标志，就是综合作用的更高度的发展。第二个标志是分析或抽象作用的更加精细。人的一个特殊标志是他们经常关心那些并不在感官面前的物体和事件，这就是所谓思维。在思维的时候，心智所处理的是和它们所属的知觉世界的事物脱离了关系的图式或概念，总之一句话，它所处理的是观念。

自由地思维的能力——就是不要出现所知觉的物体和通过它的帮助就能处理各种观念——随着心智成熟的程度，它所获得的习惯的多少、对材料熟习的情况，会有很大的差异。

儿童和没有受过很好教育的人，常常借助事物来思考，他们把事物用作象征性的概念，这些概念不借助事物就不能理解。即使受过教育的智力较高的人，当困难的观念用具体的符号来表达时，也是比较容易“理解”得多；同时，也还有智力极高的人，没有符号就不能工作。这就是在教深奥的学科时所以要采用模型的心理学根据。模型总是刺激活动的最好工具，对大多数人来说，模型也往往是刺激活动的最好工具。但图画和图解比模型离实物更远，它们不是那么有效力的思维工具。

当一个人不借助任何知觉对象或符号来引导他的思维而进行思考时，他的观念是完全“自由”的。我们都能够这样处理我们所熟悉的对象和事件，回忆着过去，瞻望着将来，或者懒洋洋地追求着梦想；而比较有天才的和智力较高的人，就能这样跟着“观念的道路”深入遥远的深奥思索的境界。但是，即使在这里思维仍需意象的支持和引导，我们知道，意象正是知觉对象，包括行动的心理摹本。特别是视觉意象，它是物质对象的直接摹本，在普通人的思维和推理中起着极其重要的作用。

语言是思维的重要工具。

利用原始的经验，作为理解和表达比较复杂与精微的事实的手段，这种倾向在人类的心理上几乎是普遍存在的。这种倾向可以说是了解很多文化发展历史的钥匙。

（杨汉麟　杨　佳）

43. 涂尔干

教育与社会学 1922 年*

涂尔干（Emile Durkheim，1858—1917）是法国社会学家，教育社会学的创始人，出生于法国埃皮纳勒一个犹太教士家庭。1879 年，涂尔干入学巴黎高等师范学校，对社会问题产生了浓厚兴趣。毕业后，1882—1886 年他先后执教于桑斯中学和盖纳丹中学，其间曾受教育部派遣赴德国进行为期一年的访学。这次访学对涂尔干日后从道德教育入手，采用科学方法进行社会学研究产生了重要影响。1887 年 7 月是涂尔干学术生涯的一个转折点，他接受了波尔多大学的教育学和社会学教授之职，开始在大学中进行教育学和社会学的教学与研究工作。他没有把教育学和社会学看作两个分离的部分，而是把教育问题作为社会学研究的切入点来进行教学和研究的。他的教育理论是他的社会学的一个基本组成部分。1902 年，涂尔干受聘于巴黎大学，讲授教育学和社会学；1906 年接替法国教育家和政治家比松（F. Buisson）主持巴黎大学教育学讲席，成为教育学教授。1913 年，涂尔干被巴黎大学聘为社会学教授，成为法国历史上第一位社会学教授。第一次世界大战爆发后，涂尔干停止教学工作，积极投入爱国运动。战争给他以沉重的打击，他所信奉的真理遭到了战争的无情嘲讽，他的儿子也在 1915 年死于战场。1917 年，涂尔干因病去世。他逝世后被法国政府追认为国家研究院院士。涂尔干一生中写过许多社会学、教育学和哲学等方面的论文和著作，其中主要有《教育与社会学》、《道德教育论》（1925 年）和《教育思想的演进》（1938 年）。这三部著作在涂尔干去世后均由其学生福孔奈（Paul Fauconet）整理出版。

《教育与社会学》（*Education et Sociologie*）一书是涂尔干教育论著中最具独创性和生命力的著作，也是全面了解涂尔干整个教育思想体系的入门读物。全书共四章，收录了涂尔干在有生之年发表的教育学研究文献。前两章复述了 1911 年出版的《教育学和初等教育新词典》中“教育”和“教育学”词条；第三章于 1903 年 1 月发表在《道德与形而上学评论》上；最后一章则发表于 1906 年 1 月 20 日的《政治与文学评论》上。

一、论教育学与社会学的关系

涂尔干指出，一切教育学进行思考和研究的首要前提是：教育在起源上和功能上都明显是一种社会活动。与其他科学相比，教育学研究应该更紧密地依赖于社会学。法国教育

---

* 本书中译文，见［法］涂尔干：《道德教育》，陈光金等译，上海，上海人民出版社，2001。

体系的改革与确立之初相比取得了巨大成果。学校成倍增加，并在物质上发生了转变，理性的方法替代了过去的陈规陋习，教育学的反思被赋予了一种新的动力，人们的创造力得到普遍激发。所有这一切教育成果，都应该成为社会学研究的重要内容。作为一位社会学家，思考和研究的首要问题就应该是教育。

教育不仅仅是一种个人事情，它更主要的是一种社会活动，因此，只把教育学当作心理学的直接必然结果是不确切的。研究教育不能离开具体的历史条件和社会条件，因为教育随着时间推移在特定的社会条件下形成了各种不同的轨迹和制度，从而决定了根本不存在一种对整个人类都普遍有效的教育。在任何社会中，都有不同的教育体系并存，并一起发挥作用。教育是在社会条件的制约下帮助人实现本性的。每一个民族的历史和现状都决定了它拥有自身的教育，这种教育不仅适用于该民族，也可以像它的道德、政治和宗教组织那样来界定该民族。教育在人身上所要实现的，并不是本性使然的那种人，而是社会希望他成为的那种人。社会借助教育为自身创造出它所需要的人，教育是社会不断再造自身存在条件的手段。正是为了社会并通过社会，教育才变得如此多样化。

教育是一种社会活动，教育学则是对这种活动的反思。教育随社会的发展而发展到一定程度，就需要有人专门从事这个领域的思考和研究，教育学的出现是推动教育科学进步的一个必不可少的因素。教育学是从具体的教育活动脱离出来，用心理学和社会学的成果去寻求行动原则或教育改革原则的反思性工作，它是为了实践的目的来对教育活动进行反思的。其中，心理学在教育学研究中的作用表现在：教育学理念在一般情况下通常首先表现为一种个体心理需求。心理学研究可用来解释这种心理需求的自身法则，以便于找到心理需求符合社会要求的途径。很明显，心理学虽然能够对教育学研究提供帮助，但却离不开社会学的合作。

教育的目标是社会性的，由此决定了实现教育目标的手段也必然具有社会性。教育制度不过是以一种更微小、更简略的形式复制了社会制度的主要特性。教育科学只有在社会沟通中才能发挥其效用。在这种意义上，教育学确切地说应该是一种教育社会学，而且这种教育社会学在更清晰的意义上则应该属于社会学的范畴。在对社会的研究中，教育学家才能够发现他的思考原则。

二、论教育的性质和作用

涂尔干从社会学的角度出发，对教育的性质和作用进行了分析和论证。

1. 教育的性质

教育首先是一种社会活动。涂尔干批判了在他以前几个世纪里的哲学界和教育界一直把教育仅仅看作个人事情的观点，并指出这种观点的局限性在于：从抽象的教育和抽象的人的角度，脱离具体的历史条件和社会条件来考察教育对于个人的影响。现实中，不加区别地适用于所有人的教育是不存在的，每个社会都有一种属于它自己的能够在个人身上产生不可抗拒的影响的独特教育体系。教育是在特定社会条件下对个人产生影响的。决定教育的各种习俗和观念不是个人的创造，而是社会生活的共同产物，表达了社会生活的共同需求。个人只能学习理解教育体系，却无法随意创建、毁坏或更改既存的现实。

教育由两个要素组成：一是成人对年轻人的影响；二是确定这种影响的性质。采用社会学方法——历史和现实的考察来确定教育影响的性质，教育的功能就是在儿童身上唤起：在他所属的社会中，每个社会成员都会有必不可少的一定数量的身心状态；在特定的社会群体（种姓、阶级、家庭、职业）中，所有成员都应该具备特定的身心状态。综合考察教育的两个要素，涂尔干指出，教育应该被定义为：年长的一代对尚未为社会生活做好准备的一代所施加的影响。教育的目的就是在儿童身上唤起和培养一定数量的身体、智识和道德状态，以便适应整个政治社会的要求，以及他将来注定所处的特定环境的要求。简言之，教育就在于使年轻一代“社会化”。

2. 教育的作用

涂尔干指出，教育是年轻一代系统地社会化的过程。教育首先是满足社会需要的产物。社会的发展决定了人的道德教育、知识学习、智力培养的具体内容的变化。社会使我们考虑到自身之外的其他利益；教会我们驾驭自己的激情和本能；教会我们约束自己，使个人的目的服从于更高的目的。人在社会中形成的这种自我控制的能力，使人类更加完满并获得更大的发展。随社会的发展而积累起来的各个历史时期的科学知识，也支配了我们今天思维的核心概念。

教育的作用超越了社会与个人、国家与个人的对立。人是个体存在和社会存在的复合体，而其中的社会存在是通过教育来实现的。教育把生物性的人引向一种道德生活和社会生活，在人的身上创造了一种新的存在。在智力、身体和道德方面，社会通过教育在人身上建构起来的新的存在是与人的个体愿望相一致的，代表着人身上最好的部分。正是社会存在的无限积累，才会使人类整体得到提升，使人类在胜过动物的同时实现了自我超越。

国家在教育中具有重要的作用，因为教育具有一种重要的社会功能，国家就不可能对此无动于衷。社会存在的价值要求教育必须保证公民拥有厚实的观念和情感共同体，这就决定了教育要由国家控制。国家的作用就是确定社会所有人共同的原则，即对理性、科学乃至作为民主道德之基础的观念和情感的尊重，并使之得到贯彻。尽管国家干预教育的原则不容置疑，但这并不意味着国家必须垄断教育。国家要通过一些具有道德权威的教育者来培养儿童的自主性，使他们依据自己的天生禀性按照国家的社会分工来实现“专门化”。

三、论教育学的性质和方法

涂尔干对教育学的定义和教育学研究的方法进行了探讨，仔细区分了“教育”和“教育学”这两个概念。

1. 教育学的性质

涂尔干指出，“教育学”与“教育”是不同的两个概念。教育通常是使用言语和付诸行动来持续不断地塑造儿童。教育学则是用来反思教育现象的某种方式；构成教育学的不是行动，而是理论。教育学既不是教育，也不能取代教育的地位。

教育学研究之所以能够成为一门科学，是因为其具备了三个特征：一是教育学研究的现象是一种可以被证实、选择和观察到的社会事实；二是这种事实本身具有充分的同质性；三是教育学研究是为了了解这种事实。

教育学探讨的主要问题有两个：一是与教育体系的起源有关的研究，即在特定的社会条件下，选择特定国家或民族的教育体系，从理论上解释教育制度的确立过程。二是与教育体系的功能有关的研究，即根据科学的统计资料来考察当前的教育制度的运行情况。

教育学不同于纯粹科学的特点在于，它同时具有艺术和科学两方面的特征。教育学的艺术性表现在，它包括从事教育实践的教育者在专业活动中所获得的许多实际经验。一名优秀的教师可能知道怎样去做具体的事情，却经常无法提供能够证明他所采取的行动步骤的理由。相反，教育学家也不一定具有从事实际教学工作的能力。教育学家在严格意义上并不是从科学理论的角度论述教育理论的，而是通过他所熟悉的实际的教育活动来构建一种理想。一方面，在这种理想中包含了教育学家处理教育问题的各种专业技能；另一方面，对于这种教育理想的论述在表达方式上却是理论形式的，是概念的组合，并具有一定的科学特征。

总之，教育学是实践性的理论。它不是研究教育体系，而是通过对教育体系的反思，为教育者的活动提供具有指导意义的观念。

2. 教育学的研究方法

涂尔干指出，教育学是用心理学和社会学的成果去寻求教育活动或教育改革原则的反思性工作；就从科学的角度研究教育学来讲，心理学和社会学是两种可能的研究途径。

教育学研究方法主要有：一是教育学要从历史的角度来解释教育体系；二是从教育学自身历史发展中借鉴尽可能多的研究方法；三是通过心理学研究，特别是集体心理学研究，来确定在特定时期中教育应该实现目标的手段。

四、对于法国中等教育的历史分析

涂尔干运用社会学研究中的历史分析法来分析法国中等教育的演进与作用。

1. 关于中等教育制度

涂尔干指出，分析法国中等教育制度有两个主要目的：一是通过分析了解法国中等教育应该具有哪些特点；二是通过分析培养一种有助于共同合作的情感。

任何教育制度都是由两种要素构成的：一种要素是要有一系列明确和固定的安排，即一套制度；另一种要素是在教育制度历史发展中，始终有一种处于形成过程之中的新生事物。人们要想成功地引导教育制度的演进，不能不对教育制度的发展和现状进行历史的分析。

分析法国中等教育制度的发展，应该从历史的角度对法国中等教育制度的客观性质、各种有关的观念潮流以及相关的社会需要等方面进行具体的分析。只有通过这种历史的分析，才能揭示出与法国中等教育制度有关的特殊社会条件，才能了解教育制度的意涵、地位以及它在整个民族生活中所起的作用。

2. 关于公立中学教师

涂尔干指出，作为一名公立中学教师，只具备教师的专业技能是远远不够的，他还要能够充分意识到自己的作用——具备职业反思的能力。这种能力不是天赋就有的，而是通过培养得来的。这种反思能力构成了一种首创精神所必需的专业素质。

公立中学教师之所以要具备职业反思能力主要有两方面的原因：一方面，中等教育比初等教育复杂得多。在小学，每个班级主要由一名教师来管理，教育具有一种自然的统一性；而在中学里，一个学生同时要学习各种课程，教师出现了真正意义上的教育分工。另一方面，自 18 世纪后半期起法国中等教育经历了一次严重的危机，确立今后法国中等教育的发展目标成为一个迫切需要解决的难题，进行职业反思会有助于教师团体重新确立目标。

（王彦力）

44. 克伯屈

教学方法原理 1925年*

克伯屈（William Heard Kilpatrick，1871—1965）是美国教育家，出生于佐治亚州。大学毕业后，克伯屈曾在佐治亚州数所公立学校任教员或校长；20世纪前后，任默塞大学数学教授，后任该校校长。1912年，克伯屈获哥伦比亚大学博士学位；1918年任哥伦比亚大学师范学院教授及系主任，主讲"教学方法原理""高等教育哲学"等课程，在该校工作直至1938年退休。在哥伦比亚大学研究和工作期间，克伯屈既是杜威的学生，又是杜威的亲密同事。他接受并吸收了杜威的思想，在教学、讲演和论著中，总是大力通俗地阐述杜威的教育思想，使杜威的艰深晦涩、不易理解的教育著作广为流传。然而，在阐述杜威教育思想的同时，他对很多教育问题也提出了自己的新见解，做出了新贡献。

克伯屈有着丰富的各级学校教育教学经验和深厚的教育理论功底，一生写了大量的教育论著。他是20世纪上半叶美国进步教育运动的著名代表人物之一，设计教学法的著名代表。其思想和主张一度成为当时教育界争论、批判而又尝试、仿效的焦点之一。

《教学方法原理》（*Foundations of Method*）成书于1925年，是作者在多年教授"教学方法原理"课程的基础上写成的，体现了其进步教育观及设计教学法原理。该书分前言和21章正文。前言提出本书所要解决的主要问题。第1～9章是该书主要部分，讨论了学习心理学和广义的方法问题。通过狭义和广义方法的对比，说明广义方法价值和使用的必然性。第10～12章讨论了兴趣在学生学习中的作用和使用问题。第13～15章讨论学生学习中的目的因素和学生思维步骤。第16～18章提出社会在变化，课程、教材、方法亦应随之而变。现实社会要求课程体现的主要的不应是知识，而是儿童的发展和适应社会发展的能力。第19～20章用学习规律探讨了道德教育方法。第21章是全书的总结，同时讨论了设计教学法的问题。值得注意的是，本书是一部批判性、针对性极强的著作，作者是在抨击传统教育弊端的基础上阐述自己的方法观点的。

一、共时性学习和伴随性学习

克伯屈提出了"共时性学习"的概念。共时性学习现象是克伯屈提出的广义的方法的教育心理学基础。克伯屈认为，儿童在学习时是多种学习同时进行，而不是被简单地认为

---

* 本书中译本，王建新译，北京，人民教育出版社，1991。

先学什么，后学什么。基于学习的对象，各类学习过程（例如，知识学习过程、品德形成过程、习惯养成过程、性格塑造过程等）总是互相交织、密不可分的。学习其中之一在某种程度上总是与学习其他的东西紧密联系在一起的。这样，当儿童以具有意义的方式对任一刺激做出反应时，他不是做出单一的反应，而是做出多种多样的反应。克伯屈把儿童在同一时段里以不同的方式在各个方面进行学习称为“共时性学习”。正因为儿童的学习是“共时性学习”，教师对学生学习情境的处理方式，将会影响着学习质量的总和。

在“共时性学习”概念的基础上，克伯屈还提出了主学习、副学习、伴随学习的概念。主学习指所有属于受到直接考虑范围且往往有直接结果的学习，它更多地属于专门的知识与技能的学习。副学习指进行学习时的协同思维和想法。伴随学习是因主学习和副学习而形成的思想、观点和态度等。例如，做裙子，尝试下料、裁剪、熟练缝纫技巧就是主学习；考虑裙子颜色所用的染料，琢磨这些染料是怎样预备的等就是副学习；做裙子时明白仔细的好处，并形成做事仔细的品质就是伴随学习。伴随学习是建立在比较概括化的理性认识上的态度，因而形成较慢，需连续的经验才能在一个人的性格中确立下来。

伴随学习的提出是克伯屈的一个创见。之所以提出这一概念，是因为他认为任何学习都是“共时性学习”，在儿童时代尤为如此。学习过程是知识、能力获得过程，也是品格、习惯、感情和态度的形成过程，伴随学习的内容是人生最为需要的。然而，正是这种学习因传统教育过于强调主学习而往往被忽略。

二、学习方法

克伯屈对教育教学的一般法则问题十分重视。他认为，所谓方法实质上是一个哲学问题，即怎样看待教育和某一类型教育的价值问题。因此，他提出了广义的方法和狭义的方法问题，认为广义的方法差不多是教育领域中最重要的问题。

关于广义的方法，概括起来，就是以社会生活为中心，以扩充学生的生活经验为手段，以培养民主社会所需要的具有各种良好的习惯、态度、适应生活环境的能力和能独立思考的公民为目的的教学方法。而狭义的方法就是传统教育里那种以书本为中心、以强制学习和记忆背诵为手段、以获取书本知识为目的，而忽视能力、良好习惯和态度的培养的传统教学方法。狭义的方法关心的是儿童如何能富有成效地学习这个或那个具体事物，如拼读默写；而广义的方法所关心的是儿童所做出的一切反应。旧式教育局限于狭义的方法，而新式教育强调广义的方法却又不忽视狭义的方法。

克伯屈指出，重视广义方法的原因是：

（1）民主社会要有民主方法。在美国必须有一种适应民主社会的教育，民主社会应有民主的学校体制，这种体制应便于更充分地设计出对待青年的适当方法，使他们适应于成为民主的公民。那种普鲁士式的旧方法对美国不适应。因为帝国主义的普鲁士希望它的儿童将来干这干那，做商人、店员，当军官，任政府官员，但都得做驯服工具。

（2）方法问题是生活本身的问题，学会过好生活的唯一办法是实践过好生活。克伯屈批评了过去的学校是从整个生活中选取了某些智力活动的工具（如技能与知识），在阅读、算术、地理等科目中加以安排，并分别施教。似乎一旦掌握了这些，就会组合成为有意义的生活。事实上，对学科的高度人为的集中研究，经常意味着儿童在校学习的整个期间仅仅过着贫乏的生活。因此，应将教育看作与整个生活相关的整体，这样，势必重视广义的方法。

（3）儿童在学习中的态度和体验、学习情绪十分重要。克伯屈指出，旧式方法只重视学习内容，忽视了学生的学习态度和情绪，因而大大影响了学习的效果和质量。学生只能一点不差地对被指定的测验内容负责，校长、主任和教师们一般只对能够指定和测验的知识与技能给予正式的注意，而所有的兴趣、理想、态度和鉴别力往往都受到了轻视或忽略。广义的方法正是要克服这种弊端。

三、学习因素

克伯屈从教育心理学的角度论述了影响学习的因素。

（1）自觉性与明确的目的。克伯屈指出，传统教育采用强制的办法让学生学习，结果儿童只会死记硬背、呆头呆脑。究其原因，是因为学生没有自己确定的目的，对所学的东西没有兴趣，不能激发内部的动力和天资，他们只是无可奈何地顺从教师的意志，当然效果不佳。因此，学习目的和高度的学习自觉性是儿童取得最佳学习效果的良好开端。自觉性至少有三个方面的作用：第一，能高度调动和集中学生学习的注意力。第二，学生学习情绪能达到极佳的状态。第三，能最大限度地把学生的固有认识能力投入新的学习活动中。明确的学习目的对学生来说也有三个作用：第一，引导学习动机，产生更大的努力。第二，便于有效地组织实施。第三，使学习自觉性增强，学习效率高，巩固率好。

（2）心理倾向。心理倾向会使一个人的内部智能做好准备，设法排除各种干扰，去实现目的。为此，克伯屈甚至认为，在儿童对学习活动产生了心理倾向后，适度的困难会增强可能的整体教育效果。但心理倾向与感兴趣差不多是一回事。“对所做的任何事情感兴趣，便是对所做之事具备了定式”，“这意味着要做此事的内部冲动从感官上、思想上有助于这件事的准备状态”，而“兴趣是努力的自然基础，兴趣越浓，越是努力”。

（3）参与生活。传统的学习内容是学校硬性规定的、与生活脱节的功课。学生往往对学习的内容产生厌烦，与教师处于敌对状态。针对这一情况，克伯屈提出，教学方法就是社会生活本身，学生必须参与生活，使学习成为实际生活的一部分。参与生活既与教育相伴相随，又是学生学习不可或缺的一个因素。学生只有亲自参与生活，亲身参加活动，才能真正学到与那一活动和生活相关的知识技能。

（4）强迫的使用。克伯屈认为，新的教学方法也不能完全排除强迫，教育仍要使用这种方法，但得巧妙运用。一个引起对立定势的存在，是强制的本质因素。强迫会给学习者的行动带来无准备状态，会降低在成功地完成这一行动时伴随的满意感。根据心理学的效果律，教学中应尽量避免使用强迫做法。然而，强迫并不阻碍全部学习，强迫可能导致一定程度的学习。而且，如果运用得当，强制也会在道德方面有所帮助。总之，可以使用强制，但要巧妙使用，而且要懂得强制会同时带来的可能的害处。

四、学习兴趣

克伯屈认为，兴趣是现代教育的主要因素之一。但是，要反对“单纯的令人兴奋”或单纯地追求儿童“感兴趣状态”的做法。兴趣就是指一个人专心致志于某件事，且全力以赴做那件事情。兴趣激励人全心全意努力，全身心地沉醉于为达到感兴趣的目标的努力之中。兴趣包含了儿童的努力。

关于处理课程编制与兴趣的关系，历来有两大阵营：一派强调强制性教育课程；另一派强调糖衣式的“温和教育”课程。克伯屈认为，两者皆失之偏颇。因此，在处理兴趣和努力方面，课程编制的原则是：(1) 激发儿童兴致勃勃地活动。(2) 使课程各方面适合儿童的能力。(3) 从儿童兴趣出发，适合儿童兴趣的活动要始终超越儿童过去已有的水平。

五、问题教学

20世纪初的美国，赫尔巴特的五步教学法正遭到怀疑，问题教学法在课堂上悄然兴起。克伯屈认为，问题教学更好地利用了有利于学习的条件。例如，能更好地集中学习者的注意力；造成学习者有利的定势和准备状态；促进学习者对经验的组织。另外，问题本身也是一种挑战，它能激发起学习者的特殊努力。

关于问题教学的组织，克伯屈列出了简要的七个步骤：(1) 设置情境，引发儿童探索的兴趣和心理倾向。(2) 出现困难，使儿童发现了探索中的困难。(3) 考察环境，找准困难点，准备提出问题。(4) 提出解决问题的办法：提出假设，设计方案。(5) 从提出的假设中，得出一种或多种解决问题的办法。(6) 进行实际实验，检验某种办法是否可行。(7) 依据检验，接受正确的解决办法。

六、教学过程、课程和教材

克伯屈认为，旧的教育把整个过程置于为将来生活做准备的一种极端认识上，从而使旧教育表现出十分明显的外加学习的弊端：一些有价值的学习（如学生的生活态度）被忽视；儿童的学习方法受到损害，强调机械记忆，对思维及联系注意较差；不鼓励教师思维，把教师当作工厂技工对待；道德教育机械呆板，品质受害不浅，师生对立不可避免。

旧式教学是与旧式课程和教材相互联系在一起的。克伯屈认为，传统的课程和教材是适合于成年人的思维形式。课程被“剁碎”，一次让儿童学习一块，以为儿童得到所有的单独碎块以后，就会有了整体。这样，儿童的学习只是努力记住别人对经验结果的叙述。在这种条件下，儿童发现和探索的思维就受到了限制。

克伯屈强调把生活列入教学中，让学生亲自体验生活，获得经验。这样，学校的课程也应以完整的实际生活为内容，以活动课程代替学科课程，以完整的现实生活代替被割裂的、间接的知识碎块，使儿童在自己设计的活动课程中主动地、兴趣盎然地学习，不断地获得和改造经验，以达到继续生活的目的。教材应按儿童心理发展顺序，即按儿童心理经验和能力发展的顺序去组织，使之心理化、综合化和生活化。

七、道德教育

克伯屈把道德教育看作全部教育的一个部分或一个方面。德育有三个目标：直接的行为；导致的性格；导致比较遥远的行为。在生活中，行为与性格的改变互为因果，每一种行为活动都以现有的性格为条件并帮助形成新的性格。在德育中首要的目标是性格的塑造，而不是直接的外部效果。习惯是性格的单位成分。塑造性格就是塑造正确的思维习惯、感觉习惯及外部行为习惯。由于这些习惯只能通过实践获得，要使一个人形成一种品德或者某种性格，必须确切地练习这种品德。对儿童进行品德教育，要使其外部表现和内心态度及自觉性相结合、相一致。

八、设计教学法

1. 含义

设计就是在社会环境中专心致志，努力进行一种有目的的活动，或一种有目的的活动单元。设计教学法则是：以有目的的方式对待儿童，以便激发儿童身上最好的东西，然后尽可能放手让他们自己管理自己。其中目的性和儿童自己管理这两个因素非常重要。据此，克伯屈认为，设计教学法的主要内容有以下四个方面：（1）必须是一个有待解决的实际问题；（2）必须是有目的有意义的单元活动；（3）必须由学生负责计划和实行；（4）包括一种有始有终、可以增长经验的活动，使学生设计获得主要的发展和良好的生长。

2. 步骤和种类

设计教学法由四个步骤组成：（1）决定目的；（2）拟订计划；（3）实行；（4）评定结果。克伯屈认为，设计教学的目的确定、计划拟订、实行和结果评定都应以学生为主，教师要考虑学生的愿望，不包办代替，同时又要积极指导，提供帮助。

克伯屈把设计教学法分为四种类型：生产者设计；消费者设计；有目的地解决问题设计；练习设计或特别学习设计。

（田景正）

45. 罗素

论教育，特别是早期教育 1926年*

罗素（Bertrand Russell，1872—1970）是英国哲学家、数学家、逻辑学家、社会思想家和社会活动家，诺贝尔文学奖获得者。16岁以前，罗素一直接受家庭教育，1890年进剑桥大学主修数学，大学毕业后曾长期在剑桥大学任教，并到世界各国讲学，产生广泛影响。

1921年9月，罗素与朵拉·布莱克结婚，相继有了两个孩子。由于在知天命之年才得子，罗素对孩子钟爱有加。也正是由于这一原因，罗素在这一时期对教育问题（特别是幼儿教育问题）给予了特别的关注。早在第一次世界大战时期写成的《社会改造原理》一书中，罗素就从改造社会的需要角度讨论过通过教育改造人性的问题。现在，由于孩子出生，罗素又从新的角度对教育进行了更为系统的研究。他的研究心得、教育子女的实践经验，以及对自己早年与教育有关的人生经验的反思、对目睹的现实中各种教育成败得失的认识，均浓缩在《论教育，特别是早期教育》一书中。

《论教育，特别是早期教育》一书分上、中、下三篇，在结构上则由五个部分构成：（1）导言，介绍了作者写作本书的宗旨及思路。（2）上篇（包括第1、2章），论述了现代教育理论的基本原理及教育的目的。（3）中篇（包括第3～13章），论述了品性教育。（4）下篇（包括第14～18章）论述了智力教育。（5）结论（第19章），对全书做了回顾，并重申了某些重要观点。

罗素声称本书主要是为做父母的人写的；同时，还说自己对教育是外行，只是业余爱好，可能有不少无知的看法。这些当然是自谦之言。值得注意的是，罗素的教育理论以民主与科学精神为基本特征，充满了怀疑精神和向传统观念挑战的勇气；此外，书的字里行间充满了辩证的色彩。虽然总的来说，罗素属于20世纪初欧洲新教育思想家之一，吸收了当时许多新兴思潮或理论——尤其是弗洛伊德精神分析理论及儿童中心主义教育思潮——的观点，但他对任何一种理论、观点的分析（包括最流行的理论及传统理论）并未全盘肯定或全盘否定，而是抽丝剥茧般地细致分析，取其精华，去其糟粕，这使得作者的立论较为公允，并经得起时间的考验。

本书于1926年同时在英国和美国出版。在英国出版时书名为《论教育，特别是早期教育》（*On Education，Especially in Early Childhood*）；在美国出版时名为《教育与美好生活》（*Education and the Good Life*）。两种版本主要内容一致，但标题、内容有少量

---

* 本书中译本名为《罗素论教育》，杨汉麟译，北京，人民教育出版社，2009。

差异 。本书出版后受到热烈欢迎，一版再版，成为 20 世纪教育经典著作之一。作者也因此跻身于 20 世纪最杰出的教育家行列。

一、导　言

世上有许多父母急切地想使自己年幼的孩子接受尽量良好的教育，但又不愿让他们受到现存教育机构的弊病的危害，因此教育改革势在必行。我们希望自己的孩子所接受的教育，为两个目标所制约：一是关于人类性格的理想；二是对他们将来在社会中所扮演的角色的期盼。过去有人将教育作为灌输某种信仰的手段，另有人则认为教育应致力于培养独立判断的能力。现在心理学和教育学新成果的面世为人们超越上述争论、正确处理教育问题提供了新的思想。这一点尤其适用于人生的头五年。这也就使得父母在教育上的重要作用相应增加。

二、现代教育理论的基本原理

1. 民主与教育的关系

教育制度民主化是现代教育发展的趋势。19 世纪前，教育理论的两大改革家是洛克和卢梭。但他们思考的只是贵族子弟的教育，与现代教育家的境界存在差距。现在我们所追求的教育制度是一种能为每个男女儿童都提供最佳机会的民主制度。但在民主与教育的关系上，绝不可简单地整齐划一，否则将使科学进步遭受重创，并使得普通教育在低水平徘徊，故我们必须谨慎地接近教育上的民主。

2. 装饰与实用的关系

与其重视教育的装饰功能，不如重视其实用功能，这是现代教育的另一发展趋势。这个问题同古典教育与现代教育之争紧密联系。有人认为，古典学科是装饰门面的，而科学是实用的，教育应当成为某些职业的培训。罗素认为，上述争执中，单纯地偏向任何一方都是片面的。旧时代英国绅士的教育只是最狭义的装饰，它是贵族化教育理想的表现，时至今日，已经完全过时。罗素认为，科学教育可以改善人类的物质生活，这是拉丁语、希腊语等古典学科无法具有的功能。此外，科学不仅实用，而且具有重大的内在价值，例如可提供沉思默想的题材，因此在当代，除去专门人才的教育外，青少年不应将过多精力耗费在古典学科的学习上。但这并不意味着教育中人文主义的要素不如功利主义的要素那么重要。他认为，如将教育的装饰功能及实用功能做一广义的阐释，二者是可以协调的。人文学科有愉悦精神的功能。人们如果不知如何利用闲暇与健康，物质文明的获得就没有意义。

3. 心理学、伦理学与教育的关系

罗素指出，心理学现已发展到极具实际重要性，应用于教育，将使教育获益匪浅。罗素分析了以下问题：

（1）纪律。旧的纪律观将纪律解释为禁止及体罚，现代教育则将传统纪律悉数废止。只要遵从儿童的心理，不用强迫手段也可达到教育目的。

（2）人性。过去教育方法深受基督教的“原罪说”影响，惩罚成为教育中不可缺少的手段，无数前人深受其害。现在这一观念已近绝迹。关于人性的另一种观念是卢梭倡导的性善论。事实上，儿童生来既非“善”，亦非“恶”，他们生来只有反射特性及几种本能，由于受到周围环境的影响才形成或好或坏的习惯。儿童本性在人生起始阶段具有令人难以置信的可塑性，向或好或坏的方向发展主要取决于养育者的智慧。

4. 重视幼儿期

给幼儿期以更多的注意亦为现代教育发展趋势之一。这与人们关于品性训练观念的转变有密切关系。精神分析技巧对此做出了贡献。过去流行人性恶，认为人无法扫除邪念，对人性只能加以压制，而现代心理学家则认为人是环境的产物。在习惯易于养成的幼儿阶段培养良好的习惯又使得美德几乎成为自动具有的一样。单纯的压制绝不能消除邪念，只能使欲望扭曲，并另辟通道。精神分析学对幼儿期重要性的论述虽有所夸大，但确有道理。品性教育必须始于诞生之时，有目的的教育可以比前人所认为的更早进行。

5. 教育的目的

关于教育目的历来众说纷纭，与不同的社会制度有关。现代世界列强（如日本、美国）都有一种重要趋势，即以国家的强大作为教育的最高目的。罗素指责这些国家的做法是把学生当作实现目的的工具，而不是目的本身。他明确提出了个人本位的教育目的：在现有的国家里尽可能培养美好的个人。完善个人和完善社会必须同步进行，但在讨论教育问题时更为关注的应是个人。

罗素认为，一个理想的教师应当真心地爱学生，但教育者光爱儿童还不够，教育的目的是通过教育培养理想的品性。在他看来，理想的品性表现为以下四种特征：（1）活力；（2）勇敢；（3）敏感；（4）理智。罗素并不认为具有上述四种特征已经足够，但认为它们确实可使人们趋于完善。他坚信，只要人们在身体上、情感上和智力上适当地关心儿童，所有这些资质均可形成。教育是打开新世界的钥匙。一个由最高等级的教育而培养的具有活力、勇敢、敏感和理智等特性的男女组成的社会，将与迄今存在的一切社会截然不同。

三、品性教育

罗素的品性教育学说受到精神分析学家的深刻影响。他认为，品性教育主要是婴幼儿时期的事情，如果处理得当，6 岁前便能基本完成。

1. 1 岁前的习惯培养

罗素认为，在儿童出生后，成人首要的事情是树立正确的儿童观，即使对待婴儿也要像对待成人一样给予尊重，任何时候都不能把孩子视为比巴儿狗更有趣的玩物。人性既非善，亦非恶，本能的素质在伦理上是中性的，不同的教育与环境可将其引向不同的方向。婴儿出生之日，便应是道德教育开展之时。新生儿有反射和本能，没有习惯，但养成习惯的迅速性令人吃惊。婴儿期首先养成的习惯十分重要，因为每个坏习惯都会阻碍以后好习惯的养成。如果首先养成的习惯是好的，日后无穷的麻烦即可免除。不但如此，首先养成的习惯以后会有本能之感，并且能与本能一样根深蒂固；后来养成的与之相反的新习惯则不会具有同样的力量。因此，最初的习惯应当引起养育者的极大重视。通过良好的习惯产生成绩，这是现代道德教育的秘诀。

在婴儿期习惯培养的方法上，应考虑到健康和品性两个方面。身与心的健康并不矛盾，于健康有利的，于品性也有利；反之亦然。首先，可通过睡眠、饮食和排泄等活动来使婴儿养成按时行动的习惯。其次，应当极力提倡婴儿的自娱活动，阻止他们求助别人。教育婴儿的主要困难是在忽视与溺爱之间求得巧妙的平衡。健康所需要的一切事情都必须去做，但在护理孩子的时候不应当过分娇惯，应尽量减少对他们的外部约束，与此同时，培养婴儿的自制力。

2. 恐惧

罗素指出，新生儿极易受到惊吓，到第二年和第三年，还会产生恐惧。其原委既可能出自本能，也可能出自联想。不过人们通常认为属于本能的恐惧，其实大多是后天形成的，如果未经成人渲染，它们根本就不会产生。在幼儿教育中，使他们对危险的事物有合理的理解是必要的，无端的恐惧则大可不必。无论是理性的还是非理性的惧怕都应逐渐克服，因为长期的恐惧会养成儿童怯懦的性格，并且会泯灭儿童的好奇心，于其智慧发展极为不利。

为了消除幼儿的恐惧，可采用以下方法：（1）利用其他儿童（如幼儿的兄姊）为幼儿树立表率。（2）尽可能借助于传授操作或控制物体的技能（如攀登、探险）来培养肉体上的勇敢。（3）当儿童有了小病小灾时，成人不必过分流露同情，要培养儿童的忍疾耐苦而不怨天尤人的习惯。（4）幼儿的许多恐惧来自对神秘物的无知，向幼儿讲解科学道理可消除这种恐惧。（5）害羞是胆怯的一种表现形态，不妨让幼儿多见生人，并受生人抚摸。（6）成人也要为儿童树立表率。如要消除孩子的恐惧，父母自己先要无所畏惧。

3. 私心与公正

私心是儿童身上一个与恐惧类似的部分，属于本能的品质。人人都有个人利益，人的自我若无外界压力的约束，就会不断膨胀。但维护个人合法权利不应视为罪恶。道德家们倡导的自我牺牲不能成为人人必须尊奉的真正信条，因为它不可能普及。在儿童教育中，公正是应当努力灌输到他们的思想及习惯中去的观念。

罗素主张通过以下方法克制私欲，传授公正的观念：（1）不宜向个别的儿童传授公正的观念，真正的公正教育只有在儿童聚集之处才能施行。故儿童不应独居，而应有伙伴。（2）公正感不是天生的，但成人只要处事公平，儿童会迅速战胜排斥他人的私欲，并服从公正原则。（3）不宜通过道德说教来宣传公正观念，并压抑私欲，否则只会使后者进入潜意识，并产生扭曲的效果。（4）不宜在孩子身上培养狭隘的财产意识，必要时，成人可采取断然措施。

4. 诚实

罗素认为，培养诚实习惯是道德教育的主要目标之一。所谓诚实包括语言上的和思想上的两个方面，思想上的诚实更为重要。不诚实产生的原因是由于恐惧的结果。从小未受过恐吓的孩子必定诚实，这不是由于道德约束的缘故，而是因为他想不到别的做法。不过成人在判断孩子是否诚实时必须谨慎。孩子的记忆很不准确，并且他们往往不知道应该如何回答问题，而不了解他们的成人却误以为他们知道。因此，幼儿初期的教育需要耐心和严格。当孩子说谎时，父母不要单纯责备孩子，应和蔼而富有理性地讲清说谎不好的原因，努力消除孩子说谎的根源，有时还要引咎自责。如果用惩罚的方式来解决，只会增加孩子的恐惧，从而增加说谎的动机。同时，父母对孩子应始终以诚相待，给孩子做出良好的榜样。

5. 夸奖还是责备

罗素承认夸奖和责备对于幼儿的教育来说是需要的，但在具体运用时应注意几个问题：第一，无论是夸奖还是责备都不应采取比较的方式。例如，不应对一个孩子说他比某某孩子做得好，或某某孩子不淘气。因为前者产生藐视，后者产生怨恨。第二，责备应比夸奖少得多。它作为一种惩罚，遇到有意外错误时才可使用；而且在产生效果后，不应继续使用。第三，对于普通的事不应夸奖，只有勇气或技能方面的进步，以及经过道德上的努力之后在财产方面做出的无私行为，才可给予夸奖。主要的动机应当永远是对于事物本身的兴趣。至于对受夸奖的愉快的渴望，只应成为次要的动机。

成人不宜向幼儿侈谈空洞的道德原则，所有的道德教育都必须是直接的和具体的，必须起因于自然形成的情境，并且不应超过在特殊事例上所应做的事情。罗素反对体罚，认为轻微的惩罚无益，严厉的惩罚则一定会导致残忍和暴行。这种情况对于将来有可能掌权的孩子来说极其危险。此外，体罚也破坏了亲子之间或师生之间应有的公开信任的关系，易使孩子养成两面三刀、阳奉阴违的恶习。

6. 爱与同情心

罗素指出，爱与同情是良好的品性。爱是良好品性的精髓。爱和知识是正确行为的两种主要因素。在父母、子女之间，爱的种类有多种，一种是父母间的男女情爱，一种是亲子之爱，还有一种是孩子对父母的爱，这几种爱不能混为一谈。就亲子之爱而言，正确的爱应是恰当对待正在成长的孩子的自然的结果，而不是刻意追求的东西。爱不能作为一种义务存在，告诫孩子应当爱父母完全是徒劳之举。在动物界，纯粹的父母本能并不要求子女做出情感上的反应。但在人类则不同，父母期望他们亲子之爱得到回报是普遍现象，乃至过分了。有些在情爱上失意的成人也试图通过亲子之爱来得到补偿，这更是不幸之事，因为这会阻碍子女的正常发展，并产生诸多不良后果。就广义的爱与同情而言，欲用强迫的方式培养是无效的，唯一可行的方法是观察这些情感可以自发生成的条件，然后努力创造条件。

为了培养激发儿童的爱心与同情心，罗素提出以下主张：(1) 使孩子深切地意识到人类和动物都有痛苦的感觉，并因此产生同情心。(2) 不可让孩子看见他所敬爱的人有杀戮，或粗言恶语、酗酒、打人等不良行为。(3) 只有到时机成熟时，才可让儿童接触并正确认识某些事物（如战争）或不仁不义事物的真相。

罗素最后说，爱不能创造，而只能解放，几乎总是从那些幸福愉快、无忧无虑的人中产生出来。至于恐惧，极易引发仇恨，嫉妒也是培养爱心的一大障碍。要使儿童有爱心与同情心，成人就要善待儿童。

7. 性教育

罗素指出，迄今为止，性仍是深受迷信和禁忌包围的一个话题。但他主张完全像对待人类品性的其他冲动那样来对待性问题。弗洛伊德学派的一个重要贡献是，指明了由于在性问题上对幼儿处理不当而导致的神经紊乱。

性教育的主要部分是回答有关提问。应贯彻两条原则：(1) 永远要真实地回答问题；(2) 要完全像对待其他知识一样对待性知识。成人在回答幼儿有关性问题的提问时不可故弄玄虚，应以纯科学的态度向幼儿讲明真相。孩子应首先从父母或教师那里获得有关性的知识，而不是从因教育不良而变得下流的孩子那里获得。

四、智力教育

1. 智育的一般原则

罗素认为，如果孩子在6岁前已受过良好的教育，入小学后，学校最好把精力主要放在纯智力的进步上，并借此促成所需品性的进一步发展。品性的完善虽然不应成为教学的目的，但有些品性是非常可取的，对于求知也甚属必要。这种品性或可称为“智力美德”，主要包括好奇心、虚心、有志竟成的信念、耐心、勤勉、专心和精细等。其中，好奇心是最基本的。如果好奇心强烈并且目标正确，其余的品性便会随之而来。

作为新教育派的代言人，罗素强调教育的动力应当是学生的求知欲，而不是教师的威严。对于幼小的孩子来说，如果一开始就去鼓励其求知欲，以后又把向孩子提供他渴望得到的知识视为一种恩惠，所需要的外部约束就会少得多，并且无须费力就能引起孩子的注意。罗素认为，蒙台梭利在这方面是成功的，并归纳她的做法是：（1）功课有趣，难度适宜；（2）起初有其他稍大一点的孩子进行示范；（3）同一时间没有其他明显有趣的事情吸引孩子的注意力；（4）有数种要孩子做的事情，让他自己选择，单独去做。在上述条件下，几乎所有的孩子都会十分愉快，并且无须强迫便能在5岁前学会读和写。

罗素主张，鼓励儿童将一切问题都看成是悬而未决的，可以争论；并且作为争论的结果，任何见解都有抛弃的可能。主动的和独立的学习能使学生获得发现的机会。在整个教学期间，应当有一种知识上的冒险意识，理解疑难问题会使人感到振奋和愉快。每一个好教师都应当使学生产生这种感觉。要尽可能让学生变被动为主动，这就是使教育变苦事为乐事的秘诀之一。

罗素又指出，他不相信真正完善的教育能够自始至终都是有趣的，无论人们如何渴望了解一个学科，其中某些部分肯定是枯燥无味的，但是，教师必须对学生讲明这些枯燥部分的重要性。他强调培养学生的科学精神，即要求发现真理的强烈愿望。旧式教育中的智力训练不无可取之处，错误的是那种扼杀求知欲的方法；现代教育的真正危险在于人们不分青红皂白地反对旧式的严格训练。正确的做法应当是，一方面必须努力保证严格的训练，另一方面要采用其他不同于旧式惩戒性的方法；关键在于让学生感到所学的东西至关重要，这样便会勤奋起来。

2. 14岁以前的课程

罗素指出，在儿童14岁之前，学校的教学内容应是每个人都应知道的东西，故应实施通才教育，专业化教育应在以后进行。14岁前，教育的目的之一还在于发现儿童的特殊才能，以便日后着意培养。对于儿童应学习的课程及顺序，罗素提出了以下构想：

（1）假定如蒙台梭利学校所做到的那样，儿童到5岁时已初步学会读、写、绘画、唱歌、舞蹈的基础知识，以及初步控制自己注意力的能力，从而为以后的学习奠定基础。

（2）5岁后入小学，可学习的课程有：算术、地理及历史、舞蹈及歌咏、文学、外语、数学和科学（包括几何、代数、物理及化学等）、古典学科。

3. 14岁以后的学校教育课程

可分为三大类，即：（1）古典学科；（2）数学科学；（3）现代人文学科。高智商的学生可根据特长分专业学习，以便造就专业人才。中等智商以下的学生则不应分专业。职业教育也应重视。

罗素指出，有几种学科（包括解剖学、生理学、卫生学）具有极大的实用价值，所有的人都必须学习。比课程更为重要的是教学方法和教学精神。在教育方面应尽可能调动学生的积极性。个人作业的时间应远比传统奉行的要多，而课堂教学的时间应远比传统奉行的少。除了正课外，还应鼓励男女学生对政治、社会乃至神学方面有争议的重要时事问题产生兴趣，并展开辩论。通过争论来获得对事物的正确认识，并克服主观性。一言以蔽之，要注重科学精神及智力探险意识的培养，让学生了解怎样用知识来改造世界。

五、大　学

英国的大学已经历了三个阶段。在第一阶段（主要是中世纪），大学只是培养基督教士的学院。第二阶段产生于文艺复兴后，凡是富人都应受教育的观念开始流行，绅士教育自此兴盛，为学术而学术的观点流行。在第三个阶段，大学又成为专业工作者的训练学院。随着社会发展，对工业人才的需求正不断增长，均需由大学提供。工业主义必然革除贵族政治。若要使纯学术仍为大学的目标之一并延续下去，就必须使之与全体社会生活发生关系，而不仅是高雅绅士的玩赏之物。国家应拨款——而不是仰仗富人捐款——来推动学术研究，这是克服教育上流弊的重要措施。

假定大学为两个目的而存在：一个目的是训练男女习得某种专业，另一个目的是从事纯学术研究。然而大学推行的选拔标准，往往受金钱制约。这种状况应该改变。大学教育应被视为有特殊才能者的特权，家境贫寒的青年求学期间应由公费维持，任何人若未能通过能力测试不得入校。大学教师也须努力改进教学方法，加强与学生的联系，尽量科学地评定学生的学习成绩。

在大学教书，教师最重要的是对执教学科专业知识的掌握及对该学科动态的关心。应建立教师定期学术休假或进修制度，以便不断提高他们的学术水平，跟上时代潮流。大学里过去在注重教学或注重研究的人之间存在某种对抗情绪，两种观念均属片面。教学与研究同等重要，新知识是社会进步的主要原因。应鼓励教师摆脱功利主义的束缚，去进行科学研究，人之变得伟大，全归功于这种热情。

（杨　佳　杨汉麟）

46. 华生

行为主义的幼儿教育 1928年*

华生（John Watson，1878—1958）是20世纪三大心理学思潮之一——行为主义心理学的创立者及早期代表人物。华生出生于美国南卡罗来纳州一个普通农户家庭，16岁进入当地的福尔曼大学，5年后获得硕士学位；后又进入芝加哥大学，1903年获得芝加哥大学哲学博士学位。1908年，华生应聘到霍普金斯大学担任心理学教授，同时任心理实验室主任。此后十余年间，专注于儿童心理学（尤其是婴幼儿心理）的研究。位于巴尔迪摩的霍普金斯医院，为华生的研究提供了很大的便利。华生在该院共观察了500名婴儿，其中重点选取了40名婴儿，从出生开始，每天进行观察，记录他们的活动以及对某些刺激的反应，绘出成长图表。他试图通过实验，检验自己关于条件情绪反应和本能的一些观点，并积累经验。

1913年，华生发表著名论文《行为主义者所看到的心理学》，提出了行为主义理论的基本概念。他提出：心理学应该是一门自然科学，认为通过内省研究意识，是没有将心理学置于科学的地位；心理学应该抛弃意识、心理状态、心灵、内容、内省、想象等名词，以对行为的预测及控制作为自己的目标，特别是要研究刺激、反应和习惯的形成；心理学的发现，会成为与结构上有机能性对应关系的东西，而且这些东西本身就可以用物理、化学术语来解释。华生的论文给传统心理学以沉重打击，标志着行为主义的正式诞生。

1914年，华生第一本专著《行为：比较心理学导言》出版，在美国心理学界再次掀起狂澜。1915年，声名鹊起的华生当选美国心理学会主席。1919年，华生的第二本专著《行为主义者心理学》出版，对自己的观点做了更为系统、完善的阐述。

1920年，事业如日中天的华生遭到人生的重大打击。由于与弟子婚外恋之故，声名狼藉，他被迫从霍普金斯大学辞职。为了维持生计，他只得转入商界。

华生在20世纪10年代后期在儿童心理学实验研究方面做了许多工作，积累了相当多的资料，取得重要成果，并已通过他的一系列著作反映出来。但华生并不满足。在从事婴幼儿观察、实验的过程中，他深刻感受到现实教育的弊病，特别是婴幼儿养育及护理的弊端，在讲究严谨及科学性的华生看来，传统的育儿法大多是不科学的，必须改革，必须建立在行为主义及实证科学的基础之上。为此，他打算写一本科学育儿的书籍。尽管华生较早就产生了这一念头，但在20年代以前，他因工作繁忙，无暇着手，直到他退出学术界

---

* 本书中译本，杨汉麟译，武汉，长江少年儿童出版社，2014。

后，方有功夫操刀。华生酝酿要写的这本书终于在 1928 年完成并出版了，出版时书名为《婴幼儿及儿童的心理护理》（*Psychological Care of Infant and Child*），中译本改名为《行为主义的幼儿教育》，更好地突出了此书的教育色彩。该书既是一部行为主义心理学著作，同时也是一部儿童心理学著作，更是一部幼儿教育学著作。

《行为主义的幼儿教育》一书的基础是作者长期的婴幼儿心理及行为实验。由于这本书是华生彻底告别心理学界之前最后一本有影响的著作，因此可以说这本书是作者研究生涯——包括行为主义实验研究、儿童心理学（尤其是婴幼儿心理）实验研究以及儿童教育实验研究生涯——的一个集大成，一个最后总结，一个绝唱。

该书出版后，引起社会的强烈反响。基于以下原因：(1) 作者力图驱散人们认识上的各种迷雾，打破旧传统、旧观念，建立科学的儿童养育观。(2) 精心设计或介绍了一系列实验，提出了儿童行为改变模式，其中许多非常精妙，具有可操作性，具有实际用途。(3) 对推动人们普遍认识并重视早期教育的重要性，产生了直接的影响。(4) 作者的行为主义的育儿观强调环境、教育的重要性，冲击了遗传决定论、本能决定论，使人们燃起了对教育的巨大希望，促使人们更加注重对环境、教育（包括早期教育）问题的研究，以便创造最佳的外界条件，来影响儿童的发展。(5) 书中宣传的性教育思想在历史上也具有重要意义。

华生对幼儿教育和护理的意见和要求，体现了行为主义的根本目的——预测和控制人的行为。许多意见细致入微，非常值得父母借鉴参考。由于上述特点，该书出版后，曾引起幼儿教育界的广泛关注，以至于有学者称“这部著作一度被作为抚育儿童的指南”，作者的一些比较偏激的观点同时也引起争论。

一、一般教育观点

心理学——尤其是儿童心理学——历来与教育学有极为密切的关系。进入 20 世纪后，更是如此。20 世纪的三大心理学思潮，也都演变为重要的教育思潮。心理学思潮的代表人物也都是教育思潮的代表人物。华生的行为主义也是如此。华生以其行为主义做理论基础，阐述了许多关于幼儿心理发展及幼儿教育的观点。

1. 早期教育的作用

华生认为，儿童行为的形成及发展与其早期经历关系甚大。他提出：儿童出生时，不过是一团能蠕动、能反应的肉块而已，父母拿了这块材料，开始着手造就一个人。还说：“某种构造加上幼时的教养，足能说明成人的动作。”他认为儿童出生时，在构造上虽有所不同，但仅仅具有一些最简单的反应而已；而较复杂的行为的形成，完全来自环境，尤其是早期训练。早期训练的不同不仅决定幼儿的差异，而且制约着成人期的差异。

华生对婴幼儿的心理进行过详细研究。他的主要兴趣集中在有关情绪的研究上。华生声称：初生婴儿只有三种非习得的反应，即怕、怒、爱。后来在一定的环境中，经过条件反射，促使这三种情绪不断发展。他认为，影响婴幼儿情绪发展的主要条件是环境，特别是家庭，具体则可归之于父母。家庭与父母是幼儿情绪的种植者、培养者。当儿童三岁时，他的全部情绪及倾向，便已扎下了根基。这时父母们已经决定了这些儿童将来是变成一个快活健康、品质优良的人，还是一个怨天尤人的神经过敏者，或是一个受仇恨驱使，睚眦必报、作威作福的暴君，或是一个畏首畏尾的懦夫。华生还认为，诸如智力、才能、气质、人格特征等行为的因素都是由学习而获得的，主要是在摇篮时代习得的。

2. 环境、教育的决定作用

在西方历史上，重视教育在人的发展中的作用，乃至鼓吹“教育万能论”的人古已有之。华生继承了这一传统，认为人的自由是不可思议的东西，人的任何行为都是外在环境和教育的产物，并从行为主义的控制行为的目的及重视早期教育的立场出发，提出了一个不无偏激色彩、闻名遐迩的论断：“请给我十几个强健而没有缺陷的婴孩，让我放在我自己之特殊的世界中教养，那么，我可以担保，在这十几个婴孩之中，我随便拿出一个来，都可以训练其成为任何专门家——无论他的能力、嗜好、趋向、才能、职业及种族是怎样，我都能够任意训练他成为一个医生，或一个律师，或一个艺术家，或一个商界首领，或可以训练他成为一个乞丐或窃贼。”① 在本书中，他也几次说过与此意思类似的话，如“本能与儿童并没有多大关系，儿童的行为并非与生俱有，而全是环境浸染的结果”。

一般认为，华生的观点是典型的教育万能论及外铄论的观点。华生依据他的上述观点，还批驳了美国及西方一度流行的种族歧视理论。他说，无论是白皮肤、黄皮肤还是黑皮肤的儿童，其行为与其肤色、种族无关。哪一类儿童能获得优异发展，取决于后天的文化环境及所受的教育。

3. 学习理论

华生在不承认本能和遗传、重视环境和教育的同时，非常重视学习。华生的学习理论的基础是条件反射，认为学习的决定条件是外部刺激。在他看来，外部刺激是可以控制的，所以不管多么复杂的行为，都可以通过外部刺激而形成。华生的学习理论类似于桑代克之前的联想主义观点。他坚持练习律，一味追求的是机械而频繁的练习。总的来看，华生的学习理论是隶属于行为主义的 S（刺激）—R（反应）公式的，适合于预测和控制行为的目的。其学习观点为其环境教育决定论提供了论证。

二、关于幼儿教育的观点

华生依据其环境、教育决定论及重视学习、重视早期教育的立场，对于婴幼儿教育及护理提出了系列意见。

1. 批判了传统的育儿观，要求以科学的育儿观取而代之

在本书导言及第 1 章，作者对传统的育儿观进行了猛烈的批评，指出：人类旧式的教育儿童的方法在今日已全然失效，完全不适用了。这类职业往往为父母所掌控。他们拒绝承认教养儿童包含什么特殊的问题，他们仍然恪守着旧时的信条，以为儿童所需要的，只是吃得饱、穿得暖、睡得安，如此而已。他们振振有词地说：教养儿童，不知道已经历过多少世纪了，为什么现在需要新的方法？华生指出，新时代教养儿童是一种专业，“是所有职业中最艰难的职业，是比工程学、法学，甚至医学还要艰难的职业”，须建立在科学实验及实证的基础上，不是任何人都能从事；现在即使是一些有名声的专家学者，在此问题上也是无知者，必须经过学习培训，掌握新方法的精髓，才能胜任。本

---

① ［美］John B. Watson：《华生氏行为主义》，陈德容译，171 页，上海，商务印书馆，1935。

书的写作宗旨也正在于此。

2. 注重通过教育、学习培养儿童的各种习惯

在本书第1章中，华生反对杜威及各色儿童本位论者倡导的以儿童本能、能力为基础来使儿童得到发展的内发论观点。他认为，那种视“一切活动机能、才智基础，都潜伏于儿童的内心，必须待它们出现之后而加以培育、关照”的观点，是一种神秘而有害的学说，会贻误教育的良机。他在主张教育应尽早开始的同时，还提倡在教育中应注意积极培养儿童的各种行为习惯，并形成习惯系统。

华生认为，儿童之所以成为一种能干的、超越于动物界的机体，是因为儿童经过教育可具有以下三种习惯系统，即内脏或情绪（即思维、意志、认知等）的习惯、喉头或发言（即语言）的习惯、身体的技能习惯。人类的能力多来自上述习惯。在合适的环境、教育、学习条件下，可使儿童养成各种习惯。

3. 推荐“系统脱敏”的行为改变模式

华生认为，幼儿的情绪、行为都是通过后天作用（条件反射作用）而习得的，也可以通过一种人工设计的情境、循序渐进的方式（反条件作用的方式）而加以改变。这种行为改变的模式又叫“系统脱敏”（systematic desensitization）。本书第2章详细介绍了华生主持的艾伯特婴儿实验，证明惧怕等情绪是可以通过条件反射而形成的。此外，又转述了琼斯对一名叫彼得的三岁小男孩进行了消除惧怕情绪的实验。彼得害怕白鼠、兔子、毛大衣、羽毛、青蛙、鱼、机器玩具等。为了消除彼得对白兔的畏惧，琼斯首先将彼得放在高背椅中吃糕点，随后将一个装着白兔的笼子放在和他有一定距离但又不干扰他的地方。第二天白兔的笼子稍靠近些，直到他显示有轻度的不安为止。每日按此处理。最后彼得可以一面吃东西，一面与兔子玩耍。通过相同的方法，琼斯也消除了彼得对其他东西的惧怕。华生对此方法十分欣赏，主张将其作为幼儿行为改变的一种模式，在教育上予以推广应用。

4. 反对溺爱，要求保持平和的亲子关系

在本书第3章，华生指出：儿童教育上，应反对放纵与溺爱，“由于溺爱娇惯而养成的习惯，实在是莫大的罪恶”，甚至祸及儿女以后的婚姻。他要求母亲不带感情地、平和地对待孩子，双亲对婴儿应有严格的安排，而不是听其自然。他特别反对父母过分宠爱——如紧抱、亲吻——婴幼儿；认为，一旦父母这样对待其子女，孩子见到父母就很容易与放纵的反应相联系，这样不仅无助于良好行为习惯的形成，而且妨碍儿童自己去认识世界。

5. 关于儿童的愤怒情绪及控制

作者通过大量实验，证明儿童的恐惧、爱恋、愤怒等情绪是可以通过条件作用形成的。他在本书第2、第3、第4章，分别讨论了上述问题，提出了许多具体的解决意见。第4章专门讨论幼儿愤怒形成的原因及控制方法。儿童教养中，彼此争斗、发怒是常有的事。作者通过实验证明，儿童被阻止运动、受到束缚、丧失自由，是导致愤怒的主要原因。为了平息儿童的愤怒，华生提出教养者应温和地对待儿童，培养儿童的自理能力。他还提出“反条件作用”的方法，试图像转移恐惧一样转移愤怒。不过仅停留于设想。

6. 反对体罚

作为严格的环境决定论者，华生认为，儿童的行为习惯，无论好坏，都是环境造成的，都是他们不得已而为之的。在此意义上，儿童行为习惯不当，应归咎于个人养成行为习惯的过程中，未曾受到良好、充分的训练。如欲儿童避免不良行为，则唯一的方法是破除其旧习惯并教之以新行为，这应通过加强训练去解决，而不应诉诸体罚这种粗暴手段。

7. 关于幼儿的护理

华生认为，为了从小培养儿童的懂礼貌、讲卫生、合群、勇敢进取等各种良好的行为习惯，作为家庭教育的重要组成部分，父母及教养者应采取一系列科学的护理措施。为此他在本书第 5 章对 2～5 岁幼儿的护理工作详加讨论。其中涉及诸如儿童沐浴、需不需要带玩具上床、熄灯前的安排、起床、清晨活动、午饭与午休、午后游戏和社交、清洁卫生、吮指、破坏性行为、玩具的制作及种类、保姆训练等十几个方面的问题。

8. 提倡科学的性教育

华生对于幼儿乃至青年的性教育问题给予高度关注，在本书第 6 章详加讨论。他指出，四分之三的父母如果得不到特殊的帮助，就没有资格对孩子进行性教育，因此，科学地普及宣传性知识极为必要。他提出要打破性问题上的封闭态度及迷信观念，主张儿童出生后，父母应注意使其生殖器官避免各种不良刺激；应让孩子懂得性器官及其功能，掌握生育常识；要指导男女儿童之间的正常接触、交往，不宜令儿童只与同性的孩子交往；要杜绝儿童从不良渠道获得性知识；进入青春期后，学校还应设立性教育课程。对于手淫、同性恋的成因及预防、新婚夫妇的性生活指导等，他都予以充分讨论，提出许多建设性意见。

9. 教育儿童应因地制宜、因时制宜

在本书的结语部分，华生提出，教育及训练的标准是随着社会文化背景的不同及社会文化的变迁而相应发生变化的。当代社会文化变迁的速度较之历史上任何时代都要迅速，这就要求当今的学校和家庭、教师及父母不可墨守成规，沿袭旧制，依照传统的标准行事。他主张在教育儿童时，要依据不同的文化背景而采取多种多样的方法，反对在儿童教育上以全社会统一的“理想”“标准”“计划”去规范儿童，以期收到最佳的效果。

10. 理想的儿童形象

华生的有关讨论都是着眼于通过对环境和教育的控制，从而达到预测和控制人的行为的目的。他认为，按照他的要求去做，则可造就一个既独立自主、勇敢进取、富有创造力，同时又诚恳豁达、合群，对社会要求能应付自如的儿童来。作者在本书导言、第 5、第 6、第 7 章四处，主要用描述的方式反复地、不厌其烦地说明了他心目中的“良好儿童”的特点 。大致可以概括为：坚强、专心、自立自强、适应环境、讲礼貌、整洁、生活有规律、与时俱进、洁身自好、平等待人、从容不迫、文静、有勇有谋、尊重弱者、怜香惜玉、自由、独立、心胸开阔、本真、具有创造性、敏锐机灵、洒脱、遵守一般社会习俗、养成日常生活规范、能解决问题等。

（杨　佳　杨汉麟）

47. 怀特海

教育的目的 1929年*

怀特海（Alfred North Whitehead，1861—1947）是英国哲学家、数学家和教育家。他出身于英格兰肯特郡的一个教育世家，他的祖父、父亲、叔伯和兄弟都从事教育工作。怀特海10岁开始学习拉丁文，12岁开始学习希腊文。1880年秋天，他进入剑桥大学学习。在剑桥大学毕业后，怀特海曾先后在剑桥大学（1885—1910年）和伦敦大学（1910—1924年）任教。在《自述生平》中，他曾这样写道："在社交能力的培养和知识的训练方面，我得益于剑桥大学，特别是三一学院。"1903年，怀特海当选为英国皇家学会会员。到20世纪20年代，他已成为英语国家中最著名的科学家之一。在伦敦大学任教期间，怀特海参加了许多政治辩论和学术辩论，同时参加了许多与教育有关的活动，并就教育问题发表演讲。1924年，怀特海受聘到美国哈佛大学哲学系任教，此后一直定居在美国，1937年成为荣誉退休教授。1931年怀特海被选入英国科学院，1945年在英国接受荣誉勋章。1947年12月30日，怀特海去世。除《教育的目的》一书外，他的其他教育著作有《数学在自由教育中的地位》（1912年）、《教育的基本原理》（1919年）、《普通教育中的科学》（1921年）、《科学与现代世界》（1925年）、《一位英国人的教育》（1926年）、《哈佛大学的未来》（1936年）、《杜威与他的影响》（1939年）等。怀特海去世后的第二年，他的《科学和哲学论文集》（1948年）出版。怀特海生前还与英国著名哲学家和数学家罗素合作完成了《数学原理》第二卷。

《教育的目的》的全名是《教育的目的及其他论文》（*The Aims of Education and Other Essays*），这是怀特海有关教育演讲的论文集，出版于1929年。全书包括6篇演讲：一是《教育的目的》；二是《教育的节奏》；三是《自由与纪律的节奏》；四是《技术教育及其与科学和文学的关系》；五是《古典文化在教育中的地位》；六是《大学及其作用》。其中，《教育的目的》是怀特海1916年作为英国数学协会主席在一次学术会议上所做的最著名的教育演讲。英国教育家、格拉斯哥大学教授林德塞（A. D. Lindsay）在该书"序言"中指出："本书收集的论文表达了一位伟人的观点。他那广博的知识涉及人类探索各个领域所取得的成就，加上他天赋特有的洞察力，使他的观点具有不同寻常的新意。……怀特海教授的这些论文充满了真正的智慧。"

---

* 本书中译本，徐汝舟译，北京，生活·读书·新知三联书店，2002。

一、教育的目的

怀特海指出，教育应该造就既有文化又掌握专门知识的人。专业知识为他们奠定起步的基础，而文化则像哲学和艺术一样将他们引向深奥高远之境。对于人的培养来说，自我发展才是有价值的智力发展。教育所要传授的是对思想的力量、思想的美、思想的条理的一种深刻的认识，以及一种与知识掌握者的生活有着特别关系的知识。“一个不重视培养智力的民族注定将被淘汰”。因此，使人类走向伟大崇高的每一次知识革命，实际上都是对教育上呆滞思想的激烈反抗。

如何使教育制度防止思想上的僵化陈腐，在教育上有两条戒律：一是不可教授太多的科目；二是所学的科目必须透彻。儿童从一开始接受教育起，就应该体验发现的乐趣。他应该把各种思想观念变成自己的思想观念，并理解如何将它们运用于现实生活中。

儿童既要学习古典课程，也要学习现代课程。过去的知识之所以有价值，就在于它武装我们的头脑，使我们能够面对现在。在学生的课程中，理论的阐述须简短，但应严谨精确。各种理论概念应该永远具有重要的应用性。如果头脑里装满大量一知半解的理论知识，那其后果是令人悲哀的。

教育是教人们掌握如何运用知识的艺术。这是一种很难传授的艺术。教育是一个难题，不能用一种简单的公式来解决。因此，对教育的艺术和科学应该进行研究。一切教育的核心问题是：要使知识充满活力，而不能使知识僵化。教育的一条金科玉律就是：“不管学生对你的主题有什么兴趣，必须此刻就唤起它；不管你要加强学生什么样的能力，必须即刻就进行；不管你的教学给予精神生活什么潜在价值，你必须现在就展现它。”教育是一种掌握各种细节的和需要耐心的过程，要使学生通过树木看到森林。

风格是力的塑造，是力的约束。对于智者来说，风格是他的最高德行。例如，艺术中的风格，文学中的风格，逻辑中的风格，实际事务中的风格，学习中的风格。风格可以增加人们的力量，帮助人们直接达到目标，从而避开无关的问题，不会引出令人讨厌的东西。

二、教育的节奏

怀特海明确指出，教育的节奏就是：“不同的科目和不同的学习方式应该在学生的智力发育达到适当的阶段时采用。”这是一个特定的原则。

1. 学生智力发展的阶段

学生的智力发展表现出阶段性，有着十分明显的周期。但是，在教育实践中，人们并没有对学生心理给予应有的注意，而认为学生的进步是一种均匀不变的和持续未定的进展。这种认识严重地妨碍了我们教育方法的有效性。因此，忽视学生智力发展的节奏和特点，是导致教育呆板无效的一个主要原因。

学生的智力发展分为三个阶段：（1）浪漫阶段，即开始领悟阶段。这时学生处于直接认识事实的阶段，只是偶尔对事实做系统的分析。它覆盖了儿童生活最初的 12 年。（2）精确阶段，即知识的增加和补充阶段。在这个阶段，学生逐步接受一种特定的分析事实的方法，按照有条理的顺序获得其他事实。它包含了青少年在中等学校接受教育的整个时期。(3)综合运用阶段，即又回归浪漫的阶段。它是青年迈向成人的时期。

教育应该是一种不断重复的循环周期。占主导地位的阶段会交替出现，正是这种交替构成了各个循环周期。在最初的儿童循环周期之后，就是青少年循环周期。如果教师在满足学生有节奏的渴望方面恰到好处地起激励作用，那学生就会不断地为某种成就而欣喜，不断地重新开始。在教育过程中，学生的生命充满活力地有节奏地跃动。因此。我们应当改进教育质量，使教育适应学生在这个发展节奏中已达到的阶段。

2. 自由与纪律的调节

怀特海指出，对智力教育来说，它的一个主要目的是传授知识，但它的另一个要素是智慧。一个人可以很容易地获得知识，但他仍然没有智慧。智慧就是掌握知识的方式，涉及知识的处理、确定有关问题时知识的选择，以及运用知识。

教育有两个要素：一是自由；二是纪律。通往智慧的唯一道路是在知识面前享有自由，但通往智慧的唯一途径是在获取有条理的事实时保持纪律。在教育中，自由和纪律两者的对立并不是那么明显。一般来讲，教育的开始阶段和结束阶段的主要特征是自由，而中间阶段是纪律占主导地位。因此，一种设计完美的教育应该使纪律成为自由选择的自发的结果，而自由应该因为纪律而得到丰富的机会。教育的节奏也就是调节自由和纪律，以适应儿童个性的自然发展。

在任何阶段的教育中，都不能没有纪律，或没有自由。但是，在浪漫阶段，必须永远侧重于自由，让儿童独自去领会、独自去行动。重要之点是，在教育实践中找到自由和纪律之间那种正确的平衡，它能够使求知获得最大的收获。

三、技术教育与科学和文学的关系

怀特海指出，满足国家实际需要的技术教育作为一种真正的知识启蒙，必须孕育于一种自由精神中。在这样的教育中，几何和诗歌与旋转的车床是一样重要的。教育必须加强首创精神。获得首创精神的领域是广阔的。这种首创精神既有思想上的首创精神，又有行动中的首创精神，还有艺术中的首创精神。

技术教育基本上是训练这样一种艺术：运用知识生产物质产品。这种训练注重于手工技能，眼和手的协调动作，以及在控制构造过程中的判断。技术教育的经验可以实现学生的思维，教学生学会协调行为和思维，从而把思维与展望联系起来。

把技术教育与文科教育对立起来是错误的。因为不涉及文科的技术教育是不可能完美的，不涉及技术的文科教育也不可能是令人满意的。教育所培养的学生应该既能很好地掌握某些知识，又能出色地做某些事情。与此同时，技术教育与科学教育也有联系，在技术教育的某个阶段需要学习科学知识。因此，在一个国家教育系统中，必须有文科课程、科学课程和技术课程这三种课程。但是，这三种课程的机械混合会产生糟糕的结果。

四、古典文化在教育中的地位

怀特海指出，在过去几百年里，在高等教育领域没有任何东西能够与古典文化相抗衡。但这一切都已成为过去。现今，即使所有儿童都适合学习古典文学艺术，也绝不能保持这样一种教育制度。

尽管如此，我们必须在学校里保护古典文化课程。这是一个紧迫的问题。但只有当古典文化课程比其他任何目的相同的课程更快地丰富学生的智力品质时，它才能得到保护。在古典文化学习中，通过对语言全面而透彻的研究，包括阅读古典作家著作的原文，可以培养学生在逻辑学、哲学、历史和文学审美鉴赏领域的能力。但是，古典文学艺术教学的传统必须进行最有力的改革，以适应新的条件。

五、大学的社会作用

怀特海指出，大学的蓬勃发展是现代社会的一个显著特点。所有的国家（尤其是美国）都分享了大学发展运动。那些不断前进的国家，它们的大学教育都在蓬勃地发展。但是，大学发展所暴露出来的某种危险，要求我们必须重新考虑对大学作用的评论。以哈佛大学商学院为例，其本身就证明了对大学教育的目的以及该目的对于整个社会福利所具有的公认的重要意义进行普遍思考的正确性。

大学是实施教育的机构，也是进行研究的机构。大学之所以存在，其主要原因并不在于仅仅向学生们传播知识，也不在于仅仅向教师们提供研究的机会。实际上，大学存在的理由是，它使青年人和老年人融为一体，对学术进行充满想象力的探索，并形成令人兴奋的环境氛围，从而在知识和追求生命的热情之间架起桥梁。大学的任务就是将想象力和经验融为一体。“一所大学的理想与其说是知识，不如说是力量。”这就是大学的社会作用。如果大学不能发挥这种作用，那么大学也就失去了存在的价值。

大学培养了文明世界的知识分子先锋，例如神父、律师、医生、政治家、科学家、文学家等。这些知识分子始终是理想的源泉，这些理想引导人们勇敢地去面对时代的困扰。美国创建的哈佛大学就源于英国古老的理想。正是大学的存在，使欧洲在如此多的领域里取得了持续快速的进步。欧洲国家以及美国的文化发展史也证明了大学的作用。

想象力就是光明的火炬。“大学的恰当作用是用充满想象力的方式去掌握知识。……一所大学是充满想象力的，否则它便什么也不是——至少毫无用处。”对于想象力来说，它只能由那些本身就充满想象地具有学术知识的教师去传播。其核心问题是，使青年学子在知识和智力方面受到一批充满想象力的学者的影响。牛津大学之所以享有至高无上的荣誉，那是因为在它诞生后的几百年里，它造就了一批又一批对学术知识进行充满想象力的探索的学者。《独立宣言》的作者杰斐逊创建的大学拥有活力，那是因为它被置于能够激发想象力的环境之中。因此，大学教师的学术知识为想象之光所照亮，就是大学教育最关键的问题。对于大学来说，充满学问和想象力的生活是一种生存方式。因为教学和研究在大学里交汇融合，所以应该使教师和研究人员富于想象力，成为充满想象力的学者。成功的教育所传授的知识必须有某种创新。但是，大学以创新思想的形式生产的产品绝不能只通过发表署名的论文和著作来衡量。

（单中惠）

48. 桑代克　盖茨

教育之根本原理 1929 年*

桑代克（Edward Lee Thorndike，1874—1949）是美国心理学家、教育家、教育心理学体系的创始人。他出生于美国马萨诸塞州，早年就读于威廉斯学院与哈佛大学，获文学士及硕士学位，后到哥伦比亚大学就教于著名心理学家卡特尔门下，并于 1897 年获博士学位。从 1899 年到 1939 年退休，桑代克一直在哥伦比亚大学师范学院教育系任教，创立了该校的教育科学研究所，主持教育心理学讲座。与此同时，他还担任过美国科学学会会长、纽约科学院院长、美国心理学会会长等职。桑代克一生著述甚丰，有 500 余种，主要著作除本书外，还有《动物智慧》（1911 年）、《教育心理学》（1914 年）、《学习心理学》（1914 年）、《智力测量》（1926 年）、《成人学习》（1928 年）、《学习要义》（1932 年）等。

盖茨（A. L. Gates，1890—1972）出生于美国明尼苏达州，早年毕业于加利福尼亚大学，1917 年后到哥伦比亚大学工作，并就教于桑代克门下，1924 年，他成为教育心理学教授。其主要著作有《教育系学生用心理学》（1923 年）、《理解迟缓的学生的阅读教学法》（1943 年）及《教育心理学》（1942 年）等。

《教育之根本原理》（*Elementary Principles of Education*）一书是桑代克和盖茨为师范院校学生学习教育原理而编写的一本教科书。作者在序言中表示，本书力图根据科学研究的成果，收集最有助于中小学教师的一般教育知识和原理，简明扼要地介绍，以便一般学生都能理解、掌握、运用。为达此目的，它侧重从儿童自身的心理发展特点来讨论教育的基本原理，故本书亦可视为一本简明的教育心理学教科书。

本书除序言外，共分 14 章。前 5 章是基本理论部分，论述了教育的性质、作用、目的、人的天性、学习的理论等；后 9 章是运用基本理论对各种教育问题所做的具体分析，包括如何在知识、思维、身体、道德、美育等方面获得良好的学习成果，如何注意选择和安排教学内容和教学方法，如何评价教育结果，如何改进各级学校教育的工作等。

本书是以作者独特的理论体系"欲望说"为依据的。作者认为，事物的价值决定于该事物能满足人类的欲望到何种程度，并主张改变外部世界使之更适合于满足人类的欲望，改变人性以消除足以妨碍他人欲望得到满足的贪念，使个人之间、各社会团体之间、国家之间的欲望得以协调，以达到全体人类欲望之充分的满足；并认为只有当全体人类的欲望

---

* 本书中译本，王丐萍译，上海，上海中华书局，1934。

都得到充分满足时，个人的欲望才能得到满足。

承认人的欲望的存在及其强大的作用，探索如何才能既为欲望的满足创造条件，又要协调、规范、约束、指导人的欲望，达到个人与社会的协调发展，这是哲学、伦理学、教育学乃至社会学、政治学中的一个古老而不断被人们讨论的话题，也是本书所要探讨和说明的问题。这一问题的圆满解决可视为人类的最高理想。毋庸置疑，教会人们自幼习惯于克制自己的欲望，使欲望遵循理智的指导，使欲望的满足严格限制在法律、规章、道德、舆论和人自身的健康成长所允许的范围之内，乃是教育工作的一项重要任务。在此意义上，作者提出的问题是值得重视的。

作者在书中所提出的效果律、准备律、练习律等内容是前人教学法思想的结晶，作者根据其动物实验的结果对前人的成果做了概括和理论上的论证，这是其贡献所在。

《教育之根本原理》于1929年首次由纽约麦克米伦公司出版，并迅速传播开来；1934年，仅我国就有两个中译本问世。

一、教育的基本性质、研究对象及作用

人类的全部生活历程不但改变世界和改变自己，而且是力争朝着对自己有益的方向变化。一切科学、艺术、实业都是人们直接或间接地影响这种变化的手段。而教育既是科学，又是艺术，它能更为有利地促进人类的幸福。它研究的是人类变化的性质，是人类的本能、学习的能力及智力、技能、品格等。所以，它也要借助于其他有关人性的科学以及其他研究成果，尤其与生理学、心理学、社会学有密切的关系。然而教育并不只是要使人性发生变化去适应外部世界，同时它也要改变世界以适合人性，它要研究人与环境之间的相互影响。因此，研究教育，必须研究人性和外部世界，要有宽厚的知识基础。没有一种科学比教育更需要广博的知识。教育科学主要是指教育的理论方面，教育艺术则是改变人类行为的一种专门技术。

作者强调教育的重要性，认为“没有一种科学比教育更能造福于人类”，并列举了三条理由说明教育的不可或缺：一是人类天性的局限；二是儿童自然的和无指导的学习常发生错误，延误时日；三是当今世界变化莫测，只有教育才能帮助人适应变化的时代。教育还是艺术和工业不可缺少的基础，它既促进国家的进步，也会增进个人的幸福。因此，不断改进教育乃是理所当然。为此作者提出要研究教育的目的、对象、媒介和动力、方法、效果五个方面，实际上这也就是后面各章所要论述的内容。

二、教育的目的

在讨论教育的目的问题时，作者提到教育的“最终目的”和教育的“主要的直接的目的”。作者认为，所谓好与坏、幸福与烦恼等，主要是看一事物的效果与人的欲望是否一致，欲望是衡量善恶、是非、美丑、有用与否的最后标准。因此，教育的最终目的也应当以人的欲望为准绳。求得人类欲望最充分的满足，应当是教育的最终目的。但是各个人之间、各个团体之间的欲望往往是相互冲突的。教育应增进全体人类欲望的共同满足，通过满足全人类的欲望，使每个人的欲望都得到充分的实现。教育要减少和消灭无益有害的欲望，培养有益于他人的欲望，使个人的欲望与全体人类的欲望和谐一致，达到最后的满

足。作者比较了几种流行的教育目的论，认为有的说法未能抓住根本，有的说法没有指明方向，有的过于理想化，有的则过于狭隘。

关于教育的“主要的直接的目的”，作者主要指的是“应付目前的重大需要”，认为这是“实现教育最终目的的最有效的方法”。它分为两类：

第一，对于近代生活情境的各种适应。包括：（1）对于物质世界不断的进步的适应；（2）对于参与经济生活的适应；（3）对于家庭中各种关系的适应；（4）对于各种社会关系的适应；（5）对于公民民主生活的适应。

第二，个人所需要的各种资质。包括：（1）健康的身体；（2）均衡良好的心理适应能力；（3）良好的闲暇修养；（4）哲学的伦理的宗教的修养；（5）智慧的修养。

作者认为，上述各项目标是相互关联的、综合一体的。由于实际情况处在不断变化之中，因而它们的具体内容也是发展变化的，没有最后的定论。有了这些目标，可以帮助我们更精当地理解和安排教育的具体内容和方法，指导学校的工作。

三、人的天性

人的天性即人的先天性向、基本的心理特征。作者认为，青少年是教育的对象，欲使教育产生良好的效果，了解人性甚为必要。人的各种天性尽管千差万别，但仍有一个共同的、有别于其他生物的原始禀赋，即对外界情境可用感觉、行为、情感等表达出相应的反应。作者认定，任何时候影响于人的一切事物、环境，都叫作“刺激”，由此产生的一切心理活动、生理活动、肌肉运动等结果都叫作“反应”。但是“反应”不仅由外部的刺激决定，而且受制于人的内部生理机制和神经中枢系统。

人的反应分为两种：一种由适应感官的和满足有机欲望的情境所引起，是“满意”的；另一种由不适应感官的和不能满足有机体欲望的情境所引起，是“烦恼”的。作者认为，人的欲望也是由刺激引起的一种反应，并且它本身也能够作为一种刺激而引起其他的反应；它所引起的反应总是具有满足欲望的倾向。此原理是现代心理学的基础。

作者列举了对教育有意义的一些欲望（实际指的是儿童的一些重要的心理倾向和心理活动），例如，注意、占有欲、探查与玩弄欲、好奇心、思考探究欲、活动欲、征服欲、表现欲等。此外还有所谓“社会欲望”，例如，合群性、反抗社会的倾向、领袖欲望、屈服性、愿意获得嘉许的倾向、竞争性、同情心、仁慈的行为倾向等。由于人们总是愿意不但重复可以满足自己欲望的那些反应，抛弃那些不能满足欲望甚至带来痛苦的东西，所以人类天生就拥有一种特殊的学习资质和学习倾向。教育必须从人类的这种天性出发，但又不是一味适应、迁就和完全依赖儿童的天生性向，而应当分辨其欲望，对良好的欲望予以保护和促进，对另一些原始、粗浅的欲望则加以限制、诱导、提升。

四、学习的基本理论

学习就是获得某种反应的能力。例如，获得知识，不是获得它本身，而是学得对它的反应，能在头脑中回忆和再现出来。学习是反应，所以，它是一个自动的过程，而不是被动的接受和单纯的吸收。作者认为，如果以学习作为满足欲望的手段，这种学习便是最有效率的学习。从根本上看，一切学习和教学都在于激起动机、助长欲望和兴趣，使儿童易于获得满意的反应。根据这些原理，作者提出了其著名的学习律。

（1）效果律。这是学习的最根本的一条定律，即认为每个人都趋向于反复而迅速地学会有满意效果的反应，不学习有烦恼结果的反应。换言之，凡能满足欲望的反应都是满意的，都可以学会，反之则不能学会。之所以如此，是因为人类从来不做无益的事情，而只做满足欲望的动作。

（2）准备律。"准备"是指欲望达到的强烈程度。在做出某项反应之前的欲望强，就是有了准备，反之就是无准备。准备律指出：在人准备做某种反应时，实现了这个反应就能获得满意的结果，从而有利于学习；若不能实现这种反应便会有烦恼的结果，就不利于学习；另一方面，如果不准备做出某种反应而被迫做了这种反应，也会产生烦恼的结果，也不利于学习。生活制度及习惯，过去成功及失败的经历、性向，能力的获得与否，教师为学生创造的环境与条件，教师的鼓励与批评等，都足以影响准备的程度（欲望的强度）。有机体的欲望变化迅速，不宜作为大多数人学习的动机；社会性的欲望则经常处于准备状态，是指导和促进学习的较为可靠的手段。

（3）练习律。练习是学习的重要条件，尤其是学习那些复杂的技能，长时间的练习是必要的，它能巩固和综合各种知识与能力。但这种效果只有在满足前两条学习律的前提下才能实现。不满足效果律，再多的练习也是无效的。此外，要想通过练习获得进步，基本不能在练习中原样照搬地重复，而应有所变化；按什么方向去变化，也应依据效果律。教师的指导和学生的欲望在练习中也是不可或缺的因素。

作者还谈到学习迁移的规律。只有在情境与条件大部分相同的情况下，学习的迁移才会发生。教师要善于培养有益的迁移。对学习迁移影响较大的因素还有个别差异和教学方法。此外，伴随主要学习任务而获得附带知识的现象（"附学习"），也有适宜的和不适宜的多种，应当根据学习律予以重视和引导。

五、知识、技能的学习及各种能力的培养

1. 知识的学习

学习知识就是用智慧的资质去反映一定的事物与符号；获得知识，就是指对一定的情境能做出正确的反应。教师的任务在于创设一种能唤起适当反应的情境。在方法上，教师应联系实际进行教学，要纠正儿童的错误，在教学中要选择能强化概念和知识的材料，要采用有差别的材料让学生比较，找出共同要素，获得完整的概念，还要用多种方式引导学生注意主要问题等。在教学方式方面，作者具体分析了用语言文字表达和用艺术即技艺活动表达的优点和局限，要求教师在教育实践中各法兼用、择善而行，并多让学生亲手活动。其他如教室的布置、时间的安排、教学内容的多少等，都应当十分适当。

2. 身体技能的学习

在这方面，教师应当选择适合学生的活动，引起兴趣与准备。他应当以示范、影片、图解等多种方式教学，以便学生模仿。同时也要注意因人而异，在练习动作时，尤其要重视各种动作的综合的整体的练习。此外，还应启发学生自己评价自己的动作技能，以结果刺激学生的活动。

3. 思维与其他理智技能的提高

思维活动的种类很多，尤其应当注意有目的的思维，即可解决问题的思维。改善思维

能力需要有丰富的知识，良好的思维能综合有关知识并推演出新的知识。良好的思维有15种具体表现，例如，能抓住主要问题，能即时领悟，深入研究，无先入之见，善于假设，持久而全面地思考等。思维能力的培养靠练习和运用，儿童只有在思维中才能学会思维。在学校中，教师让水平相近的儿童在一起讨论，以及给予学生有成功希望的那种问题让学生解决，都有利于学生思维能力的提高。

4. 道德行为的发展

作者首先分析了使道德行为的训练出现困难的多种原因，接着指出培养道德行为的根本原则是养成良好的习惯，多加鼓励，使之感到结果的满足。让学生讨论行为的错误有积极的暗示作用。特别是要让学生有知识和智慧的眼光，理解道德观念，能根据情境判断行为的适当与否，了解自己行为的意义和动机，以便从根本上消除恶行的根源。学校中应当充分利用课堂、课外活动、各科知识及节假日等开展道德教育。

5. 良好情绪的培养

激励的情绪往往产生不良的效果，应予控制；温和的情绪则有益于身心和学习，应予鼓励和培养。主要的办法：一方面是注意身体健康，保持工作效率，避免疲劳与冲突；另一方面是注意引导，适时地表扬，以及用适当的行为和活动去改善情绪。

6. 审美的鉴赏力与感情的培养

在闲暇时候的艺术享受，可以引起人们多种多样的情绪，其中温和的情绪也就是审美的感情。培养这种情感，可以直接对满足人的欲望有益而不剥夺他人欲望的满足，还可增进健康与工作效率。因此，它是一种有价值的教育目的。培养有关情感主要应通过学习有关艺术的知识、增进表演的技能等途径进行，

六、年龄特征、个别差别与教育

作者还论述了各年龄阶段的特征和个别差异与教育的关系，讨论了组织和安排教材及方法的原则性要求。

1. 婴儿期的教育

婴儿期无知无能，可塑性大，而且反应比动物复杂得多，所以是受教育效果最明显的时期；14岁以前儿童学得的东西比以后掌握的知识更牢固、更易应用，其影响甚至达于将来；此外儿童在幼年比以后更驯服、听话、便于教育。

2. 青年期的教育

此时人已具有了更多的学习的有利条件，因此，这时的学习量可以有较大的增加。作者接着分析了进入20世纪以后青年人在校学习时间大为延长的不利之处，认为这种现象增加了社会财政负担，减少了社会劳动力；学生在校时间延长后，由于不与社会生活接触、不负担直接的社会责任、经济尚未独立以及学校教育中的缺陷等原因，可能养成依赖性很强的、孤僻的、落伍的特性。为此，作者再次强调了学校与社会生活直接联系、改进教学方法、提高师资水平的必要性。

3. 成人的教育

成人受教育能使人们弥补过去学习之不足，跟上社会的进步，增加对于社会的贡献。作者强调从学校教育向成人生活的过渡应当自然、平缓，具体办法是让青年人的学习由

全日制改变成部分时间学习、部分时间工作的制度。这样做还可以适应青年人分担社会工作的欲望，避免单纯学校生活引起的厌倦情绪，并增进他们与社会的接触，从而有益于他们的成长。

因此，应该依照学习者发展的状态组织教材和方法，以便更好地适应各教育阶段和各级学生的特点。具体要求是：教材和方法的组织安排要使学生对学习感到需要；要有利于学生运用知识；要适应学习者的能力并能激起他的努力；要与学习者的心理状态相和谐；要有利于学生继承前阶段的学习和继续后阶段的学习。

关于个别差异问题。个人的差异指其偏离于平均的差异，这种偏离的分布是连续的，所以通常把儿童的能力分成若干等级并不符合实际情况。人的各种特质之间也有相当的差异，每个人都有其特有的优点和缺点。使教材和方法的安排适应于儿童的不同情况，是教育上最重要的要求；这种适应主要指适应个人各种能力综合的情况。对于差生，不论其成绩如何，只要达到了他的能力水平就应予以奖励；对于高材生则应给予最好的训练。

七、关于教学法的总结

各种教学方法可归纳成良好教学方法的十条标准，主要包括：教学方法应当有利于学习欲望的养成并促进学生全神贯注地活动；应当有利于产生适宜的反应和消除不适宜的反应，让师生明了这两种反应并使适宜的反应产生满意的结果，使不适宜的反应产生烦恼的结果；教学方法还应当有利于知识的迁移，有利于引起适宜的顺带学习，有利于明确目的、克服困难、合理竞争等，还要适应各阶段儿童的特征，适应个别差异，要合理安排学习分量、学习时间、练习的多少，等等。

作者接着逐一分析了 9 种教学法。

（1）读书法。读书教学法可以为学生提供思考问题、反复研究、加快或减慢速度的自由。越到高年级，学生自行阅读越显得重要，况且当今大学生读书能力之差令人咋舌，培养阅读能力已迫在眉睫。良好的读书法应当教导学生具备 12 种习惯，例如，有目的地读书的习惯；善于联系新旧知识的习惯；判断各种材料的价值并决定快读或泛读或精读的习惯；发现问题的习惯；不断钻研和运用知识的习惯；记笔记的习惯；等等。教师也可以用组织讨论、指导中心内容等方式帮助学生提高阅读能力。

（2）讨论法。讨论教学法给教师提供了引起儿童兴趣、指导儿童适当活动的机会，也有利于儿童发现和使用知识、学会在团体中活动，学会独立思考、表现、争论、概括、沉着、注意等。但是，这些效果只有通过组织良好的讨论才能实现。教师应当为讨论安排一定的进程，考虑可能的结果，引导学生尽量应用所学的知识，并积极思维。作者逐一说明赫尔巴特式的“五段教法”的各阶段的意义，认为这种模式可应用于讨论的进程；指出通常学校中的讨论或过于散漫，或过于诱迫儿童，很难适应于所有儿童，因此应加以改进。

（3）讲演法。讲演法与教师的口述讲解不同，它不附带演示、答问、表演等，适用于向高年级学生传授书本中所没有的知识。它的好处还在于比其他方法节省时间，给予学生听讲后自行思考、研究的诸多自由。这种教学法在低年级中也可适当使用。

（4）练习法。练习教学法在学校中有滥用的倾向，造成了不好的结果，但这并不表明练习法本身无价值。当目的明确、练习的材料适当时，练习可取得最佳的效果。教师要拟定一定的标准，明确练习的目的，对每阶段练习的结果应当有记载、有测量，予以公布，以帮助学生看到自己的进步。此外，还要安排好练习时间的长短与间隔，让学生练习那些他们能基本掌握的材料。作为学生，在练习中要有进取心，不怕困难，养成在实际中利用一切可能的机会进行练习的习惯。

（5）表证法。主要是指一种直观的演示的教学法。它优于单纯的语言讲解，可以用实物、模型、挂图等诉诸学生的感官，使之易于理解和记忆。它比实验法更节省时间和材料。当然，这种方法在介绍抽象的高级的知识时并不适用。

（6）实验法。就是由学生自己亲手做实验，将设想、规律、检验等过程合在一起，获得多方面的知识。它需要很多工具和较为复杂的设备，并且要求学习者有虚心求知的认真态度。教师应当细心指导，帮助学生判断、推理、修正错误。这种方法一般只用于教授很重要的知识，以节约学生的时间和实验材料。

（7）设计法。设计教学一般指为解决某一实际问题而进行计划和活动的教学。它与实验法一样要为学生提供材料、工具、设备等，但其结果一般是实际物品或问题的答案。设计法为学生提供了开展实际事业的机会，有利于培养创造性、独立学习与探索的能力、有步骤地系统工作的能力及团结合作的习惯等，其缺点是耗时耗力，可能导致学生进行无意义的探索。此外，学生从中学得的知识不系统、不丰富。同时，它也并不适用于所有的学科。因此，设计法必须与其他教学法配合运用。

（8）戏剧表演法。这种教学法除了对学生有身体活动的价值外，还在于它适合儿童倾向于表演的自然天性，使儿童感到极大的满足。但在实际中宜适度采用。

（9）自我活动法。让儿童练习自我活动，需要他运用多种学习技能。因此，这种教学法可以发展学生自我教育的能力，对于学生完成学校生活以后的发展，以及发展学生的兴趣爱好都十分必要。在运用这种教学法时，教师不应指导过多，要给学生以自由，让他们独立地活动。

作者最后指出，将各种教学方法运用于其最适宜的地方、多种教学方法的配合使用、适应学生的能力及倾向等，是应用每一种教学法都应注意的。

八、教育结果的评价

广义的教育结果，包括人的天性及人生活于其中的世界的变化。它们反过来又成为教育的动力和影响的因素。教育的结果靠“社会遗传”给下一代，而不能靠生物遗传。

学校教育的结果一般很难评价。不少人把它与学校教育的筛选作用相混淆，评价的标准和结果常常因人、因时而异，偏见和差异极大。因此，必须有标准的测量方法，才有助于教育的改进。

精确地测量教育结果，一是要有“标准测验”，即一种严守预定规则的测验；二是要有“量表”。作者介绍了桑代克、迈克尔的一种将能力按等差级数排列并指出相应分数的量表，还介绍了“常模”的概念。

增加教育测量的客观性和准确性，对于教育有很大好处：精确的成绩记载可在学生心目中加重权威感，可使学生切实看到自己的进步，有助于教育对个别差异的适应，有助于比较和鉴别各种学科和各种方法的优劣利弊，有助于职业指导，有助于进一步明确下一步的教育目标。

作者还对当时的教育测量运动进行了评价，指出了应当避免的错误做法。

九、各级学校的职能

各种学校的职能都是由本书所述的教育原理所决定的；各种学校的主要目的都在于实现教育的最终目的和一般目的。学校组织和管理要能够应付各种实际需要，适应各阶段儿童的能力差异和学生的个别差异，这些都是与学校职能有关的主要问题。

作者重新回顾了已经论述过的教育理论，尤其强调了学校与社会生活的联系、儿童发展各阶段的连续性、个别差异的影响等，分析了美国早期学校组织的缺陷，认为当前学校组织的发展趋势是使学生活动与人类特性相调适。

作者接着分别论述了各级学校的职能、目前存在的问题及改进的办法。

（1）初级小学。指6岁前儿童所进的幼儿园、育婴学校等。在这种学校里，不宜注意理智修养和理智分析，而应注重儿童在环境中的直接经验。幼儿学校一般来说在各方面优于家庭，但也应当继续改善，并注重与小学的衔接。

（2）小学。儿童在6岁后入小学，学习6年。小学的主要职能：其一是提供6年的知识教育，学习生活中最需要的基础知识和技能；其二是区别儿童身心各方面的不同倾向；其三是考察学生的职业兴趣和职业倾向。作者认为，当时的小学课程过于狭窄，内容无实用价值，教学方法形式化，都应予以改良。尤其要注意个别差异和职业倾向，扩大与社会生活的接触，要研究儿童的能力特点以作为指导的基础。

（3）中等学校。中等学校包括初级中学和高级中学。其主要职能是：继初等教育之后授予学生较深的普通教育；使教育适应各学生的智力和职业需要；给予学生适当的职业指导和职业准备；养成学生不断利用教育效能的倾向等。作者认为，当时的中学仍具有浓厚的古典色彩，只为升大学服务，教学内容脱离生活需要，不能给学生以职业准备。中学最后几年的教育应当成为学校、实业界及其他方面共同合作的事业，使这一时期成为学生社会生活的实习期。

（4）高等学校。高等学校应当专为有天才的青年男女服务，使他们成为增进人类幸福的带头人。高等学校应使学生熟悉现状，明白将来的需要，使他们有较高的知识、技能和能力水平，并帮助他们发现最适合于自己的工作和服务于公众的途径。

（杨孔炽　杨汉麟）

49. 加塞特

大学的任务 1930 年*

加塞特（José Ortega y Gasset，1883—1955）是西班牙哲学家、教育家。他出生于西班牙马德里一个作家家庭，曾先后在德乌斯托大学和马德里中央大学学习；1904 年获哲学博士学位后，赴德国莱比锡大学、柏林大学和马堡大学留学。1908 年回国后，加塞特担任马德里一所师范学校的教师，主讲逻辑学、伦理学和心理学等课程；从 1911 年起，任马德里中央大学教授，时间长达 25 年。在大学任教的同时，加塞特还和他人创办了《西班牙》《太阳报》《西方杂志》等报刊，发表文章提倡政治改革等。1931 年 4 月，加塞特参与了创建西班牙第二共和国的工作，并任国民议会代表（1931—1933 年）。1936 年西班牙内战爆发后，他被迫流亡美国、法国、葡萄牙和阿根廷等国，直到第二次世界大战结束后才回到西班牙。1948 年，加塞特在马德里和他人创办人文学院。1955 年 10 月 18 日，加塞特去世。主要教育著作有《大学的任务》等。

《大学的任务》（*Missión de la Universidad*）一书脱胎于加塞特为大学生所做的有关高等教育改革的演讲稿，但由于当时马德里中央大学演讲大厅的音响效果很差，加上加塞特身体又不好，演讲未能得到充分的发挥，因此，作者后来对演讲稿又做了补充和改写，然后连载在 1930 年 10 月 12 日、17 日、19 日、24 日、26 日以及 11 月 3 日、9 日的《太阳报》上，最后成书出版。全书共 6 章。

一、大学的改革

加塞特指出，早在 1905 年，他就撰文讨论西班牙的整个国家制度和大学的改革。但当时在西班牙，很少有人认为国家或大学有改革的必要。任何人只要一谈论改革，往往就会被认为是“疯子”和“歹徒”而遭受排斥。然而，到 1930 年时，情况已大不相同了。西班牙的广大工人、农民以及资产阶级共和派都要求推翻君主制度、实行共和制。人们普遍认为，政府和大学都需要改革。

改革不能靠个别人去实现，无论这些人多么伟大。只有教师和学生都有了改革的愿望，教育改革才会成功，仅靠行政当局制订改革计划是无用的。因此，大学生应积极参与大学的改革，并且要有适当的准备。否则改革就难以成功。对于大学生来说，要想改

---

* José Ortega y Gasset, *Mission of the University*, translated by Howard Lee Nostrand, London: Routledge and Kegan Paul Ltd., 1952.

革，只有改革的意志与激情是不够的，还要具备一些相应的品质，例如，耐心、反省思维、理性、创造力等。

就教育改革（包括大学改革）和政治改革的关系而言，前者比后者更重要，因为从事改革的人才要通过教育来培养。正因为如此，大学应成为推动整个国家改革的一种强大的力量。

至于大学应如何改革，首先，改革不能只局限于纠正一些错误的做法。既然改革是创新，那么大学改革就是要去除大学中存在的弊病。这就需要弄清楚大学存在什么问题。改革要既“破”又“立”，以“立”为主，就要回答“什么是大学的任务”这一重要问题。

其次，要以正确的态度去考察和借鉴外国的做法。考察外国的大学是必要的，但它并不能代替自己的工作。由于国情不同，即使外国的大学是完美的，它们也不是可移植的。

二、大学的任务

加塞特指出，说到高等教育的职能，许多人都指专业教学与科学研究两件事。这恰恰忘记了高等教育的一个最重要的职能，即“文化的教学或传递”。

在中世纪，大学很少搞研究，也很少从事专业教育，而着重传授“观念体系”，即有关宇宙的观念、有关事物的本质的观念等。因此，文化是每个时代赖以指导其生存的观念。它涉及世界的本质，涉及事物的不同等级的价值观念。简言之，所谓的“文化”，主要指对当代世界和人类的基本认识、对有关事物本质的认识等，即世界观。人们正是根据此种认识来指导自己的生活，适应不断变化的环境。“文化”主要是指当代的文化。但作为文化的观念，有时也可被比喻为“道路”，意即指引人们怎样生活。

文化（观念体系）是十分重要的。因为文化是生活的一种必不可缺的要素，就像手是人的一部分一样，所以没有文化的生活就是残缺不全的、受到损害的和虚假的生活。当时社会有一种矛盾的现象：有些工程师、医生、律师和科学家，他们身为专业人员，却缺少基本的世界观。其原因主要在于有的大学几乎完全抛弃了文化的教学或传递。因此，在大学里迫切需要进行文化的教学。这是大学的基本职能，是整个高等教育的核心。

然而，应该看到，过分的职业化和专门化会使人变成“碎片”（即片面发展）。因此，正确的做法应是通过广博的文化教育培养“全人”。

三、大学的教学内容

加塞特指出，当时的大学虽然并未进行“文化的教学”，仅局限于专业教学和科学方法的训练，但学习内容还是多得惊人，甚至能力较强的学生也难以真正掌握。大学在规定学生的学习任务时显然超越了学生的学习能力。因此，在制订大学的教学计划时，要讲究实效，而不要贪图虚名。大学不应根据某种乌托邦式的愿望去教授所谓“应该教的东西”，而应仅仅教授“能够教的东西”，即“能够被学生学习的东西”。这是一条准则。它不仅涉及高等教育，也涉及各个层次的教育。

教育中有三个基本要素：教什么（知识）、教师及学生。大学的教师和行政管理人员应该明白，正是学生才是大学存在的原因。因此，在组织教学时，应先考虑学生，而不是先考虑知识或教师，尤其是应以学生的接受能力以及需要为出发点和依据，而不能由教师单方面决定。

儿童或青年的学习能力是有限的，这是教育的首要原理。因此，要精确地根据学生的学习能力去进行教学。自 18 世纪中期以来，人类社会的知识增加了很多，因而需要人们学习很多东西，但这又大大超越了人的学习能力。在此种情况下，对于教育学来说，就亟须解决这一矛盾。要把教育科学建立在一条简单的原理之上，即作为学生的儿童或青年不能够学得所有我们要求他们知道的东西，这就是“教育中的精简原理”。“学习能力有限”和“教育中的精简原理”这两者是紧密相连的。因为学生的学习能力有限，所以要精简教育内容。

那么，怎样贯彻以上两条原理呢？首先，要去除现有课程内容中并非必需的东西；其次，要确定学习的主干学科，即最重要、最基本的课程。对于学习内容，可以用两条标准来检验：第一，必须把学生今后生活中所绝对必需的东西挑选出来；第二，要把挑选出来的内容进一步削减，以使学生能真正彻底地理解和掌握。

在大学的教学内容上，应该强调以下两条主张：

第一，要把学生培养成有教养的人。因此，大学的主要职能是教授文化学科，即包括：(1) 世界的物质体系（物理学）；(2) 有机生命的基本问题（生物学）；(3) 人类的历史进程（历史学）；(4) 社会生活的结构和运行（社会学）；(5) 宇宙的计划（哲学）。学习这五门文化学科，旨在了解一些最基本的概念，以帮助学生形成基本的世界观。

第二，要使学生成为好的专业工作者。除了文化方面的训练外，大学应采用最经济的、直接的和有效的方法，把学生培养成好的医生、法官、教师等。

四、专业教学和科学研究、文化和科学

加塞特指出，专业教学和科学研究是不同的。学习、教授或运用科学，这些都不是科学研究。科学研究是提出问题和解决问题。大多数教授科学的教师不是研究者，即不是科学家。他们懂得自己所教的科学，但是懂得并不是研究。研究是发现一个真理，或是证实一种错误。研究是创造，而教学仅旨在传授已被创造出来的东西，领会它并引导学生去融会贯通。

科学研究是高层次的工作，是一个非常困难的过程，因此，一般人是不适合干的。有人试图在进行专业教学的同时把学生培养成研究者，这是不可能的，其结果必然是专业教学没有搞好，研究者也没有培养出来，却只会引起混乱。例如，如果一个人只有想做医生的倾向，而并无其他的倾向，那就不要让他涉猎科学研究。因为医生只需学习治疗，只需了解他那个时代的生理学体系，而无须成为一个训练有素的生理学家。同样，如果硬要把一个未来的中学教师培养成一个历史学家，那也是不可能的，甚至是错误的。此种现象可以称为“唯科学主义”。因为当一个律师、一个法官、一个医生、一个药剂师、中学的一个拉丁文或历史教师等，和当一个法理学家、一个生理学家、一个生物化学家、一个语言学家等，是大不相同的。前者从事于实际的职业，后者从事于纯科学的职业。此外，社会需要很多医生、药剂师、教师，但它只需要少量的科学家。

总之，大学主要是培养众多的医生、教师等专业人员，而不是培养科学家。

至于文化和科学的区别，加塞特指出，文化主要是指对当代世界的一些基本认识，所以文化不是狭义的科学。

五、科学对大学的作用

加塞特指出，尽管专业教学和科学研究、文化和科学是有区别的，但它们同时又是有联系的。关于专业教学和科学研究的联系（或称依赖性），人们容易理解。关于文化和科学的联系，应该看到，现在的文化的内容主要来自科学。文化从科学那里借用了某些东西，而这些东西对于解释我们的存在是必不可少的。所以，科学对大学的发展有很大的作用。科学是高等教育赖以生长的土壤，高等教育从科学中获取营养。科学是大学的“灵魂”和“本原”。

但是，文化和专业教学作为大学的首要任务应居于大学的中心部位，而科学研究则位于大学的边缘部位，两者不能混淆。实验室和大学是平行的，大学和实验室就像一个人身上两个不同但又相互关联的器官。

总之，加塞特一方面强调科学及其研究对于大学的重要性，另一方面又主张科学研究只能在大学的边缘部位或外部进行，实际上是否定了科学研究作为大学本身的一项重要任务。

（赵卫平）

50. 阿兰

教育漫谈 1932年*

阿兰（Alain，1868—1951）原名埃米尔·奥古斯特·夏提埃（Emile Auguste Chartier），是法国哲学家、教育家。他于1892年毕业于巴黎男子高等师范学校，后在巴黎亨利第四中学任哲学教师。平生撰写杂文4 000余篇，主要著作除本书外，还有《阿兰语录》《文学论丛》《政治论丛》等。

《教育漫谈》（*Propos sur l éducation*）系阿兰有关教育的短篇论文集，共86篇，1932年由巴黎大学出版社出版，之后多次再版。

作为哲学家，阿兰是笛卡儿主义的信奉者，认为人由心灵（精神实体）和肉体（物质实体）构成，两者互不依赖，并由此确立认识的客观性要根据自由意志判断。在教育上，阿兰属于永恒主义教育流派，是古典主义教育的支持者；认为教育应集中于发展人的理性，学习不是游戏，而是艰苦的努力；儿童是未来的成人，教育不是生活本身，而是生活的准备；主张学生应学习几何学和拉丁文；教师应磨炼学生的意志，把学生培养成“可信赖的公民”，而不是单纯传授知识。

一、论儿童

理性和努力，是区别于人和其他动物的特征，儿童也不例外。阿兰抓住这一特征，批驳了新教育的儿童观；认为儿童有成长的需要，他要长大成人，他能自觉地努力而达到理性的成熟。阿兰指出，学习和游戏有本质区别，游戏不利于儿童的成长。儿童也并不喜欢游戏，因为他每一分钟都在摆脱对游戏的爱好，盼望有人把他从游戏中解脱出来，整个儿童时期就是在忘却自己昨天还是个儿童中逝去的。儿童的最大愿望，就是尽早不做儿童，这是儿童意志的萌芽。

阿兰认为，推动儿童成长的，绝不是对游戏的爱好，而是带有艰巨任务的学习。而学习是艰苦的劳动，人只有靠他自己遵循严格的方法才能长大成才；反之，是永远不会有成就的。因此，教学的艺术就是让他们多吃一些苦，而不是沉湎于懒散和所谓的兴趣。教师对学生要严加管教，锻炼儿童的意志，使儿童树立起积极学习和战胜困难的信心。阿兰指出，儿童精力充沛、好奇心强，寓教育于娱乐之中只会使儿童沉湎于易得的快乐，却失去稍有勇气、稍加努力即可得到的更高的快乐。于儿童而言，首要的是自我提高，而不是游

---

* 本书中译文，洪丕熙译，见任钟印主编：《世界教育名著通览》，武汉，湖北教育出版社，1994。

戏中的快乐。因此，教师必须让儿童在外力的约束下形成“自我约束”。谁不在开头吃些辛苦，谁就最终愚昧无知。人是靠辛苦的陶冶而成其为人的。儿童会感激那些教育他们的人，而蔑视那些奉承他们的人。儿童必须在从游戏到学习的变化中感受自己的成长。在这一过程中，教师要从各方面要求学生，有意识地培养他们多方面的品质。

二、论学校

阿兰认为，学校是天然的儿童社会，教师是父母族群和儿童族群之间的大使和中介人。阿兰借苏格拉底的话指出，无论怎样杰出的父母都不善于教自己的子女。因为父母对自己的孩子期望甚高，又好感情用事，爱是没有耐心的，当发现孩子有失误时，往往感情用事，把小的过失当成大错误，而打骂孩子。儿童并没有父母的年龄和父母的经验，他们也不理解父母的感情，于是小小的过错就可能会酿成悲剧，发生令家庭深为不安的叛逆精神和情感危机。而学校是儿童的社会，学校的氛围使儿童自己意识到是个学生。学校不是什么大家庭，在学校里有的是不讲爱、不讲原谅的公正，因为学校从来不受真正的冒犯。在学校里，根本不计情感，在某种意义上，人们原谅一切；在另一个意义上，人们什么也不原谅。学校的教师也是理智的，不会乱用感情。阿兰认为，过分明显的好意、热情、着急等类似情欲的东西和理智的运用是不相容的。各种社会关系都有其固定的角色，是父亲就应该像父亲那样行事，是教师就要像教师那样行事。一个好教师的表现就是有意冷漠，他应学会冷漠。这是教师的行业本色。教育不是道德问题，而是法律问题。教师与学生之间的关系不能被道德情感所控制，它必须以契约等法律概念为基础，而不是建立在感情依恋之上。教师应该是冷漠无情的，但这不是出于对儿童的漠不关心，恰恰相反，是因为他们认为儿童解放是教育的最大任务。

阿兰还提出了“儿童民族”的概念。儿童有自己的世界，喜欢和同年龄的孩子在一起。在家里，他找不到一个和他平等的，也找不到一个和他相似的人，儿童成为外族人。大人永远不应和孩子一起游戏，而是应与他们保持礼貌和距离。所以，儿童一旦有机会，就会咬断家庭的绳索而去寻找儿童民族，这里有儿童自己的礼仪和崇拜。他们崇奉自己的礼仪而拒绝其他，没有任何外来的神，儿童有自己的信仰。这些，在成人看来也许是可笑的。儿童民族有他们的金科玉律，只可他们自己遵守，即使成人后仍能维系，以至于20年不见面的两个人由于某一姿势而成为朋友。儿童民族就这样长大而变为成人民族，成为于其他长辈也于其晚辈陌生的成人民族。

学校是天然的儿童民族单位。教师应置身于儿童之外，并保持距离。否则，教师走进儿童民族，就像门外汉走进秘密社会那样。鉴于教师对儿童民族和成人民族都有接触，会成为两者之间的桥梁和中介人。儿童民族是美丽的，学校和教师应尊重他们的成长。阿兰深情地写道：“一群小学生，在上学的路上争论着，比较着某个分词的主语或者某个比重，从他们的身边走过有多美；他们人人拿出他们的纸，而对权威的信心时有动摇，所谓权威也同样是娃娃，既无威仪也无尖顶的便帽。人的精神的这种幸福境界，从此以后再不重现。”

三、论教育目标

阿兰认为，教育应该是平等的，学校应使人们得到自我发展，不管他们在社会中的位置如何；应该反对那种“人人寻找天才，人人为天才鼓噪”的做法，坚持教育面前人人平等的原则。所以，教育的最高目标是开发人的头脑，使人们具有理智的判断力和自由的思考力。阿兰反对迫于经济压力敦促学生尽早工作的要求，认为这是对教育职责的背叛。他提醒那些急于把学校变为工业企业的教育家，教育应遵循一定的顺序，在急于把学校向劳务市场开放的时候必须注意不要毁掉学校，因为没有有教养的头脑就不会有真正的人性，或许也不会有真正有效的职业培训。

阿兰认为，儿童是不可以随意改变的，人的发展是个体自我发展的实践过程，不能把教育过程与通过外部干预生产个体的技术过程相比较。儿童在车间里花费的时间不应超过他们在教室里的时间。因为在车间里，儿童只是具体运用技能而不开发大脑，而开发大脑则是教育的目标。车间的任务是机械式的，而学习则需通过心智完成。车间干活的目的是成功，而学校学习的目的是开发思维力。这就是为什么在车间干活总是要计算时间，而教室都是“花时间进行思考”的地方。学生是在教室而不是在车间里获得思考能力和发现能力的。另外，在车间里，出错被指责为职业差错，在学习中却允许出错，以便使学生们自我纠正。“因为儿童绝不会由于算术上的差错而破产。错误，在这里找到了它的位置；擦擦石板，错误一无后遗。正因为这样，精神在那里取得满不在乎的那种神态……”

四、论教育内容

阿兰认为，儿童要接触两个世界：物的世界和人的世界。因此，学习两大基本学科是必需的，即用于物的世界的科学知识和关于人的世界的人文知识。

儿童首先接触的不是物而是人，他们只是通过人的媒介才与物接触的，这意味着儿童首先学习的是语言。阿兰主张要学习拉丁文，因为拉丁文能带人进入理性世界，学习它，就可研究伟大著作，尤其是可学得人类的最重要诗篇。古代那些最高超的诗是人伦的钥匙，是灵魂的镜子。诗的力量在于诵读，在给我们教育之前，就先以它的音韵节奏按人类的普遍范例陶冶我们。伟大的诗篇能够陶冶人们的心灵，人类学习最需要的是伟大诗篇，而不是打油诗。三流诗作虽是诗的一种，却对人毫无帮助。把一切语言教给一切人，把一切诗教给一切人，这是教育的崇高目标。儿童在背诵古诗之始就会校正他的情欲，就会让他自己处于一切情欲的情境之外，迅即升华为感情，从中发现人间真理。儿童也要读其他文学作品，如雨果的小说，拉·封丹等人的寓言。儿童要学习语言，只有向大作家学，这是唯一的途径。向最严密、最丰富、最深刻的语句中去学，而不是学那些会话课本中的平庸俗句。首先是学习，而后打开那三重密局下的所有宝藏、所有珍宝。同时，也应让儿童去倾听贝多芬的乐章，去看达·芬奇、米开朗琪罗、拉斐尔的画，让他们学习全面的知识，发展他们的理解力与判断力。

阿兰把人文知识的学习置于重要地位，把古希腊、罗马的伟大思想家的著作当作“永恒的科学”，具有永恒的价值，蕴藏着关于真理的知识和丰富的精神世界。这是儿童的必修课，儿童从中可切实地认识世界的真理和从中寻求独立思考的源泉。读人文科学的知识不应有什么限制，每个人应广泛涉猎，只有这样，人才可能从世界中所固有的各种束缚中解放出来。

在强调人文学科的同时，也不应排斥科学知识的教育。科学教育中最重要的是数学，没有数学的准备，人们便无法理解自然科学。因为数学具有被儿童理解的优点，同时也可避免武断的人为因素。在画几何图形或进行算术计算的过程中，要求是客观而明确的。其中，几何学是自然的钥匙，一切科学都是从几何学开始的，它是自然科学的真正基础。有几何学必然观念的人，能战胜各种表面现象，认识事物的本质。谁不学习几何学，谁就永远不理解他所依存和生活的这个世界。几何学的美，就在于它证明的层次，就在于它那存在于一切事物中的清晰而合乎理性的某种东西。儿童学习几何，最初可能困难，但只要耐心引导他们进入几何学的大门后，他们就能学好，并将终生受益。

五、论教学方法

在教学方法方面，阿兰强调两点：一是教师要少讲，二是提倡阅读。

阿兰认为，讲授式的方法没有同儿童的本性联系起来，没能提供与儿童经验相适合的东西。教师不是备课和讲课，而是组织学生学习；教师仅仅是书本的辅助者。这是一个教师干得很少、儿童却干得很多的场所。课程不像下雨那样，儿童们只是抱着胳膊听讲。相反，孩子们阅读、写作、计算、背诵，一遍遍地抄写。对于黑板上给出的练习，学生们通常是一遍遍地练习，花费较长时间。写作、背诵、阅读、画图与计算将不断进行，用以积累知识。

阿兰强调阅读的重要性。人类必须找到既要使自己安定又能理解人类的共同生活方式，在这方面，阅读是最适合的中介。因为书页上的字是永远不变的，神话故事中的人物是鲜明的，他们不像现实世界中的人那样模棱两可。在阅读时，应该去读伟大人物的原著，而不是读原著的概要、介绍或摘要，更不是平庸之作。阅读名著就是要深入著作之中，去追踪伟人，寻觅伟人，并发现伟人，从而能使自己品尝到科学和艺术的味道，学会思考的方法，领悟人生的真谛，在心灵中播下真理的种子。但阅读并不意味着读懂每一个字，并不是机械重复。如同现实世界一样，是书驾驭儿童而不是儿童驾驭书。人可以在追寻作者思路的同时去驾驭书并进行思考，用眼睛静静地读意味着思考某个问题而又不做它的奴隶。

（李立国）

51. 巴格莱

教育与新人 1934年*

巴格莱（William Chandler Bagley，1874—1946）是美国教育家，要素主义教育流派的首创者，曾任伊利诺伊大学及哥伦比亚大学师范学院教育学教授。一生著作甚丰，从1905年出版第一本专著——《教育过程》，至1937年出版最后一本专著《普及学校教育的业绩》，总共独立完成专著8部，与别人合作出书13本。

巴格莱追求的教育理想是希望寻求一种教育，它能使人类共同的文明永久地持续下去，并在继承前人遗产特别是精神遗产的基础上，一代胜过一代。他最重视普通教育，认为在正确理论指导下的教育如能真正地普及，是保持人类文明发展、社会长治久安的必备条件之一。

1937年，巴格莱与德米阿什克维奇（M. Demiashkvich）、肖（F. A. Shaw）一起在美国大西洋城召开的全国教育会议上组织发起成立与进步教育和实用主义教育思潮相抗衡的“要素主义者促进美国教育委员会”，同时还发表了由巴格莱执笔的《要素主义者促进美国教育的纲领》，引起社会瞩目。但巴格莱早在此之前数年就已形成关于要素教育的思想。他在1934年出版的《教育与新人》（*Education and Emergent Man*）就是论述该问题的一部力作，也是美国要素主义教育学派的代表作。该书篇幅不长，但言简意赅、论述有力，被学界公认为不仅是研究要素教育理论必读书之一，也是研究美国20世纪以来教育思想演变的重要文献。

一、社会进化与教育

巴格莱在序言中明确指出“本书是专为教师和其他学习教育学的学生而写的”，目的是“在突生进化论假设的基础上，提出一种教育理论”，同时还就“社会进化”这一术语来阐述人类的进步。

在本书第1章，巴格莱在对人类社会的发展历程做了简要回顾后，进一步提出：由92种不同的原子首先表明了无机物进化最初的相互结合的阶段，而无机结合的第二阶段则是从原子结合为分子开始的。但由于分子的形成，便构成了新的物质和特性，此现象可称为“突生进化”（emergent evolution）。

巴格莱指出，随着人类的出现，历史进程完全具有了新的含义，即所谓社会进化——

---

* 本书中译本，袁桂林译，北京，人民教育出版社，1996。

“积累和精化知识的过程”。

新生的人类在本质上和活动上在整个动物界是独一无二的。这些特征的重要方面有：通过手制造生产工具，其后又进一步制造出艺术品和通信工具，产生了思维和语言的交往能力以及克服任何艰难险阻的坚强意志等。

随着历史的进程，人类在不断进化着，并日益提高了其进化的速度，但是人类的这种进化和有机物有所不同。人类始终处于进化之中，这是人类社会进化的最基本的特征。但在人类的进化过程中，由“后天习得的特征”，例如，驯服动物的经验、创作能力、语言能力等，“不能通过生物遗传过程而是要通过经验传授给下一代”，“经验传授属‘社会遗传’”。“社会遗传”是巴格莱在本书中提出的独特的意蕴深刻的概念。

根据进化论的观点，巴格莱认为，人类明显的进步出现在新石器时代。这个时期人类不仅能制造石制工具，而且发明了冶铁、制铜的技术，更为重要的是人们已能用刻画符号的方法交流思想、传递经验。

社会进化的物质文化产品包括工具、武器、器皿、衣物、住所、装饰品、刻写的符号等。从这些文化产品中可以看到它们之间的“连续性”，并且它们的“修正与改进总是以前辈的文化为基础，并好于前辈文化，延续至今”。同时，历史文化的发展还证明：“相同的文化在隔离的孤立的地区独立地发展不太可能”，在社会遗产中包括物质遗产和精神遗产，其中知识或者文字记录是最珍贵的因素，因为它是人类聪明才智的结晶，而这些文化是要依靠社会的一些部门代代相传的。

二、传统习俗和准则在社会进化中的意义

巴格莱认为，传统习俗和准则是文化遗产中的重要组成部分，在社会进化之中具有极为重要的作用。它们作为一种社会制约的力量，源于人们在一起和谐地生活和劳动。但不同的习俗和准则构成了不同的民族，因此，把不同的人群区分为不同的民族具有重大的意义。

传统的习俗和准则由一代传给另一代，这种传递一般是通过共同的劳动、日常的生活，有些甚至是“在母亲的膝盖上学到的”。还有一些则贯穿于宗教活动之中，这一些“显然是人类最早出现的正规教育”。

作为社会遗产因素之一的生活准则是在社会进化过程中逐渐形成的。这种生活准则的重要意义就在于“无论是男人或女人都将努力保持他们已经熟悉了的以往的生活水平，他们还不断地促进已有生活水平的提高”。可以说，坚持不断提高水平的愿望是促进社会进步的原动力。

三、教育与人类社会的进步

巴格莱认为，随着知识的积累和提炼，逐渐产生了较为精确的科学知识，使人们变得聪明起来，从而能从迷信欺诈和恐慌中解放出来，不再是算命大仙和巫医的牺牲品。“人类从巫师和巫医的诡计欺骗中解脱出来的重要意义，和人们从残暴帝王压榨下解放出来的意义是一样的。”

精确科学知识的发展依赖于两个条件：一是数字系统，例如十进制的发明与运用；二

是仪器的发明，例如单透镜的发明。300年之后又进一步发明了望远镜。但所有这些发明发现都经历了一个缓慢的过程。由此可见，社会的进化完全是人类知识不断积累和提炼的过程。在这个过程中，教育或者准确地说正规教育具有“永久不朽的价值”。

古罗马帝国衰败之后的500年间，正规教育在西欧几乎完全绝迹。所幸的是，古代希腊、罗马的文明在中东地区的阿拉伯民族中被保存下来，后来又经过西班牙返回到西欧。欧洲从10世纪开始复苏，在文艺复兴运动影响下，印刷术由中国传往欧洲并得到迅速的发展，这样就使文化事业达到古代社会从未达到过的重要程度。

欧洲的宗教改革促进了欧洲学校教育的发展。这个时期受正规教育的人数超过了历史上任何一个时期。从19世纪开始，欧洲和北美开始普及学校教育，但是这在不同的国家有着不同程度的作用和动机。在德国的各邦促使教育发展的力量来源于德国人要战胜拿破仑统治下的法国的愿望。而法国的决心则是希望能在对德战争中战胜普鲁士。美国普及教育的动机则源于东北部新英格兰地区的工业革命和杰出教育家霍勒斯·曼的坚定信念，他确信民主的社会制度根基在于大众普遍享有文化。

在美国，每一次大的经济萧条都平行地出现了重大的教育进步。但也有一些教育的发展不符合平行相关的理论。“现代教育最重要的发展，或者与民族的危难紧密相关，或者与经济萧条时期紧密相关。”

四、关于学习理论的探讨

在有关学习理论发展的研究方面，巴格莱继续采用了“突生进化”理论，认为这一理论“对学习进行分类非常有效”。

（1）一种新的学习理论认为，较高级概念水平的学习在本质上不同于最初水平学习，它遵循着不同的规律。如果新的认识代表了完全新的含义的话，这种学习完全是一种推理过程。人们对这种学习名曰“顿悟学习”。顿悟是智力增长的重要的但并非是唯一的步骤。无论是教育学还是心理学都没有能揭示较高级的智力过程的本质特征。

人类意志的成熟与智力的成熟并非是一致的，但意志内部的或生理的成熟也同样不能脱离外部的刺激。一个人在智力上不成熟，意志上也不会成熟，智力低下的人，其意志也一定低下；反之，智力上较强的人，其意志也将是较强的。但有时也有智力较强者由于自身懒惰而无所作为，一个智力迟钝者则可能成为坚强的有自我控制能力的样板。这说明意志在学习中的作用。

（2）在西方教育史上，斯宾塞首先提出了知识的价值问题。巴格莱指出，“把知识是否有用作为一种标准来判断知识的价值，是把知识作为一种工具看待的”，而这种工具又是直接的有意识的可以被应用的。这样认识问题就导致一种倾向，即只考虑它的效用问题，结果就进而得出这样的结论，“即事实的知识和原理的知识如果不能明显地用来解决问题，就不应该作为合理的教育课程”。

巴格莱认为，无论通过直接经验还是间接经验学来的知识，只有一部分甚至一小部分能明显地用来解决问题，其余部分则构成了人们的意识或智力背景。无论是个人还是群体，其智力背景不同，在发现问题或解释问题的方面也会不同，当然解决的方法也会各异。美国的教育理论由于受到“功利”传统和实用主义哲学及教育心理学的影响而过分地强调“工具”的功能，模糊了背景的功能。“教育不仅应该用节约原则支配，还应该用浪费原则指导”。浪费原则在有机界的表现是很明显的，例如，农作物在播种时要比作物实际的需要多出许多。因此，“教育功能”类似于社会进化中生物学水平上的生物进化发挥的基本功能。其诸多功能中最重要之点“是尽可能保持社会与个人免受危害”；而危害是伴随着不可预测的变化出现的，其中最大最多的变化是社会经济结构的调整。“所以，教育应使个体适应新的环境。”

（3）知识除了有上述两方面的功能，还有迁移的功能。迁移论是由桑代克和伍德沃斯于 1901 年提出的。

五、个别差异及成因

（1）智力测验首先是作为研究儿童智力是否正常的手段。智力测验从其所测的内容看都是儿童学过的，但其客观性取决于这些内容是否是所有被测儿童都有过学习的机会和经验，如果所有的人都曾接受过同样广泛的学习的机会和享有有关经验，那么测验表现的结果的差异“必定是由于存在着先天的学习能力的差异造成的”。就较低年龄儿童来说，这种假设在多数情况下可以认为是正确的。然而，随着年龄的增长，特别是随着测验包含的知识项目范围越来越大，上述假设就越来越缺乏根据了。因为它未考虑到环境因素的影响。为了使测验的结果更趋于合理，为此“必须选择不同的试题以适应不同儿童的背景状况”，并且“在某文化生活环境下适宜的测验标准不能移植应用到在不同文化下出生或长大的儿童身上”。

（2）至此可以提出这样两个问题：1）先天生理成熟的学习能力和接受刺激影响形成的学习能力，哪个更重要？2）在不同类型教养的影响中（包括学校、家庭、文化背景、城市生活等），哪些最有利于促进儿童学习能力的发展？

被试的对象包括领养的孩子与这些孩子的兄弟姐妹，这些兄弟姐妹也是领养的，他们均在同样环境中成长。被试者还包括领养的孩子与这些领养的孩子的亲生兄弟姐妹，他们在不同的环境中成长。研究的结论是：“环境因素对儿童智力发展的影响至多能占智商的 20 分左右”；“相反，不利的环境刺激最多能比中性环境下学习能力的增长减少 20 分左右”；在平均情况下，“智商上下波动变化不超过 6 分”。

如果两个同卵双生儿，他们有完全相同的遗传素质，但在不同的环境中长大，并且在儿童晚期或成人以后在智力方面明显不同，那么环境对智力的影响就不言而喻了。巴格莱引证柯雷尔的研究结论：环境因素的影响对智力发展的影响随年龄而增加，50 岁时环境对人的智力的影响可以占 50%。

巴格莱特别强调早期家庭训练和家庭文化的重要性。这种早期刺激在通常情况下对智力的发展是最具影响力的刺激。学校教育也不可忽视，“如果家庭环境对智力发展是一种中性的或消极的刺激因素，那么相对而言学校教育的影响可能就很大了”。良好的社会环境对智力是一个非常有意义的刺激因素，但不好的环境对智力的发展则会构成一种压抑的力量。

六、教育与社会进步

从最广泛的意义上说，教育是社会进步的一个基本因素，而教育机构的主要义务则是将精神遗产一代一代传递下去。经过选择的学习内容应具有永恒性，永远传递下去。

那么，社会进步的标准是什么？巴格莱列举了12项，主要有：(1) 无政府主义的混乱与暴力状态转向有稳固的法律秩序；(2) 有较高健康水平和较多的长寿者；(3) 国家官员中腐败现象持续下降，特殊阶层的特权持续下降，政治偏见下降，理智的声音不断高涨；(4) 传染病的比率减少，酗酒者的比率减少；(5) 贫困者减少，群众生活水平提高；(6) 反常离婚下降，卖淫者减少；(7) 人均对高雅文学的消费提高，对好的音乐的爱好者增加；等等。

上述进步现象，在欧洲各国是伴随着教育普及出现的。在民主社会里，正规教育的一个最重要的功能是提高文化中共同因素的部分，这样可使大部分人群具有共同的思想、准则和精神，因此，在学校课程和教学计划中需要有相当大范围的共同因素。

教育在社会急剧变化时期的另一功能是对社会的稳定作用。当社会处于不稳定之际，也正是社会的一些基本价值观念正在走向瓦解之际。如果教育在此时可以作为一种稳定力量，就意味着对一些基本学科发挥有效的训练功能，使教学材料、教学方法、学校生活成为一种样板，使许多社会理想，如为别人着想、合作、忠诚、守信、勇敢、不屈不挠等等变为现实。

随着科学和艺术的发展，经常修订课程是完全必要的。初等和中等教育的任务是为社会培养未来的成年人，为此必须用必要的技能和最可靠的知识武装年轻一代。

七、教学法之演变过程

巴格莱认为，19世纪后期向20世纪过渡之前，在较低层次的学校中，教师的讲授形式曾被禁止，而代之以学生的“自我活动”。到1910年前后，教育理论界开始探讨学习的艺术，后来注意的焦点转向了教师如何指引和督导学生学习的问题。这时对应如何布置作业及教师应如何讲授的问题只是偶尔提及。只是到了30年代，对教师口头讲授的认识才有了很大的变化。接着“设计教学”“活动教学”法相继出现。

巴格莱认为，应该承认教师在设计教学、活动教学中应有的地位，但是它不能彻底取代教师在课堂教学中直接、系统、连贯的教学。教师的口头讲授对学习教科书的内容很有利，这是一种三维空间活动，它不仅利用了语言，还利用了语音语调和面部表情及手势的配合，同时，教师在教学活动中还能照顾到不同水平的学生的要求。

教师的功能应特别体现在用人类的经验教育学生及发现学生的天赋。他能以个人的“人格因素”去影响学生。“人格因素”是教育的资源，它在人类社会进步事业中具有无可估量的意义。

教学艺术是教师的一种基本素质。教师清晰的发音、抑扬顿挫的音调、娴熟地运用本族语、工整干净的板书等技能是必不可少的。但是，教学艺术还应包括对学生存在的困难的洞察力，能敏感地觉察到学生困难之所在，并能有针对性地予以解围。如果从教师的功能而言，他对学生的影响因素中最富潜在力的莫过于其“人格”和热情，它能使学生终生难忘。

巴格莱根据“突生进化”理论提出，初等和中等教育的内容应关注那些“在变化的世

既是创业探索时期，又是同资产阶级教育思想进行尖锐斗争的时期。

第二部描写高尔基工学团健康成长的过程。马卡连柯通过组织学员参加维护国家和社会利益的斗争，带领他们建铁工场、木工场，经营大规模农田建设，办起牧场和养猪场等，自己动手改善生活和学习条件，成立了剧团，建起了剧院，千方百计地全面提高他们的道德、文化修养水平。高尔基工学团成长为共产主义青年团的集体。书中通过生动的艺术形象反映了马卡连柯的这样一个教育思想：没有违法的儿童，有的只是那些和我一样充分享有幸福生活权利的人，有的只是那些和我一样有才干、有能力生活和工作、有能力成为幸福的和有能力成为创造者的人。

第三部描写高尔基工学团迁往库良日，接管库良日工学团并把它改造成捷尔任斯基公社的过程。1927 年，乌克兰国家政治保安部决定在哈尔科夫郊区组建新的儿童劳动公社。马卡连柯应邀筹办并管理该机构。捷尔任斯基公社继续了高尔基工学团的经验和集体的传统，是一个已经有了传统、原则和方法的集体。后来，在捷尔任斯基公社甚至办起了照相机厂，进行达到现代技术水平的工业生产；公社中还办了完全中学。马卡连柯在这里继续满怀信心地实践自己的教育理想，建立起了自己的教育思想体系，把自己的全部才能、精力都献给了这个集体。马卡连柯前后经历了近 7 万个小时紧张的教育工作，把 3 000 多名流浪儿和少年违法者改造、教育成社会主义的建设者和保卫者。

一、集体主义教育

集体主义教育思想是马卡连柯教育思想体系的基础和核心，如何组织和培养集体是马卡连柯全部教育实践和理论研究的中心问题。他要求创造一种方法：它既是一般的和统一的，同时又能使每一个个人有发展自己的才能、保持自己的个性、按照自己的意愿前进的可能。这个方法就是集体主义教育方法。

1. “集体”的特点

马卡连柯的集体主义教育思想是以马克思主义关于个人与集体的关系的原理为依据的，是从共产主义教育的目的出发的。他把自己的主要精力放在解决集体和集体机构的建立、解决职权制度等问题上。《教育诗》中的集体具有以下四个特点：（1）集体不是乌合之众，而是由共同的目的、通过共同的劳动并在劳动的共同组织中把人们团结在一起的。（2）每个集体都是整个社会的一部分，与其他集体有着有机的联系；集体首先对社会负责，对整个国家承担义务；集体的每个成员只有通过集体才能参加社会；组织性和纪律性是形成、巩固和发展集体的基本条件之一，在集体中个人的目的和利益必须服从集体的目的和利益。（3）集体拥有管理机构和协调机构，这些机构有权代表集体并行使各种职责。（4）有正确的集体舆论。马卡连柯认为，社会主义教育的目的就是要培养集体主义者，这样的人只有在集体中、通过集体和为了集体才能培养出来。他在自己的教育实践中创造了一整套集体主义教育的原则和方法。

2. 集体主义教育的原则和方法

（1）依存和服从的原则。马卡连柯认为，在集体中最困难的一个问题是建立服从关系。他在集体中采用了“复杂的依存和服从的原则”。混合联队制度和值日队长制度就是马卡连柯创造的重要教育方法。一个孩子，今天是值日队长，领导着整个集体，而明天他就是集体中的普通一员，要服从新的领导人。借助于这种方法，“我们的联队才能融成一个真正的坚强统一的集体”。为什么要建立这种依存关系呢？因为集体中存在着复杂的依存关系，集体成员彼此之间是由自己对集体的义务、关系、职责、荣誉以及行动等互相联系起来的。马卡连柯认为，必须教会学生善于命令，善于服从，勇于负责，乐于接受集体的委托，习惯于过有组织、有纪律的生活。

（2）高度尊重与严格要求相结合的原则。为了培养全面发展的一代新人，马卡连柯从自己的教育实践中总结出一条最基本、最重要的原则，即对学员高度尊重与严格要求相结合的原则。对一个人提出要求，就是对他的力量和可能性的尊重，而在这种尊重里表现出对他的要求。如果对人没有要求，就不可能形成集体。从这一基本思想出发，在教育工作中首先必须尊重学员，即尊重他们的人格，相信他们的力量，善于发现他们的优点，满腔热情地对待他们，把每个人都看作发展中的人。因此，他在改造少年违法者时从不提他们的历史，不揭人家的疮疤，不伤害其自尊心，充分信任他们。例如，他几次让一名有过偷窃、抢劫历史的学员带着手枪去取巨额经费，最终将他改造、教育成工学团的骨干。

（3）平行教育影响原则。个人对个人的影响是一种狭隘的和有限的因素，应当使整个集体成为教育对象，把有组织的教育影响针对集体。因此，马卡连柯提出了平行教育影响原则。就是说，教育者和学生集体的自治机构只与分队（集体的基层组织）发生关系，尽量不与个别人发生关系，在教育集体的同时通过集体去教育个人；而在教育单独的个人时也应想到对整个集体的教育，通过对个人的教育去影响集体。平行教育影响原则，实际上也是一种个别影响的方法，但它不是由整个集体直接转向个人，而是以集体为媒介转向个人。马卡连柯认为，教育只有针对集体中的每一个人，而不是针对个别的个人时，才能培养出真正的集体主义者。

（4）前景教育原则。健康的集体必须不断发展。根据集体运动的规律，马卡连柯提出了沿近景—中景—远景路线发展的前景教育原则。“人类生活中真正的刺激是未来的快乐。”培养人，就是培养他对前途的希望。这个工作方法就是建立新的前途，运用已有的前途，逐渐代之以更有价值的前途，即从简单原始的满足过渡到高尚的责任感。这就要不断地向集体提出新的任务，向集体展示一个又一个前景，引导集体为实现新任务的目标而奋斗，鼓舞集体在追求美好的前景中不断前进。这是使集体不断发展、巩固、永葆活力的生命线，个人在集体的这种前进运动中也逐渐地成长起来。但在建立前景路线时，必须注意几个问题：第一，在展示前途方面，永远应当培养集体的意向，要让学生关心集体的前途胜过关心个人的前途。第二，要使个人的前途与集体的前途协调。第三，要给学生机会，使他们努力追求的是要求投入一定劳动的满足。

（5）集体的作风和传统。根据集体继承的原则，优良的作风和传统对于美化集体、巩固集体具有重要意义，培养集体的作风和传统是集体主义教育的重要方法。马卡连柯认为，优良的作风应有三个标志：一是集体成员朝气蓬勃、积极乐观、充满信心、团结向上；二是每个成员都知道自己在集体中的地位、责任，自觉维护集体荣誉；三是每个成员都能自我克制，对他人谦虚、礼貌。传统是与作风相联系的。传统的建立必须经过紧张、热烈的工作和长期经验的积累。传统一旦建立就不能用命令方式取消，而要用更有力、更有益的新传统代替。马卡连柯对他领导的集体所形成的各种传统深感自豪，这些传统大大提高了教育工作的效果。他认为，集体的美德要靠传统来维持，传统能美化儿童的生活，没有传统就不可能有正确合理的教育，任何东西都不可能像优良传统那样对集体发挥加持作用。

（6）纪律教育。在马卡连柯的教育思想体系中，纪律教育与集体主义教育紧密联系。严格的纪律促使集体变得更完善，使集体的每个成员变得更美好。

关于纪律教育，马卡连柯提出了以下几个重要的观点：1）在社会主义社会，纪律是一种道德的和政治的现象，纪律永远应该是自觉的纪律。在教育实践中马卡连柯从不依靠强制性的纪律。2）纪律不是教育的手段，而是教育的结果，以后才能成为一种手段。良好的教师集体和组织完善的、统一的学生集体才是最主要的教育手段，纪律是在整个教育过程中培养起来的。3）纪律的基础就是不需要理论的一种要求。对个人应提出一贯的、坚定的、明确的、不予修正和毫不放松的要求。要求应当是发展的。马卡连柯把要求的发展与集体的发展联系起来，相应地把要求的发展分为三个阶段：第一阶段是在集体处于初创阶段时，这时由集体的组织者和领导者以不许反对的专断方式提出要求。第二阶段是在集体中已出现了一些积极分子时，这时积极分子以自己的意见来支持领导者的要求。第三阶段是在集体已形成和巩固时，这时由集体来提出要求。4）惩罚是使集体纪律化的因素之一，它实际上也是一种要求。在惩罚中要能体现出对人的要求。合理的惩罚能培养人的责任感、锻炼意志、增强抵御和战胜诱惑的能力。惩罚是集体影响的一种形式，其出发点是集体。有权实施惩罚的，首先是整个集体或者是集体委托的一个人。惩罚是一种教育，它不应造成精神和肉体的痛苦，不应妨碍集体的发展，而且要很少使用，少到整个集体都对给予的惩罚特别注意。在高尔基工学团和捷尔任斯基公社中最常使用的惩罚方式是“关禁闭”。马卡连柯指出：“任何一种惩罚方法只有在它将一个人摒弃在总的队伍之外，同时它是受到舆论的坚决判决所支持时，才能发生有益的作用。”

3. 集体的组织结构

（1）基层集体。马卡连柯认为，理想的基层集体的特点是，它既感觉到自己的统一、团结和坚强，又感觉到自己是一种社会制度，是具有某种义务、职权和责任的一个集体和组织。在马卡连柯的教育实践中，这样的基层集体就是分队，这是由队长负责的一长制的权力机构。基层集体的人数在 7～15 人。起初分队的领导人是选举产生的，后来在不知不觉中改为由孩子们轮流担任，分队也变成了由不同年龄孩子组成的混合分队。小孩子从大孩子那里获得各种知识，掌握行为习惯、工作方法，学会尊重大孩子和他们的经验；大孩子学会关心小孩子，为他们承担责任，形成最美好的同志关系，自然地进行着不断积累经验和传递经验的过程。这样的集体与家庭很相像。轮流担任分队队长，使孩子们能在集体中有效地练习“命令和服从”。在集体中的专门练习，能培养共产主义的意志、勇敢和目的性。

（2）集体中的自治机构。马卡连柯认为，集体中的自治机构是全体大会、队长会议、值日队长制度等。全体大会要解决一切日常生活和工作问题，是主要的自治机构，其主旨是使教育机构日趋繁荣，改进教育工作，提高学习和生产成绩；队长会议是处理一切日常工作的管理机构。马卡连柯指出，领导人的首要工作是指导学生自治机构，引导学生在解决眼前问题时永远不忘记明天的任务和整个集体的前途，注意经常培养积极分子，坚定不移地利用自治机构的威信。在高尔基工学团和捷尔任斯基公社，学员在实施自治的过程中形成了许多很好的传统，这些传统对巩固集体、教育自己起了很好的作用。

二、劳动教育

1. 劳动教育与集体主义教育的结合

马卡连柯的劳动教育理论是与他的集体主义教育理论紧密联系在一起的。高尔基工学团和捷尔任斯基公社的集体，正是在共同的劳动过程中形成、巩固和发展的。在高尔基工学团中，学员主要从事农业、畜牧业和一些手工劳动，经费主要靠国家预算，学员的劳动收入可用来改善学习和生活条件。在捷尔任斯基公社，建成了苏联第一座生产电钻的工厂。学员的劳动收入不仅保证了自己的学习和生活费用以及集体所需的开支，还能向国家上缴利润。从关于儿童集体的基本观点出发，公社办起了学校、工厂，工厂中有工程师，有生产财务计划，有细致的劳动分工，有严格的质量标准和定额要求，有工资，也有义务和责任。马卡连柯认为，拥有工厂并为工厂负责的集体，可以获得极多的组织者的技巧。

2. 劳动的教育意义

马卡连柯的劳动教育理论是以马克思的教育与生产劳动相结合的基本原理为依据的，也是从社会主义社会对人的基本要求出发的。

马卡连柯肯定了劳动是教育工作中最基本的因素之一。劳动只有作为全部教育过程的一个组成部分时才能成为教育的手段；劳动如果没有与其并行的知识教育以及政治的和社会的教育，就不会带来教育上的好处。随着高尔基工学团和捷尔任斯基公社的劳动教育实践的发展，马卡连柯对劳动教育的意义的认识越来越深刻。他认为，学校里应该有生产过程，因为在执行生产计划时，人们才会感觉到自己对每一部分工作应负的责任。不注意创造价值的劳动，是不可能成为教育的积极因素的。即使学习劳动也是这样，应该从劳动所能创造的那种价值观念出发。

3. 劳动教育与文化知识教育的结合

关于劳动教育与文化知识教育的结合问题，马卡连柯的认识是逐步发展的。起初他认为劳动过程应该与教学计划联系起来，在实践中他认识到了追求这种机械的联系是荒谬的。高尔基工学团和捷尔任斯基公社正确处理了劳动教育与文化知识教育的结合问题，在为学员提供中等教育和高级熟练技能的同时，还培养了他们经营者和组织者所必备的多种多样的品质。所以，马卡连柯认为，学习过程和生产活动结合起来，就能有力地决定人的发展。在苏维埃的教育中，体力劳动和脑力劳动之间没有本质的差别，其中最重要的首先都是劳动力的组织，即从事劳动的人的本身。

马卡连柯的另一本教育代表作《儿童教育讲座》① 是应全苏广播电台编辑部关于《家长教育宣传》节目的约稿撰写的。广播讲座从 1937 年 9 月开始，大约于当年 12 月结束。

---

① 本书中译本，诸惠芳译，石家庄，河北人民出版社，1997。

《儿童教育讲座》在电台播出后引起了苏联广大家长、教师、社会教育工作者和教育理论工作者的普遍重视。1940年，苏联教育出版社出版了《儿童教育讲座》单行本，此后曾多次印行。全书分八讲，包括：家庭教育的一般条件；家长的威信；游戏；纪律；家庭经济；劳动教育；性教育；文化修养的培养。

（诸惠芳）

53. 杜威

经验与教育 1938年*

《经验与教育》(*Experience and Education*)一书是美国教育家杜威于1938年出版的。面对其他教育思想流派的种种批评和误解，杜威对他自己的教育观点做了重新的阐述和辩解。该书被看作杜威后期的一本重要代表作。

一、传统教育与进步教育

杜威指出，在教育理论的历史上，存在两种对立的观点：一是"教育内发论"，即认为教育以自然禀赋为基础；二是"教育外铄论"，即认为教育是克服自然的倾向，通过外力而获得习惯的过程。在学校教育的实际中，这两种对立的倾向就表现为"传统教育"与"进步教育"之间的对立。

传统教育的特征是：第一，把过去积累起来的知识和技能的体系作为教材，因此，学校的主要任务是把这些东西传授给新的一代。第二，道德训练就是形成符合在过去已建立的行为标准和准则的行动习惯。第三，学校组织形式（指学生之间的关系和师生之间的关系）同其他社会机构相比，具有极为显著的特征。传统教育的三个特征决定了它的教学和训练的目的与方法。

进步教育即新教育的道路并不是一条比传统教育即旧教育的老路容易走的道路，相反，其道路更艰辛、更困难。除非新教育得到大多数人的支持，否则，新教育的处境将会依然如故。因此，新教育未来的最大危险恰恰在于人们认为新教育的道路容易走，以至于新教育的进程可能成为毫无准备的临时凑合的行动。

杜威坚信，根本的问题不在于新教育与旧教育的对立，也不在于进步教育与传统教育的对立，而在于究竟什么才有资格配得上"教育"这一名称。实际上，根本的问题在于教育本身的性质，而不在于给它加上什么形容词进行修饰。

二、一种健全的经验哲学

杜威指出，他的出发点是反对传统教育的哲学和实践。为了解决新教育即进步教育所面临的一些主要问题，十分需要一种健全的经验哲学，而不使它停留在名称或口号上。

---

* 本书中译本，姜文闵译，北京，人民教育出版社，1991。

在教育与个人经验之间存在有机的联系，这是永久不变的。但是，不能把经验和教育直接等同起来。因为尽管一切真正的教育都是来自经验的，但这并不表明一切经验是具有教育意义的。有些经验会限制一个人将来获得比较丰富经验的各种可能性；有些经验会缩小一个人经验继续增长的范围；有些经验会使一个人养成马虎和粗心的态度从而改变后来的经验性质；有些经验彼此互不联结因而不能持续地连贯起来。所以，对经验是要加以选择的。

传统的学校使学生具有了种种经验，传统的课堂也是学生获得经验的场所，但是，有许多学生的判断力和行动能力受到了限制，有许多学生一谈到学习过程就联想到无聊和厌倦，有许多学生发现他们学习过的东西同校外的生活情境大不相同，有许多学生一提起书本就联想到令人生厌的劳役。因此，这就对教育者提出了一个问题，即教育者的任务是安排那种不使学生厌恶而能引起学生活动兴趣的经验。对于以经验为基础的教育来说，其中的新问题就是要从各种现时经验中选择那种在后来的经验中能够丰满并具有创造性的生活经验。

作为一种健全的经验哲学，它有两条主要原则：

（1）经验的连续性原则。对于教育经验哲学，这一原则是十分重要的。因为和任何理论一样，教育哲学不仅是一种语言的表述，而且还是指导教育的一种计划，依据应当做什么和怎样去做来建立它的结构。由于教育是在经验中、通过经验和为着经验的一种发展过程，坚持经验的连续性原则就显得愈加重要。经验的连续性原则实际上是以习惯的事实作为基础的。它意味着，每种经验既从过去经验中吸收了某些东西，同时又以某种方式改变未来经验的性质。在任何情况下，经验都有某种连续性，而且经验的连续性起作用的方式是不同的。从某种意义上来讲，经验的连续性是区分具有教育作用的经验和具有错误教育作用的经验的准则。经验的价值只能由它所推动的方向来判断，因此，教育者的任务就在于看到一种经验所指引的方向，即是真正地引导继续生长还是起着阻碍继续生长的作用。此外，教育者的任务还在于不仅要通晓环境条件所形成的实际经验的一般原则，而且也要认识到实际上哪些环境有利于引导生长的经验。最为重要的是，教育者应当知道怎样利用现有的自然的和社会的环境，并从中抽取一切有利于建立有价值的经验的东西。

（2）经验的交互作用原则。对于教育经验哲学，这一原则也是十分重要的。之所以使用“交互作用”一词，主要是为了解释经验的教育作用和力量。任何经验都是经验的客观条件和经验的内部条件的交互作用。两种条件的交互作用便形成了情境。只有当经验的客观条件从属于经验的内部条件时，那种经验才是真正的经验。所谓个人生活在世界之中，是指生活在一系列的情境之中。其含义是指个人和各种事物以及个人和其他人之间进行着的交互作用。“情境”和“交互作用”这两个概念是互不可分的。因此，一种经验往往是个人和当时形成他的环境之间发生相互作用的产物。因此，教育者的任务是随时密切关注产生交互作用的种种情境。

杜威还指出，经验的连续性和经验的交互作用这两个原则是彼此不可分的。它们是经验的经和纬两个方面，互相交叉联合。经验的连续性和经验的交互作用彼此积极主动的结合，正是衡量经验的教育意义和教育价值的标准。

三、社会控制与个人自由

杜威指出，从本质上讲，教育是一种社会的过程。因此，对于教育来说，社会控制和个人自由虽是两个老问题，但却是两个非常重要的问题。

在儿童的教育过程中，需要成人的指导，但也要考虑到儿童的能力和需要。一个人会受到许多社会控制，但这种控制并不限制个人自由。例如，凡是游戏都有规则。没有规则，也就没有游戏了；规则不同，游戏也就不同。由此可以得出这样的结论：个人所处的整个情境决定对个人行为的控制。在一所有良好秩序的学校里，对于儿童的控制主要是依靠各种活动和维护这些活动的情境，全体儿童所参加的活动是控制的主要手段。

为了社会控制，一定的秩序和权威是必要的。在学校中，对儿童的控制也需要秩序和权威。教师是以整个团体利益的代表者和代理人的身份来运用权威的。因为教师是这一团体中最成熟的成员，对团体生活中的各种交互作用和各种相互交往负有独特的指导责任。教师是团体中的一个成员，他应该对团体活动起积极的指导作用。但教师应该把以个人方式运用权威的机会尽量减少。特别当教育以经验为基础时，教育经验便被看成是一种社会的过程，教师也失去了外部的监督者或独裁者的地位，而成为团体活动的领导人。

与社会控制相对的是个人自由。所谓的“自由”，是指理智自由。这种自由是唯一的永远具有重要性的自由，即是对于有真正内在价值的目的能够做出观察和判断的自由。没有这种自由，个人就没有真正的和不断的正常发展。然而在“自由”问题上出现的最普遍的错误是，把自由认定为活动的自由，或认定为外部的或身体方面的活动。

在学校中，增加外部活动自由是需要的。因为它能使教师了解儿童，也能消除儿童学习中的被动性和接受性。但是，必须认识到，增加外部活动自由只是一种手段，而不是一种目的；否则，尽管外部活动自由增加了，但教育上的问题并没有解决。因此，把外部活动自由本身当作一种目的，乃是最大的错误。

总之，在学校中，必须强调儿童的自由，同时又要认识到自由的性质，即自由的积极方面和消极方面。如果没有自由，儿童就不能正常生长；如果对自由不加以限制，儿童就不会有理智的生长。在尊重儿童自由的同时，却排斥教师的积极指导作用，那就是从一个极端走向了另一个极端。

四、教材的组织

杜威指出，任何学科最初都是从日常生活范围中得到种种材料的。然后，在经验的范围内搜集的材料基础上，将这些材料累进地发展为更充实、更丰富以及更有组织的形式，即逐渐成为那种教材形式。

但是，在传统学校中，对组成各种学科的教材的选择和安排是根据成人的判断而做出的。这些教材都是在学生现实生活经验之外的东西，只同过去有关。对传统教育来讲，种种问题是从现时经验之外提出来的。

对于进步学校来说，教育必须以它们已有的经验作为起点。这种经验和在学习过程中发展起来的能力，又为所有的未来的学习提供了起点。因此，在教材的组织上，教育者的责任就在于，从现有经验的范围内选择那些有希望有可能提出一些新问题的事实和材料，并通过这些新问题激起新的观察和新的判断方式，从而扩大未来的经验范围。教育者要认真考虑两件事：一是教材中的问题是从现有经验的种种情况中提出的，并且是在学生的能力范围之内的。二是教材中的问题能够激发学生主动地探索知识和产生种种新的观念。

为了使经验具有教育作用，经验必须延伸到正在扩展的教材的领域中去，即延伸到事实的或知识的和观念的教材中去。但教材的组织不是从外部强加的，因为这种组织符合经验本身的生长。所以，教材的选择和组织必须根据现时的生活经验，或者说以现时的生活经验为出发点。但是，教材也不能忽略过去的知识，因为过去的知识提供了理解现在的手段。从这个意义上讲，生长的连续性原则必须成为教育者的永恒的座右铭。

但是，在进步学校中，最薄弱的一点就是关于知识性教材的选择和组织。由于经验的领域是非常广泛的，内容也是因时因地而多种多样的，加上进步学校的发展历程还不很长，在教材的选择和组织上难免存在着不稳定和含糊松散的现象。然而，根据这一点就对进步学校进行根本性的批评或抱怨，那是没有理由的。

（单中惠）

54. 克拉克

教育与社会变革 1940年*

克拉克（Fred Clarke，1880—1952）是当代英国教育家和社会学家。克拉克1880年8月2日出生于英国牛津郡，1899年入牛津大学走读制师范学院学习，毕业后在约克主教辖区师范学院任教学法高级讲师，负责培训乡村学校教师的工作；1906年任南安普敦大学哈特利学院教授，兼任该大学评议会成员并代表学院参加汉普郡教育局咨询委员会。从1911年3月起，克拉克在南非开普敦大学任教，同时积极参与南非的课程改革、学徒训练、青少年事务、教师联合会以及南罗德西亚教育委员会的工作。1929年9月，他赴加拿大蒙特利尔担任麦吉尔大学教育学教授；1935年回到英国，任伦敦大学教育学院教授，并兼任海外留学生导师；1936年10月任伦敦大学教育学院院长，直至1945年退休。他曾任英国中央教育咨询委员会主席和教育研究基金会行政委员会首任主席。克拉克深受柏拉图、卢梭和杜威等人教育思想的影响，重视教育的社会功能；后期又受曼海姆（Karl Mannheim）的影响，重视教育社会学的研究。主要教育著作有《教育政治学论文集》（1923年）、《教育与社会变革》等。

《教育与社会变革》全书共3章。第1章论述制约英国教育的历史条件；第2章论述英国教育的现状；第3章论述英国传统的文化、政治、工业和教育等如何适应新的形势。全书主要是运用社会学的观点来阐释英国教育的。

克拉克在《教育与社会变革》一书的“引言”中指出，本书有三个主要目标：（1）探讨决定英国教育机构类型的社会影响及其性质。（2）分析英国教育的现状，其中包括不同的机构类型以及这些机构所服务的社会目标、各类学校和社会的关系、学校教育和非学校教育的关系等。（3）判断现存教育机构在多大程度上能够适应当前时代的要求，适应那种在比以前更为集体化的社会秩序中确保个性自由发展的要求。

本书内容也涉及教学方法、课程、教育哲学等问题。但是，克拉克指出，英国的习惯做法是主要由教师自己决定教学方法和教学内容，并且这种做法不可能有大的改变。而且，公众日益关心的是教育制度各部分的协调、教育和日常生活的联系等，这些问题是社会学上的问题，而不是教育学上的问题。因此，本书主要是为普通公民写的，而不是专为教育专业人士写的；主要兴趣集中在国家政策上，而不在课堂技巧上。

---

* Fred Clarke, *Education and Social Change*, London: The Sheldon Press, 1940.

一、制约英国教育的历史条件

克拉克指出，要阐释英国的教育现象，关键在一个词："安全"。"安全"有两层意思：一是国防军事上的安全；二是经济上的安全，包括英国在世界范围的投资。

英国人的思维习惯是根据具体的先例而非抽象的原则（这就意味着保持连续性）；社会的等级秩序分明，同时又有灵活的纽带连接在一起；团体生活的强度和多样性维持与支撑国家的统一；宁要一种具体而有限的自由，而不要一种抽象但不友好的平等——所有这些特征对英国的教育都有一定的影响。

当然，任何一种分类都不可能完全与事实一致，但是，如果把教育目标分一下类，就容易厘清英国教育传统的线索。克拉克这里采用了德国社会学家韦伯（Max Weber）的分类，即把教育分成：(1) 有神授超凡能力的教育（charismatic education）；(2) 为了文化的教育；(3) 专门化教育。克拉克认为，这种分类也适用于英国的情况。

关于第一种教育，有神授超凡能力的教育在英国是个人的而非机构性的，是偶然的而非普遍性的。因为"神授超凡能力"在英国教育中是隐性的。人们不可能在一个官方的机构中明显地找到，也不能在统治阶级内找到，它基本上属于不信奉国教者。卫理公会教徒在早期就有这种东西。17 世纪是它的黄金时代。在诗坛，所谓的"抽象派"诗人也受到其影响。"神授超凡能力"的性质虽然在英国人的生活观中从未消失，但它在实际教育中却很难被找到。在 20 世纪，"神授超凡能力"已完全失去其基督教的性质。因此，我们可以得出这样的结论：这种教育过于超自然和虚幻，以至于对人的判断力无多大帮助。

关于第二种教育，从某种意义上来说，英国的传统自宗教改革以来一直如此，即"教育是为了文化"。不过它在不同时期和不同人身上有不同的表现。

17—18 世纪，不信奉国教派（非国教派）开办了大量的学校和学园，它们是与国教派控制的文法学校和大学不同的。非国教派受到夸美纽斯、弥尔顿等人的影响，对"文化"的一个主要观点就是：科学比语言更重要。和以前的统治阶级一样，他们也认为教育是为了文化，也以文化来理解教育，但他们对文化有不同的理解。他们认为，语言只是获得有用的知识的一种工具。他们的思想和皇家学会、18 世纪的发明、工业革命以及引起美国革命、法国革命的思想等都有联系。非国教派的学校和学园并未背离"教育为了文化"的主导观点，也保留了英国的特征，但却摆脱了流行的古典和贵族式教育的传统，从对现实世界的观察出发，设计出一种能为现实生活做有效准备的课程。这样，古典语言学习不再占据主导地位，而代之以英语、历史、现代语、数学和自然科学。这种改变无疑是具有革命性的。然而，它也是自宗教改革以来所形成的传统的继续和发展。这是一种新教传统，代表了有进取心的中产阶级的教育观。

关于第三种教育，英国的统治阶级直截了当地公开承认：它是向贫苦大众提供的；它不是为了"文化"，而是为了"实用"。

现代社会对"为教育本身的目的而追求教育"这一古典传统的解释掩盖了这种传统的两种重要的性质。一是从 17 世纪起，古典的人文主义教育是作为统治者的一种适当的职业训练。例如，洛克就认为，拉丁文对于一位绅士来讲是必需的。二是文法学校的古典课程为许多不属于统治阶级的人——牧师、教师、律师、医生等专业人士提供了教育的基础。因此，专门化教育的因素早在提倡“为了文化的教育”时就已存在了。至于对于商人和工人的专门化教育，那是19世纪以后的事情。当然不能否认，流行的古典教育形式必然是“为了文化的教育”，而且在社会环境有利时这种教育是很成功的。但这种教育从未失去其阶级性，它从来就不是一种综合意义上的国民教育，今天也不是。然而，这种教育一直具有和专门化教育与职业教育相妥协的性质。

19世纪时，人们认为，在一个工业化的国家中，能够把传统的人文主义精神和企业、政治、行政管理、专业化服务等方面的复杂要求有效地结合起来。确实，这方面也取得了一些成果。所以，我们不仅必须把过去50年技术的发展吸收进一种扩大了的“文化”的概念之中，我们更必须在“文化”的两种概念中取得一种真正的综合，而这两种概念在源自文艺复兴的理性运动中是固有的。所谓“文化”的两种概念，是指文学的（或古典的）和科学的（或现代的）。前者可以追溯到柏拉图，它导致一种贵族秩序下的教育；后者虽然也可追溯到古希腊的思想，但从实验精神的意义上来说，它是文艺复兴的产物。然而，英国公学的继续存在，以及在英国的大多数大学中第一级学位——文学士和理学士学位的分设，都表明英国人尚未在这一问题上真正达到一种综合。不得不说，全民对科学教育的态度需要有大的改变。既不能认为科学是高度专门化的科学家们所追求的一种神秘的和高度复杂的崇拜对象，也不能认为科学只是现代生活的一种技术上的必需品，任何一所自尊的学校虽不情愿但也必须予以提供。应该认识到，科学是现代生活的一个最基本的方面，因此，也是现代每个人所受教育的一个必不可少的基础。

二、对英国教育体制的分析

克拉克指出，第二次世界大战前英国的教育体制包括以下几个方面：

（1）一个全国性的“初等学校”（elementary school）制度。它起源于19世纪，但现在有了扩展，往下有幼儿学校（infant school，5～7岁），往上有高级学校（senior school，11～15岁），而初级学校（junior school）的学生年龄是7～11岁。这是根据1926年的《哈多报告》而重组的。《哈多报告》建议，把全日制义务教育延长到15岁。此外，对“初等学校”已有一种新的解释，即建这种学校是为了传授一种基本的普通文化，而不是以前所认为的是为了确保下层阶级获得实用性知识。

（2）一个极其复杂的“中等学校”制度。具体来说，它包括：一是公学。二是由国家控制的学校。其中又可分成不同的种类。有的学校主要是由地方教育当局开办和管理的；有的学校是由地方教育当局资助的；有的学校在行政管理上独立于地方教育当局而直接从中央的教育委员会（Board of Education）获得补助金。因为这些学校都受到公共资金的资助，所以它们都必须为通过“11岁考试”的学生保留一定的“特殊学额”。所有这些学校的大多数学生毕业时将参加学校证书考试。三是“私立”学校。四是初级技术学校。它们招收13岁的学生入学（主要是男生，也有少数女生），进行3年的职业教育，同时也提供普通文化教育。虽然这种学校的数量不多，仅在一些大城市里有，但作为一种教育实验，其重要性越来越被人们所认识。这些学校的经验为斯彭斯委员会（Spens Committee）后来建议推广“技术中学”提供了依据。

（3）各种“继续”教育机构。它们的形式是多种多样的，既提供业余制课程，又有全日制课程；既提供初级程度的教育，又有高级程度的教育；既有技术教育，又有艺术教育等；既有日校，又有夜校。它们都受到地方教育当局和中央的教育委员会的资助。它们和全日制“普通”学校体系的关系各异。但继续教育机构无疑满足了不同人的需要。

（4）各种非正规教育组织。包括男、女童子军，城镇和乡村的社区中心等。

克拉克这里没有提及大学。因为他认为，大学的发展更多地取决于普通中小学教育体制的发展，而较少取决于任何一种独立的社会影响。

然而值得注意的是，英国的中等教育严重缺乏真正的教育上的多样性。因为一些新建学校的教师大多是在旧传统下培养起来的，只会模仿公学和文法学校这些旧式学校办事，而对于一些新的尝试，如为女孩子设置专门的中学课程等，却持怀疑的态度。社会上很多人读书的目的只是为了取得某种社会地位，而不是受到一种真正的教育。因此，他们对学校开设何种课程并不真正关心。但是，如果新一代追求社会地位的人真的要成为统治阶级的成员、成为一种新的统治阶级，他们将需要一种新的训练。他们的社会出身和家庭背景与旧的“特权”学校的学生大不相同，因此，需要一种不同的教育。

三、改革教育以重新适应时代的要求

克拉克指出，在1940年初，国内外形势已有了很大变化。在国外，当时第二次世界大战已全面爆发。人们已认识到，这场战争不仅是一场军事力量的较量，而且是存在于每个参战国社会结构内的不同动机和观念之间的一场冲突。在国内，单就教育领域内部来说，我们必须对时代的发展做出回答。英国的教育传统只有经过改革，才能重新适应新的形势。

因此，在教育上必须进行以下的改革：

（1）统一整个教育制度。当然，在使学生能平等接受合适的教育的同时，也要适当考虑学校类型的多样化，允许个别学校有一定的自由去使用和发展它们的资源，允许家长在合理的限度内为孩子选择学校。克拉克建议：如果把全日制强迫教育的年龄延长至15岁，则继续教育的年龄应为15～18岁；取消“11岁考试”；等等。

（2）超越文化和职业的区分。在一个现代工业化的民主社会里，已不再有理由维持文化和职业的区分。对于任何一个充满活力和有组织的社会来说，各种职业是其所必需的，而不是附属品。因此，在学校的课程中，可以尝试提供职业化的文化教育，另一方面也可以从文化的角度来解释职业。整个技术教育体系应和“普通”学校有更明确的关系。

（3）改变人们一些基本的态度。例如，要发展一种大众教育哲学，把“文化”和“实用”的价值观统一起来。

（赵卫平）

55. 马里顿

教育处在十字路口 1943 年*

马里顿（Jacques Maritain，1882—1973）是当代法国哲学家、神学家和教育思想家，出生于法国巴黎。1905 年，马里顿获巴黎大学哲学博士学位；1914 年后，先后在巴黎天主教学院及美国普林斯顿大学、哥伦比亚大学任教；第二次世界大战后担任过法国驻梵蒂冈大使。马里顿一生研究领域广泛，著述甚丰。主要教育著作除本书外，还有《反现代主义》（1922 年）、《托马斯主义教育观》（1955 年）、《人的教育——马里顿的教育哲学》（1969 年）等。

马里顿以新托马斯主义教育的旗手而著称于世。他的思想以亚里士多德和欧洲中世纪神学家、经院哲学家托马斯·阿奎那的哲学为基础，并结合古典的与现代的哲学思想，认为托马斯主义是与当代社会密切相关的活生生的哲学体系。正是在此认识的基础之上，马里顿形成了极富宗教色彩的思想个性和特点，这在他的教育论述中充分体现出来。马里顿认为，近代社会生活的混乱，乃是由于人们对灵魂、道德、宗教的无知所致，因此主张在道德上进行再教育和恢复宗教信仰，要求继承中世纪的教育传统，将宗教教育作为教育的核心内容和最高目标，以便培养青少年对基督教的虔诚信仰。他认为进步教育使学生很少受到“挑战”和“训练”，而真正的教育是从建立在先验原则基础上的“悟性”“直觉”开始的。

《教育处在十字路口》一书是马里顿新托马斯主义教育思想的代表作，并以其不同凡响的观点和尖锐的批判而著称于学界。该书成书于 20 世纪 40 年代初，系以马里顿在耶鲁大学特里讲座（Terry Lectures）上所做的有关教育的讲演整理而成，涉及教育的目的、教育的动力、人文与自由教育以及当前教育的现状等问题。

一、教育的目的

教育的目的是本书的第 1 章，马里顿主要探讨了教育最为根本的目的究竟应是什么的问题。他对该问题的探讨是建立在对现行教育进行批判的基础之上的。他认为，他所处时代的教育存在七种错误的教育观念，即七种对教育的误解。

（1）人们对教育目的的忽视。现代教育过分关注教育的方式和手段，致使方式和手段超越了对教育目的的关注，而成为教育的一切。虽然这有利于促使教育手段和方法的巨大

---

* Jacques Maritain, *Education at the Crossroads*, New Haven: Yale University Press, 1943.

循一些基本的规则。

（1）无论是教师还是教育管理者都要有意识地去培养那些能够使学生思想不断成熟和完善的基本品质或性情。教师真正的教学艺术在于使儿童关注他自身的资源和潜力，从而调动学生自我发展的需要，促进教育的顺利开展。

（2）关注个体内在的潜意识精神动力因素的养成。换言之，就是强调教育影响的内在因素。这种内在因素主要是指唤醒学生内在的潜伏着的创造性和资源，从而凸显学生的个性和主体性在教育中的地位和作用。

（3）教育和教学工作要趋于整合，而不要分散。这种整合的最终目标在于培养一个内心一贯、不存在任何杂质与三心二意的内心完整的人。具体而言，这种整合包括两方面：一方面，行为与思想的一致或统整；另一方面，经验与理性的整合。教育和教学必须从经验开端，然而必须以理性为其终结。

（4）教学应当致力于理智能力的自由与解放，而不应加重其负担。也就是说，教学最终要通过理性掌握来控制整个学习过程，从而达到解放思想、使思想自由的结果与目的。具体来讲，教学必须强调知识的价值，通过知识传授与获得去统领训练的价值。教育的最终落脚点应定位于智力的养成之上，而不是单纯的事或物的训练与获得。

马里顿认为，以上学生自身思想的自然活动、学生应具备的基本性情或品质和教师必须遵循的基本规则共同构成了教育的根本动力因素。

三、人文与自由教育

马里顿认为，教育包含三个重要阶段：（1）最根本和最为基础的初等教育阶段。（2）人文教育阶段。这一阶段包括中等教育和学院教育两个时期。（3）提高学习即大学阶段。马里顿认为，不同的教育阶段由于教育对象不同，因而在课程的选择和设置上应根据不同的对象而有所不同。每一阶段所传授的知识都必须适合学习者的实际，并且这种知识要能使学习者的思想意识在不同的发展阶段得到不断的完善。从这种观点出发，马里顿依据三种教育阶段的划分进行了论述。

1. 基础教育阶段

此时儿童年龄尚幼。马里顿指出，儿童不是小大人，明确儿童应有其自身的特点，因而教育也应围绕儿童的身心特点来展开。儿童的世界是一个富于想象的世界。对于应传授给儿童的知识，应采取讲故事的形式加以传授，以使儿童对世界的客观存在和各种价值观念有一种想象性的把握和了解。此外，儿童对美的崇尚，以及他们的直觉和活力都是人们在进行教育时必须要考虑的因素。

2. 人文与自由教育阶段

人文教育主要是针对青少年期的儿童施行的。此时儿童正处于向成人过渡的时期，他们还未真正完全获得相应的判断力和理智能力，仍是以自然的天赋和智力为主要特点。因此，这一时期传授的知识应主要与学生的自然天赋和智力相关。教育的主要目的并不在于要让学生掌握多少科学或艺术知识，而是要让他们理解科学和艺术的意义，并理解深藏于科学与艺术之下的真理与美。对于学院教育来讲，必须强调综合的特点，为达到培养人的教育使命提供全面的智慧基础，实施自由教育。

马里顿指出，自由教育的最高与最终的目的在于使青年获得智慧的基础，为青年步入成人社会做好全面的准备。接受自由教育是青年人应享的权利。具体来讲，自由教育由如下课程组成：与数学和诗有关的学科，如数学、文学、逻辑等；与自然科学及艺术有关的学科，如物理、科学史和艺术等；与哲学有关的学科，如自然哲学、形而上学、心理学等；以及与伦理哲学和政治哲学有关的学科，如伦理学、政治哲学和社会哲学等。在所有这些科目中，马里顿尤其强调了哲学与神学的作用。他认为，这两门学科是所有自由教育科目的统领学科。马里顿尤其强调了神学对于自由教育的重要意义和作用，他说如果没有了神学智慧的参与，那么自由教育的使命与目的就难以达成。因此，在学院中应开设神学方面的课程。

3. 大学教育阶段

大学教育的目的在于加强学生的能力，包括增强判断力，以及养成智力美德。基于这样一种目的观，马里顿也认同纽曼大学是传授普遍知识场所的观点，提出了广泛的大学课程设置。他认为大学的课程应包括四个层次：第一个层次的课程是与实用技艺和应用科学有关的科目，如管理科学、技术训练等；第二个层次的课程则是与实践科学有关的学科，如法律、教育和经济学等；第三个层次的课程则是有关思辨和艺术领域的课程内容，如物理、化学、天文、艺术和文学等；第四个层次也是最高层次的课程是指哲学与宗教方面的课程，包括知识论、自然哲学、神学和宗教史等学科。这些课程共同构成了大学教育的主要内容。马里顿同时也谈到了大学研究与大学教学之间的关系问题，认为任何大学教育最终将进行一些原创性的工作，尤其是科学方面的知识创新，这对大学教育来讲无疑是十分正常的。但事实上大学的目的并不在于进行创造和知识的提升，而是在于教育青年人。这样，大学的主要工作便不是研究而是教学。由此二者必然产生冲突。对于这种冲突，马里顿认为，大学的研究和教学应相互支撑、共同作用。但是也应明确二者之间的不同与区别，应以教育目的的实现为主，而不能只顾研究与创新而偏废了教学。

四、当前教育的现状

1. 自由教育与新人文主义的关系

马里顿指出，人们对新人文观建立的渴望需要一种有机的、整合的教育。这种教育要能够培养人的责任感、自由观，以及养成人们的权利意识和义务观念；同时，未来教育亦应能弥合宗教情感与人类世俗行为之间的裂痕。为了具体说明自由教育与新人文主义之间的关系，马里顿以人类的闲暇为例加以说明。他认为，人类的闲暇问题一定会成为日后世界所面临的严重问题，而这一问题的解决最终则有赖于自由教育作用的发挥。只有自由教育才能为人类日后更好地打发闲暇提供最为有效的手段，因此，自由教育对于新人文观的确立是必不可少的。

2. 未来世界的特殊使命对教育提出的要求

虽然从理论上讲自由教育对于新人文观的确立、对于社会及人自身发展来讲具有重要意义，但马里顿也指出未来社会的特殊使命与当前的文明危机，为人类教育附加了许多新的使命，同时也造成了对教育本质的误解。

马里顿指出，由于当前家庭生活的瓦解、道德上的危机和宗教与生活之间的分裂，最后又由于国家政治上和公众良心上的危机，以及民主国家按照新的形式进行重建的需要，其结果是：无论在什么地方，都有一种倾向，使教育担负着补救所有这些缺陷的任务。这就包含着把教育工作引入歧途的危险。尽管如此，这些附加于教育的正常任务的外来负担是必须接受的。这些附加的负担或任务主要是：（1）国家与学校的关系将发生变化，国家对学校的帮助和监督将出于公共利益的考虑而加大，同时大学和学院的地位也会发生一定的变化。这些变化是一种正常的过程，同时必须自由地、并且为着自由而进行。（2）多元主义原则对于学校的学术自由产生影响。（3）未来社会发展要求教育赋予家长协会重要作用。总结以上几种附加的任务，马里顿指出它们与当前文明所存在的道德危机有密切关系，因此，必须对公众进行道德再教育，缓解当前文明中存在的道德危机；同时要加强自然道德和宗教信仰的教育。马里顿认为，当前，我们思想上的败坏似乎比行为上的败坏还要明显，由于错误的和失去人性的哲学的影响，理性失去了力量、迷失了方向，承认无力证明任何伦理的标准。对于人类理智和良心上的这种疾患，不仅应通过迫切需要的宗教信仰的复兴，而且应通过理性的道德力量的复兴，给予特殊的医治，而这就是教育应发挥的功用。

3. 教育面临的危机

马里顿指出，当前教育也正面临危机。它表现为教育不是力图使人成为真正的人，而是使人成为现代技术社会的工具和部件，这是与教育的本质特性相悖的。他认为，教育的本质在于使人之为人，以及实现个体人的内心的解放。因此，那种把教育看成培养工具人的观念是一种误解，也是对教育的极大威胁。这也表明教育身处十字路口，何去何从需要人们凭借理性的智慧，进行审慎的抉择和判断。

（王晓华）

56. 泰勒

课程与教学的基本原理 1949年*

泰勒（Ralph W. Tyler，1902—1994）是当代美国教育家、课程理论家，出生于美国芝加哥。1921年，他从多内学院毕业后，曾在南达科他州的一所中学任教；此后，先后在内布拉斯加大学和芝加哥大学获得硕士、博士学位。1922—1953年，泰勒曾相继在内布拉斯加大学、北卡罗来纳大学、俄亥俄州立大学、芝加哥大学任教。在历时八年的“三十校实验”（1934—1942年）中，他领导了评价委员会的工作。1953年，他在斯坦福大学创建“行为科学高级研究中心”并任主任，直到1967年退休。泰勒曾担任过全国合作教育委员会主任、全国科学理事会副理事长、教育进步评估研究委员会主任、全国教育科学院第一任院长、联邦教育总署研究咨询理事会理事长等职务。他还撰写了很多著作，其中最有影响的是1949年出版的《课程与教学的基本原理》。他本人也被誉为“现代课程理论之父”。

《课程与教学的基本原理》（*Basic Principles of Curriculum and Instruction*）一书最初是泰勒在芝加哥大学任教的一份讲授纲要，旨在阐述观察、分析和解释教育机构提供的课程与教学计划的基本原理，为课程的编制提供指导。该书自出版以后，已重印30多次，并被译成多国文字，被视为“现代课程研究的范式”以及20世纪以来对学校课程领域影响最大的著作之一。

一、确定学校的教育目标

泰勒指出，如果要系统地、理智地研究某一个教育计划，首先必须确定所要达到的各种教育目标。这些教育目标是有意识地想要达到的目的，也就是学校教职员期望实现的结果。因此，对于一所学校来说，确定学校的教育目标是十分重要的，教育目标应该是经过深思熟虑后所做出的各种价值判断。

在设计任何一个全面的课程计划时，应该对每一种教育目标的来源予以考虑。一是对学习者本身的研究。其目的是要找出确定教育机构想要产生所需要的学生行为的变化。这种研究大多包括两个部分：了解学生的现状；以及把学生的现状与公认的常模做比较，以确认差距或需要。在这种研究中，教师可使用观察、与学生交谈、与家长交谈、问卷、测验、查看学校的记录等方法。应该认识到，教育应该为学生提供各种机

---

* 本书中译本，施良方译，北京，人民教育出版社，1994。

会，使他们积极参与并专心致志地处理他们感兴趣和与他们密切相关的事情，尤其要学会如何有效地进行这类活动。二是对校外当代生活的研究。由于科学问世和工业革命以及有关训练迁移的研究结果，从对当代生活的研究中获得教育目标已显得更为重要。在这种研究中，必须把当代生活分成健康、家庭、娱乐、职业、宗教、消费、公民等方面，以便进行调查，并在当代生活的每一方面获得其中可能对教育目标有实际意义的那些信息。三是学科专家对目标的建议。这是一般学校在确定教育目标时最经常考虑的一个来源，因为其课程一般是由学科专家拟定的，其教科书通常也是由学科专家编写的。学科专家谙熟自己的领域，从而能够根据学科的训练方法和内容等，指出学科能对学生做出哪些可能的贡献，有助于教育目标的制定。

由于在教育目标上所获得的建议比教育计划要确定的教育目标多得多，因而就有必要从中选择出一小部分相互一致而又非常重要的目标。所选择的教育目标的数量，不仅应该以在可利用的教育时间内实际能够达到相当大的程度为限，而且至关重要的是它们确实是重要的目标。在选择教育目标时，应该注意运用哲学和学习心理学。一是运用哲学，根据学校的哲学陈述的或隐含的价值观，对最初列出的教育目标加以鉴别，并确定哪些教育目标具有重要的价值。一般来讲，与学校的哲学相吻合的教育目标可以确认是重要的目标。二是运用心理学，使得教育目标（即教育宗旨）能与学习的内部条件相一致。在最低层次上，学习心理学的知识使教师把可能期望通过学习过程使学生产生的变化与不可能期望产生的变化区别开来；在较高层次上，学习心理学的知识使教师把在特定年龄阶段可行的目标与那些可能需要花费很长时间或几乎不可能达到的目标区别开来。一般来讲，与学习心理学相一致的教育目标可以确认是合适的和可以被采用的目标。

最后，在教育目标已被选择出来并构成一个教育计划时，最好用一种最有助于选择学习经验和指导教学的方式来陈述这些目标。它既指出要使学生养成的那种行为，又指出这种行为能在其中运用的生活领域或内容。因此，一个阐述清晰的教育目标具有两个维度，即行为方面和内容方面，从而明确指出教育的职责是什么。

二、有目的地选择学习经验

泰勒指出，在教育目标确定之后，所面临的问题就是如何选择学习经验。因为只有通过这些经验，才会产生学习，从而才有可能达到所确定的教育目标。

所谓学习经验，是指学习者与外部环境条件之间的相互作用。学习是通过学生的主动行为而产生的。学生的学习取决于他自己做了些什么，而不是教师做了什么。因此，学习经验不等同于一门课程所涉及的内容，也不等同于教师所从事的活动。它意味着学生是一个主动参与者。环境中的某些特征吸引着学生的注意力，学生所做的也正是对这些特征的反应。

教师的任务是通过构建情境来控制学习经验，并且构建多种多样的情境为每个学生提供有意义的经验。因此，教师必须对学生已有的各种兴趣和背景有一定的了解。

选择学习经验的问题，既是一个确定哪些学习经验有可能达到已确定的教育目标的问题，也是一个如何构建将会在学生内部产生所期望的学习经验的情境的问题。为此，泰勒提出了选择学习经验的五条原则：

第一条原则是：为了达到某一教育目标，学生必须具有使他自己有机会实践这个目标所隐含的那种行为的经验。因此，重要的是，所选择的经验必须使学生有机会实践这个目标所隐含的那种行为的经验。这是适用于为所有类型的教育目标选择学习经验的一条基本原则。

第二条原则是：学习经验必须使学生由于实践教育目标所隐含的那种行为而获得满足感。因此，只有当一种学习经验使学生感到满足，才可能发生所期望的那种学习。只有当学生从一种行为中获得满足感，才可能使学习经验富有成效。

第三条原则是：学习经验所期望的反应是在学生力所能及的范围之内的。也就是说，学习经验应该适合于学生目前的成就水平和心理倾向等方面的条件。如果学习经验所涉及的那种行为是学生目前还做不到的，那就不可能达到其教育目标。

第四条原则是：有许多特定的学习经验可用来达到同样的教育目标。各种学习经验只要符合有效学习的各项准则，就会有助于达到所期望的教育目标。

第五条原则是：同样的学习经验往往会产生几种结果。同一学习经验也可以用来达到多个教育目标。

能有效地达到教育目标的学习经验数量很多，而且特征不同，但必须把注意力放在有效学习经验的重要特征上，例如，有助于培养思维技能的学习经验、有助于获得信息的学习经验、有助于形成社会态度的学习经验、有助于培养兴趣的学习经验等。

总之，选择学习经验的过程，并不是用一种机械的方法为每一个特定的教育目标制定明确规定的学习经验，而是一种比较富有创造性的过程。

三、有效地组织学习经验

泰勒指出，组织学习经验是课程编制中的一个重要问题。为了形成某种连贯的教学计划，使学习经验产生累积效应，必须对学习经验加以组织。这不仅极大地影响着教学的效率，而且也极大地影响主要教育变化发生在学习者身上的程度。

有效地组织学习经验并构建一个有效的框架，必须符合三条主要准则：（1）连续性。它是指直线式地重申主要的课程因素。（2）顺序性。它是强调每一后继经验建立在前面经验的基础之上，同时又对有关内容做更深入和更广泛的探讨，即在更高层次上处理每一后继的学习经验。（3）整合性。它是指各种学习经验的横向关系，以便学生获得一种统一的观点，并把自己的行为与所学习的课程要素统一起来。

在组织课程方案时，首先必须确定最能有效地用作课程组织线索的各类要素。这些课程要素是指学科的基本概念和技能，而不是具体的事实、习惯或内容。其次还必须确定把各类要素组织在一起的原则。这些组织原则应该能够用来作为设计教学计划中拓宽和深化主要课程要素的方方面面的基础。在确定组织原则时，需要注意到连续性、顺序性和整合性这三项主要准则适用于学习者的经验，并根据这种组织原则从学习者心理上的意义来考察它们。

学校课程组织结构分成若干层次。在最高层次上，其组织结构有：（1）学科课程，例如，地理、算术、历史等；（2）广域课程，例如，社会学科、语言艺术、自然科学等；（3）核心课程，即把广域课程或学科课程结合起来；（4）一种完全未加分化的结构，即把整个教学计划作为一个单元。在中间层次上，其组织结构有：（1）按顺序组织的学程，例如，社会科学Ⅰ、社会科学Ⅱ、社会科学Ⅲ等；（2）以一学期或一学年为单位的学程，例如，十年级的古代史、十一年级的欧洲近代史、十二年级的美国史。在最低层次上，其组织结构有：（1）课（指每天的教学单位）；（2）课题（一个课题可以持续若干天或若干周）；（3）单元（每个单元围绕一些问题或学生的主要目标而组织，一般持续若干周）。

组织课程的方式很多，但一般都包括以下五个步骤：一是对课程组织的总体框架取得一致的看法；二是对已确定的每一个学科领域内所要遵循的一般组织原则取得一致的看法；三是对采用何种教学单元取得一致的看法；四是制定一些灵活的方案供教师使用；五是由学生与教师共同设计某一特定活动。

四、正确地评价学习经验

泰勒指出，在课程编制过程中，评价是一个重要的步骤。因为评价是查明已形成和已组织的学习经验在实际上带来多少预期结果的过程；同时，评价也是鉴别教育计划的长处和短处的过程。评价的结果能够表明，在课程编制上，哪些方面是有效的，哪些方面是有待改进的。

评价的目的就是要全面地检验学习经验在实际上是否起作用，并指导教师去引起所期望的那种结果。因此，评价过程实质上是一个确定课程与教学计划实际达到教育目标的程度的过程。由于教育目标实质上是指人的行为变化，即教育目标要使学生行为方式产生所期望的某种变化，因此，评价是一个确定实际发生的行为变化的程度的过程。教育评价至少包括两次评价：一次在教育计划的早期进行；另一次在后期进行，以便测量在此期间发生的变化。此外，还需要在教育计划完成以后的某一时候再做一次评价，即追踪研究。

在对学习经验的评价中，任何有关教育目标所期望的行为的有效证据都可以提供一种适当的评价方法，例如，纸笔测验、交谈、问卷、观察、抽样、记录等。

评价过程是从教育目标着手的。因此，在评价过程中，第一个步骤是对教育目标的界说，以便了解这些目标实现的程度。第二个步骤是确定评价的情境，以便使学生有机会表现教育目标所隐含的那种行为。在完成这两个步骤之后，才可能考察现行的评价手段，以便了解获得有关证据的适当途径，即与教育目标相切合的评价方法。作为评价手段，必须遵守三条重要准则：客观性、信度、效度。

通过教育评价而得到的结果，不是一个单一的分数或一个单一的描述性术语，而是表明学生目前成绩的一个剖析图或一组综合的描述性术语。只有这样，才能更好地反映课程与教学的成效。

总之，课程设计是一个重新设计、重新编制和重新评价的过程。正是在这种连续循环的过程中，课程与教学计划才不断地得到改进。为了实施全校性的课程设计，就需要全体教师的参与。

（单中惠）

57. 哈钦斯

民主社会中教育的冲突 1953年*

哈钦斯（Robert Maynard Hutchins，1899—1977）是美国教育家，永恒主义教育思想的代表人物。哈钦斯出生于美国纽约市布鲁克林区一个神学教授家庭，1915年进入俄亥俄州的奥柏林学院学习，在第一次世界大战中曾应征入伍赴欧洲战场两年。回美国后，哈钦斯进入耶鲁大学攻读，在1925年从法学院毕业后留校任教，1927年升任耶鲁大学法学院院长。1929年，年仅30岁的哈钦斯担任芝加哥大学校长，以自由教育的精神对这所大学实行全面的改革。在此期间，哈钦斯曾于1937年应聘担任马里兰州圣约翰学院董事会董事，推广他的名著计划。1945年改任芝加哥大学名誉校长，直到1951年辞职。此后，曾任福特基金会副主席（1951—1954年）、共和国基金会（后改称民主机构研究中心）主席（1954—1969年）等职。1952年，哈钦斯曾与M.J.阿德勒合编《西方名著丛书》54卷。主要教育著作有《美国高等教育》（1936年）、《为自由而教育》（1943年）、《伟大的对话》（1952年）、《民主社会中教育的冲突》、《学习的社会》（1968年）等。

《民主社会中教育的冲突》一书是在瑞典乌普萨拉大学（1951年）和加拿大多伦多大学（1952年）的两次讲演基础上写成的，出版于1953年，系统阐述了哈钦斯的教育哲学思想。全书共6章。

一、适应环境论、直接需要论和社会改革论

哈钦斯指出，教育就是帮助学生学会自己思考，做出独立的判断，并作为一个负责的公民参加工作。而且，如果教育制度的目的是帮助年轻人学会自己思考，那么它就应该帮助他们考虑最重要的问题。这些问题在过去和现在那些最有名的作家的最伟大的著作中都被讨论过，因此，不读名著就会破坏西方教育上独立思考的传统。

由此出发，我们应该批判在美国教育理论界占主导地位的三种理论。

1. 适应环境论

哈钦斯指出，适应环境论的目的只是使学生适应他的自然、社会、政治、经济和文化环境。由于对杜威的误解，因此，适应环境论处于主导地位。但是，它没有注意到杜威所讲的“适应环境”首先是应该“改善环境”。适应环境论只是使青年一代适应他们的环境，而不管这环境是好的还是坏的。

---

* Robert M. Hutchins, *The Conflict in Education in a Democratic Society*, New York: Harper & Brothers, 1953.

适应环境论的全部理论都是极端错误的。首先，这种理论导致一种课程，其内容都是一些五花八门、枯燥无味的事实。要适应环境就必须了解环境。因为不知道未来的环境如何，所以只能告诉学生现存的环境。其次，这种理论强调职业训练，但学校没有设备来实行这种职业训练。教育制度不能安排、监督和指导全部工作，也不能像工业部门一样提供某一工种的良好训练，而且因为职业训练较容易引起学生的直接兴趣，从而产生把其他教学内容排除在课程之外的倾向。最后，这种理论忽视我们在世界上的使命是改变我们的环境，而不是使我们去适应它。

总之，适应环境论不考虑任何价值，只强调学生去适应环境，而不管环境是好的还是坏的。因此，以这种理论为基础的教育系统，只会是没有价值的、自相矛盾的。

2. 直接需要论

哈钦斯指出，直接需要论和适应环境论在实践结果上有很大的相似之处。美国大学已经提高了毕业的要求，不仅要掌握专业知识，还要具有有效生活所不可缺少的能力。例如，急救的能力、写商业信函的能力、填写求职信的能力和合理预算收入的能力等。不难看出，直接需要论的目的也是适应社会。

直接需要论来源于个人和社会都想成功的观点。但是，教育不可能满足所有人的要求。由于教育系统仅能传授只能在系统内学习的知识，因此，只要能在教育系统外学习的，都应在教育系统外学习。教育满足直接需要的结果，只会导致教育计划的混乱。因为现代社会的发展非常迅速，所以现代社会的公民最需要的是信息。因为要通过考试，他必须要知道考试科目的信息；因为世界离不开科学和技术，他又必须要知道有关科学技术的方方面面。

直接需要论引起了学校教学内容的分裂，从而引起大学的分化。社会需要专家，而且一个人要想成功也必须成为一个专家。但是，专家导致了知识的分化，对别的领域一无所知，从而阻碍知识的交流。其对教育的直接影响是：一个大学生接受的是低水平的、狭隘的教育。与欧洲国家的教育相比较，美国的学生质量差，其原因就在于教育专业化的过程成为抑制学生发展的过程。

此外，仅仅满足直接需要是不够的。我们应该满足的不是直接需要，因为它既没有标准，也毫无价值。它只会让社会压力来决定教育内容，而不能帮助我们创造一个更好的社会。

3. 社会改革论

哈钦斯指出，社会改革论的结果实际上是和适应环境论、直接需要论相一致的。社会改革者局限于使正在成长的一代适应社会的变化，局限于社会所许可的直接需要理论。因为只有在他赢得整个社会时，他才能使自己的思想在教育系统中推行，才能对教育是否能达到所设想的社会目的提出疑问，并推行社会改革计划。我们必须反对杜威的实用主义哲学，因为既不能利用学校改革社会，也不能通过教育引起革命，否则那就不是教育了。而且，利用学校完成社会改革还要面临一个问题：在改革计划成功完成之后，学校何去何从？仅仅把教育系统作为推行社会改革的工具是很危险的，因为所进行的改革有人喜欢有人不喜欢，改革成功与否是由改革家的影响力决定的。这并不是说，教育系统不能参加社会改革，但不能像杜威的社会改革学说和埃利奥特仅把教育看作社会改革的工具那样。杜威和埃利奥特的错误的改革概念导致了错误的教育概念，杜威没有考虑到教育的局限性，埃利奥特没有正确对待教育的可能性。他们的失败源于其哲学上的缺陷，实用主义和实证主义根本就不是哲学，甚至是反哲学的，因为它们没有提供一个明确的好坏标准。

二、自由教育

在对适应环境论、直接需要论和社会改革论的缺陷进行批判的基础上，哈钦斯提出了人们所需要的更好的教育，即自由教育。

社会是由个人组成的。社会的改进不是通过强行实施社会改革计划或通过学校及别的方式，而是通过对组成社会的个人的改进而进行的。人的天性是相同的，所以不同社会的人的职能和教育的目的也都是相同的。人是理性的、道德的和精神的动物，对人的改进就是对理性、道德和精神的改进，人的进步则意味着人的理性、道德和精神的最充分的发展。所有人都应该最大限度地发展自己。人天生是自由的和社会的，但为正确使用自由就需要纪律，为在社会中生活也需要道德，高尚的道德和理智的习惯是充分发展的人所需要的。

由于教育的目的是对人的改进和培养"心智"的自由，因此，没有价值标准的教育理论体系是自相矛盾的，例如，相对主义、科学主义、怀疑主义和反理智主义等，造成了教育上的混乱。自由教育与那种从适应环境论、直接需要论和社会改革论而来的琐碎教育是不同的。它不仅是使年轻人适应环境，更是去改善环境；它不会忽视直接需要，但注意与更重要的需要联系起来；它将会是改革社会唯一有效的途径。

自由教育适合于所有自由的人。如果一切人想要成为自由的，一切人就都必须接受这种教育。自由教育的目的就是发展理解和判断的能力，使人成为一个真正自由的人。因为人的理解和判断的能力有限，所以所受的自由教育也是有限的。自由教育不是教给年轻人所有需要学习的知识，而是教给他们继续自我教育所必需的习惯、观念和方法，使他们自己能自由学习，从而为终生学习做准备。人是理性的动物，只有通过理性思维才能实现人间幸福，因此，在生活中必须运用很多知识，仅仅靠童年和青少年期的学习是不够的。一切人都有能力学习；只要一个人活着，他的学习就不会停止，除非他因不会运用学习的能力而导致学习能力的衰退。所以，没有对知识无止境的追求，自由是不能持久的；没有持续的学习和再学习，真理是不会长久存在于人类事物中的；没有不间断的受教育的机会，和平是不可能的。

自由教育主要包括自由的艺术，它是由阅读、书写、听说和计算的艺术以及由我们所继承的理智和艺术的传统构成的。虽然实验科学在发展、新的重要学科分支在增加，但是，它们不会改变自由教育的内容。自由教育是为最好的人准备的最好的教育，其目的是帮助人类学会自己思考，尽可能地发展自己。自由教育是统治者的教育，是那些享有闲暇的人的教育，民主和工业化使它对每个人来说都是不可缺少的，因为民主使每个人都有可能成为统治者，所以每个人都应受到自由教育。民主和工业化给人民闲暇时间，自由教育可以使人民合理利用时间，也使自由教育成为可能。

人的共性比个性更重要，所以应该提倡对伟大人物的思想和传统文化的学习，为思维提供一个框架和基础。通过它，人与人之间就能相互交流和相互理解。因此，启发人的共性是一个迫在眉睫的要求。没有对人类共同理想的追求，物质文明也是不会长久的。

三、大学教育

哈钦斯指出，美国的大学过分重视学科专业化，过早进行专业教育，教学内容过分偏重“科学”知识而忽视人文知识尤其是历史；而且，大部分美国大学的专业教育没有明确的目标，而完全以“功利”或“实效”的实用主义价值尺度来取舍，特别强调选修课制度。因此，在这样的大学教育制度下，那些充塞大学的名目繁多的无聊课程，例如，美容学、捕鱼、踢踏舞等，除了帮助学生无所用心地消磨四年大学时光之外毫无用处。这样，学生缺乏完整、扎实和统一的永恒学科知识；他们的理智或人性也就得不到充分的发展。

从自由教育的原理出发，大学应该大力加强普通教育，注重培养“通才式”的人才。通过普通教育，应该使学生的理智得到发展。所谓“理智”就是人的理性。这些最高级的原理是“永恒”的，是古今思想家所深刻认识并阐述过的，只有在“永恒”的经典名著中才能找到。为了使学生的理智得到发展，大学教育应采用批评、讨论、提问和辩论的方法，因为这些方法是人类真正的指导方法。在大学里，应该提倡苏格拉底的对话法，教学和对话法一样也是一种相互配合的艺术。

哈钦斯极力推崇欧洲中世纪的大学模式。中世纪的大学是理论和实践相结合的，任何实践都是有理论基础的，任何实践的研究都是增加对其内涵的理解。在中世纪，并不是所有的职业都是专业，也不是通过职业训练与生活结合起来的。

中世纪是辩论的时代，紧随其后的是发现的时代。在欧洲中世纪大学里，师生共同思考和共同学习，试图全面地看问题，并通过讨论来加深理解。然而，在发现的时代，大学忽视共同思考和共同学习的方法，发现者或实验者必须要成为专家，其目的就是开辟新的领域，所以就不注意传统的学习；而且，随着专业的增多，专家不能共同思考和研究问题，因而讨论停止了，交往减少了，相互理解的能力也是历史上最小的。因此，哈钦斯指出，大学教育必须把发现和讨论相结合，虽然要鼓励和促进发现，但最重要的还是要保存传统。

如果现代大学要实现真正的思想领导，就必须要有真正的思想交流。其重要途径是实行科学、艺术和学术的国际合作，使西方学者可以与同一领域的任何国家的学者进行交流。人们通过相互联系和相互理解，在思想上完全一致，以至于没有不同的观点存在。这样，大学就是一个知识的团体，发现者和实验者都能相互讨论和相互理解，从而达到对知识的主导以及对那个时代思想的领导。大学不仅要保持发现时代的价值，而且要回到辩论时代。大学的目的就是要恢复传统，重新阐述那些“永恒”的原理。当然，大学仍应该作为一个独立的机构而存在。

总之，现代大学应该像中世纪大学那样，成为人类“理智”的中心，保证高质量的学术水准，使学生的理智得到充分的发展。

（许　苏）

58. 贝斯特

学术的复兴 1955 年*

贝斯特（Arthur Eugene Bestor，1908—1994）是当代美国历史学家、教育家，20 世纪 50 年代著名的美国教育批判家之一。贝斯特出生于美国纽约州肖托夸，1938 年获得耶鲁大学博士学位后，曾先后在哥伦比亚大学师范学院（1936—1942 年）、斯坦福大学（1942—1946 年）、威斯康星大学（1947 年）、伊利诺伊大学（1947—1962 年）、华盛顿大学（1962—1976 年）任教。还担任过英国牛津大学（1956—1957 年）、日本东京大学（1967 年）客座教授。1952 年，贝斯特在《美国学者》杂志上发表文章开始批评进步教育。1956 年，由他发起成立了"美国基础教育协会"并担任会长，旨在促使美国公立学校教育设置更多的基础课程。主要教育著作有《教育的荒地》（1953 年）、《学术的复兴》、《科学时代的教育》（1959 年）等。

《学术的复兴》一书根据教育界人士和社会人士的评论，对《教育的荒地》做了增补和改编，并于 1955 年以现书名再版。全书分"教育的效用""没有目标的教育""教育改革的道路""教育与自由" 4 个部分，共 29 章。以本书为主要代表作的贝斯特的论著，被认为是 20 世纪 50 年代对进步教育最尖锐、最彻底和最有影响的批评。

一、教育的效用和学校的任务

对于教育的效用和学校的任务，贝斯特尽可能清晰和充分地做了阐述。教育对国家的福利和民主制度的安全具有特别重要的意义。一个民主国家的经济、政治和健全的精神，取决于其教育制度能否紧紧跟上现代生活以及与日俱增的对智力的迫切要求。社会的文明需要每一个男女都具备各种复杂的技能技巧。但是，这有赖于他们读写能力的提高，有赖于他们对科学、历史、经济学、哲学以及其他基础学科知识的全面掌握。

对于美国教育发展来说，一是数量问题，二是质量问题。因为民主教育必须既有数量的增长，又有质量的目标。当数量问题已经解决时，等待着的就是质量问题。美国公民完全有理由为对他们受到的教育的支持而自豪，但同时必须认识到，公共教育的目的就是从整体上提升美国人的智力水平。

为此，美国需要一种相称的教育制度。我们必须规划美国教育的未来，不仅发扬过去的传统，而且全面考虑希望实现什么以及如何来实现。如果我们要有最好的教育制度，我

---

* Arthur Eugene Bestor, *The Restoration of Learning*, New York: Alfred A. Knoff, Inc., 1955.

们就必须学会比较，不仅与前一代人的学校比较，而且与最好的学校比较，不管这种学校是公立的还是私立的，是美国的还是外国的，是过去的还是现在的。如果我们试图使美国的学校成为世界上最优秀的学校，那么，我们就不仅要学习而且要借鉴所有地区和所有时代最有效的教育制度。

真正的教育就是智力的训练。全世界比以往任何时候都更加强调智力训练的重要性。对美国公众来说，智力训练是有价值的和适当的。国家依靠学校和大学向所有公众提供这种智力训练。智力训练应该是学校和大学课程的基本原则，因为它也是现代生活的基本原则。因此，美国教育必须为了它的未来而建立质量目标。

作为一个全面的、严格的训练场所，学校的主要任务就是进行智力的训练。也就是说，学校要向每一个有能力并且有志于运用智力去解决他所面临的各种问题的人提供智力训练。就智力训练来说，它所指的就是审慎地培养思考能力。这需要通过基本学科的学术训练来培养。这些基本学科包括英语、数学、科学、历史和外语五个方面。通过智力的训练，学生将能够掌握事实并用来实现自己的各种目的，甚至能超越事实本身去处理各种最有意义的和最有价值的问题。当然，学校提供智力训练，并不意味着理智与道德之间的对立，也并不排斥学校开展有益于儿童身心健康、有益于社会的多项辅助性活动。如果听任学校智力训练的理想遭到贬斥，那么学校的一切理想都被贬低了。学院和大学趋于民主，但这并不是表示它们必须降低智力标准及减少学术训练和科学方面的课程。所以，一种民主的教育并不表明它是一种差的教育。

二、对当代美国教育政策的批评

贝斯特指出，美国公立学校事业是一个伟大的事业。确实，普及免费的教育是美国公立学校制度的伟大成就。今天，每 10 个 7～15 岁儿童就有 9 个在学校里。在 20 世纪中，美国教育面临着很多问题，也不可避免地存在一些错误。它主要表现在：公立学校没有经过认真的选择，教学效率下降。其结果是使美国学校变成了一个巨大的收容所。这已是一个基本的和不可回避的事实。

美国教育之所以出现以上的情况，原因就在于它没有目标。对于美国学校来说，最危险的问题就是缺乏考虑智力和文化的背景。以前严格的智力训练现已不再是学校的中心目的，而只是强调提供“适应生活”的教育，使学校与儿童和青少年的“现实生活”联系起来。美国公众不要他们的孩子知道如何去读写算，不关心他们的孩子学习历史、科学和外语。这将使教育成为一种没有目标的教育。曾经广泛流行的进步教育就是这样的一种教育。因此，如果我们把教育仅仅看作生活的经验，把学校和大学看成是火车上的休息车厢给外出办事的人们一些生活的享受，那么，也许它对受教育者来说是令人愉快的，但对社会来说简直是没有价值的。

教育确实要与一个变化着的世界相适应，但学校绝不是一个众议院、一个镇会议，或者一个公共论坛。学校的根本目的不是引起一个关于当前问题的讨论，而是坚持一个广泛的、系统的知识要求，鼓励每一个学生去扩展他们的知识和锻炼他们的能力。

由于教育没有目标，因此，公众中普遍不满我们大多数公立学校目前所提供的 12 年教育的结果。对它批评最严厉的人，正是那些坚信教育价值和重要性的人。面对美国的智力生活受到威胁，我们所面临的最大危险是教育专家同科学家、社会学家及其他专家在观点上的分离，而科学家、学者和专业人士在教育政策的制定中并没有真正的地位。

此外，美国的学校教育正面临着教师严重不足的情况。造成教师缺乏的一个基本原因就是教师的工资太低。为了改进学校教育，美国越来越需要好的教师，无论在数量上，还是在质量上。当然，这就要求国家增加对教育的财政资助。

三、教育改革的道路

贝斯特指出，为了使美国学校成为最优秀的学校，必须对教育进行改革。具体表现在以下七个方面：

1. 科学家和学者的责任

对于美国公共教育这样伟大的事业来说，它比任何事业更需要思想上的统一。在中小学进行的教育，将影响到国家智力生活的每一方面，包括科学技术进步、专业技能、文化活动。对此，科学家和学者必须承担起责任。他们应该使他们自己对公立学校政策的观点能引起公众和议会的注意；他们应该坚持学院和大学的入学要求，并加强对教师训练的控制；他们应该在发展和加强中学课程的过程中提供有组织的领导。对于科技界和学术界来说，第一步是要有一个自己的机构，以便公开和统一地表明对公立学校政策的观点。

2. 改组教师训练

公立学校教师训练是美国大学的最重要的作用之一。通过教师训练，要使教师为公立学校教学做好适当的和充分的准备。未来的教师应该受到自由教育和科学教育，而不仅仅是教师的职业技能的教育。因此，教师训练需要有一个很好的计划。每一位教师都必须有教学技能，包括教育学知识，但他们更要自我意识到自己的专业人士身份，像律师、医生、工程师、历史学者及其他专业人士一样。首先要掌握广泛的知识和智力过程；其次要具有很好地运用他们的知识于专业的实际目的的能力；最后要有个性特征和责任感。所有这三条对教师来说是必不可少的。

3. 教育学习困难的学生

在学校中，总会出现学习困难的学生问题。这个问题在 20 世纪中变得更加严重了。因此，我们必须认真面对这一问题。在教育学习困难的学生时，第一个重要任务是改进教学方法，因为成功的智力训练能成功地教学生；第二个重要任务是为学校设计一种有组织的教学。应该认识到，民主教育的成功，依赖于它成功地适应每个学生的心理差异的问题，而不是牺牲教育的智力质量。对学习困难的学生，同样必须提供基本的智力训练，这也是给他们提供真正教育的机会。

4. 重建考试的标准

考试被普遍地认为是测量实际的训练以及每一个男女资格的方法。因此，应该有一个严格的综合考试制度。遍及各个州公立学校系统的统一考试是完全合乎需要的，举行全州统一考试，并将考试成绩按学校公布。这不仅敦促所有学校把主要精力放在基础学科的教学上，而且对每一位好教师也是有帮助的，为他的学生的成绩提供了一个真正的测量方法。

5. 谨慎地使用教育资源

美国教育制度包含两个目标或两条原则：一个目标是确保每一个未成年公民受到起码的智力训练，这就是普及教育的原则；另一个目标是为每一个有才华的并且在发展自身智力方面不遗余力的青年提供深造的机会，这就是教育机会均等的原则。为了实现这两个目标，就必须谨慎地使用教育资源。从某种意义上，普及教育的经费，即为提高全民教育水平所需的经费，也就是国家的防务经费。这种经费是必不可少的。但应该注意，义务教育阶段一过，必须立即实施教育选择性原则。如果在教育经费分配上，不能使高深的教育从中得益，那么我们就是把教育经费当作施舍而胡乱挥霍。其结果注定是把我们的国家带到一条智力平庸、停滞不前的歧路上去。

6. 国家在天才方面的投资

为那些才华出众的人提供广泛的教育机会，是一种投资，而且是一种有价值的投资，可以为我们的社会创造出可观的智力资源。因此，国家要特别增加对高等教育的投资，以防止那些天分好、智力高的优秀学生的流失，并奖励学习努力、成绩优异的学生。

7. 文理学院的理想

在文理学院中，将提供一种自由教育。学术的和科学的学科集中体现了人类的智力。对任何专业或职业来说，自由教育是趋于科学的或学术的训练的一个部分。专业或职业教育的训练也是对自由教育的一个补充。自由教育就是思维能力的训练。它包括三个方面：一是给学生一种充分的、创造的训练；二是使学生掌握专业或职业领域成功工作所需要的基本的和相关的智力能力；三是给学生大量的智慧理解力。

四、教育与自由

贝斯特指出，自由教育是适合于自由人的教育，因此，在自由教育与自由之间有着一种相应的关系。自由教育和学术自由是同义语。我们必须恢复学校的清晰的和严格的智力目的。如何教育人去思考是一个专业问题，就像如何使人保持健康一样。我们必须坚持这样的观点：每一个教师就是一个学者。然而，反理智主义正试图限制求知的自由和教学的自由。

教学自由与学术自由是相互联系的。如果学术生活是自由的，那么它将是多产的。学校自由具体表现为智力的表现、创造力的自由追求以及批判的自由练习。

因此，每一个学校和大学都要关注它的学生是如何研究社会的文化遗产的。在研究我们的文化遗产时的困难，并不是在文化遗产中，而是在于我们自己。因为要批判我们自己，那是十分困难的。职业教育者、教学法专家、教育理论家都要认真对待对自己传统的研究。学术地研究美国文明，才是真正的自由教育的基础。如果逃避这些任务和挑战的话，没有一种教育是自由的。

（单中惠）

59. 古德曼

荒谬的成长 1956 年*

古德曼（Paul Goodman，1911—1972）是当代美国社会批评家、教育批评家和文学家。古德曼生于纽约，1927 年以优异的成绩毕业于汤森·哈里斯中学；1931 年在纽约城市学院获得文学学士学位；1940 年通过了芝加哥大学哲学博士学位论文的答辩，但直到 1954 年才实际获得博士学位。

古德曼一生之中曾在芝加哥大学、纽约大学、威斯康星大学和夏威夷大学等多所大学任教，曾为许多杂志撰写过文章。他的教育著作除本书外，还有《学者团体》《五年》《乌托邦散文和实践的建议》等。

20 世纪 60 年代初期，正当美国朝野大多寄厚望于公立学校制度，要求学业优异，强调精英教育，以与苏联相抗衡之时，却有一支异军突起。这一派人士激烈地批评美国现行的公立学校制度，要求从幼儿园到学院实行根本变革，其著名的发难者即古德曼。他被认为是新急进派的代言人，“自由学校”（alternative school）运动的首倡者和“非学校化”（deschooling）思潮的第一位先驱者。

《荒谬的成长》一书是古德曼在教育方面最有影响的著作。在这本书里，他从关于人性问题的历史考察出发，从广泛的社会背景的角度，分析了当时美国青年问题产生的原因，尖锐地批评美国的社会制度没有为年轻一代的成长提供客观机会。该书由前言、引言和 11 章构成。前言部分谈到问题的起因或由来。引言部分主要讨论关于人性与社会化的问题。11 章内容主要论述与年轻一代的成长密切相关的社会环境的教育作用问题，并寻求解决问题的有效途径。

一、人性与社会化

从 20 世纪 50 年代初期开始，古德曼对当时美国社会的青少年犯罪和“垮掉的一代”等青年问题给予极大的关注。在他看来，这些问题是由美国社会制度本身所造成的。从思想根源来说，则是因为在关于人性（human nature）与社会化（socialized）的关系问题的认识上，存在许多根本的错误，进而导致了政府在青年问题的政策上的诸多失误。

---

* Paul Goodman, *Growing up Absurd*, New York: Random House, Inc., 1960.

古德曼考察了“人性”概念的历史发展，认为它在近代社会有着一个广泛的政治历史背景。在18世纪，即理性和早期浪漫主义运动的时代，强调的是“人的自然”，涉及人性中的同情心、说话与交流的能力，以及不能转让的尊严。康德的不朽功绩正在于他设计出一个包括上述内涵的哲学体系。这个概念在反封建的政治斗争中发挥了重要作用，后来被清楚地表述为自由、平等和博爱，并由此导致了进步教育的发端。古德曼认为，作为“法国革命的继承人”的卡尔·马克思保存了这个概念的许多内涵，但他发现了人性的一个新的重要特征，即人是一个生产者（maker），应把工具还给人，使其能发挥自己的这种天性，否则，人只会成为可怜的动物。到19世纪，“人性”的概念与达尔文的生物进化思想相联系，并逐渐地被利用来为资本家的事业和帝国的扩张行径服务。这时，人们强调的是“天性”或“本能”（nature），“人性”（humanity）则成为可疑的了。到了20世纪，尤其是二三十年代，社会学家认为“天性”含有“非社会性”的意思，因而倾向于大搞政治改革，以使个性“社会化”。“社会化”成了“教他文化”的同义语。

古德曼反对在人性问题上的两种极端：一种观点认为，“人性”的本质似乎是无限的适应性。好像只要运用“社会化”和“传递”的技术，就可以使人适应任何事情。因而，当代社会专家治国的倾向是把文化强加在它的成员身上。人被淹没在他所继承的文化之中。另一种观点则倾向于抓住人的动物性不放，在问题儿童的教育方面表现出消极悲观的态度。古德曼认为，儿童是必须获得文化习惯及相应的文化方式的，问题在于应减少强制。如果在文化训练中缺少了仁爱、力量、感觉这些成分，儿童将不仅不能很好地吸收文化，甚至可能发展成为精神病患者。

“成长”（growing up）是古德曼有关思想的一个中心概念。“成长”需要良好的环境。而目前看似十分富裕的美国社会，却没能为年轻一代提供成长的有价值的目的，也没能为他们提供发展的客观机会。正由于这个原因，年轻人便自己去寻找机会，这是人性的力量所在。然而，年轻人的选择或发明通常是灾难性的。而那些顺从统治制度的年轻人，则大多数成为冷漠、失望和玩世不恭的人。这两种情况都造成了人性的浪费。因此，为使年轻一代有一个更适宜的生长环境，就必须进行必要的社会改革。

二、论社会环境的教育作用

如果说杜威关注的重点在公立学校，古德曼则更重视社会环境的教育作用。他指出：“进步教育的挫折使得强迫的学校教育更无希望了。”对年轻一代的成长有更大影响的是社会环境。古德曼广泛而深入地分析了其中各个重要因素，并指责美国社会未能为年轻一代的成长提供客观机会。

古德曼认为，有教育影响的社会环境中的第一个重要因素是“工作”（job）。受马克思的影响，他把人看作一个生产者和创造者，并认定当人没有足够的有价值的工作时是很难成长的。古德曼所说的“有价值”的工作，是指那些既能运用人的智慧和能力，又有实用价值，并能使人保持自尊和获得荣誉的工作。在美国很难找到一种真正有价值的工作，而学校正是按照那些既无用又无德的工作模式去贻误年轻人的。学校试图通过一些愚蠢的测试来为年轻人找到一个适合他的位置，但实际上使人陷入困境。

第二个重要因素是社会必须满足正在成长的年轻一代的各种需要，例如，归属的需要、活动空间的需要、性的需要，乃至挣钱的需要等。古德曼批评当局过于强调青少年犯罪问题及其产生的外在背景条件，而不能正视年轻一代的正当要求，为满足这些要求提供条件，因而青少年自然会产生厌烦情绪、找茬儿、制造麻烦。

古德曼试图表明，爱国主义是儿童时代和青春期的文化，是童年与成年之间的媒介物。没有这第一步的文化，就注定使得科学、艺术、人性和上帝这些人类文化成为空洞的东西，使得像柏拉图那样的优秀人物再不可能出现。古德曼认为，从华盛顿时代开始至今，虽然爱国精神的提倡从未停止过，但却逐渐失去了其真实的内涵，以至于在 20 世纪，爱国的说教已不再为青少年所相信。导致这种情况出现的原因，诸如大学中不光彩的政治、太空探险对人民保密以及三四十年代欺骗性的政治等，但最重要的原因是社区的丧失。随着白人移往郊区和都市化的发展，新住宅楼取代贫民窟，以及以购物中心的形式把联合的方式强加给农村等，都造成了传统的社区的丧失，进而社区精神也不复存在。而社区精神正是爱国主义精神赖以发展的土壤。

古德曼认为，“信念”是年轻一代成长过程中的又一个不可或缺的要素。什么是信念？“生活将继续下去的感觉，以及世界将继续支持它的下一个步骤的自信，这就是信念。”没有信念，年轻一代很难成长。他们会受到许多令人烦恼不已的问题的干扰：“我是没有价值的吗？”“我如何证明我自己？”“我将有什么样的机会？”等等。早期的新教徒在正当的工作、天职（vacation）和召唤（calling）之间建立起自豪的幸福的联系。所谓“天职”不过是一种方式。通过这种方式人们认识到自己从属于什么团体，以及自己的使命。一个好的团体应努力给每一个青年以正确的“召唤”。而古德曼认为，当时的美国社会正削弱着成长着的年轻人的信念，使其很难健康成长。

年轻一代的成长还需要一个相对稳定的、平衡的社会，否则他们会感到困惑。古德曼列举并分析了美国社会所进行的频繁的、意义不明确甚至错误的变革，指责它们复合在一起，造成了一个动荡不安的、前后不一致的社会，使得美国的年轻一代很难成长。传统被打断了，又没有新的标准，文化成为折中主义的。古德曼认为，问题常常不是搞改革，而是要赶上和恢复正确的部分。古德曼在许多方面都赞美以往的传统，表现出怀旧的情感，并在自己的作品中，以“保守派”自居。①

在分析年轻一代成长的社会环境的过程中，古德曼自始至终把批判的矛头指向所谓“组织系统”（organized system）。这个制度目前虽然还非常有力并到处取得成功，但它在道德态度上和精神上已经死亡。古德曼强调青年问题的实质是社会问题，而不单纯是学校教育问题。在古德曼所列举的年轻一代成长的诸种条件之中，“community”是一个关键的和核心的概念。在古德曼的各种著作中，community 有时明确地指“社会”，有时似乎指“社会团体”，但更多的时候是指“社区”。在他所描绘的理想社会的蓝图中，社区被作为整体来规划，成为生活、娱乐、工作的有机体，以取代所谓的“组织系统”或“组织制度”。在社区里，成年人自然地加入年轻人中，教他们学会真实地生活，树立他们的正确信念，培养其爱国主义精神，把他们造就成新的一代伟人。因此，古德曼肯定地说，对于大多数儿童来说，社区应成为某种学校。

---

① 古德曼生前的最后一项研究成果是《新改革：过时的保守派的笔记》（1969 年）。

早在20世纪50年代末，古德曼就开始措辞尖锐地公开批评强迫的义务教育。在《荒谬的成长》中，他指责公立学校“像地狱”，认为把儿童保留在学校进行教育的观点虽然动机是仁慈的，但客观结果却是毁灭性的。学校的拥塞状况和政府的干预，使得对个性的注意和真正的教学成为不可能。

（周　采）

60. 布卢姆 等

教育目标分类学 1956年、1969年、1972年*

《教育目标分类学》共由三个分册组成：认知领域（Cognitive Domain）、情感领域（Affective Domain）和动作技能领域（Pschomotor Domain），分别于1956年、1969年、1972年在纽约出版。前两册由当代美国教育家布卢姆、克拉斯沃尔（D. R. Krathwohl）等主编，第三分册由哈罗（Anita J. Harrow）和辛普森（Elizabeth J. Sinpson）主编。布卢姆（Benjamin S. Bloom，1913—1999）曾在宾夕法尼亚州立大学、芝加哥大学就学，并获得学位。他曾任美国教育研究协会主席（1965—1966年）。

据1994年美国教育研究协会出版的《第93号年鉴》提供的统计数据，《教育目标分类学》已被翻译成18种文字，并成为20世纪下半期最有影响的教育著作之一。其最重大的意义在于，它填补了一项空白，使教育工作者有史以来第一次可以系统地评价学生的学习，并认识到了以往过分强调了“知识”而将90%的教学时间用于传授知识的严重的片面性。

一、创建教育目标分类学体系的设想

创建教育目标分类学体系的设想是1948年大学考试专家们在波士顿召开的美国心理学会大会上提出的。大家希望能够建立一种考试的理论框架，直接的目的是为考试专家交流测验材料和检验观点提供依据和方便，并有助于促进对考试的研究。对考试与教育之间关系的研究，更深入的目的是鉴于教育目标事实上为编制课程、测验和教师的教学工作提供了基础，因此，必须建立一种更科学的、更便于教育工作者理解和操作的及对教育更富有启发意义的目标框架。

二、创建教育目标分类学体系的指导原则

教育目标的分类与命名往往是人为的，可能有无数种方式。本书所创建的教育目标分类学体系虽然完整，但其分支仍然很多。为了选择一种分类体系和为了这种分类体系更易于为人所理解和运用，制定指导原则是至关重要的。

---

* Benjamin S. Bloom et al., *Taxonomy of Educational Objectives*, New York: David McKay Company, 1956, 1969, 1972.

（1）鉴于本分类学要用之于有关现存的教育大纲及教学，因此，各类别之间的主要区分应大体上反映教师在实践中对学生行为所做的区分。这些区分是教师按照自己对教育目标的理解来揭示的，具体体现在教师的课程计划、教学材料和教学方法中。本分类学是在发现这些区分的基础上，再根据分类学加以整理的。这是实践原则。

（2）分类学应编制得合乎逻辑，始终用一种前后一致的方式来界说和使用每一个术语，并保持内在的一致性。这是逻辑原则。

（3）分类学应与我们目前了解的心理现象相一致。那些心理学上站不住脚的区分，即便是教师常用的，都应避免。此外，在心理学上看来是重要的区分，即使在教育目标中不常用，也应考虑予以采纳。这是心理原则。

（4）分类学应该尽量兼容并包，体现任何教育机构、任何教育单元或任何教育哲学所强调的种种行为变化。这是包容原则。

分类学要成为一种有用的工具，必须具有可交流性、可理解性和可操作性。这正是以上四条原则的出发点。

三、教育目标分类学体系的三个领域

教育目标分类学体系包括三个主要部分——认知领域、情感领域和动作技能领域。将目标分为这三个领域的做法是大家基本认同的。

1. 认知领域

认知领域，即有关知识的回忆、再认以及理解和运用等方面的目标。大多数课程编制方面的研究都是在这一领域里进行的，各种目标的最精确的定义也主要是在这一领域里。也就是说，认知领域是教育目标分类学较为成熟的领域。正是这个原因，认知领域成为此项研究工作的开端。不过，也正是因为这个领域比较成熟，也就相应地需要更多的反思。

教育目标中的绝大多数目标是知识目标，可以说，知识目标在教育目标中占有绝对的地位。这是首先需要反思的，即在教育目标体系中，知识目标到底应该占多大的比重？教育工作者之所以重视知识的掌握，主要是这样几个原因：随着知识或信息的增长，人们对现实的认识也同时发展起来；知识教学常常被看作所有其他教育宗旨或目的的基础，思维训练和情感的培养不可能在真空中进行，而是必须以一些“现实”的知识为基础；许多专业工作者认为知识的增长与成熟的发展正相关，知识被看作衡量个人所达到的教育水平的关键指数，一般人也往往把知识与教育看成是同义词；许多教师和教育工作者如此重视知识，在一定程度上是因为知识的教与学简便易行，并可以毫不费力地用知识去加以测定。但是，这些原因是需要反思的：真理和知识是相对的还是绝对的？思维训练和情感培养为什么往往在知识教学中被忽略？一个人成熟的关键指标是不是就是人的知识量？教学主要是否考虑教师工作的简单易行？

在反思的基础上，布卢姆提出更深入而广泛的认知目标：

（1）知识：具体的知识；处理具体事物的方式方法的知识；学科领域中的普遍原理和抽象概念的知识。

（2）领会：转化；解释；推断。

（3）运用：运用类别中教育目标的蕴涵；运用测验与例证性题。

（4）分析：要素分析；关系分析；组织原理的分析。

（5）综合：进行独特的交流；制订计划或操作程序；推导出一套抽象关系。

（6）评价：依据内在证据来判断；依据外部准则来判断。

在进行认知测验时，关键是能对所谓“理智能力”和“理智技巧和理智技能”及“知识”的关系有较深入的认识，能对所谓“理智能力”和“理智技巧和理智技能”二者做出区别。技巧或技能＋知识＝能力。“技巧和技能”是能操作的模式和处理问题的综合性技术。

在技术和技能测验中，问题和材料都要求是几乎不需要专门化的和技术性的信息，应该是受试者普遍具有的知识储备的一部分。测验的重点放在受试者运用综合性的方法，胜任地操作或对付新问题情境的能力方面。技巧和技能注重的是，为达到特定的目的而组织和改组材料的心智过程。“理智能力”是指要求个体在各种情境里把专门技术信息运用于新的问题。理解能力是知识与理智技巧和技术的组合。在解决需要理智能力的问题时，要求学生组织或改组问题，认识什么材料是适用的，记住这些材料，并在问题情境中利用这些材料。如果既需要能力又需要技能，那么就要使问题对学生来说既是新的又是不熟悉的。

2. 情感领域

情感领域的目标包括描述兴趣、态度和价值等方面的变化，以及鉴赏和令人满意的顺应的形成。但是，在描述合乎这些目标的行为时遇到了困难。

首先遇到的困难是资料太少，这是研究太少造成的。情感目标的评价工作还是一个空白。对情感目标实现程度的评价，在学校和教师常规的活动中完全没有，这不符合事实。毫无疑问，几乎每一个教师对兴趣、态度和性格发展的理想的证据都是很警觉的。但是，这种警觉大部分局限在注视异常的特征或急剧的发展上，而且几乎是在教师被迫注意这些特征和发展时才这样。现在所缺少的，是系统地努力收集情感目标方面进展的证据，就像大量而系统地做出努力去评价认知成就那样。

遇到的第二个困难是由于内部的或内隐的感情和情绪同外显行为的表现具有同等的意义而造成的对合乎目标的行为的描述的困难。

遇到的第三个困难是在实施过程中情感目标的销蚀，即在一些主要学程中已经明确了可以实施与评价的情感目标，但在追踪某些学程一二十年后发现，在对这门学程的陈述中，情感目标很快被略掉了，并且教师在这方面的努力也几乎完全消失了。

情感目标销蚀的主要原因是：评估技术的不适合，学生可以很容易地探知哪些反应会得到奖励、哪些反应会受到惩处；根源于更为深远的哲学和文化的价值观，成绩、能力、工作效率等被认为是人人共知的更重要的事情，而一个人的信念、态度、价值观和个性特征则很可能被认为是私人的事情；人们往往认为，兴趣、态度和个性特征形成起来比较慢，只有过了很长一段时间，甚至好几年，才能在评估技术中看出其变化（其实并非完全如此）。但是，正是在这些困难中，大家充分认识到了创建科学的可操作的情感目标的工作是重要的，是值得努力去完成的。

布卢姆等人认为，制定情感领域的目标分类的关键是发现情感的连续体。若按“从简单到复杂，从具体到抽象”这个原则，是不能为情感领域提供适当的基础的，因此，必须去寻找适合于情感领域所特有的结构。“内化”这个术语可以恰当地描述情感过程的连续体。布卢姆界定了本分类学中的“内化”：“个体觉察到某种现象，到影响到他所有行动及对人生的整个看法。”情感的连续体为接受、反应、价值的评价、组织、由价值或价值合体形成的性格化。

情感连续体的目标是：

（1）接受（注意）：觉察；愿意接受；有控制的或有选择的注意。

（2）反应：默认的反应；愿意的反应；满意的反应。

（3）价值的评价：价值的接受；对某一价值的偏好；信奉。

（4）组织：价值的概念化；价值体系的组织。

（5）由价值或价值复合体形成了性格化：泛化心向；性格化。

3. 动作技能领域

第三领域是操作或运动技能的领域。教育目标分类学的倡导者最初设想写出一套完整的分类学，包括三个主要的领域——认识、情感和动作技能。学生的主要学习内容都可归入这三个领域，这在西方教育界已得到相当的认同。布卢姆和克拉斯沃尔显然认识到动作技能领域的存在，但发现在中学或大学里对此几乎没做什么，因此认为目前对这些目标加以分类是不很有用的。也许这是他们没有继续编制第三个领域——动作技能领域的教育目标分类学的一个主要原因。后来，美国的安妮塔·哈罗和伊丽莎白·辛普森各自肩负起了这项工作。辛普森将动作技能的目标分为：知觉、定势、指导下的反应、机制、复杂的外显反应、适应。哈罗把动作技能划分为心因和动作两个部分，即意向动作和随意动作。动作技能领域的所有行为都应是可观察到的和学生表现出的、必须掌握的随意动作。哈罗将动作分为六个层次：

（1）反射动作：分节反射；节间反射；节上反射。

（2）基本—基础动作：位移动作；非位移动作；操作动作；抓握；灵巧。

（3）知觉能力：动觉辨别；视觉辨别；听觉辨别；触觉辨别；协调能力。

（4）体能：耐力；力量；韧性；敏捷性。

（5）技巧动作：简单适应技能；复合适应技能；复杂适合技能。

（6）有意沟通：表情动作；解释动作。

虽然将教育目标领域即学习领域分为三个方面，但这是为了便于分析，而事实上，学习者的行为不可能截然明确地归入学习领域的三个独立部分之一中去。学习者是作为一个综合的整体表现其行为的。因此，行为目标编制者必须把自己最为关注的特定行为分离出来，但又要注意到不忽视学习者这一行为其他方面的价值，例如，认知中的情感、动作技能的价值或动作技能中的认知、情感价值等。

我们从下面的六个目标中可以具体地理解这个思想：（1）学生应该形成一种相信推理能力和实验与讨论方法的态度。（2）学生应该对有效的表述和正确的书写形式这类事情，形成一种理智的自我批判的态度。（3）学生应该对他人的权利和感情表示欣赏。（4）学生应该具有一种深厚的感情，这种感情不仅表现在对非正义的强烈憎恨、“神圣的不满”和在非常紧迫的社会争论面前不愿意做一个消极的旁观者等方面，而且表现在积极愉快地使自己的幸福与更大的社会福利一致起来。（5）学生应该对好书感兴趣。（6）学生应该学会欣赏古典音乐。

值得注意的是，这些陈述中的“兴趣”“态度”或“欣赏”的后面都跟着一个对象，如能力、方法、感情、书籍、音乐、人等。

（季　苹）

61. 奥康纳

教育哲学导论 1957年*

奥康纳（Daniel John O'Connor，1914—2012）是当代英国批判语言分析派哲学家、教育理论家。奥康纳出生于美国西雅图，1933年毕业于英国伦敦大学伯克贝克学院；1946年在美国芝加哥大学被选为国家基金会哲学部会员；后在南非的纳塔尔大学（1949—1951年）、威特沃特斯兰大学（1951—1952年）任教；回英国后，历任北斯塔福德大学（1952—1954年）、利物浦大学（1954—1957年）和埃克塞特大学（1957—1979年）的哲学教授。主要教育著作有《教育哲学导论》、《教育哲学新论集》（合编，1973年）等。

《教育哲学导论》一书是西方第一本有重大影响的分析教育哲学著作。1957年首次出版后，在1958—1980年间又10次重印。奥康纳自己说，他写此书有两个目的：一是使此书成为教育哲学的入门书，简要指出哲学和教育理论之间最显著的联系；二是向没有学过哲学的大学生介绍有关的哲学思想。因此，该书既谈到了教育理论和实践的关系，也论述了教育哲学的某些基本方法，还着重对许多教育概念、术语及有关问题做了语义上的注释。

《教育哲学导论》全书共6章：第1章“哲学和教育”；第2章“哲学的本质”；第3章“价值判断的辩护”；第4章“理论与解释”；第5章“教育理论是什么?”；第6章“道德和宗教的某些问题”。其中，集中论述教育问题的是第1章和第5章。

一、哲学和教育的关系

奥康纳指出，哲学并不是通常所谓的知识，而是一种批判或说明的活动。这样的哲学对包括教育理论问题在内的一切问题的任何题材都有影响。所谓教育哲学，就是和教育理论直接有关的哲学问题。哲学家可以帮助阐明教育者所面临的困难。

“教育”这个词的含义包括：（1）传授知识、技能和态度的一套方法；（2）能解释或证明利用这些方法的一套理论；（3）在传授知识、技能和态度的目的中所包含的一套价值观或理想，以及以此为指导所提供训练的数量和类型。其中最后的价值观问题与哲学的关系最为密切，因为价值判断的性质以及论证这些判断的逻辑是哲学和教育之间最重要和最

---

* Daniel John O'Connor, *An Introduction to the Philosophy of Education*, London: Routledge and Kegan Paul Ltd., 1957.

明显的接触点。这是教育研究学者和教育理论家感到最深刻的问题。

教育研究学者和教育理论家所碰到的一个很重要的问题，就是和教育目的有关的价值观念或价值判断的问题，而哲学有助于回答和解决这一问题。

教育目的必须与社会一致。具体来讲，教育目的包括以下五个方面：

（1）为受教育者提供“立身社会”和“寻求进一步知识”所必需的最低限度的技能。至于“什么是最低限度”这一问题在不同社会有不同的回答。在20世纪的英国，读书、写字和守法将是共同的最低限度的一部分；在南太平洋的岛屿，游泳、用鱼叉捕鱼和敬老可能更为恰当。

（2）为受教育者提供职业训练。因为在技术复杂的社会中，很多职业（例如，医生或工程师等）要求从业人员具备相当的理论知识和实际技能。

（3）唤起受教育者对知识的兴趣和渴望。因为知识的获得和增长，从某方面讲，其本身是有价值的。

（4）使受教育者养成批判精神或批判的思维习惯，即不轻信和不盲从，重视知识和真理的证据，并随时根据实际情况修正自己的看法。

（5）训练受教育者欣赏人类文化和道德的成就。有教养的人应该对文学、艺术、音乐、科学和进步文明及其他最优秀成果有一定的知识和欣赏能力，教育应该包括一些道德训练，这些是明显的真理。

以上五个方面的教育目的应是观点存在严重分歧的教育理论家们都能同意的。

二、教育理论的陈述和发展

奥康纳指出，技术和纯粹科学是不同的。技术以科学作为它的理论基础，例如，医学以物理学、化学和生理学为基础，工程技术以自然科学和数学为基础。而教育作为一种实际活动，也要以有关人的科学（例如，心理学、社会学等）为基础，从中寻求理论根据。当然，教育也可以是一种理论，但只有在把心理学或社会学上充分确立了的实验发现应用于教育实践的地方才有根据称得上“理论”。一般来讲，教育理论的发展更依赖于心理学、社会学等与人相关的学科。

传统的教育理论有三种不同的陈述，即形而上学的、价值判断的和经验性的。它们常常混在一起，如不仔细分析就很难理解；而且，这三种陈述也都各有缺陷。

1. 形而上学的陈述

在柏拉图和中世纪经院哲学家的著作以及近代基督教作者的教育理论中，往往有一个形而上学的部分。这种形而上学的陈述，主要不是因为它们构成教育理论的一部分而被人信服。它们被人接受，是因为它们已经是由于别的原因而被人信服的一种哲学或神学的重要部分。但是，它们出现在教育著作中是很自然的，因为它们似乎是和教育有重大关系的陈述。例如，柏拉图的许多教育主张是建立在以下这些信念上的：人主要是灵魂或精神和肉体的暂时联系；灵魂先于肉体而存在，而且肉体毁灭了，精神还将生存下去；教育的真正目的是“灵魂的改善”。而这些信念是难以用证据来证实的。基督教从柏拉图主义搬来以上关于非物质的和不死的灵魂与物质的和会败坏的肉体暂时联系的信念，对柏拉图关于“灵魂的神圣起源和灵魂的命运”加上了更为详细的说明，还进一步根据“化身、恩典和救世”的理论解释人和上帝的关系。所有这些理论，柏拉图的也好，基督教的也好，都是形而上学的。但它们对教育的目的和方法已产生了很大的影响。

2. 价值判断的陈述

教育理论中的第二种陈述是由价值判断所构成的。在任何教育制度中，价值判断是不可避免的。例如，一些教育改革家的许多口号，包括“自然教育”“民主主义教育”“机会均等”“公民教育”等，这些就是价值判断。但这些判断如果表达不明确，也会引起理解的混乱。教育理论的哲学批判，一部分作用就在于分析出并阐明教育理论的指导价值。

3. 经验性的陈述

教育理论中的第三种陈述是经验性的。它能用可以观察到的事实的证据来证明。例如，裴斯泰洛齐、赫尔巴特、福禄培尔、杜威和蒙台梭利等人的教育理论。但是，他们的理论中也存在一些错误或没有事实根据的猜想。

一种新的教育理论，要是它真是理论，当它被应用于课堂教学时，应该产生实际的好处。但是，在大多数教育理论和它们的实践之间，人们难以找到这样密切的联系。在心理学成为一门实验科学以前或科学心理学兴起以前，教育理论（当它们不是形而上学的思辨或伦理的判断时）多少还含有推测的成分。而随着科学心理学的发展，人们已确立了许多被可靠地证明了的假设，它们使人能预言应用这些假设的结果和解释人们企图控制的过程。在这个程度上，按照“理论”这个词的标准科学含义，这些假设才是真正的理论。但即使如此，教育理论的解释能力还是不及自然科学的理论。例如，学习理论是心理学的发展最好的领域之一。20 世纪初以来，人类学习和动物“学习”的过程已经用实验方法很彻底地研究过了。这方面大量的研究结果已经大大地改进了人们对于怎样学习的理解，但是还没有凝结成一种单一的、全面的理论。存在着很多种学习理论，然而没有一种学习理论完全符合事实而排除所有和它竞争的学习理论。这仍然需要进行一些决定性的实验，才能使心理学家在不同的理论之间做出抉择。因此，在关于人的科学中，即使最好的理论和支持它们的事实之间的联系，也不及自然科学方面理论和实际的联系那么紧密。人们希望社会科学（包括教育理论在内）的未来发展将不断缩小其理论和它们所依据的事实之间的这种“空隙”。

（赵卫平）

62. 马斯洛

动机与人格 1957年*

马斯洛（Abraham Maslow，1908—1970）是当代美国心理学家，人本主义心理学的宗师。1908年，马斯洛出生于美国纽约布鲁克林。因为受到心理学家华生的影响，他曾一度热衷于行为主义。1951—1969年，他一直在布兰代斯大学任教。1962年，马斯洛与罗杰斯等人成立了美国人本主义心理学会，成为人本主义运动的领导人之一。除《动机与人格》外，他的主要著作还有《科学心理学》（1968年）、《人性能达的境界》（1970年）等。

《动机与人格》（*Motivation and Personality*）是马斯洛关于人本主义心理学的奠基之作。人本主义心理学并非由马斯洛首创。过去这一学派坚持本能论，将动物的本能类推到人类，认为人的本性与动物并无本质的差别。马斯洛在该书中以雄辩的论据更深刻全面地阐述了人本主义心理学的理论，因而奠定了马斯洛在这方面的历史地位。

在《动机与人格》一书中，马斯洛对人性提出了一种独特的见解。他认为，除了一般的人性之外，还有一种"似本能"，它是人的本质的一部分。马斯洛强调人性的高度"整体性质"，以无可辩驳的事实有力地批判了本能论心理学，并动摇了以性恶论为基础的经济学、社会学、生物学，对法律界、政界、医学界和家庭、教育、宗教等社会职能机构产生了震撼影响。作者根据整体论的观点认为，宇宙、人类社会以及每一个人都是一个整体，它们都有着内在的联系。同时，作者还依据动机论认为，个人的"基本需要构成了他的内在价值和利益系统的基础"。这个系统存在于人性的本质之中，它是全人类都需要和渴望的，也是不可或缺的。这里所谓的基本需要包括：生理需要、安全需要、归属的需要、爱和自尊的需要、自我实现及审美的需要。这些需要是每个人的权利，也是每个人希望具有完整人性所必需的。

马斯洛提出的另一重要观点是："在人身上，只残存着非常微弱的本能，根本就没有什么可能被称为动物意义上的纯粹本能。这些残存下来的本能和似本能倾向极为微弱，文化和教育可以轻而易举地将其挫败，这就是说人性具有很强的可塑性。因此可以认为文化和教育的力量要强大得多。"

一、人的基本需要与教育

马斯洛在关于动机理论一章中首先明确指出，以前的心理学研究者们选择饥饿作为

---

* 本书中译本，许金声等译，北京，华夏出版社，1987。

所有其他动机状态的典型，无论在理论上还是在实践上都是不明智、不合理的。饥饿的驱力是一种特殊的而不是一般的动机实例；与其他动机相比，它是一种较少联系的并非常见的现象。对个体人而言，能经常起到促动作用的内驱力是满足最基本的需要。但在人们日常生活中最常见的动机，例如，衣服、友谊、交际、赞扬、荣誉以及类似事物的欲望，都属于文化的驱力，它们是人们在获得温饱之后的真正值得重视的原始驱力。而且更值得注意的是，在上述文化的驱力之中，大多数都不是孤立的，不能把它们简单化，也不能将它们视为当时机体内发生的唯一事情。“典型的驱力、需要和欲望不会，并且可能永远不会与一个具体的孤立的、部位化的躯体基础有关系”。它更加明显的是整个人的需要。如果我们仔细审察日常生活中的普通欲望，就会发现它们至少有一个重要的特点，即它们通常是达到目的的手段，而非目的自身。由此可见，当分析个体的某个有意识的欲望时，我们往往发现可以究其根源，或者说追究到其根本目的。因此，对个体的欲望或行为的研究，不能仅仅停留于现象，孤立地看问题。这类问题也是肩负教育任务的教师或家长应予注意的。

任何个人的动机都是连续不断的、无休止的、起伏的，同时也是复杂的。这是马斯洛关于动机论的又一观点。他说：“人是一种不断需求的动物，一个欲望满足之后，只能产生短暂的幸福感，接着就会产生另一个新的更高一级的欲望，并取代它的位置；当这一个满足了，又会有一个站到突出的位置上来，人几乎总是在希望着什么，这是贯穿他一生的特点。”因此，人类想得到永久幸福的希望是永远也实现不了的。什么天国、美满的生活、十全十美的东西，都是不会有的。这一观点，实际上就否定了持续了几千年的幸福论。但是，马斯洛并非要人们放弃对幸福的追求，而是希望人们放弃对所谓永久的、持续的更高的天堂的梦想；希望人们能够懂得在既得的幸福之后应该做些什么，从而使自己的才能和天赋得到全面的发展。通过对个人需要的研究，“探索人究竟想从生活中得到什么之时，我们就能接触到人的本质”。马斯洛指出：对于基本需要未得到满足的人来说，周围世界充满危险，就像是生活在莽林之中，他要时刻去为寻求这种满足而奋战；而对于基本需要已得到满足的人而言，他们把这些需要及其满足看得无所谓，并全力以赴地去追求更高的满足，追求自我的实现。也就是说，两者的价值体系是完全不同的。在后者的价值体系中，其最高的追求是绝对独一无二的，它是个人独特的性格结构的体现。

但是，这样的认识不能理解为尽量满足其需求就是无限的溺爱，并且不能满足仅限于物质的低级的层次上，否则会出现心理富裕病。身患此种心理疾患的人，其行为的常见表现是：死气沉沉，意志薄弱，游手好闲，无所事事。这种心理上的病态是由过分的满足、无微不至的关怀爱护和宠爱造成的。对这种病态的治疗最好是“让他们体验失去幸福（包括物质的和精神的）的滋味，从而能重新认识身边的幸福”。儿童在成长过程中经受一些挫折并非坏事，只要这种挫折不影响他们的根本需要或与根本需要紧密相关，都不可能引起心理上的病态。

这里绝不是向教师或家长们提倡随意给予孩子某些挫折，故意拒绝他们的某些要求。需知一个目标对个体来说，可以有两种意义：首先它有着内在的意义；其次它也可以有一种间接的、象征性的价值。例如，两个孩子被剥夺了冰淇淋，就可能造成两种不同的结果。对其中的甲可能只是失去了一个冰淇淋，是小事一桩；但对于乙的刺激就可能不光是丧失了一次感官上的满足，“而且还会觉得被剥夺了母亲的爱，因为她拒绝给他买冰淇淋”。对乙而言，“冰淇淋不光有着内在的价值，而且还可以是心理价值的承载物”。对于心理不健康的乙而言，这样可能在其心理上带来某种创伤。

二、似本能与教育

人性是善还是恶，这是学术界、思想界争论了数千年的问题，这个问题在心理学界也同样是争论的焦点之一。马斯洛明确地宣称，人性绝不是恶的，即使不是性善，至少也是属于中性。

马斯洛认为，人性本恶的本能论者的错误在于：

（1）他们所使用的范例是动物的本能，这就导致他们不去寻找人类独有的本能。然而从低等动物的研究中得出最有害的经验形成了这样一个原理：本能是强大的、牢固的、不可更改、不可控制、不可压抑的。但人类却并非如此。

（2）本能论者只看到了动物界的竞争，完全忽视了同样普遍存在的合作。达尔文学派就犯了这样的错误。这一学派的世界观的表达方式之一，就是把我们人类的动物性看成与狼、虎、野猪的本性一样，而不是用稍好些、温顺些的动物如鹿、象、狗或猩猩来比较。这种方式就“将我们人类的内在本性解释为恶的动物性”。但是，如果一定要说人类从动物那里有什么基因遗传方面的特性的话，它应该是与人类最接近的猿和猩猩，而不是狼、老虎或秃鹫。

（3）本能论者的错误还在于他们“过分地强调人与动物世界的连续性，而没有同时强调人种与所有其他物种的深刻的区别”。

（4）本能论者忘记了这样一个事实，即如果从低级动物到高级动物的整个线索进行研究，而不是仅仅选取他们喜爱的动物种类，就可能发现这样明显的发展趋势：“动物越是向着高等发展……可变性也越来越强烈——并且日益被智力、学习和社会的决定作用所取代。”

马斯洛明确指出：“人类没有本能，只有本能残余。”在人身上根本没有什么可能被称为动物意义上的纯粹本能，只残存着一些非常微弱的本能，此外人身上还有一种似本能的东西。这种似本能是只有人才有的一种特殊本性，它介于本能与非本能之间，是相对于完全本能而言的一种弱本能。从需要方面说，“似本能”的需要是中性的，而不是恶性的。认清了这一点在教育方面具有非常重大的意义，许多似是而非的问题就会迎刃而解。“如果我们的本能冲动不是被理解为狮子、老虎，而是理解为鹿或羔羊，如果我们的冲动与其说是掠夺性的，不如说是友爱性的，与其说是使人憎恶的，不如说是令人赞美的，我们当然应给它们自由，让它们充分表现自己，而不会像对待犯人似的使它们受到禁锢和约束。”如果用这种态度看待儿童，看待他们的需求，就不至于将教育视为改造人的本性、约束其行为的手段。如果用这种态度对待孩子的培养，将会给教育带来一场革命，“在培养他们时甚至用不着说一句有教训的恶语”。

人类既然没有本能，只有似本能，那么为什么会在儿童中出现种种“自私”的或相互进攻的行为？对此马斯洛做了这样的说明：“儿童在生活的第二年经常在同一地方玩耍，而且彼此独立地玩耍，互不干扰，即使在这些儿童中间出现了某些‘自私’的或进攻性的相互干扰，这也绝不同于发生在 10 岁儿童之间的那种人际关系，因为他们彼此都没有意识到对方。如果一个儿童从另一个儿童那里将一个玩具硬抢过来，这种行为与其说像成年人的自私的进攻，还不如说像一个人拼命从一个盖得紧紧的箱子中把某样东西拽出来。”对儿童中的这些行为，“我们不能把他们当作成人来对待，也不应该像解释成年人的反应一样来解释他们的反应”。

那么，在人类社会中为什么还会出现暴力行为，这是性恶论的本能论的表现吗？对此，马斯洛指出：“人类的那些敌对行为或破坏行为实际上总是有一定的原因的，都是对另一事态的反应，都是某种产物而非原始的源泉。与此相反的观点则认为，破坏行为整个地或部分地是某种破坏性本能的直接的和最初的产物。”本能和行为之间的区别就在于，“行为是由许多力量共同决定的，内部动机只是其中之一种”，“来自人类学方面的证据使我们完全有理由把人身上的破坏性以及那些恶毒或残酷的行为看成是基本需要受挫折或威胁而产生的继发性的和反应性的后果”。同时，“我们也不敢忘记，人性自身即使不从天生的恶念中，也会从无知、愚蠢、恐惧、误传、笨拙中酿出罪恶来”。

将爱和尊重视为促进儿童成长的阳光，这是马斯洛根据似本能论得出的合乎逻辑的结论。在《动机与人格》一书中，马斯洛将“爱和尊重等看成是肌体因缺乏而需要的外在的特性”。儿童的成长都需要爱和尊重，犹如树木的生长需要阳光一样。这些基本要素一旦得到满足，每一棵树、每一个人就会开始按自己独一无二的风格发展了，但是，此时的发展是从内部而不是从外部进行的。因此，在教育工作中给予儿童以爱和尊重，这是他们成长的基本需要，也是他们应得的权利。

（陈炳文）

63. 里科弗

教育与自由 1959年*

里科弗（Hyman George Rickover，1900—1986）是当代美国教育评论家、海军上将，出生于波兰的马库夫，后随其母亲移居美国。1922年，里科弗毕业于美国海军学院，并于同年被授予美国海军少尉；后在哥伦比亚大学从事电力工程研究，并于1929年经考核成为合格的潜水艇员；长期服务于海军和船舶工业部门。第二次世界大战以后，他在田纳西州原子能委员会设计并监督制造了美国第一艘核潜艇。1959年，里科弗获得美国国会授予的“特殊金质奖章”；1973年升为美国海军上将；1980年获得美国总统颁发的“自由奖章”。里科弗的主要教育著作有《教育与自由》、《瑞士的学校和美国的学校》（1962年）、《美国国民教育的失败》（1963年）等。

《教育与自由》一书由作者的一系列演讲稿汇集而成，共11章。该书于1959年出版后，在美国社会尤其是教育界引起了巨大的反响，仅同年就重印了5次。

一、发展教育的重要性与必要性

里科弗指出，教育对于美国发展具有十分重要的作用。只有发展教育，提高学术水平，才能推动社会发展，加强国防及解决能源危机。

（1）社会的发展依赖于教育的发展。里科弗指出，从人类文明的进程中可以发现，不同的社会文明需要不同的教育。人类在历史上任何一个巨大的进步都必不可少地依赖着教育以及技术的进步。现代社会是高度复杂化、文明化的社会，为了保持美国的领先地位，人们必须通过良好的教育以掌握科学文化知识、促进科技进步，才可能推动社会的发展。毫无疑问，随着社会的发展，脑力劳动越来越显示其重要性。这就需要相应程度的教育来提高人类学术水平，促进社会更大程度的发展。

（2）国防的加强迫切需要良好的教育。里科弗从军事角度论述了国防产品研制周期的重要性。研制周期即指产品概念的形成到产品的最终成型这一段时间。在军事抗衡中，国防产品研制周期的长短起着决定性作用。为了缩短这一周期，必须领先获得先进的科学技术，这就需要大量的科学家与技术专家；而这些人才的出现又必须依赖合理、良好的教育。人们总是无视现实，以为美国仍然占据着绝对优势，可事实上美国教育的落后给美国带来了巨大的威胁。因此，美国必须致力于发展教育、发展科技，从而极大地提升自己的

---

* Hyman George Rickover, *Education and Freedom*, New York: E. P. Dutton & Co., Inc., 1995.

军事技术以加强国防力量。

（3）教育是解决人口增长与自然资源减少之间冲突的重要途径。里科弗指出，美国曾经拥有丰富的自然资源，这是美国经济发展的基础，也是人民建立民主和自由生活方式的基础。但由于人们对于自然资源的不合理开采以及不科学的使用，对自然资源造成了极大的浪费，自然资源方面的优势正趋向消失。然而正是在自然资源减少的同时，美国的人口却获得了猛增，这更敲响了自然资源缺乏的警钟。因此，人们不但应更加节约对自然资源的使用，还应培养新的能源专家、发展新的科学技术来寻找新的能源，以此巩固美国在能源领域的优越地位，而新的能源专家的培养与新的科学技术的发展都离不开良好的教育。

二、增加教育投资和合理使用教育经费

里科弗指出，人们必须意识到，发展教育远比追求眼前的物质利益更为重要。因此，国家应为教育的发展投入大量资金。但就美国当时的教育投入现状来看，教育投资相当不够，教育经费的匮乏已造成美国师资的短缺和教师水平的下降，是制约当前美国教育发展的主要因素。而美国教育投资严重短缺主要由以下两方面的原因引起：一是自 20 世纪 50 年代以来，要求入学的人数大幅度增加，这就相应地需要更多的学校、教育设施以及教师来满足增加的学生的教育需求，但美国却忽略了学生数量增加这一问题，并未因此增加相应的教育投入。二是学校对有限的教育投资使用不当，教育资金本应该用于明亮的教室、必需的教学设施以及高质量的教师，然而实际却用于豪华但对教育无足轻重的娱乐设施上。当前学校给教师提供的待遇偏低，严重地影响了教师工作的积极性，使得教师职业没有吸引力。教师职业内部缺乏竞争，最终导致教师教学水平低下以及美国教育质量滑坡。

针对这种情况，里科弗指出，美国人民首先必须意识到增加教育投资已是一件刻不容缓的事情，即使牺牲一定的物质利益也应大力投资于教育；其次，有限的资金不应浪费在不必要的豪华教学楼和高级的娱乐设备上，而应该用于配备必要的教学设施和培养高水平的教师上，并且需要不断地投入经费对教师进行培训以更新他们的知识与教育理念。同时，更不可忽略教师的工资，应意识到提高教师的工资待遇才可能吸引人才，才能达到提高教学水平与教育质量的目的。

三、加强有天赋的青年的教育

里科弗指出，青年人应该成为科学领域的主力军和开拓者。有天赋的青年应该致力于科学的探索和知识的追求。这不仅是他们挖掘其自身潜质的最佳途径，为个人带来收获与满足感，更为社会和经济的发展以及国家的安全做出贡献。随着时代的发展，社会越来越科技化，而现有的知识已经过于陈旧，无法满足人们生活的需求与国家安全的需求，这就需要培养更为优秀的科学家与学者。因此，美国人民应以崭新的眼光看待科学家与专家教授，若不充分重视他们的工作价值，就会使得有天赋的青年不愿选择科学探索的职业，而去选择从商等职业从而过着轻松愉快但并未发挥自己潜质的生活方式。为此，学校应发挥独特的作用，一方面最大限度地教会学生系统扎实的基础知识，另一方面鼓励他们大胆实践、献身科学，使他们意识到科学技术对于人类进步的重要性，从而

调动他们运用自己天赋的积极性。

但是，美国并未充分意识到培养天赋儿童的重要性，部分原因在于有些人认为重视培养天赋高的儿童就违背了“民主”和“平等”的原则。然而，“民主”意味着一种责任和积极的参与，但并不意味着每个人都享有完全平等的权力与自由。“平等”则意味着任何人都是自己的主人，而不应成为他人达到目的的手段。因此，遵循这两条原则并不意味着所有人都可以完全平等地享受教育。对于天赋儿童的培养以使其通过特有的方式发挥其最大的潜能，是教育中极为重要的一部分，应予以充分重视。但美国目前的教育状况未能提供有利条件、配套课程与高水平的教师，天赋较高的儿童也就根本得不到适合自己的教育。

为此，应该建立示范中学，通过严格考核选拔优秀学生，为他们设置特殊课程并配以优秀教师，同时采用新的教学方法，以促进有天赋的青年潜质的发挥。示范中学的学生必须通过综合性考试才能获得入学资格；学校的课程独立于其他中学的课程设置，应与学生优良的天赋保持一致；师生比应保持在 1∶20，实行小班教学；初中、高中课程应提前两年完成，即在四年中完成。学校的教师应该知识广博，不仅要有良好的教学技巧，还要精通一种或两种专业知识；教师不需要承担教学之外的事，要有足够的时间思考与学习；教师的工资待遇应与其自身所做的贡献大小挂钩。此外，示范中学的管理、教师资格审核、教师工资的审定、学生入学资格的审查、学校课程的设置和教学水平的评价应由独立机构统筹规划与执行。学校可以以赞助的企业、工厂或机构命名。

四、采取教育改革的措施

里科弗指出，美国的教育与科研已严重落后，根本无法满足时代和社会的需求，也无法满足国际竞争的需要。而产生这种后果的最根本性原因在于杜威教育理论的弊病及其在中小学教育中的实施。尽管杜威教育理论的教育模式活跃了课堂气氛，培养了学生的自主性和创造性，但也造成了美国中小学教育水平的低下和学生知识结构松散的情况。在这种教育理论的指导下，学校无法为社会及人类发展造就合格的科技人才，使得美国发展的步伐慢了许多。事实上，对于一个国家的发展来说，基础知识的学习和学会如何思维远比教会学生解决每一个可能在生活中出现的小问题更为重要。理想的教育目的应该是基础知识的学习和智力的发展，但目前的学校教育却在错误的教育理论与教育目的的引导下进行着。

为了改变美国教育落后的现状，必须迅速采取有力的教育改革措施：

1. 重视教育与尊重科学

美国人民应该意识到教育是公众的事业，并非少数决策者的事业；办好教育不仅仅是教育家的责任，更是公众自身的义务，公众应该积极参与教育事业。教育的失败也不能完全归咎于教育政策的制定者，每个公民都有责任为教育事业的发展做出自己应有的贡献，每个人都有权力以消费者的身份对教育这种特殊的商品做出评价，从而要求相应的调整或修正，最终提高美国的教育水平。

此外，人们对于科学精神应该给予高度的评价，而不是强调对生活问题的解决；同时，也应该给科学家们一种客观、公正的评价，不应贬低也不应盲目崇拜。应该给科技工作者以学术方面的自由，让他们将自己自由的、不受妨碍的智力应用到具体的教育实践之中，去发现教育问题和解决教育问题。

2. 增加教育投入与优化师资力量

现在美国对教育经费的投入是远远不够的，这已成为制约美国教育发展的主要原因，因此，增加教育投入已势在必行。而且，学生数量的增加需要配备教学设施及教师，需要不断地对教师进行培训，这一切都需要更多的教育经费。学校需要配备具有扎实专业基础知识的教师，尤其是语言、数学、科学、历史、地理、经济等学科的教师。为了解决这个问题，一方面需要培训教师，提高他们的自身素质及教学水平，另一方面则可以吸引具有这些专门知识的人才充当教师，例如相关专业的专家等。

3. 建立全国统一的教育管理机构与教学评价标准

这一措施将有助于比较和交流，有助于提高教学质量。美国教育以普及为其自豪之处，但教育质量却历来令人担忧。因此，在学生人数上与其他国家相比较是没有实在意义的。此外，当地的教育委员会和其成员的工作对于当地教育成功与否关系重大。只有高智商、有优异成就与良好性格的人才，才有资格成为教育委员会委员。学生需要聪明出色的教师开发智力，而优异的教师也需要独具只眼、经验丰富的长官进行领导。因此，必须对教育委员会重新组成与评价。

总之，应坚持传统的教育方法，进行彻底的课程改革，将美国教育建立在系统知识与基础知识之上，使学生获得完善而充分的发展。

（周　燕）

64. 博尔诺夫

教育人类学 1959 年*

博尔诺夫（Otto Friedrich Bollnow，1903—1991）是当代德国教育哲学家，出生于波莫瑞地区（现属于波兰的什切青），先后就读于夏洛滕堡高等工程学校和格丁根大学。1925 年获博士学位后，博尔诺夫在奥登瓦尔德一所学校当教师；1931 年在格丁根大学成为教育家诺尔的助教，同时获得哲学和心理学教授备选资格；1938 年去吉森大学主持心理学与教育学教席；1943 年被迫入伍；1945 年冬至 1946 年，在基尔大学主持哲学教席，后又在吉森大学和梅因兹大学任教。1953 年，博尔诺夫接替教育家斯普朗格在图宾根大学任哲学和教育学教授，同时任德国教育学会会长；1970 年退休。博尔诺夫曾被日本玉川大学授予荣誉教授（1966 年）、德国斯特拉斯堡大学授予荣誉博士学位（1975 年）。他的主要教育著作有《存在哲学与教育学》（1959 年）、《教育人类学》、《教育中的人类学考察方法》（1965 年）、《新的教育哲学》（1966 年）、《哲学教育学入门》（1972 年）等。

20 世纪 50 年代，博尔诺夫曾在日本玉川大学讲学，《教育人类学》（*Anthropologische padagogik*）一书就是在这次系列讲演的基础上写成的。全书共 12 章。

一、教育人类学的研究方法

博尔诺夫探讨了哲学人类学的研究方法，并把这些方法引入教育人类学研究中，提出了教育人类学的三条基本方法论原则。

1. 人类学的还原原则

这一原则是在总结了德国哲学家、人类学家普勒斯纳的方法论思想的基础上提出来的。普勒斯纳主张不再从人在宇宙中所处的地位来考察人，而是从人和首先由其创造的世界（文化与历史的世界）之间的关系来考察人，从而用动态的考察代替了静态的考察。博尔诺夫指出，人类学的还原原则意味着把交替出现的具体文化回归到人类的起源中去。源自人这个“产地”的“文化形成过程”可以理解为真正意义上的生产性过程，即创造性过程。但人在创造文化以后，却并不能因此而任意支配它，而要受到文化的束缚。这就是人与文化的一种相互依赖关系。

2. 人类学的工具原则

博尔诺夫指出，人类学的工具原则意味着把文化作为考察人的工具。人不能通过反省

---

* 本书中译本，李其龙等译，上海，华东师范大学出版社，1999。

来认识自己，只能绕道通过自身的客观化来认识自己。文化就是一种客观化了的东西。

人类学的还原原则和工具原则是相辅相成的，而且在具体应用中也常常是结合在一起的。它们互相依托，共同包罗了文化人类学的研究范围。

3. 人类学的解释原则

博尔诺夫指出，并非一切人类生活现象都是可以从文化出发来理解的。其中有些现象是直接同生活本身联系在一起的，而和它的文化客观化无关。这方面包括某些身心结构的特性，例如，情绪、感情、本能等。这就需要扩展人类学方法原则，这样便形成了教育人类学的第三条基本的方法论原则——人类学对人类生活中各种现象进行解释的原则。这一原则把那种出于某些原因将引起我们特殊兴趣的、一开始随意产生的人的生活现象（包括恐惧、快乐、羞愧、劳动、节日等，但也包括直立行走和手的使用等）作为出发点，并且力求由此在整体上认识人，同时在某种程度上对这种认识做这样的推测，即所观察的现象具有一种必然的、不可或缺的作用。

人类学的解释原则也可以看成还原原则的普遍化形式。正如还原原则结合各种文化客观化在人的存在中的作用来考虑它们一样，一般来说，现在可以从出于某种原因而使人产生的种种现象来了解其对于从总体上认识人有什么意义的问题。然而，最基本的始终是：业已存在的各种现象是怎样和人的整个机体直接联系的。

总之，以上三条原则并非相互分隔的，而是以不同的方式来说明基本的、方法上的倾向而已。

二、人的可教育性

博尔诺夫指出，说到人类学问题，其第一个基本问题就是人对教育的需要性问题。因此，从一开始就必须把人作为一种可以教育并需要教育的生物来理解。这种思想本身实际上并不新鲜，夸美纽斯和康德等人就有类似的论点。但是，人们有必要如同人类学考察中始终坚持的那样去搞清楚这一个问题：人对教育的需要性体现了人的何种特殊的优越性？

博尔诺夫同意这样的说法，即人生来就是一种“有缺陷的生物”，其生物装备（由于缺少天生的武装、缺少保护性皮毛等）相对于动物来说是有很大弱点的，因而只能在人工创造的环境中，在某种文化中，才有生活能力。因此，人天生也是一种“文化生物”。

人的可教育性和教育需要性，其根源完全在于人的身体素质方面。如果我们从原则上认为人是需要教育的，那么就不能把教育只局限于儿童年龄阶段，不能认为在儿童成长为成人时可以结束教育。确切地说，我们必须认识到，人原则上是并且始终是需要教育的，因为人在整个一生中始终在向更新的阶段发展，而在这些阶段中又始终在产生新的学习任务。人的整个一生都需要不断地受教育。例如，不仅需要进一步传授知识和技能的成人教育，而且也需要持续的、真正的、涉及人在其道德品格方面的教育；又如，不仅需要发展个性和职业能力这一积极意义上的教育，也需要在因受损伤而须保持原有能力和排除损伤造成能力下降这种治疗意义的教育。

德国教育家克里克曾提出“功能教育”的概念。博尔诺夫把这种功能教育理解为环境对成长着的一代人无意识地、无心地产生的一种塑造作用。与“意向性的”教育即有意识的教育的影响不同，那是一种无意识地进行塑造的力量。探讨功能教育的作用对教育学具有极其重要的意义。必须尝试把起促进作用的影响和有害的影响区分开来，而且只要有可能就应当用正确的方法控制这些影响。必须探讨功能教育和意向性教育之间的正确关系与有效的相互渗透作用，而这恰恰又是教育人类学需要考察的一项特殊任务。

三、非连续性教育

博尔诺夫吸收存在主义哲学思想中的某些观点，提出了非连续性教育的思想。以往的各种教育观有一种共同的认识，认为教育是一种连续性的活动。正是由于这种连续性，儿童才越来越完善。这一过程被称为“教养”。这种观点是正确的，基本上揭示了教育过程的本质。但仅此还不够全面，还需要做重要的修正。因为这一观点把阻碍和干扰教育、导致教育失误或完全失败仅仅归结为偶然的、来自外部的干扰，而这本来是应当避免的，而且原则上也是可以避免的，这种干扰无论如何无关教育大局。只有存在主义哲学敏锐地看到这种干扰不只是一种令人不愉快的偶然事件，而是深深地埋藏于人类存在的本质中。从这些事件中表现出一种新的、迄今尚被忽视的人类存在的基本方面，它使连续性发展的观念趋于破灭或者至少表明有很大的局限性。在人类生命过程中非连续性成分具有根本性的意义，同时由此必然产生与此相应的教育之非连续性形式。例如，“遭遇”就是造成教育非连续性的一个重要因素或范畴。所谓的遭遇，主要指少数重大的特定的经验，它们闯入人的生活，突然地、往往令人痛苦地中断人们的活动，使之转向一个新的方向。这主要涉及和他人的遭遇，也包括和一种伟大的艺术品或某一本著作的遭遇。它将导致当事人的生活发生重大改变。遭遇是一种非连续的形式，它以粗暴的方式突然地中断通常是连续性的生活过程，并给其一个新的方向。而这种遭遇对于教育也具有重要的意义。因为根据存在主义的理论，任何教育都不应受约束，教育应当是轻松的。只有在遭遇中才能突破不受约束的范围。在教养和遭遇之间有一种相互依赖的关系。没有全面的教养，个别的遭遇只是一种巧合。所以，教学必须拓宽文化知识，阐明理解范围。在这基础上才会有充分的遭遇。但另一方面，如果没有真正的触及人心灵深处的、改变其全部生活的遭遇，那么，全部文化知识都不会起作用，所以也就无关紧要了。

“危机”则是造成教育非连续性的另一个重要因素。人们通常把突然出现的较大的且又令人忧虑的中断了连续生活进程的事件称为危机。例如，有精神领域的发展危机、成熟危机、信仰危机、婚姻危机等，有社会领域的经济危机、政府危机、国家和平局面的危机等。只要是由于无法摆脱的困难而中断了正常生活进程的都属于危机。以往人们总是把危机看成是偶然事件。但危机实际上是人类生活的一部分，人只要活着，任何时候都会处于危机之中。危机既可以来自外部，也可以来自内部。危机虽然可能会变成灾难，例如，疾病危机会导致死亡、婚姻危机将造成离异、经济危机会引起全面崩溃等，但是这些灾难经过努力是可以制止的。所以，我们也可以这么说，向某个新的生命阶段的过渡只有通过危机才能得以实现。即使是在青春期表现得最突出的那种成熟危机也不是令人遗憾的现象，而是与成熟的过程必然地联系在一起的。任何人除了坚定地渡过困扰人的危机以外就不能获得内在的独立性，只有在危机中或经历过危机我们才能成熟起来。在如何对待危机的问题上，教育者必须对危机的本质及其对生活的意义有比较深刻的认识，不能用安慰性的掩饰去降低危机的严重性，而必须帮助年轻人明确认识危机的含义，全力承担责任，不回避危机，直至危机得到圆满的解决。

四、教育的社会作用

博尔诺夫指出，适应、社会化、文化适应的概念是今天教育学特别需要阐述的问题。因为这关系到把年轻人造就成符合其周围社会需要的问题。换言之，教育要适应现实社会。但是教育还有其特殊的责任，即促进社会的发展。如果只片面强调教育适应社会，那么社会将一成不变。因此，适应需要有一种补充作用，一种超出与现存机构单纯的协调一致的补充作用，而这种补充作用并不仅仅为了个别儿童的个人权利，同时还为了社会本身，社会只能通过反对单纯的适应而向更好的方面前进。在谈到这一点时，为了更有说服力，博尔诺夫引用了康德的话：儿童的教育不应当是为了使之适应人类目前的状况，而是为了使之适应将来可能改善的状况，即人类的思想及其全部使命。

（赵卫平）

65. 科南特

今日美国中学 1959 年*

科南特（James Bryant Conant，1893—1978）是 20 世纪中期对美国公共教育影响最大的教育家之一，要素主义教育流派的代表人物之一。科南特毕业于哈佛大学，1919 年后在哈佛大学化学系任教；1933 年升任哈佛大学校长，历时 20 年。1953—1957 年，科南特任驻德意志联邦共和国大使；这一职务为他研究西欧教育提供了极好的机会。科南特在政府部门担任过的要职包括美国国防研究会主席、科学研究和发展办公室副主任以及美国原子能委员会总顾问委员会委员等。丰富的经历为他研究美国教育问题提供了有利条件，使他能以更加宽广的视野去看待教育问题，这也是他教育思想的一个重要特色。

科南特的著述甚丰，计有 20 多种。其中《今日美国中学》（*The American High School Today*）及《美国师范教育》分别写于 1959 年及 1963 年，堪称其教育代表作、姊妹篇。

第二次世界大战后，苏联发射了第一颗人造地球卫星，震惊了美国朝野，科南特也为此感到忧虑。作为实用主义教育的批判者与新传统教育的倡导者，他预见到了国际和美国国内形势的变化，提出教育应发挥对外和对内两种作用。对外要适应与苏联争霸世界的需要；对内则应能维护资产阶级的统治，促进经济和科学技术的发展。在上述思想指导下，科南特转而研究美国中等教育和师范教育。在卡内基促进教育基金会的资助下，他从 1957 年起，对美国 26 个州的 103 所中学进行了历时两年多的调查研究，写成了本书。从 1961 年起，他再次在卡内基促进教育基金会的资助下，对美国人口最稠密的 22 个州的 77 所开设师范课程的高等院校进行了调查，又经过两年的研究，写成了《美国师范教育》一书。它们对改进美国的有关教育提出了具体的意见。

科南特的书出版之后，对美国中小学和师范教育的影响甚大，实际上成了美国 60 年代对公共中等教育和师范教育改革的指导性文献。尽管在七八十年代美国又进行了两次教育改革，但其基本精神与科南特五六十年代所提出的主张并无显著差异。

在这两本书中，科南特还就美国公共教育和师范教育发展的历程做了简要回顾，从而为美国教育发展史的研究提供了不可多得的资料。

---

* 本书中译文，见《科南特教育论著选》，陈友松主译，北京，人民教育出版社，1988。

一、美国教育的特点及独特作用

美国教育无论是中等学校还是高等学校都有别于欧洲。就高等学校而言，它不仅数量众多，新生入学的条件也是五花八门，各校的课程计划不一，而且在高等学校中还实施普通教育。对新生和毕业生的要求也没有统一的标准。而欧洲的大学主要“是一种培养未来有学问的专业人员的院系集合体”。

美国的中学也不同于欧洲国家的学校。在欧洲，儿童从 10 岁或 11 岁起就要接受选择性的考试，大致只有 20%的学生从小学选拔到预备学校就读。所以，在那里“存在着人才浪费的现象”。由于“这种早年选择是在欧洲大陆等级制度的影响下进行的，所以在德国、法国、意大利和瑞士究竟有多少潜在的天才没有得到发展，是谁也无法估计的……当然，选择进入预备学校的儿童是以这些儿童的学习能力为依据的，可是他们的家庭传统地位仍起着重大的作用，许多出身工农的男女儿童甚至永远别想升进预备学校”。

美国的大学生和欧洲的大学生相比，绝大多数美国大学生并不是欧洲人所理解的大学生，他们大多数都不接受专业训练。只有约 6%的青年人受训做医生、律师、工程师、科学家、学者和文理科教师，这个数字与欧洲大体相同。

美国高等学校与欧洲高等学校的这种分歧大致起源于《莫里尔法案》的实施。由于这一法案的实施，农工学院诞生了。由此如畜牧业、建筑学、野生物保护等实用领域的大专教育取得了与专业教育同等的学术地位。这样美国大学的课程就与欧洲大学的课程渐行渐远，很少有相似之处了。“在美国教育史上的任何时期，人们都不承认掌握一门现代外语是受优良教育的人的标志。”

美国学校教育不同于欧洲的另一重要之处是“机会的平等”。对 19 世纪的美国人说来，平等首先就成了机会的平等——在竞争性的斗争中的一个平等起点。这一平等的概念像磁石般地吸引着其他国家的居民，引来了它们的移民，这些移民在美国大陆定居大大充实了美国的文化。由于机会的平等，所以美国公立学校能够成功地把从世界各地前来的移民聚集到一起。

美国学校的独特性也表现在中等学校方面。第一次世界大战之后，在美国兴起一种公立的在任何其他国家都找不到与它相类似的学校——综合中学，这是适应一个社区所有青年需要的公立学校的典型，它标志着美国社会的特点。“它之所以产生，是由于美国的经济史以及人们忠于机会和地位平等这些理想的结果。”这种学校不仅性质特殊——适合于所有不同要求的青少年学习志趣的需要，而且其管理也是外国访问者所不易理解的。

二、综合中学的质量及办好一所学校的条件

所谓综合中学，即是按社区内所有青年受教育的需要，既设普通教育课程，又设各种职业教育课程的中等学校。综合中学有三个目标：（1）为所有未来公民提供普通教育；（2）为那些想在学校毕业后立即使用所学技能谋生的学生开设高质量的选修课程；（3）为毕业后上学院或上大学深造的学生开设令人满意的文理课程。

通过对比的方法——以一定数量的综合中学为一组，另以被公认的天字第一号的学校为一组——进行对照检测数学和自然科学的质量。其结果是两类学校的学生掌握三角和物

理的程度并没有显著的差别；而且在上述参加测验的综合中学之中，有一所综合中学的三角或物理学习的成绩高出了任何一所对照学校学生所得到的成绩。

科南特认为，要办好一所中学，需具备三个条件：(1) 教育董事会的组成人员必须了解自己的职责是决定政策而不是从事行政工作，他们不能干涉教师的任用或有其他包办代替的行为；(2) 要有第一流的教育局长；(3) 要有一个好校长。此外，学校和社区不能占用学生过多的时间，他们每周至少应当有 15 个小时用于完成家庭作业，否则会影响学生的学习。综合中学应有较大的规模，毕业班至少在百人以上。规模过小，学校因受师资和经费条件的限制，无法为学生开设选修课程。

三、改革公立中学的建议

关于公立中学，科南特提出了 20 条建议。这些建议成为美国在 60 年代所进行的教育改革的指导思想。以下是建议的基本内容：

(1) 建立辅导制度。科南特提出："一个令人满意的学校系统的学生辅导工作，应当从小学就开始。……中学里每 250～300 名学生应当有专任的辅导员（或指导员）一人，辅导员应具备当教师的经历，但实际上应当拿出全部时间做辅导工作。"辅导员的主要任务是说服家长，使其聪明的子女能选修十一、十二年级的数学、物理和外语。

(2) 实施个别化的课程计划。学校的方针应当使每个学生有一个个别化的课程计划，不应当将学生划分为升学准备科或职业科、商科等类别，因为这样的划分易伤害学生的感情，甚至伤害其自尊心。辅导员要为擅长文理科目的学生推荐最低限度的课题计划，为毕业后想获得谋生技能的学生推荐另一序列课程。每个学生如果有了这种个别化课程计划，就将不至感到由于自己选九、十年级课程而被人称作这一类或那一类学生。

(3) 规定必修和选修课程，确定及格和不及格的标准。在普通教育方面，全体学生毕业时都要学完以下必修课程：4 年英语；3 年或 4 年的社会研究课——其中包括 2 年历史（应有一年的美国史）和毕业班学的"美国问题"或"美国政府"课程；九年级一年的数学（代数或普通数学）；九年级或十年级至少学一年（每周 5 节）的自然科学，最好设生物、普通物理。这项普通教育的文理课程计划包括 4 年内学完有家庭作业的 9 门或 10 门课程。不管学生的选修计划如何，都应当占大多数学生一半以上的学习时间。在选修课程方面，学生要在中学毕业的另一条件是要合格地选学至少 7 门以上课程，其中不包括体育。应当鼓励全体学生在其选修计划里包括艺术和音乐。应辅导所有学生，使他们的选课计划有一个核心的东西，以此形成重要的序列课程。

关于及格和不及格标准问题，科南特指出：评定文理选修课程学习成绩应当坚持高标准，至少在 C 以上。没有能力学习外语、数学和自然科学的学生不应轻易去选这些课程。另一方面，对必修课程应采用另一标准。因为这些课程不管学生能力高低，要求人人都学，只要学生尽自己所能来学习，就不管他是否达到了一定的成绩，都可以给及格（C）分数。

(4) 按能力分组。所有的学生，无论是学习必修还是选修科目，均按能力分组。对能力最差的一组，由专门教师来教。但"这不是把某个学生在所有课程上都放到一个特定的组里"，而是让"某个学生学英语时可能在最高能力组里，而在学习历史或九年级代数时就可能在中等能力的一组里”。

（5）加强英语作文。4年内作文的时间应占英语学习全部时间的一半左右，每周作文一次，由教师批改。每个年级应举行一次作文测验。九年级和十一年级的英语作文测验由全校性委员会评分。

（6）因地制宜，开设多样化课程。应当为有志于掌握各种谋生技能的女生设置诸如打字、速记、会计和办公机器的使用及家政等课程。还可根据学校所在社区的特点，开设农业、手工艺或工业课程。这些课程可随社区经济的变化发展而改变。

（7）对能力迟钝的学生要予以特殊照顾。对能力十分迟钝的学生应由专门的教师对他们的英语和社会研究等必修科进行教学。这些教师应当是对从事这类工作感兴趣的、对学生困难持同情态度的人。对他们的教育应采用特殊方式。

（8）注意培养有天赋的学生。有高度天赋的学生，约占全国学生的3%。对他们的学习应做特殊安排。可为他们开设特殊班级，让他们在十二年级学1～2门“大学生先修课程”。

（9）发展阅读能力，重视外语学习。一所学校应当拥有各种设备来设置发展学生阅读能力的课程。应在全校学生自愿的基础上开设这些课程。但它不是专为阅读能力迟钝的学生开设的，这种课的目的是：1）帮助学生获得精读、细读、略读的技能；2）增加阅读速度；3）提高对读物的理解能力。

不论注册外语的学生多么少，学校仍应随时准备开设第3、4年的外语课。学好一门外语的好处很多，有了真正的外语知识，便是得到了可用以解决人类问题的新门径，有利于国际间的竞争。

（陈炳文）

66. 利文斯通

论教育 1960年*

利文斯通（Richard Livingstone，1880—1960）是英国教育家和希腊学研究者。利文斯通青年时代就读于曼彻斯特公学和牛津大学，曾任伊顿公学临时校长助理、牛津大学基督圣体学院院长。

在教育上，利文斯通属于永恒主义教育流派的代表人物，强调理智的训练与品格培养，主张教育面向人类的传统，继承历史和文化，将古典文学的价值植入当代人的生活。因此，他极力强调古典文学对于塑造国民精神的作用，主张在中学里开设希腊文、拉丁文课程，恢复古典文学在学校中的地位。利文斯通认为，基督教和希腊精神是构成民族文化的基础，要克服文化教育危机，必须加强学习古典语言，以弥补工业革命所产生的文化上的贫乏。

除《论教育》（*On Education*）外，利文斯通的主要教育著作还有《保卫古典教育》《教育与时代精神》《虹桥及其他教育论文集》等。《论教育》一书主要阐述了以下观点：

一、论教育的本质

对人类和人性问题的关注是利文斯通讨论教育问题的基本出发点。他指出，人类各个时代所出现的问题和危机大都相似，因为它们都产生于不变的人性；教育的本质是了解和研究人类精神的能力和作用。

在现代社会里，人类的科技不断进步，财富不断增长。人们误以为科学能解决一切问题，造成现代教育的一大弱点是见物不见人，即使研究家，也只是关注人的肉体和次要的方面，而忽视了人的精神训练。利文斯通认为，现代教育应确立一种宗教信仰，一种人生观，一种用以指导、训练和支配个人生活，并由此去指导、训练和支配国家生活的正当理想。人所关心的不仅仅是维持生计，而是要过上好的生活。教育所培养的人不仅要担负起履行政府、工业、商业或其他物质文化部门例行的职能，更要学会关心自己的心灵。教育不仅要传授那些经过考虑的最好的知识，造就维持一个复杂社会所需要的各种人才，更要教给学生理智的生活态度和人生观。

理智的生活态度分为三个方面：（1）认为人类和生活是有意义的；（2）乐于面对人类和生活的现实；（3）认为真理是不朽且美好的。正确的人生观则指人拥有爱、正义、勇

---

* 本书中译文，邓明言译，见任钟印主编：《世界教育名著通览》，武汉，湖北教育出版社，1994。

气、自制、仁慈、自由等品质。通过学习理智的生活态度和人生观，孩子们就能辨明真伪和获得一种见解、一种运用理智的习惯、一种价值观，一种对“善与恶这门科学”的洞察力，这些初步知识以后逐步成熟变，为一种理智的信念。因此，教育的根本任务就是将有关这方面的知识注入儿童的心灵中去，培养他们追求这些知识的愿望。能够做到这一点的教育是成功的教育；反之，则是失败的教育。

二、论教育的价值

利文斯通反对用功利主义的观点去认识教育，认为由于学校教育受到经济功利主义的侵蚀，导致课程的设置杂乱无章，把一些追求实用的诸如打字、速记、商业课程、现代语、经济学、自然科学课程塞进课程表中。这样的教育只是具有商业价值，而不利于智力训练和品格培养。利文斯通指出，科学、技术、经济学、商业上用的现代语言对当代世界来说当然是必需的，但这些知识并不是目的，也不是创造力、自由乃至真理的源头，这些知识对文明来说不可或缺，但是作为文明的基础就过于狭隘了。世俗世界是紧跟物质文明的发展而不断变化的，但精神世界是一个价值的世界，是科学所无法解决的。然而，当时的教育在学科的选择和教学上只想让学生学什么，而忽视了人生观的培养。基于自然科学的教育只会使学生头脑僵化、冷漠、迟钝和刻板。世界是为人而存在的，人比自然更为重要。相对于人文学科，自然科学是资历浅的学科。

培养青年人的思想最可靠的工具是古典语言、古典文学和古典艺术的学习。这些学科是关于人的科学，而关于人的科学是人人都需要的一门知识，应当在教育中占有重要的地位。现代教育的错误在于这种教育缺少目标上的“一致性”以及一种能够确定和指导教育过程的精神。教育如果更多地具有这种精神，超越物质的和即时的需要，即超越科学、技术、经济学、社会学、工艺学以及那些有“职业倾向”的科目，这样的教育就是好的。

三、论品格教育

利文斯通认为，英国的寄宿制学校之所以成功，就是体现在对学生品格的培养上。自从托马斯·阿诺德提出培养具有基督教精神的绅士并以之为理想之后，品格的培养一直是英国教育所追求的目标。品格意味着勇气、诚实、可靠、荣誉观念、自治精神、公平竞争、公共意识及领导才干。他认为，这些是国家的理想，也是国家的道德，只要一个人具备了这些品质，他就有能力抵御邪恶并且立于不败之地。但是，只具备这些方面并不能使品格臻于完善。因为生活要远比寄宿制学校的那些传统的道德更为广泛、更为丰富。生活还包括了艺术、思想和科学，以及创造它们的各种能力及其所含的各项活动。生活的知识是品格的一部分。因此，假如学校只满足于向学生传授知识、发展和训练智力，而将品格的培养局限于一个狭小的圈子里，那么这样的教育必然是不成功的。学校应注重品格教育，使学生的精神世界充满着正确的见解，并且使他们的生活目标变得更为明智。

四、论教育的内容

利文斯通将人类生活划分为三种基本需要：（1）维持生活的需要；（2）社会生活的需要；（3）发展人格的需要。对应这些需要，教育也包括了以上三个方面的内容，即职业的因素、社会的因素和精神的因素。于是，一个健全的社会就需要三种主要的教育——职业教育、社会教育或政治教育、精神教育。

职业教育就是培养社会所需要的大量各种类型的专业人才的教育；社会教育（政治教育）是指对于公民的训练，使他们对于现代文明有一定的了解，对社会所需的技术与专业知识的意义和应用有一定的判断力；精神教育是使人过一种美好生活的教育。

利文斯通指出，关于精神教育古希腊人已做出了最清晰、最明智的回答，即一个人在身体、精神和品格方面所能得到的最大限度的教育。一般来说，社会效率是由职业教育所决定的；社会凝聚力和社会延续性多半取决于社会教育或政治教育；而社会文化的特性则取决于道德标准和社会价值观，以及对社会文化诸因素孰轻孰重有明确的见解。这些都属于精神教育的范畴。在目前时代，对精神教育应予以特别重视，它能对整个国民生活和精神产生深远的影响。

利文斯通认为，一种对伟大事物一向具有的洞察力对一切教育都是至关重要的和必需的。它来源于对卓越知识的孜孜不倦的追求。学校或大学为学生所做的一切没有什么能比将世上人们所做所思所写的一切最美好的东西展示给学生，把它们作为标准铭记在心，用来指导生活这件事来得更重要了。教育要追求卓越，反对平庸。

卓越的知识给人以方向、目标和动机：（1）它能给人以方向是因为这种知识告诉人们什么是好的、什么是坏的；（2）给人以目标是因为这种知识揭示了人们所追求的理想；（3）给人以动机是因为理想能激起行动。教育应追求最好的东西——最好的艺术品和建筑物，最好的文学和思想，最好的政治、工业和商业，最好的职业理想，最好的人类品格。有关这方面的启示同样可以“向古希腊寻觅”。希腊文学中有支配人类生活的永恒的理性精神，这就是现代人至今还需要古典教育的原因。

（李立国）

67. 尼尔

萨默希尔——激进的儿童教育方法 1960年*

尼尔（Alexander Sutherland Neil，1883—1973）是英国教育家，著名的萨默希尔学校（又译为“夏山学校”）的创办者。尼尔出生于苏格兰桑迪法埃弗的福法尔小镇。在父亲的鞭杖管教下，尼尔从小性格孤僻、举止笨拙，曾在父亲任教的那所乡村学校里当见习教师。1903—1908年，从师范学校毕业的尼尔先后在3所公立小学担任助理教师；1908年考入爱丁堡大学，主修英国语言文学。毕业后，尼尔在爱丁堡和伦敦从事编辑工作；1914—1917年，担任苏格兰格莱特纳公立学校校长，并尝试运用自由教育的方法。1917年应征入伍服役一年后，尼尔曾在伦敦的阿尔弗雷德国王学校任教；1920年，受聘担任《新时代》杂志的编辑，有机会广泛地接触了新教育的理论和实践；1921年，应邀赴德国德累斯顿一所新学校任教。1924年初，尼尔到奥地利维也纳附近的一个小镇上建立了自己的实验学校；同年10月，又把这所学校迁回英国的莱姆里季斯，并命名为“萨默希尔学校”（Summerhill School）。1927年，萨默希尔学校又迁往萨福克郡的雷斯顿。主要教育著作有《萨默希尔——激进的儿童教育方法》《自由——不是放纵》（1966年）等。

《萨默希尔——激进的儿童教育方法》一书是根据尼尔早期的4本著作，即《问题儿童》（1928年）、《问题父母》（1932年）、《问题教师》（1939年）、《问题家庭》（1949年）而选编成书的，出版于1960年。全书共7章。该书出版后曾在美国及其他一些国家引起极大的反响，到1970年时已卖出200万本，到1985年为止已重印13次。

一、萨默希尔学校的理想和实践

尼尔指出，位于英格兰萨福克郡雷斯顿村的萨默希尔学校创于1921年。招收的儿童年龄从5岁至15岁，分成5～7岁、8～10岁、11～15岁三个组。萨默希尔学校刚创办时是一所实验学校，以招收“问题儿童”为主。随着学校的发展和影响的扩大，逐步转为招收正常儿童，并开设英语、数学、自然科学、历史、地理、工艺等课程。

萨默希尔学校的办学宗旨是：“使学校适合儿童，而不是使儿童适合学校。”为了给

---

* Alexander S. Neil，*Summerhill：A Radical Approach to Child Rearing*，New York：Hart Publishing Company，1960. 该书1967年在英国出版时，改名为《谈谈萨默希尔学校》（*Talking of Summer-hill*）。

儿童自由，我们必须放弃一切纪律、一切指导、一切暗示、一切道德训练、一切宗教。所需要的一切就是我们应该具有这样的信念，即把儿童看作一个好人而不是一个坏人。具体来讲，在萨默希尔学校里，儿童一般按年龄分班，但有时也按兴趣分班；上课是自愿的，儿童可以上课，也可以不上课；考试也不安排；宿舍不要受到检查；每天晚上都安排丰富多样的活动；包括教师和儿童在内的每个人都有平等的权利，在学校全体大会上的投票具有同等价值；等等。总之，萨默希尔学校的优点就是健康而自由的儿童生活没有被恐惧和仇恨所损坏。

尽管报纸称萨默希尔学校是一所随心所欲的学校，把它说成是一个不懂法律、没有礼貌的野蛮的原始人的集合体，但是，萨默希尔学校可能是世界上最快乐的学校；在那里，儿童自身的原则是在各方面对自己加以约束；一个儿童只能做影响到他自己的事情；没有人逃学，很少有人打架。其原因是儿童自由了，因而没有像那些受压迫的儿童那样有很多愤恨要发泄。尼尔指出：在任何学校里，如果要压制和惩罚儿童，那么，教师就不可能站在他们一边。萨默希尔学校就是这样的一所学校，儿童知道他是被赞许的。

当然，在萨默希尔学校里，对全体儿童也提出了一些需要遵守的规定。例如，一个儿童在选课后若长期旷课，教师就可以把他除名，其他儿童也有权把他请出教室；晚上10时以后，在宿舍楼走廊里要保持安静；凡12岁以上的儿童每周必须参加2个小时诸如整理校园、除草的校内劳动；11岁以下的儿童不准单独骑自行车上街；儿童不准爬房顶或者在太平梯上玩耍；儿童不准玩气枪一类会伤害人的武器；等等。但是，这些规定都是儿童自己制定的，并经学校全体大会通过的。

总之，在萨默希尔学校里，儿童学习他们想要学习的东西，小贝多芬和小爱因斯坦会寻找他们自己发展的道路。也许萨默希尔学校自身的未来并不重要，但是，萨默希尔学校理想的未来对于人类来说是最重要的。

二、儿童教育

1. 自由教育

尼尔指出，幸福是生活和教育的目的，自由与幸福则具有同等的意义，因为幸福是一种自由的状态，而自由又是达到幸福的手段。自由使人有最大的机会和可能去选择和实现幸福，而幸福给人以自由的状态从而能进行多方面的选择。作为每个人生而具有的权利，自由应该是不受压制地去选择、去实现、去信仰、去感受。但是，每个人也必须尊重他人的自由，不干涉他人的自由选择。因为尊重他人的自由就是尊重自己的自由。

但是，自由教育并不是放任儿童的教育，因为不存在绝对的自由，任何允许儿童自行其是的人走的是一条危险的道路。只有让儿童懂得尊重他人自由的教育才是真正的自由教育。在自由教育中，必须要反对以他人的意志来代替儿童的自由选择，然而并不排斥外界对儿童的影响。对儿童施加影响就是指教育应该为儿童提供多种选择的机会，增强儿童自由选择的能力。在对儿童施加的影响中，教师的影响是不容忽视的，但要防止把影响变成控制。因此，真正的自由教育应该是：一方面把对儿童的控制减少到最低程度；另一方面又为儿童的自由发展提供最积极的影响。

必须指出，在自由教育中，自治和自律也是十分重要的。如果一所学校没有自治，就不能算是一所进步的学校，最多只能称它是一所改良的学校。尽管建立在公开而坦率的讨论和自愿原则基础上的自治，培养了儿童的自信心，并锻炼了他们未来参加社会活动的能力，但是对自治不能过度强调。与此同时，还应该从儿童的内心激起一种自律的意识，包括自我调节和自我纪律两方面。自律的最大特征就在于它是一种产生于个人内部的制约力量，因而它是对个人行为最有效、最积极的约束和管理形式。

2. 情感教育

尼尔指出，对于儿童教育来说，情感教育是一个最有效的手段。教育的重要任务就是让儿童感受到爱和学会去爱。教师必须与儿童站在一起。这意味着：给儿童爱，但这并不是一种占有的爱，也不是一种盲目的爱，而是一种让儿童感受到对他的爱并赞许他一切行为的爱。只有这样，才能彻底消除儿童身上的恐惧和憎恨。因为恨生恨，爱生爱，恨是爱受到阻碍后的另一种表现形式，当儿童得不到爱的时候，他只好通过恨来表现自己的存在和引起他人的关注。

此外，情感教育还应该培养儿童的自信心，使儿童对自己、对他人和对世界充满信心；同时应该培养儿童的自我判断能力，避免人为的惩罚和奖励。对于儿童来说，真正的奖惩都应该是自发性的，即当儿童完成某个工作和学习后产生的满足和喜悦，或者当儿童在失败中发现了问题后感到的失望和痛苦。总之，如果不重视情感教育的话，儿童的生活便会失去活力。

3. 知识教育

尼尔指出，兴趣是儿童成长和学习的主要动力。真正的兴趣是自发的，是整个个性的生命力。有创意的人学习他们所想学的东西，以便获得他们的独创性和天赋所需的工具。因此，知识教育必须遵循儿童的兴趣，让儿童自由发展。教师没有必要也不可能培养儿童的兴趣，但也不要压制和剥夺儿童的兴趣。而且，儿童的兴趣是因人而异的，但一般讲，儿童擅长于实践而厌烦理论，喜欢具体而讨厌抽象。

由此出发，强制性的学习就是剥夺了儿童的主要兴趣。在填鸭式的教学下，儿童机械而被动地接受知识，从而丧失了对新奇事物的敏感和探究的兴趣，最终成为缺乏创造力的人。因此，在儿童没有兴趣的时候，不要勉强他去做任何事情；如果儿童对学习产生兴趣，那么，不管困难还是容易，他都会自觉地学习，而且效果更好。

在儿童的整个生活中，游戏是十分重要的。尽管学习不应受到贬抑，但学习应放在游戏之后。成人应该认识到儿童时期就是游戏时期，而不要以为游戏只是在浪费时间。因此，尼尔指出，萨默希尔学校是一所游戏至上的学校。

4. 道德教育

尼尔指出，应该提倡一种新的道德教育。这是在自然的环境和气氛中进行的一种潜移默化的教育。因为道德学习是一个从环境中获得价值观念的过程。

很多父母和不少教育家都认为，如果不教给儿童一些道德观念，或者不告诉儿童什么是对的、什么是错的，似乎他们在道德教育上就没有尽到其责任，儿童也就不能成为好人。正是这种不恰当的说教式的道德教育造成了儿童的问题。其主要原因是成人和教师认为儿童的天性是恶的，因而必须对他们进行说教式的道德教育，或采用责骂和惩罚的方法，甚至是体罚。此外，成人和教师常常忽视儿童的道德理解和接受能力是渐进的并带有一定的阶段特征，从而对道德教育产生不好的影响。

5. 宗教教育

尼尔指出，宗教教育对儿童的精神是有害的。因为宗教是反生活的，是对生命的畏惧和逃避生命的。正是在宗教教育下，许多儿童变得神经质了。因此，如果我们要使儿童的灵魂健康，我们就必须保护儿童并使他们免受错误的宗教观念的影响。因为能够热切而勇敢地面对现实生活的、自由的儿童是根本不需要上帝的。

三、问题儿童和问题父母

1. 问题儿童

尼尔指出，在一些儿童身上存在许多问题，具体包括残忍、犯罪、偷窃、过失等。例如，儿童的残忍行为是由于无知和自我憎恨而产生的，而且是源于成人在他们身上所实施的残忍。儿童的犯罪行为是憎恨的一种表现，是一种报复。儿童的偷窃行为有两种情况：一是正常儿童的偷窃，这是要满足他渴望得到的东西而冒险，无法区分"我的"和"你的"这两个概念；二是神经质儿童的偷窃，这是儿童神经质的一种表现，其动机是无意识的。儿童的过失行为是由不良的环境和无知的父母而引起的。

问题儿童就如患病儿童一样。儿童之所以会产生问题，主要是因为没有自由和没有爱。因此，自由和爱将治愈儿童，消除其身上所存在的问题，并把他们引导到趋于幸福的道路，成为一个幸福的和有创造力的社会成员。总之，让儿童成为他自己，不要处处逼迫他，不要说教他，不要训斥他，不要抬高他，不要强迫他去做任何事情。

2. 问题父母

尼尔指出，在一些父母身上存在许多问题，具体包括不了解儿童、溺爱儿童、滥用权力、嫉妒、离婚等。例如，父母不了解儿童的天性，因而无法正确理解爱与恨的关系。父母对儿童溺爱，允许放纵以代替自由。父母滥用权力，因而引起儿童的恨和反抗。父母经常嫉妒教师在儿童教育中的角色和作用。父母之间的矛盾冲突导致离婚，不仅使得家庭没有爱，而且对儿童产生了坏的影响。

父母之所以会产生问题，主要是因为对儿童及儿童教育缺乏正确的意识。因此，父母应该认识到：当一个儿童不能找到爱的时候，他就会把恨作为爱的替代物；被溺爱的儿童对他自己和对社会都是一种损害；儿童需要爱和得到爱；教师仅仅是父母的代理人；在一个儿童的生活中，基本的事情是爱，但父母离婚使他失去了爱；对一个儿童来说，家庭和学校之间的不一致是灾难性的；如果一个家庭里出现恐惧和冲突，那就不是一个好家庭。总之，父母要充分意识到自己在儿童自由发展中的作用，因为在家庭仍保持使儿童有问题的环境时要治愈一个问题儿童是没有希望的。

（吴　艳　单中惠）

68. 布鲁纳

教育过程 1960年*

布鲁纳（Jerome Seymour Bruner，1915—2016）是当代美国心理学家、教育家。布鲁纳出生于美国纽约，1937年获杜克大学学士学位，1941年获哈佛大学心理学博士学位，后又获西北大学、谢菲尔德大学、坦普尔大学等九所高校的荣誉学位。二战期间，他曾转向社会心理学研究，战后返回哈佛大学执教，致力于人的认知发展的研究。1952年，布鲁纳升为教授，1962年起任认知研究中心主任，曾先后担任美国心理学会主席、美国社会问题心理研究会主席、美国艺术和科学院研究员、美国教育研究院研究员、美国科学促进会理事、国际社会心理学联合会理事等职，并且是美国总统科学顾问委员会以及白宫教育研究与发展专门小组、美国联邦咨询研究组成员。布鲁纳以其卓越的教育和心理实验研究成果及社会科研活动成绩，荣获美国优异科学奖（1962年）等。

布鲁纳的教育代表作《教育过程》（*The Process of Education*）只是一本小册子，但出版后曾引起极大反响，被誉为划时代的作品。全书包括“引论”“结构的重要性”“学习的准备”“直觉思维和分析思维”“学习的动机”“教学辅助工具”六个部分。

一、引　论

“我们将教什么？达到什么目的？”这种对教育质量和智育目标重新出现的关切所表现的一个地方，就是中小学的课程设计。许多大学的学者、科学家和在各自学科里做出卓越成绩的知名人士，空前规模地参加到课程的发展工作中来。他们为中小学准备的教程，不但反映了自然科学和艺术上的新成就，而且也体现了对教育工作性质的大胆设想。这种工作的主要目的在于编写出有效的教材，也就是既重视内容范围，又重视结构体系的教材。

何谓学科的结构？举数学中的一个例子来说明。代数学就是把已知数同未知数用方程式排列起来，使得未知数成为可知的一种方法。解决这些方程式所包含的三个基本法则，即交换律、分配律和结合律。学生一旦掌握了这三个基本法则所体现的思想，他就能认识到，要解的“新”方程式完全不是新的，它不过是一个熟悉的题目的变形罢了。

任何人只要一开始问到关于各专门课程的价值问题，他就是在问关于教育的目标问题。美国人是变动着的民族，他们在地理上的流动性，迫切需要在中小学里有一定程度的

---

* 本书中译本，邵瑞珍译，北京，文化教育出版社，1982。

一致性。可是，美国社会和美国生活的多样性又同样迫切需要课程具有一定程度的多样性。我们也许可以把追求优异成绩作为教育的一般目标，但是它在这里指的是，不仅要教育成绩优良的学生，而且也要帮助每个学生获得最好的智力发展。

二、结构的重要性

不论我们选教什么学科，务必使学生理解该学科的基本结构。学习为将来服务有两种方式：一种方式是通过它对某些工作具有特定适应性。心理学家把这种现象称为训练的特殊迁移；也许应该把这种现象称作习惯或联想的延伸。另一种方式是通过所谓非特殊迁移，或者，说得更确切些，原理和态度的迁移。这种迁移，从本质上说，一开始不是学习一种技能，而是学习一个一般概念，然后这个一般概念可以用作认识后继问题的基础，这些后继问题是开始所掌握的观念的特例。这种类型的迁移应该是教育过程的核心——用基本的和一般的观念来不断扩大和加深知识。

由第二种类型的迁移即原理的迁移所产生的学习连续性，有赖于掌握前一章所讲的教材的结构。他学到的观念越是基本，几乎归结为定义，则这些观念对新问题的适用性就越宽广。

首要的和最明显的问题是怎样编制课程。一方面，怎样改革基础课和修改基础课的教材，给予那些和基础课有关的普遍的和强有力的观念和态度以中心地位；另一方面，怎样把这些教材分成不同的水平，使之同学校里不同年级、不同水平的学生的接受能力配合起来。因此，必须使各学科的最优秀的人才参加到课程设计的工作中来。

掌握某一学术领域的基本观念，不但包括掌握一般原理，而且还包括培养对待学习和调查研究、对待推测和预感、对待独立解决难题的可能性的态度。要在教学中培养这些态度，就要求比单纯地提出基本概念有更多的东西。一个重要因素是对于发现的兴奋感，即由于发现观念内的以前未曾认识的关系和相似性的规律而产生的对本身能力的自信感。曾经从事于自然科学和数学课程设计工作的各方面人士，都极力主张在提出一个学科的基本结构时，可以保留一些令人兴奋的部分，引导学生自己去发现它。

伊利诺伊大学的中小学数学委员会和算术设计中心强调发现的重要性，把它作为教学的一种辅助手段。他们设计方法，让学生自己发现蕴藏在某种特殊的数学运算中的通则。哈佛认知研究中心就社会学科所进行的一些实验，说明发现法不必只限于数学和物理学这样的高度形式化的学科中使用。

至少有四个有助于教授学科基本结构的一般论点：(1) 懂得基本原理可以使得学科更容易理解。(2) 要涉及人类的记忆。详细的资料是靠简化的表达方式保存在记忆里的。这种简化的表达方式，具有“再生的”特性。学习普遍的或基本的原理的目的，就在于保证记忆的丧失不是全部丧失，而留下来的东西将使我们在需要的时候得以把一件件事情重新构思起来。(3) 领会基本的原理和观念。把事物作为更普遍的事情的特例去理解——理解更基本的原理或结构的意义就在于此——就是不但必须学习特定的事物，还必须学习一个模式，这个模式有助于理解可能遇见的其他类似的事物。(4) 经常反复检查中小学教材的基本特性，能够缩小“高级”知识和“初级”知识之间的差距。

三、学习的准备

任何学科都能够运用在智育上是正确的方式，有效地教给任何发展阶段的任何儿童。

1. 儿童智力的发展

给任何特定年龄的儿童教某门学科，其任务就是按照这个年龄的儿童观察事物的方式去阐述那门学科的结构。任何观念都能够用学龄儿童的思想方式正确地和有效地阐述出来；而且，这些初次阐述过的观念，由于早期学习，在日后学起来会比较容易，也比较有效和精确。

皮亚杰和其他一些人的著作中提出，儿童智力发展可以划分为三个阶段：

（1）第一个阶段，到五六岁为止，儿童的脑力劳动主要是建立经验和动作之间的联系，他关心的是依靠动作去对付世界。

（2）第二个阶段——此时儿童已经入学——称为具体运算阶段。运算是动作的一种形式，它之得以实现，是直接依靠用手操作物体，或是在头脑内部操作代表事物或关系的那些符号。由于到了具体运算阶段，儿童据以进行运算的内化结构就发展了。这种内部结构是关于本质的，是内化的符号系统，儿童据以重现这个世界。如果儿童需要掌握某些观念，一定要把这些观念转译成为内部结构的语言。

（3）10～14 岁，儿童进入第三个阶段，这便是日内瓦学派所谓的“形式运算”阶段。此时，儿童的智力活动好像是以一种根据假设性命题去运算的能力为基础，而不再局限于他经验过的或在他面前的事物。教授基本概念最重要的一点，是要帮助儿童不断地由具体思维向在概念上更恰当的思维方式的利用前进。教授科学概念，即使在小学水平，也不必奴性地跟随儿童认知发展的自然过程。向儿童提供挑战性的但是合适的机会使发展步步向前，也可以引导智力发展。英海尔德教授的备忘录中曾提出建议：可以对一、二年级儿童进行作为数学和自然科学教学基础的基本逻辑运算训练。实验证据表明，如此严格的和相互关联的早期训练，有使往后学习更容易的效果。

2. 学习行为

学习一门学科看来包含三个差不多同时发生的过程。第一是新知识的获得。新知识往往同一个人以前模模糊糊地或清清楚楚地知道的知识相违背，或者是它的一种替代。学习的第二个方面，可以叫作转换，这是处理知识使之适合新任务的过程。学习的第三个方面是评价，即核对我们处理知识的方法是否适合于这个任务。

在学习任何一门学科时，常常有一连串的情节，每个情节涉及获得、转换和评价三个过程。一个学习情节，时间可长可短，包含的观念可多可少。如果我们希望教师能使儿童习惯于愈来愈长的学习情节，那么在详尽的课程计划中势必更加注意把加速认识和领会作为一种内在奖励的形式。一个人越是具有学科结构的观念，也就越能毫不疲乏地完成内容充实和时间较长的学习情节。

3. “螺旋式课程”

如果尊重成长中儿童的思想方式，如果想方设法把材料转译成儿童的逻辑形式，并极力鞭策诱使他前进，那么就很可能在他的早年介绍这样的观念和作风，以使他在日后的生活中成为有教养的人。

课程建设应当围绕着社会公认值得它的成员不断关心的那些重大问题、原理和价值。

四、直觉思维和分析思维

分析思维是以一次前进一步为其特征的，步骤是明显的，而且常常由思维者向别人做适当报道。在这类思维进行的过程中，人们能比较充分地意识到所包含的知识和运算。

直觉思维与分析思维迥然不同。它倾向于从事看来是以对整个问题的内隐的感知为基础的那些活动。思维者虽然得到答案，但他对其间的过程究竟如何，却很少知道。应该承认直觉思维与分析思维的相互补充的性质。一个人往往通过直觉思维解决一些问题，而这些问题如果借助分析思维将无法解决，或者充其量也只能慢慢解决。

关于直觉的暂定界说，可以先用韦伯斯特的解释：（直觉就是）“直接了解或认识”。“直觉”这个词是同“间接”——靠正式的分析法和证明法为中介所获得的了解或认知——相对而言的。直觉是一种行为，通过这种行为，人们可以不必明显地依靠其分析技巧而掌握问题或情境的意义、重要性和结构。直觉的正确性或错误最后取决于通常的证明法而不是取决于直觉本身。最后，直觉本身可以产生一类知识的一个试验性的组织，同时可以造成一种感觉，使我们觉得那些事实如此组织起来是不言而喻的；它对我们的帮助主要在于给我们提供一种根据，使我们得以在检验现实的过程中前进。

把外现的技术转换成几乎能够自动地运用的内隐的技术，到底包含些什么？毫无疑问，经验和熟悉该学科是有些帮助的，但是它只对有些人有帮助。

影响直觉思维的可变因素究竟有哪些？肯定会有带倾向性的因素，这些因素和直觉运用中的个别差异有关。这种倾向性因素甚至使人倾向于对某个领域而不对别的领域进行直觉思维。

那些从事改进数学教学的人，经常强调发展学生对数学的结构或顺序的理解的重要性。这种强调包含这样的信念：结构的理解能使学生从中提高他直觉地处理问题的效果。启发式程序实质上是达到解决难题的一种不严密的方法。启发式程序常常使难题解决，但它提不出解决难题的保证。

是否应该鼓励学生猜想呢？也许有某种情境，其间猜想是相宜的，并且可以促使直觉思维向合理程度发展。借助于发展学生的自信和勇气去培养有效的直觉思维，似乎还是可能的。解决各种各样的问题的途径，最好借助直觉程序和别的程序的结合来进行。

五、学习的动机

在设计课程时，人们正确地区别所希望达到的长期目标和用以达到长期目标的某些短期步骤。

追求优异成绩看来包含着几件事情，这些事情不但同我们教什么有关系，而且同我们怎样教和怎样引起我们学生的兴趣也有关系。我们之中许多人所探求的是设计出一套使优秀学生感到有一定难度而又不破坏那些不很幸运的学生的信心和学习意志的教材。关于准备适合这个目的的课程，关于培训教师，关于采用所有可以利用的教学辅助工具的重要性，就是获得优异成绩的步骤。另一主要步骤，就是必须处理动机问题。首先要采取步骤，建立与旁观者的被动性恰好相反的那种注意的自动自主，也许这就是在学校中唤起注意的技术的一部分。

学龄儿童中，多半常有混杂的学习动机。在这样一个复杂的情境中，还有儿童感兴趣的那些学科的微妙的吸引力。几个试验性的建议已经提出来了，其中主要的是增加教材本身的趣味，使学生有新发现的感觉，把我们必须要说的东西转化成为儿童思想的形式，等等。这等于启发儿童对正在学习的东西的兴趣，并随之而一般地发展他对智育活动有适当的态度和评价。

在考试的安排上运用丰富的想象力和灵活性，当然可以把在自然科学学科中强调竞争的行动转化到有用的目的上去。考试也能够培养周全的思考。不但迅速走到前面的学生需要它，而且领会得不快、不早、不牢靠的学生（他们代表我们较年轻的人口的重要部分）更特别需要它。

但是，像较好的考试和指导这样的补救办法，并不提供主要的答案。如果我们要应付奖优制度和竞争的危害，要应付过分强调自然科学和技术招来的风险，要应付人文学科学习的贬值，就必须在美国保持和抚育有活力的多元主义。

归纳起来，学习动机必须防止旁观者的被动状态，必须尽可能建立在唤起对所要学习的东西的兴趣的基础上，它的表现必须保持广泛性和多样性。

六、教学辅助工具

这些教学辅助工具属于多种类型。一类可以叫作替代经验的装置，如影片、电视、显微影片、幻灯片、录音带等，书也起这样的作用。另一类的功能是帮助学生掌握现象的根本结构，用遗传学里的术语来说，就是去发觉表现型里面的遗传性。设计得很好的实验室实验或实物演示是这种活动中第一流的教学辅助工具。

但是，还有其他微妙的装置，可以而且正在用来引导学生去理解他所看到的事物的概念化的结构。把它们叫作“程序设计”也许是描述它们的最好方式。

从实验室实习到数学积木以至程序设计这整个范围的辅助装置，可以叫作“模型装置”。

与此有密切关联的，有一种装置可称为“戏剧式装置”。诸如精神上忠实于主题的历史小说，戏剧式地表现物种在它的栖息地的斗争的科教影片，对于引导学生更密切地辨认现象或观念，都有戏剧般的效果。

过去10年中，终于出现了各种自动化装置，如用教学机器来帮助教学，这是有目共睹的。利用这种装置的辅助来教什么、怎样教，就要看题目程序的设计技巧和智慧了。从技巧来说，这种自动装置最有意义的特征也许是，它们能减轻教师的一些教学负担；此外，也许是更重要的，当学生进行学习活动时，机器能给学生提供即时的校正反馈。

因此，总的来说，现有各种装置帮助教师去扩大学生的经验范围，促使学生理解所学材料的根本结构，并主动地理解他所学的东西的意义。

总之，教师应成为知识的传播者、榜样和典型人物。为了做到这点，可以灵活地应用种种装置来支持；这些装置可以扩大经验，阐明经验，并使经验含有个人意义。教师和教学辅助工具不需要发生冲突。如果在发展辅助工具时考虑到教学的目的和要求，便不会有冲突。

（郭志明）

69. 克拉夫基

教育理论与教学论研究 1963年*

克拉夫基（Wolfgang Klafki，1927—　）是当代德国教育学家。克拉夫基出生于德国安格堡，早年从事教师工作，20世纪50年代初在格丁根大学和波恩大学攻读教育学、哲学和日耳曼学，是德国精神科学教育学家韦尼格和李特的学生，1957年获博士学位。此后，克拉夫基先后在汉诺威师范学院、明斯克大学任教。1963年，克拉夫基获得马堡大学教授教席，直至1992年退休。

在40多年的学术生涯中，克拉夫基著作等身，共发表了近300篇论文和专著。他的学术思想在德国现代教育学中影响比较大。他的主要教育著作有《教育的基本问题与范畴教育理论》（1959年）、《教育理论与教学论研究》、《教育科学的批判——重建观》（1976年）、《新教育理论与教学论研究》（1985年）等。

《教育理论与教学论研究》由克拉夫基1958—1962年间在德国各大学做的专题报告和学术论文组成，是对精神科学教育学思想的总结，提出教育学理论和教学论必须纳入教育哲学的思考范畴、必须与教育实践相接轨的思路。该书出版后，仅三年内就出到了第九版。1985年，克拉夫基又撰写了《新教育理论与教学论研究》，对该书中提出的批判建构理论端倪进行具体阐述。

一、时间三位体中的教养和教育

此部分是克拉夫基1958年在汉诺威师范学院做的专题报告，在报告中，作者首次将教养和教育放在哲学层面上的时间三位体中来讨论。人与动物的区别在于人有过去、现在、将来三位体的时间概念。但对时间三位体的认识是受人的视角限制的，从宗教、政治、文化等不同的视角出发，可以对过去、现在和将来做出不同的阐释。教育工作者同样也有视角问题，因为教育无论从动机还是从任务上看都是个时间三位体的问题。教养教育理论的着眼点往往是不同的，可以着眼于历史，可以着眼于现时，同样也可以着眼于将来。因此，克拉夫基指出，教养教育理论存在三种类型：传统型教育学理论、现实型教育学理论以及乌托邦型教育学理论。

1. 传统型教育学理论

传统型教育学理论指欧洲自中世纪以来的教养与教育思维，即把固定的文化和价值以

---

* Wolfgang Klafki，*Studien zur Bildungstheorie und Didaktik*，Weinheim：Beltz Verlag，1963.

遗产的形式向下一代传授。这种教育思维与实践并没有因为启蒙运动而结束，而仍然在现代教育中起一定的作用。洪堡、黑格尔的新人文主义思想就是典型。20 世纪 20 年代，这种历史主义的教育观又在耶格、斯普朗格、李特等人那里得到进一步扬弃与发展。其特征是对前工业化价值观的绝对理想化，鄙视工业文明和技术思维。民间艺术和传统文化习俗等都在传统型教育理论中具有很高的地位。这一类型教育学理论的缺点是绝对追求理想的教养目标，因而容易忽略对年轻一代在现实生活中问题的关心。

2. 现实型教育学理论

现实型教育学理论把受教育者的此身、此刻、此景作为教育学和教育行为的出发点。这种思维是从卢梭开始的。克拉夫基指出，20 世纪的“自然教育”“从儿童出发教育”等都属于这个思路。德国现代教育中的实验派也应归属于现实型教育观，实验教育学把研究重点仅放在现实生活的具体事件实验分析上，而往往忽略具体现象的历史原因和现实结果以及将来发展趋势之间的关系。

3. 乌托邦型教育学理论

乌托邦型教育学理论的代表人物如费希特主张的国民教育就把教育理想放在将来，把否定丑恶的现实、改变人的恶劣本性、拯救伦理和理性于未来之中视为教育的最终目的，教育是达到救国救民的手段。这一类型教育学理论的本质是宗教理念，即把未来视为固定的、已在的理想王国，教育成了说教式的行为。

克拉夫基试图寻求一种辩证的时间三位体教育学理论。他认为，要建立这样的教育学理论首先必须从受教育对象的现时开始，而这种现时性是动态的，也就是裴斯泰洛齐所说的从儿童的个体状况出发进行教育，即把家庭背景、周围环境、工业社会、儿童的愿望、兴趣等因素综合起来考虑教育问题，从日常生活出发，对教育内核进行精神升华。教育工作者应当把合理的未来价值通过实践让学生在现时就得到体会。在面向未来的现时性基础上才能判断过去，也就是说，只有从受教育者的现实和未来的伦理意义上才能确定接受何种精神传统。

二、范畴教养

此部分是克拉夫基 1959 年在比勒菲德-波恩师范学院做的题为《有关现代教学论的教养理论意义》的学术报告。在报告中，作者在回顾已往教育发展的基础上，提出教学论在教育学中的中心位置，教学论需要对教养和教育的本质做出新的诠释。

传统教养理论中可以区分为唯物主义教养理论和形式主义教养理论。

1. 唯物主义教养理论

唯物主义教养理论又可分为客观主义教养理论和古典主义教养理论两种。在客观主义的教养理论中，教养或教育是把客观存在的伦理和美学价值、科学知识注入受教育者心灵的过程。教养内容在这里是不需要考虑的问题，因为它们与教养目的本身是一致的，由于科学在教育学中的地位已经确定，所以客观主义教养理论也可以称为“科学主义”教养理论。这一理论倾向的缺点在于把文化的内容绝对化，而缺乏历史的观点，同时，科学客观主义忽视科学内容和科学动机之间的密切关系。古典主义教养理论把教养内容的侧重点放在某些本民族理想化了的文化经典之上，确切地说，放在古希腊时期的文化之上，让学生在高雅精神中获得认同。这一理论倾向的缺点是在确定内容价值时不可避免地出现脱离生活现实的问题，同时它排斥外来文化的文化价值。

2. 形式主义教养理论

形式主义教养理论分为功能教养理论和方法教养理论两种。功能教养理论认为，教养的本质不是学习和掌握某些学习内容，而是塑造、发展、完善学生的德、智、体三方面的能力；教养的目的是人的自我完善和获得各种理性功能，例如，思维、判断、美感、伦理等，功能教养是指如何让学生获得理性能力，并运用于各个不同的生活领域。这一理论倾向的缺点是上述的各种功能有明显的孤立倾向；为达到培养这些孤立的功能而设置的课程势必忽视各种功能培养之间的联系。方法教养理论认为，教养的目的是达到人的自我完善；教养不应是让学生获得浩瀚的知识，而是让其学会获得知识的过程，掌握获得知识的方法。这一理论倾向的缺点也是相对不重视教学内容。

范畴教养理论是克拉夫基在对上述教养理论的总结和反思基础上，通过辩证结合而提出的。他指出，教养必须是整体性的，整体性不意味着具体教养因素的拼凑，而是内容和形式、功能和方法的辩证融合。他还对“范畴教养”做出定义：教养既是人的感受和理解现象，也是人对客观世界和精神世界的把握，因此是主客观的统一。同时，也注重教育过程，认为教育是物质和精神现实的开发过程，在学生开发物质和精神现象的同时也开发了自我。这种双层开发是通过教学内容的范例化来实现的，知识在主观上是一种范畴归类行为，即把具体感受的范畴性基础知识主观范畴化。这一双重性的范畴教养概念，也就是认知形式和认知对象的统一，克服了已往教养理论的形式和内容的分离。

三、教育过程中的参与和反思

此部分是克拉夫基 1962 年在格丁根大学和法兰克福大学做的学术报告，经修改补充后在德国《教育》杂志上发表。作者提出“责任”和“行为”这一对概念在教育实践中的意义，阐述了社会责任和个人行为之间的关系。在教育学意义上的“责任”不完全是法律意义上的，而是在这个基础上的延伸，教育学应当着眼于让受教育者在法律要求之外具有社会责任感。社会责任感就是对自己的行为负责，对自己的行为负责就是自我的投入，将自我置入行为范畴。

要对自己的行为负责，也就首先要对自我有反思的能力。这是现代教育的一项重要任务。克拉夫基指出，在德意志精神史上，虽然有很多人重视知与行的关系，例如，费希特就强调行为和反思之间的关系，歌德在其教育小说《威廉·迈斯特》中体现出参与和反思意识，但是他们最后都没有直接在社会实践中兑现，都只是停留在艺术和哲学上。赫尔巴特把人的行为看成教育的中心任务，然而他的观点仍然带有强烈的双重性。一方面，他仍然把“表现世界之美”放在课堂教育之首；另一方面，他把人的行为看成是内心世界的镜子，主张行为教育。洪堡也主张行为教育，然而他的行为伦理教育是与社会实践相脱节的。克拉夫基还指出，近现代很多教育学流派把行为教育放在重要的地位，但他们都没有真正解决知与行的问题。

当时的教育教养理论都把行为和责任教育看成是教育学内部的问题，把它禁锢在校园和理论中间。但克拉夫基认为，假如行为和责任是教育学的首要任务，那么，就必须把走出理论和走出课堂、积极参与社会政治作为新的起点。在回顾德国参与性教育的历史和经验之后，他提出社会参与和自我反思教育理论的要点。第一，社会责任必须作为教育教养的重要内容。第二，社会责任教育只有在每个受教育者的经验和保证其各种具体责任的过程中才能实现。第三，社会责任教育不再是仅仅通过家长及其他校外机构协助可以实现的，而是整个教育过程中的中心内容，必须通过切实的社会参与和自我反思来达到。这一点必须成为教育学的辩证精神。第四，假如学校要培养具有社会责任感的学生，那么，学校就必须改变其有史以来的温室作用，不再培养温室里的花朵。个人行为的范围应该扩展到与行为密切相关的社会活动中去进行反思，并投入社会活动，对在社会活动中获得的经验进行辩证的思考和举一反三。

四、教学论问题

这一专题由两个部分组成：第一部分是克拉夫基于 1961 年在格罗特赫夫和施塔尔曼主编的《教育学大辞典》上发表的《教学论》一文基础上做了补充形成的；第二部分是克拉夫基 1962 年在特利尔师范学院做的报告。

在第一部分中，克拉夫基对教学论问题做了历史总结，并对他要讨论的教学论概念进行了限定。他将教学论概念分为广义的和狭义的两种：广义的教学论指课堂教学的科学，包括所有涉及学校教育的教育教养因素；狭义的教学论指教养内容及其结构。克拉夫基在这里主要讨论了狭义的教学论，指出确定学校和课堂教学内容自古希腊和欧洲中世纪以来，一直是教养理论的中心问题。然而，由于当时教育学并不是独立的学科，所以更多只是一个理念和抽象精神问题；同时，儿童并没有被看成是教养的对象，教养对象是青年人。自从 1613 年第一次出现“教学论”（didactica）的概念以来，教学论的问题开始成为教养理论的核心。

第二部分主要涉及教学论的方法论以及教养理论的前提和教学论范畴的结构。首先是科学教学论和教学方法论之间的关系。克拉夫基提出的公式是：为了有目的地实施教学，方法论依赖于教学论，教学论需要有效的方法论支撑，以至理论认知能够在教养及教育过程中得到落实。其次是把教养内容置于教育工作的中心位置。最后是教养内容需要根据时代和社会发展的要求不断进行改革和调整。克拉夫基认为，教学论与教养理论的关系是相辅相成的，教养理论是制定教学论的前提，教育的任务、内容、意义等都是教学论的中心范畴。教养不能从主观个人角度来理解，而必须在社会责任、人际关系和政治的层面上来看待。现代社会的教养以职业和全民平等的社会生活为目的，不再追求表面和谐和完美，主张探索、批判和反思，教养的核心是人的世界观和可塑性；同时，教养的内容已经不再只限于本民族文化历史的资源，而应是一个完全开放的体系。在这个基础上建立的教学论应该有与之相适应的结构。对此，克拉夫基把教学论分成四个范畴：第一，确定教学论的历史性（历史、现时及将来）范畴。第二，动机、自我及世界多视角范畴。第三，学习科目和精神基础的一般意义范畴。第四，教养内容的内部结构和层次范畴。这四个范畴相互作用、相互渗透，然而贯穿四个范畴的关键是社会责任教育。在学校各个科目的教学论上，必须强调学科的现实意义和教养意义。

五、作为备课核心的教学论分析

此部分源于克拉夫基1958年在《德国学校》杂志上发表的一篇论文。他指出，备课是学校课堂教育的关键，是理论和实践的结合部。一般来说，教师备课会碰到以下几个方面的问题：首先，教师在确定选材上会受到教学计划和大纲的限制，也就是说，因为受到教学计划以及教养目的制定者的限定，教养内容已经对教师的备课做了先决定。其次，备课的教师实际上是执行预定的教养内容，然而，教养内容是通过具体的专业内容来体现的。所以，教师实际上是面临两个层面的问题：一方面要将客观内容付诸实施，另一方面要通过主观可信的阐释来实现教养内容。

教养是一个人正确地处理对自我和对外部世界关系的能力；教养内容不是外在的某些教学材料，其蕴含的内在精神是一种无形的、需要阐释和加以理解的东西。因此，备课的目的在于，如何通过教学论分析，将教养内容、内涵以及教养价值在充分重视儿童的不同发展阶段和在具体社会精神历史环境下开发出来。

备课可以采取两个步骤：(1) 教学论分析；(2) 方法论计划。教学论分析应当解决以下问题：第一，教学题材的范例性和典型性。第二，根据范例题材所提供的知识、价值观、方法，判断其是否能在别的题材上起举一反三的作用。第三，在选用教学题材时，要注意到从中可以获取的经验、知识和技能对学生已有的精神生活具有什么意义，并在教育学上将会获得何种意义。第四，教学题材对学生的将来有何种意义。第五，对教学内容的内部结构的分析。第六，教学论分析时要重视教学内容对具体教学对象的特殊性，注意这些特殊性是否会对学生引起兴趣和产生问题，以及如何便于学习者掌握和理解。

在教学论分析的基础上，备课进入第二步，即方法论计划。在设计教学方法时应当注意以下几个问题：第一，将某一节课或某一学习单位分成若干单元和阶段。第二，选择和决定相适应的课堂形式，其中包括授课、练习和复习等形式。第三，设计各种辅助性方式，例如，使用多样化、适当的媒体等。第四，确定组织授课过程的各种前提。克拉夫基指出，教师在教学论分析阶段，往往就已经有了方法设计的初步想法，尽管如此，备课时仍然应将教学方法设计放在后面进行，因为教学论分析的步骤与教学方法设计的安排在时间上往往是不同步的。

（范捷平）

70. 布拉梅尔德

教育即力量 1965 年*

布拉梅尔德（Theodore Brameld，1904—1987）是当代美国教育家，改造主义教育思想的代表人物。布拉梅尔德出生于美国威斯康星州的尼尔斯维尔，曾在威斯康星州里彭学院学习英国语言文学，后对哲学产生兴趣。大学毕业后，布拉梅尔德曾留校任秘书两年，1928 年进入芝加哥大学攻读硕士学位后，既接受了实用主义哲学，又接触了马克思主义。1931 年毕业后，布拉梅尔德曾在纽约长岛大学和阿德尔菲大学任教；1939 年后，先后在明尼苏达大学（1939—1947 年）、纽约大学（1947—1959 年）任教育哲学教授。在纽约大学工作期间，他从事人类学和教育的关系研究，对教育人类学做出了贡献。从 1959 年起，布拉梅尔德在波士顿大学任教，直至 1969 年退休。布拉梅尔德担任过哥伦比亚大学、夏威夷大学等大学的客座教授，此外，还担任过美国教育哲学学会主席。他的主要教育著作有《从文化的观点看教育哲学》（1955 年）、《教育的文化基础——跨学科研究》（1957 年）、《新时代的教育》（1961 年）、《教育即力量》、《教育哲学模式》（1971 年）等。

《教育即力量》（*Education as Power*）一书出版于 1965 年。除“序言”和“附录”外，全书共 10 章。

一、危机时代的教育和哲学

布拉梅尔德指出，我们正处于一个危机的时代。危机意味着机构、习惯、实践、传统、技能、价值的一种混乱。在一个危机的时代，文化也必然处于一种严重的混乱状态，并带有随之而来的冲突、破坏和困惑。面对危机的时代，美国必然会卷入这种世界性的危机之中，而无法摆脱出来。但是，一种危机总是表现出危险和希望两个特征。因而，我们同时也生活在一个前所未有的希望的时代，健康的和更高标准的生活以及更多的教育机会超过人类社会的任何时代。我们在有力量消灭自己的同时，也同样有力量去重建文明并达到一个极高的水平。

在讨论教育问题时，我们必须要考虑我们正处于世界性危机时代这样一个背景。如果教育在这样一个背景下是富有意义的，那么，教育也肯定是有力量的。“教育即力量”并不是一种新的思想，实际上它与将近四个世纪以前英国哲学家培根提出的“知识就是力量”颇为相似。在如何使教育变成最有力量的问题上，不同的教育家在哲学上给予了不同

---

* Theodore Brameld, *Education as Power*, New York: Holt, Rinehart and Winston, Inc., 1965.

的回答。但是，“教育即力量”意味着教育是十分强有力的，以至于能使我们大多数人决定需要怎么样的世界和如何去实现这样的世界。

在危机的时代，人们试图重新审视教育的定义，其批判性和锐利性超过稳定的时代。所以，当我们谈到危机时，就可能会对教育提出一些不同的定义，并对每一个定义进行讨论。教育总是一种普遍的现象。在理解教育过程的普遍性时，我们可以求助于人类学家。人类学家告诉我们，每一种文化首先是学习的。我们从文化中学习，从文化的“教师”那里学习。教育既有传递的作用，也有改造的作用。因此，教育过程不是一个单边的过程，而是一个互补的过程。一方面，它是一个稳定的传递和保证文化连续性的过程；另一方面，它是一个纠正、改进和改变已获得的前辈人特性的过程。但是，当危机产生时，教育的第二个作用就变得更为突出了。

由于每一种文化都具有它自己的哲学，加上我们时代的哲学本身实际上也处于危机之中，因此，应该使危机、教育和哲学三者具有一种紧密的关系。面对危机的反应，人们在哲学上采取了六种不同的模式：（1）怀疑主义；（2）折中主义；（3）保守主义；（4）复古主义；（5）自由主义；（6）激进主义。实际上，没有一种模式是占统治地位的。

与上述的后四种模式相联系，在美国教育理论中有四种教育哲学模式：（1）要素主义，强调传统的课程，维护传统的学习方式，反对“活动计划”。（2）永恒主义，强调追求扎根于古希腊文化尤其是柏拉图和亚里士多德哲学的那些原理。（3）进步主义，强调尝试新的方法，使学生在学校里从最初起就学习如何科学地思维和行动。（4）改造主义，强调通过激进的教育政策和行动计划有效地解决当今的危机。以上四种教育哲学模式可以分成两对，即要素主义和永恒主义一对，以及进步主义和改造主义一对。但布拉梅尔德指出：在政治术语上，改造主义是最激进的，进步主义是最自由的，要素主义是最保守的，永恒主义是最倒退的。

二、趋于一种改造的教育哲学

布拉梅尔德指出，由于教育在危机的时代更突出它的改造作用，因此，我们需要一种改造的教育哲学。尽管改造主义也需要过去，但是，它使我们更趋向于未来。

一般来讲，改造主义具有三个特征：（1）改造主义是一种“危机哲学”。它不仅是关于教育的，而且是关于文化的。既然教育是文化的一个部分，同时它实际上是文化的一个产物，那么，一种危机的教育哲学必须被假定是一种危机的文化哲学。我们现在确实处于趋于破坏和趋于改造的十字路口，但是，改造主义使我们明智地选择趋于改造而不是趋于破坏。（2）改造主义是一种“价值哲学”。它重新强调价值取向在分析和阐述危机中所起的重要作用。人们面对许多相互冲突的选择，往往不知道选择什么，也不知道哪种选择是好的和满意的。但是，改造主义使我们倾向于更多人的意愿，并把寻找和描述这些价值作为教育的最高标准之一。（3）改造主义确实从其他教育哲学，特别是从进步主义那里借用了不少原理。在许多方面，它必须建立在丰富的思考以及其他生活和教育哲学的经验之上。

显然，改造主义者首先是一个危机的哲学家，更强调清晰而明确的目的和过程。对于教育来讲，其基本任务就是系统阐述、补充和证实这样的目的和过程。于是，与一些美国社会科学家一样，改造主义者寻找一种价值取向，但这种价值取向只有通过对我们时代的分析和理解才能被找到。应该说，世界文明就是当今教育所要实现的那个伟大而有魅力的目的。在实现世界文明的道路上存在很多困难，然而当这些困难得到分析时，世界文明本身的含义也就变得越来越清晰了。但是，教育应该仔细考虑各种人对世界文明的不同看法，并使他们同意世界文明是一种民主的世界文明。

改造主义者提倡的世界文明应该是由世界上大多数人决定的，但是，少数人也具有批判和不同意的权利。然而，改造主义者必须具有信念，不仅使你自己而且使你的同伴具有信念。为了实现自己的目的，改造主义者应该提出实现目的的有效方法。无疑地，目的和方法两者之间彼此是必需的。改造主义者希望把教育变成使社会趋于世界文明的一个有力的工具。

此外，布拉梅尔德指出，改造主义者和进步主义者是同路人，但改造主义者更坚持教育或多或少应该是重建文化的一种力量，更强调危机时代的教育应该突出改造的作用而不是传递的作用。

在阐述改造主义教育哲学的同时，布拉梅尔德也不得不指出，改造主义在美国是最不流行的，也许是最少为人们所知道的，所以，如果有人要与大多数美国教育哲学家在一起的话，就不要成为一个改造主义者。

三、美国教育的现状及问题

布拉梅尔德从三个方面阐述了美国教育的现状及所面临的问题：

1. 美国公共教育的目的是为了创造世界文明

人类正处于一个充满困惑与危机的时代，但这个时代同时也充满了机遇，促使人类大胆而勇敢地探索。因此，这个时代的教育应该承担起“为新时代创造新神话”的任务，即创造世界文明。世界文明既能阻止人类的自我毁灭，为人类带来和平与富裕，又能为地球上所有种族、阶级的人带来荣耀，并帮助他们实现自我价值。为达到这一目的，我们必须认清教育是实现社会变革和社会福利的基本工具。学校必须重新审视自己的教育目的，使学校成为创造世界文明的有力手段。然而，美国的公共教育正陷入困境：教学、课程开发以及教育的资助和领导权等理论和实践都很混乱，教育的根本目的更是无法一致。因此，美国公共教育急需改革，所有学校都应该利用一切资源为教育创造世界文明这一目的服务。

2. 美国教育极端忽视道德教育

尽管许多教育家已意识到道德教育对教育自身与社会文化发展都有重大的影响，但由于学校对自身承担道德教育的责任感不强，对教师的行为科学知识和伦理哲学不够重视，这就使得学校难以从文化的广度与个人的深度开展道德教育。因此，应该从两个方面解决道德教育问题：一是加强教师教育，要求教师学习以人类学为代表的行为科学和以伦理学为代表的道德哲学；二是进行课程改革，使学生通过课程获得实验科学的知识和加强文化素养。

3. 美国的师范教育正陷入困境

教师的职业意义和师范教育的任务还存在争论；师范教育也因无力为教育事业培养出高素质和具有专业技能的教师而被认为是失败的教育。对此，许多教育专家主张取消师范教育，但布拉梅尔德指出，教师职业的专业性使他们必须接受高质量的准备性培训，因此，师范教育有其必要性，但其革新也势在必行。对于师范教育可以采取以下革新措施：邀请文科以及行为科学领域的专家参与制订教师培养计划；教育学家与文科领域的专家应相互交流和合作，而不要彼此抱有成见；鼓励师范生为师范教育提出良好的建议，并呼吁一切关注教育的公民、社会团体为师范教育出谋划策等。

四、教育理论和实践的新领域

布拉梅尔德指出，处于危机时代的教育急需一种教育哲学对其发展加以指导，并从以下六个领域探讨了教育理论和实践的发展及相互关系：

1. 逻辑分析论

首先，这种理论提倡分析与澄清人类语言的意义，以帮助人们清楚地表达自我。因此，教育哲学的真正责任应在于帮助教师和教育行政人员关注自己的语言，避免师生因彼此误会而耽误宝贵的教学时间。其次，它认为所有语言都不应该脱离经验。因此，只有来自经验、事实以及学习者的真实环境的教师用语才能被学生理解。此外，它提出认识人类与自然的真理的最可靠途径是科学方法。因此，在课程改革中应该注重学生对科学方法的掌握及运用。

2. 社会实在主义

这种理论在建构教育哲学中起了两个重要作用：第一，弥补了逻辑分析论的缺陷，强调很多符号或象征的意义是受文化背景影响的，只通过逻辑分析论所主张的精确分析是无法使人理解其真正含义的。第二，有助于人类清楚意识到个人的信仰、价值观主要是由其所处的经济和阶级地位决定的。因此，它可以用来分析学校在美国阶级体制中所处的地位。

3. 存在主义

这种理论强调人的存在是一个原始的、非理性的自我。它试图使我们意识到自我存在的价值，以及人的存在与万物的存在是不可分的；它也尝试帮助我们面对现实中的一些可怕的事情尤其是死亡。因此，存在主义涉及宗教和教育的关系问题。

4. 创造论

这种理论认为，人类是有创造性的；这种创造性以真实的自我表达、创新的想象力以及非凡的洞察力为主要特点。然而，美国教育由于过于注重入学考试而缺乏创造性。因此，首先，教师应该鼓励学生大胆发表观点，否则学生就无法成为具有诚实品质的人。其次，学校应该为学生感受自由、表达自我并从事自己喜爱的专业创造自由的环境。最后，教师不要强迫学生接受规则、技能以及知识，给他们提供发展能力的空间，使他们培养洞察力。

5. 社会—自我—实现

这是至高无上的人生价值。为了实现这一价值，就必须要求个人在自我与社会中发挥最大的潜能。这种价值观可以成为判断一所学校质量高低的标准，即有助于学生形成并实现这种价值观的学校就是好学校。

6. 进化论

人类是地球上可以引导自身进化的动物，因而成为自己的主人。教育者应该认识到进化论对于教育理论和实践的意义。促进人类发展的教育实际上也可以成为促进人类实现自我并形成创造性及决定发展方向的力量，但这个发展方向必须是创造世界文明。此外，进化论还影响着人类的发展，这有助于教师与学生对自我发展树立信心。

五、对教育领导者的要求

布拉梅尔德指出，教育领导者作为国家教育发展的策划者必须具有以下八种素质：

1. 教育领导者应该具有创造的素质

教育领导者能提出具有新意的计划与观点，并乐于与同行和下属分享这些思想。具体来讲，鼓励教师背离约定俗成的框架而积极实行有挑战性的计划，鼓励在艺术、科学等领域有兴趣与有天赋的学生以独特的方式发展自己，并为他们提供最丰富的资源。

2. 教育领导者应该具有大胆革新的胆量

教育领导者能对教育作用形成独特的看法，即教育的作用在于塑造人类未来及描绘世界文明的前景。他们能不拘泥于现实而敢于设想学校的未来。

3. 教育领导者应该具有引导的能力

教育领导者将教育视为帮助人类推动世界变化的强有力手段，并根据进化论的要求引导学校设计出把自然学科以及人文学科和艺术加以融合的课程。

4. 教育领导者应该具有合作的素质

教育领导者能为教师、学生、家长以及教育行政人员提供更广阔的合作空间，并且善于运用教室、商店、运动场以及社区等所有资源鼓励公众形成更为合作的工作、娱乐、生活的方式。

5. 教育领导者应该具有开放的心态

教育领导者不仅愿意公开提出自己的价值观及道德判断，而且还敢于对教育中所包含的伦理和道德因素持批判性态度。

6. 教育领导者应该敢于面对困难

教育领导者不仅不回避教育所面临的种种困难，而且还鼓励教师勇敢面对并共同努力克服这些困难。

7. 教育领导者应该具有参与的精神

教育领导者支持具有一定决策能力的教师联合组织的成立，同时鼓励教师大胆实验有创意的计划，并积极参与其中以便使自己的想法付诸实践。

8. 教育领导者应该具有管理的能力

教育领导者迫切需要有能力的领导，但也要警惕不要使个人的决策过于神化，并要给教职人员充分的权力以促使学校决策更为科学。

（周　燕　单中惠）

71. 索尔蒂斯

教育概念分析导论 1968 年*

索尔蒂斯（Jonas F. Soltis，1931—　）是当代美国分析教育哲学家，后分析教育哲学的代表人物，出生于美国康涅狄格州诺沃克，1956 年，他毕业于康涅狄格大学。后在卫斯理大学学习，并于 1958 年获得硕士学位；在哈佛大学攻读博士学位期间，曾师从美国著名分析教育哲学家谢夫勒。1964 年获得教育学博士学位后，索尔蒂斯曾先后任教于康涅狄格大学（1958—1960 年）、卫斯理大学（1962—1964 年）和哥伦比亚大学师范学院；曾任美国教育哲学学会会长（1976 年）、全国教育学会第 80 本年鉴《哲学与教育》的主编（1981 年）。主要教育著作有《教育概念分析导论》、《道德教育》（1974 年）、《中世纪以来的教育哲学》（1979 年）、《教育哲学》（1981 年）、《师范教育改革》（1987 年）等。

《教育概念分析导论》一书是索尔蒂斯的教育代表作，旨在对分析教育哲学的立场和方法进行一次总结。全书共 7 章。

一、教育和分析

索尔蒂斯指出，"教育"一词在我们的生活中是如此通用，以至于很少有人对与它有关的一些概念进行深入思考和澄清。"教学""学习""学科内容"等一些概念对于任何对教育的理智思考和讨论来说，都是最基本的。对这些概念进行详细的分析，肯定会揭示一些意义上的细微差异。这些差异往往是教师或学生的谈话和行动中不自觉的假定。我们不仅会在它们的运用上更加精确和谨慎，而且也会对"教育"有一个更深刻的理解。这就是对教育概念进行哲学分析的目的所在。

在教育的问题上，我们实际上并不缺乏定义，问题恰恰在于当我们讨论和思考教育时面对着各种关于教育的定义和观点。在各种教育定义的背后有这样一种假设，即认为只有一种或只有特定的一种教育定义。但是，这样一种教育的定义确实存在吗?

谢夫勒在他的著作《教育语言》中讨论了三种定义的理论，即规定性定义、描述性定义和方案性定义，并且描述了它们的特征。所谓规定性定义，就是由作者提出的定义，并且要求在以后的讨论中一致运用这个规定的定义。所谓描述性定义的实质是对被界定的概

---

* Jonas F. Soltis, *An Introduction to the Analysis of Educational Concepts*, Reading, Massachusetts: Addison-Wesley Publishing Company, 1986.

念及其运用方式进行充分描述。一个概念往往有多种描述性定义，这取决于它运用的背景和目的。所谓方案性定义，就是明确或隐含地告诉我们应该如何。面对这三种定义，索尔蒂斯指出，寻找教育定义的最大可能是寻找一种关于什么是正确的或最好的教育的陈述，也就是说对在教育中将被探求的有价值的目的和手段进行预先设定。

与早期的分析教育哲学家不同，索尔蒂斯指出，在教育中必须进行价值的判定。人们支持某种教育，也就意味着他们认为那种教育是理想的和有价值的。但是，在某些情况下，我们运用“教育”一词并不带有任何价值负载。例如，讨论希特勒统治下的德国教育，就不必假定它有一些有价值的东西。因此，可以说“教育”一词在主观背景下运用，假定有积极的价值存在；同时，也可以在这样一种客观背景下运用，从而在教育价值问题上保持中立。

因此，索尔蒂斯提出了一种重要的分析技术，即提出优先考虑的问题。在考察教育的定义时，优先考虑的问题不是“教育的定义是什么”，而应该是“寻找教育的定义有何意义”。同样，在讨论“教育中什么是有价值的”问题时，应该优先考虑的问题是：“假定我们关于教育的一般思想都带有某种价值负载是否有意义？”这些问题一般不讨论课题的事实或价值方面，而旨在探讨实质问题之前寻求概念的明确。

二、分析策略理论

1. 学科与一般型分析

教育是不是一门学科？这是多年来一直困扰着教育家的一个问题。索尔蒂斯指出，前人对这个问题有三种回答：其一，绝对肯定地宣称教育是一门学科，并且提出证据显示教育的学科内容和研究与那些被广泛认定为学科的科目是相似的。其二，比较谨慎地和有限度地肯定教育是一门学科，并认为如果教育学者能充实他们的学术标准、收集和组织更多的证据、提出更好的理论，教育就有可能成为一门学科。其三，认为教育现在不是并且永远不会是一门学科，把教育看成是像医学或工程学一样的职业科目。

针对以上三种不同的观点，索尔蒂斯提出了一个必须优先考虑的问题，即“什么是学科”的问题。有人认为，学科是由可教的学科内容组成的有机体。索尔蒂斯运用反事例证明这个定义缺乏鉴别力，并转换视角把优先考虑的问题转为：“在通常的运用中我们运用了什么标准来区分学科和非学科？”鉴于已有一些学科地位得以承认的科目，例如，历史、数学和物理等；还有一些公认为不能成为学科的科目，例如，家庭经济学、滑水等，索尔蒂斯逐步从学科中归纳出一些特征并用非学科作为反事例推翻了这些假定。在这个过程中，索尔蒂斯总结出了一种重要的分析策略：“一般型分析”。

“一般型分析”的含义是通过辨别一个概念的一般的或总的特征来澄清概念。这种分析策略优先考虑的问题为：“概念 X 必须具备什么特征才能被称为 X?”其基本步骤为：（1）挑选 X 的标准事例以及清楚的反事例。（2）从清楚的标准事例中抽出潜在的必要特征。（3）利用事例和反事例来检验这些必要特征的充分性和必要性。（4）在检验的基础上保留、修改和抛弃这些特征，从而最后得出某一概念的一般特征。

2. 学科内容与差异型分析

在学科内容问题上，索尔蒂斯陈述了亨德森在《“学科内容”的运用》一文中关于这一问题的讨论。亨德森认为，教学内容的概念要具有成效，必须在与教学内容有关的三项任务上对教师有所帮助：(1) 选择供课堂思考的学科内容。(2) 对教学内容进行组织，使其组成要素之间有一定的关系。(3) 评价学生对学科内容的获得情况。同时，还认为学科内容就是知识，并且是陈述性知识。但索尔蒂斯指出，把事实和技术都看作学科内容是更有成效的，就像既分析实例又陈述分析的技术和策略一样。

在分析的基础上，索尔蒂斯总结出了另一种分析策略："差异型分析"。"差异型分析"的目的在于找出一个概念的不同类型，并区分其意义。其优先考虑的问题是："概念X的不同的基本意义是什么？"其基本步骤为：(1) 通过具体事例找出X的主要标准用法。(2) 把各种各样的用法划分或归纳为几种类型。(3) 寻找区分种种类型的标志。(4) 检验由事例和反事例展示出的概念的结构，并用一定的公式表达各种类型之间的关系。

3. 知识和教学的类型与条件型分析

在知识类型的问题上，存在不同的观点。有人把知识分为陈述性知识和操作性知识。也有人认为陈述性知识在实质上与操作性知识无甚区别，因而提出所有的知识都是操作性的。还有人认为把所有的知识都看成是操作性的必然会使知识间的区别趋于模糊。同时，也有人把知识划分为三种类型："知道是什么""知道为什么""概念知识"。

索尔蒂斯指出，尽管他们都在对知识做出哲学思考，但他们在区分知识类型的时候，既受到逻辑思考的引导又受到教育学思考的引导。面对着知识类型的激增，对逻辑上基本类型的知识和教育学上有用的知识分类加以区分是有益的。同时，应该记住当逻辑思考能使我们加深对所处理的知识的理解时，教育工作也需要讲求实际的教育学思考。

"教学"一词有两种不同的意义，即有意图的和成功的。例如，在分析教学过程中，可以用S表示教师、用P表示学生、用X表示教学内容，那么教学过程可以简化为S教PX。在有意图的意义上，我们并未表明P已经学会X。但是在成功的意义上，我们则隐含着P已经学会了X。"教学"是一个有着复杂逻辑结构的丰富概念。尽管教学的特征在于使学习发生，但我们必须考虑到成功和失败这两种逻辑上的可能性。

作为教学内容的知识之所以能称为"知识"，必须满足三个条件：一是这个命题必须是真实的；二是人们必须相信这个命题是真实的；三是必须提供理由或证据证明这个命题是真实的知识。在这一分析的基础上，索尔蒂斯又总结出了一种分析策略："条件型分析"。"条件型分析"的目的在于找出运用一个概念的条件。其优先考虑的问题是："控制运用概念X的情境条件是什么？"其基本步骤为：(1) 确定出在一种情境中X发生或存在的必要条件。(2) 改变情境，找出虽然具备那种条件然而不存在X的一个事例。(3) 修改这种条件来符合这个情境，或者再挑选一种条件并用第二个步骤加以检验。(4) 对找出的条件的必要性和充分性加以检验。

三、对概念的解释和理解

索尔蒂斯指出，公认的教育的理想结果就是理解的获得。理解不仅是指理解词语或符号的意义，而且更主要指理解所表达内容的意义。当对某些事情迷惑不解时，人们会通过寻求解释来获得理解，但有时解释并不能使我们理解。这就是为什么理解和解释具有两个方面的原因：在客观方面，可根据是否符合客观标准而分为好的解释和差的解释；同样，在主观方面也有好坏之分。这取决于解释能否提供使个体达到理解状态所必需的东西，而这就需要考虑个体的心理力量。因此，我们要研究能够满足个体理解愿望的解释必须具备的主观条件。他认为，令人满意的解释在主观方面必须具备三个条件，那就是相关性、充分性和准确性。

（1）相关性是指解释的问题必须是要求回答的问题，不能答非所问。但是，相关性条件不是满意解释的充分条件。一个人即使得到了一种与问题有关的解释，仍会因这种解释不准确或其他原因而感到不满意。因此，相关性条件不能独立存在，但它是描述令人满意的解释本质的一个重要因素。

（2）充分性是指一种令人满意的解释必须在心理上是完满的。这并非是指逻辑上的完整。因为在许多情况下，当我们接受一种解释甚至是符合逻辑的解释时，即使它不那么完整，我们自己也会运用逻辑联系使它成为心理上完满、逻辑上完整的解释。在谈论一种解释的心理充分性或完满性时，必须注意两个方面的问题：一是解释中必须没有接受者所不能填补或没有填补的逻辑上的鸿沟；二是解释必须考虑个体关于询问的问题已经知道或理解了什么，以及仍然不知道或不理解哪些问题。

（3）准确性是指在主观上是准确的，也就是说，与接受者原有的信念相一致或相容，或者符合这些信念加给它的条件。但这并不是说人的信念是不可改变的，经常发生的情况是，人们会放弃原有的信念而接受一种全新的解释。然而，有时即使满足了以上三个条件，仍然不能保证理解的产生，因为它有可能产生误解。因此，理解的概念还必须要求在个体认为的理解和实际情况之间有着合理的和恰当的关系。

四、分析教育哲学与传统教育哲学

索尔蒂斯在对分析教育哲学及其分析方法进行深刻反思的基础上指出，分析并不是万能的——它既不能提供一种关于现实的、综合的、系统的观点，也无法提供人在宇宙中的位置和生活的意义等问题的答案——因而公开承认传统的教育哲学和分析教育哲学各有长处而不能相互替代。教育哲学应当被看作一种反思的、理性的、批判的活动，把价值、伦理等问题重新列入教育哲学的研究领域。当然，说明传统教育哲学和分析教育哲学在研究任务上的不同，并不是为了说明一个是正确的、一个是错误的。实际上，分析和世界观的构建可以是同步进行的。分析的技术可以用来使纲领性哲学系统的概括和综合的概念变得清晰，使之更精确易懂。分析的技术可以在传统教育哲学的领域中有效运用，而不必作为消极的、破坏性的因素。

关于传统的综合研究与分析—解释研究的关系，索尔蒂斯认为，这两种研究各有自己擅长的领域，而不能相互取代。如果能够把分析的运用比作显微镜的运用，那么，我们也可以把传统的哲学世界观的构建比作天文学家在绘制宇宙图时使用望远镜。在从每一个进步的观点来谋求对复杂的教育过程更好的思考和理解时，这两种方法不是互相对立的，而是能够互相补充的。

旧的分析教育哲学家静态地对所分析的教育概念的意义加以归类，致使对澄清概念和对教育实践的意义都不大。因此，索尔蒂斯指出，必须认识到我们介绍分析的方法是为在教育实践中运用分析理论提供一种非常便捷的道路；我们考虑的问题并不是遥不可及的，而是那些直接用来指导实践的思想。在教育中运用分析方法的一个最大的好处，就是可以使分析的这些思想和问题更接近日常的教育工作。

（许建美）

72. 皮亚杰

教育科学与儿童心理学 1969年*

皮亚杰（Jean Paul Piaget，1896—1980）是现代瑞士儿童心理学家、教育家、发生认识论的创始人。皮亚杰少时对生物学有浓厚兴趣，大学也主修生物学，1918年获得生物学博士学位，后来又开始学习实验心理学，热衷于实验心理学的理论与实验研究。1919年，皮亚杰来到法国，在著名的比奈实验室工作，从此转向儿童心理的研究。他认为，儿童认知的发生发展是一种个体发生，而人类群体的认识发生发展与个体认知发生发展之间存在着联系，因此研究儿童的认知发展过程是了解人类心智发展的基础。经过不断努力，皮亚杰创立了一门新的学科——发生认识论。从1925年到1931年，他还以自己的三个孩子为研究对象，仔细研究了婴幼儿心理的发展。1941年，皮亚杰出任日内瓦大学教育学院院长；还曾任瑞士心理学会主席、第14届国际心理学会主席、联合国教科文组织国际教育局局长等职。他一生以1 500多个题目发表过自己的研究成果，著作达70多部。除本书外，皮亚杰的主要著作有《儿童心理学》《儿童的语言与思维》《发生认识论》《儿童智慧的起源》《结构主义》等。皮亚杰以其非凡才智、渊博学识和创造性工作为儿童教育与心理学做出了巨大的贡献，他的理论对于现今的哲学、教育学、心理学以及婴幼儿教育和中小学教育均有着广泛的影响。

《教育科学与儿童心理学》（*Science of Education and the Psychology of the Child*）的法文版、英文版分别于1969年、1970年出版。该书由两部分内容构成。第一部分（约占全书3/4）是作者写于1965年的《1935年以来的教育与教学》；第二部分是写于1935年的《新方法：新方法的心理学基础》。第一部分的内容是基于教学方法和教学大纲，对当前的教育学进行讨论和重新评价。在这一部分中，作者追溯了从1935年到1965年30年以来教育与教学的发展情况以及儿童心理学的研究进展，指出教育科学作为一门科学，相对于儿童心理学和社会学本身的深刻发展而言，进步异常缓慢，大大落后于社会政治经济的发展。皮亚杰强调应充分应用心理学的研究方法和理论成果，进一步加强教育科学的研究与发展。在第二部分中，作者首先论述了“新方法的发生”，接着阐明了教育原理在心理学上的依据，同时指出儿童心理学中的发现对于教育学的重要性，并把这些发现和“活动的”教育方法结合起来。皮亚杰在书中提出重要的观点：传统教育方法与新的教育方法的对立乃是被动性与主动性的对立。皮亚杰在《教育科学与儿童心理学》中所探讨和评述的许多问题，并非属于纯理论的范畴，许多是从教育实际

---

* 本书中译本（根据1979年英文版翻译），傅统先译，北京，文化教育出版社，1981。

中提出来的问题，其中的一些问题在我们今天的学校教育中仍然时常可以见到，也是教育工作者需要进一步研究、探讨和解决的问题。

一、智力的功能及发展

皮亚杰认为，在教学方法的选择及教学计划的制订中，必须考虑三个与智力有关的问题。

1. 智力的功能及形成

智力的基本功能在于理解与发明。这两个功能是密切相连、不能分割的，而且理解是“从属于发明”，发明是一个“不断建设有结构的整体过程”。根据经验主义的观点，认识是对现实的描摹。但儿童心理学认为，知识来源于行动而不是来源于简单的联想反应；认识一个对象就是对它采取行动，以便当转变的机制和转变活动本身联系起来发生作用的时候掌握这种转变机制。甚至在较高的表现中，也是以一种内化的反省的形式——判断或推理的行动进行的。由此，可以说，智力在一切阶段上都是把材料同化于转变的结构，从初级的行动升华为高级运算结构，而这些结构的构成乃是把现实在行动或在内化的行动即在思维中组织起来，而不仅是对现实的描摹。

2. 感知运动的因果关系

儿童心理学认为，感知运动的因果关系并不是来源于所感知的因果关系，相反，视觉的因果关系缘于触觉运动方面所接触到的因果关系，而这种触觉运动上所接触到的因果关系本身又依赖于一个人的整个活动，因此，运算上的因果关系乃是以感知方面的因果关系为其根源的。总之，感知运动的活动乃是相应的观念与知觉的共同来源。“思想的影响方面总是从属于思想的运算方面。”这是教育所不能忽视的一个根本的事实。

3. 儿童智力的发展

皮亚杰指出，儿童“智力的发展依赖于自然的、自发的过程”。也就是说，它有待于神经系统的发展。但神经系统的成熟只是为智力的发展提供了可能性，而且达到一定特殊年龄阶段时，这种可能性就消失了。因此，这就需要及时的训练（或教育）。但“家庭或学校教育可以利用和加速这种发展过程，但这种过程并不产生于教育，相反，它们乃是任何形式的教学产生效果的先在的和必要的条件”。

儿童心理学的研究证明：“经验对于智力的发展是必不可少的。”所谓经验，具有两种不同的形式，即物理的和逻辑—数理的经验。前者包括对于客观对象采取行动并通过对这些对象进行抽绎，而发现对象的特性；后者也对对象采取行动，但这种发现对象特性的抽象过程并不指向对象本身，而是指向这些对象的行动。例如，儿童将小石子排成一排，而且发现，无论从左向右或从右向左移动，总数不变；在这些小石子摆出或数出之前，其顺序和数目之和都不是这些石子所固有的特性，而且数目之和与其顺序无关（它们是可以互相交换的），这一发现乃是儿童从数数和排列顺序的行动中把观察到的情况抽绎出来的结果。

皮亚杰还指出，儿童智力的发展，一方面“依赖于主体的活动，而它的主要动力，从纯粹的感知运动活动一直到完全的内化运算，乃是一种最根本的和自发的可运算性”。另一方面，这种可运算性不是一次就能完成的，而是“连续不断形成结构的结果，而在这个形成结构的过程中主要的因素就是由于自我调节所达到的一种平衡，构成新的结构”。但“这些新结构的构成，学校既不能用它所使用的方法去促进，也不能加以忽视”，“一切的同化中的思维活动都是重新结构或重新发现”。因此，儿童对新知识的理解和接受、智力的发展，最终要依赖于主体的活动。

二、儿童智力发展的阶段

皮亚杰将儿童智力的发展划分为四个阶段。

1. 七八个月至两岁以前阶段

儿童的思维是以感知运动的行动与智力为特征的最初阶段。皮亚杰认为，这是一种纯实践性的智力，它以知觉与运动为其唯一工具，“它既不能再现，也不能进行思维”。但它在实践中，“已构成了行动的图式，作为以后建立运算结构与概念结构的基础”。

2. 两岁左右至七八岁阶段

这个阶段儿童的思维是从符号或语言机能的形成开始的。“由于符号的机能使得感知运动智力有可能借助于思维而扩展它自己”，这个阶段的儿童已经获得了心理运算的能力。正因为如此，他们在这个阶段的后期已能进行逻辑推理。但由于种种因素的影响，从总体上说，这个阶段儿童的思维仍属于“前运算性质的”。

3. 七八岁至十一二岁阶段

这时儿童初步的心理运算能力已经形成。但这个年龄的儿童对这些运算只能应用于具体对象，还不能应用于语言文字以命题的形式所提出的假设。正因如此，在小学的教学中不能采用讲授的方法，而必须采用具体的教学方法。同时，这种思维能力“只能从一个事物进入下一个事物，而不能变成联合性质的与比例性质的运算”。这后一种运算是在物理教学中使用较广的一种思维方式。

4. 十一二岁至十四五岁阶段

这时儿童进入以推理为特征的逻辑思维阶段，已能运用假设或命题。因此，也可称这个阶段为“命题运算”阶段。这个时期儿童思维的特点是已不再完全限制于处理具体对象或可以直接再现的现实，而是能运用假设，或者说可以“运用命题思维”了。

上述各个发展阶段是按照自然的和自发的顺序发展的。前一阶段是后一阶段的准备，其中有一定程度的交叉重叠，但并不与绝对的年龄相符合，可能按照社会环境和习得的经验的不同而有所加速和延缓，但次序则固定不变。

三、“活动教学法”与直观教学

1935 年以来，从理论上反对“活动教学法”的人已经不多了，但真正在实践中采用这种方法的学校并不多，这是因为采用这种方法的难度很大。还有人将此方法与直观教学法混为一谈。皮亚杰指出：在教学中“最好的方法也就是最困难的方法”。如果教师不具备苏格拉底的品质（第一个品质就是在发展过程中要尊重智慧），就不可能运用苏格拉底的方法。

皮亚杰针对人们对直观法与活动法在认识上的混乱，从认识或心理活动的方面对二者进行了比较。活动教学法与直观教学法在心理活动上的区别在于：(1)“认知和一个人对现实所做的一个形象的摹本并不是一回事。认知乃是一种行动过程，它在运作上或思想中转变现实，以便掌握这种转变机制，并因此把事物与对象同化于运行系统（或转变的结构）之中。”（2）由于对象所产生的经验有两种形式，一种是逻辑—数理的形式，另一种是物理的形式，它们不是从对象本身获得知识，而是从改变对象的行动本身获得知识的。（3）直观法只能为儿童提供视听过程的再现，但是，“从发展儿童的运算活动方面来讲，这些方法是完全不适当的”，即使运用电影的手段于教学之中，这种方法也只能在视觉上产生运动中的图形，它同样不能代替活动法。这是因为“一种以影像为基础的教学法，即使已为影片的动态所丰富，仍然不宜于训练运算结构”。

四、关于普通中小学教师的培训问题

皮亚杰明确提出：小学教师（甚至包括幼儿园的教师）应当和中学教师一起进行培训。不能因为他们所教的是小学，教学内容比较浅、易于传授，而只需对他们进行低于中学教师的培训。这样的考虑可以说是教育行政部门的思维方法，但是如果从心理学或认识论的观点出发，小学教师则应当与中学教师在同一档次的学校中进行培训。“我们是根据什么标准来判断小学低年级教学比高年级教学容易，而小学的教学又没有中学的教学那样困难呢？当然，在这样划分高低时，唯一考虑的是教材内容的难易，而这只是按照知识本身的标准，而不是按照学生吸收这种知识的难易来考虑的。”但这里碰到这样两个问题：其一，“要确定使一个7岁至9岁的儿童能够掌握算术或语言中的一个基本结构，事实上是否真的比使一个青年能够吸收一个更加复杂的结构还要容易”。其二，就“学生以后的智力发展而论，要确定满意的吸收结构是在较高的阶段比较重要，还是在较低的阶段比较重要，因为在最初阶段吸收各种结构的成败，事实上制约着学生以后整个学校生活，而在较高的阶段上则已有可能按照学生确切的水平用其他适当的结构来代替或进行自动纠正”。

如果我们采用心理学的乃至认识论的观点而不是采用行政管理方面的所谓常识的观点，那么，从吸收知识的难度与这种知识在客观上的重要性这个双重观点来看，“儿童愈小，对他教学就愈难，而对于幼儿的教学未来的后果就愈有影响”。

在中学教师的培训中为什么教育学科的学习是必要的？在中学教师的培训方面，往往有这种情况，他们在专业训练方面越热情，对教育科学的学习就越不感兴趣，因而在实践中常常出现“用最古老的教育方法去教最先进的学科”。这是由于这些教师没有接受教育学和心理学的训练，还不懂得“自发地与不自觉地运算的能力和使用思考从而演化出一个抽象形式之间在心理学上的根本区别”。

五、新教育方法与传统教育方法的根本区别

皮亚杰明确指出，传统教育理念及方法是“要把儿童看作小大人，对他进行道德教育，使他尽可能快地变得和成人一模一样；或者把儿童看作各种原始罪恶的体现者，把他看作一种难以处理的原材料，他更多的是需要改造而不是教育”。而新教育方法“则要考虑到儿童本身的特性并且要利用关于个人心理结构的规律和关于个人发展的规律”。总之，“传统教育方法与新教育方法的对立乃是被动性与主动性的对立”，“这两种教育的差别不

是在利用儿童心智特点方面的不同，而是因为采用不同教育方法的教师对儿童的一般看法不同”。

然而新教育方法并不完全是当今时代的产物，从其历史渊源来说，可从卢梭、裴斯泰洛齐、福禄培尔乃至最早可从苏格拉底时期寻找踪迹。例如，苏格拉底的启发式问答法就是以学生自己的积极性而不是以学生的驯服为根据的；卢梭教育思想的最大价值在于他提醒人们要重视儿童在受教育过程中的真实活动。

在西方教育史中备受尊敬的赫尔巴特及其教育学，则是一个“坏模型”。这不仅因为赫尔巴特并没有能改变学校教育，更因为“他的心理学本质上是一种被动接受的心灵论，是一种守衡力量的理论”。他未能把发展的生物观与对智力这个不断构造的过程的分析这二者调和起来“建立一个关于活动的理论”。

六、教育的基本原理及心理学依据

1. 重视适应、活动与兴趣

皮亚杰认为“教育就是使个人适应于周围的社会环境”，还指出新旧教育不同之处是“传统学校是把工作强加在学生身上；学校促使他工作”，而“新学校则借助于真正的活动，借助于以个人的需要与兴趣为基础的自发活动”。在这里，“兴趣的规律乃是整个体系随之运转的唯一轴心”。

2. 通过同化、顺应达到平衡

儿童的学习过程特征是必须借助于一系列独特的练习或行为模式，即借助于主客不分的混沌状态开始持续不断地构成的活动去求得平衡状态，即使客体适应于主体和使主体顺应于客体。这就是说，儿童心理发展伊始，就受两种倾向牵引；当这两种倾向彼此尚未获得平衡时，它们并不互相和谐，而呈现分化状态。儿童不得不将感知运动或理智的器官顺应于外在的现实，接受一切东西。但当主体的运动足以作用于客体的特性时，这个继续顺应的过程便扩展为模仿的形式。儿童为了使其活动顺应于事物的特征，必须去同化或者说是吸收它们。

3. 游戏在儿童教育中的地位

关于游戏在教育过程中应具有什么样的地位与作用，对此问题，皮亚杰既不同意现代教育论者的观点，同时也否定了生理机能发展说。他认为，就同化作用而言，最纯粹的形式就是游戏。“游戏乃是把现实同化于活动本身；活动具有其必然的持续性而且按照自我的需要改变着现实。这就是幼儿教育的活动法要求为儿童提供适当设备的缘故。”这样“儿童就可以在游戏中同化一直存在于幼儿智力之外的理智现实”。

七、智力的形成及其与思维的关系

“智力是什么?”这是每个教育工作者都必须面对的问题。皮亚杰否定了古典心理学将智力视为一种“能够认知现实的机能”的观点，指出实验心理学则认为“智力的存在是超越联想与习惯机制的一种真正的活动，而不仅是认知的机能”；“智力开始是实践性质的，然后逐渐使它本身内化而成为严格意义上的思维，而智力活动乃是一个连续构造的过程”。从智力的起源来说，儿童思维的早期阶段一方面“经常把事物同化于主体”，另一方面又

“把这些图式系统地顺应于他的经验”。根据这一认识，在教育过程中，就“不能单纯用接受的教育来处理”，“所有智力都是一种适应过程，所有的适应都意味着把事物同化于心灵”。因此，所有的智力方面的工作都要依赖于兴趣，而兴趣是同化过程的一种动力。

八、儿童逻辑与成人逻辑的差异

在成人逻辑与儿童逻辑方面，皮亚杰认为，儿童与成人之间是有差异的。其主要差异表现如下：(1) 反省智力与实用的、感知运动的智力之间的差异时可见到，前者是成人赖以思维的方式，而后者则是儿童的思维活动特点。事实上，儿童在使用任何语言之前，就已经发展了一种感知运动的或实践运动的智力。直到学龄时期，儿童仍以这种实践智力“作为概念智力的一个基础”。而且，如果这个基础不坚固，那么，反省智力“就不能在它本身的符号和概念的范围之内创造出任何新颖的东西”。皮亚杰明确指出：“我们觉察到，儿童的实践适应并不是实践性知识的应用，而是相反，它是知识本身的第一阶段，而且是以后反省一切知识的必要条件。”(2) 儿童在 10～11 岁以前，不能有任何类型的形式推理，也就是“不能只根据假定的论据而根据观察到的事实去进行推理”。就儿童来说，他们的概念是依赖于感知运动的图式的。这种思维方式要持续很多年。(3) 在关系逻辑方面，儿童的思维和形式推理与成人的存在着更大的差异。正因如此，故在教学过程中不能将成人教学法用于儿童。

（陈炳文　杨　佳）

73. 苏霍姆林斯基

把整个心灵献给孩子 1969年*

苏霍姆林斯基（Василий Александрович Сухомлиинский，1918—1970）是苏联教育理论家和实践家。苏霍姆林斯基出生于乌克兰的一个农民家庭，1935年开始执教，除了卫国战争期间参加苏联红军，走上反法西斯侵略者的前线那几年，始终从事教育工作。1947年，苏霍姆林斯基被任命为乌克兰农村地区的帕夫雷什中学校长，从此一直在这一岗位上勤奋耕耘，直至去世。数十年中，他以帕夫雷什中学为实验基地，同时也广泛研究其他学校的经验，从理论与实践的结合上研究教育的新问题，做出新的理论概括。他一生共撰写41部专著、600多篇论文、1 000多篇童话及故事。除本书外，他的主要教育著作还有《给教师的一百条建议》《培养学生的集体主义精神》《学生的精神世界》《和青年校长的谈话》《帕夫雷什中学》等。他的著作生动地反映了帕夫雷什中学教育的真实情况，是对学校工作的高度艺术概括、提高和再现，因此，被称为“活的教育学”“学校生活的百科全书”，他本人亦被誉为苏联“教育思想的泰斗”，其作品被译成30多种文字在世界各国发行。苏霍姆林斯基逝世后，苏联教育部和乌克兰教育部分别编选了五卷本和三卷本的《苏霍姆林斯基教育文集》。

《把整个心灵献给孩子》是苏霍姆林斯基的重要著作之一。该书与它的姊妹篇《公民的诞生》及《给儿子的信》被辑成“三部曲”（中译本名为《育人三部曲》），综合地阐述了有关马克思列宁主义世界观的形成和年轻一代共产主义教育的一系列问题。该书由“快乐学校”和“儿童时代”两大部分组成，全面反映了苏霍姆林斯基在关于学前预备班和小学生的教育和教学的思想与实践。在这部著作中处于中心地位的是受教育者的问题。苏霍姆林斯基在解决这个问题时首先考虑两个方面：一方面是每个个体（其性格、气质、智力、兴趣、志愿、情感等）的发展特点；另一方面是孩子的发展所处的社会关系（家庭、街道、村镇、朋友、劳动等，即微观环境）。按苏霍姆林斯基的观点，受教育者是过着朝气蓬勃有趣生活的、积极的、独立的个人。“童年是人生最重要的时期，它不是对未来生活的准备时期，而是真正的、光彩夺目的一种独特的、不可再现的生活。”这本书的书名恰如其分地反映了苏霍姆林斯基为了孩子们的茁壮成长而无私奉献的一生。正如他自己所言，这部著作是他“多年学校工作经验的总结，是沉思、焦虑、担忧不安心情的总结”。

---

* 本书中译本，见《育人三部曲》，毕淑芝等译，北京，人民教育出版社，1998。

一、教育信念

苏霍姆林斯基在自己长期的教育实践过程中逐步明确并完善了自己的教育信念，这些信念也是他长期进行教育实验和理论探索的主要思想依据。苏霍姆林斯基的教育信念与马卡连柯的教育信念是一脉相承的。

1. 相信教育具有强大的力量，相信每个孩子的可教育性

这一教育信念的现实意义就在于：既肯定每个人都有一定的才能和禀赋使自己获得发展，但又充分肯定人的先天禀赋和兴趣爱好的差异，要求在尊重个人差异的基础上使各种才能和禀赋尽可能地得到发展。苏霍姆林斯基认为，热爱孩子，关心孩子，是树立相信孩子、相信教育的力量这一教育信念的前提。而要爱孩子，首先就要了解孩子，熟悉孩子的精神世界，成为“孩子们的同志和朋友”。教育工作的主要任务就是认识人，了解人，从各个方面去观察他们的内心世界。他在本书中是这样坦露自己的心迹的：“更使我忐忑不安的，是每个孩子的精神世界。摆在我面前的是一些敏感、细腻、易受感染的心灵。……每个孩子的内心深处都有他自己的一根弦，发出自己的音调，因此，要想让那颗心能与我的话语相呼应，就得使我自己也能和上这根弦的调门。……要细致入微地了解每个孩子的精神世界……日后的教育就是不断深入地了解每个孩子。”

2. 要培养全面和谐发展的人

这是苏霍姆林斯基教育思想的核心，像一根红线贯穿于他的教育理论体系。他不仅要求学生在德、智、体、美、劳等多方面都得到发展，而且明确提出了各方面发展所要达到的程度，即体现出发展的深度和广度；他还把充实学生的精神生活和丰富他们的内心世界作为衡量全面发展的一个重要标志，用德、智、体、美、劳相互渗透的思想丰富全面发展的理论。

3. 在学生接受教育的过程中自我教育起着关键性的作用

苏霍姆林斯基提出的自我教育涉及学生精神生活的各个领域，其核心是要充实和发展学生的精神世界，是实现全面和谐发展培养目标的一个重要环节。他认为，在人的成长中，教育固然起着比环境更重要的作用，但自我教育的作用比教育更重要。人的思维、兴趣、爱好、才能和倾向的形成和发展固然离不开个人的禀赋，但更离不开教育的培养，尤其是自我教育。

二、全面和谐发展的新人的培养

1. 教学是教育花朵的一片花瓣

苏霍姆林斯基强调教学是智育的重要手段，但他把教学仅仅看作广义的教育“花朵上的一片花瓣”，明确提出：“智力教育与获取知识远不是一回事。尽管不进行教学就不可能有智力教育，如同没有太阳就没有绿叶一样，同样也不能把智力教育与教学混为一谈，如同不能把绿叶等同于太阳一样。”

2. 到大自然中去学习思索

苏霍姆林斯基的一个基本观点是：“儿童就其天性来讲，是富有探求精神的探索者，是世界的发现者。”因此，应根据儿童、少年的年龄心理特征，培养其孜孜不倦的探索、创新的品质。苏霍姆林斯基让孩子们进的第一所学校是“蓝天下的学校”，让孩子们读的第一本书是“大自然”。蓝天下的学校为孩子们打开了通向周围世界的窗口。对孩子智力的培养必须在思维的源头，即在直观形象中，首先在大自然中进行。如果孩子脱离了大自然，从一开始学习起就只感知词语，他们的脑细胞就会在最需要发展、增强和积蓄力量的时候却很快地疲惫。苏霍姆林斯基“把在大自然中发展儿童的思维、增强孩子的智能”看成是“儿童机体自然发展规律的要求”。大自然是苏霍姆林斯基实施全面和谐发展教育的重要手段。孩子们去大自然的每一次游览就是一堂思维课，一堂发展智力的课，孩子们在生动、形象的概念的基础上进行思维。他们看到了生动的形象后就会进行想象，然后在自己的头脑中塑造这个形象；思维活动的这两个步骤是不存在矛盾的，孩子们把幻想的形象作为鲜明的现实来感知和思考并进行创造。“创造幻想形象——这是使思想幼芽迅速发育的最好土壤。”苏霍姆林斯基引导孩子们欣赏大自然的美景，引导他们在幻想、童话和游戏中，通过自己的创作进入周围世界，使孩子们所走的每一步都成为走向思维和语言的源泉。

苏霍姆林斯基把童话看作点燃孩子们思想和言语火花的清新微风。孩子们用形象去思维，他们想象的景象越鲜明，对自然规律的理解就越深刻。苏霍姆林斯基所关注的是要让每个孩子都成长为会思考、会探索的有智慧的人，让认识过程的每一步都使孩子们的心灵变得更高尚，把他们的意志锻炼得更坚强。但是，他并不把生动的直觉当作教学的最终目标，而把它仅仅看作手段，看作培养学生创造性思维的源泉。自然界是思维的最丰富的源泉，是创造性的、探索性的智能最丰富的源泉，但大自然不可能自发地发展儿童的能力，培养他们的理智，丰富他们的思维。不经过积极的劳动就不可能发现和认识自然的奥秘。孩子们劳动得越多，大自然的奥秘在儿童的意识面前暴露得也越多；他们碰到的新东西、不懂的东西越多，其思维就越活跃，在大自然中产生的“怎么样”“为什么”，最能启发思维和促进思考。

3. 学习是丰富多彩的精神生活的一部分

苏霍姆林斯基十分重视学习与精神生活的关系，认为无论是教还是学，都应在集体和个人丰富的精神生活的环境中进行。丰富的精神生活环境，能使学生的精神志向变得纯洁、高尚，使他们具有刻苦钻研精神和对知识的强烈欲望，使人际关系变得更真诚、更有人情味。学生之间和师生之间的生动的人际关系实质上就是知识和技能的交流，也是智力情感和道德情感的交织。儿童在小学学习的那几年是道德、智力、情感、体力和美感等方面的一个发展时期，只有让儿童过着丰富多彩的精神生活，这些方面的发展才能成为现实，才有助于丰富他们的才智和增强创造力。因此，苏霍姆林斯基提出，学习并非是不断地积累知识、训练记忆力，也不是进行死记硬背，而是要让孩子们在游戏、故事、美、音乐、幻想和创造的世界中进行朝气蓬勃的智力活动，成为这个世界中的旅行者、发现者和观察者。教育工作的最高目标就是让孩子们“观察、思索、谈论、感受劳动的欢乐，并为所创造的一切而自豪，为人们创造美和欢乐，并在这种创造活动中获得幸福”，以及“赞赏大自然、音乐和艺术的美，并以这种美来丰富自己的精神世界，把他人的痛苦和欢乐放在心上，像对待自己切身的事情一样对待他人的遭遇”。

孩子的精神生活的一个突出的特点就是具有强烈的求知欲。苏霍姆林斯基向教师提出了以下建议：(1) 不要让孩子只是为了明天掌握知识做准备，而是今天就要过着丰富多彩的精神生活。(2) 千万不要让过量的知识如潮水般地涌向孩子，因为潮涌般的知识可能淹没孩子们的求知欲和好学精神。(3) 逐步培养孩子进行紧张的和创造性的脑力劳动的习惯，要让孩子在脑力劳动中感受到什么叫困难，在克服一个又一个的困难中获得创造的快乐。(4) 要使每个孩子在掌握知识的过程中体验到劳动的欢乐、取得好成绩的欢乐，从而在他们心中激发自尊心和自豪感。(5) 只有符合学生的智力、情感和审美发展水平并且又能促使其进一步发展的东西，才能进入学生的精神世界。(6) 虽然强烈的求知欲是儿童的特点，但也有必要合理地限制他们的智力兴趣的范围，这样做非但不会限制他们的发展，反而能导致和谐的全面发展。(7) 创造性是精神生活的强大动力。儿童向往表现自己，渴望成为创造者。创造某种精神价值的劳动所激发的创造灵感，是使他们的精神生活得到充实的最重要的条件。当过去获得的智力财富和审美财富，正在变成认识、改造世界的手段，同时人的个性似乎与自己的精神财富融合在一起时，创造也就开始了。

苏霍姆林斯基坚信，智力、情感是知识的种子成长为智慧的肥沃的土壤。他从三个方面说明了精神生活的含义：(1) 从全面发展的角度看，人的精神生活是在积极的活动过程中形成、发展和满足德、智、体、美、劳等诸方面的兴趣。(2) 从发掘人的天赋才能的角度看，学校的精神生活应该创造充分的条件去激发每个学生的个人特长，使每个学生都能找到展示、表现、确立其力量和创造才能的场所。(3) 从智育的角度看，学校的精神生活表现为与必修课程无直接关系的各种智力兴趣的激发、发展和满足，表现为知识在实践中的运用、智力财富在集体中的交流。

4. 发展情感—审美修养

苏霍姆林斯基认为，个性全面和谐发展体系中的美育实际上是一种“情感教育”。“依我看，从孩子迈进学校大门直到成为一个成熟的、全面发展的人这个多年的教育过程，首先培养的是人的情感。……我竭力要做到的是，要我培养的这些孩子的好行为在童年就能首先建立在人的情感的基础上。”因此，培养全面发展的人的教育过程，首先培养的是人的情感。孩子的审美知觉越深刻，他的思想的飞跃就越有力，他就越渴望通过自己的思想去看到更多的东西。苏霍姆林斯基要求充分调动大自然、语言、文学、音乐、绘画、造型艺术等一切手段，去发展学生的情感—审美修养。

苏霍姆林斯基认为，大自然的美在培养高尚的精神方面起的作用很大，能在儿童的心灵中培养感觉、感知事物、现象和人的心灵活动的各种细腻的表现和差异的能力。在与大自然的交往中萌发的创造性，在儿童的精神生活中也是很重要的，儿童在与大自然的交往中发展自己的智力。他要求选择合适的时间和地点，带领学生去自然界旅行；他把对周围世界的美的观察和感受，看作理解和体验现实生活的快乐、生活的美的最主要的源泉之一；把大自然的美作为进行情感教育、审美教育和道德教育的一种手段。大自然的美能培养儿童细腻的知觉，而知觉的细腻又孕育了情感的细腻，帮助孩子感受到人的美。大自然的美又是使思想变得崇高的源泉之一，因为思想、认识和发现真理的源泉也是大自然。

苏霍姆林斯基要求培养对语言及其色彩的敏感性，把这种敏感性看作人的和谐发展的前提条件之一，是丰富的、真正的智力生活的开始。他经常把孩子们带到帕夫雷什中学的

“童话室”“故事室”“美丽角”“幻想角”和其他色彩绚丽的地方，在那里讲述文学作品。在这样的环境中，教师的力量和语言的力量所发挥的作用比任何时候都大。此情此景能使师生之间产生亲近感，给文学作品的讲述和孩子们的创作打上诗情画意的印迹。

苏霍姆林斯基把音乐看作用情感的语言去阅读的课本，它能表达语言所表达不了的人的感受的最细腻的色彩，是强大的思想源泉，儿童是沿着音乐—想象—幻想—童话—创作这样一条路线发展自己的精神力量的。“倾听大自然的音乐”、体会周围的“各种声音的美”就是苏霍姆林斯基为孩子们编制的初级课本。帕夫雷什中学的学生在童年时代就喜欢听“百花怒放的花园和荞麦花盛开的田野演奏的音乐，听春天的草地和秋天的细雨的音乐”。

苏霍姆林斯基把绘画和雕塑作品看作一个完整的情感—审美教育体系，是对儿童进行智力教育、情感教育和审美教育的一种特别有力的手段，它也有助于确立对人的伟大和美的认识，提高人在自己心目中的地位。他把直接观察大自然作为让孩子理解绘画作品的最初训练。学生们正是在与大自然的交往过程中获得的情感财富的基础上，反复观赏从童年起就熟悉的画。他们从三四年级起就为自己建立了小小的画廊，保存自己喜欢的绘画复制品。

苏霍姆林斯基提出了在教学过程中必须贯彻的几个原则：（1）情感与思维相伴而行，情感推动思维，思维推动情感；（2）情感与意志相互作用、相互促进；（3）自信心与道德尊严感相互作用，学校“最重要的教育任务之一就是使每个孩子在掌握知识的过程中体验到人的自尊心和自豪感”；（4）利用情感的迁移规律。

从上述基本思想出发，苏霍姆林斯基对学校中的“分数”问题提出了自己独到的见解。他精辟地指出：“对小学里的评分的最主要的要求，就是它的乐观主义和富有乐趣的原则。分数应当是奖励勤奋的，而不是惩罚懒惰和懈怠的。如果教师把 2 分和 1 分当作可用来警戒懒马的皮鞭，而把 4 分和 5 分当作糕点，那么孩子很快就会既痛恨皮鞭也痛恨糕点。”

5. 能力和才干来自指尖，是补充创造性思维的源泉

劳动是人的和谐发展的基础，“劳动的乐趣是一种巨大的教育力量”。苏霍姆林斯基提倡的劳动教育的目的之一是培养创造性劳动态度。创造性劳动是苏霍姆林斯基劳动教育理论的核心，是道德修养的源泉、精神文明的基础。劳动能增强孩子们的求知欲，能训练学生的形象思维和抽象思维，使技巧与智能的发展相得益彰。苏霍姆林斯基确信：“儿童的能力和才干来自他们的指尖……来自手指的那些细小的溪流在补充创造性思维的源泉。……孩子的手越巧，就越聪明。”运用自如的手是意识的伟大的培养者和理智的创造者。劳动中激发出的自信、自尊和自豪感，是推动学生学习的强大的情感力量。苏霍姆林斯基努力使每个学生都成为劳动者、思考者和探索者。在对真理的认识和发现中融合进了学生个人的创造力，从而实现了他们的自我肯定和自我教育。学生感觉到了由于自己有了思想和求知欲，大自然就向他们坦露了自己的秘密。他们越深入知识和劳动的世界中，就越感觉到自己是个有创造性的人，把知识的获得与创造性地运用知识结合起来。因为学校生活的智力财富绝大部分取决于智力生活与体力劳动密切结合的程度。

孩子们通过亲身参加劳动还能养成热爱劳动和尊重劳动人民的态度。“劳动教育的最高要求，就是要在孩子们心中树立起劳动人民对待劳动的态度。……如果孩子们体验不到劳动的美，要培养他热爱劳动，那是不可能的。”

6. 健康，健康，再健康

苏霍姆林斯基认为，体育首先就是关注健康，其次是保证人的身体发育、精神生活以及多方面的活动能够协调一致。但对儿童和少年实施体育，应有不同的任务和重点。儿童的体育主要是促进机体的正常发育和增强健康，而在少年阶段还必须增加充实智慧才能、培养道德情感和道德品质、发展审美修养、培养对体力活动的热爱等多方面的内容。健康教育是苏霍姆林斯基体育思想中的一个重要组成部分。他要求“健康，健康，再健康”。“对健康的关注是教育工作者首要的工作。孩子们的精神生活、世界观、智力发展、知识的巩固和对自己力量的信心，都要看他们是否乐观愉快、朝气蓬勃。”他对学生学习差的原因进行了多年的调查研究后发现：一方面，85%的学生学习成绩不良是健康状况不佳引起的；另一方面，健康在很大程度上取决于精神生活，尤其是脑力劳动的修养。高水平的脑力劳动修养来自对学生身体健康的、智力的和审美的多方面的培养。他坚决反对死记硬背式的脑力劳动，极力主张脑力劳动和体力劳动的适当结合，以保证脑力和体力的协调发展。为了使学生有健康的身体，苏霍姆林斯基采取了许多措施，例如，为学生创造有利于健康的绿色环境，增加学生户外活动的时间，把大自然看作健康的源泉；制定有利于健康的饮食、劳动和休息制度；有计划、有针对性地进行体育教学和体育活动。

苏霍姆林斯基的另一本教育代表作《给教师的一百条建议》① 是他 30 多年从事教育实践和教育理论研究的结晶。该书写于 1965—1967 年，出版于 1967 年。作者采用“建议”的形式，恳切地与教师促膝谈心。作者的经验之谈涉及教学、教育工作的各个方面，包括教学及教育工作的组织、内容、形式、方法和方式，还涉及学生的自我教育、共产主义理想的形成、公民义务感的培养等问题。全书分上下两篇，上篇主要就教师如何对学生进行智育问题提出了建议，下篇着重讨论如何协调六种教育力量以保证学生的全面和谐发展。

（诸惠芳）

① 本书中译本，周蕖等译，天津，天津人民出版社，1981。

74. 朗格朗

终身教育引论 1970年*

朗格朗（Paul Lengrand，1910—2003）是当代法国成人教育家，终身教育理论的积极倡导者和理论奠基者。朗格朗出生于法国加来的康普来。从巴黎大学毕业后，朗格朗曾在中小学任教多年。为了验证自己的社会理想和教育理念，他曾在法国东南部的一个小城格勒诺布尔建立了一个工人教育中心，并担任领导工作。第二次世界大战后，朗格朗到加拿大蒙特利尔的麦吉尔大学任教。1948年，朗格朗到联合国教科文组织秘书处工作，专门负责成人教育方面的事务；后来还担任了有关成人教育等部门的负责人，为世界成人教育事业的发展做了大量的工作。与此同时，朗格朗还负责了经济合作与发展组织中与成人教育有关的项目，并任法国文化和发展协会的秘书长以及教育发展委员会秘书处的成员。1967—1968年，朗格朗曾任德国汉堡联合国教科文组织教育研究所代理所长。

1965年，在联合国教科文组织召开的第三届促进成人教育国际委员会的会议上，朗格朗以"Education Permanente"为题做了学术报告，该报告引起与会者的极大反响。后来，联合国教科文组织将"Education Permanente"改为英译"Lifelong Education"，即"终身教育"。在这个学术报告的基础上，朗格朗于1970年写成并出版了《终身教育引论》（*An Introduction to Lifelong Education*）。该书出版后，被译成20多种文字，在国际上产生了广泛的影响，被公认为终身教育理论的代表作。全书分"前言""终身教育探索""全面综述""论证和实例"四个部分。

一、终身教育产生的历史背景

朗格朗指出，传统上一般地将人的一生划分为两个阶段：准备阶段（幼年期和青春期）与实际活动阶段，并认为在前一个阶段所获得的知识和能力可以在后一个阶段一劳永逸地享用。但是，在现代社会，这种一个人有了一定的知识和技能以后便可以终生应付裕如的观念正在迅速过时并在消失之中。对于所有的人来说，现代社会除了来自年老、疾病、交往、职业、政治、宗教等的一系列挑战以外，自20世纪初以来，又增加了一系列新的挑战，而正是这些挑战促使终身教育的产生。这些新的挑战主要有以下九个方面：

（1）变化速度加快。

（2）人口增长。人口的增长及人的寿命的延长，不仅对教育的需求不断增长，而且对

* 本书中译本，周南照、陈树清译，北京，中国对外翻译出版公司，1985。

教育的职能、性质也提出改变的需求。为了使不断增长的人口与人类可利用的资源之间保持平衡，必须依靠教育来提供有效而持久的解决方法。

（3）科学知识和技术的进步。

（4）政治挑战。随着社会的发展、经济的进步和技术的变革，国家的政治结构同样发生了变化。这种变化对公民的责任和义务提出了新的要求。

（5）信息。由于大众传播媒介的迅速发展，人们可以通过各种媒体获得多种多样的信息。因而这种信息化的社会要求人们对信息具有理解、吸收和阐释的能力，特别是应具有批判力和选择力，而不经过一定的教育和训练，人们就不可能充分地认识和发挥信息所具有的建设作用。

（6）闲暇。由于科学技术的迅速发展，人们拥有越来越多的闲暇时间。如何充分地利用闲暇时间就成为人们所关注的问题，特别是对于教育工作者来说，使人们通过各种场合和机会来获得文化教养便成为他们所面临的最为迫切的任务。

（7）生活模式和相互关系的危机。随着社会的急剧进步和发展，传统的礼仪、道德观念和习俗都受到极大的冲击，人们对于许多问题有了新的认识和看法，这一切都极大地冲击了人们固有的生活方式和相互之间的关系。因此，社会的发展要求人们有自己的生活方式和新的教育内容。

（8）身体。在许多国家，特别是在西方，人类文化有数百年的时间对自己的身体存在不客观的认识，尤其是到了现代社会，人们的身体更经受着严峻的挑战。因此，人们需要科学地认识自身，从多方面发现身体的美和价值，从而建立起一种更和谐、更充实的生活。

（9）思想意识形态的危机。由于社会的发展，传统的价值观念、行为准则和信念都受到极大的冲击，每个人都面临各种抉择。人们不再盲从，而是批判地接受各种思潮和意识形态模式。

为了迎接以上的诸多挑战，帮助人们去创造发明，引导人类去想象、冒险和从事各种各样的研究，使人类接受对自己的信念、态度和知识必须不断地提出怀疑的地位，教育必须在它的具体目标、内容和方法上不断进行更新。虽然在许多领域都发生了变革，但是，在教育领域，至少是在从事儿童、青少年教学的教育部门，却没有看到有类似的变化。除了因政治改革而引起了教学革命的少数国家以外，学校教学的精神和最终目标根本一点没变。社会用以教育和训练未来公民的工具，即学校和大学，却世世代代表现出同样的特点：与生活缺少联系，脱离具体的现实，教育与娱乐割裂，不存在对话和参与。

教育事业之所以这样落后，主要在于以下一些障碍的影响：首先，教育事业本身的复杂性。其次，教育事业的迟效性和保守性。最后，教师及权威机构的人士对教育变革缺乏热情和兴趣。

因此，在这种状况下，只有战胜阻力和克服障碍，才能实现变革和适应变化。在当代有四种因素对教育变革起着决定性的作用，而且将继续有力地起作用。这四种因素是：政治革命、消费者的论战、发展及其问题、成人教育。

二、终身教育的意义

朗格朗指出，在当今世界，教育已不再是单纯地获得知识，而在于促进个人的发展。

因此，教育的主要责任在于：一是组织适当的结构和方法，帮助人在一生中保持他学习和训练的连续性；二是培养每个人通过多种形式的自我教育在真正的意义上和充分的程度上成为自己发展的对象和手段。他认为，若要真正地将以上思想贯彻到教育实践中，必须对以下问题有清楚的认识：

首先，打破那种将教育限定在某个年龄阶段的传统认识。如果人们一致同意教育过程必须持续地贯穿在人的一生之中，那么，就不可能有理由认为某个年龄阶段是专门用于教育的。人们在一生的每个阶段都可以接触和学习许多形式的智力、体力方面的知识技能，它们的大门是敞开着的。每个阶段都有自己的长处和弱点、自己的优点和缺陷，而且无论如何都有自己的具体内容，所以，需要每一个时期在教育上都做出特别的努力。因此，教育工作者应尽一切努力摈弃任何一种把思想和道德、习俗看成一成不变的观念。他们不仅需要努力使人接受变革，而且需要努力以各种方法促进教育的对象机智而有效地参与各个阶段的变革。

其次，终身教育赋予成人教育新的意义。成人教育不再是学校教育的简单延伸，而是立足于成人的特点和成人的需要，是非强制的、自由的教育。

再次，终身教育为学校教育的教育内容和教学方法的改革提出了新的要求。在任何学习过程中，重点不能再放在刻板的内容上，它必须着眼于理解的能力、吸收和分析的能力、把学得的知识加以条理化的能力、应付自如地处理抽象与具体之间的关系和一般与特殊之间关系的能力、把知和行联系起来的能力以及协调专业训练和学识广博的能力。

最后，终身教育的过程应该具有统一性和连贯性。

三、终身教育的内容和范围

朗格朗指出，在传统观念中，教育就意味着学校，意味着用课程、方法和专业人员体现其内容的一种性质特殊的活动。然而，如果教育要在个人的整个一生中、在个人生活的各个方面发挥作用，首先就需要使它突破学校的框框，使它占据人类活动的全部，既与工作联系起来，也与闲暇时间联系起来。在终身教育中，教育与职业密切联系是十分突出、人们普遍认识到的一个方面。普通教育与职业训练是有机统一的。所谓的普通教育，也就是学会使用科学知识和表达思想的工具，只有在它培养了人们从事职业的能力时才能获得其充分的意义，也才能获得最强大的动力。

闲暇时间也与终身教育紧密联系着。随着科学技术的发展，人们拥有越来越多的闲暇时间。闲暇教育和闲暇学习有广阔的时间和空间。人在闲暇问题上最难但又最重要的训练，无疑是要学会把自己的时间合理地用于工作和休息，用于集体生活和独处，用于学习和娱乐。因此，必须要有为了闲暇而进行的教育，人们必须做好准备并接受训练，以便有价值地使用这种自由支配的时间；而且也必须在闲暇时间向人们提供教育，确保无论什么情况下，都使闲暇变成一种宝贵的财富。可见，提高人们闲暇生活的质量，既是终身教育的应有之义，又是终身教育的重要内容和重要方式。

体育运动也应在终身教育中占有应有的地位。首先，必须抛弃那种认为体育运动训练只是在一生的一个短暂的时期内进行的观点。其次，应将体育运动和整体的终身教育结合起来，把它从单纯的肌肉作用、从它与文化隔离的状况中解放出来，把它与智力的、道德的、艺术的、社交的和公民的活动等紧密结合起来。

另外，在终身教育中，还必须给公民的训练以充分的必要的重视。特别是对于发展中国家来说，通过终身教育加强公民教育，使国民承担公民责任、积极参加国家建设更是具有十分迫切的意义。

四、终身教育的战略建议

朗格朗指出，每个国家都有自己的体制和结构、自己的传统、自己的禁忌、自己的便利条件，而且一个国家在一定历史时期总有一个问题在重要性上超过所有其他问题而必须予以优先考虑，因此，仅仅提出一种模式的终身教育是不可能的。总之，必须确立发展终身教育战略的一般性原则。这些原则主要有以下几个方面：

（1）保证教育的连续性以防止知识过时。

（2）使教育计划和方法适应每个社会的具体要求和创新目标。

（3）在各个阶段都要努力培养新人，使之能适应充满进步、变化和改革的生活。

（4）大规模地调动和利用各种训练手段和信息，这种训练和信息超出了对教育的传统定义和组织形式上的限制。

（5）在各种形式的行动（技术的、政治的、工业的、商业的行动等）和教育的目标之间建立密切的联系。

在以上这些原则的基础上，各个国家可以根据自己的条件建立适合自己国情的终身教育模式。但是，建立终身教育的模式必须遵循这样一个根本原则：使教育成为生活的工具，成为使人成功地履行生活职责的工具。

由上述原则出发，政府对于成人教育应给予财政上的大力支持；同时，要制定必要的法令和管理措施；而且，还要为成人提供各种教育服务机构，使他们得到必要的帮助。成人教育绝不能走以儿童为对象的传统教学的道路。成人教育为最终决定一种不拘泥于传统型的教育结构与方法提供了独特的实验室。只有当负责成人教育的人经过了心理学、社会学、技术和教育的专门训练，认识了如何去适应成人的动机，吸收能力、发展需要为成人设计的教育计划才能有效地得以实施并达到预定目标。当然，学校教育与成人教育之间也存在一定的关系，虽然学校教育与整个教育过程相比，将只占一个较短的时期，但是，学校教育将成为充分的完整的教育过程中相当重要的、具有决定意义的序曲。而且，成人教育的成功很大程度上取决于青少年时期的教育。因此，必须加强学校教育与社会生活的联系，教育的任务在于培养未来的成人承担生活的责任和义务，接受社会变革，适应社会习俗、道德观念的迅速变化。

扫盲教育应放在终身教育的广阔背景中来认识。扫盲为终身教育概念的正确性提供了最好说明。虽然读写能力是一种特殊的、无可替代的手段，不会读和写，通往学习和参与文化生活的道路就完全被封死了，但是，扫盲更为重要的意义在于：通过扫盲培养人们的现代意识，提高对飞速发展的现代社会的适应能力。如果扫盲要完整地和有效地发挥作用，那么，它不可避免地要与成人的终身教育理论与实践建立起更加紧密的联系与关系。

另外，还应从终身教育的角度出发，对教师的作用给予重新认识。由于大众传播媒介的发展，在任何终身教育的体制中，教师作为知识传递者所发挥的作用在重要性和影响两方面都将消失。但是，由于教师在培养学生的能力、个性和性格等方面发挥着积极的作用，所以，他作为教育者的作用将要加强。

五、终身教育的目标

朗格朗指出，终身教育的主要目标在于：实现更美好的生活，从中汲取一切有益的东西，使人过一种更和谐、更充实、符合生命真谛的生活。具体来讲，有以下两个方面：（1）培养新人。终身教育的目标就是要适应个人作为一种物质的、理智的、有感情的、有性别的、社会的、精神的、存在的各个方面和各种范围。而且，在终身教育中，每个人都能找到自己的发展道路，因为它提供了一系列不同种类的适合个人个性、独创性和职业的教育和训练。总之，终身教育一方面使人能够适应各种变化，特别是经济和职业方面的变化；另一方面，能够培养具有丰富个性的人，促进人的全面发展，使人能够充实和幸福地生活。（2）实现教育民主化。实现教育民主化是终身教育的另一重要目标。教育民主化的核心内容是教育机会均等。终身教育也是实现真正平等的一种手段。

（巨瑛梅）

75. 弗莱雷

被压迫者的教育学 1970年*

弗莱雷（Paulo Freire，1921—1997）是当代巴西教育家，出生于巴西伯南布哥州的累西腓市。1940年后，弗莱雷曾在中学担任葡萄牙语教师。1947年，他到伯南布哥州的工业社会服务社工作。在工业社会服务社工作了近10年后，他又以葡萄牙语教师的身份投入巴西的大众文化运动、累西腓大学的文化扩展服务以及在北里奥格兰德州开展的成人识字等教育实践活动。1959年，弗莱雷以《巴西目前的教育》一文获得博士学位，并成为累西腓大学的教育史和教育哲学教授。1963年，他接受政府邀请，参加了巴西东北部的成人识字工作。不久，巴西发生军人政变，弗莱雷遭逮捕，之后被迫开始了长达16年的流亡生活。他先后到玻利维亚、智利等国，参与这些国家的农业改革项目，并培训教师和技术人员。1969年，弗莱雷成为哈佛大学教育和发展研究中心的访问学者。之后，受邀到总部设在日内瓦的世界教廷议会工作。从20世纪60年代后期起，弗莱雷以联合国教科文组织顾问的身份参加坦桑尼亚、赞比亚、几内亚比绍、圣多美和普林西比等第三世界国家的成人识字工作。1973年，弗莱雷曾在日内瓦创办文化行动学院。由于弗莱雷的教育理论和实践活动的广泛影响，许多世界知名大学授予他名誉博士学位。1980年结束流亡生涯回国后，他又积极投入国内的教育事业和各项社会活动中。1986年，弗莱雷获得联合国教科文组织颁发的“教育和平奖”。

弗莱雷一生著作很多，其中1970年出版的《被压迫者的教育学》是其最有影响的一本著作。该书是他在16年政治流亡的观察基础上，结合早年在巴西的教育活动写成的。由于其教育批判理论和教育改革理论的激进色彩非常浓厚，所以，这本著作在西方社会引起了极大的反响。全书共4章。

一、教育应从人的主体性出发

人的主体性思想，是弗莱雷整个教育思想的基石。弗莱雷指出，在变革世界和历史的进程中，否认人的主体性及其重要性的认识过于天真、过于简单化。必须承认，没有人的世界是不可能的。

但是，人的主体性往往被不公平、剥削、压迫和暴力所否定。因此，被压迫者对自由和公正充满渴望，并开展争取恢复人性的斗争。

---

* Paulo Freire，*Pedagogy of the Oppressed*，Harmondsworth：Penguin Books Ltd.，1972.

人之所以成其为人，就是要参与到同其他人以及整个世界的关系之中。人与动物不同，动物只会适应环境，而人却能参与和改变世界。

脱离世界的抽象的人和没有人的世界都是不存在的。人绝不是抽象的、孤立的、不依赖或不依附于世界的，同时世界也绝不是作为不包括人在内的现实的存在。人是反映和作用于世界，从而达到改造世界的目的的主体。所谓“人的解放和自由”，就是要使人获得主体意识，在批判和改造世界的斗争中，既解放自己，又解放他人。

被压迫者教育学就是作为“人”的教育学而表现出来的。它是培养和发展被压迫者的激进意识的工具。被压迫者的教育学是解放所有人，而解放既不是一种恩赐，也不是一种自我实现，而是一个互动的过程。

二、以“问题提出式教育”取代“银行储存式教育”

弗莱雷把旧教育统称为“银行储存式教育”（the banking concept of education）。在这种银行储存式教育中，知识被认为是那些视自己为有见识的人赐予一无所知的人的礼物。师生关系的基本特征是：教师讲，学生听；教师输出，学生接受；教师一切皆知，学生一无所知；教师施以训导，学生服从训导；教师做出行动，学生幻想行动；教师选择教学内容，学生被动地接受规定的内容；教师是教学过程的主体，学生是客体。

在银行储存式教育中，学生是“容器”或“储藏所”，教师的任务就是不断地创造储存物，强迫学生加以接受和记忆。教师给学生塞得越满，这位教师就是好教师；学生越是愿意被塞，这些学生就是好学生。至于教师塞给学生的东西，则完全是脱离现实的或与学生的实际经验完全无关的内容。银行储存式教育把人当作能适应、可操作的存在物，从而阻碍了学生的批判意识和创造性的培养。教育的全部目的就是要使学生相信压迫者的“神话”谎言。因为压迫者既不希望真相被揭露，也不希望世界被改造。所以，这种银行储存式的教育是扼杀人的观念的一种方式，它否定了教育和知识的获得是一个不断探究和批判的过程。

为了争取被压迫者的解放和自由，必须以“问题提出式教育”（the problem-posing concept of education）取代“银行储存式教育”。在问题提出式教育中，师生共同处于一种对话的关系之中，在感知同一个认识对象的过程中进行合作，提出问题，寻求解决问题的答案。在这种教育中，师生之间的矛盾不复存在了。通过对话，学生的老师和老师的学生，被以师生角色的互换取而代之。师生之间共同合作，不断面临与自己有关的问题的挑战，并不断地对种种挑战做出反应。

“银行储存式教育”通过使现实神话化而掩盖关于人在世界上如何存在的事实，而“问题提出式教育”则以消除神话化为己任；“银行储存式教育”抵制对话，而“问题提出式教育”则把对话看成是揭露现实的认识活动所必不可少的；“银行储存式教育”把学生看作帮助的对象，而“问题提出式教育”则使他们成为具有批判思维能力的主体；“银行储存式教育”阻碍创造性的发展，否认使人成为人的本体的、历史的使命，而“问题提出式教育”则以发展创造性为基石，并促使人真正地反映和作用于现实。总之，“银行储存式教育”的理论和实践作为导向静止和僵化的力量，没有把人确立为历史的存在物，而“问题提出式教育”的理论和实践则把人的历史性作为出发点。“问题提出式教育”肯定人是处于不断变化的过程中的，是现实中未完成的和不完整的存在物，这种特性就规定了教育必然是一种不断发展的活动。“问题提出式教育”作为人道主义和解放人的实践，把教师和学生都变成教育过程的主体。

三、对话是“问题提出式教育”的核心

弗莱雷将对话视为追求自由、解放之目标的教育的精髓。他指出，对话是一切教育活动中最为有效的方法。一个人无论多么“无知”，都能够与他人以对话的方式批判性地看待世界。每个人都有权利以他自己的方式说话，以他自己的方式给世界命名。人生来便是渴望互相交流的，人类是通过必要的交际而建立起关系的。没有对话就没有人类的进步。但是，由于几个世纪以来人民处于受统治者的文化压制的沉默状态，所以使人民对对话产生需要并非易事。由统治者的精英分子提出的对话是垂直式的。在这种对话中，受教育者被认为只需听和顺从，它阻止了受教育者表达他们的思想。

对话应是水平面式的关系。对话的进行有其基本的条件，这些基本的条件是：爱、谦卑、信任、希望、批判性。爱是对话的基础，也是对话本身。如果不爱世界、不爱生活、不爱人民，就不能进入对话。如果只看到别人的无知，如果把自己看作真理和知识的拥有者，就不可能走进人民，也就不可能得到对话的伙伴。信任和希望都是对话的基础，没有了对人的信任，对话必然会变为家长式的操纵；失去希望的人，是不可能真正参与对话的。批判性的意识的产生，只有通过批判性的对话。

作为“问题提出式教育”核心的对话，是在对传统的“银行储存式教育”的教学的批判基础上产生的。在对话中，教师与学生都是主体，教学是在教师的指导下，学生以分析问题的方式进行的感受现实并对之加以分析、从而重建现实的过程。在对话中，对话内容应建立在学生的已有经验的基础之上，对话须激发学生的批判意识和创造性。

四、反对话和对话行动理论的特征

弗莱雷指出，被压迫者的伟大的人道主义的、历史性的任务是解放自己，同时也解放压迫者。因此，他不仅重视行动，也注重理论。

文化行动理论是从反对话式和对话式的策源地发展而来的。反对话是作为压迫者的工具，对话则是作为解放的工具。反对话行动理论的特征主要有：征服、分裂、统治、控制及文化的侵略；而对话行动理论的特征则有合作、联合、组织及文化的综合。

反对话行动的第一个特征是征服。反对话的人与他人交往的目的就在于逐渐地、用一切的手段征服他人。征服他人的愿望始终表现在反对话的行动中。压迫者斥责人民，通过征服而使人们处于消极、被动状态中。分裂和统治是压迫者行动理论的另一个基本特征。少数的压迫者使多数的被压迫者处于征服和从属的地位，压迫者为了维护其统治地位，使被压迫者处于分裂状态。统一、组织和斗争等思想被压迫者贴上危险的标签。在压迫者看来，其利益所在就是弱化被压迫者，使他们分裂，或促使他们之间的分歧越来越大、越来越深。压迫者认为，为了使被压迫者安于现状，瓦解被压迫者是极其必要的。控制及文化的侵略也是反对话行动的重要特征。文化的侵略一方面是压迫者控制被压迫者的手段；另一方面又是压迫者控制被压迫者的结果。

合作作为对话行动理论的特征之一，只有通过交流才可以实现。合作使对话的主体将注意力投向现实世界。对话行动理论要求被压迫者联合起来，以争取自身得到解放。被压迫者反对控制，要求组织。对话行动理论反对权威主义和放纵，强调权威和自由；主张没有权威就没有自由，同样没有自由也就没有权威。文化的综合是为组织服务的，组织的最终目的是为了解放。总之，被压迫者应以合作、联合、组织和文化的综合等理论武装自己，以这些理论来指导被压迫者争取自由和解放的革命行动。

世界应充满人道主义精神，而不是维持使人民遭受压迫的现状。创造一个更好的世界，关注人类的发展和解放。因此，教育应该被视为使个体获得真实的人所具有的自我肯定的手段。通过教育，使人能够对自身及其生活现实有一个正确的认识，并投身于改变现实的斗争中去。统治者和被统治者都以不同的方式被囚禁于现存的社会结构之中，两者都需要解放。显而易见，被压迫者明显地对社会进程是无知的，他们处于文化压制的沉默状态中。通过教育，被压迫者可以批判地意识到他们的现实，重新发现自我，并能积极投身于未来的社会变革之中。

（巨瑛梅）

76. 伊里奇

非学校化社会 1971年*

伊里奇（Ivan Illich，1926—2002）是当代美国教育家和社会批评家。他出生于奥地利的维也纳，曾在罗马的格里大学和奥地利的萨尔茨堡大学学习。1951年获得史学博士学位后，伊里奇被罗马天主教会授命为牧师。同年，他迁居美国，在纽约曼哈顿的爱尔兰及波多黎各移民教区担任教师长达5年时间。1956年，他赴波多黎各担任庞塞天主教大学副校长。在那里，他开始对教育问题产生了兴趣，后担任过波多黎各高等教育和公共福利顾问委员会委员。由于与波多黎各天主教会产生了公开的意见分歧，1960年他被迫离开波多黎各。此后，他越来越激烈地抨击传统的天主教会活动，并于1969年脱离了牧师职业。1961年，伊里奇与友人一起在墨西哥库埃纳瓦卡创建了"多元文化资料中心"。这个中心不仅为改善拉丁美洲人民的社会和文化状况做出了贡献，而且逐渐成为探讨国际性学术问题的一个基地。正是在这一时期，他提出了著名的"非学校化社会"思想。

伊里奇的《非学校化社会》一书出版于1972年。该书猛烈抨击了现代学校制度的种种弊端，号召人们废除学校，以自主学习的网络取而代之，强烈震撼了70年代的国际教育界。他本人因而被看成为"非学校化运动"的倡导者。全书共7章。

一、为什么我们必须要废除学校

伊里奇指出，现代社会一切邪恶和痛苦的根源就是价值的制度化。所谓价值的制度化，指的是人与自己创造出来的制度之间存在着某种异化关系。也就是说，人创造了制度，赋予制度价值，结果制度成了价值的化身，而人却丧失了自身的价值。例如，人创造了医院，医院具有了保障健康的价值，结果，人将自己的健康交给了医院，而不相信自己的保健能力。又如，人创造了学校，并赋予学校教育的价值，之后，人把自己的学习托付给了学校，从而丧失了自学能力。诸如此类，都是价值制度化的表现形式。

为了说明社会的制度化，伊里奇提出了"制度化光谱"的概念。在伊里奇的制度化光谱中，右翼的是一些官僚政治的"操纵性制度"。现代社会中最有影响的制度都集中在光谱的右端，法律、军队、监狱、医院、高速公路等都归属于这一类。学校是最右翼的制度，它最阴险，也最容易给人们造成某种假象。位于制度化光谱左翼的是"愉快性制度"，

---

* Ivan Illich, *Deschooling Society*, New York: Harper & Row Publishers, 1972.

例如，电话系统、邮路、人行道、公共市场等。另外，在光谱的左右两端，都有一些“服务性制度”。但是，位于光谱右端的操纵性制度会导致人们出现社会性或心理性“成瘾”；而位于光谱左端的自我激励性制度则倾向于自我约束。

整个人类社会的历史就是价值制度化的历史。在现代社会中，由于科学技术的高度发展及其无限制的运用，价值的制度化更加严重。对人来说，原本为了驱除罪恶而建立的每一种制度，都成为自动排除故障、自动关闭的灵柩。人被幽禁于他自己制作的、原本用来把潘多拉放出的各种罪恶再关进去的盒子[①]之中。总之，在强大而又神秘的制度面前，人日益丧失其自觉、自为和自律的能力，人的价值和本性也已丧失殆尽；而且，由于价值的制度化，人类的生存也面临危机。因此，恢复人的尊严、快乐和自觉，恢复生活的和谐与世界的平衡发展的唯一出路，就在于价值的非制度化。

在所有的“虚假的公用事业”中，学校是最危险的。高速公路仅仅使人们对小汽车产生需要，而学校则使人们对光谱右端的一整套现代制度产生需要。学校的存在导致了对学校教育的需求，而一旦人们需要学校，则人们的所有活动往往都会依赖于各种专门机构。学校不仅是一种新的世界宗教，而且还是全世界发展最快的劳动市场。学校通过使学生产生受教育的需要，而让学生做好适应生活中异化的制度之准备。

任何一种简单需求若从制度上得到满足，都会导致产生新的贫困阶级以及对于贫困的新的界定。一旦社会将人的基本需要解释为对于科学地生产出来的商品的需求，那么，贫困的标准就由技术官僚们随意更改了。这样一来，所谓贫困就是指在某些重要方面落后于社会上大肆宣扬的消费观念的那些人。例如，在墨西哥，所谓穷人是指所受学校教育不足3年者；而在纽约，则指所受学校教育不足12年者。而倘若贫困一旦成为现代化贫困，便无法再仅仅靠钱财解决了，而是必须通过制度性变革才解决得了。

大多数拉美国家的人对于学校的盲目信任，使他们遭受了双重的剥削：一方面，越来越多的公共资金被用于少数人的教育；另一方面，许多人只得接受越来越多的社会控制。无论在北美国家还是在南美国家，穷人都不可能通过义务教育而获得社会平等。而且无论在哪个国家，学校的存在本身便使得穷人丧失了控制他们自己学习的勇气和能力。学校不仅利用了人们对教育的良好愿望，垄断了可用于教育的财力和人力，而且还阻碍社会其他机构担负教育的重任。

平等的学校教育，与其说暂无实现的可能，不如说从经济角度来看基本上是荒谬的。平等的教育机会的确是一个既理想又可行的目标，然而，将之与义务教育相提并论则无异于将灵魂的拯救与教廷混为一谈。因此，必须打破学校在教育中的法定垄断地位，并废除集偏见与歧视于一体的合法化的系统。而为了有效地打破学校的垄断地位，必须制定一项法律，以禁止以往根据在学校的年限来雇佣、选举及准入学习中心的不公平待遇。

如今的教师具有中世纪教皇所具有的各种权利，而学校制度则履行着有史以来那些强有力的教会所共有的三重功能：既是社会神话的收藏者，又是将社会神话所含种种矛盾加以制度化的承担者；同时又是仪式的实施场所，而这些仪式再生产出并掩盖着神话与现实

① 据希腊神话，主神宙斯命潘多拉带着盒子下凡，潘多拉私自打开盒子，于是盒子里面的疾病、罪恶等祸害跑了出来，散布到世上。

之间的不一致。

因此，现行的学校制度必须予以废除。这不仅因为学校在教育上的无能，而且更为严重的是，学习价值的制度化不可避免地带来了人的无能和社会的两极分化。

几乎所有的教育都是综合的、终身的、非预先安排的。而义务教育的存在则把任何社会都划分为两个领域：某些时段、过程和职业被视为“学术性的”或“教育性的”，而其余的则不是。要使学校化社会发生根本转变，所需要的不仅仅是为正规技能的获得所需要的新的正规机制，以及这些机制的教育的运用，一个非学校化社会意味着一种偶发的或非正规教育的新方式。

人们所知道的大部分知识都来自学校之外。学生的大部分学习都是自己进行的，纵使有老师在也是如此。大多数学习都是偶然发生的，即使计划性很强的学习也不是有计划教学的结果。正常的儿童是在随意中学习母语的，尽管如果有父母帮助则会学得快一些。外语学得好的人大多并非系统教学的结果，而是独特的环境影响的结果，每个人都在学校之外学习如何生存。孩子在没有教师干预的情况下，学习讲话，学习思考，学习热爱，学习感知，学习玩耍，学习诅咒，学习政治，学习工作。越来越多的研究表明，儿童是从同伴、画刊以及偶然的观察中，并且尤其是在仅仅参与学校的仪式中，去学习教师自称要教给他们的大部分东西的。

从对学校的隐性课程的分析可以表明，公共教育将得益于社会的非学校化，正如家庭生活、政治、安全、信仰以及交往得益于一种类似的过程一样。不仅是教育，而且社会现实本身也已经学校化了。因此，无论在何处，不仅教育，而且整个社会都需要非学校化。

一个理想的未来有赖于人们在一种消费型生活中刻意选择一种行动型生活，有赖于形成一种能使人们具有自发性、独立性而且相互联系的生活方式，而不是维持只会导致人们去制作与毁坏、生产与消费的生活方式。因此，必须以“非学校化社会”取代学校，而取代学校的最根本的办法将是建立一个网络或服务机构。理想的教育形式是现行教育机构的反面——学习网络。

但是，要进行根本性社会变革，必须首先改变人们关于各种制度的观念。而若要对学校教育进行改革，则必须首先懂得学校教育既不可能推动个人学习，也不可能促进社会平等，否则，我们就无法开始教育改革。

二、以学习网络取代学校教育

伊里奇指出，以学习网络取代学校教育。从现在的社会向未来社会的转变，必须始于重建各种服务性制度；而且，首先必须重建教育制度，建立使每一个学习者都能自主而又自律地搜集资源的教育网络。

改变过分依赖学校这种状况的途径，不是将公共资源用于建造使人们进行学习的某些新设施，而在于创造出一种人与环境的新型教育关系。作为一个好的教育系统，它应该有三个效用：向所有希望学习的人提供其一生中任何时候皆可利用的资源；使所有希望与他人分享自己知识的人都能找到想从他那里学到知识的人；向所有希望向公众提出问题的人提供相应的机会。

儿童的真正的学习活动所必需的全部资源主要有四种：事物、模型、伙伴和长辈。基于这样一种认识，非学校化社会具有以下四种学习网络：

（1）教育用品的咨询服务。这种服务是为学生利用那些用于正规学习的资料或了解有关过程提供方便。它可以是由图书馆、租书处、博物馆、实验室、戏院的放映室，以及由工厂、机场、农庄等附设的学习中心构成的庞大体系。所谓教育用品的定义相当广，不仅包括图书、文字资料，还包括磁带、生产工具、标本、山川湖泊、飞禽走兽等，几乎可以收集到的一切可用于学习的实物，都可以成为教育用品。要建立这种学习网络，必须采取各种措施，鼓励全社会充分发挥它们的教育潜力。

（2）技能交流。这种学习网络是允许人们登记自己所掌握的技能、为那些想学这些技能的人进行示范的条件以及联系的地址。只要有一技之长，每个人都可以成为技师。技能交流的网络可以由各种类型的技能中心构成。为了保证公众公平地获得技能交流网络的帮助，一是创办免费的技能中心，向所有的人开放，这需要公众的资助；另一个激进的方案是建立技能交流服务银行，每个公民都可得到一笔以便学习一些基本技能的基本贷款，进一步的贷款则由自己提供技能来换取。

（3）伙伴之间的切磋。这种学习网络允许个人为了找到学习伙伴而登记自己希望参与的学习活动。伙伴之间切磋的场所由双方协商而定，俱乐部、游览区、公园以及私人住宅都是理想的去处。另外，废除了学校教育的学校场所和建筑物也可以为这个目的服务。这种学习网络具有广泛的政治意义。城市中伙伴之间的切磋是打破市民依赖官僚政府公共服务的第一步。

（4）专职教育家的咨询服务。专职教育家包括设计和操作、管理网络的工作人员，指导学习者运用网络的辅导者以及排难解疑的导师。理想的教育家是学习者的良师益友，他们给学习者提供的指导是无价的。

（巨瑛梅）

77. 舒尔茨

人力资本投资 1971年*

舒尔茨（Theodore W. Schultz，1902—1998）是当代美国经济学家和教育家，出生于美国南达科他州阿林顿一个德裔小农场主家庭。他曾先后在南达科他州立学院和威斯康星大学学习。1930年在威斯康星大学获得博士学位后，他应聘在艾奥瓦州立学院任教，后任系主任。1943年起，他成为芝加哥大学教授兼系主任。从20世纪50年代中期起，舒尔茨开始以农业经济学为基础，从事人力资本理论的研究和著述。1959年，他发表了关于人力资本理论的第一篇论文：《人力投资——一个经济学家的观点》，标志着他的人力资本理论初步形成。1960年，他又在美国经济学会年会上发表题为《人力资本投资》的演说，成为人力资本理论体系奠基的重要标志。舒尔茨是美国国家科学院院士、美国艺术与科学研究院院士，担任过美国经济学会会长（1960年）等职。他的主要教育著作有《教育的经济价值》(1963年)、《人力资本投资》等。1979年，由于在经济学研究方面的杰出成就，舒尔茨与刘易斯（Arthur Lewis）一起荣获诺贝尔经济学奖。1980年，他曾应邀来中国访问，在北京大学和复旦大学做学术讲演。

《人力资本投资》(*Investment in Human Capital*) 一书出版于1971年。该书的出版在西方经济学界和教育界产生了重要影响，为西方教育经济学的建立奠定了理论基石。舒尔茨本人被誉为“人力资本”理论研究的先驱。

一、人力资本的一般属性

舒尔茨指出，“资本”的传统概念是不全面的，必须加强扩大，以便容纳“人力资本”。

1. 人力资本的作用

人力资本是尚未得到解释的生产力提高的一个重要原因。对人投资不仅能增加人的满足感，而且还能扩大人在工作时做出的生产性服务并促进经济增长。因为人力资源的质量改进是经济增长的重要根源之一。但是，令人感到困惑不解的是，经济文献中的绝大多数经济增长模型都忽视了人力资本这个因素。实际上，如果忽视人力资本，如果不把人力资源明确地看成是一种资本形态，如果不考虑人力资本在现代经济生产中所起的重要作用，那么，这对于资本理论来说是一场灾难，也是经济分析中对资本处理方法的

---

* 本书中译本，蒋斌、张蘅译，北京，商务印书馆，1990。

一个严重失误。

在西方社会，人力资本的增长远比传统资本（物质资本）要快得多，而且这种增长完全可能是经济体制的最显著特征。用劳动对产出的贡献来计量，人类的生产能力现在比其他一切形象的资本总和还要大得多。劳动者掌握的具有经济价值的知识和技能在很大程度上是对人投资的结果。它们同其他人力投资结合在一起是造成技术先进国家生产优势的重要原因。

因此，如果我们考虑了人力资本因素，那么，动态增长经济所面临的许多疑难问题就能迎刃而解，现代富裕之谜就能予以解答。

2. 人力投资的范围和内容

人力资源既有数量大小，也有质量高低。因为增长人的知识和技能而花费的资本同时也增加了人类努力（劳动）的价值生产率，所以它们将产生正值收益率。一般来讲，在人力资本的价值上，可以采用对有形资本货物的估价方法，即根据生产资本货物的支出来估价资本形成的多少。但对人力资本估价时，必须把日常消费开支和资本形成开支区分开来，具体包括：日常消费开支、耐用消费部分的开支和耐用生产部分的开支三类。当然，要准确测度人力投资是困难的。

人力投资的范围主要有以下五个方面：

（1）卫生保健设施和服务。概括地说，包括影响人的预期寿命、体力和耐力、精力和活力的全部开支。卫生保健活动既有数量含义，又有质量含义。

（2）在职培训。人们并没有因教育的不断发展而放弃在职培训，以适应职业教育的增长和对新技术需求的变化。

（3）正规的初等、中等和高等教育。从实际情况来看，教育投资的增长速度一直很快。教育的日常开支包括两部分：其一，教职人员的劳务费、教育设施的使用和维修费，以及教育设施所包含的资本的利益。其二，学生就读期间放弃的收入。如果把教育看作纯投资，教育收益比非人力资本收益更有吸引力。

（4）成人教育计划，特别是农业方面的校外学习计划。

（5）个人和家庭进行迁移以便适应不断变化的就业机会。

尽管人力资本容易被低估和忽视，但事实上，人力资本增长正是我们经济体制的最显著特征。

3. 人力资本的显著标志

人力资本和非人力资本这两类资本都不是同质性的。两者都由多种不同的资本形态构成，因而都是非常异质性的。但实际上，两者之间的差异也是客观存在的。

人力资本的显著标志是它属于人的一部分。它是人类的，因为它表现在人的身上；它又是资本，因为它是未来满足或未来收入的源泉或两者的源泉。没有人能把自己同他所拥有的人力资本分开。他必将始终带着自己的人力资本，无论这笔资本是用于生产，还是用于消费。

二、教育的投资与收益

1. 教育投资的作用

对于一个社会或国家来说，教育投资是十分重要的。人们应该而且会继续高度评价教育对文化的贡献，这是完全必要的；但是，无视教育对收入的贡献是目光短浅、缺乏远见的。实际上，教育已成了经济增长的主要根源。教育不仅具有文化上的作用，而且具有经济上的作用。如果绝大多数人没有文化也没有技能，要实现经济增长是完全不可能的。

教育对消费和收入都是有影响的。教育的消费部分既适合现时的消费，满足消费者的目前生活安宁（如食物），也适合未来消费（如住房）。教育还能改善人的能力，从而提高他们的未来收入。因此，以教育形式出现的投资分两部分：未来消费部分和未来收入部分。其中，未来消费部分具有显著耐用性，因此，就其作为消费来说，主要是耐久消费部分。它不仅具有很强的耐用性，而且比其他耐用消费品更持久。教育无疑比大多数再生产性人力资本形态更为耐用。

教育应该被看作一项投资，将其结果看作资本的一种形式。因为尽管教育在某种程度上可以说是一项消费活动，为受教育的人提供满足，但它主要是一项投资活动，其目的在于获取知识和技能，以便将来得到进一步的满足或增加个人作为一个生产者的未来收入。由于作为人力资本的教育成为一个人的组成部分，因而它既不能被买卖，也不能当作财产来处理。但是，只要它提供有价值的服务，它便是资本的一种形式。

不断投入教育的资源主要由两部分构成：（1）学生在就读期间放弃的收入；（2）为学校提供的资源。相对于非人力资本形成，教育的资本形成既不是一个小的常数，也不是一个恒定的常数。

然而，在教育投资中，人们往往会忽视一个重要的方面，那就是忽视学生在就读期间放弃的收入。实际上，当把各种水平的教育成本加总以后，学生在就读期间放弃的收入占教育总成本的比例明显地随时间而上升了。但应该看到，对学生在就读期间放弃的收入的估计会遇到很多困难，因为从任何给定日期起的被放弃的收入对于不同水平的教育相差很大。而且，它们也因地区和部门、种族和性别、院校类型以及不同的个人收入水平而异。所以，对于学生上中学和大学时放弃的收入的估计依然很不理想。

2. 教育资本量变化的测度

在资本量概念中，除天赋的自然条件、再生产性建筑、设备和存货，还包括人力（也是可再生产的）。这些资源中每一项从给定的日期起都是一个资本量。但这些资源的数量和质量总是能够通过投资加以改变的。

但是，如何测度这些资源却是一个非常困难的问题。就教育资本量的测度来讲，用于教育的实际开支是衡量教育资本量及其在各个时候变化的一种近似的经济尺度。但一种把教育投资视为改进人力质量的手段的方法是通向确定与测度人力资本和非人力资本质量的重要一步。

一般认为，以相应的教育资本量的粗略推测为依据，各国的技能水平存在着差异。例如，在美国，受过中学或大学教育的人数与劳动力的人数相比一直在增加，与此同时其他国家也一直在发生类似的变化，但它们在速度上存在令人印象深刻的差别。

教育资本量会在两个方面变得更有价值：一是人口的文化水平正在提高；二是年纪较小的人在全部教育中占有比以前更大的份额。在计算教育资本量时，可以采用三种概念：（1）完成的学年数；（2）完成的恒定学年数；（3）一学年的实际教育开支。

3. 教育资本的收益率

在教育投资时，必须考虑它的收益率，即教育的收入和成本，然后有效地分配投资资源。因为把教育看作人力资本，仅仅是朝着更全面地核算全部资本迈出了一步。

首先，要确定教育究竟有没有增长利润。一经确定收入在某种意义上确实与学校教育相关，那么，就可以建立理论模式并用来对教育的收益进行估计。如果教育这个变量是有效的，它的系数为正值而且作用良好，就可以进一步确定教育是有增长利润的。除了教育的生产价值外，还要注意教育的消费价值，否则就会低估教育的实际价值。

其次，为了计算教育的收益率，不仅要估计教育带来的收益，而且还必须估计它的成本。考虑收益率，对于有效地分配投资资源具有很大的实际意义。在教育投资中，应该采取适当的措施，最大限度地扩大教育的收益率。

4. 高等教育的投资

高等教育主要从事三种类型的生产活动，即发现才能、教学以及研究。在这三者之间，存在互补共协性。但是，在教育计划中，往往因忽略学生在就读期间放弃的收入而低估了高等教育的大部分实际成本。

实际上，根据教育是一种人力资本的概念，通过高等教育而形成的人力资本远非是同质的。它一部分是消费的，另一部分是生产的。而且，消费和生产还各有许多不同的类型。这些人力资本的价值取决于其提供服务的价值。

在高等教育的投资中，学生在就读期间放弃的收入更值得注意。因为它远远超过通过高等教育形成人力资本的实际成本的一半。

为了有效地进行高等教育的投资，需要极大地改进现有的对高等教育需求的预测。只有这样，才不至于导致错误的推断。在高等教育方面，当所有的投资都按照由可选择的投资机会的相对收益率所决定的优先次序进行时，它将促使投资资源的有效配置。

三、研究的经济特性与价值

研究活动也是经济的一个组成部分，并有着使国民生产总值增长相形见绌的增长率。然而，研究的经济价值并不是那么显而易见的，因为如何估算研究对经济增长所起的作用是困难的。

研究作为一种经济活动，其价值在于：一是为研究人员和社会提供的满足；二是获得经济生活中其他部分对之有所需求的、具有经济性质的新信息。这种新信息又包括两个基本部分：（1）转化为新技艺，即具有经济价值的人类能力的部分，而且一旦获得这种新技艺也就代表了新类型的人力资本。（2）转化为新材料的部分，当这种转化得以实现时，上述新材料也就代表了新形式的非人力资本。

因此，在配置研究资源时，困难的是识别和测度通过竞争让给消费者并成为消费者剩余的收益。但如果做不到这一点，就无法根据可选择的投资机会的相对收益率决定的优先次序来有效地配置研究资源。

（单中惠）

78. 小原国芳

全人教育论 1972年*

小原国芳（1887—1977）是日本教育家，出生于日本鹿儿岛一个贫困家庭，10岁丧母，12岁失怙。作为孤儿的他不得不一改初衷，小学毕业后放弃“想当老师的宏愿”，考入了公费的电信职业学校；毕业后工作了数年，通过刻苦自学，考入鹿儿岛师范学校，后又升入广岛高等师范学校。高师毕业后，小原国芳任教于香川县师范学校；两年后，为提升自己，又考入京都帝国大学攻读哲学，毕业后出任广岛高师附小教导主任。而后他有幸得到进步教育家及文部省次官泽柳政太郎青睐，1919年，应泽柳政太郎之邀出任成城学园主事。在成城学园工作期间，他锐意改革，借鉴乃至引进了美国进步教育的诸多经验及做法，提出“七大目标”作为“教育信条”和“实践信念”，成为其全人教育论的基础。成城学园在他的努力经营下声名鹊起，但在泽柳政太郎1927年去世后，他逐渐失去对成城学园的掌控力，成诚学园沦为升学预备学校。为了实现自己的教育理想，1929年，小原国芳另起炉灶，创建了著名的“玉川学园”，并不断努力创新，到1947年，已把玉川学园建成了一所从幼儿园、小学、中学到大学的完整的教育机构，同时在该校形成了具有特色的全人教育体系。

小原国芳经过借鉴及实践摸索形成的教育思想通常称为“全人教育”。这一理论及实践是对历史上和谐发展教育及全面发展教育的进一步探索、发展乃至深化，具有重要历史意义。

在1921年日本“八大教育主张”讲演会上，小原国芳首次正式提出他的全人教育主张。后在实践及论述中不断深化。小原国芳一生著作颇丰，大多围绕全人教育论展开，形成了完整的全人教育理论体系。《全人教育论》是阐述其有关教育思想的代表作，出版于1972年。全书共5章，包括全人教育论、价值体系论、教育的理想归宿、教师论等。

一、全人教育论

小原国芳认为，教育的内容必须包括人类文化的全部，理想的人必须是全人，“教育必须是绝对的‘全人教育’”，要具备“全部文化”。而当今日本（乃至世界许多地方）

---

* 本书中译文，见《小原国芳教育论著选》（下卷），刘剑乔、由其民、吴光威译，北京，人民教育出版社，1993。

的学校几乎都是“残缺学校”，因为这些学校的所作所为“在破坏真正的人”的形成。他所谓的“全部文化”是由六方面组成的，即学问、道德、艺术、宗教、身体、生活；而真正的教育即“全人教育”，应是人在这六个方面的和谐发展。他认为：学问的理想为“真”，道德的理想为“善”，艺术的理想为“美”，宗教的理想为“圣”，身体的理想为“健”，生活的理想为“富”。而全人教育就在于创造真、善、美、圣、健、富六项价值。

二、价值体系论

小原国芳认为，价值体系问题是教育研究中的重大问题。“只有确立了这个价值体系问题，然后才能确立教育思想，正确选择各教学科目，使教育的各种作用能占据应有的位置。”他在考察了历史上自柏拉图、康德到李克特、穆斯特贝尔等诸位大哲学家的价值体系观点后，从全人教育立场出发提出了如下图所示的价值体系：

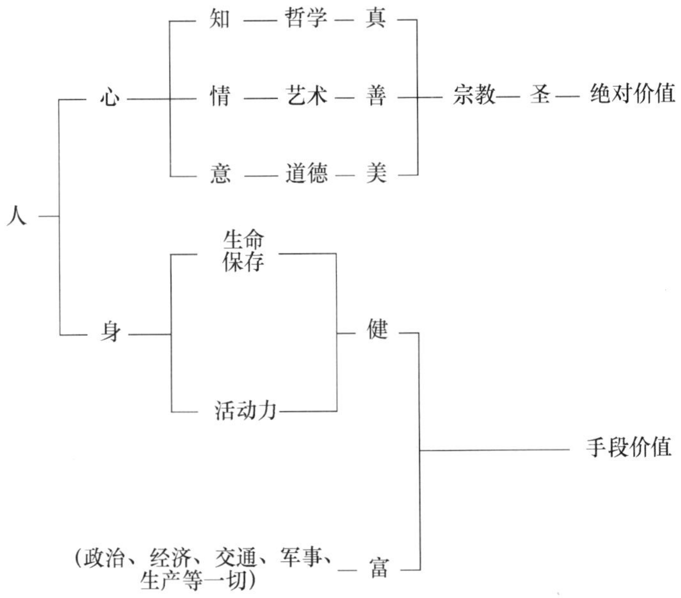

人有身、心两个方面。身体的理想在于“健”，健的价值意义在于“尽可能持续提供绝大的精神活动原动力”。另外，人还必须生活，而生活的理想在于“富”。他所指的“富”含义极广，包括发明、研究、交通、政治、产业、军事、法律等，“富”的价值意义在于实现“真、善、美、圣”，而不是为“富”而富。在精神生活方面，他认为，人的知、情、意三方面分别对应的是哲学（即广泛的全部学问）、艺术、道德，而这三者所追求的理想又分别是“真、善、美”。“真、善、美”各自深入下去就会进入超世界、超经验、超感觉的境界，即“宗教”的境界。“宗教”的理想在于“圣”。在这个价值体系中，真、善、美、圣、健、富六种文化价值是彼此紧密联系的，其中“真、善、美、圣”是绝对价值，“健、富”是手段价值，而“圣”对其他的文化价值起统率作用，使人的心灵最终得到“圣化”。

三、教育的理想归宿

根据上述定义及价值体系，小原国芳详细讨论了全人教育的理想。

1. 学问教育

学问教育的理想在于“真”，即真本领、真学问。小原国芳批评当时日本学问教育中充斥着填鸭式、死记硬背、成名发迹病、追求升学率等种种不良现象，认为这些有悖于“真”的理想。他主张真正的学问教育应启迪学生智慧，使学生热爱真理。这就要求一名真正的教师在进行教学时应注重激发学生对学问的“惊异之心”，培养学生的探索精神和创新精神。“使之掌握”的教育较之“给予”的教育更值得尊重。同时，他主张社会和家庭应形成良好的读书氛围，从而促使儿童读书趣味的形成而学会主动去探求知识。

2. 道德教育

道德教育的理想在于“善”。道德教育的目的是使人成为开拓者和具有为人服务的精神。小原国芳极力反对当时日本当局将道德教育视为一种政治工具，并取消中小学道德科目的做法。他认为，道德学科应是一门中心学科，道德伦理知识对于人的道德修身起着“指南”作用，并且随着时代的需要不断向前发展，道德变迁也需要不断与之适应的道德知识，所以应该设置道德学科。通过道德教育，应使学生感受到人格的尊贵，了解到现实生活中欲望与理性的纠葛，从而树立正确的人生观，即超越喜、怒、哀、乐的人生观。在道德教育方法上，他提倡教师以自己美好善良的心灵来感化学生，使学生成为“完美的人”。

3. 艺术教育

艺术教育的理想在于“美”。小原国芳所提倡的美不是外在的美、形式上的美，而是人内心的心灵美，一种内心的“美”的感受。他认为，人在欣赏美的过程中，也使自己逐渐“完美”起来，所以艺术教育也是培养道德的途径。在中小学中应该通过音乐、美术、舞蹈、建筑、雕刻、制作，特别是戏剧来对儿童进行艺术教育。“学校剧”是一种能很好地综合各种艺术形式，对儿童进行艺术教育的途径。阅读优秀的文艺作品对孩子的情操教育也有很大作用。在科学万能的时代，更应让孩子们经常回到大自然中，了解大自然，体验大自然的美，使儿童的心灵得到“美”的净化，用“美”的目光和胸怀来感受整个世界。

4. 宗教教育

宗教教育的理想在于“圣”。在全人教育中，宗教教育占有极重要的地位。小原国芳认为，“圣”是人的最高价值，教育追求的最高境界就是“宗教境界”。小原国芳所指的宗教并非一般意义上的宗教迷信，而是人所追求的一种“信仰”或“理想”的最高境界。用他自己的话说，是使“人格经验成为一种玄妙的神秘，成为伟大的人格者，成为崇高的艺术，在对庄严的大自然做出全我奉献时，就是宗教生活的实现”。他认为，有人声称公立学校中不能实施宗教教育，这是“毫无道理”的。教师应是虔诚的宗教徒，以宗教的“奉献精神”“传道热情”“虔诚信仰”“殉道决心”，把神圣的爱奉献给儿童，使他们成为“忠于良知命令的人”，臻于“圣”，实现教学的“宗教境界”。

5. 身体教育

身体教育的理想在于“健”。小原国芳认为，进行体育的目的是全体国民的健康，在于促进身体各部分的均衡发展和灵巧性。他反对把体育变成争夺“锦旗”“奖杯”“纪录”而进行的活动。他认为体育的基础是体操，因此，他曾远行瑞士邀请瑞士国家体操队到玉川学园来讲学，从而推动了体操运动在玉川学园的普及。总之，在体育中，学生可以锻炼节制、勇敢、坚毅、忍耐等优良品质。体育是全人教育的重要组成部分，也是实现全人教育目的的重要措施之一。

6. 生活教育

生活教育的理想在于“富”。小原国芳认为，在全人教育中，富是为了实现“真、善、美、圣”四种绝对价值的手段。他鼓励人们去追求“富”，但并不是为“富”而富，更不能为富不仁。与此同时，人们还应学会正确消费和节制，只有“被人掌握了”的“富”才有意义。

此外，为了实现生活教育的理想，为了达到真、善、美、圣、健几方面和谐发展的目的，必须重视“劳作教育”。小原国芳提出“百闻不如一见，百见不如一作”，强调劳作教育的实践意义。学生只有在实在的“劳作教育”中才会锻炼坚强意志，掌握劳动技能，形成知行合一的可贵品质。劳作教育是“圣育”“善育”“美育”“身体教育”“生活教育”“学问教育”的统一体。只有这样，“教育才是真正的教育”，“人才能成为真正的人”。

四、其他

小原国芳在讨论全人教育问题时，还讨论了有关二元矛盾的问题，尤其是个人主义对社会主义、国家主义对世界主义、现实主义对理想主义、自由主义对法制主义之间的关系，并认为“这种斗争、对立、纠葛，不会是一成不变的”，最后会如黑格尔所说的通过“扬弃”或宗教宣扬的宽容等达到协调统一。

小原国芳对教师给予了高度的重视，认为“教育的关键问题是教师”，没有大量合格的优秀教师，全人教育理想的实现不啻水中月、镜中花。他呼吁“必须把第一流的人才绝对集中于培养教师的大学里”，此事是担任国家领导人的“第一要务”。

（李　伟　杨　佳）

79. 富尔 等

学会生存 1972年*

联合国教科文组织于1970年12月根据第16届会议通过的1-131决议，授权其总干事成立国际教育发展委员会。总干事于1971年2月委任法国前总理和教育部长富尔（Edgar Faure，1908—1988）为委员会主席以及其他文化背景和专业背景各不相同的著名人士为委员会委员，以便多学科、多方位地研究世界教育发展问题。从1971年3月到1972年4月，国际教育发展委员会委员实地考察了属于第一世界、第二世界、第三世界的总计23个国家，亲自访问了总计13个国际与区域组织，在教科文组织总部召开了6次行政会议，最后在1972年5月18日由富尔代表委员会向总干事提交了由各委员参与撰写的报告，即《学会生存——教育世界的今天与明天》（*Learning to Be*：*The World of Education Today and Tomorrow*，简称《学会生存》）。

虽然富尔在致联合国教科文组织总干事《呈送报告书》中写道："试图预言这份报告在多大的程度上符合您的期望，或者说，它对世界教育的贡献能有多大，这对我说来，就未免太冒昧了。"但这份报告的意义，正如联合国教科文组织总干事在给富尔的复函中所指出的："这样高质量的一份调查报告肯定了目前指导联合国教科文组织工作的思想，即教育应扩展到一个人的整个一生，教育不仅是大家都可得到的，而且是每个人生活的一部分，教育应把社会的发展和人的潜力实现作为它的目的。……你们的工作已经提出了许多实际的建议，这些建议为联合国教科文组织、许多政府和这个国际共同体提供了行动的指导方针。"

这份报告自始至终贯穿着一条主线：社会把个人的生活分成两半，前半生受教育，后半生工作，是毫无科学根据的，教育应该扩展到人的整个一生；同时，在当前的世界里谁也不能再一劳永逸地获取知识了，而需要通过终身学习或终身教育去建立一个不断演变的知识体系，这就是"学会生存"。

自从该报告由联合国教科文组织公开发表以来，20世纪60年代初形成的终身教育思想更为广泛传播，更加深入人心，并成为世界许多国家指导教育改革的核心思想和大政方针。

《学会生存》的中译本约26万字，前面有富尔写的题为《教育与人类的命运》的序言，正文分成3个部分，共9章。第一部分题为"研究的结果"，其中3章分别是"教育

---

* 本书中译本，华东师范大学比较教育研究所译，北京，教育科学出版社，1996。

问题”“进步与极限”“教育与社会”；第二部分题为“未来”，其中 3 章分别是“挑战”“发现”“目的”；第三部分题为“向学习化社会前进”，其中 3 章分别是“教育策略的作用与功能”“当代策略的要素”“团结之路”。

《学会生存》发表以后，产生了极为广泛而深远的影响。它使终身教育的概念更为全面、清晰、具体，促使终身教育由一种思想转为各国主导的教育政策和普遍的教育实践，因而这份报告被誉为联合国教科文组织一份具有里程碑意义的教育文件。在《学会生存》发表 25 年后，联合国教科文组织国际 21 世纪教育委员会在 1997 年发表的报告中特别指出：“终身教育这一思想是进入 21 世纪的一把钥匙。它超越了启蒙教育和继续教育的传统区别。它与另一概念——人人学习的社会——相联系，在这一社会中，所有一切都为接受教育和开发个人的潜力提供机会。”从中可以看出，《学会生存》所阐述的终身教育和学习化社会的思想具有何等旺盛和强大的生命力。

一、当代教育革新的必要性

教育对于人类生存与发展具有重大意义，因为（1）从生物学上讲，“人是毫无防备的，而且并不特别适合于他的环境。……人之所以今天能够生存，这是因为他积累了历代传下来的、日益丰富的知识，这就是说，因为教育已经广泛传布而且日臻完善”。（2）从社会上讲，“教育是作为人类社会的一种自然特征出现的。在社会发展的一切阶段上，教育对社会的命运都曾有过贡献。……人类历史上最伟大的个人与集体的成就都是和教育分不开的”。

教育的历史发展为人类留下了一份宝贵的遗产，不同国家、不同历史阶段的教育形式、教育手段、教育思想以及其他种种传统都具有各种价值，它们不但是在继承这些传统的国家中成为教育体系获得启示的源泉，而且是世界教育思潮获得启示的源泉。但同时也要注意到，历史上形成的“过时的教条和习俗仍然深刻地影响着教育，而且在许多方面，年轻的国家以输入模式的方式继承了教育体系中不合时代的错误，而古老国家在教育体系方面所受到的不合时代的错误的害处也不少于年轻的国家”，因此，教育的历史为未来的教育提出了双重任务，既要复原，又要革新。

在教育发展的历史长河中，由于制度化的教育，即只培养年轻一代的学校教育占据统治地位，所以不少人仍然相信，学校等于教育。“教育过程仅限于幼儿和成人之间的这一段时间，让经过选拔的一批学生接受知识。学校的目的是，在学生离校时，已经为每一个学生提供了足够的知识，以备他终身之用。”可是，第二次世界大战后世界教育的发展证明，各国政府无论如何大力扩充制度化的教育，并为此投入如何巨额的费用，已经不再能够满足日新月异的社会中的教育需求。

人类历史发展到今天，第一次出现了三种值得特别注意的现象：（1）教育先行，即教育在全世界的发展正倾向于先于经济的发展；（2）教育预见，即教育为一个尚未存在的社会培养新人；（3）有些社会正在拒绝制度化教育所产生的成果，即拒绝使用学校的毕业生。最后的现象说明：当知识变化很慢，而人们又能在几年之内希望“学会”一切足以满足理智上和科学上需要的东西时，为少数人建立的教育体系是有效的。但如果把这种教育体系运用于急剧变化时代的大众教育，而知识数量又正以前所未有的速度激增时，那么这种教育体系很快就变得过时了。“这种教育体系难以适应日益发展的社会的需要。它所教育出来的人没有受到恰当的训练，因而不能适应社会的变化。当这种体系所授予的资格和技术不能满足社会的要求时，这些社会便拒绝接受这些毕业生。”“所以，在20世纪初期，特别是在二战结束以后，我们就感觉到有改变之必要。教育必须更好地适应社会经济的变化，必须更好地符合学习者的意愿和能力，同时教育还必须提供更多的平等机会。”

报告中提供的统计数字表明，世界各国在20世纪60年代已经做出巨大的努力，甚至达到了努力的极限，通过扩充制度化教育来增加儿童和青年入学人数并同成年文盲做斗争，并已取得了相当大的成果，但仍远远不能满足当代个人和社会的需要和愿望，因此，教育改革或革新势在必行。

教育怎样改革或革新？报告指出：“如果我们所采用的手段仍然和过去一样，这种努力也绝不能满足可预见的未来需要。”为了使教育顺利地承担起应负的使命，就要考虑当今世界的特点，诸如人口爆炸、科技革命、经济发展、知识增多、群众崛起、民主思想等因素对教育提出许多新的要求。通过对第二次世界大战后世界教育发展情况的综合分析，报告得出结论：“很久以来，教育的任务就是为一种刻板的职能、固定的情境、一时的生存、一种特殊行业或特定的职位做好准备。教育灌输着属于古旧范畴的传统知识。这种见解至今仍然十分流行。然而，那种想在早年时期一劳永逸地获取一套终身有用的知识或技术的想法已经过时了，传统教育的这个根本准则正在崩溃。现在不是已经到了寻求完全不同的教育体系的时候了吗？我们要学会生活，学会如何去学习，这样便可以终身吸收新的知识；要学会自由地和批判地思考，学会热爱世界并使这个世界更有人情味，学会在创造过程中并通过创造性工作促进发展。”也就是说，在当代的条件下，以终身教育思想为指南构建教育体系已经是必须即刻着手进行的急务。

二、当代教育革新的可能性

报告还探讨了以终身教育思想来革新教育和走向学习化社会的可能性。

1. 科技的发展既给教育带来了前所未有的挑战，也给教育革新创造了有利条件

科技的发展要求“科学与技术必须为教育事业的基本组成部分，科学与技术必须同一切儿童、青年和成人的教育活动结合起来，以帮助个人既控制自然与生产的力量，也控制社会的力量，并从而控制他自己，控制他做出的决定和行为。最后，科学和技术还必须帮助人类养成科学精神，因而使他能促进科学而不是为科学所奴役”。同时，科技的发展也给教育带来了新的教育手段和教育形式。以通信科技发展为例，尽管直到今天学校仍在“继续不断地发挥着它们在教育体系中的重大作用，但是学校和其他各代之间的教育手段和通信工具比较来说，它所具有的重要性不是正在增加而是正在减少。……我们必须清晰地把教育想象为一个为整个社会所设计的连续过程，这个过程不仅包括学校，而且还包括它的传递系统和通信系统，它的各种通信工具以及自由公民间那种有组织的和多样化的相互影响”。报告指出，通信技术正朝着两个相反的方向发展：教育信息的个别化和大众化。个别化意味着每个人（不论是何年龄段）可以根据自己的特殊需要来选择教育信息，而大众化意味着逾百万儿童和成人可以获得教育信息，这样正好可以有利于克服以往教育中忽视学习者个性的弱点和消除教育中不平等的现象。此外，大众通信媒体使知识能够深入那种早期通信方式所不能达到的环境，极大地有助于在数量上和质量上发展个人和社会的学习机会，从而为建立终身教育体系和学习化社会创造了条件。

2. 各门科学的研究成果和发现给教育革新提供了合理依据

报告简述了各门科学如生物化学、心理学、语言学、教育学、人类学、符号学、信息论、运筹学、人类工程学等的新发现和新进展，并阐明了它们对教育的意义和为教育革新开辟的前景和提供的启示。例如，关于大脑的研究表明，人未曾利用的大脑潜力高达90%；早期儿童心理学的研究表明，所有3岁以下儿童发展商数大致是相同的；成人心理学研究也否认了“教育应集中于儿童后半期和青年期，并在这个时期范围内教育不能中断”这个被广泛接受的设想，而提出以下新的见解：“第一，教育应贯穿于人的整个一生；第二，重新教育应该前后相关而并非继续不断的时期进行。”利用信息论、符号学、控制论、运筹学等研究成果，可以改变传统学校教育的方式、手段、内容等，并可以形成新的教育体系和多种教育方式新的组合等。总之，这些研究成果和发现都表明，教学只是为少数青少年设立的并且只能在学校里进行的这种观点是种偏见，终身教育不仅是必要的，也是可行的。报告指出：在当代，教育只有“采纳了终身教育的思想，才能变成有效的、公正的、人道的事业”。而且，终身教育这个概念演变到现在，“从个人和社会的观点来看，已经包括整个教育过程了。……因此，终身教育就变成了由一切形式、一切表达方式和一切阶段的教学行动构成一个循环往复的关系时所使用的工具和表现方式”。“从今以后，教育不能再限于那种必须吸收固定的内容，而应被视为一种人类的进程……人是一个未完成的动物，并且只有通过经常的学习，才能完善自己……教育就要终身进行，要在所有现有情况和环境中进行。这样教育就会体现它的真正本性，即完善的和终身的教育，而超越千百年来硬加在它上面的各种机构上、程序上和方法上的限制。”

3. 世界各国在教育上的各种发明创造奠定了教育革新的现实基础

二战结束以后，无论是发达国家还是发展中国家，不断改变传统的学校教育，扩大教育的时空范围，改变和重组教学内容，涌现出一大批教育革新事物，例如，统一学校、不分级学校、无形大学、模数课程、个别教学等。这些教育革新的目的旨在发展比较有效的和比较灵活的教育形式，成为落实终身教育思想的初步轮廓和教育实践。有关知识的组织与结构正在发生变化，有人创造了一套可以分成许多单元的教学内容，而这些单元又是可以掉换进行的，因此，学生可以按照不同的知识水平选择一条最适合的途径。学习材料也是多种多样的，尤其是通过教育无线电和电视节目发展起来的多种媒体途径而获得的学习材料就更加丰富多彩了；学习的时间不再被分为许多划一的课时，而可以按照学习者本人的进度来进行；学校向社会开放，成为一个多重目的的文化中心，学校的图书馆作为公共图书馆为大众服务，学校礼堂就是当地的剧院、科学实验室、车间、运动设备、无线电、电视广播和资料中心，可以为公众所利用；社会也向学校开放，学生家长和公众可以参与学校管理，各行各业促使学校靠近劳动世界，挖掘校外报刊、图书馆、博物馆、文化馆、电影院及其他大众传播媒体等的教育潜力等。这些充满创意的教育实践就为以终身教育为指南的教育革新奠定了现实基础。“它首先关心儿童教育，帮助儿童过着他应有的生活。同时它的主要使命是培养未来的成人，使他准备去从事各种形式的自治和自学。后一种学习要求为成人发展许多范围广阔的教育结构和社会活动”，从而使每一个人可以根据自己的需求终身受教育。

4. 作为教育革新目标的终身教育和学习化社会并不完全是一种空想

报告承认，在当时的条件下，终身教育不可能一蹴而就，含有一定的空想成分。“但是发展这种教育的前景看来不仅符合当前世界的基本需要和革命的主要方向，而且也适合于各个经济发展水平不同国家所出现的许多现象。从这个意义上讲，这种教育就不是一种空想了。”其前景必然是“一个学习化的社会将会在一个天气晴朗、组织完备、设备充足、闪闪发光的情况下出现在人间”。“社会经济的变化和科学技术的革新，使教育革新成为迫切需要着手进行之事。教育科学的研究、教育技术的进步以及世界人民的觉醒，使教育革新成为可能之事。”

三、当代教育革新的方向——学习化社会

该报告指出：“国际教育发展委员会特别强调两个基本概念，终身教育和学习化社会。……如果我们要学习的东西都必须不断地重新发明和日益更新，那么教学就变成了教育，而且就越来越变成了学习。如果学习包括一个人整个一生（既指它的时间长度，也指它的各个方面），而且也包括全部的社会（既包括它的教育资源，也包括它的社会的和经济的资源），那么我们除了对‘教育体系’进行必要的检修以外，还要继续前进，达到一个学习化社会的境界。”终身教育是学习化社会的基石，学习化社会是终身教育带来的成果。

那么，如何以终身教育为指南“检修”以往的教育体系来开展教育革新，并进而走向学习化社会呢？报告提出若干附以实例说明的原则与建议，强调每一个人终身必须学习而且能够学习，呼吁世界各国政府把终身教育作为制定教育政策的主导思想，并勾勒出如下终身教育体系和学习化社会的一个广泛的轮廓。

限制时间（规定“学龄”时期）与限制空间（一定要在学校里面）的教育必须废除。学校教育不应该被看成教育的终点，而应视为整个教育活动的一个基本组成部分。教育活动既包括制度化的学校教育，也包括校外教育。有一部分教育应该是不拘形式的，并为一种灵活多样的方式所取代。必须避免过长的义务教育，过长的义务教育是某些国家力所不及的。扩充继续教育，不应把它看作由于初等教育平均年限缩短而做出的补充，简言之，必须把教育理解为一个终身存在的连续体。

“封闭的”教育体系应该变成“开放的”教育体系，必须逐步地淘汰初等、中等、高等三级教育之间的严格的区分，一切近路和支路都应该纳入教育的渠道。

应该特别注意促进学前儿童教育。在这项工作中，应该挑选和培植家庭和社区联合的形式，一切可以利用的手段，包括常规的与非常规的手段，都应该用来发展这个基础教育。

普通教育和技术教育应该协调一致；品德与智力的训练应该和谐配合；德育与工作应该密切结合。技术应该既是内容，也是方法，而始终贯穿于教育过程之中。技术教育不必多花钱。对于技术教育，应该用校外职业训练加以补充，而且在许多情况下可以取而代之。应该把训练活动组织起来，使它便于人们在职时重新受训，使它适应人们在各个专业之间的流动转换，使它能够产生从国民经济和受训者本人的观点看来是最大可能的收获，

应该避免狭隘的和过早的专业化。

高等院校应该多样化，大学应该成为为成人和青年人开放的、具有多种目的的机构，一方面为了使学生专业化和从事科学研究，另一方面也为了学生按时升级和继续接受训练。

应该尽力使教育个人化和个性化并为自学做好准备。只要对学习者和社会共同有利，讲授与学习的过程就应该加快。复制和交流教育资料的新技术应以更快的步伐加以采用，而技术一般应该被看作为改进教学方法的资源和促使教育活动更加民主化的手段。

应该使教育管理民主化，一般公众在教育决策中应该发挥更大的作用。

该报告最后还指出，在构建终身教育体系和学习化社会中，世界各国应加强合作、交流与援助，尤其要给发展中国家和社会弱势群体予以特别考虑。

（方　彤）

80. 布列钦卡

教育科学的基本概念 1974年*

布列钦卡（Wolfgang Brezinka，1928— ）是当代德国教育学家。他出生于德国柏林，就学于奥地利萨尔茨堡大学和因斯布鲁克大学，专攻心理学、教育学和政治学，1951年获博士学位，1954年获教授资格。1957—1958年，布列钦卡曾在美国哥伦比亚大学和哈佛大学从事研究工作。从1958年起，他先后在奥地利的维尔茨堡大学、因斯布鲁克大学及德国的康斯坦茨大学担任教育学教授。在理论上，布列钦卡对现代科学实验教育学60年代至80年代在德语国家确定稳固的学术地位起了重要的作用。从60年代开始，他积极地把卡尔·波普尔的批判理性主义引入教育学领域，并在理论上主张"纯"科学教育学，致力于传统教育学向教育科学的转变。① 主要教育著作有《从教育学到教育科学：教育的无理论入门》（1971年）、《教育科学的基本概念》、《教育的元理论：教育科学、教育哲学、实践教育学基础的入门》（1978年）等。

《教育科学的基本概念》一书是德国教育学研究人员的著名的基本文献。布列钦卡在1990年第5次修订版前言里指出，由于传统教育学领域里的许多基本概念模糊不清、良莠难辨，撰写这部著作的目的就在于正本清源，对教育学领域里的基本概念重新进行逻辑实证式的科学探讨，进而为建立现代教育科学、确立实证的教育科学方法论扫清理论障碍。除"导论"外，本书分成"教育""教育目的""教育需求"三个部分。

在"导论"中，布列钦卡明确地指出，只有建立在科学的教育学概念之上的理论才能够正确地指导教育行为。他对迄今以来通用的教育学基础概念提出批评，认为这只是一个从教师角度出发的将伦理价值标准、技术标准和事实标准混为一体的模糊概念，是对某一具体事实的描述性和阐释性表述。不同范畴内的价值系统混淆导致了这样的教育学反过来成了指导教育工作者实践的理论，而不是科学的理论。这些实践中来的教育理论可以称为"实践教育学"。

由于实践教育学主要来自教育者，因此，这样的教育学语言只能是教育者的语言，而他们的语言又受他们的伦理价值观、世界观的限制。所以，实践教育学的基础不是科学思维，而是一种前科学思维。而教育科学把教育行为首先看成是科学研究的对象，这样，就

---

* Wolfgang Brezinka, *Grundbegriffe der Erziehungswissenschaft*, München: Ernst Reihardt Verlag, 1974.

① 根据布列钦卡的观点，教育学（Päadagogik）与教育科学（Erziehungswissenschaft）两个概念是有区别的。

有可能对教育行为以及它的目的、前提和作用在纯科学领域里进行研究，并且建立起新的科学理论。

一、教 育

在对“教育”(Erziehung) 这一概念进行科学定义之前，布列钦卡首先对其进行了细致的历史分析和解构，指出“教育”这个字眼掩盖了许多模糊的概念和定义，急需厘清；而且，“教育”这一概念的模糊不清是一个国际性问题。要科学地定义“教育”这一概念，必须先对其进行分解。首先他对“教育”在一般日常生活语言中的意义做了分析。根据对德文中“教育”一词的词源学考证，动词“教育”原意是指通过力的作用将某一事物从某一个地点移动到另一个较为完好和希冀达到的地点的过程。而在日常语言中，假如我们通过“母亲教育孩子”来观察教育的内涵，那是不清楚的，因为我们不知道母亲称之为“教育”的具体行为是指表扬还是指训责、是给予任务还是其他。在这一前科学“教育”概念中，教育行为的合乎目的性或目的是否达到完全没有得到表述。

在近代教育学专业语言中，对“教育”有四种不同角度的理解，并在此之上对其加以定义。(1) 将教育看成是过程以及这一过程的结果，是一种“塑造”。这一以结果为重点的教育概念理解必然忽视教育手段和前提，人们很难逻辑地得出是如何达到结果的。(2) 描述性的教育概念，一般把教育视为“人类社会和历史的事实”，主张放弃目的和价值观念的介入，然而这种对教育描述性的理解本身就是一种价值。在描述性类型中还有一种是指令性教育概念，教育被看成是按某种事先规定好的纲领来执行。(3) 从目的和作用角度去理解的“教育”概念，不偏重目的，而是偏重作用。这类概念一方面承认教育的目的是决定性的，但目的是否能够达到，教育行为是否有效，并不重要；另一方面，认为只有受教育者达到了某种目的，完成了事先规定的目的，才被看成是教育。(4) 从行为角度去理解的“教育”概念，通常是日常用语中对教育的理解，即某种潜在目的指导下的行为。也有的把行为理解为“计划行为”。这类概念还包括把教育行为看成某种“发生”，即外部世界发生的事物对受教育者产生的教育作用。

布列钦卡认为，以上四个方面都只说明了教育的某个特点，而没有涵盖“教育”这一概念的全部本真意义。在这个基础上，他对上述四个方面进行了精确化工作。

首先，把“行为”作为教育定义的基本出发点。他进一步分析了教育作为某种社会行为的构成要素，例如，行为计划、行为实施过程、行为主体等的相互关系，认为教育作为社会行为不是一种价值，而是把着重点放到“人”上。此外，摒弃了“自我教育行为”的理论意义，因为这不属于教育范畴，而是属于学习范畴的行为。其次，把改善人的心理素质及其结构视为教育作为社会行为的目的。教育的目的不在于让人做什么，而是让人愿意主动去做什么，所以改变心理素质结构是更重要的目的。这种心理素质改变同时涉及四个方面：一是建立某种合理的心理素质；二是向某个合理价值方向改变心理素质；三是获得某种值得追求的心理素质；四是消解已有的某种不合理的心理素质。再次，把教育看成是一种尝试性的社会行为。教育工作者始终应将改变受教育者的心理素质结构看成一种尝试，在从事教学行为时，尚不能完全看到对象的心理素质结构变化，同时也不能排除出现不愿看到的副作用以及其他作用。所以，作为社会行为的教育有强烈的实验性；同时有促进实现合理目的性的特点，这个目的就是改变他人的个人品格，获得具有价值的东西，摒弃不良的东西。最后，作为社会行为的教育主体的问题。教育主体应该是任何一个人，但他必须具备实施教育这一社会行为的能力，并且能够具有改善或使他人获得个人品格的目的。

在对传统的教育概念和定义进行细致分解、分析之后，在充分考虑上述要素的基础上，布列钦卡对“教育”这一概念下了具有高度概括性的定义：“教育是人试图在某种目的之下不断促使改善他人的心理素质结构，或者使其获得该结构中的正面价值部分，或者防止出现负面素质的行为。”

二、教育目标

教育是一种有目的的社会行为，所以“教育目标”也是教育学的一个基本概念。布列钦卡指出，这个重要的概念在德语百科全书以及在教育学手册、词典上都没有引起足够的重视。与“教育”概念不同，“教育目标”这一概念的现存定义比较少，所以他侧重从制定“教育目标”的内容上着手进行分解分析。例如，教育要达到“人性完美”“自我尊重和自我反省”“良知”“社会责任”“爱心”“完美人格”“自由个性”“德智体全面发展”“理性批判”“和平和民主”“反抗权威”“自我决定”等目的。在制定教育目标的时候，有许多层面，如各联邦州的宪法、学校法、大纲及教学计划等，对教育目标的制定会有很大的差异，因此，若要把“教育目标”上升到科学高度，就必须对这一概念进行精确化，而精确化的前提又必须先弄清这一概念中间是否存在误区。

“教育目标”这一概念之所以不清楚，是因为此外还平行存在着许多同义概念，例如，“教养目标”（Bildungsziel），而这一概念又因为“教养”这个概念的历史因素而意义比较含糊。另一个与“教育目标”比较接近的概念是狄尔泰和施普朗格的“教养理想”（Bil-dungsideal）概念。与“教育目标”概念常常混淆的还有“教育理想”“教育目的”“教育任务”等。此外，在近代教育学上，“教育目标”还有和“学习目标”（Le-rnziel）混为一谈的现象。

要厘清“教育目标”并在科学意义上做出定义，首先要确定什么是“目标”。根据在词源学上对“目标”一词的考证，希腊语中的 telos 或拉丁语中的 finis 都有一个最基本的含义，即某一运动的终结点，才能是目标。“目标”是某种行为或思维的终结，虽然与“目的”（Zweck）这个概念很接近，但它们是有区别的：“目的”是与“手段”相关联的，而“目标”是与“趋向”相关联的。接着，布列钦卡对教育目标进行了全面的探讨。

（1）“教育目标”是一个带有目的性的期望值，也可能是一种理想值。这个价值的内容可以不一样，但是都涉及受教育者的人格特点，因此，也就是受教育者的心理素质结构。

（2）“教育目标”是与社会政治体制紧密相连的，常常代表一种文化、一种价值观，甚至是一个国家、一个政府的法令和意识形态。政治和教育之间的关系往往是间接的，一个社会所希冀的国家公民的人格结构不是完全可以由教育来达到的，其他因素如一个社会特有的伦理、世界观、传统、权力机构以及文化生活方式也影响个性的形成。

（3）“教育目标”是由人制定和执行的。当然，教育目标的制定和执行与教育工作者直接相关，但是起重要作用的还有教育理论工作者、教材编写人员等。特别重要的是教育法、学校法的制定者和政治团体、机构、党派、教会及其他社会利益集团，它们直接影响教育工作者实施“教育目标”。此外，一定年龄以上的受教育者对于“教育目标”的执行和实现也有一定的影响。这些因素在具体情况下要综合及区别对待。

（4）在定义“教育目标”时，会遇到目标要求的标准问题。一方面，“教育目标”可以看成是某种理想化了的要求，如果这一目标是理想化了的东西，那么，它与教育者和被教育者没有直接的联系，仅仅只是一种不考虑通过什么手段去达到的理想的人格状况。另一方面，“教育目标”可以看成是教育工作者和受教育者的任务标准和行为指南，这就是说，它不仅对于教育工作者来说具有一定的但并非法律意义上的权威的约束性，同时也对受教育者提出实现所希冀价值的约束性。此外，“教育目标”具有科学的价值相对性，也就是说，“教育目标”不可能没有主观的价值，这种价值取决于“教育目标”的制定者和认同者。

在“教育目标”的功能作用上，确定目标是决定性的，达到目标所需的手段是建立在目标之上的，目标规定得越明确，选择合适手段的可能性就越大。衡量目标是否达到效果、效果如何的标准乃是测试教育行为的成功与否，这要通过期望值与实际值的比较来检验。因此，制定精确的“教育目标”有助于提高教师的社会声望和自我信念，唤醒他们对教育意义的认识。

在上述分析的基础上，布列钦卡对“教育目标”这一概念进行了定义：“教育目标是一种描述为受教育者而制定的理想心理素质或心理结构的标准。教育目标要求教育工作者的行为促使受教育者具备能力，尽可能去实现或接近上述理想。”

三、教育需求

19 世纪以来，“教育需求”逐渐成为教育学中另一个常用的概念。20 世纪 60 年代前后，在德国教育学界曾大量使用这一概念。但是，这个概念在现代科学教育学中的地位如何，是否具有科学性和普遍意义，是否可以作为科学教育学的基本概念，对这些问题需要做出解答。

在对“需求”这个概念做词源学分析时，布列钦卡指出，“需求”的拉丁文意思原为“匮乏”。在词源上看，“匮乏”即是一种必然的需求。因此，“匮乏”在与教育相关的意义上表达了一种人对教育的依赖和必然需要，同时也是人对教育的渴望、要求和追求。这样看来，教育需求似乎属于心理动机范畴，表达了人内心渴求受到教育的心理机制。于是，教育需求基本含义似乎可以视为：“教育是人之所以成为人的必要条件”，如同人需要氧气才能生存一样，人需要教育也可以理解为一种标准，其意义侧重于“人应该得到教育”。如果要将人纳入某种价值规范，那么，教育需求就成了目的方法意义上的某种规范了。如果将教育看成是一种过程，那么，教育需求有一种人的外部影响的意义，比如人对社会影响的依赖性。如果将教育看成是社会行为，那么，教育需求就有别的侧重，比如人有赖于教育行为。在绝大多数的教育学文献中，教育需求都指的是人的一般自然属性，即人生来就有对教育的依赖性；此外，也有将教育需求看成具体的人在某种具体条件和状况下对教育的需求，比如人生命中的某一个阶段等。

在上述的多意性的情况下，布列钦卡提出一个假设性的初步定义：教育需求是人天生必然依赖于他人行为的特性，这些行为是指他人试图在某种目的之下不断促使改善人的心理素质结构，或者使其获得该结构中的正面价值部分，或者防止出现负面素质的行为。

布列钦卡对教育需求的概念是否能在科学教育学中确立其科学性价值进行了逻辑实证分析。首先论证教育需求是否真的是人的基本属性。其次用逻辑实证方法证明了“教育是人的基本需求”这一命题是不成立的。再次，论证了教育本身不足以成为人的基本属性，而是一种主观的期望价值意向。最后，反驳了教育需求的因果说，由于无法证明教育是人之所以成为人的前提，所以也就无法证明教育和人的存在之间的因果关系。在上述分析结果的基础上，布列钦卡提出在科学教育学中放弃这一概念。

总之，教育需求不足以成为建立科学教育学的理论基础概念。与教育目标相反，教育需求不属于科学教育学中的基本概念。这对建立概念清楚的教育科学非常重要。教育需求这一概念不仅没有科学意义，而且是一个具有误导性的概念。它容易给人一种假象，似乎教育在任何情况、任何条件下都是积极的，而实际上在教育实践中有非常重要的一点，即教育的前提是某种具体的决定，而且是不断地需要更新的各种决定。因为教育是社会行为，所以不仅教育的目标需要合理制定，而且教育的手段也要与之相符合，并不是所有的教育行为都是合理的。在教育学中滥用教育需求的概念，就会忽略自我学习和社会陶冶的作用，过分地抬高教育的功能，同时片面地强调教育者在人的形成中所发挥的作用。

（范捷平）

81. 赞科夫

教学与发展 1975年*

赞科夫（Леонид Врадимирович Занков，1901—1977）是苏联心理学家、教学论专家、苏联教育科学院院士。一生有专著20多部、论文50余篇。

赞科夫17岁就开始从事教育工作。20世纪二三十年代，他曾师从著名心理学家维果茨基，从事儿童缺陷学的研究。他对教学论的专门研究始于1950年。1952年，他组建了实验教学论实验室，对学生掌握知识的过程以及观察能力和思维能力的发展问题进行了实验考察和心理分析，撰写了一些学术著作，对改进低年级学生的教学问题提出了颇有见地的观点。他的研究成果为他带来了很高的声誉。

20世纪50年代以来，人类社会进入了第三次科技革命时代。科学技术的迅猛发展要求具有高度一般发展的人才。而当时苏联的教学实验和教学理论存在重知识教学、轻能力培养的倾向和忽视一般发展的问题。苏共二十大对个人崇拜的批判使苏联广大教育工作者从教条主义的束缚中解脱出来。这一切促使赞科夫顺应时代潮流，把实验心理学和心理分析方法引入教育学研究，揭示教学与发展的规律。他认为，教育科学应重视对儿童成长过程的研究，揭示学生掌握知识和心理发展的过程，并以此为依据来安排教学与教育工作，以求达到较好的教学效果，促进学生的一般发展。

1957年，赞科夫开始领导苏联教育科学院普通教育研究所教育与发展问题实验室（1968年更名为“教学与发展问题实验室”），主要就小学教学与发展的关系问题进行了长达20年的全面系统的实验研究。

该实验分四个阶段进行：（1）1957—1961年，为实验的摸索阶段，仅在莫斯科的一个实验班中进行。赞科夫在实验的基础上提出了关于小学教学新体系的设想。（2）1961—1965年，为实验的实行阶段，实验班增至371个，编出了俄语、数学、劳动教学、歌咏等学科的实验教学大纲，还编写了3本实验用参考书。1964年，赞科夫对两轮实验进行了系统的总结，建议苏联教育部把小学学制由4年改为3年。（3）1965—1969年，是实验的推广阶段，参加实验的教师达数千名，学生达数万名。（4）1969—1977年，是实验的总结阶段。在整个实验过程中，赞科夫坚持边实验边总结，采用走出去、请进来的办法，进行了大量的比较调查和跟踪调查，获得了关于实验班学生各方面的真实材料。

1975年，赞科夫的《教学与发展》一书出版，对他主持的长达20年的教育实验进行

---

* 本书中译本，杜殿坤等译，北京，人民教育出版社，1985。

了系统全面的总结。全书分为 3 编 20 章。第一编“实验教学论体系”共 6 章，论述小学实验教学论的研究方法和组织、实验教学论体系的五条原则、教学大纲、教学方法等。第二编“学生的发展过程”共 4 章，通过对实验班与普通班的比较分析，论述了小学生的观察、思维、操作能力的发展过程以及优生和差生的不同的发展过程。第三编“学生的学习”共 10 章，也是通过实验班与普通班的对照，研究小学生的语文、数学、自然、写作和音乐的学习，并以一章的篇幅对全书进行了总结。

以五条原则为重要标志的实验教学论体系，是赞科夫首创的苏联发展性教学的第一例完整体系。这一体系成功地运用了辩证唯物主义的方法论，尤其是矛盾论和系统论，以整体性观点为具体的方法论基础，解释了教学结构与学生的发展进程之间的因果联系，提出了在教学实践中促进儿童的一般发展原则和具体途径，把良好的一般发展看作现代人的重要特征。赞科夫把心理实验方法直接引进教育和科学研究领域，创造性地反映了时代的精神，在教学论与心理学研究相结合方面，达到了世界教学理论研究的先进水平。他的研究成果使苏联教育界对儿童的年龄特点做出重新估计，为增加小学阶段的学习内容提供了依据。苏联 1969 年进行的教育改革把小学由四年制改为三年制，与赞科夫的教学实验有着密切的关系。赞科夫关于教学的双重任务的思想（教学既要传授知识、技能和技巧，又要促进学生的一般发展并在发展的基础上掌握知识、技能和技巧），被苏联教育理论界接受，并体现在 70 年代出版的教育学著作和课本中。他的思想为改变苏联教育学中不注意对儿童的心理进行研究的偏向做出了重要贡献。

一、实验教学论体系的主导思想

本书围绕着教学与发展问题，提出了进行教学实验的几个基本观点。

（1）教学可以走在发展的前面。在教学与发展的关系问题上，存在三种意见：一是把教学与发展看作两个互不依赖的过程；二是把这两种过程等同起来；三是认为教学可以跟在发展的后面，也可以与发展同步，更可以走在发展的前面，推动发展。苏联心理学家维果茨基根据第三种观点提出儿童发展的两种水平——现有发展水平和最近发展区的理论。赞科夫继承了维果茨基的思想，提出了教学应当创造最近发展区，并使最近发展区转化成现有水平。他认为，只有走在发展的前面的教学才是好的教学。教学与发展是互为条件、相互推进的，教学不能消极地等待儿童生理的、心理的自然发展，不应跟着发展走，而是应积极地依靠“那些正在成熟中的机能”，走在发展的前面，“推动发展前进”。

（2）必须对传统教育从根本上进行改革。赞科夫认为，传统的教学过于偏重传授知识，片面强调机械的记忆和训练，其结果是不能促进学生的积极发展。实验证明，传统教学在促进学生发展方面的效果是较差的，没能充分发挥小学生的学习潜力，因此，必须对之进行根本性的改革，建立一种新的教学论体系。

（3）教学改革的主要方向是促进学生的一般发展。

（4）教学应遵循实验教学论原则。

（5）揭示教学与发展客观规律性的基本研究方法是教育实验。只有通过实验才能回答以下一些问题：在传统教学法的情况下学生的发展是否达到了极限？什么样的教学论体系才能给学生的发展带来更大的效果？学生的一般发展进程在两种不同的教学论体系中有什么不同？以一般发展促进高质量地掌握知识和技巧的设想能否成立？

二、一般发展概念的界定

赞科夫建立实验教学论体系所依据的基本思想，是使这一体系“在学生的一般发展上取得尽可能大的效果”，目的是“促进学生理想的一般发展”。“一般发展”是赞科夫发展性教学理论中的一个基本概念。赞科夫对一般发展的含义，做了如下的解释：

（1）一般发展是指儿童心理的一般发展，也就是指儿童个性的所有方面（包括道德感、观察力、思维、记忆、言语、意志）的发展。因此，一般发展也与全面发展一样，是跟单方面的、片面的发展相对立的。一般发展指的是个性的所有方面，它包括整个个性。

（2）一般发展不同于特殊发展。一般发展在学习任何学科和在任何情境中都会表现出来，特殊发展是指在某门学科或领域表现出的才能的发展。二者既相互区别又相互联系，而且互相不能替代。一般发展是特殊发展的牢固基础并在特殊发展中表现出来，而特殊发展又能促进一般发展。赞科夫认为，一般发展是使儿童在人类活动的任何一种领域里从事创造性劳动的基础，使之善于学习并适应社会的发展。

（3）一般发展不同于全面发展。一般发展指的是发展问题的心理学和教育学方面；全面发展主要是指该问题的社会和教育方面。

（4）一般发展有别于智力发展。一般发展，不仅发展学生的智力，而且发展情感、意志品质、性格和集体主义思想。

（5）一般发展这个概念本应包括身体发展和心理发展，但在赞科夫的教育实验中研究的教学与发展问题是有一定局限的，研究的是教学与儿童心理一般发展的关系。

赞科夫认为，教学结构，即整个教学论体系与学生的一般发展之间存在着因果关系。“教学结构是学生一般发展的一定过程发生的原因。”从这一因果关系出发，通过实验教学论体系促进学生一般发展的具体途径是观察活动、思维活动和实际操作，这同样也是了解学生发展程度的途径。

三、实验教学论体系的教学原则

赞科夫从实验教学论体系的主导思想出发，吸取了苏联以往的教学科研成果，依据维果茨基的教学与发展的关系及最近发展区理论，提出了用整体性观点安排教学结构、组织教学过程时必须遵循的五条教学论原则。

1. 以高难度进行教学的原则

这条原则是针对传统教学内容贫乏、陈旧、过分简单、不重视规律性知识的教学状况提出的，是在整个实验教学论体系中起决定性作用的一条原则。赞科夫认为，“难度”在教学论中的含义是指“克服阻碍”和“学生的努力”。“以高难度进行教学的原则的特性，并不在于提高某种抽象的‘平均难度标准’，而是首先在于展开儿童的精神力量，使这种力量有活动的余地，并给以引导。”这就是说，运用的教材和方法能为学生设置应克服的障碍，能引起学生在掌握教材时产生一些特殊的心理活动，使这些知识在以后的认识过程中能引起对这些知识的再思考。这就是知识的系统化，这种系统化的结构是复杂的。赞科夫还指出：“我们指的不是任意一种难度，而是要能认识现象的相互依赖性及其内在的本质联系的那种难度。”

实施这条原则的关键是把握难度的分寸，把难度控制在学生的最近发展区所能达到的程度上。因此，教师要有区别地、尽可能准确地判断全班学生掌握知识的质量和特点，使难度分寸适合于全班学生和个别学生的实际情况。同时，教师还应随着学生水平从现有的发展区向最近发展区的转换相应提高难度，引导学生逐步向更高目标前进。

2. 以高速度进行教学的原则

这条原则在实验教学论体系中起着重要的调节作用。它是针对传统教学论形而上学地看待巩固性原则造成的进度慢、重复多的弊端提出的。这种弊端使学生失去蓬勃向上的学习热情和不断前进的内部动力。高速度教育原则要求教学引导学生“不断地向前运动，不断地以各方面的内容丰富学生的智慧，能为学生越来越深入地理解所学的知识创造有利条件，因为这些知识被纳入一个广泛展开的体系中”，为学生越来越深入地理解所学知识创造条件。

不过“高速度”绝不等于“开快车”“赶进度”，绝不意味“越快越好”。高速度也有一个掌握分寸的问题，即根据能否促进学生的一般发展来决定速度。贯彻这条原则要与贯彻高难度原则相联系，高难度要靠高速度来辅佐，即最根本的是要从减少重复中加快教学速度，从加快速度中扩大知识广度，从扩大知识广度中提高理论深度，即通过加快教学速度来扩大学生视野，深刻理解知识间的内在联系，以知识的广度和深度来达到知识的巩固度。

3. 理论知识起主导作用的原则

这条原则是对高难度原则的补充和限定。它要求高难度必须体现在提高理论知识的比重上，而不是追求一般抽象的难度标准。所谓理论知识，是针对具体的技能技巧而言的，指的是一门课程的知识结构，对具体的技能技巧起统率作用。理论知识起主导作用，就是要让学生在尽可能深刻理解有关概念、关系、依存性的基础上，在充分的一般发展水平的基础上掌握技能技巧。赞科夫指出，传统教学论只看到儿童认识活动中具体思维和感性认识的一面，片面强调传授经验型知识，以训练技能技巧为主，理论知识的传授仅为技能训练服务。他认为，在客观上，科技的发展已使人的感官延伸到客观世界和微观世界，借助现代教学手段可以扩大儿童感性知识的范围，使抽象复杂的概念变得具体易懂；在主观上小学生已具备发展逻辑思维的可能性。因此，应该用相应深度的理论知识去诱发这种可能性，训练小学生的理论思维、逻辑思维、抽象思维，把教学内容的重心转移到学科的知识结构上，使学生学会举一反三，学得的知识能融会贯通，从而加快思维发展过程，促进心理机能的早日完善。

4. 使学生理解学习过程的原则

这条原则与传统教学论的掌握知识的自觉性原则既近似，又有很大的区别。就理解的对象和性质而言，自觉性原则着眼于学习活动的外部因素，即把应当掌握的知识、技能和技巧作为理解的对象。这条原则着眼于学习活动的内部机制，要求学生理解的对象是学习的过程、掌握知识的过程，即让学生通过自己的智力活动去探索获得知识的方法和途径，掌握学习过程的特点和规律。因此，教师应当引导学生自己去学。贯彻这条原则，有利于培养学生的独立性，有利于培养学生的自学能力，使他们在小学阶段就形成良好的学习习惯，为以后的学习打好基础。

5. 使全班全体学生（包括最差学生）都得到一般发展的原则

这条原则是对前四条原则的总结，是大面积提高教学质量的有力保证。赞科夫认为，在传统的教学条件下，即使完全落实个别对待的教学要求，优生的发展仍会受阻，而差生在发展上几乎毫无进展，这是因为没有把学生的一般发展看作最重要的任务来对待。赞科夫的实验教学论特别注意对差生的帮助。他领导的实验室对差生进行了长期的观察和比较研究，指出从心理学角度看，差生普遍具有以下特点：自尊心强；不合群，思想负担重；求知欲低，甚至对学校、学习有反感；观察力、语言表达能力、抽象思维能力差。传统教学不能为差生提供真正的智力活动，把补课和布置大量训练性练习看作克服学业落后的必要手段。其结果是加重差生的负担，阻碍其发展，拉大了他们与其他学生的差距。

这条原则绝不是要拉齐学生的水平，降低教学要求，限制优生的发展，而是要让优、中、差三类学生都以自己现在的智力水平为起点，按照自己最大的可能性，得到理想的一般发展。这就要求教师目标明确，善于发现、培养和发展每个学生的个人爱好和能力，力求将相同的或不同的教学内容，建立在每个学生不同的最近发展区上。

以上五条原则是有机地相互联系的，具体体现在小学教学的结构中，不可把它们分割开来。“每一条原则都是根据它在教学论体系中的作用，根据它的职能，以及根据它与其他原则的联系的特点而具体地表现出来的。”贯彻这五条原则是为了让学生对学习产生“内部诱因，增加和深化这种诱因”。因此，在贯彻这些原则时要尽量开拓学生发展的可能性，必须给个性以发挥的余地。

（诸惠芳）

82. 鲍尔斯　金蒂斯

资本主义美国的学校教育 1976年*

鲍尔斯（Samuel Bowles）是当代美国经济学家。他于1939年出生在一个具有左翼思想的家庭，中学毕业后进入耶鲁大学学习经济。大学期间，他曾去过苏联，后又去奥地利维也纳参加过共产主义青年节活动。1960年大学毕业后，他曾作为一位教育官员去尼日利亚协助工作。1965年，鲍尔斯获得哈佛大学博士学位后留校任教，先后任助理教授、副教授；1974年转赴马萨诸塞大学任教授。鲍尔斯阅读过马克思主义著作，并积极参加了美国的民权运动和反战运动。除与金蒂斯合著的《资本主义美国的学校教育》（1976年）和《民主与资本主义》（1986年）外，其他著作有《制定为了经济增长的教育制度》（1969年）、《在荒地后面》（合著，1991年）、《理解资本主义》（合著，1993年）等。

金蒂斯（Herbert Gintis）是当代美国经济学家。他于1939年出生在一个中产阶级家庭，在费城接受完中学教育后，进入宾夕法尼亚大学学习数学。1959年，即进大学后的第二年，他曾赴法国巴黎大学学习。1961年大学毕业后，他进入哈佛大学攻读研究生，继续学习数学，后转学经济，并于1969年获得博士学位。大学期间，金蒂斯曾积极参加学生运动、反战运动和公民权利运动。1969—1974年，他曾在哈佛大学任教，先后任讲师和助理教授。从1974年起转赴马萨诸塞大学任教，先后任副教授和教授。他还担任过哈佛大学、巴黎大学以及意大利锡耶纳大学的访问教授。除与鲍尔斯合著的两本著作外，其他著作有《不平等：对美国家庭和学校教育的影响的重新评价》（合著，1972年）、《民主与市场》（合著，1993年）等。

《资本主义美国的学校教育》（*Schooling in Capitalist America*）一书是鲍尔斯和金蒂斯两人在美国福特基金会的资助下合作完成的。从1968年开始，历时7年。该书出版后，在西方教育理论界产生了强烈的反响，被认为是西方“新马克思主义派”教育思想的代表作。

一、平等主义教育改革运动的失败

鲍尔斯和金蒂斯指出，在美国自由派教育理论家看来，只要学校教育是免费的和普及

* 本书中译本名为《美国：经济生活与教育改革》，王佩雄等译，上海，上海教育出版社，1990。

的，经济发展过程就不仅与把教育当作促进个人发展和社会平等的工具相一致，而且经济发展也必然会增强教育促进个人发展和社会平等的能力。因此，教育具有三大社会职能：一是统合职能，即学校会把培养出来的具有一定知识技能的劳动力统合到社会经济结构中去。这是教育最重要的职能。二是平等化职能，即学校本身是一部平等化机器，具有追求机会均等或追求平等的作用。三是发展职能，即教育在促进个人心理的和道德的发展方面是一个重要的工具。教育的这三种职能是统一的。此外，持“技术决定—优选任能论”观点的那些人也认为，收入、权力和地位的不平等基本上反映了智力技能、身体技能和其他技能的不平等分配。

但是，对教育史的考察证明了自由派教育理论家以及持“技术决定—优选任能论”的那些人的观点是错误的。事实上，美国的平等主义教育政策并不能改变美国社会不平等的现象。在资本主义制度下，教育必然会受到社会阶级背景和家庭经济条件的影响和制约，因而教育的统合职能、平等化职能和发展职能是不可能统一起来的，学校也不可能成为消除社会经济地位或机会不平等的工具。

在平等主义教育改革运动中，尽管“教育机会均等”的具体方案很多，但对于美国教育结构所产生的影响却是非常小的，至于对于美国经济的收入结构和机会结构的影响就更小了。可以说，教育对于纠正经济的不平等是相对无力的。美国教育的历史清楚地表明了平等主义教育改革运动的失败。这种失败反映了教育在某种意义上是再生不平等的过程。

二、学校教育与经济结构的对应关系

鲍尔斯和金蒂斯指出，大量的事实表明，在资本主义的美国，学校教育与经济结构之间存在着直接的对应关系。这不仅表现在某一特定的时期教育的社会关系对应于生产的社会关系，而且表现在教育结构的变革与生产的社会组织的变革之间有着历史的联系。例如，19 世纪中期的公立学校运动对应于工厂制度诞生的时期；19 世纪末 20 世纪初的进步教育运动对应于公司经济兴起的时期；20 世纪六七十年代的免费学校运动对应于第二次世界大战后经济和雇佣劳动制发展的时期。一般来讲，经济结构的变革领先于学校教育的类似变革。

在美国，统治阶级在教育政策上有两大目标：一是劳动力的再生，二是生产关系的再生。因此，资本主义的劳动分工和阶级关系会反映到学校教育中来，而学校内的各种关系，例如，学校管理人员与教师的关系、教师与学生的关系、学生与学生的关系以及学生与他们的学习的关系则是表现了劳动的等级制分工关系。通过教育的社会关系与生产的社会关系的结构性对应，教育会有助于将青年人统合到经济系统中去。学校教育的社会关系变化，无疑是受阶级结构和经济结构的变化所支配的，并去适应变化着的社会现实和经济现实。但是，这很少为人们所注意。

学校教育的社会组织与劳动的社会组织之间的对应性，显然是美国教育的基本结构特征。由于学校教育与经济结构的对应关系，在教育系统内部也就存在着相应的等级。不同的教育层次为职业结构的不同层次提供劳动者，于是，学校教育就相应地形成了与等级制劳动分工的各个层次相类似的内部组织。在工厂企业中，最低层次强调遵守规则；中间层次强调可靠性以及不需要直接和连续监督的工作能力；最高层次则重视企业规范的内化。与此相对应，在教育系统中，较低层次（初级和高级中学）倾向于严格限制的指导学生的活动；较高层次（师范学院和社区学院）允许有较多的独立活动和并不全面的监督；顶端层次（四年制大学）则强调行为规范。无疑地，学校之间和学校内部的社会关系的差别，在某种程度上反映了学生的社会背景和他们未来可能的经济地位。而且，经济来源的不平等进一步强化了学校教育的社会关系方面的差别。

鲍尔斯和金蒂斯指出，根据学校教育与经济结构的对应关系，人们不难发现，平等主义教育改革运动之所以失败就在于资本主义社会制度和经济结构是不平等的。由于阶级结构和其他权力与特权关系的转变而带来的社会冲突不断变化的特征，导致了学校教育的周期性改革；与此同时，学校教育系统中的变革又强化了资本主义社会基本矛盾的冲突。在资本主义制度的背景下，资产阶级越来越把学校看成是能够提高劳动者的劳动能力同时再生将劳动成果转换成资本利润的社会关系的一种机构。

三、对美国教育历史上三次重大变革的分析

鲍尔斯和金蒂斯指出，从美国独立以后至 20 世纪六七十年代，在美国教育历史上曾发生了三次重大变革。这些教育变革都是对与资本积累过程密切相关的经济结构方面的抉择所做出的反应。虽然每一次教育变革都把“机会均等”作为自己的口号，但实际上资产阶级却把“社会控制”“消融阶级冲突”“资本主义等级制权力关系的合法化”作为其主要目标。

1. 第一次教育变革

第一次教育变革是 19 世纪早期兴起的公立学校运动。其重点在初等教育。当时，工业资本主义制度的确立和发展迫切要求建立新的公立学校制度，以适合社会和经济发展的需求。因此，公共教育方面的不断加剧的紧迫性，成为 19 世纪美国社会的特征。美国教育家霍勒斯·曼在马萨诸塞州领导的教育改革以及公立学校制度的建立，标志着美国社会历史的重要转折。但在马萨诸塞州以外的公共教育的普及不是均衡的或普遍的，而表现出明显的差别。尽管这次教育变革旨在寻找一种公立的、靠税收支持的和不属于任何教派的统一的学校体制，但实际上教育变成了“社会机器的平衡轮”，使学校教育去适应新的资本主义秩序，阻止劳动人民中的阶级意识的发展，消除社会的不安定因素，维护社会的法律基础和经济基础。这确实为解决保守主义者适应社会和经济变化的问题找到了一种革新的方法。

2. 第二次教育变革

第二次教育变革是 19 世纪末 20 世纪初兴起的进步教育运动。其重点在中等教育。当时，由于公司资本的扩张和经济结构的变化，原先公立学校运动的一些理论和方法因不符合时代发展的需要而受到抨击。进步教育运动要求学校教育与社会生活实际保持联系，加强中学课程的职业化和分轨化，旨在适应资本主义经济的发展和社会的稳定。因此，教育上的进步主义时期无疑是与向公司资本主义过渡相伴随的。从某种意义上讲，进步教育运动的本质就是要使再生现代工业生活的社会阶级过程合理化。它既反

映了其强大的上层阶级基础，也反映了它所承担的作为学校教育首要目标的社会控制的义务。

3. 第三次教育变革

第三次教育变革是20世纪六七十年代兴起的免费学校运动。与前两次教育变革的重点不同，这一次教育变革的重点在高等教育。随着进入中学后教育机构学习的人数增加，学院和大学在劳动力的生产、阶级结构的再生以及维护资本主义社会秩序的主导价值中起了一种决定性的作用。这一次教育变革一方面表现为高等教育结构的分层化和职业化，另一方面又表现为实行开放教育、教育民主、学生个性发展以及反对学校教育的压抑性。然而，美国高等教育所形成的一种多层排列的体系，不仅反映了学生家庭的社会地位，而且也反映了每一类学生毕业后将进入的劳动关系的等级性。在这一时期出现的学生运动以及青年的激进主义和反权力主义，正是资本主义社会关系与经济结构不平等的根本矛盾的表现。

通过对美国教育历史上三次重大变革的分析，鲍尔斯和金蒂斯指出，这些教育变革实际上都是资本主义制度内在矛盾的反映。在资本主义制度下，资本积累与资本关系再生这一基本矛盾随时都有可能激化和引起冲突，并必然会反映到学校教育中来，从而引起教育的变革。

四、美国教育变革的原动力

在关于美国教育变革的原动力这个问题上，存在着三种观点：(1)“民主必需论”。它认为教育变革是适应资本主义民主政体的需要。(2)“民众需要教育论”。它认为教育变革的产生是因为民众对于教育的要求和获得教育机会。(3)“技术论”。它认为教育变革是为了适应生产技能要求的提高和劳动力培训的需要。

与此同时，“修正派”教育理论家对于这个问题也提出了他们的看法。他们认为，教育变革是统治阶级为维护与再生资本主义社会制度和经济制度的一种手段，其主要推动力首先是因为学校是在日益不稳定和面临危机的经济和政治体制下对文化上日益复杂多样、经济上日益贫困不堪的人民进行社会控制的力量。

鲍尔斯和金蒂斯指出，“民主必需论”“民众需要教育论”“技术论”这些观点都有根本的不足之处。它们不仅前提是错误的，而且在教育史上也找不到任何依据。与此同时，他们比较赞同“修正派”的看法，但在一些本质方面又与“修正派”不同。他们指出，希望通过教育变革来建立平等而民主的教育制度，进而促进社会和经济结构的平等化是不现实的。因为美国教育体制的形成和发展是政治和经济的产物，之所以出现政治和经济的冲突是由资产阶级资本积累和生产控制权的不断扩大以及这一过程所固有的矛盾造成的。因此，教育变革是强烈的社会冲突的产物。

美国教育历史表明，在美国教育舞台上具有独立力量的主角过去是将来也一定是劳动和资本。应该看到，通过掩盖积累与再生之间的基本矛盾，学校教育系统在维护资本主义社会秩序和经济结构方面发挥了重要的作用；但也应该看到，在资本主义制度下，学校教育也为劳动人民带来了一定的利益。

鲍尔斯和金蒂斯最后指出，如果学校教育变革有助于社会秩序的改善，那么，它肯定是更为普遍的革命运动的一个组成部分。这个革命运动显然并不局限于学校教育，还包括社会生活的一切领域。因此，人们应该有这样一种认识：教育变革必须对经济生活的根本民主化起作用；同时，要想建立一个平等而自由的学校制度，需要对经济生活进行一种革命性的改造，在美国开展一场革命性的社会主义运动。

（单中惠）

83. 克雷明

公共教育 1976年*

克雷明（Lawrence Archur Cremin，1925—1990）是当代美国教育家、历史学家。他出生于美国纽约，早年曾就读于纽约市立学院，被选为美国大学优秀生联谊会会员，后在哥伦比亚大学师范学院获得硕士和博士学位。从1949年起，他在哥伦比亚大学师范学院任教，先后任讲师（1949—1951年）、助理教授（1951—1954年）、副教授（1954—1957年）、教授（1957—1990年）。任教期间，克雷明有机会与美国教育家杜威交往，并在思想上受到其影响。他曾担任哥伦比亚大学师范学院院长达10年（1974—1984年）。他还担任过美国教育史学会首任会长、美国全国教育学院教师协会会长、美国全国教育科学院院长等职。1981年，他曾来我国短期访问讲学。克雷明曾撰写了很多著作，其中《学校的变革》（1961年）一书是他的成名作；美国教育史三卷本——《美国教育：殖民地时期的经验（1607—1783年）》《美国教育：建国时期的经验（1783—1876年）》《美国教育：都市时期的经验（1876—1980年）》——是他去世前所取得的重大研究成果。1976年出版的《公共教育》一书第一次提出了“教育生态学”的概念，在美国教育理论界乃至西方教育理论界产生了重大的影响。

《公共教育》一书系克雷明1975年2月在约翰·杜威学会的第十五次约翰·杜威讲座上的系列讲演，出版于1976年。该书被认为是教育生态学诞生的一个标志，在对教育理论发展的影响上可以与约翰·杜威的《民主主义与教育》相媲美。全书除“前言”外，共包括四篇论文（讲演稿）。

一、进步教育理论对美国公共教育的影响

克雷明指出，进步教育理论是20世纪前半期美国教育思想的主流。进步教育理论的一个基本问题是学校与社会的关系，因此它实际上仅仅把注意力限于学校以及学校与社会的关系。但是，在许多进步教育经典论著中，对学校与社会之间的关系阐述得最清楚的是美国教育家杜威1916年出版的《民主主义与教育》。尽管人们（包括教育工作者和教育决策者）对进步教育理论有着不同的看法，但事实上，进步教育理论仍在影响着美国公共教育。

在美国20世纪60年代教育改革运动和进步教育运动之间，存在继续性和相似性，那

* Lawrence A. Cremin, *Public Education*, New York: Basic Books, Inc., 1976.

是显而易见的。它们都声明反对学校教育中存在的弊端和不公平状况，都紧密地联系社会和政治的变革，都表现出多样化；但同时它们本身常常又都是自相矛盾的，而处于两难境地。1960 年，英国教育家尼尔的《萨默希尔》一书出版后，在美国激起了极大的反响，此后 10 年内每年的销售量达 20 万本。但是，尼尔所阐述的大部分思想是在尝试美国二三十年代进步主义学校的这种或那种做法。1970 年，美国教育家西尔伯曼的《教室里的危机》一书出版后，又在美国引起了广泛的注意，并成为最受重视的现代进步教育理论著作。西尔伯曼说：假如我们考虑教育的话，我们不能把注意力限于教室里，因为教育并不与学校教育同义，儿童以及成人在校外学习的知识如同在校内学习的知识一样多，或许还要多一些；从整体上看，教室中的危机仅仅是美国社会更大的危机的一个方面。克雷明认为，西尔伯曼的这种分析显然追随了杜威主义者考虑学校与社会之间关系的轨迹。

但我们可以看到，在 60 年代教育改革运动中存在的矛盾心理，一方面有些人支持自由学校，另一方面有些人支持非学校化。同时，我们也可以看到，在 70 年代中存在的一种更危险的形式，即美国人的观点已从把学校教育看作社会理想的一个工具迅速摇摆到不再着迷于学校。

在对进步教育理论分析的基础上，克雷明指出，在日常生活过程中，教育是偶发的；在学校教育中，教育则是有意的。但是，我们在看到学校教育是重要的同时，也应该看到美国社会的其他教育力量，例如，家庭、社区、学生团体、电视和大众传播工具、合作训练计划、图书馆、教堂、童子军等也是重要的。尽管它们在种类和特性上是与学校教育不同的，但它们都提供了一种教育。必须认识到，所有人都是广泛地受到教育的，而且往往是有力量的；而学校生活虽是有意识的教育，但并不完全是很有力量的。

二、教育生态学的趋向

在这里，克雷明首次提出了“教育生态学”（ecology of education）的概念，并据此给“教育”下了这样的定义：教育是通过有意的、系统的和持久的努力来传播、激发或获得知识、态度、价值、技能或情感；教育正是由这种努力所产生的所有结果。它既包括自我教育这一重要领域，也包括行为、选择和爱好，又包括知识和理解。因此，与社会学家称之为“社会化”的过程或人类学家称之为“适应社会文化”的过程相比，“教育”这个过程要受到更多的限制。

以上对“教育”的定义，为我们设计了除学校教育之外在个人和机构方面受教育的多样化。个人方面受教育的多样化，包括来自家长、同伴、兄弟姐妹、朋友等；机构方面受教育的多样化，包括来自家庭、教堂、图书馆、夏令营、慈善组织、农村集市、住宅区、工厂、广播电台和电视网等。

克雷明又指出，在理解、行为和感觉方面，来自政治、商业、技术等方面的现象或许比教育更能产生有意义的变化。因为所有这些现象都是有教育意义的，经常塑造着人类并影响人类的命运。社会作为一个整体始终是一个教育资源。

因此，根据教育生态学的观点，新的教育结构应该是一种系统的、精心设计的、以社区为基础的教育，以便使所有的机构和潜在教育者都发挥作用。在这种教育结构中，每一种机构又与其他机构以及整个社会相互作用，整个社会支持着这种机构，反过来，这种机构又影响着整个社会。同时，在这种教育结构中，各种机构之间的联系可能是一致的或相互补充的，也可能是有差异的或互相矛盾的。例如，学校和家庭对于儿童的智力发展可能都是关心的，但教师更多的是要求，而家长更多的是抚养；或者，教师可能设法通过提供智慧、道德和职业的选择使儿童获得自由，而家长可能会去压制儿童的自由。

在教育机构与社会稳定和变革的关系上，由于教育机构向青年一代传播文化，因此，它们在维护社会稳定和发展中以及激发和促进社会变革中起了重要的作用。教育生态学理论认为，教育机构与其他机构和整个社会之间的关系是：社会维持了这些教育机构；反之，社会也受到了这些教育机构的影响。

教育生态学的方法和模式的要点，在于表明教育情境的范围和复杂性。既要看到家庭的培养、课程的教学、工厂的学徒训练、青少年时期的情感交流、政府的宣传、商店的广告都是有教育意义的；又要看到它们的影响有时并不是协调一致的，甚至常常起到错误教育的效果。

为了摆脱在更大范围的公共教育（即大众娱乐形式）和学校教育之间不断发生冲突在教育理论上的窘境，就必须对教育理论重新进行系统的阐述。否则，在教育理论上的窘境是无法克服的。但这种重新的系统阐述，必须与社会和教育机构的变革同时进行。

因此，任何一个国家的教育计划或国际教育计划都必须注意使教育贯穿人的一生。其目标首先是必须建立将帮助每一个人始终维持其学习生涯的结构和方法；其次是通过自我教育的形式去帮助每一个人达到最高和最真实的水平。

三、教育生态学与公共教育

克雷明指出，在第二次世界大战后，人口激增、工业社会的迅速发展以及60年代民权运动等因素，特别是大众电视的普及，不仅极大地改变了美国的家庭教育，而且也极大地改变了美国的公共教育。

根据教育生态学观点，在考虑公共教育及教育政策制定的问题时应注意以下三种方式：

（1）综合地考虑教育。公立学校在美国已有一个多世纪的历史，但是公立学校从来不是单独或孤立地起作用的。它总是作为教育结构（包括家庭、学校、教堂、图书馆、博物馆等）的一部分起作用的。这种情况表明，公立学校是有力量的，但又是有限制的。事实上，公众是通过许多教育机构（一些是私立的，一些是公立的）而受到教育的，公立学校仅仅是公众受教育的重要的公共机构之一。不仅在美国，而且在其他国家，都是利用许多不同的机构去教育公众的。因此，在考虑教育时，应该考虑到各种教育机构，既包括学校和学院，也包括公共图书馆、公共博物馆、日托中心、广播和电视台、公司、工厂、农场等。

（2）有联系地考虑教育。首先，这意味着，要意识到财政和人力资源的分配以及随之而产生的教育成效问题；同时，这也意味着，无论何时，在进行教育努力时，必须不脱离其他教育机构，而与它们是有联系的。对学校来说，最重要的是要使学生养成一种与其他教育者联系的意识，并发展一种与其他教育者打交道的能力。学校教育要注意与家庭教育、电视教育、职业教育的联系；学校教师要与日托中心工作人员、儿童百科全书编辑等其他教育工作者保持联系。儿童和青少年进学校可以学到很多知识和养成获取知识的能力，但他们同时也可以在家庭里以及从周围熟悉的环境中学到知识。这种情况并不表明学校是没有力量而家庭是强有力的，而只是表明应该有联系地考虑教育，因为家庭、社区以及其他机构是同等的教育机会。

（3）公开地考虑教育。这意味着，由于公共教育问题是社会的最重要的问题之一，必须公开考虑在不同的水平（例如当地、州、地区、联邦和国际水平）和不同的地点（例如法院、行政机构以及私人和私营企业公司）为公共教育制定的政策。应该从我们生活的社会以及要我们的儿童去生活的社会出发，去考虑使学生获得什么知识、价值观、技能和情感。因此，在考虑教育时，应该考虑到在我们社会里要有公众的合适教育和实际上合适的公共教育，就需要重新公开地进行一次关于公共教育的对话。在一个民主社会里，预言是教育的基本的社会功能。

四、教育生态学与师范教育

克雷明指出，教育生态学的方法会对教育者的教育产生影响。这种影响表现在：首先，现在的教育学院应该综合地看待教育，考虑到教育过程贯穿于整个生活之中，存在于所有的情境和教育机构之中，存在于各种不同的社会和文化关系之中，存在于过去、现在以及想象的未来。其次，现代的教育学院应该有联系地看待教育，把每一种教育事务或工作与所有其他必然会影响它的教育事务或工作联系起来。

具体来说，在训练方面，教育学院应该重新界定和安排，直接地考虑所有涉及教育的工作、职业和专业，使教育学院不仅仅为了学校教师和学院教授，而且也为了家长、图书馆工作人员、管理者和出版者等。在课程方面，教育学院应该从不同的教育情境中引出问题、资料和例子，并在各种教育机构中进行实际教学和校外教学；应该使准备从事教学工作的人员具有更多的有关教育机构模式的经验、更多的有关受教育者的经验以及更多的有关年龄期的经验。在学术成就方面，教育学院应该更好地制定教育研究和发展的计划；应该更好地造就新的教育领导者，使他们能够考虑整个公共教育政策，能够深思教育资源的分配和不同教育机构的任务，能够帮助对教育目的和政策的讨论。

因此，教育学院如果能够综合地和有联系地考虑教育，它实际上就提供了一种现代的预言者的学院模式。

（单中惠）

84. 巴班斯基

教学过程最优化——一般教学论方面 1977年*

巴班斯基（Юрий Константинов Ъабанский，1927—1987）是苏联教育家、教学论专家。他出生于罗斯托夫州一个农民家庭，22岁从罗斯托夫师范学院毕业后到中学当物理教师，其间，通过在职进修获得教育科学副博士学位。巴班斯基1971年成为苏联教育科学院通信院士，两年后获教育科学博士学位，一年后成为苏联教育科学院正式院士；1975年任该科学院附属的高级教师进修学院院长，主持教育学理论和历史科研部的工作；1979年担任苏联教育科学院副院长，直至去世。巴班斯基生前还兼任俄罗斯苏维埃社会主义联邦共和国中央理事会会长、全苏“知识”协会附属心理学和教育学传播委员会主席、苏联最高学位评定委员会教育科学评议会主席等职。巴班斯基一生有论著300多部（篇）。他主编的《教育学》被列为苏联师范院校公共必修课教材。由于巴班斯基杰出的组织工作和学术研究成果，他曾被苏联有关部门授予苏联教育科学界最高奖励“乌申斯基奖章”以及“劳动红旗勋章”等。

巴班斯基毕生致力于教育科学研究。从20世纪60年代起，他就以罗斯托夫地区的普通中学为实验基地，潜心进行教学教育过程最优化理论的研究，形成了具有丰富内容和积极现实意义的、颇有新意的教学理论，在苏联和其他国家引起了强烈反响。1972年问世的他的博士论文《教学过程最优化——预防学生成绩不良的观点》，就是在总结罗斯托夫地区许多学校大范围消灭留级现象、提高教学质量的先进经验的基础上撰写的。

此后，他又在罗斯托夫地区的两所学校内进行了为期4年的教学实验，根据实验结果撰写并于1977年出版了《教学过程最优化——一般教学论方面》。这是一部全面论述教学过程最优化理论的奠基性作品。此后，他在莫斯科等地推广教学过程最优化理论，并在总结实践经验的基础上于1982年出版了姊妹篇《教学教育过程最优化——方法论原理》等著作。

《教学过程最优化——一般教学论方面》由序言、6章正文和结束语构成，论述了教学过程的结构和教学过程最优化的理论基础，分析了教师在最优化活动中的典型困难和最优化组织教学过程的条件，提出了为预言学生成绩不良而采取的系统措施以及对优秀生实施教学过程最优化的途径。

教学过程最优化理论的产生，是与苏联教育改革中出现的问题和取得的成就直接相关

---

* 本书中译本，张定璋等译，北京，人民教育出版社，1984。

的。在巴班斯基之前，许多学者已从不同的侧面对教学过程最优化理论进行了深入研究，其中尤为突出的是苏霍姆林斯基的帕夫雷什中学实验。巴班斯基本人在罗斯托夫地区所进行的长期的教学实验，为该地区大范围消灭留级现象所创造的经验，更直接地为该理论体系的创立提供了实际材料。巴班斯基教学过程最优化理论借鉴了最优管理的一般理论，同时运用了系统论、控制论、信息论、心理学等理论，吸收了新的和旧的教育理论中一切积极因素，综合了各学派中有关最优化研究的成果，予以提炼提高，最终形成了完整的教学过程最优化理论体系。

一、教学过程最优化的定义

巴班斯基把辩证的系统—结构方法作为自己的理论体系的方法论基础，其中包括整体观、系统观、矛盾观、综合观、发展观、真理的具体性等。这就是说，巴班斯基的理论把构成教学过程的所有成分、师生活动的一切内外部条件看成是相互联系的，在相互联系中考察所有教学任务和完成这些任务可能采取的形式和方法。因此，教学过程“最优化并非是某种特殊的教学方法或方式”，而是科学地指导教学、合理地组织教学过程的方法论原则，是在全面考虑教学规律、原则、现代教学的形式和方法、教学系统的特征以及内外部条件的基础上，教师对教学过程做出的一种目的性明确的安排，是教师有意识、有科学根据地选择一种最适合某一具体条件的课堂教学模式和整个教学过程的模式，组织对教学过程的控制，以保证教学过程在规定的时间内发挥从一定标准来看是最优的作用，获得可能的最大效果。

（1）教学过程最优化理论中，“最优化”一词具有特定的内涵，它不等于“理想的”，也不同于“最好的”。“最优化”是指一所学校、一个班级在具体条件制约下所能取得的最大成果，也是指学生和教师在一定场合下所具有的全部可能性。最优化是相对一定条件而言的，在这些条件下是最优的，在另一些条件下未必是最优的；过去或现在看来是最优的，现在或将来看来就未必是最优的。

（2）教学反映着教师活动和学生活动的辩证统一。因此，教学过程中应予以最优化的参数本身是双方面的。教学过程最优化不仅要求科学地组织教师的劳动，还要求科学地组织学生的劳动。

（3）教学过程最优化不是具体的方法，“而是教师工作的一项特殊原则，是解决任何教学教育任务的一定的工作方法，专门用于在规定时间内（尽可能在较少的时间内）以较少的精力达到当时条件下尽可能最大的效果”。因此把效率和效果结合起来考虑，要求在一定的具体条件下，以最少的时间和精力消耗取得最大的效果。

二、评价教学过程最优化的基本标准

评价教学过程最优化的基本标准有两条：效果标准和时间标准。

1. 效果标准

效果标准是指每个学生在教学、教育和发展三方面都达到他在一定时期内符合其最近发展区的实际可能达到的水平（但不得低于规定的及格水平）。这条标准包含三层意思：（1）要从学习成绩、品德修养、智能发展三个方面全面衡量效果；（2）评价效果要有客观标准，这就是国家规定的教学大纲；（3）评价要依据具体条件和实际可能，强调的不是现有的实际学习可能性，而是最近发展区内的实际学习可能性。

2. 时间标准

时间标准要求教师和学生都遵守规定的课堂教学和家庭作业的时间定额。

巴班斯基认为，把这两条标准具体化，可以把教学过程最优化的评价标准规定为：（1）在形成知识、技能和技巧的过程中，在形成某种个性特征、提高每个学生的教育和发展水平方面可能取得的最大成果；师生用最少的时间取得一定的成果；师生在一定的时间内花费最少的精力取得一定的成果。（2）为在一定时间内取得一定成绩而消耗最少的物资和经费。

教学过程最优化可分为总体最优化和局部最优化。总体最优化要求以综合地解决教学、教育和发展任务为目标，以效果和时间、精力、经费等的最低消耗作为衡量最优化的标准，要求学校领导、全体师生、家长共同完成最优化任务。局部最优化是根据总体目标的一部分或按照个别标准完成最优化。

总之，教学过程最优化就是把社会的具体要求与师生的具体情况、所处的环境和正确的教学原则结合起来，制定最佳的工作方案，灵活而坚决地予以实施，从而取得最优的教学效果。

三、教学过程最优化的方法体系

巴班斯基认为，教学过程最优化的方法体系是指相互联系的、导致教学最优化的方法的总和。这一方法体系由教师的最优教授方式和学生的最优学习方式两部分有机地组成，它既包括教学过程的五个基本成分（教学任务、教学内容、教学方法、教学形式、教学效果），又包括教学过程的三个阶段（准备、进行、分析结果）；既包括教师的活动，又包括学生的活动，强调师生力量的协调一致，从而找到在不加重师生负担的前提下提高教学质量的捷径。教学过程最优化方法体系包含以下八个基本方法。

1. 综合规划学生的教学、教育和发展任务，注意全面发展

巴班斯基通过深入研究，为教师拟定了综合规划任务的程序：（1）教师要认真钻研教学大纲、教科书和教学参考书，周密考虑学生在学习某个课题时可能完成的教学、教育和发展任务。（2）教师要根据学生的年龄特点、学业程度、教育水平和发展水平去具体确定任务。（3）教师比较各种任务的意义和完成任务所需的时间，从中确定主要任务。（4）教师确定每堂课的“最高任务”。按这样的程序综合设计和具体确定教学任务，就能同时完成多项任务，大大提高教学效果。学生要领会教学任务并在自己的活动中积极地予以实现，还要考虑自己的可能性，提出补充性任务。

2. 深入研究学生，具体落实任务

巴班斯基提出要研究学生实际的学习可能性。实际的学习可能性是指以个性为中介的、决定具体的个人在学习活动范围内潜在的内部和外部条件的统一。

内部条件包括：（1）个人接受教学的能力、思维、记忆等基本过程和属性的发展程度；（2）学科的知识、技能和技巧；（3）学习劳动的技能和技巧；（4）对个人的工作能力有特殊影响的身体发展因素；（5）个人的学习态度；（6）对学习有特殊影响的教育因素。

外部条件包括：（1）家庭、文化环境和生产环境的影响；（2）教师、学生集体和教学物质基础等的影响。

为了更好地判明学生的实际学习可能性，必须有比较完整的研究学生的大纲和一套行之有效的研究学生的方法。巴班斯基提出：该大纲包括七个项目：学生参加公共活动的积极性和劳动创造性、道德修养、学习态度、学习认识活动的技能技巧水平、学习毅力、身体素质、家庭的教育作用。研究学生的方法包括观察、谈话、诊断性作业、研究有关文件、教育会诊等。教育会诊法类似于医生给病人看病，即在班主任的主持下，有任课教师、校医、家长代表等参加讨论全班学生鉴定的会议；与会者充分发表意见，找到个别学生学习不良和行为欠佳的原因，确定用共同的力量去排除那些原因的方法。

3. 依据教学大纲，优选教学内容，确定内容重点

巴班斯基提出了优选教学内容的七条标准：（1）教学内容的完整性；（2）教学内容的科学价值和实践价值；（3）突出主要的、本质的东西；（4）教学内容必须符合各年级学生的可能性；（5）教材安排必须符合规定给该教材的课时数；（6）考虑教学内容的国际水平；（7）教学内容应符合当前教师的可能性和学校教学物资设备的可能性。

此外，巴班斯基又规定了教师在优选教学内容时的工作程序：（1）深入分析教科书内容，判断它能否完成特定课题的教学、教育、发展任务；（2）从教学内容中划分出最主要的、最本质的东西；（3）考虑学科之间的协调；（4）按照分配给本课题的教学时数安排教学内容；（5）保证区别对待差生和优生。

4. 根据具体情况选择最合理的教学方法

巴班斯基把教学方法分成三大类：（1）组织和自我组织教学活动的方法；（2）激发和形成学习动机的方法；（3）检查和自我检查的方法。

第一大类从传递和感知知识信息的来源分成口述法（讲述、讲演、谈话）、直观法（图解、演示等）和实践法（练习、实验、劳动等）；从传递和感知知识信息的逻辑分成归纳法和演绎法；从思维方面分成复现法和问题探索法；从学习管理方面分成学生独立学习法和教师指导下的学习法。

第二大类分成激发和形成学习兴趣的方法、激发和形成学习义务感和责任感的方法。

第三大类分成口头检查和自我检查法、书面检查和自我检查法、实验实践检查和自我检查法。

巴班斯基认为，每种教学形式和方法都有自己的优点和不足，有自己的适用范围，实施教学过程最优化必须根据具体情况选择合理的方法，而且教学方法具有辩证统一性，各种方法相互渗透，师生从各方面相互作用，因此，教师应该根据教学阶段的目的任务、教材内容的特点、学生的可能性和教师运用各种方法的可能性以及现有的教学条件来选择教学方法，并对教学方法进行最优组合，配合运用。

5. 采取合理形式，实行区别教学

对学生进行区别教学是教学过程最优化的一个重要方法，为此，必须把全班的、小组的和个别的教学形式最优地结合起来。区别教学不是简化教学内容，而是对学生进行有区别的帮助。学生则应尽可能依靠自己的优势方面，改善自己的薄弱方面。

6. 创造必要条件

不为教学创造必要条件，教学过程最优化是不可能的。这些条件包括：教学物质条件、学校卫生条件、道德心理条件和审美条件。这些条件有的由科学—教学法机关、国民教育机关来保证，有的由校长和教师来创造。

7. 随时调整教学活动

由于在教学过程中常会出现意外情况，需要迅速改变教学方法，因此，教师善于对变化了的情况灵活地做出反应，是教师掌握教学过程最优化的重要标志。

8. 分析教学效率，确定最优速度，节省师生时间

这个方法要求根据教学最优化的标准，分析教学结果是否符合达到预定的教学任务的目标，分析时间的消耗量是否符合学校卫生标准所规定的时间定额。

以上八个方法构成了教学过程最优化的完整的方法体系。只有综合运用整个方法体系，才可以认为真正实施了教学过程最优化。

四、教学过程最优化的教学过程的基本环节

巴班斯基用系统论的观点把教学过程最优化的教学过程划分为六个环节：（1）教师研究学生、学生集体、教学条件、教师本身的可能性等，并在此基础上明确教学的社会目的和任务并使之具体化；（2）考虑全班学生的特点，使教学内容具体化；（3）教师根据系统的特点，计划教学手段，对教学活动的形式和方法做出最优的选择；（4）把教师教学的影响与学生的学习认识活动统一起来，形成师生在教学上的相互影响；（5）对掌握知识、技能、技巧的情况进行日常检查和自我检查，及时调整教学过程的进程；（6）师生共同分析教学过程一定阶段的结果，查明未解决的问题，供设计下一个周期教学过程时参考。

这些环节既反映出教师和学生的直接的相互影响，又反映出他们之间间接的相互影响。其中任何一个环节都不单纯是讲授或掌握的环节，而完全是教学的环节，在这里教授和掌握这两个过程完全融合在一起。教学过程最优化的教学过程的基本环节结构，一方面反映了教与学的统一性，另一方面也强调了教师活动在教学过程中的指导作用。

五、教学过程最优化的教学规律和教学原则

巴班斯基认为，教学过程最优化的教学规律有：（1）教学过程受社会制约的规律；（2）教学过程中教与学相统一的规律；（3）教学与个性发展相统一的规律；（4）在讲授过程的一个周期中计划、组织、调节和检查学生学习活动相统一的规律；等等。巴班斯基从整体观出发，认为每项教学原则应依次相应于教学过程的各个基本成分和主要要素，从这些教学规律中引申出了自己的教学原则体系，并使教学过程的每个基本成分和环节最优地发挥作用。

由此，巴班斯基提出了以下教学原则：（1）教学过程旨在个性全面而和谐发展的方向性原则；（2）教学与共产主义建设实际相联系的原则；（3）教学的科学性原则；（4）教学的可接受性原则；（5）教学的系统性和连贯性原则；（6）为发挥教学过程的作用创设最优的条件原则；（7）全班、分组和个别的教学形式相统一和最优结合的原则；（8）口述的、直观的和实践的教学方法最优结合的原则；（9）在教师指导下发挥学生在教学中的自觉

性、积极性和独立性的原则；（10）再现的与探究的学习认识活动相统一和最优地相互联系的原则；（11）尽力激发和诱导学生形成良好的学习态度的原则；（12）保证在教学中随机应变地进行检查和自我检查的原则；（13）知识、技能和技巧的巩固性、理解性和实效性，教养效果和教学效果相统一的原则。但巴班斯基要求不要过分夸大某个原则的作用，要求在运用这些原则时掌握最优的分寸。只有综合地运用这些教学原则，才有可能设计和实施最优化的教学过程。

巴班斯基还为上述原则的实施拟定了更为详尽的教学规则，形成了教学规律→教学原则→教学规则三个层次的、操作性渐强的控制体系。这是教学过程最优化理论的重要特色。

（诸惠芳）

85. 赫梅尔

今日的教育为了明日的世界 1977年*

赫梅尔（Charles Hummel）曾任瑞士教科文组织全国委员会秘书长、瑞士常驻联合国教科文组织的代表。1975年，在日内瓦举行了第35届国际教育会议。会后，主办单位国际教育局邀请赫梅尔写一份研究报告，描述近两年来世界教育的发展状况、主要趋势和取得的成就。于是，他写了《今日的教育为了明日的世界》一书，1977年由联合国教科文组织出版。

《今日的教育为了明日的世界》（*Education Today for the World of Tomorrow*）全书共5章：第1章"教育改革与革新"；第2章"终身教育的发展"；第3章"教育民主化"；第4章"教育与社会"；第5章"未来教育的发展"。

一、教育的改革与革新

赫梅尔指出，教育改革和革新是第二次世界大战后一场世界性运动。这是贯穿全书的一个基本论题。

改革和革新既有区别又有联系。"改革"总是面向未来的创造行动，改进令人不满意的现状。它包含着对未来的憧憬，在变化了的环境中塑造新人的形象，对社会进行重新设计。"革新"是一种按照某种预期目标以改进实践的有意识的尝试，但它也不排除制定同旧的目标无关的新目标、政策或职能。真正的革新总是含有为了寻求未来而提出的新目标。

每一种教育制度的改革总要事先考虑教育目标和目的等问题。教育的目标就是对人、对历史、对和社会生活相联系的各种关系制度等进行冷静思考的结果。目标虽然指出了基本方向，但却永远不可能达到，它永远属于理想世界；而目的则属于教育政策的范围，旨在解决社会所遇到的问题。因此，每一种教育制度都是以其目的和目标之间的辩证关系为特征的。教育目的和目标是与产生它们的社会的愿望、结构和决定力量相一致的。它们具有三种普遍标志，即人的性质、社会性质和知识性质。每一种教育制度都体现一种人的憧憬、一种社会规划和一种认识观念。

对各种教育制度的分析表明，它们不仅基于各种明确的目的和目标，而且基于含蓄的原则和方针。而明确的目标和含蓄的目标总是远非一致的。明确的目标和目的表现在宪

---

* 本书中译本，王静、赵穗生译，北京，中国对外翻译出版公司，1983。

法、法律、官方公文等政治文件中，可是它们常常是夸大其词的。这在一些发展中国家表现得十分突出。例如，这些国家谴责文盲是一种可耻的现象，但是却把大部分教育经费用于发展中等和高等教育，而忽视初等教育，尤其是成人的扫盲教育。因此，要实现真正切实可行的目标和目的，一方面应当考虑到目前的社会文化背景；另一方面也要考虑到探索未来的一些研究，因为教育活动的基本目的在于未来。

关于教育的新目标，赫梅尔引用了联合国教科文组织出版的《展望：教育评论季刊》1976年第一期上的一段话，即教育必须关心以下价值准则：

> 1. 自治：最大限度地提高个人和各个团体的认识、知识和技能，以便他们能尽最大可能管理个人和集体的生活。2. 平等：使所有公民能受到同等的基础教育，以便他们都能参加文化和经济生活。3. 生存：允许每一个民族世世代代保留和丰富自己的文化遗产，但是，也要用教育引导他们彼此了解和在世界范围内认识到人类的共同命运。

从20世纪70年代开始，许多国家对它们的教育制度进行了大刀阔斧的改革。但这种改革的热情在随后的几年中已有些低落下去。其原因是多方面的，例如，经济危机使教育经费遭到冻结或削减，这就自动中止了花费很大的改革。

实施教育改革要经过很周密的计划，必须明确：(1) 教育改革只有和国家总政策一致，才可能达到目的。(2) 教育制度内部的各项政策也要协调一致。(3) 只有一切有关人员（包括家长、师生等）都真正参与，教育改革才能真正成功。(4) 在教育革新过程中，教师的合作和支持是基本的。(5) 尽管教育的改革和革新主要是各国自己的事情，但区域或国际间的合作也是十分必要的。

二、终身教育

赫梅尔指出，自从地球上有了人类，终身教育就存在了。但只是在20世纪60年代，终身教育才得以概念化。它是国际合作的产物。终身教育概念的发展，可以与哥白尼学说带来的革命相媲美，是教育史上最惊人的事件之一。

但是，不能把终身教育和成人教育相混淆。成人教育只是终身教育体制的一个方面。

终身教育要适应有关社会的现实和需要。工业化国家和发展中国家有不同的需要。在文盲占很大比重的地方，成人的识字教育构成终身教育的重要方面；而在一个很先进的国家中，终身教育可能会关注人们的闲暇问题。

实行终身教育的前提是要有一种新的适合于时代需要的教学法。要唤起学生的兴趣、好奇心和热情；要善于引导受教育者将其命运掌握在自己手中；要使他们学会工作、研究、发明创造；要培养他们进行自我训练和自我教育。终身教育制度的模式于20世纪70年代初首次公之于世。

回归教育的概念是在20世纪60年代末出现的。它主要是关于成人教育的一种制度。它在终身教育中占有适当的位置，是终身教育的一个具体环节。回归教育的基本原则是：旨在建立一种“轮训”制度。按照这一制度，每个人在学习中断后都有重新学习或受训练的机会，因而在人的一生中，工作或闲暇时期和受教育时期可以交替进行。

建立回归教育制度的理由首先是教育平等的思想。然而，这种制度还有其他重要的优越性：它能使教育和实际工作更紧密地结合起来；它能使年轻人更快地投入实际生活，使他们负起成年人的责任；它能使教育更好地适应劳动力市场的需要；它能缓和由于中等教育的扩大而给高等教育带来的压力。此外，如果接受高等教育的是学习目的明确的成年人，则教育的效果可能会更好些。

三、教育民主化

赫梅尔指出，教育民主化是全世界所有国家都关心的问题，是一个无穷无尽的课题，并且是一个实际上包含所有教育问题的概念。从更深刻的意义来理解，教育民主化反映了人类渴望一个更公正的世界。

教育民主化首先要求教育方面的机会均等。但在第三世界国家中，由于缺乏资金，教育制度还没有发展到足以使所有儿童都能入学，学校成了产生不平等的因素。在教育方面，存在某些条件特别不利的群体，例如，移民工人的子女、难民、身体或精神有缺陷的人、边远地区的人等。他们的问题长期被忽略或忽视。

在国际妇女年（1975 年），关于女孩教育受到歧视的问题得到了广泛的讨论。几乎所有存在这个问题的地方，都已采取行动或计划给予女孩和男孩同等的受教育机会。同废除一切形式的教育隔离的总趋势一样，男女同校正在世界各地普遍起来。教育机会均等，特别是不歧视女孩，在很大程度上取决于母亲，取决于她们的态度、她们的帮助、她们的理解和她们推动孩子受教育的能力。

所有按照扩大民主化的路线改革教育制度的国家都采取了减少教育不平等现象、特别是消除社会文化障碍的措施。其次，教育民主化和平等的概念正在不断发展。几年前，它几乎只限于受教育机会的问题。现在，教育机会均等的概念正在扩展到在学习中获得成功的机会平等。最后，参与的问题是教育民主化的一个基本方面。没有学生的参与就没有教育的民主。

四、教育与社会

1. 教育和发展的关系

赫梅尔指出，一个国家的一般发展水平和其教育制度的发展水平之间是有联系的。然而有一个时期，人们实际上用国民生产总值的增长来鉴别发展。后来人们认识到，这种办法过于简单化了。发展不只是经济的发展，社会和文化方面的因素也同样重要。发展的最终目的是为个人，使个人享有《世界人权宣言》中所规定的一切基本权利。单单依靠教育是不可能促进发展进程的，但是教育是社会发展的基本因素。许多国家对于它们在教育领域中所做努力的结果表示失望。它们给教育事业投入了巨额资金，然而，国民生产并未成比例地提高，社会不平等和不平衡增大了，失业问题和农业人口的外流日益严重。造成这种结果的原因是教育没有和发展中国家的需要相适应。

2. 教育和劳动部门的关系

赫梅尔指出，只有教育和劳动（工作）部门之间广泛地协调一致，社会、经济和文化才能和谐地发展。在世界范围内已出现了一种新的倾向，即重视技术和职业教育，并且在普通教育中特别是在中等教育的初中阶段增设技术课程。有的国家甚至在学校里安排生产劳动。

3. 教育和农村的关系

赫梅尔指出，农村地区的教育尚不发达。发展中国家的农村是入学率最低、文盲率和辍学率最高的地区。农村学校的教育常常不能适应农业人口的需要。特别是在非洲，那里在很大程度上仍然受到殖民地时代遗留下来的影响，教育的“书生气”太重。因此，需要“教育的农村化”，即采取一切措施使教育制度适应农村人口的需要。例如，在农村地区建立更多的学校，由教师为居住分散的孩子提供巡回教学，吸引青年农民从事教学职业等。教育农村化的最重要方面是课程和教材要适应农村社会的需要。

4. 教育和文化的关系

赫梅尔指出，文化和教育是紧密相连的，它们是同一个事物的两个方面。一方面，使文化代代相传的是教育，开辟文化道路的也是教育；另一方面，文化的教育作用也是多方面的，教育的基本方向来源于文化。听音乐、参观博物馆或画廊、读小说、看戏，都是教育的行为，也是参加文化活动的各种形式。当今，教育和文化比以往任何时候都更加紧密地交织在一起了。

五、未来的教育

赫梅尔指出，未来的世界教育将呈现出以下趋势：

（1）教育规划应纳入社会发展的总政策，即它应是各种长期发展和革新的总计划的一个组成部分。教育规划不仅要考虑数量的因素，也要考虑质量的因素。

（2）教育的未来主要取决于外在因素而不是教育制度的内在因素。政治、经济、社会和文化情况将决定未来的教育。人们越来越明显地看到，决定人类未来命运的重要问题就是建立新的国际经济秩序。但是，一个新的世界秩序不能只是经济的，它也应是社会的和文化的。这一新的世界秩序不论是否能成为现实，都将决定未来教育的发展。

（3）目前正在世界各地采用的各种非正规教育形式将继续占有重要的地位。

（4）终身教育的概念最终将改变全世界的教育面貌。教育制度将变得更连贯、更复杂和更庞大。

（5）教育民主化的趋势将持续下去。教育平等的含义不再是对所有的人给予同样的教育，而是给予每一个人最好的教育。

（6）国际性和地区性组织在未来的教育发展中将起日益重要的作用。整个世界的互相依存关系变得越来越明显了，因此，教育领域中的国际合作也就更加必要了。

（赵卫平）

其中的观念体系，而泯灭自己鲜活的个性”。

（2）师徒式教育。这种教育的特色是完全以教师为中心，教师的权威具有神奇的力量，学生对教师的爱戴带有绝对服从的特点。

（3）苏格拉底式教育。在这种方式的教育中：1）师生处于一个平等的地位；2）师生都可自由思索，没有固定的教学方式；3）教师运用“精神助产”方法，而不是强制性的灌输，唤醒学生潜在的力量，激发学生探索求知的责任感及欲望；4）对学生而言，由于这种教育是靠自己的努力逐步认识真理、探索道德，因此他们所受的教育就不是单单地增加知识，更重要的是整个精神得到生长。

雅斯贝尔斯指出，前两种教育类型扼杀了教育中的人（教师、学生）的个性，忘记了什么是真正的教育；而苏格拉底式教育在教师和学生处于平等的地位下，开展“反讽、助产术、归纳和定义”，在对话、交流与争论中发掘学生的潜力，从而逐步帮助学生获得知识、认识真理、提升精神。他认为这种教育适合全人的培养，应予以提倡。可惜的是，经院式教育传统在我们当下的教育中仍然根深蒂固。

雅斯贝尔斯亦推崇孔子。在教育思想和方式方面，认为教师与学生之间是一种平等的关系，都应当使用“善意的争辩”，一步一步，循循善诱，使学生获得“道”，也就是真理。

雅斯贝尔斯认为，民主政体、贵族政体或专制政体都无法通过重大的政治行为来消除世界的不合理现象，社会改善的先决条件要求每个人都受教育，以便能自我教育。

教育是引导“回头”即顿悟的艺术，是灵魂的眼睛抽身返回自身之内，内在地透视自己的灵肉，知识也必须随着整个灵魂围绕着存在领域转动。教育就是生成，是习惯的不断形成与不断更新，这是一个人秉承自持的重要过程。

三、学校的目的

雅斯贝尔斯认为，教育过程首先是一个精神成长的过程，然后才成为科学获知过程的一部分。学校应为一个人创建一个智力和精神的基础。创建学校的目的，是将历史上人类的精神内涵转化为当今生机勃勃的精神，并通过这一精神引导所有学生掌握知识和技术。今天在大学和技术学院则渗透着：无休止地招收学生，增加所谓必需的讲座和练习，像填鸭般地用那些诸如形式下之“器”的东西，塞满学生的头脑，而不顾本真存在之“道”的一再失落，这无疑阻挡了学生通向自由精神之通衢。不成系统的专业和知识，传授考试技巧等，这些都削弱了原初的精神生活，削弱了学生的反思能力，以及独立自主的个性和对一个问题反复思考的习惯。

四、教育的过去、现在与未来

雅斯贝尔斯认为，过去和未来都在现在之中，人要达到现在的深度就必须装备历史的传承和学会如何记忆。我们应持这种态度：既不能落入过去，也不能转向未来，而是完完全全存在于现在之中。我们必须对自我所担当的责任有清醒的认识。这一责任存在于每个人的日常生活中，存在于我们的冲动和感觉之汇总中，存在于我们生活的指南和与人交往中，也存在于所有大大小小的决定中。这些决定并不仅仅是为我们自己，而且也是为了事物本质的发展。同样，这一责任还存在于我们对人的看法、对文化密码的再现、人们所遵循的准则、人们所指向的最终目标中；我们实现自由的行动，对自由我们是有责任的。我们就是自由，我们就是被给定为自由的人。

五、教育的精神

雅斯贝尔斯认为，在我们时代里，精神命运必然决定教育的内涵。

教育的统一性是社会统一性所给定的，例如，教堂、地位和民族。教育是一种方式，和特殊的社会构成一样，是通过多少代人的传承而保留下来的。因此，当社会发生根本变革时，教育也要随之而变，而变革的尝试首先是对教育本质问题的追问。由此可知，对教育的反思是一个国家和社会的大事。教育在单个个人的心中成为人类全体未来的希望，而全体人的发展又是以单个个人教育发展为基点的。

教育须有信仰，没有信仰就不成其为教育，而只是教学的技术而已。因此，我们常听到一些教育口号并没能把握到教育的真正本质，例如学习一技之长，增强能力，增广见闻，培养气质和爱国意识、独立的能力、表达能力，塑造个性，创造一个共同的文化意识，等等。

教育是极其严肃的伟大事业，通过培养不断地将新的一代带入人类优秀文化精神之中，让他们在完整的精神中生活、工作和交往。在这种教育中，教师不是抱着投机的态度敷衍了事，而是全身心地投入其中，为人的生成——一个稳定而且持续不断的工作而服务。

教育，不能没有虔敬之心，否则最多只是一种劝学的态度。对终极价值和绝对真理的虔敬是一切教育的本质。

六、教育的意义和任务

雅斯贝尔斯看到19世纪教育与科学分道扬镳，学校培养出来的科技人员只是服务于某些目的的专业工人，而缺乏人的陶冶。而本真教育的延续将奠定控制科技和军事带来的灾难之基础，对整个教育问题的反思，必然追溯到教育的目标上去。人类的将来，取决于本真教育的能否成功。教育改革的真正条件是人的回归。

一个民族的将来如何，全在于父母教育、学校教育和自我教育。一个民族如何培养教师、尊重教师，以及在何种氛围下按照何种价值标准生活，这些都决定了一个民族的命运。此外，雅斯贝尔斯还分析了科学与教育、自由和权威、教与学、精神教育内容、历史、德国历史及政治教育等问题。

“教育无用”与“教育万能”都是不正确的，教育只能根据人的天分和可能性来促使人的发展，教育不能改变人生而具有的本质。但是，没有一个人能认识到自己天分中沉睡的可能性，因此，需要教育来唤醒人所未能意识到的一切，而人类是有着无限发展的可能性的。

七、教育的必要性

雅斯贝尔斯认为，只有教育才是立国之本。无论如何，我们的安全仍然掌握在原子强国的手中，但是我们的道德、政治和精神的未来，以及历史上作为民族存在的价值，则掌握在我们自己的手中。因此，国家所能做的一切，以及将来仍然最具有政治意义的事情，还是教育。

教育方面的失误是对未来影响的开端。在这方面不会立刻看出国家领导的失败，而是在许多年后这种失败才会突出地暴露出来。假如明智的政治家在本质上是个大教育家的话，假如他尽其精神力量并顺应教育的天赋行事，肯花费多出目前好几倍的财力，那么，依靠新一代人的复兴才成为可能，也才可能在这个走向毁灭的时代奠定未来的基础。

八、大学的观念和任务

雅斯贝尔斯还讨论了大学的观念与任务。他认为，大学是研究和传授科学知识的殿堂，是教育新人成长的世界，是个体之间富有生命的交往，是学术勃发的世界。大学的基本原则是：经过思考去运用一切工具和全面发展人的所有潜能，让学生在一切行动和信仰上做出自己的抉择，并通过认知让他们完全清楚地意识到自己所负责任的意义。由此可以确定两个原则：一是研究和教学的统一；二是教育与培养过程的统一。大学教育通过参与大学的精神生活，让学生通过自我教育获得深具内涵的自由。而大学里的所有关系都应保持苏格拉底式的方式，没有任何人是不会犯错误的权威，不论面对着何等伟人，独立和自由仍然是真理。

重要的不是记住学过的东西，而是判断力的训练。我们需要的能力是在任何时候可以自己动脑筋去找到必要的知识，可以从不同的角度去思考事物。大学教育的特色在于教育的科学性上，它强调培养学生基本的科学态度。这种科学态度表现在，为了客观地认识和分析事物，能够暂时撇开自我的价值评价，超越某一学派的一孔之见，以及自己目前意愿的局限去进行工作。科学不允许人们只为眼前这样或那样的一时需要去思考，而将重要的东西置之不顾。科学的最大特性是怀疑和质问一切的精神，对事物进行谨慎而有保留的判断，并对这一判断的界限和适用范围进行检验。

哲学教授应生活在大学的理想之中，并且意识到自己有责任去创新、去建设和实现这一理想，他不必讳言知识的极限，但是他要教授适当的内容。大学教学可以分为三个层次：学习哲学知识，参加哲学思考，使哲学思考转化为日常的生活。

哲学是一件完整的东西。它光照我们一切的经验，指引我们的所作所为；它经常用批判反思的目光注视我们自己以及自己的感觉；它使我们勇于接受命运的安排以及我们自己成长的可能性。哲学教会我们直面现实中的幸与不幸，摆脱世俗的偏见，从另一个角度反思，而不被其表面现象所羁绊。哲学是不能教的，只能靠自身的悟性去参悟人生与世界。

雅斯贝尔斯认为，对一切人文的或社会性的职业来说，大学教育奠定了两个基础：一是种下了未来一生中思考、求知的科学幼苗；二是在求知时会关注一切可知的对象。

作为存在主义哲学的代表之一，雅斯贝尔斯认为，有关“存在”的问题是一个中心问题，存在、理性、科学与世界之间的联系成为其构建哲学的纽带。教育问题必须扩展到寻找有关生存的肯定答案，对教育的理解必须基于对人的理解，正是通过教育，真正的人性得以激发、培养、成长与创造。

（向蓓莉　杨　佳）

87. 布鲁贝克

高等教育哲学 1978年*

布鲁贝克（John S. Brubacher，1898—1988）是美国高等教育哲学家。他于1924年开始在达特茅斯学院讲授高等教育课程；1928—1958年，任耶鲁大学教育史和教育哲学教授，继续讲授高等教育课程；1958年与卢迪合著的《转变中的高等教育》一书出版。1959—1969年，布鲁贝克在密歇根大学高等教育中心开设高等教育思想述评课程，同时主持高等教育博士后研讨班。1965年，《高等教育政策的基础》一书出版。1969年退休后，布鲁贝克继续从事高等教育的教学与研究工作，并开始集中思考有关高等教育哲学问题。1978年《高等教育哲学》（*On the Philosophy of Higher Education*）一书出版，1982年该书修订再版。

《高等教育哲学》一书是西方第一部以"高等教育哲学"为书名的教育专著，同时也是布鲁贝克近半个世纪以来对高等教育的许多重大问题进行哲学思考的结果，是作者对整个高等教育领域全面而深入探究的结果，是美国大学和研究图书馆推荐的教育名著。全书除"导言"外，共分8章。第1章集中论述了高等教育赖以存在的哲学基础，主要探讨了分别以认识论为基础和以政治论为基础的两派的高等教育哲学观。第2章至第8章依次讨论了学术自治、学术自由、高等教育服务的对象、普通教育和职业教育的关系、高等教育学、治学道德以及作为教会的大学。

一、两种高等教育哲学观

布鲁贝克认为，在20世纪大学主要以两种途径确立其存在的合法地位，也就是说存在两种高等教育哲学。

（1）以认识论为基础的高等教育哲学观。强调以闲逸的好奇精神追求知识，强调探讨深奥的实际知识是学术事业不证自明的目的。具体言之，除以闲逸的好奇精神追求知识、追求真理之外，它还强调高深学问要忠实于真理，不仅要绝对忠实于客观事实，而且努力做到理论简洁，解释有力，概念文雅，逻辑严密。

（2）以政治论为基础的高等教育哲学观。强调对深奥知识的探讨不仅出于闲逸的好奇精神，更为重要的是这种探讨对国家发挥着深远的影响。

就美国高等教育史的演进而言，上述高等教育的两种哲学交替在美国的高等教育学府占据统治地位，得到最有效的和谐。其间，两种高等教育哲学观也发生了强烈的冲突。这

---

* 本书中译本，郑继伟等译，杭州，浙江教育出版社，1987。

一冲突具体表现在探讨学问的认识方法设法摆脱价值影响，而政治论方法则必须考虑价值问题。而在一定的历史条件下，两种高等教育哲学观也是可以彼此促进、相互融合的。结合的基础便是实用主义价值观，当然这种结合必须坚持这样一种立场：高等教育和社会需求的结合根本不能采取预防方法以保护其免于价值自由。现实主义的认识论必须用实用主义的认识论作为补充，这种方法可以使高等教育哲学的政治论和认识论之间达到协调。

二、学术自治与学术自由

1. 学术自治

一般认为，自治是高深学问的最悠久的传统之一。学术自治在高等学府有着具体的表现：在知识问题上让专家单独解决某一领域中的具体问题，由教师决定开设的科目以及自行决定讲授的方式，由教师掌握学位授予权。然而，这种自治是有限度的，学术自治只是一种相对的自治，而从来不是绝对的。这不仅表现在大学的经费难以完全自立，而且更为重要的是高等教育越来越卷入社会事务之中，在社会发展中的作用越来越重要。就像战争意义太重大不能完全交给将军们决定一样，与社会发展至关重要的高等教育也不能完全交给教授们决定。另外，在学术等级中存在不同方式的自治。在州高等教育协调委员会中、在大学董事会或理事会中、在学者团体中均表现出不同的自治。而最基层的自治问题存在于学生之中，并集中表现于学生与学院和大学的关系问题上。作为高等教育的消费者，学生越来越主动要求在确定课程和教师的任命、晋升、解雇方面拥有发言权。但大学作为等级制度的社会以及学生自身的特点决定了学生自治权力享受的有限性。

2. 学术自由

学术自由是学术自治的一部分，其存在的合理性至少基于这样三个支点：（1）作为认识的支点，仅限于学者行会的学术自由的认识论基础继承于19世纪的德国大学，即为了保证知识的准确和正确，学者的活动必须只服从真理的标准，而不受任何外来的（包括教会、国家或经济利益）的影响。自由是追求真理的先决条件，也是行使自由的先决条件。（2）作为政治的支点，言论自由（包括学术自由）是所有公民的权利。（3）作为道德的支点，学术自由的根本理由完全是为了公众的利益。社会依靠高等学府作为获得新知识的主要机构，并作为认识世界和改造世界的主要机构。就个人而言，对真理的追求不仅出于这种追求具有认识和政治方面的价值，而且也出于个人道德的责任感。

正如学术自治是有限度的一样，学者享受学术自由也是有限度的。而没有限制的学术自由将像没有限制的经济上的不干涉主义一样成为灾难。就结果而言，学术自由必然促使学者们有义务为他们所探索得出的研究结果及研究结论提交充分的证明，以便其他同行对此做出较为准确客观的评价。当前，高等教育逐步深入的政治化倾向向学术自由提出了挑战。而比较一致的看法是：基于学术自由而出现的学术冲突不是灾难，而是机会。大学所必须提供的是一切理性研究所必需的先决性条件，即非党派控制的一方天地，冲突的双方可以在这方天地中互相接触，根据双方公认的研究法则和逻辑原则展开探讨。

学术自由不仅包括教师的学术自由，还应包括学生的学习自由。但由于学生还不是足够成熟的学者，因而难以享受充分的学术自由，其学习自由充分体现在教师的教学自由之中。

三、高等教育的服务对象

高等教育原本是为少数人服务的，即是一种精英式的高等教育。现在高等学校开始发挥分配职业阶梯上的等级和社会结构中的位置的作用，以至于希望获得接受高等教育机会以提高自己社会地位的人越来越多，高等教育逐步发展成为一种为多数人服务的教育类型。

接受高等教育既是一种权力，同时又是一种特权。前者是说，高等教育可以培养更好的公民，更有生产能力的工人，更有欣赏力的闲暇利用者。因而，每一个人都应拥有享受高等教育的权利，从而得以充分发挥自己的潜能。后者是说，在高等教育领域，一些人被允许做另一些人不能做的事，或不要求一些人做另一些人必须做的事的现象依然存在。

在美国高等教育领域事实上存在两种水平的高等教育：一种是旨在学习高深知识、以培养专家学者及其他以继续研究为基础的专业人员的教育；另一种是学习中间水平的学问，旨在使学生有能力从事中间性职业的高等教育，又称“中学后教育”。

四、普通教育与职业教育

基于高等教育目的观/课程观的不同，高等教育又有自由教育、职业教育与普通教育之分。自由教育是发展理性的教育，理性教育是自由教育的核心，其目的在于通过教育抽绎出无时无地不相同的共同人性。自由教育的目的主要通过学习自由学科（七艺）来完成。职业教育是培养学生获得具体职业能力的教育，学生是为就业而接受训练，课程设置及教学安排均表现出较强的职业性和专业性。普通教育是自由教育适应现代社会而进行变革的结果。自由教育开始强调教育的后果，开始从理性主义转向实用主义哲学。普通教育强调向学生传授广博的见解、就业所需要的实际能力。普通教育关注作为行动基础的情感内容，并涉及道德行为的理论分析及道德行为的习惯化。

五、高等学校课程的结构和组织

教学是高等学校最古老的职能，而传递高深学问的主要形式则是教授法。教授法适用于系统知识的传授，它使得授课者能够密切注意教学内容的逻辑性。启发式教学与友爱教学也是常常使用的教学方法。课程的选择也是一个关键性的问题，在课程选择时要把握这样一个标准：重视课程的适切性并与高等教育目标保持一致。而选修课与必修课相结合则是合理的课程组合。在课程结构上，布鲁贝克认为，不存在学科必须与之保持一致的单一的课程结构模式。但就实际而言，理论科目与实用科目共同组成了高等学校的课程结构。杜威在课程问题上提出，学院课程应该被设想为每个在校学生的全部现实生活的代名词。而布鲁纳则重新强调理论学科，重新强调学科的基本结构。布鲁贝克主张，欲满足高等学校课程适切性的需要，就必须把杜威的学说与布鲁纳的学说结合起来。

在课程的组织上，日渐流行于高等学校的是以一种跨学科的方式组织各门学科，而不是按照一个等级结构来组织各门学科。这在实际中表现为两种方式：（1）通过共同问题把各门学科联系起来，为课程提供一种提纲挈领式的结构。（2）不从学科着手，而是从多面性问题——各门学科复杂地结合在这一问题里——开始。在这种交叉式的学科安排中，理解各门学科的概念结构是一个根本前提。

不过，由于各门学科的结构和组织是高度概念化的，因而在理解学科的基本结构时容易导致两种错误：（1）认为概念结构极为重要而在逻辑和时间上将其置于教学的第一位；（2）认为学生可以直接掌握概念与概念之间的关系。布鲁贝克强调虽然有效的学习不只是学习学科的概念体系，但我们不应该贬低这种概念体系在回忆旧材料和学习新材料方面所具有的长处。

为了保证课程学习的适切性及学生牢固地掌握整个概念体系，教师必须注意激发学生的学习动机。教师在激发学生学习动机时，既不能放弃自己的权威，也不应该在行使权威时独断专行。对教师而言，权威不仅仅意味着权力，更多的是意味着专门的知识。理想的状态是引导学生通过自由的学习，通过尊重教师的专门知识来激发其学习动机。事实上，学业评分制度也往往成为学生的学习动机。当然考试分数不应仅仅被视为动力，而应被视为衡量学生掌握知识程度的真正标尺。

六、治学道德

治学是学者们的主体性生活方式，有着特殊的道德准则。学者们所需遵循的道德准则包括：（1）坚持学者社团中所有成员都必须在高等教育的某一领域接受长时期的系统训练，这一过程中充满了细致的智力工作及向智慧和理性发起的挑战以及严格的督促。（2）学者们应拥有尽可能大的自治天地，拥有选择自己的研究课题及研究方法的自由，拥有不受外界强加的作用而追随自己的好奇心从事研究的自由。（3）学者对自己从事的学科所负的责任，即学者具有献身于自己所从事的学科领域的决心和信心，并追求理智上的彻底性和精细的正确性，谨慎地防止纯粹的主观印象影响自己的判断。（4）学者们还要承担起把自己的发现公布于众的责任，不仅必须提供支持结论的证据，还须提供与结论矛盾或制约结论的事实。此外人们还一般认为，学者不应推卸对自己的研究所产生的意外的不良社会后果的责任，至少应向民众说明某项研究可以预见的危险后果。

在学术自由问题上，布鲁贝克认为，尽管确定学术自由的道德界限是一件困难的事情，但高等学校或学者应该谨慎地面对社会各界的捐赠，必须仔细地审查捐赠单位以确保学术研究的公正、客观、自由，避免因接受捐赠而受外部势力摆布，并最终丧失学术的完整性。在这个问题上所应坚持的一条原则是：如果捐赠的附加条件有悖于高等教育的基本目的或者阻碍高等教育目标的实现，高等学校或学者有义务拒绝任何此类侵犯学术自治的捐赠。

在实际生活中，学者们所经常面对的一个问题便是利益冲突问题。所需遵循的道德准则是：在学者个人利益与学生或学校的利益发生冲突时，学生与大学的利益高于个人利益。教学与科研的时间与精力的安排也是学者们所面对的一个日常性的道德问题，学者们应该确保自己的科研著述活动不会影响实际教学工作。学者在对待自己的经济报酬时也面临道德选择问题，学者的研究与教学活动是一种高尚的活动，其价值在于这类活动能给学者带来自我满足，而不仅仅是为了得到报酬。

罢教是学者们所面临的剧烈的道德抉择性行为，罢教共分为三种类型：（1）经济性罢教——目的在于改善教授们的经济待遇；（2）政治性罢教——因支持或反对某种政治观点而组织实施，其危险在于有可能把高等学府演变成为一个党派斗争的场所；（3）学术性罢教——旨在维护高深学问利益，如维护学术自由等权益而组织的罢教。

七、作为教会的大学

现代大学继承保留了许多教会的职责，而发展成为一种世俗化的教会。高等学校从社会活动边缘的“象牙塔”步入社会生活的中心，进入了教会的领地。学者的研究成果日渐具有宗教启示性信念的性质。一如以前的教会，现代大学的世界主义色彩越来越浓厚，可以包容全人类的全部智慧，成为真、善、美的保护人。然而，现代大学并没有完全取代教会，教会仍在社会生活中发挥着重要的作用。

（王保星）

88. 哈贝马斯

交往行动理论 1981年*

哈贝马斯（Jürgen Habermas）是当代德国著名哲学家、社会理论家，在哲学、社会学、政治学等领域有着深刻的影响，被誉为“西方人文社会科学界领军人物”。其交往行动理论为当代德国影响巨大的“社会批判教育学”提供了理论基础和方法论。1929年6月18日，哈贝马斯出生于德国杜塞尔多夫附近的古墨斯巴赫小镇的一个中产阶级家庭。第二次世界大战结束后，年轻的哈贝马斯方才明白纳粹政府是一个政治上极其专制和野蛮的政府，内心受到了巨大的冲击。正是在这样一种背景下，哈贝马斯开始对自我、历史和社会进行反思，力求为自己的心灵找到一个新的支撑点。1949年，哈贝马斯进入格丁根大学学习，后又转往苏黎世大学和波恩大学，并于1954年在波恩大学完成了题为《历史的绝对性——论谢林的无限时空哲学》的博士论文。毕业后，哈贝马斯做过一段时间的记者。哈贝马斯在中学时期就对马克思主义非常关注，并对青年马克思的思想做了重点研究。不过，对他的思想影响最大的是德国哲学家霍克海默（M. Horkheimer）和阿多诺（T. W. Adorno）的《启蒙运动的辩证法》一书。1956年，哈贝马斯前往法兰克福社会学研究所担任助理研究员。其间，他与人合作完成了《大学生与政治》（1958年）一书。1961—1964年，哈贝马斯担任海德堡大学的教授。从1965年起，他开始在法兰克福大学任教。在20世纪60年代末联邦德国的学生运动和高校改革中，哈贝马斯曾被誉为“左派精神领袖”。1994年从法兰克福大学退休后，哈贝马斯仍继续从事研究、著述和社会活动，2000年和2001年曾应邀来中国访问和学术交流。哈贝马斯对于交往行动的实质内涵的哲学把握及其对于教育的本体论意义的理解，使其交往行动理论对教育界产生广泛而深刻的影响。这种影响是内涵式的，虽然不直接以教育学为思辨对象，却涵盖了教育学理论。作为当代西方马克思主义最重要的代表之一，哈贝马斯可谓著作等身。其主要著作有《作为意识形态的技术和科学》（1968年）、《认识与旨向》（1968年）、《抗议运动和高校改革》（1969年）、《文化和批判》（1971年）、《交往行动理论》（上下卷）、《现代性哲学话语》（1985年）、《话语伦理学解释》（1991年）、《现代化：一个未竟的事业》（1992年）等，并曾获黑格尔奖、弗洛伊德奖和阿多诺奖等。

《交往行动理论》（*Theories des Kommunikativen Handelns*）两卷本1981年由法兰克福的苏尔坎普出版社出版。该书以语言和逻辑为工具，创立了交往行动理论体系，使法兰

---

* 本书中译本，洪佩郁、蔺青译，重庆，重庆出版社，1994。

克福学派的批判理论从意识哲学转向语言哲学，因而该书被西方学术界视为哈贝马斯社会学思想的大全，同时也确立了哈贝马斯在当代学术界的重要地位。全书分成两卷共八章。第一卷名为“行动的合理性和社会合理化”（第 1～4 章），第二卷名为“论功能主义理性批判”（第 5～8 章）。哈贝马斯高屋建瓴地对众多西方思想家的观点进行了全面的梳理、分析和批判，建构了独特的交往行动理论。根据哈贝马斯自己的观点，该书主要阐释了四个基本主题：第一个主题为合理性理论的尝试；第二个主题为交往行动理论对社会理论的作用；第三个主题为社会合理性的辩证法；第四个主题为将行动理论和体制理论结合在一起，以便重构一种新的社会批判理论。

一、合理性理论

哈贝马斯认为，从历史起源以来，意见和行动的合理性就是哲学研讨的一个论题。也就是说，哲学的基本论题就是理性。哲学通过形而上学之后、黑格尔之后的流派向一种合理性理论集中。因此，对合理性问题的探讨成为 20 世纪西方哲学研究的一大主题。但事实上，学术界长期以来对于合理性问题缺乏必要的和足够深刻的反思。政治学、政治经济学等学科相继摒弃了合理性这一难题。只有作为唯一坚持研究整个社会问题的社会科学，由于自身的研究对象的独特性以及对合理性问题的深刻理解，而没有摒弃和篡改合理性问题或把合理性问题贬低到极不重要的地位。社会学家指出，对合理性的理解是理解一切行动方向的关键。

“合理性”之所以在今天成为不同学术领域共同关注的焦点，是由德国社会学家马克斯·韦伯（Max Weber）开创的。除此以外，还有许多学者对合理性概念也给予过极大的关注。哈贝马斯对韦伯、卢卡奇（G. Lukacs）、阿多诺等人，尤其是韦伯的合理性观点进行了分析和批判。

哈贝马斯认为，韦伯作为一名社会学的经典作家，是唯一一位想摆脱历史哲学的思维前提和演变论基本假设、并想把旧欧洲社会的现代化理解为一种历史合理化过程的结果的社会学家。韦伯把经验知识以及经验过程的判断能力、机制和组织支配的一切扩大都称为合理化；同时，他还将合理化现象按照社会、文化和个人生活方面加以安排和评论。韦伯对合理性问题的探讨，来源于他对西方理性主义传统，即西方理性主义的前提是宗教合理化的思索。西方理性主义的发展也就是合理性概念的发展，可以分为两个阶段：一是世界观的合理化，二是社会合理化。韦伯把现代化的过程视为社会合理化的过程，同时也把现代科学理解为决定合理化社会的命运的力量。正是基于这一点，他将合理化概念引入社会演变的理论中。总之，韦伯是从意识结构的角度来分析合理性概念的。

鉴于合理性问题对于研究社会问题的重要性，哈贝马斯也沿袭了这个传统。他从合理性概念入手，将其引入现代世界观形成的演变论观点；同时试图证明合理性理论与社会理论之间的内在联系；最后根据社会学中合理性概念交织的状态，制定出一个有关交往行动合理化的理论。哈贝马斯认为，如果人们期望正确地重新解决韦伯以来社会学所探讨的关于社会合理性这一难题，就必须制定出一种交往行动的理论。但是，韦伯等人的行动理论的框架太狭窄，不能通过社会行动把所有的社会合理化能借以体现的各个方面都包括在内。

那么，究竟何谓“合理性”呢？哈贝马斯认为，合理性的标志就是有论据的论断和有效的行动。他把合理地表达作为澄清表达合理性以及具有语言能力和行动能力的主体合理性条件的一个线索。合理地表达所具有的特点是，行动者借助内容丰富、在相互联系中彼此理解的行动对客观世界中的事物进行干预。哈贝马斯把那些在认识工具领域表达了论证的意见，并且采取了有效行动的人称为“合理的”。根据哈贝马斯的理解，合理性与知识有密切关系。但它较少涉及知识的内容，而主要涉及具有语言能力和行动能力的主体如何获得和运用知识。合理性问题首先是和作为主体的人的行动相联系的，是与人的行动的价值和意义相关联的。合理性是具有语言能力和行动能力的主体所特有的一种素质。可以把人或人的行动称作“合理的”或“不合理的”，但却不能把与人无关的自然现象或事件称作“合理的”或“不合理的”。经过对行动这个基本概念的理解以及对其进行方法论的探讨表明，合理性这一难题不是从外部强加于社会学的，而是由内部爆发出来的。合理性的难题集中于关于理解这个基本概念的纯理论方面和方法论方面的探讨。

哈贝马斯将合理性视为一个临时性的概念，并把合理性条件归结为一种通过交往达到论证的意见一致。以理解为基础，不只是为了相互交流的、通过语言的交往体现为合理地表达（或者为语言行动能力和主体的合理性）的前提。世界观的合理化是通过道德规范和法律规范的普遍化，通过不断个人化而逐步实现的。

二、交往行动的合理化

哈贝马斯认为，合理性总是体现在具有充分论据的行动方式中。人及其行动之所以能从合理性意义上加以考察和评价，就在于人处在交往之中。无论是就判断做出论证，还是按照规范解释现存情况而为自己的行动进行辩护，或是通过表达一种愿望、感情或情绪而表现出主体的经历，都内蕴了某种可批判性。

立足于人类发展的历史与当今现实，哈贝马斯把人的行为区分为两个不同的层次：一是目的—手段合理行为；二是交往合理行为。目的—手段合理行为以成就为导向；交往合理行为则以理解为导向。在交往行动中，参与者不是首先以自己的成就为导向；他们是在一定的条件下遵循他们个人的目的，也就是说，他们能够在共同状况规定的基础上，相互决定他们的行动计划。那些参与者借助他们的语言行动达到非语言活动的目的，而且为达到这种非语言活动的目的而借助语言中介的内部活动，都可以算作交往行动。在某种意义上，话语的真实性、正确性和真诚性就构成了语言交流的前提条件。

“交往行动”是指使参与者能毫无保留地在交往后意见一致的基础上、使个人行动计划合作化的一切内在活动。可以按照语言行动的类型来安排各种各样的交往行动。语言行动划分为调节的语言行动、带表情的语言行动和陈述的语言行动，而交往的语言行动可以理解为调节的语言行动的部分类型。以达到理解为目的的交往活动被看作最基本和最重要的活动，其他各种活动（如目的—理性活动或策略活动）都应处于交往活动的支配之下。

理解是具有语言能力和行动能力的主体统一起来的一个过程。理解过程的目的是要达到一种意见一致。这种意见一致是以共同信任为基础的，要求通过合理动员对一种表达内容表示赞同。通过交往达到的意见一致要具有一种合理的基础，也就是说，这种意见一致只能通过交往活动才能达到。这种参与者之间通过合理动员后所获得的意见一致，就是理解。理解作为目的已包含在人们的语言内部。语言的观点和理解的观点是相互解释的。“理解”这个术语的基本含义是，两个有语言和行动能力的主体一致地理解一种语言表达。在交往行动中，语言超过理解的职能，具有使不同行动主体有目的、积极地合作的作用。在交往行动中，语言的理解将发展为行动合作化的机制。

哈贝马斯将社会学中的行动概念区分为四种：（1）目的论行动概念，（2）规范调节的行动概念，（3）戏剧行动概念，（4）交往行动概念。在前三种行动概念中，语言往往是各按不同的角度被片面地构思。第一种行动概念把交往看成仅仅为了实现自己目的的人的间接理解；第二种行动概念把交往看成仅仅为了体现已经存在的规范性的认可的人的争取意见一致的行动；第三种行动概念把交往看成吸引观众的自我表演。但事实上，人的行动总是在人与人之间展开的，其意义也是在交往的过程中得到表现和实现的。人类是通过它的成员的社会合作化的活动而维持的，并且这种合作化是必须通过交往，在中心领域是通过一种以意见一致为目的的交往而形成起来的。而人们的交往过程同时又是社会过程，交往的合理性要求社会的合理性。

交往行动概念，首先把语言作为参与者与世界发生关系、相互提出可以接受和驳斥的要求的理解过程中的一种媒体。语言的交往以理解和批判的态度为前提。以理解为方向的行动的层次是存在于朴素的和反思的交往形式之中的。在理解的职能方面，交往行动服务于文化知识的传统和更新；在行动合作化方面，交往行动服务于社会统一和联合的形成；在社会化方面，交往行动服务于个人同一性的形成。交往行动是以一种合作化的意义过程为基础的。在这种意义过程中，参与者同时与客观世界、社会世界和主观世界发生关系，即使他们自己的表达中在论题上只是强调指出这三种因素中的一种因素。理解意味着交往的参与者对一种表达的适用性的赞同；意见一致意味着主体内部对发言者所提出的运用要求的认可。参与者通过交往行动，在共同的基础上共同实现了他们的计划。参与者必须避免两种危险：错误理解的危险，即意见不一致或不同意的风险；错误行动的危险，即没有成就的风险。

三、生活世界的合理化

从理论历史方面，哈贝马斯引入了“生活世界合理化”的概念。这个概念涉及生活世界结构的理解趋势，而这种趋势是借助文化、社会和个性之间的增长的区别而产生的。生活世界合理化的概念是交往行动理论的一种补充。

主体参与的生活世界，构成了交往行动的背景。行动状况构成参与者生活世界的中心；行动状况具有一种运动的视野，因为它是通过生活世界的复杂性表现出来的。交往行动是在一种生活世界之内进行反映的，交往的参与者反过来仍然停留在生活世界内。在一定方式下，生活世界（即交往的参与者所属的生活世界）始终是现实的；而且，这种生活世界构成了一种现实的活动的背景。

如果人们选择了“交往行动”作为基本概念，那么，社会首先可以构思为一种社会集团成员的生活世界。“生活世界”是与“系统”相对而言的。交往行动者属于生活世界，且总是在他们的生活世界的视野内运动，不能脱离这种视野。而且，生活世界是交往行动者实现理解过程的背景。生活世界包括文化、社会和个体三个方面。进行交往行动的主体始终是在生活世界范围内相互理解的。一个交往团体的成员借助他们的解释成就区分了客观世界、他们主体内部划分的社会世界以及个人和（其他）集体的主观世界。

语言和文化是基于一种对生活世界本身的构思。它们既不构成交往参与者的行动组成部分所属的一种形式世界，也不能作为某种在客观世界、社会世界或者甚至主体世界中的东西来对待。文化、社会和个人作为生活世界的结构因素与文化再生产、社会统一和社会化的过程相适应。

交往合理性表现在一种象征性结构化的生活世界上，这种生活世界是通过它的成员的解释成就进行构思的，并且只是通过交往行动加以再生产的。因此，要从"取得符合规范的意见一致"或"通过交往取得理解"这个角度来理解生活世界的合理化。生活世界的合理化可以理解为，在交往行动中表现出来的合理性潜力的连续体现，以及作为交往行动者"一直已经"在其中运动的视野，通过社会的结构变化整个地受到约束和变化。一种越来越合理化的生活世界，同时是依赖于和受调整于越来越复杂的形式组成的行动领域（诸如经济和国家管理活动）。生活世界的合理化促使社会统一转变到语言独立的控制媒体上，以及形式上组织化的行动领域的划分上。这种划分作为物化的实在，反过来影响交往行动的联系，并对附带的生活世界发出自己的命令。

四、重构一种新的社会批判理论——交往行动理论

哈贝马斯认为，交往结构的生活世界的物质再生产越扩大和越不相同，它就越早地要求对社会合理化进行直观研究的体系理论分析。社会应该被同时作为体系和生活世界加以构思。体系理论把社会统一的成就和体系统一的成就作为职能上相等的东西来对待，而且以此作为衡量交往合理性的尺度。但现实生活中的体系与生活世界是相互脱节的。这种脱节，在现代生活世界之内，首先反映为物化（即客观化），也就是说，社会体系明确地突破了生活世界的视野，脱离了日常交往实践的先见。因此，必须重构一种新的社会批判理论，即交往行动理论。

交往行动理论是以一种对功能主义的理性批判为基础的。这种理性批判涉及一种工具性的理性批判，并且只是按照意图而讽刺地运用"理性"的表达。总之，交往行动的理论把生活世界构思为一个领域，在这个领域中物化的过程不只是作为反思出现的。

交往行动理论力求对一种批判社会理论的规范基础进行解释。社会理论不再通过直接的途径，也就是说，按照意识形态批判保证运用资产阶级文化、艺术和哲学思维的规范内容；借助交往的、以理解为方向的语言运用的理性。社会理论应该对哲学重新提出体系任务并加以研究。批判理论的基本概念就是把个人的意识直接地与只要求内部（即从属心理）的社会统一机制相对立。

哈贝马斯批评韦伯狭隘地制定行动理论的概念，因而把现代化的资本主义模式与社会合理化完全等同起来了。哈贝马斯认为，现代化一方面是通过内生的经济积累过程的问题而提出来的，另一方面是通过国家合理化努力的问题而向前推进的。异化现象是作为体系归结的生活世界的非形态表现出来的。进一步合理化的生活世界属于现代化过程的出发点条件。生活世界的物质再生产的潮流，在现代化的社会采取了体系不平衡的顽固形式，或

者直接以危机的形式发生作用，或者引起生活世界的病态。

交往行动的合理化与目的合理的经济行动和管理行动的下属体系的形成，是必须明确分清的过程。交往行动理论可以解释为什么社会发展本身必须允许提出问题，并为同时代人客观地开启对他们的生活世界的普遍结构的特殊干预。交往行动理论提供了一个阐述自我和超我的结构模式的领域。交往行动理论借助于区别体系与生活世界，使社会化内部活动的特殊规律得以运用；它借助于区别两种交往媒体的具体类型，使民众交往的矛盾变得令人敏感。参与交往行动的主体面临着这样的任务，即为了他们的行动状况去寻找一种共同的规定，并在这种解释范围内通过论题和行动计划去理解。交往日常实践进入了一种生活世界的关系，这种生活世界的关系是由文化传统、合法秩序和社会化个人所决定的。交往行动模式并没有把行动与交往等同起来。他将语言视为一种交往的媒体，是为理解服务的，而交往行动者通过相互理解使自己的行动得到合作，以实现一定的目的。

最后，哈贝马斯从自己的概括性提纲中对交往行动理论得出了以下的认识：第一，在现代社会中，从规范关系中脱离出来的主体的权限活动空间扩展得非常广，交往行动的特殊意义是非常真实的，这不仅表现在家庭私有领域的非机制化的交往形式中，而且也表现在通过大众媒体表现的公众社会中。第二，以理解为基础的理论体系渗入生活世界，迫使一种通过货币化和官僚主义化途径的交往等同于一个在形式上组织化的行动领域，甚至以行动协调为基础的理解机制在必要时也会体现这种职能。

（龚　兵）

89. 科尔伯格

道德发展文集 1981年、1984年、1986年*

科尔伯格（Lawrence Kohlberg，1927—1987）是当代美国心理学家、教育家。科尔伯格1927年出生于美国纽约，曾就读于马萨诸塞州安多佛市的菲利普中学，1945年中学毕业，1948年考入芝加哥大学，1949年获得学士学位后留在芝加哥大学学习与研究，1952年起做临床心理学的硕士研究生。后来，科尔伯格读到瑞士心理学家皮亚杰的《儿童的道德判断》，转而对青少年儿童道德判断的发展问题进行研究；1958年写成论文《从10岁到16岁时期思维与选择方式的发展》，并以此获得芝加哥大学哲学博士学位。1959年，科尔伯格被聘为耶鲁大学心理学助理教授；1961—1962年，在加利福尼亚州高级行为科学研究院从事研究工作；1962年至1965年回到芝加哥大学当助理教授，从1965年起，升任心理学副教授。1968年，科尔伯格被哈佛大学聘为教育研究生院的教育学和社会心理学教授，在那里创建了哈佛大学"道德发展与道德教育研究中心"。他创立了认知—发展学派或结构—发展学派的道德哲学、道德心理学与道德教育学的理论与方法。1987年1月17日，科尔伯格因忍受不了病痛而自杀。

科尔伯格在道德发展研究领域的第一篇文章是他写于1958年但未发表的博士论文：《从10岁到16岁时期思维与选择方式的发展》。从那时起一直到1987年去世的近30年中，他写作、发表与出版了近200种论文、研究报告、文集与专著。从1981年到1986年，科尔伯格在他的学生与同事希克斯和鲍威尔等人的协助下编辑出版三卷本的《道德发展文集》(*Essays on Moral Development*)，包括：第一卷《道德发展的哲学：道德阶段与公正观念》(*The Philosophy of Moral Development*：*Moral Stages and the Idea of Justice*，1981)、第二卷《道德发展的心理学：道德阶段与生活历程》(*The Psychology of Moral Development*：*Moral Stages and Life Cycle*，1984)、第三卷《教育与道德发展：道德阶段与实践》(*Education and Moral Development*：*Moral Stages and Practice*，1986)。

一、道德发展的心理学

在道德发展的心理学方面，科尔伯格的最早思考及其成果是他在1958年完成的博士论文。在这篇论文中，他提出了道德发展的六个阶段（起初叫类型）的初步框架与概念。后来，他用了近二十年的追踪研究，从实证角度证明了这种阶段论思想。他不仅从他最初

* Lawrence Kohlberg, *Essays on Moral Development*, New York: Harper and Row Publishers Inc., 1981, 1984, 1986.

的研究对象那里三年一次地收集两难道德问题交谈资料，也对阶段的定义与测评阶段的方法进行了不断的改进、修订与阐发。

科尔伯格在道德发展的心理学领域的著述工作可分为三个部分：（1）第一部分追溯了道德判断阶段的心理学理论以及他的阶段论的早期形式与最新的发展；（2）第二部分表述了道德判断阶段的追踪研究的材料与结论，以及测定和证实阶段理论的方法；（3）第三部分是用道德发展的阶段去表征个人生活历程中的不同阶段。

具体地说，科尔伯格在道德发展的心理学探索领域所做的第一部分工作是，从对皮亚杰对道德判断阶段的重要验证开始，将皮亚杰对儿童期的研究扩充到青春期，并且希望查明道德判断阶段的发展与在社会环境中采择他人角色（roletaking）的机会之间的关系。这些研究导致科尔伯格将皮亚杰的两个阶段发展为六个阶段。最初，这种六阶段论被谨慎地称作道德判断“发展的理想模型”。此后，他开始考虑道德发展过程的理论问题以及道德判断与道德行为之间的关系。接着，科尔伯格在比较了认知发展的理论、行为学习的理论与心理分析学派对于道德化与道德发展过程的不同观点之后，就具体讨论了道德判断、责任判断、道德气氛与道德行为的关系等问题。

科尔伯格在道德发展的心理学领域所做的第二部分工作是，通过二十年的追踪研究，进一步修订他的阶段定义，评价他的阶段并进一步澄清所谓“发展的理想模型”是否代表了“真正的”阶段，也就是说，这些阶段是否有一个恒定不变的顺序，是否所有人都会通过这种顺序的阶段——尽管是以不同速度并有不同的发展终点。

科尔伯格在道德发展的心理学领域所做的第三部分工作是，用认知的和道德的阶段来表征处于三个时期的“完整的人”（whole person），它们是：早期童年期、青春期与以后的成年期。被看作哲学家的成长中的个体，在他们的道德发展过程中要经过这三个阶段。这些阶段同一般心理学中所说的生活阶段是明显不同的。

二、教育与道德发展

把科尔伯格从道德发展的心理学引向道德教育的实践是他的研究生布莱特。布莱特认为，科尔伯格研究道德阶段发展的时间已经够长了（10年），现在是到了在教育实践中应用这些成果的时候了。于是，布莱特提出了一份运用科尔伯格道德发展阶段理论于道德教育的实践的学位论文计划并着手进行实验研究。1966年，科尔伯格写了第一篇道德教育论文：《学校的道德教育：一种发展的观点》，但是，这篇文章还没有如何具体运用他的道德阶段发展理论于道德教育实践的实证例子与材料。1969年，布莱特在中学进行的一个学期的苏格拉底式的课堂道德两难讨论取得了成功，使科尔伯格受到了强烈的刺激，同时也开始了深刻的思考。他对这种作为苏格拉底教学法的结果的阶段变化的第一个反应是1970年发表的《公正教育：柏拉图观点的现代陈述》。在接下来的1971年，科尔伯格发表了《道德阶段是道德教育的基础》一文，对道德阶段在道德教育中的应用做了系统的专题性论述。同年，科尔伯格还与他人合作写了《道德发展与道德教育》的长文，对道德发展与道德教育问题从哲学的、心理学与教育学的角度做了全面系统的论述。他指出，儿童可以被看作“道德哲学家”，因为他们能自发地形成他们的道德观念，这些道德观念又形成有组织的思维方式；道德教育的目的并不是加快发展速度以造成道德上超前发展的儿童，而是保证儿童有适宜的发展水平，保证每个儿童最终能达到思维和行动的某种成熟的水平，总之，道德教育旨在促进道德判断的发展及其与行为的一致性。

1971 年，科尔伯格在康涅狄格州尼恩底克城的尼恩底克监狱开始了第一次道德教育实践研究，同时又写了一篇专门阐发杜威关于发展是道德教育的目的的观点对教育的更广泛的含义的文章。这是他为教师与道德教育实践撰写的第二篇文章。由这篇文章的观点出发，科尔伯格将通过道德两难讨论促进道德发展的思路带进了学校课程实践。

科尔伯格认为，在实验将道德两难讨论与学校的学术性课程联姻的策略时，道德教育要考虑与处理“隐性课程”（hidden curriculum）与“道德气氛”（moral atmosphere）问题。在《认知发展与集体道德教育实践》（1971 年）一文中，他提出了“团体”的概念，强调团体的或集体的精神会对道德的发展产生决定性作用。

科尔伯格还认为，假设的道德两难问题要与监狱的真实的道德两难问题、监狱各方面的道德环境或道德气氛联系起来。这种考虑引导科尔伯格及其同事尝试去创造一个监狱的公正团体与道德气氛的实验，并将此与道德两难的讨论有机地结合起来。1972 年，科尔伯格等人发表了《监狱的公正结构：理论和干预实验》一文，阐述了他们的实验和理想。

科尔伯格关于道德教育实践的文章还描述了在他的新理论指导下，坎布里奇·克拉斯特附属学校（The Cambridge Cluster School）、布鲁克莱恩附属学校（The Brookline's School-Within-A-School）与施卡斯戴尔选择学校（The Scarsdale Alternative School）开展的“公正团体”与“参与性民主”的教育实验，以及在这种实验与探索中形成的道德教育的“公正团体法”或“道德教育的新柏拉图方法”。

三、道德发展的哲学

科尔伯格对道德发展的哲学探讨的动因是教育性的。他认为，如果坚持教育的目的是发展，具体地说，教育目的是阶段的向上发展，那么，我们必须从哲学上给出一个理由或依据，从而证明为什么可以认为一个较高的阶段就是一个较好的阶段，因而就成为教育追求的目的？从哲学上看，“后者”并不自动地意味着就是“更好的那一个”，否则，衰老与死亡就是世界上最好的事物了。

科尔伯格对这个问题的回答是，对作为个人、学校与社会的共同美德的公正原则的认识就是道德教育与道德发展的共同目标。对于这一问题的阐述，不仅使他深深涉足于专业的哲学伦理学领域，而且与文学及神学问题发生了密切的联系。科尔伯格对于道德发展的哲学的讨论分成四个部分：

（1）在第一部分中，科尔伯格对问题的思考是从苏格拉底那里得到启发的。他认为，心理学家应清楚认识到，如果不首先搞清楚“什么是美德”与“什么是公正”这样的哲学问题，就不能讨论道德发展和学习的心理学问题。唯一的途径是，像柏拉图和杜威那样，先用哲学家的眼光确立正确的道德观与目的，然后讨论教育问题与在学校和社会中的道德发展问题。

尽管科尔伯格最初是作为一个研究型心理学家研究道德发展与教育问题的，但他试图避免“心理学家的谬误”：认为一种有利于搜集与组织心理学研究事实的理论对于决定教育目的与方法而言就是一种好理论。科尔伯格的《从是到应该：在道德发展研究中如何犯自然主义谬误和如何避免它》一文就是讨论如何避免心理学家的“自然主义谬误”的，同时也回答了道德教育目的上的哲学问题，从而也搞清了道德阶段的作用。

（2）在第二部分中，科尔伯格的讨论直接涉及道德哲学。这是第一卷的核心。它包括两章：“从是到应该”（第 4 章）和“公正即可逆”（第 5 章）。在这几章中，科尔伯格认为，道德推理与判断的阶段是存在的；每一阶段的核心是其中的公正概念；每个较高阶段对于解决公正问题而言是更好的阶段。

在第三与第四部分中，科尔柏格将第一、第二部分中发展出的阶段理论应用到实践的人类问题中。

（3）在第三部分中，他应用道德阶段和公正理想到政治哲学与法律哲学中。它讨论了美国最高法院的两个判决：第一个判决是对 Furman v. Georgia 一案判决，它禁止许多死刑的运用，如同禁止违反宪法第十八修正案（关于禁止“残忍的与异常的刑罚”的法案）。第 7 章支持这个判断，理由是：1）公众和个人正在很慢地向视死刑为残忍与异常的这样一种观点与感情的方向变化；2）死刑违反了罗尔斯式的公正观与普遍的伦理原则取向阶段的其他公正原则。第二个判决是 Abington School Distinct v. Schempp 一案判决，科尔伯格对其做了宗教性观察。这个判决认为在学校教道德是对宪法第一修正案中教会与国家分离的原则的违反。这个判决被看作对学校进行德育的禁止，其理由为，这种教育是一种世俗人文主义教义的宣传（propagation）。科尔伯格认为，在学校中教“公正”并不是对宗教少数派或多数派的权利的侵犯；事实上，这种教育是符合美国建国之父关于公立学校使命的思想的。由此出发，科尔伯格还为“公正”教学提供了一种发展的概论。

（4）在第四部分中，科尔伯格的分析进入人文领域，即超越了“公正”范围的神学与文学的人文主义领域，“公正”是法律与政治和个人行为的第一美德，因此也是一个人的第一美德。但生活并不是公正的，当一个人的“公正”意识不符合他的行为或他人的行为时，人们会怎么考察或感受“公正”原则？这对于悲剧的作者或读者而言是一个核心问题，也是神学家讨论宗教或信仰时的一个核心问题。第 9 章、第 10 章并不试图回答这些深奥问题，它们只想通过这些问题及其解答来指出“公正”的要素。

（魏贤超）

90. 博克

超越象牙塔：现代大学的社会责任 1982年*

博克（Derek Bok）是当代美国法学家、教育家。他于1930年出生在美国宾夕法尼亚州，1951年获斯坦福大学文学士学位，1954年获哈佛大学法学博士学位；1954—1955年获富布赖特奖学金赴法国巴黎大学政治学院进修；1958年获乔治·华盛顿大学经济学硕士学位，同年起任哈佛大学法学院助理教授，1961年晋升教授；1968—1971年任哈佛大学法学院院长，1971—1991年任哈佛大学校长。博克曾先后被美国的伊利诺伊、普林斯顿、耶鲁、哈佛、布兰迪斯等大学授予荣誉法学博士学位。他还担任过美国大学联合会主席（1984—1985年）、美国教育理事会董事会成员（1978—1981年）和主席（1981—1982年）、美国全国独立学院和大学联合会理事会成员（1987—1991年）、马萨诸塞大学评议会成员（1992—1995年）等职。主要教育著作有《超越象牙塔：现代大学的社会责任》、《高等教育》（1986年）、《大学和美国的未来》（1990年）等。他被认为是“美国教育界中最具有影响力的领袖之一”。

《超越象牙塔：现代大学的社会责任》（*Beyond the Ivory Tower：Social Responsibilities of the Modern University*）一书分成3编，共12章。第一编主要论述大学的目的及其社会责任等；第二编主要论述科学和技术创新、研究工作的社会责任等；第三编主要论述大学和社区的关系等。

一、大学的目的及其社会责任

博克指出，1900年以前，美国大学的规模很小，几乎没有一所大学的学生超过1 000人或教授超过100人。那时，大学的职责主要是提供教育，着重在智力训练、宗教教育以及对学生行为的严格控制或管理等方面。所以，大学是封闭式的，对外部社会没有直接影响，和各种公司、银行、立法机构等几乎没有来往或联系。当时的大学既没有大笔的捐款，也没有来自什么基金会的资助，联邦政府对大学的研究工作也不拨款。但是，第二次世界大战后情况有了变化。联邦政府开始拨巨款资助大学，以满足国家的各种需要；此外，各种基金会也向大学提供各种资助。而大学既然得到了资助，就要以各种方式为国家和社会提供服务。例如，大学教师担任政府、公司的各种顾问，提供专家咨询意见等。由

* Derek Bok, *Beyond the Ivory Tower：Social Responsibilities of the Modern University*, Cambridge：Harvard University Press, 1982.

此，大学的服务功能迅速发展，与社会各界的联系日益广泛，大学不再具有“象牙塔”的形象，而成为社会的“服务站”。

对于以上变化，美国国内有人赞成，但也有人提出了批评。批评主要来自两派：一是传统派。传统派认为，大学由于过多地参与社会服务，其自身的工作出现了混乱。一些教师不关心学生，不关心教学，以至于让研究生去教本科生。这些教师把大学当作临时居所，只对给予他们资助的校外机构负责。他们主张大学应削减其社会服务性工作，而把更多的时间和精力用于其主要任务，即教学和科研。二是激进主义者。大学中有些师生对社会问题格外敏感，尤其关心世界上各种不公平的事，例如，种族歧视、贫困等。这些师生可称为激进主义者。他们认为，当时的大学只是被动地接受政府、公司及其他机构的委托而为社会服务，甚至只要能得到资助，不顾某些研究项目的社会后果，例如，参与研制武器等“破坏性和非人道”的活动。因此，大学在从事社会服务时，一方面要积极主动，另一方面应有选择，要有一定的伦理道德标准，不能只为美国的既得利益集团服务。有的激进主义者还想通过大学最终改革整个政治和经济结构，试图把大学当作社会改革的“发动机”或“动力站”。

实际上，传统派和激进主义者都承认大学有义务为社会提供服务，其分歧只是在于通过什么方式最好地为社会服务。传统派主张大学教师尽量少参与校外活动，专心致志地从事教学和科研，通过增加知识的总量和培养人才以间接地为社会服务。而激进主义者则对大学的学术性职能即教学和科研不太重视，主张大学独立自主地实施一些计划，直接为社会服务。

针对传统派和激进主义者的观点，博克指出，首先，尽管对大学的目的有许多不同的说法，但大学的中心任务仍然应是教学和科研，这几乎是所有的教授都同意的。有些校外服务工作主要是解决一些实际问题，它们虽也重要，但教学和科研却是更重要的目的和工作。如果放松了教学和科研，其损失将是难以弥补的。因为大学的教学和科研工作只能在大学校园这一特定的环境里有效地进行。大学里有许多不同学科的优秀教授，他们可以互相合作；大学有藏书丰富的图书馆和设备精良的实验室等。其次，大学既然得到了社会的支持和资助，就有理由或义务为社会提供一定的服务，满足社会合理的需要。但这种服务不能影响大学的教学和科研。为了确保这一点，大学应该确定一些相应的原则，例如，其他机构同样也能完成的工作，大学就不要去做；应选择那些能促进教学和科研的服务项目；所确定的服务项目应能得到教师的支持。教师如要参与校外实际工作，应具备一定的实际知识和能力，否则就难以做好服务工作。当然，通过参与服务工作，教师也可以获得某些经验和第一手知识。

二、大学与工业界的联系和合作

博克指出，美国经济的发展在20世纪70年代始终疲软，国民生产总值的增长率大大低于其他工业化国家，失业率居高不下，生活费用上涨迅速，而这些症状的核心则是生产率低下。根据一些专家的分析，技术进步对生产率有重要的影响。在70年代，美国的技术创新很不景气，工业界对科研的投入很少。大学尽管从事着世界一流水平的科研工作，尤其是基础研究，但其科研成果投入实际生产过程（即技术转让）的速度却很慢，大学与工业界的联系和合作不够紧密。

正是在上述形势下，20 世纪 70 年代末至 80 年代初，大学和工业界之间出现了加强联系与合作的趋向。政府对此则采用各种方式加以鼓励。从大学方面来看，加强大学和工业的联系，有以下几个原因：

（1）大学感到，和工业界合作以促使生产率的提高，这是大学的一种社会责任。因为高等教育和国家的经济实力休戚相关，联邦政府之所以拨巨款资助大学的科研，是由于相信这种资助最终会有实效、能有助于国家经济的发展。因此，大学应该积极参与到把科学知识转变为具有商业价值的产品的过程中去。大学通过和工业界的合作，既有一定的收入，又可以把这种收入用于学术研究、增强研究能力，这样就形成了一种良性循环。

（2）大学的教师和研究人员通过同工业界的合作，既可以获得科研经费，又可以增加个人收入以弥补工资的不足。

（3）使青年教师有更多的机会获得科研经费，从而及早开始科研工作。因为一般来说，青年教师获得资助的机会比资深教授要少。

但是，在加强大学和工业的联系的过程中，也可能产生以下一些弊端：

（1）大学的中心工作本应是追求知识，而现在却增加了一种新的强有力的动机，即追求商业效用和经济收入。这就可能对学术研究的道德和一些重要的价值观产生不利的影响，可能改变科学的性质和方向，也可能降低科研的质量。

（2）一些教授可能完全脱离正常的教学和科研，转而从事技术转让的工作，这对大学也是不利的。

（3）一些参与技术转让的科研人员出于商业竞争的需要，对同行与公众封锁有关的知识和信息，这种封锁有时到他们获得专利权为止，有时甚至是无限期的。这就不利于科学的发展。

总的来说，争取工业界的资助和技术转让不失为大学获得新的资金来源的一种好办法。但是，在加强大学和工业界的联系上必须采取一些可行的办法。

（1）重视应用性研究。大学教授应该强调基础研究的价值，积极抵制那种把他们的工作导向过分实用性的压力，但是，如果在这方面做过了头，以至于贬低应用研究的价值或者根本不考虑科研的潜在的应用，那就是一种偏见。这种态度可能导致教授们忽视一些真正重要的问题，也会微妙地阻碍他们的研究生去从事工业研究。

（2）改善大学和工业界的交往。例如，工业界的科研人员可以作为兼职教授在大学上课，这样，他们既可为有关系科的学术工作做出贡献，又可为大学和工业界的交往提供一种渠道。同样，许多公司也有兴趣为它们的一些科研人员在大学里安排博士后工作，以使这些人员对与他们工作有关的基础科学领域的新发展有所了解。

（3）获取专利。大学通过将在实验室中得到的研究成果申请专利，可以加速把知识转为实用产品的过程。大学和工业界之间通过专利权的转让，从而把科研成果推向市场。

（4）大学和特定的公司签订合同。这也是鼓励技术发展并使大学的科研得到新的资金来源的又一种方法。

三、大学为所在社区服务

博克指出，大学是所在社区的一个重要成员，很引人注目。如果大学位于一座小城镇，它似乎统治着当地的经济，因而往往受到责备；如果大学位于一座大城市，它很快就被卷入当代美国城市的一些问题中，例如，市政府的财政危机等。此外，大学的文化（带有一种豪放不羁的生活方式和青年人的活力）常常也是所在社区的自豪。但是，大学有一个特点，即没有法律义务缴纳财产税。这种特权常常使大学和所在市镇关系紧张，因为当地居民认为大学是社区的受益者却没有相应的付出。

因此，除了缴纳钱款外，大学应该为所在社区提供各种有用的服务。事实上，多年来，大学也一直是这么做的。例如，向周围的人开放图书馆、博物馆和体育馆；为当地居民举办一些培训班，以帮助人们找到更好的工作；开办夜校，面向当地居民并满足他们的文化需求；大学生充当志愿者为老人和盲人读书读报，辅导处境不利的儿童，为穷人提供娱乐活动；大学生去帮助提高公立中小学的质量；医学院的学生帮助提供紧急的医疗服务或充当实习医生；商学院为当地的企业界人士提供咨询；为周围的中学生免费开设计算机课程；通过各种方式帮助地方官员处理棘手的问题；等等。有些大学还和地方团体一起致力于城市重建的项目，有的大学甚至向这些项目投资。当然，在开展为社区服务的工作时，大学要尽力争取当地政府的支持，否则有些活动也会碰到困难，例如，医学院开展的社区医疗服务可能招致地方医生的反对。

总之，大学通过为社区服务，既可以改善和社区居民的关系，也使一些大学生在活动中得到锻炼。

（赵卫平）

91. 加德纳

智能的结构 1983年*

加德纳（Howard Gardner）是美国著名发展心理学家，于1943年出生在美国宾夕法尼亚州的斯克兰顿。他是哈佛大学教育研究生院教育学教授和心理学教授、波士顿大学医学院精神病学教授以及哈佛大学“零点项目”研究所两位所长之一。他长期从事发展心理学研究，受到皮亚杰思维理论的很大影响。他又是一个注重实验的科学家，其结论大多来自他自己的或者他人的实验的研究成果。1983年提出多元智能（MI）理论后，加德纳与他的同事主要研究这种理论在教育学上的应用，提供强化智能的方法、设计新的评估手段以及与愿意采用多元智能理论改革教育的学校合作。他已在心理学和教育学领域出版了18本专著，其中主要有《艺术与人的发展》（1973年）、《受损的智能》（1975年）、《发展心理学》（1982年）、《智能的结构》、《多元智能》（1993年）、《受训练心理》和《智能的重构》（1999年）等。因为卓越的学术成就，他获得过包括美国普林斯顿大学在内的多个国家的大学荣誉学位和其他荣誉奖项。其中，《智能的结构》一书是他的成名作。正是在这本著作中，加德纳首次提出了多元智能理论，在世界教育界和心理学界产生了重大的影响。

《智能的结构》（*Frames of Intelligence*）一书系加德纳1983年得到荷兰海牙伯纳德·冯·利尔基金会赞助出版的一本著作。该书是多元智能理论诞生的一个标志，向传统的关于智力的观点提出了挑战。它是加德纳对人类潜在的本能及其开发研究的成果，提出了有关人类思维的新观点。该书出版后被译成10多种文字，在美国和世界各地畅销。全书分为3个部分，共14章。第一部分：背景材料（第1～4章）；第二部分：关于智能的理论（第5～12章）；第三部分：含义与运用（第13～14章）。加德纳认为，第二部分是该书的“核心”。

一、智能是什么

加德纳指出，全世界每天都在运用一样的测试方式对儿童进行智力测验；然而，智商（IQ）这一种智力测验的结果实际上只能表明一个人所掌握学校课程的能力，并不能预示其后来生活的成功与否。于是，很多研究者开始考虑用新的方式研究人的智力，并进行了许多有趣的实验。但这些实验都是在对智力这个问题的看法上缺乏一种恰当的认识框架的

* 本书中译本，兰金仁译，北京，光明日报出版社，1990。

前提下进行的。因此，只有扩展并重新描述我们对人类智力的观点，我们才能设计出更恰当地评估这种智力的方法，才能想出更有效的方式去培养它。

通过历史的回顾可以发现，几百年以来，人们关于智能的态度大致可分为两种：一是把一切智能都看成是一个整体；二是认为智能碎裂成好多个成分。人们关于智力与大脑的关系的看法也分为两种：一是定位派，相信大脑的不同部位有不同的认识功能；二是整体论者，认为智能与完好的大脑组织的量相联系，而不是与其特殊的部位相联系。他们互相争论并提出各自对智能的解释，但始终没有提出能够令人信服的理论。

从 18 世纪后期弗朗茨·约·高尔提出骨相学，到 19 世纪后半期德国心理学家冯特和美国心理学家詹姆斯（W. James）的研究，再到 20 世纪前半期瑞士心理学家皮亚杰的理论，一直到信息加工心理学，人们都在探究人的大脑与精神功能这两者之间的联系。但是，加德纳认为，智商途径、皮亚杰途径以及信息加工途径都专注于某种逻辑方面的或语言方面的难题解决，而忽略了生物学，都未能掌握高层次的创造性。

鉴于当代关于大脑与生物科学的研究成果，我们有足够的理由相信，一种对人生做全面研究的科学，它必须能为人类智能的特征及其种类做出解释。也就是说，生物科学最后必定能为我们提供关于这些智能现象的令人信服的描述。现在越来越多的证据表明，人类智能（至少某些智能）是存在的。人类具有一种执行某些特定智能运算的预先倾向，这些智能运算的特性可以通过认真的观察与实验而推断出来。

通过对早期智能与认知问题所做的考察，以及重新考察了大量的、迄今没有相互联系的资料，即关于天才个体、脑损伤病人、有特殊技能而心智不健全者、正常儿童、正常成人、不同领域的专家以及各种不同文化中的个体的研究后，加德纳认为，确有多元智能存在，而且它们各自都有其自己的发展史。

最后，加德纳指出，就智能的本质来说，智能就是在一定的社会文化背景下，个体用以解决自己面临的真正难题以及生产和创造出社会所需的有效产品的能力。这些智能是相对独立的，它们可由个体或文化以多种适合的方式加以制作与组合。这些智能也是由许多相当特殊、相当独立的运算机构所构成的，它们各自有其自己的可塑性形式，并有其自己的关键时期。这些智能又是依靠其自己的特性通过一种以上的感觉系统而得以实现（至少是部分实现）的，它们各自按照其自己的程序工作，并有自己的生物学基础。但是，智能不能用评价的方式来看待，而只能把它作为一种潜力来看待。

二、多元智能及其批判

加德纳认为，符合以下八条候选标准的智能才可以被看作自律的智能。这八条候选标准是：（1）大脑损伤所造成的潜在孤立；（2）心智不健全而有专长者、神童及其他异常个体的存在；（3）可加以识别的核心运算或一套运算；（4）有一个独立的发展史以及一套可定义的专家“极顶状态”的操作；（5）有一个进化史和进化的似真性；（6）来自实验心理学研究的证据；（7）来自心理测验学研究的证据；（8）对符合系统和符号转译的敏感性。据此，加德纳提出，人类身上所存在的智能有语言智能、音乐智能、逻辑—数学智能、空间智能、身体—动觉智能、人格智能六种。①

（1）语言智能。语言智能的核心是语言的运用能力，即语言的口头运用能力、记忆能力和解释能力。但是，语言智能不是基于听觉的，因为语言智能也存在于聋哑人身上，即使他们没有学过手语也能自发地发展起一套手语。对于语言智能的“极顶状态”即诗人和作家的研究发现，他们都对语言具有极大的敏感性，能够极灵敏地注意到字词之间的细微差别。这些能力往往在诗人或作家的童年时就已有相当的发展。但是，一个对语言有天赋的儿童要成为诗人或作家，还需要大量的实践和对经验的纯粹记忆。对于那些异常个体的观察和研究可以发现如下事实：有许多语言学习滞后的儿童在掌握语言方面尤其在语言核心音位及句法方面都表现出惊人的能力。有少数儿童，尽管有滞后症或孤独症，但他们在两三岁便能释读文章了。实验表明，正常个体的语言是与大脑左半球某区域的操作密切相连的。在生命早期，大脑具有足够的可塑性。但是大脑损伤的儿童与正常儿童所使用的语言方式不同。在书面阅读方面，在西方这种基于音位的系统中，阅读尤其依赖于加工语言声音的大脑区域；而在那些偏重表意阅读（如中文）的系统中，阅读则更主要是依赖于解释图画材料的神经中枢。对于异常个体的研究发现，有些患有严重失语症的病人保留了作为音乐家、形象艺术家或工程师的能力。

（2）音乐智能。音乐的最主要的构成因素是旋律和节奏。但音乐智能的核心不是听觉（因为耳聋的个体也能通过其他的途径进入音乐经验之门），而是音乐的情感内容的符号化。对于音乐智能的“顶极状态”即作曲家的研究发现，他们往往在很小的时候就对音乐的式样有着极强的记忆能力，并且不满足于对现有音乐格局的重复而开始实验新的音乐式样。在音乐领域中，我们能够发现不少异常个体（神童或者是在音乐领域极有天赋而心智不健全者）的存在。音乐与语言从表面上看有很大的相似性，但是对正常人和大脑受损者的研究证明了人类大脑主管音乐和语言的过程与机制是完全不同的。不过从进化史来看音乐和语言很可能是同源的。对于正常个体来说，语言能力几乎是侧向大脑左半球的，而大多数音乐能力是受制于大脑右半球。研究发现，右额叶和右颞叶的损伤会给区别音调与正确重现这些音调方面带来严重的困难，而左半球若有类似的损伤一般不会给音乐能力带来多少损害。就音乐与其他智能（如空间智能、逻辑—数学智能）的关系来说，音乐作为一种审美形式，它极有助于对其他智能与符号模式做嬉戏式的探寻。

（3）逻辑—数学智能。逻辑—数学智能首先表现为对具体对象的操作，然后是对抽象的数进行操作。对于逻辑—数学智能的“顶极状态”即数学家的研究发现，数学家天赋中最核心的和最难以替代的特征是，其熟练处理长推理系列的能力以及识别有效难题而后解决它的能力。科学家与数学家的区别在于，科学家的兴趣在于对自然规律的探索，而数学家的兴趣仅在于抽象的形式和观念。逻辑—数学能力天赋往往在人很小的时候就会表现出来。这些领域中最有创造力的年龄是在 40 岁以前，甚至可能在 30 岁以前。有专长而痴愚的个体中，也存在熟练掌握数学手段的人，他们往往在很小的时候就拥有了强大的计算能

① 在《多元智能》（1993 年）中，加德纳提出了音乐智能、身体—动觉智能、逻辑—数学智能、语言智能、空间智能、人际关系智能、自我认识智能七种。其中，原来的人格智能在这里被分成了人际关系智能和自我认识智能两种。

力。这种情况产生的原因是某种大脑区域相对转让或增殖。有些儿童在学算术方面发展停滞，但其他智能方面发展正常。研究发现，逻辑—数学能力薄弱的主要原因是，大量神经系统迅速衰变，而不是大脑某一个区域不够发达或者受到损伤的缘故。实际上，在解决数学难题的过程中，大脑两半球都有大量渗入现象。相比其他智能来说，逻辑—数学智能是更基本的智能，因为从概念意义上讲，它是人类智能的核心。

（4）空间智能。空间智能的核心在于准确地知觉到视觉世界的东西，并对知觉到的那些东西进行改造或修正的能力。但是，空间智能也存在于盲人身上，说明它并非依赖视觉存在。盲人可以通过触摸对象来知觉对象。空间智能不仅对航海者和画家是相当重要的，而且对科学家来说也是很重要的，因为空间智能可以帮助他们从不同领域辨认出相似性的隐喻能力。对大脑损伤者的研究发现，右脑（尤其是后半部）是空间加工的最关键部位。但是左脑后半部若有损伤也会造成空间能力的大量短缺。一般来说，男性拥有更强的空间智能。这可能与人类的进化有关。因为在早期的社会分工中男性经常要外出打猎，所以，他们必须要具备发达的空间能力以易于找到回家的路。即便空间智能的发展线总体上是规则的，但也存在明显的异常现象，而这些异常现象有时则能在空间智能方面提供新鲜的洞悉。

（5）身体—动觉智能。身体—动觉智能是一种极其重要的智能，其核心在于对一个人身体运动的控制能力和熟练操作对象的能力。对于身体运动的控制能力，在人类历史中一直是十分重要的能力。把身体运动描述成一种智能形式，也许会引起争议。但是研究发现，在大脑左半球控制活动的那些区域若受了伤，便会造成选择性障碍；这些病人在体力上完全可以去执行某一套运动序列，而且也具备理解这种要求的认识能力，但却不能以恰当的秩序或以恰当的方式去执行。虽然这种无能症经常与失语症同时发生，但这不是语言或符号失调的问题。因为那些在语言领域方面有严重障碍的个体又能在执行某些指令方面表现出惊人的准确性。这表明了个体在理解各种符号方面的障碍与其执行随意运动的能力并无太大的关联。对神经心理病人的研究发现，有些语言智能和逻辑—数学智能已受毁坏的个体却能毫不困难地从事高度熟练的运动活动。身体—动觉智能重点在身体内部时，便局限于一个人对自己身体的使用；而面向外部时，便造成对世界中的对象的身体行为。

（6）人格智能。人格智能也就是信息加工能力，其主要由两方面组成：一是个体自己感受生活的能力，即内省能力；二是发现其他个体间的差异并做出区分的能力，即人际交往能力。前者最高层面则是能够对自己的感受生活的深刻反省并对其符号化。我们可以从很多小说家身上看到这种能力。后者是能够释读其他个体的意向与欲望的能力。在不少政治或宗教领导者身上都能看到这种能力。人格智能的关键因素是自我感的出现。人格智能的每一部分都有其特定的最佳发展时间，如果未能及时发展，对儿童的性格将会产生重大的影响。人格智能是人类每一个婴儿与生俱来的一种能力。因此，人格智能也许是植根于生物学的，然而其构造方面大量的有高度指导意义的差异却可以在不同文化之间体现出来。在不同文化情境中，人们有着不同的人格智能形式，人们对人格智能的重视程度以及其表现形式也是不同的。

加德纳指出，他主要是通过实例来说明各种智能的，因此，关于这些智能及操作方式的许多细节还有待于进一步充实。对于人类来说，在正常的发展过程中，这些智能实际上从生命的开始就相互作用和相互联系了，而且它们最终都将被激发起来以适应不同的社会角色与社会功能。多元智能虽然没有论及传统心理学的某些方面（人格心理学、气质心理学等），但是这些方面可以恰当地包含在某种特殊智能之内。对于较高层次的认识运算（常识判断、独创能力、隐喻能力、智慧），多元智能也可做出相应的解释：这些能力有的是某一领域中的能力，有的是起始于某个领域延伸到它外部去的自然出现的能力，有的是几种不同智能的混合物。如果用多元智能理论不能解释那些重要的人类智能活动，或者用其他理论能解释得更恰当一些，那么多元智能这一理论应被抛弃。如果支持多元智能理论的基础有基本的错误，那么它必须重新评价并做大的修改。

三、多元智能理论在教育上的应用

加德纳认为，教育方面的努力必须构筑在对这些智能倾向及其可塑性与适应性的认识之上。在智能的教育中，首先要对不同的智能有更好的理解，并采用符合这些智能发展的教育过程。

加德纳列举了三个超常少年的例子：在无文化社会中的勃鲁瓦少年通过现场直接观察学习航海技术而高度发展的空间智能和身体—动觉智能；在传统宗教社会中的伊斯兰少年在《古兰经》学校中学习《古兰经》而高度发展的语言智能和人格智能；在西方文化社会中的巴黎少年在自学用计算机谱曲而高度发展的逻辑—数学智能和音乐智能。

通过这三个例子可以看到，不同的文化情境所重视的智能是不相同的。个体大多会发展那些受到他（她）所属的文化环境所看重的智能。但是，这三个超常少年都是表现出发达的智能，只不过他们的智能发展的方向不同。对于教育系统来说，如何平衡不同的教育传统和不同的智能组合的倾向之间的关系是一个需要解决的问题。因此，教育政策的制定者必须考虑到原有的教育传统，而不能照搬其他国家或文化情境下的教育模式。

不同的智能培养所需要的传授媒介、学习场所、传授知识的人和学习环境也是不同的。音乐智能、空间智能、身体—动觉智能和人格智能的发展更需要在现场的无媒介的直接观察，传授知识的人一般是熟练的长者或者是儿童的亲属（往往还需要具备必要的高道德水准，尤其对于人格智能的培养而言），学习环境是大多数个体都具备某种基本技能。但对于语言智能的培养而言，口头诗文和书籍是必需的，并需要在读写能力与论辩方面受过训练的长者的指导；逻辑—数学智能的传授媒介包括书籍、图表、计算机、电影等，学习可在单独的房间里进行，传授知识的人需经过专门的训练，学习环境是现代学校。

日本的铃木天才教育法提供了一个很好的智能发展的范例。它的成功说明了早期介入与连续不断的训练都能使个体达到很高的操作水平。即使是普通的个体，如果在婴儿时期不停地灌输音乐，并从幼儿期开始在母亲的陪伴下学习小提琴，就能使他（她）的小提琴演奏达到很高的水平。这也说明了几乎每一个正常的个体都能在某种智能领域或符号领域里获得突出的能力。但是，这种方法注重模仿，并从儿童很小的时候就开始了，会使儿童认为音乐重要的是对自己所听到的声音的复制而缺乏创新的能力。而且，儿童花费很多的时间来开发这个单一的智能，却失去了激发与开发其他智能的机会，这是很可惜的。

值得注意的是，智能并非是相互排斥的，有些个体能够把好几种智能发展到很高的程度，而其他一些个体只着重开发一两种智能。因此，正确的教育介入以及恰当的评估方法对于智能的培养是十分重要的。要对不同年龄的个体用不同的方法去评估其智能，可以从个体很小的时候便开始对其智能进行评估。对个体智能的评估主要是为了发现个体在哪些智能领域拥有较强的能力，然后促使个体尽快地在其所具备天赋的那些可靠的智能渠道里发展，同时又提供其在较为薄弱的那些智能渠道里得到提高的机会。在智能的教育中，首先必须有一个普遍的战略计划。教育者要密切注意人的生物学与心理学倾向，密切注意自己所居住地区的历史与文化。但加德纳指出，这种工作说起来容易，实际上做起来难。

（徐致礼　单中惠）

92. 古德拉德

一个称作学校的地方 1984年*

古德拉德（John I. Goodlad）是当代美国教育家，1920年8月19日出生于加拿大不列颠哥伦比亚省温哥华市。1939年，他温哥华师范学校毕业后，在一所乡村的单班学校里开始从事教育工作，先后担任教师、校长等职；在加拿大不列颠哥伦比亚大学获得学士和硕士学位，后在美国芝加哥大学的教育家和课程理论家泰勒（R. Tyler）的指导下于1949年获得博士学位。此后，古德拉德先后在埃莫里大学和阿格尼斯·斯科特学院（1950—1956年）、芝加哥大学（1956—1960年）、加利福尼亚大学洛杉矶分校（1960—1985年）、华盛顿大学（1985— ）任教。在加利福尼亚大学洛杉矶分校任教期间，他担任教育研究生院院长16年（1967—1983年），并兼任该校附小校长（1960—1984年）。

在华盛顿大学期间，古德拉德主持了一项大型的师范教育改革研究（1985—1990年）。他还主持了具有重要意义的学校教育研究（1976—1984年），作为美国学校教育史上规模最大和最复杂的调查研究之一，该研究项目在美国教育研究领域里堪称一绝。除此之外，古德拉德还承担过其他许多研究项目，例如，变化中的学校课程（1963—1966年）、学校和班级教学研究（60年代末70年代初）等。与此同时，古德拉德在一些基金会的资助下，先后建立了一些教育研究机构，其中有教育活动发展研究所（1966—1982年）、学校教育与社区教育实验室（1981—1984年）、教育更新中心（1986— ）、教育探究所（1992— ）等。古德拉德在许多教育学术团体中担任过职务，其中有美国教育研究协会主席（1967—1968年）、德国汉堡联合国教科文组织教育研究所副主任（1974—1975年）、美国师范院校联合会主席（1989—1990年）等。他还是美国全国教育科学院的创建人之一。

在学术生涯中，古德拉德编撰了30多本著作，在期刊上发表200多篇论文。除《一个称作学校的地方》外，其他主要著作有《教育变革的动力学：自我更新的学校》（1975年）、《课程探究：对课程实践的研究》（1979年）、《我们国家的中小学教师》（1990年）、《对教育的赞美》（1997年）等。由于杰出的学术贡献，古德拉德曾获得哥伦比亚大学师范学院授予的“杰出服务奖章”（1983年）、美国教育研究协会课程与教学分会授予的“课程研究杰出贡献奖”（1983年）、美国教育研究协会授予的“教育研究杰出贡献奖”。

《一个称作学校的地方》（*A Place Called School*）是古德拉德的教育代表作。这是一本具体阐述美国学校教育研究的著作，集中论述了古德拉德的学校教育改革理论。该书出

---

* 本书中译本，苏智欣等译，上海，华东师范大学出版社，2006。

版于1984年。2004年出版了二十周年纪念版，虽然其章节内容一字未改，但古德拉德增加了“后记”。作为一本研究美国学校教育的著作，该书以美国7个州具有代表性的13个社区（城市的、市郊的、农村的）的38所学校（包括小学、初中和高中）为研究对象，其中有8 624位家长、1 350位教师、17 163名学生作为研究对象，通过问卷、观察、访谈等方式收集大量资料，详细描述了美国学校教育的现状和存在的问题，具体阐述了美国学校的教育目标，全面提出了改革学校教育的方案。《一个称作学校的地方》一书曾荣获美国教育研究协会的“1985年杰出著作奖”，古德拉德因此而被誉为美国“学校教育研究的权威”。

除了二十周年纪念版的“序言”以及作者的“前言”和“后记”外，《一个称作学校的地方》全书共10章。在二十周年纪念版的“序言”中，赛泽（Theodore R. Sizer）指出：在20世纪80年代初美国两项重大教育工程中，“《处在危机中的国家》对于它的时代是重要的。《一个称作学校的地方》则是长久之计。加德纳戏剧化地吸引和集中了全国的注意力。古德拉德提出的是这个国家在创建新的、更好的学校时必须要考虑的问题”。在“前言”中，古德拉德指出：《一个称作学校的地方》是他本人主持的“学校教育研究”项目的综合报告；整个研究和写作从20世纪70年代末延伸到80年代初。因此，“此书是对特定历史时期美国学校的真实写照”。

一、创办有效的学校和提供全面的教育

在第一章“我们能办有效的学校吗”中，作者开门见山地指出：“美国的学校正处于困境中。事实上，学校教育的问题如此之多以至于许多学校可能无法幸存。”因此，我们需要更好地理解我们的公立学校以及困扰它们的具体问题。只有在这种理解之后，我们才能带着创建更好学校的信心来处理这些问题。之所以开展“学校教育研究”，其部分原因是大多数学校改革计划的失败都是出于无知。所以，需要把学校作为整体来研究，具体包括：学校的功能，学校在学生生活中的相关性，教师如何教学，教学环境，构成课程的活动、教材和测试体系，学习资源的分配，平等，隐性课程，满意度，对数据的需求，等等。最有希望的学校改革方法就是寻找开发学校自身的能力来解决自己的问题，以成为基本上可以自我更新的学校。

在第二章“我们需要全面的教育”、第三章“超越学术知识”中，作者指出实际上到底应该对学校有什么样的期望。对学校的期望实际上综合了不同的人对学校教育的各种需要，这是所有学校都面临的问题之一。家长们都希望孩子受到综合的和全面的教育。因此，学校的任务不仅仅是智力目标，而应该是对智力、社会、职业和个人发展的目标给予平衡的关注，进一步接近我们的教育理想。基于学生获得全面的教育，作者讨论了学校的教育目标问题，并具体提出了“美国学校的教育目标”，其“目的是引导学校委员会成员、家长、学生和教师认清共同的办学方向，并发展与这些目标有关的教学计划。这些目标也可以促使我国民众就教育和学校的使命开始一场本应该进行的对话”。

为了使学生受到全面的教育，“美国学校的教育目标”应该归纳为学术目标、职业目标、社会目标和个人目标四类。具体包括：（1）掌握学习的基本技能和基本过程，（2）智力的发展，（3）职业教育——职业技能教育，（4）人际关系的了解，（5）公民参与，（6）民族

文化修养，(7) 道德和伦理品质，(8) 身心健康，(9) 创造力和审美表达，(10) 自我实现。如果教师没有明确的共同目标，那他们就不能开展关于学校使命的交流和对话；如果缺乏对于这些目标的详细阐述和实现这些目标的责任心，那就不能实现这些教育目标。面对快速变化的世界和无法预见的需求，学校应该制订整体的教育计划，利用整个社会的教育资源，帮助每一个孩子做好准备。当然，总的教育目标指出的是一种方向，在不同地区和不同环境下可以灵活运用。

二、对学校教室和课堂教学问题的探讨

在第四章“在教室里”、第五章“获取知识的机会”、第六章“教师与教学环境”、第七章“学校和课堂在做些什么”中，作者集中探讨了学校教室和课堂教学问题。在对学校的研究中，应该考察这样一些问题，例如，学校的作用和所存在的问题，学生、教师和家长对学校的满意度，学校的氛围，教师的教学实践活动，学校和课堂组织，各门科目在课程中的分配及材料的使用，等等。

(1) 应该关注教室里的教学活动，例如，用于学习的时间、时间是怎样使用的、课堂的模式、教室的气氛等。教学时间的长短和教学质量的高低并非等同，因此不能把用于教学的时间等同于教学质量。课堂与课堂之间在每一个学校特征上都有大小不一的差异。如果教师开始评估自己的课堂，那改革就有了一个新的开端。最成功的课堂可能是那些教师成功地创造出共同的奋斗目标。

(2) 既要关注学校提供的教育机会的质量，又要关注学校提供的教育机会的平等。教育机会平等问题的焦点就是学生能否得到平等的获取知识的机会。在实践中，少数民族学生，特别是大量贫困的少数民族学生比白人学生少了很多获取知识的机会。学校应该拥有一种更乐观的观念，即所有的学生都能学好。

(3) 教室是教师的领地；教师是学生学习中最有影响的关键因素；教师是教学领域的决策人。但教师控制了教学活动，使学生在课堂里处于被动。因此，需要改善教学环境，以使教师发挥出最大的潜力，能够创造性地教学。为此，学校必须注意提高教师培训的质量，其中特别是教学技能和教学行为的提高。

(4) 应该考虑学校正在教的内容是否就是它们应该教的内容、学校教的内容是否能够唤起学生的兴趣等。通过削减社会学科、自然、艺术等教学时间，来补充读、写、算的不足，这种牺牲是不必要的。学校的学科应该成为超越那些学科知识的学习工具。

三、学校之间的相似和差异

在第八章“相同却又不相同”中，通过对 1 000 多间教室的观察，作者指出，它们在教学实践上具有极为相似的地方，例如，教学机制、课堂活动、学习模式、教学内容、考试测验、分组练习、教室布置等。这说明学校与学校之间大同小异。

但是，学校之间也存在差异，这些差异绝大部分不是教育实践上的差异，而是其他领域的差异。例如，师生的交往方式，学校的学术定位，学生非学术兴趣的感染，校长和教师相互尊重的方式，等等。而且，在学校氛围和学校特质上，学校之间的差异更多。

课堂环境向学生暗示着非常重要的意义。其中，良好的教学能够在教师和学生之间架起桥梁。课堂周围的环境体现着学校的精神气质。学校的满意指数和课堂气氛有着密切的关系。尽管那些氛围好、满意度较高的学校也正是学生认为课堂气氛好的学校，但学校作为一个整体所获取的满意度和课堂实践之间并不存在平行的关系。

通过学校之间的比较，可以发现，那些得到最好评价的学校也就是那些最令人满意的学校。但平心而论，在很多方面，学校之间仅仅有一些微小的差异。最令人满意的学校和最不令人满意的学校之间并没有出现显著差异。尤其在初中阶段，难以区分最令人满意和最令人不满意的学校。但是，满意度最高的学校的教师在专业方面做得更好一些。

尽管学校就有相似性，但学校确实是不一样的。从那些与学校关系密切的人的认识上，可以看到这些差异；同时，这些差异也最直接地影响这些人。这并不是因为它们在组织结构上或行为规则上有所不同，而是因为学校中的人在以个人和集体方式应用这些规则和相互交往时各有不同之处。所有的学校在很多方面是相同的，但也在很多方面是不同的。发现学校之间的差异，将给我们带来希望，感到最令人不满意的学校也是能够被改变的，创建较为令人满意的学校似乎是一个可以达到的目标。

四、改进和超越现有的学校

在第九章"改进我们现有的学校"中，为了改进我们的学校，作者提出了学校改进的意见和建议，具体涉及州政府和学区的责任、学校的权力、确立首席教师制度、教师的教学、课程的平衡性、教学的改善、组织的调整、教师的培训、各种教育机构和潜在的教育机构有效联合等方面。这些建议应该立即采取行动以贯彻落实。"如果今天的学校安排充满了活力，明天的教育体系就会逐步形成。但是如果我们挖自己的墙脚，为目前的现状辩护，并且仅仅在边缘领域进行一些改善工作，那么我们现有的学校就会衰退下去。"

在第十章"超越我们现有的学校"中，作者指出，重建学校的日程是一项要求很高的工作。今天的改革将塑造着明天的学校。为此，应该重新考虑学校教育体系中的衔接环节，考虑教育计划和学习计划以及教育技术，考虑走向教育性社区。但到目前为止，我们对教育的憧憬还是多于对它的实践。

在 20 世纪 80 年代以来的美国教育改革中，全国各地的一些学校开始结成联盟。作者自己也于 1999 年创建了"教育探究所"。一些教育改革思想引起了作为实践工作者的教师的注意，他们对学校的改革和创新有极大的兴趣。但是，学校改革中的一些阴暗面加深了公众对学校的不满，也动摇了教师们的职业信仰，其比改革的反复挫败对学校教育的伤害还要大。因为学校和它的教育工作与国家体系中其他的机构很不相同，甚至学校之间也存在差异，所以，没有一个通用的指南是可以用来指导所有学校的工作的。在学校改革中，"我们必须逐个地改造每一所学校"，才能创办优秀的、令人满意的学校。而且更重要的是，"要想实现教育改革的共同使命，就必须从培养教育工作者开始"。因此，在学校改革中，特别要注意一场头脑发热的改革风潮以及与它结伴而来的令人烦恼的教育病毒。我们应该更加仔细地审视过去建立的教育体系，并认真地努力去创造不同的学校。

“我们希望为一个称作学校的地方带来新一天的曙光的艰苦工作已经开始了吗?”这是古德拉德在《一个称作学校的地方》一书中所写的最后一句话，这实际上为西方学校变革发出了新的呐喊。

（单中惠）

93. 库姆斯

世界教育危机：80 年代的观点 1985 年*

库姆斯（Philip H. Coombs，1915—2006）是当代美国经济学家，教育家，出生于美国马萨诸塞州的霍利奥克。中学毕业后，他就读过阿默斯特学院、芝加哥大学和布鲁金斯研究所，后在马萨诸塞州的威廉斯学院（1940—1941 年）、阿默斯特学院（1946—1949 年）、耶鲁大学（1970—1972 年）任教。库姆斯还先后在联邦政府价格管理署（1941—1942 年）、战略服务署（1942—1945 年）、经济署（1945—1946 年）、总统物资政策委员会（1951—1952 年）等机构任职。1952—1961 年，库姆斯任福特基金会研究秘书和主任；1963—1968 年，任法国巴黎联合国教科文组织国际教育规划研究所所长；1970 年任国际教育发展委员会副主席；还做过北京师范大学访问教授（1987 年）。主要教育著作有《世界教育危机：系统分析》（1968 年）、《管理教育成本》（1972 年）、《未来世界教育的迫切问题》（1981 年）、《世界教育危机：80 年代的观点》等。

《世界教育危机：80 年代的观点》（*The World Crisis in Education*：*The View from the Eighties*）是库姆斯 1968 年出版的《世界教育危机：系统分析》一书的续篇。旨在对 1968 年以后教育领域的主要趋势和变化以及未来的世界教育体制可能面临的关键性问题和机会提供一个世界范围的评估，并唤起人们对这些尖锐而复杂的教育问题的广泛讨论。全书共 11 章。

一、学习需求的增长与教育数量的发展

库姆斯指出，人类从出生起就具有多样化的学习需求，这些需求的形式、内容和效用贯穿一个人的整个生命过程。因此，整个社会面临着不断发展的学习需求。

70 年代以来，整个世界范围内学习需求迅速增长。导致学习需求迅速增长的最重要的因素有以下几个：

（1）人口增长。这意味着学习者数量的增加，因为每一个成员都被看成是一个终身学习者。由于历史、社会条件诸原因，人口增长对发达国家和发展中国家对未来的学习需求的影响是不同的。

（2）移民和城市化。不断加速的移民和城市化会对学习需求的增长产生影响，因为所有移民都必须学会适应新的多元文化环境、新的就业类型、新的学校和新的生活方式，以

---

* 本书中译本，赵宝恒等译，北京，教育科学出版社，1990。

及学习新的语言。

（3）农村地区的发展。与那些从农村迁入城市的移民一样，留在农村的人同样面临着一系列新的学习需求。这些学习需求与他们的基本生存需要密切相关，包括健康和营养、家庭生活的改善、识字以及就业等。当然，农村地区的学习需求、教育形式会有所不同。

（4）二战后的发展。这主要指科技、经济、社会和文化方面的变化和进展。由于这些充满活力的发展因素使每个学习者日益感到终身学习的需要。正是由于以上相互关联的因素已经产生并将继续产生世界范围内的学习需求的爆炸性增长，整个世界每一天都面临着各种大量的新的学习需求。

由于教育需求的迅速增长，以及所有国家都引入了政治信念和经济信念这两个信念，正规教育的目标大大地扩大了。在发达国家，普及初等教育早已实现，迅速地发展中等教育和高等教育已成为主要的目标。在发展中国家，主要是普及初等教育、扩大教育的机会。尽管发达国家和大多数发展中国家的教育大发展在70年代到了一个重要的转折点，其发展速度开始减缓，但世界范围内的教育发展确实在数量方面已有了极大的进展。尤其值得注意的是，当早期快速发展的正规教育在70年代失去其势头时，非正规教育却蓬勃地发展起来了，特别是在发展中国家。

二、世界教育发展的一些危机

库姆斯指出，1968年以来，在世界教育发展中，旧的危机并没有消除，同时又产生了新的危机。这种危机的核心内容可以用三个相互联系的词来概括，即“变化”“适应”“不平衡”，具体表现在以下六个方面：

1. 教育质量的下降

尽管教育发展适应学习需求尚不完善，但更值得注意的是，许多地区的教育质量仍在下降，特别是发展中国家的教育仅仅是发达国家教育的二等翻版。影响教育质量既有环境的因素，也有学校内部的因素。学校内部的因素主要是教育目标、课程、教材、教师、教育技术等。对于世界教育发展来说，必须提高质量，使教育跟上知识增长和人们不断变化的学习需求。当然，这需要时间。但必须认识到，民主大众的教育并不会自动地阻碍在旧的英才教育模式下的优秀教育水平的提升，更多的教育并不是意味着更差的教育。

2. 财政困境的加深

从70年代中期起，世界教育经费开始出现下降的趋势。究其原因，主要是1973年的经济危机、实际的教育费用在不断增长、教育经费的不足以及教育内部投资比例失衡等。这必然会对世界教育的发展产生不利的影响。因为教育尤其是正规教育不是靠口号与良好的意愿，而是靠资金来发展的。尽管不是所有的教育问题都能靠资金来解决，但是，没有资金的保证，教育的发展就难以实现。有了资金，教育上的非财政问题就能容易地得到解决。

3. 就业的困难和失业的增长

随着教育的发展，无论是在发达国家，还是在发展中国家，中等教育和高等教育毕业生的数量已开始超过就业市场的实际需求，从而造成了就业的困难。这实际上是教育系统的浪费。此外，包括工业化国家在内的每个国家都将遇到严重的受过教育的人口的失业问题。这刺激了“资格螺旋上升”的趋势，致使毕业证书水平降格使用。当然，真正的失业负担最终将主要压在那些社会底层具有最低教育资格的人身上。因此，需要改变教育规划工作，就未来对人力的需求做出预测，使教育规划成为教育变化和教育改革的一个有效工具。

4. 教育的不平等

世界范围的教育发展应该有助于消灭教育上长期存在的不平等现象。但教育不平等现象的消灭，实际上比预料的要复杂和困难得多。教育的不平等，一般是指由于差别而造成所受的正规教育的不平等。它主要表现在：（1）地区的不平等。其中包括发达国家和发展中国家之间的不平等、农村地区和城市地区之间的不平等、城市中不同居住区之间的不平等。（2）性别的不平等。事实上，这种性别的不平等几乎在所有国家中都长期普遍存在。一是女生的入学率一般是最低的；二是高等教育中性别的不平等最大；三是不同高等院校和不同学习领域性别的不平等情况是不同的；四是高等教育中某些领域歧视妇女；五是性别的不平等与每一特定社会的传统文化、风俗习惯有关。教育中的性别不平等在以后肯定会缩小，但速度通常很慢。（3）社会经济、种族和民族的不平等。一般地，高收入家庭以及家长受过教育的家庭的子女享有比其他家庭子女更好的教育优势。

5. 语言造成的困境

每个国家都需要用语言作为相互沟通的桥梁。这就使得各国国内由于语言所产生的困难复杂化了。一般来讲，语言上的区别是由于种族、宗教、部落以及其他区别而产生的。因此，无论在发展中国家，还是在很多发达国家，使用什么语言作为各教育层次的教学媒介是学校所面临的教学难题与潜在的爆炸性政治问题。对文化个性的日益增长的渴望与要求，使得这一困境变得更为严重。

6. 扫盲运动的艰难

扫盲运动旨在使贫穷的、未受教育的人学习掌握读写技巧，以便改变他们的命运，同时也推动一个国家社会和经济的发展。因此，扫盲是实现现代化的标志和关键，特别是在发展中国家。从世界范围来看，尽管在各国政府的努力和联合国教科文组织的推动下，扫盲运动取得了一定的成绩，但其形势仍然严峻，远远没有实现它的目标。在规划未来的扫盲工作时，必须考虑到三个关键问题：一是扫盲对谁来说至关重要？二是进行什么样的扫盲？三是哪些是能促进和帮助人们获得读写技能的最有效的方式？在世界扫盲运动中，联合国教科文组织比其他组织更适合起领头作用。

三、教育与文化和科学

库姆斯指出，教育与文化和科学之间有着紧密的联系，但后者会对前者产生很大的影响。

1. 教育与文化的变动

从历史上看，所有社会教育的主要任务都是保护所继承的文化，使其完整无缺地一代一代传下去。第二次世界大战后，全世界文化间的杂交与相互渗透的过程急剧加快。在这一过程中，不同范围的文化输入和影响产生了不同的效果。这些影响动摇了很多发展中国家传统的文化模式，激起了它的内部的文化冲突。与此同时，教育作为改变文化的主要力量，不仅对传统的价值观、生活态度、行为方式都产生了影响，而且也开辟了国际交流的新的广阔道路，促使各国相互了解和合作。

2. 教育与科学的发展

科学的文化对教育的影响主要表现在课程问题上。改革课程的目的，不仅是造就更多的科学家和技术人员，而且是造就懂科学、能更好地适应日益受到科学发展影响的世界新一代公民。因此，真正需要的是向学生提供能使其在未来顺利地适应不同需要的技术，其中许多是难以预料的、不断变换的工作的基础与技术，例如，计算机语言和基本原理等。应该看到，联合国教科文组织推出了各种课程教学计划，其工作成果是显著的。

四、教育的国际交流与合作

库姆斯指出，面对世界教育的一些危机，应该加强教育的国际交流与合作。广义地看，这种国际交流与合作为教育提供了一个世界范围的共同市场。它主要表现在以下四个方面：

1. 教育发展的援助

教育的国际交流与合作曾取得了前所未有的发展。在发达国家的援助下，许多发展中国家开始着手解决各自的教育问题。由援助国政府为了各种目的而提供的援助资金在70年代和80年代初有了大幅度的增加。其中世界银行在教育援助总体中的作用大大地加强了。关于教育援助的未来，需要考虑三个问题：一是教育援助总量的变化；二是最有效地利用教育援助；三是教育援助过程本身的改进。

2. 各国学生间的交流与留学生

在教育的国际交流与合作中，最活跃的方面是学生的交流。70年代和80年代初期，发达国家曾实行对外国学生的限制措施，但应该看到，这些限制措施只是为了最大限度地降低东道国所面临的财政负担，很少考虑长期的效益或是否会有消极影响。从总的情况来看，世界各地的留学生总数是有很大增加的，其中包括发展中国家与发达国家间学生的交流，也包括发展中国家间的学生交流。

3. 教师、学者和科学家的交流

一般公认，教师、学者和科学家的交流以及科研合作，在世界教育发展中一直起着并将继续起着关键作用。在70年代，双边合作机构对开发有关研究方面的兴趣有所增长。此外，国际合作研究的大规模国际网络也已经发展起来。

4. 对外国地区、语言及其他国际问题的研究

教育的国际交流与合作要求所有国家彼此间更多地了解对方的背景、文化传统、风俗习惯和当前的发展，以及能够同别国人民用他们的语言进行交流。这不仅是对所有国家的教育系统的挑战，也是对新的国际机构尤其是联合国教科文组织的挑战。

总之，加强教育的国际交流与合作无疑将为世界的未来做出巨大的贡献。

（单中惠）

94. 拉塞克 维迪努

从现在到2000年教育内容发展的全球展望 1987年*

拉塞克（Shapour Rassekh）是当代伊朗社会学家，经济学学士、社会学博士。他曾任教于德黑兰大学，并在计划署任国务秘书十多年；1980—1982年，任联合国教科文组织所属的国际教育规划研究所顾问；发表过多部关于社会规划的研究著作。

维迪努（Groege Vaideanu）是当代罗马尼亚教育家，教育科学博士，雅西大学教授。他曾任罗马尼亚布加勒斯特教育研究所所长（1967—1973年）、联合国教科文组织教育结构和内容处处长（1973—1980年）；发表过许多有关教育内容问题的著作。

联合国教科文组织第21届大会决定，作为1980年在巴黎召开的“今后20年教育内容变革趋势讨论会”的后续活动，进行一次关于“整个教育内容为适应科技文化进步和劳动世界需要而演变”的研究。随后，联合国教科文组织委托中国、美国、匈牙利、荷兰、菲律宾等5个国家进行了“今后20年普通教育内容演变”的个案研究，并责成拉塞克和维迪努对这5个国家所收集的材料进行综合。经过2年多的研究，拉塞克和维迪努写出了《从现在到2000年教育内容发展的全球展望》（*A Worldwide View of Their Development from the Present to the Year* 2000）一书。本书的法文本1987年出版，英文本1988年出版。

《从现在到2000年教育内容发展的全球展望》一书分2个部分，共9章。第一部分6章，主要论述人口、经济、社会政治、科学文化等外部条件对教育内容的影响，同时也谈到了教育系统的内部动因对教育内容的影响。第二部分3章，首先阐述作为当今教育革新因素的各种现象，然后勾勒出理想的教育内容的大致线条。

一、影响教育内容的外部条件和内部动因

拉塞克和维迪努指出，影响教育内容和发展的，既有外部条件，也有内部动因。

就影响教育内容的外部条件来看，主要有以下四个方面：

（1）人口的增长。第二次世界大战后，一些发展中国家人口剧增，入学人数剧增，这就影响到教育的质量。而在一些发达国家，出生率和死亡率下降，人口出现老龄化，因此，开始重视终身教育和成人教育。人口增长使许多国家，尤其是亚洲国家开始进行人口教育。同样，针对食品不足和“营养不良”的问题，不少地方还进行营养教育。

---

* 本书中译本，马胜利等译，北京，教育科学出版社，1996。

（2）经济的发展。自20世纪70年代中期起，世界经济已进入一个增长缓慢的时期。这就使教育经费的增长速度减慢，有时甚至还会使教育经费下降。这种新的经济形势必然要求教育系统进一步节约资金或动员新的教育资源，使教育的内容和系列适应劳动市场变化，把教育与生产劳动和发展更紧密地结合起来。

（3）社会政治的变革。随着人民自身权利意识的增强，随着对世界新秩序的研究不断深入，教育也会相应地发生变化。例如，许多国家改进和充实了公民教育，增加了有关当今世界重大社会、经济、政治问题的基本知识，并从新的角度提出这些问题。此外，关于争取和平、国际理解和裁军的教育思想也有所发展。

（4）科学进步与文化变革。20世纪最后20年的特点是电子学、电信技术、信息处理技术、核能利用、激光、自动化、控制论和生物技术等新学科加速发展并投入应用。因此，教育必须根据这些领域取得的进步不断丰富和修改自己的内容，并且在知识越来越广泛、分散和持续增加的情况下采取全面的、多学科或跨学科的新方法。未来的教育将更直接地面对实际问题，因此，过去以归纳和简化为特征的教学方法将让位于以尊重现实的复杂性和丰富性为特点的新方法。

就影响教育内容的内部动因来看，主要有以下四个方面：

（1）教师的地位。教师今后将更广泛地参与影响学校生活的所有决策。为了保证这种参与的成功，就应该使教师获得更多信息，了解对当前的问题和展望的研究。全体教师的态度将最终决定革新的成败。

（2）教师和学生的关系。在未来几十年中，师生关系无疑将会发生巨大变化。教师的权威将建立在教师借助学生的积极参与以促进其充分发展的能力之上。教师将更多的是一名向导和顾问。学校体制的灵活性必然会朝着教学相长的方向转化。

（3）学校与外界的关系。人们越来越意识到学校与外界，尤其是与家庭、社区、传播媒介之间联系的必要性。为鼓励和促进这种联系，开始建立了一些新的制度，并采取共商与协调的方法。

（4）学校的行政管理。在一所学校中，十分复杂的行政管理问题必须运用新型的管理方法和技术才能解决。在学校的行政管理上，需要改进计划体制，以及更好地选拔行政管理人员并调整他们的报酬。

二、未来的教育内容

拉塞克和维迪努指出，在教育内容方面已有了一些新的趋势。

首先，科学技术是当代文化的组成部分，科学以各种形式成为人们通过自然规律的知识来认识世界的基本工具。科学的教育已被广泛地看作一般基本文化的主要组成部分，新概念、新学说已经并将继续渗透进教学大纲。但是，不能使科学的教育局限于掌握知识和本领，还必须培养一种对待科学成果及其使用的正确态度。

其次，世界各国重视道德教育已是一个重要的趋势。一些国家的道德教育计划所强调的道德价值观念包括：（1）有关社会的价值标准：合作、正直、和蔼、孝敬长辈、社会正义、尊重他人、公民精神、社会责任感、人类尊严、人权、劳动尊严等。（2）有关个人的价值标准：忠厚、诚实、守纪、宽容、有条理、襟怀坦荡、上进心强。（3）有关国家和世界的价值标准：爱国主义、民族意识、和平的公民责任、国际理解、人类友爱、民族间相互依存的意识等。(4) 有关认识过程的价值标准：实事求是的科学方法、辨别真伪、追求真理、慎于判断等。

还有，几乎在所有国家，技术和（有益于社会的）生产劳动都开始成为校内外的活动内容。现在不仅仅是判断劳动的教育效能，而且要把劳动、技术、文化结合起来并纳入所谓“课程设计”的整体之中。人们已抛弃了那些狭隘的看法，例如，把学校提倡生产劳动与学生过早职业化相提并论、把生产劳动仅看作无条件接受高等教育的孩子们的出路等。人们扩展了以劳动为目的和手段的教育的各项目标，不仅预见到对技能和知识的掌握，而且也预见到如何培养正确的态度以对待劳动、技术及其对人类生活的影响。

此外，为了满足当代世界的迫切需要，还必须在课程中设置新的内容，包括环境教育、生态教育、卫生和营养学教育、人口教育、现代家政学、性和家庭教育、和平教育、人权教育等。

对于教育内容来说，必须考虑它的“恰当性”。所谓教育内容的恰当性可以看作内容和两方面要求的一致性：一方面是所有内容来源与社会价值观反映的要求；另一方面是学习者的需要、兴趣与身心能力反映出来的要求。在评估教育内容的恰当性时，必须考虑以下八个指标：

(1) 对科学技术进步的开放态度。要使教育内容跟上时代步伐，既不能根据关于科学的最新成就的推论来设想，也不能用会使学校精疲力竭的追踪方式去构思。正确的做法是在当代科学的精神与方法论和教育内容之间寻求一种认识论上的协调一致，对各种新学科或新知识及其对社会经济的发展之影响保持敏感。一方面要更好地分析、设想和准备各种变革（教材、评价手段、视听手段等）；另一方面要培训和指导教师，以使他们适应各种新任务。

(2) 同文化、艺术和人民要求的一致。在涉及价值观和各种有关文化、艺术、伦理等价值教育问题时，应该在教学计划和教材的制定以及教学过程中寻求这种一致。教师的文化素质以及他们对各种价值观念的态度对于取得这种一致是很重要的。这也就决定了未来教师的文化培训的重要性。

(3) 对现代世界问题和对地区或国家需要的开放态度。在根据现在的优先考虑和未来的需要调整教育内容的时候，应该不断地保持这种双重开放。学校在传统上就具有一种民族性，尽管它同时也通过文学、绘画、历史等中介保持着和世界的联系。但是，这种开放幅度应该更大些，组织得更好些。某些发展中国家在采用了别国的教育内容后，又致力于寻求自己的民族特性，这种榜样值得重视。与此同时，在工业化国家，尖子学校对当地社会生活和人民的需要往往仍不够开放。实现这种双重开放的困难在于：它涉及的是把一些在过去即使不是相互对立至少也是相互分离的各种目标或内容，例如，民族的目标和世界的或相邻各国的目标、本民族的历史和其他民族的历史等，协调和结合起来。联合国教科文组织和联合国的其他一些机构在这方面应能起到一定的作用。

(4) 教育内容与学习者知识和身体的需要及能力的一致。教育研究已证明：所有的儿童都有能力学习；学校的成功不能只由精英阶层独享。但在教育实践中，还存在一些问题。例如，由于在引入各种科学的或文学的新理论、各种科学的新概念和成就等时不注意对知识整体的质和量加以调整，结果造成了课程的超载；在中学课程中普及一些以前属于高等教育的内容，而在这种普及之前，又很少注意分析并使之适应中学生的兴趣和接受能力；要求掌握大量复杂知识的入学考试，也使很大一部分学生望而生畏。因此，应该有效地贯彻一整套原则和成果，它们是最近几十年来课程设计、教师培训以及学习过程组织诸方面研究的产物。

（5）课程设计和学习过程组织中的平衡。内容平衡是人们追求的最主要方面之一。人们一般都是根据教育的最终目的来寻求这种平衡。因此，应该对以下各因素之间的平衡进行分析：一是不同目标（认知的、情感的、心理运动的）之间的平衡。二是不同学科之间的平衡。三是理论和可以直接应用的内容之间的平衡。四是各类不同层次的教育在教育内容分布方面的平衡。五是在学校教育和校外教育之间的各学科或内容分布的平衡。六是能够促进民族之间或个人之间交流的民族（特定的）价值观和普遍价值观之间的平衡。七是各种学习方式之间的平衡。八是根据教育的不同层次分别强调语言和图像的重要性之间的平衡。

（6）内容的一致性。所谓一致性，指在学习期间、在某个特定阶段或在某两个阶段之间的发展过程中不存在矛盾；不同学科之间在知识的获取方面存在着持续的联系和非矛盾的状态。

（7）能够激发活力和保持学习乐趣的内容。学习是一件费力的事情，但它也能产生无可比拟的满足和快乐。只要调动了学习者明显的和潜在的能力，学习就会更有效。

（8）赋予教育内容和学习以一种面向未来的和民主的色彩。课程必须面向未来和民主。这一方针应该通过教育内容和促进机会均等的学习表现出来：一是内容、结构和层次之间结合的灵活性；二是多种的和可以组合的选择，以此作为使学习多样化和满足学生兴趣及能力多样性的手段；三是实施活动教育法和计算机辅助教学，以此作为训练学生的智力和独立性的手段；四是保证对学习者的扎实和全面的培训，使他们在学校中不仅要学会学习，而且要学会生活和自我发展；五是向有天赋的学生提供受教育和个人发展的机会。

（赵卫平）

95. 阿普尔

意识形态与课程 1990年*

阿普尔（Michael W. Apple）是当代西方最主要的批判教育理论家之一，并被选为20世纪以来50位全球最重要的教育思想家之一。他与巴西教育家弗莱雷、美国教育家吉鲁（Henry A. Giroux）一起被看作20世纪西方“批判教育学”学派的主要代表人物。阿普尔现是威斯康星大学麦迪逊分校教育学院课程与教学和教育政策研究系教授。1942年，阿普尔出生于美国新泽西州帕特森的一个印刷工人家庭。父亲是工会的一个激进分子，对他的思想曾产生了很大的影响。1967年，阿普尔毕业于葛拉斯堡罗州立学院，后在哥伦比亚大学师范学院获得硕士学位（1968年）和博士学位（1970年）。他曾担任帕特森地区教师工会副主席和主席、美国教育研究协会副主席，以及劳特利奇（Routledge）出版公司出版的系列国际丛书“批判社会思想”的主编。阿普尔把自己的研究称为“批判的教育研究”。由于卓越的研究成果，他曾被美国教育研究协会授予“终身成就奖”，也被加利福尼亚大学洛杉矶分校授予“杰出学术成就奖”。阿普尔的著作对教育的影响是明显的，许多著名的哲学家、理论家和实践者都引用和评论他的著作。他的主要教育著作有《学校教育与儿童权利》（1975年）、《意识形态与课程》（1979年、1990年、2004年）、《教育与权力》（1982年、1995年、2000年）、《教师与文本》（1986年）、《教科书政治学》（1991年）、《官方知识》（1993年、2000年）、《民主学校》（1995年、2007年）、《文化政治与教育》（1996年）、《教育的“正确”之路》（2001年、2006年）、《国家与知识政治》（2003年）、《被压迫的声音》（2006年）等。

《意识形态与课程》（*Ideology and Curriculum*）是阿普尔的第一本经典著作，出版于1979年，1990年又出版了第二版。全书除“序言”外，共八章。该书体现了课程研究范式上由“什么知识最有价值”向“谁的知识最有价值”的转变，现已被选为西方教育通史中最重要的著作之一。

在“序言”中，阿普尔指出，《意识形态与课程》是他的三部曲中的第一部，其他两部是《教育与权力》和《教师与文本》。他自己写道：该书是“我用了近十年的时间，努力理解教育现实的政治性的结果，它标明了我在概念、语言和分析上奋斗的足迹”。“我相信，它对于我们审视什么知识最有价值和谁的知识最有价值具有根本意义。”阿普尔把《意识形态与课程》这本书看成是他走向文化民主之路的一部分。

---

* 本书中译本，黄忠敬译，上海，华东师范大学出版社，2003。

一、教育中知识与权力的关系

教育中知识与权力的关系是阿普尔30多年来一直寻求揭示的重要问题。他指出，教育并不是一个价值中立的事业，就其本质来说是与政治活动相联系的，因此，教育活动不能与各种意识形态完全分割开来。“教育问题从根本上来说是伦理的、经济的和政治的问题。”而且，知识与权力之间的关系也越来越成为一个结构上的问题。社会权力组织控制着学校机构，其中包括学校的日常实践和课程教学。

这里需要说明三个方面的问题：一是作为一个机构的学校；二是知识的形式；三是教育者本身。如果要澄清这个结构关系，其关键之一是明确“霸权”的概念，并了解“霸权”是如何渗透于我们自己的意识的。其问题的症结是来源于不平等的经济和文化控制。因此，不仅要提出诸如“它是谁的知识”“谁来选择它”“为什么要用这种方式来组织教学”这样的问题，而且要将对这些问题的研究与社会、政治的权力和意识形态竞争的观念联系起来。实际上，进入学校的知识是一种来自某个方面的文化资本形式，经常反映社会集体中有权力者的观点和信仰，因而需要把学校、知识和教育者置于决定这些要素的真实社会情境之中。如果我们不习惯于用伦理的、经济的和政治的眼光或者用批判的眼光来看待教育活动，即不习惯于对教育思想和实践与权力关系的批判性研究，那就很难成为一个真正的教育者。

对教育中知识与权力之间的关系的理解确实是很难的。因为人们往往把知识理解为一个相对中立的“人造制品”。但是，从学校知识的社会学来看，知识形式本身实际上渗透着社会利益。

就学校知识社会学和学校知识经济学来说，学校既“加工”知识也“加工”人。学校潜在地再造了文化和经济的不平等，并使之合法化，当然这并不是教育者有意为之的。而且，在一些情况下，知识的分化再次涉及人的分化，尽管这种分化并不像在经济分化上那么严重，也就是说，在文化再生产和经济再生产过程中存在微妙的关系。因此，必须反对“把学校当作一个黑箱”的观点。

二、从意识形态视角理解课程

阿普尔指出，从课程史中，人们可以更清楚地看到学校中文化知识价值与意识形态控制的联结，因为课程领域植根于社会控制的土壤之中。事实上，在学校课堂里也存在一个知识的社会分配，例如不同“类别”的学生获得不同“类别”的知识。学校知识本身也往往服务于一个意识形态的目的，大量课程知识受到一致认同的意识形态的统治。所以，为了理解学校教育的社会现实性，就必须在现实的课堂环境中进行研究。

学校里的潜在课程似乎是适合于维持社会的统治阶级意识形态霸权的唯一形式。实际上，“学校课程反映和代表了某一方面的意识形态和文化资源，而不能代表所有人的观点，也不能反映所有群体的价值”。学校有区别地分配潜在课程给不同经济、文化、种族和性别的群体。但社会群体中有关冲突存在及其作用的选择性情境，使学生遇到的潜在课程在某种程度上得到了平衡。

然而，对意识形态霸权的强调已支配着课堂生活的核心。谁拥有权力的观念也被视为社会控制的机制。学校的道德使命对各种课程的选择产生了重要的影响。在课程领域，保持基于文化同质和价值认同一致感的责任已成为主要的遗产。在大多数中小学课堂里，所传授的科学对学生的学习是起了重要作用的。因此，在显在的和潜在的教学中，权力与知识又通过我们共同的感觉和通过霸权而紧密地联系起来。

就纲领性建议来说，应该把科学视为需要进一步考察的真理或一个不断变化的过程。此外，在学校生活中让学生明确表达和发展活动的范式也是一个明智的做法。“如果不对这些潜在的假设进行分析和做更深入的理解，那么教育者就有继续让意识形态价值观左右他们的危险。”课程作为一个领域，其主要任务必须是致力于成为一门“批判性学科”，其主要功能是解放性的。总之，课程知识的研究实际上应该是意识形态的研究。

三、意识形态在教育者身上的渗透

阿普尔指出，在教育者身上，意识形态是得到渗透的。因为意识形态原则不仅对教育者自己所使用的维持秩序、指导并赋予自己活动价值的基本观点有着重要的影响，而且对组织与建构学校选择分配的知识和符号的原则也有着重要的影响。它们构成了过滤器，知识和符号正是通过这个过滤器而被选择和组织的。对于教育者来说，即使他们的“中立”活动并不是如此，但他们的工作实际上已经服务于意识形态的利益。

教育者的意识被认为具有潜在的政治性并常常有点保守，也就是说，它们的思想形式至少部分源于并潜在地维持了现存社会经济基础和分配权力。在学校生活中，教育者用于评估他们和学生“成功”和“失败”的各种常识性价值和基本规则决定了他们自己的意识形态立场。教育者生活于其中社会的不平等通过他们使用语言的物化和商品化而表现出来。

在学校里，许多教育者所支持的表面上改良性的改革及其背后的假设，最终是掩盖了基本的问题和价值的冲突。因此，我们需要发挥批判性反思模式的关键作用，而不要使教育者所使用的语言隐藏了学校教育的基本问题。重要的是，把理性概念建立在某一特定时期现存的似乎支配着课程领域的知识范式的基础之上。知识的流动才是人们所期望的和正常的表现。

认识权力运作的方式是十分重要的。我们应该把社会现象学理论与更具有批判性的社会阐释结合起来。几乎没有什么东西会像教育一样，有着概念上的、伦理上的和政治上的复杂性。因此，为了理解学校，就必须超越教育实践者和理论者所思考的将要发生的事情去理解思想与行动之间的关系。

对于教育者来说，为了指导他们的知识选择和传播，就需要把批判取向的社会学和课程研究引入学校。如果要取得实质性的进步，就要提倡批判性的研究和实践模式。要使教育研究领域充满更多的活力，就必须要有具有社会批判性的新观点。教育者不仅要探究显在的和潜在的学校知识，而且要探究社会文化机构的其他方面。

（单中惠）

96. 多尔

后现代课程观 1993年*

多尔（William E. Doll，Jr.）是当代美国著名课程理论家。他出生于波士顿，大学毕业后，曾在波士顿、丹佛和巴尔的摩等地的学校教书；后在约翰斯·霍普金斯大学获得博士学位。多尔历任纽约州立大学奥斯威戈分校初等教育系主任、加利福尼亚州雷德兰兹大学师范教育项目主任。1988年，他转赴路易斯安那州立大学任教；现为美国路易斯安那州立大学课程与教学系教授、课程理论项目主任；同时还担任国际课程研究促进协会副主席，以及约翰·杜威学会杂志的"教育与文化"编辑委员会成员。多尔的学术研究领域是课程理论和教师教育。他的主要教育著作有《后现代课程观》、《质疑的课程图像：一种后现代的和后结构的观点》（1993年）、《课程愿景》（2002年）等。

《后现代课程观》（*A Post-modern Perspective on Curriculum*）是多尔的第一本探讨后现代课程的专著，原为美国分析教育学家索尔蒂斯主编的"当代教育思想发展"丛书之一。在该丛书的"编者序"中，索尔蒂斯指出："这本综合性著作将前现代、现代和后现代织入一种新的课程观。……多尔设想一种后现代课程，促使人类创造性组织与再组织经验的能力在有效环境之中发挥作用，这种环境要在寻求终结的需要与探索的愿望之间保持有益的张力。……多尔视他所设想的课程为具有4R特点的课程，即是丰富的、回归性的、关联的和严密的。"在该书中，多尔通过对前现代和现代西方一些著名学者的教育与课程思想的细致分析，阐述他自己的后现代课程观点。他自己在"序"中这样写道："此书的产生源于我在约翰斯·霍普金斯大学所受到的研究生教育"。

《后现代课程观》全书除"导言"外，分为3个部分，共7章，具体为：第一部分"现代范式：一种封闭的观点"，第二部分"后现代范式：一种开放的观点"，第三部分"一种教育观"。

在"导言"中，多尔指出，该书有三个焦点：一是我们正处在范式变革之中，不仅包括科学的而且也包括人文的范式。二是后现代调整对课程的隐喻意义。三是重新解释杜威、皮亚杰和布鲁纳关于教育与课程的著述。他"希望本书具有足够的启发性，以促使其他反思的实践者从他们的教学艺术实际性出发开发自己的课程模体——适用于他们自己的领域"。

---

* 本书中译本，王红宇译，北京，教育科学出版社，2000。

一、封闭的现代范式观点

多尔指出，以科学，尤其是物理学与天文学作为组织框架，可将西方思想发展史划分为三个大范式：前现代、现代和后现代。在一种水平上，现代范式所代表的是封闭的而不是开放的。

1. 现代范式的确定性和稳定性

笛卡儿主义的方法论假定的是确定性的获得，但他所追求的那种精确界定在理论上和实践上都是不可能的。与此同时，牛顿主义的可预见性假定的是一个稳定的、对称的和组织简单的宇宙。尽管现代思想开拓了前现代思想所无法提供的远景，但现代思想并没有为人类的教育提供一个良好的模式。

在现代范式中，课程作为自主但又相互联系的单元这一概念无所不在。从一年级起便从线性排序的角度来考虑课程。封闭系统作为现代范式的发展，只是交换能量，但并不交换物质。因此，现代范式如今已成为后现代主义在形成自身范式的过程中所反对的现有范式。

2. 现代范式在课程中的体现

现代化是现代观的具体体现。但是，在现代化时代中，所实施的课程类型遇到了一种两难困境。当现代主义处于黄金时代时，学校兴起了科学设计课程，以适应迅速变化的社会的需要。然而，现代范式只涉及问题的解决，而不注重问题的发现和问题的界定。

基于目标选择的泰勒课程原理在学校课程上得到了广泛运用。但后现代科学认为，只有组织本身因其动态的和转变性的相互作用，才能达到对其本质的界定。因此，存在于稳定状态宇宙观之中的统一化标准虽然是现代范式的核心，但这正是后现代范式通过各种形式予以挑战和排斥的概念。

二、开放的后现代范式观点

多尔指出，应该从多种学科的角度来探讨后现代范式的开放系统的特点。后现代主义假设的是一种非常不同的社会、个人和思想观，其思想观是基于实用主义的怀疑。后现代主义在教育上所寻求的整合，部分依赖于我们和我们的行为。因为我们对自己的未来和他人的未来负有责任。

1. 皮亚杰与生命系统

生命系统的一个基本特点是相互作用，其中的各个组成部分是从相互联系及与系统整体的关系的角度来界定的。这一特性使它更适合作为人类发展的模式。此外，生命系统的另一个基本特点是渐进。这是现代主义的重要信条之一，是奠定当代课程设计的基础。

但是，心理学家皮亚杰提出了平衡化的概念，即个体发展的平衡—不平衡—再平衡的模式。这是他的最为重要的具有创造性的概念。但是，教师的艺术在于促使不平衡产生的同时又限制这种不平衡。对于教师和课程学者来说，这是比皮亚杰所遇到的更大的理论和实践问题。因此，尽管皮亚杰的平衡化模式对发展转变性课程具有很大的指导意义，但仍然存在一个重要的问题，那就是再构是如何发生的问题。

2. 普利高津与混沌的秩序

在近代科学家看来，混沌实质上是秩序的对立。然而，混沌并没有被视为创造力的重要而必需的部分。由这一观点转向当代科学的观点，体现为大的范式的转变。

但是，在教学水平上，混沌理论的应用主要涉及回归的概念，个体通过回归来反思自我并在自我参考的经验中获得自我感和价值感。有了自组织的吸引中心，混沌成为创造的来源。这一框架对教育与课程具有重大的影响，一是教学附属于学习，二是教学从教导性转向对话性，三是课程材料的组织可以鼓励反思。化学家普利高津指出，这种自组织模式是耗散的，它是转化发生的必要条件。自组织确实是所有自然科学和社会科学的真实存在。其理论的核心是：耗散结构是有序创造的来源。

由此，多尔建议，应该发展一种“舞蹈型课程”，其独特的舞步正是两个舞伴——教师与课本、教师与学生、学生与课本——交互作用的结果。

3. 布鲁纳与新的认知论

自古希腊以来，心灵的概念已是西方知识界的组成部分。传统观点是把心灵视为书写或印刷观点的白板。这种理论在过去主导着我们的学习论和认识论。

但是，在过去的几十年里，我们开始把心灵视为隐喻，即一个为了组织和交流目的而设计的创造。在这样的一种后现代框架之中，我们可以以更开放的视角考察教育和课程。这一转变推动我们发现新的认识论。它将是一种诠释的而非实证主义的认识论。

心理学家布鲁纳把所有的学习者视为构建者，他们的构建通过工具运用、社会交往和回归性思维而得以提高。“心灵转向自身”的回归正是他定义心灵的核心概念。因此，课程不只是传递知识的工具，也是创造与重新创造我们和我们的文化的工具。

4. 杜威、怀特海与过程思想

在教育上，诠释框架将注意力集中在文本与我们之间的相互作用，即杜威说的交互作用上。通过与文本及文本创造者的对话，我们开始更深入地和充分地理解问题，同时理解作为个人与文化存在的自我。

教育家杜威提出“反思性思维”，认为实际思维是一个过程。他的经验因其强调反思、相互作用和交互作用，而成为他的实践导向的认识论的基础。课堂可以成为公开分析和转变已有经验的公共地点，这无疑要求对学生和教师的角色形成新的概念。

哲学家和教育家怀特海提出“过程观”，即实在是始终不断进行的过程——形成和毁灭的过程。经验是“真正真实的”，这一观点对课程的意义是巨大的。

由此，多尔认为，过程，尤其是自组织过程是后现代转变性教育学的根本要素。杜威和怀特海可以用过程框架把它们联系起来。课程的作用不在于预定的经验，而在于转变已有的经验。

三、构建一种后现代课程模体

多尔在这里开展了后现代课程会话，强调应该以尽可能实际的方式来探讨开放系统中的课程开发。因为人类本质上是生命系统，而生命系统本质上是开放系统。教育发展奠基于以人性为特征的开放系统时，才能取得最佳的效果。在课程作为过程的这种框架之中，学习和理解来自对话和反思。为了帮助我们协调各种交流，课程应该是丰富的、回归的、关联的和严密的。当代课程理论学家所面临的主要任务，就是发展一套新的课程标准。但是，从现代范式转向后现代范式并不是一件容易的事情。实际上，自组织是最能够把后现代范式与现代范式区别开来的特点，也是对课程最具有影响意义的特点。

多尔提出了他自己的教育信条：教师要求学生与他共同参与探究，探究学生正在体验的一切；教师同意帮助学生理解所给建议的意义，乐于面对学生提出的质疑，并与学生一起反思每个人所获得的理解。

最后，多尔希望用后现代主义提出的新的观点、原则、问题和方法来考察一系列课程概念。因此，他所构建的一种后现代课程模体具有建构性和非线性特点。课程越丰富，交叉点越多，构建的联系性就越多，其意义也随之而越深化。同时，课程也应该具有丰富的多样性、疑问性和启发性。在课程的建构中，教师应该引入隐喻和逻辑的相互作用。教师需要以一定的描述方式讲解课程，鼓励学生与教师共同探究，通过与文本的对话探讨各种可能性。

后现代课程的标准就是丰富性、回归性、关联性和严密性。丰富性，是指课程的深度、意义的层次、多种可能性或多重解释；回归性，是指在积极反思中的反复；关联性，是指课程结构内在的联系，赋予课程丰富的模体或网络；严密性，是指自觉地和有目的地寻找不同的假设、选择和组合。在这四个标准中，严密性是最重要的。

（单中惠）

97. 达林–哈蒙德

专业发展学校：形成专业的学校 1994 年*

达林–哈蒙德（Linda Darling-Hammond，1951—　）是美国教育家、教育政策分析家。1973 年，她毕业于耶鲁大学，曾担任过中学教师、教育法律研究中心研究员、杂志助理编辑等。1978 年在坦普尔大学获得博士学位后，她曾担任课程项目开发人员，以及兰德公司高级社会学家和教育项目高级主管。1989 年，达林–哈蒙德进入哥伦比亚大学师范学院，曾与利伯曼（A. Lieberman）一起创立全国重建教育、学校和教学改革研究中心并担任副主任。她曾任美国教育研究协会主席（1995—1996 年）、国家教学和美国未来委员会执行主任，1998 年，她成为斯坦福大学教育学院教授。达林–哈蒙德主要研究教师教育、教学质量、学校改革、教育公平等领域。她的主要教育著作有《专业发展学校：形成专业的学校》、《学习的权利》（1997 年）、《教学证书：建立一个为了 21 世纪学校的专业》（1999 年）、《作为学习专业的教学》（2000 年）、《学会为了社会公正而教》（2002 年）、《在每一个教室里都有一位好教师》（2005 年）、《为一个正在变化的世界准备教师》（2006 年）、《高效的教师教育》（2007 年）、《高效的学习》（2008 年）等。

《专业发展学校：形成专业的学校》（*Professional Development Schools: Schools Development a Profession*）出版于 1994 年。全书共 9 章：第1章“发展中的专业发展学校：早期教训、挑战及展望”；第 2 章“韦尔斯中学：专业发展学校的演变”；第 3 章“追寻双重目标的任务：创办中等水平的专业发展学校”；第 4 章“认可、坚持和阻抗：把中学重建与教师教育改革结合起来”；第 5 章“风险与潜力：两所专业发展学校的发展报告”；第 6 章“实践中的专业发展：关于权利的观念”；第 7 章“洛杉矶专业实践学校：关于相互影响的研究”；第 8 章“建设中的专业发展学校：南卡罗来纳专业发展学校创建的政策与实践”；第 9 章“为了合作的变革与为了变革的合作：通过学校—大学伙伴关系实现教学转变”。该书通过对美国的专业发展学校的论述和反思，指出专业发展学校是为了改善与提高年轻人和未来教师的学习而设置的一种机构，充分呈现了学校重建和教师教育改革的多方面可能性。拉尼尔（Judith T. Lanier）教授在该书的“前言”中明确指出：“本书尤为突出之处在于阐明了专业发展学校相关的目标。”

---

* 本书中译本名为《美国教师专业发展学校》，王晓华、向于峰、钱丽欣译，北京，中国轻工业出版社，2006。

一、专业发展学校的创建与发展

达林-哈蒙德指出，美国教育重建运动的一个重要方面就是创建专业发展学校。专业发展学校通过创设情境以支持未来教师和新教师的学习。其目的在于：提供诸如实践范例、知识建构以及交流专业认识等，建立新的教师教育与发展的模式。专业发展学校要求中小学教师和大学教师共同进行教育研究，一起反思教学实践，通过把科研引入实践和把实践引入科研的方式，为教师专业拓宽知识基础创造机会。

基于提高教师培养的质量，所有的未来教师都将在专业发展学校中进行集中的实习。在专业发展学校中，未来教师面对原生态的教育实践和多样化的教学经历，学会如何有效地进行教学。从理论上讲，专业发展学校是教师、教师教育者和研究者合作开展基于实践的研究的场所，为开发教学专业的知识基础提供各种各样的途径。现今人们普遍认为，对于新教师的成长和老教师的专业发展来说，专业发展学校提供的教学是至关重要的。专业发展学校的创建得到了霍姆斯小组、全国教育革新网络、美国教师教育大学协会、全国教育协会、全美教师联盟等组织的大力支持。

1. 专业发展学校展现的前景

在美国，把教学作为一种职业的观点已盛行一个多世纪。但是，专业发展学校必须面对因创造一个以知识为基础的和以学生为导向的教学专业而产生的困难。从当前学校改革的要求来讲，学校要保证所有的学生能够学会创新、学会分析、学会生产、学会适应和学会发明。但学校还没有足够的好教师，他们既理解教学也理解学习，既理解学生需要也理解学科要求。从当前教师的入职制度来讲，教师如果缺乏专家的指导和支持，并缺乏反思自身实践的机会，那就会大大削弱长期成功的可能性和降低教学的效率。

专业发展学校为教师的社会化提供了可能性。因为中小学和大学的合作将鼓励知识共享、小组备课和教学以及集体反思。所以，专业发展学校是重建教育运动的关键，“以学习者为中心”教育的形成首先取决于教师的知识和能力水平。

2. 专业发展学校面临的诸多挑战

专业发展学校在为教师学习创造全新的框架以及认识事物和建构知识的新途径的同时，也引出许多无法预知的潜力和挑战。这是非常现实的问题。因此，专业发展学校要履行自身的承诺，就要在制度、财政和政策上得到支持。

就专业发展学校的挑战来说，首先是制度挑战，即专业发展学校的制度化要求有全新的组织制度；其次是经费挑战，即专业发展学校要求获得合作所需要的经费支持；最后是政策挑战，即专业发展学校要求大量的政策支持。无论对政策制定者、组织领导者还是课堂实践者来说，使改革的努力与努力的方向一致并有效地结合起来是他们应对所面临的挑战的关键。

二、专业发展学校模式的案例研究

多样性案例研究详细论述了专业发展学校提供的可能性中有多少可能性正在被展示出来。在所论述的案例研究中，包括韦尔斯中学专业发展学校（南缅因州）、拉科·克里克中学专业发展学校（华盛顿州）、费尔德尔中学专业发展学校（肯塔基州）、第 87 公立学校和第 44 中学专业发展学校（纽约市第三学区）、洛杉矶专业实践学校（洛杉矶市）、南卡罗来纳专业发展学校（南卡罗来纳州）等。

（1）韦尔斯中学专业发展学校是南缅因州立大学与韦尔斯学区合作的典型，实现了专业发展学校的双重作用，既提高学校的教学质量，也改善教师教育的现状。它进行了三项专业发展活动：对合作教师的训练，录制视察过程，见习生的出现。

（2）拉科·克里克中学专业发展学校加入普吉特专业发展中心。它既重视帮助教师的成长，又帮助学生成为成功的学习者。它不仅为职前教师的培养提供了独特的情境，而且也为在职教师的专业发展提供了众多的机会。

（3）费尔德尔中学专业发展学校是费尔德尔中学与路易斯威尔大学合作的典型。它既使学校成为示范性实践的典范，也使学校成为入职教育与专业发展的中心。

（4）第 87 公立学校和第 44 中学专业发展学校是第 87 公立中学和第 44 中学与哥伦比亚大学师范学院合作的成果。在创建合作模式下，它的关注点是职前教师的培养、新教师的入职制度、中小学和大学教师的持续专业发展、基于工作的大学与中小学之间的关系、基于实践研究的质量及其应用。

（5）洛杉矶专业实践学校是诺伍德街道学校与南加利福尼亚大学合作建成的，由美国教师联合会和埃克森公司共同创办。它的目的是：改进儿童的教育，为实习教师的专业发展提供一个具有专业特色的环境，同时进一步加强对教学问题的研究和讨论。

（6）南卡罗来纳专业发展学校是南卡罗来纳州大学教育学院与当地 11 所公立学校合作建立的。这 11 所公立学校用来作为专业发展学校的实验基地。它的目的是：对实习教师的作用和角色进行明确定位，选拔实习指导教师并明确他们的职责，提出最优秀实践的概念框架体系。

这些专业发展学校模式的案例研究表明，每一个目标的实现都需要有新的观念、新的教学方法、新的环境，最终需要有全新的评价手段，而每一种新的观念和新的方法，对于变革影响课堂教学实践的基本教学信念都会产生重要作用。

三、学校—大学伙伴关系的建立

成功合作的案例清楚地表明，专业发展学校作为一种机构和组织，其建立既不能由公立学校独自完成，也不能由大学单独承担。专业发展学校的创建与发展完全有赖于大学和学校之间的紧密合作，即建立学校—大学伙伴关系。这种合作的基础是双方拥有一个共同的目标，即共同推动专业教学实践的形成和发展。无疑，大学与学校之间的合作为教师学习的革新提供了支持。对于参与合作的实践者来说，最终会实现个人、机构和理论三者的协调与同步发展。当然，这种合作本身存在着相当多的困难。

首先，在专业发展学校中，公立学校教师和大学教师应当在理论与实践、知识与能力发展等方面进行有意识的融合和互动。因此，专业发展学校的建设应该是两者思想和智慧碰撞与融合的结果。

其次，为了在专业发展学校中开展更为有效的合作，有必要对大学和学校组织自身进行必要的革新和变革。这意味着，不仅支持教师的学习并为他们提供更多的学习机会，而且提供相应的制度环境。

学校和大学成功合作的十个基本特征是：（1）对各自利益的关注与有共同的愿景；（2）合作中的相互信任与相互尊重；（3）共同完成目标设定和操作实践环节的决策；（4）合作的重点突出；（5）合作过程中的管理程序化；（6）高层领导在合作过程中负责任；（7）合作拥有财政支持和经费保证；（8）具有长期合作的责任意识；（9）合作具有高度发展性；（10）合作中的信息分享与有效沟通。对于专业发展学校的建设来说，这十个基本特征是一种有益的标杆和指南。

（单中惠）

98. 派纳 等

理解课程 1995年*

派纳（William F. Pinar，1947—　）是当代美国著名教育家、课程理论家。1969年，派纳毕业于美国俄亥俄州立大学教育学院，毕业后在纽约长岛附近的一所小学任教。同时，他又在哥伦比亚大学师范学院进修。1972年，派纳在俄亥俄州立大学获得博士学位，博士学位论文题目是《以精神分析为基础的人文学科课程设计》。此后13年，他一直在罗彻斯特大学任教。从1981年起，派纳开始从事课程领域范式转换这一课题的研究；1985—1991年，曾担任路易斯安那州立大学课程与教学系系主任。在他的学术生涯中，派纳对传统的课程开发理论进行了批判，倡导课程理论的多样化和跨学科性，提出课程领域的概念重建，发起了概念重建学派的年度学术研讨会，创办了反映当代课程研究发展的《课程理论化杂志》。派纳现任国际课程研究促进协会主席，是当代美国课程领域最富有影响力的课程理论家之一。他在课程理论方面的著述十分丰富，其中主要有《课程理论化：概念重建主义者》（1975年）、《当代课程话语》（1988年）、《自传、政治与性别：课程理论论文集（1972—1992年）》（1994年）、《理解课程》、《课程：走向新的认同》（1998年）、《课程研究：概念重建》（2000年）等。

《理解课程》（*Understanding Curriculum*）一书是当代课程领域的一本经典著作，出版于1995年。正是在这本著作中，派纳等人深刻地阐述课程领域从“课程开发”走向“课程理解”的思想。这本书被派纳本人“视为课程研究的一个导论”，系统地描绘了课程研究的历史，对当代课程文本也做了颇为详尽的分析，并阐述了当今课程领域的问题与可能性。全书除“前言”外，共分四个部分。第一部分：导论；第二部分：历史话语（1828—1979年）；第三部分：当代课程话语（1980—1994年）；第四部分：结论（附言）。

一、对课程研究历史（1828—1979年）的描绘

派纳等人认为，从1828年至1979年的课程研究历史可以分成三个时期。

1. 课程研究的开创与变迁的时期（1828—1927年）

尽管1828年《耶鲁报告书》的出版表示了对课程问题兴趣的加强，但一般认为，1918年博比特（F. Bobbitt）的《课程》一书的出版是课程作为一个研究领域诞生的标志。博比特在该书中认为，在学校中需要学习的东西是引导学生走进成人社会的一种课程，呼

* 本书中译本，张华等译，北京，教育科学出版社，2003。

吁课程改革应模仿当时组织和测量中采用的科学方法。正是这本著作确立了一个新的而且至今仍在发展的课程研究领域。在博比特的影响下，课程编制者的工作就是研究成人社会由哪些主要任务和活动构成，而这些任务和活动就组成了课程。值得注意的是，全国教育协会的中等教育改组委员会 1918 年提出的有关课程分化和统一的两个基本原则也影响了 20 世纪中等学校的课程发展。

1923 年，查特斯（W. Charters）出版的《课程编制》一书指出，课程是由制定目标的方法组成的，从而把课程理论的焦点从内容转向选择内容的方法。对课程问题感兴趣的人将不学习课程，而是学习如何开发课程。这一重大转变一直持续到 20 世纪 70 年代。在这一时期，杜威的课程哲学以及一些进步教育家的思想被延伸至课程开发领域，提倡一种民主的课程开发模式。最重要的是，美国教育研究协会 1927 年出版的《第 26 号年鉴》赋予课程这一新领域以合法的地位。

2. 课程研究的危机、转换、危机的时期（1928—1969 年）

进步教育运动的儿童中心与社会两翼相互争战，使当时的课程领域也产生了论争。尽管 20 世纪 30—40 年代课程研究方面的学术潮流一直是动荡的，但进步主义占据了课程领域的中心。在这一时期对中等学校课程进行的八年研究直到今天仍可能是历史上主要的课程研究。作为八年研究中心评估委员会主席的泰勒在 1949 年出版的《课程与教学的基本原理》一书中阐述了对行为和目标的重视，其对课程研究的重要影响持续了 30 年之久。应该指出的是，1938 年哥伦比亚大学师范学院课程与教学系的成立，推动了课程领域的合法化。该大学与芝加哥大学、俄亥俄州立大学在 20 世纪前 50 年中占据着课程领域的学术中心地位。

1946 年，课程开发和督导协会的成立使得理论折中主义在课程领域得到了制度化。值得注意的是，在该协会成立前一年，即 1945 年，美国教育研究协会出版的《第 45 号鉴》所强调的重点是变革学校课程，以便使学校课程对年轻一代更有基础性和实用性。1947 年 10 月在芝加哥大学召开了课程理论会议，这说明了第一次把课程理论作为一种理论来强调，该会议记录后来以《走向完善的课程理论》（1950 年）为题发表。尤其要指出的是，它宣告了泰勒原理和课程功能性的胜利。

从 50 年代起，开始了对美国学校及其课程的大规模的批判。这时对学校课程的争议似乎反映在当时课程领域的学术著作中。其中，布卢姆 1956 年在《教育目标分类学：认知领域》中提出的理论后来被简称为"布卢姆分类学"，其影响仅次于泰勒的《课程与教学的基本原理》。斯皮尔斯（H. Spears）的《教师与课程规划》（1951 年）一书把教师看作课程规划不可或缺的一部分，强调教师的参与是课程开发和实施的先决条件。

60 年代，美国教育界选择学科专家来领导国家课程改革运动，但这削弱了课程领域智力上和政治上的权力。布鲁纳 1960 年的《教育过程》一书概括了以学科结构观为基础的课程理论，成为形成国家课程改革运动框架的课程宣言。显而易见，"学科结构"在 60 年代已经成为一种常识。但是，这场课程改革运动后来受到了批判，其不足之处就在于没有注意课程的全面统一。值得注意的是，课程开发和督导协会 1962 年发表了题为《感知、行为、生长：教育的一个新焦点》的年鉴，为课程研究带来了人本主义心理学，这种取向后来影响到概念重建的课程研究。1966 年，麦克唐纳（J. B. Macdonald）倡导一种以人为导向的课程，并从马尔库塞那里借用了“审美理性”一词来解释课程。1967 年在俄亥俄州立大学举行的课程会议被看作对传统课程领域进行概念重建的重要一步，其会议记录以《理论与实践》为题发表。尤其是随着 1969 年施瓦布（J. J. Schwab）的《实践：课程的语言》一文的发表，许多人认识到传统的课程领域消亡了。应该说，麦克唐纳等学者对传统课程领域的挑战代表了概念重建的最初阶段。

3. 课程研究的概念重建时期（1970—1979 年）

20 世纪 70 年代，课程领域经历着一次深刻的变革，人们称之为“范式转换”。尽管许多学者的理论与 20 世纪早期的进步主义理论之间有重要的区别，但它们实际上是相联系的。这一时期在课程领域出版了 400 多本著作，使之成为一个巨变的、争论的和范式转换的时期。有些教育著作可能间接地影响了课程领域，其中最突出的是由一位记者和社会学家西尔伯曼 1970 年出版的《教室里的危机：美国教育的重建》一书，明确指出教育需要重建，强调课程是一个需要巨大变化的部分。尽管课堂中的人文主义取向也遭到了批评，但是，人文主义者提出的许多问题被课程理论家们扩展至他们的研究中，以便重新审视他们自己的领域。此外，行为主义继续出现在课程文献中，这一取向依然影响着课程教科书和课程实践。还有一些迹象表明，已出现了使课程研究的方向转向实践者需要的趋势。

更为重要的是，出现了对课程领域进行概念重建的运动，参加这一运动的人被称为“概念重建主义者”。这一运动出现的标志是派纳 1975 年出版的《课程理论化：概念重建主义者》一书。传统的课程研究想要指导实践者，而概念重建主义者的课程研究不是指导实践者，其作用将表现为理解。因此，课程理解将成为课程领域的概念重建的主要模式。休伯纳（D. Huebner）连续发表的几篇重要论文为重建课程领域奠定了重要的基础。他提出了课程是反思性实践的理念，即课程包括思想和行为两个方面。此外，麦克唐纳的研究也激起了概念重建，影响了整整一代课程理论学者。派纳被看作概念重建运动中的一位主要理论家。这两位学者的开创性研究为概念重建提出了主题方向。1973 年，由罗彻斯特大学教育学院发起召开的课程研究大会不仅开始了课程领域的概念重建，而且阐明其重要的主题，即为了理解和把握课程就必须从政治、历史和传记的文本中去理解它。但应该看到，课程领域的概念重建运动也受到了一些学者的批评和攻击。

到 20 世纪 80 年代早期，课程领域的概念重建运动失去了凝聚力，甚至可以说，原先的概念重建运动已经消失了。但值得注意的是，从 90 年代早期的优势地位来看，经过概念重建运动，美国课程领域已相当彻底地改变了。

二、对当代课程文本（1980—1994 年）的分析

派纳等人认为，要理解当代课程领域，就有必要把课程理解为文本。课程的结构发生在教师与学生的生活之中，涉及政治的、种族的、性别的、现象学的、自传的、美学的、神学的、国际性的结构以及制度特点。从这一观念出发，可以把课程理解为政治文本、种族文本、性别文本、现象学文本、后结构主义的或解构的或后现代的文本、自传或传记文本、美学文本、神学文本、制度文本、国际文本等。

1. 把课程理解为政治文本

20 世纪 70 年代，把课程理解为政治文本的努力在课程领域引起了很大的反响。其认

为人们只有把课程置于社会、经济和政治的背景中研究，才能在任何综合的意义上理解课程。一般意义上的学校，尤其是课程，在压迫和改革中起着重要的作用。把课程理解为政治文本的课程理论家们强调再生产理论、抵制理论以及文化政治学理论，主张把隐性课程作为课程的基础。但是应该看到，由于心存不切实际的幻想，因此到 90 年代初，他们在把课程理解为政治文本的努力中已经发生了变化，其观点常常是不稳定的，有时甚至是自相矛盾的。随着时断时续的热烈争论和来自内外的批评，这一理论开始出现分歧，以致有些人说它变得自我封闭了。

2. 把课程理解为种族文本

在传统的课程开发中，种族一直被看作边缘领域。20 世纪 70 年代后，开始把种族作为课程编制中的一个重要方面来考虑，例如，关于多元文化主义的讨论。把课程理解为种族文本的课程理论家们认为，为了理解课程，种族必然被看作一个独立存在的概念。种族是一个复杂的、动态的、处于变化中的概念，其所蕴含的文化含量之高是令人难以想象的。作为种族文本来理解的课程，既是独立存在的，又是与其他文本（如政治文本）交织在一起存在的。种族所具有的影响力和复杂性，使它居于当代课程文本中一个较为重要的位置。例如，“黑人课程取向”的发展就是把课程理解为种族文本的尝试，因为黑人课程的理论化是与黑人在美国的生活历史分不开的。他们还认为，课程改革的目的在于能更加准确地反映种族群体的历史和文化。从某种意义上讲，把课程理解为种族文本也就意味着把教育理解为一种社会心理分析。种族、性别与阶级之间错综复杂的种种关系所提出的一些问题贯穿于课程研究的始终。但在把黑人文化融入主流学校课程中时，绝不能把黑人文化稀释淡化。

3. 把课程理解为性别文本

其实美国关于教育的讨论从一开始就涉及性别问题，但直至最近才开始对性别问题予以重视。把课程理解为性别文本始于 20 世纪 70 年代，旨在研究课程和性别之间的关系。课程社会学指出，性别是社会中一种重要的动力。70 年代后期，课程领域的概念重建中出现了女性主义。把课程理解为性别文本的课程理论家们主张把女性主义理论确立为该领域的中心话语。这不仅开始变革概念重建运动，而且也开始变革课程领域的内容。1978 年，米特兰诺（B. Mitrano）的《女性主义与课程理论：对教师经验的启示》一书是第一部把概念重建与女性主义联系起来的著作。批判课程领域中的主流方法论，指出概念重建主义者特别是派纳所强调的研究都要求确立性别的中心地位。格鲁姆特（M. R. Grumet）1979 年在课程理论会议上提交的那篇题为《概念、矛盾与课程》的论文，真正引发了课程的女性主义分析和性别分析的浪潮。于是，自 80 年代中期以来，越来越多的人试图把课程理解为性别文本，研究从较一般走向更加具体化。其结果是课程领域的概念重建更加丰富、有力，课程的性别分析也更加丰富、复杂。但继续把课程理解为性别文本的努力仍然置于课程理论的中心，这是一项迫切的工作。

4. 把课程理解为现象学文本

休伯纳（D. Huebner）1967 年在俄亥俄州立大学举行的课程理论会议上第一次把现象学引入课程研究之中，强调课程研究必须直面事实，阐述“暂存性”这一概念对于理解课程的意义。对于现象学学者来说，首先是经验，其次是语言和思维。因此，把课程理解为现象学文本也许可以简单化为“现象地理解课程”，或者说理解课程需要现象学的探究。所谓现象学探究属于美学和前解释学的范畴。人们不能把现象学和解释学分离开来。现象学通过严肃的、艰辛的努力去深刻地、真实地理解经验。只有通过实践，现象学才能被真实地理解。无论是秘密的场所，还是公共的空间，现象学研究者都能敏锐地意识到时间。就现象学课程研究的范畴来讲，它研究生活于“此时此地”情境中的那些人。因为其中所有的结构都是暂时性的、即时性的。把课程理解为现象学文本的课程理论家们提倡植根于情境之中的“存在体验课程”，它寻求描述和反思性地理解社会环境与主体的过去对个体现时的教育体验所产生的影响。应该看到，现象学不仅仅代表课程研究的另一种方法，也不仅仅代表另一种取向或观点，其任务是去体验以便使语言成为可见的。

5. 把课程理解为后结构主义的或解构的或后现代的文本

从 20 世纪 70 年代中期起，后结构主义、解构、后现代主义引起了统治全世界文化和理性场景的争论。这三个术语一直互换着使用。它们都摒弃了结构主义、人本主义和现代主义，抛弃了各种学术科目以“传统的方式”呈现它们对实在的表达方式。在后结构主义中，“话语”是一个重要的术语，因为话语构建现实。而解构则是后结构主义的一个例子，在许多方面体现了后结构主义的洞察力，但它又使后结构主义的洞察力变得激进，并纳入了某些现象学的观点。到 80 年代中期，后结构主义和解构逐渐地被看作一个称为“后现代主义”的新历史时期的一部分，因为后现代主义阐述了后结构主义和解构的许多主张。应该看到，后结构主义、解构、后现代主义的挑战深深地动摇了人们理解自身和世界的方式。

第一个把后结构主义介绍到课程领域的是陶伯曼（P. Taubman），1979 年他发表了一篇题为《性别与课程：话语和性别的政治学》的文章。但是，对把课程理解为后现代文本的研究始于多尔（W. E. Doll，Jr.），1993 年他出版了《后现代课程观》一书。80 年代末 90 年代初，不少课程理论专家努力使后结构主义、解构和后现代主义的观念对课程领域产生影响，其中最重要的是彻里霍尔姆斯（C. Cherryholmes）1988 年出版的《权力与批判：后结构主义教育研究》一书。他以浅显易懂的方式概括了福柯等后结构主义者的主张，批判了传统的课程话语。要把课程理解为结构主义的或解构的或后现代的文本，就要迎接后结构主义、解构、后现代主义提出的挑战。但是，必须注意避免陷入语言的理想主义中，也不能期望太多或过于投入。

6. 把课程理解为自传或传记文本

把课程理解为自传或传记文本的系统尝试源于 20 世纪 70 年代“存在体验课程”这一概念的提出，以派纳 1974 年发表的《存在体验课程：走向概念重建》一文以及派纳和格鲁姆特合著的《贫困的课程探论》一书为标志。其将自传或传记作为一种方法，旨在帮助课程领域的学生学习如何描述学校知识、生活史和思想发展之间的关系从而达到自我转变。把课程理解为自传或传记文本的课程理论家们认为，传记理解比现象学理解更为重要。在这种研究中有三个流派：一是自传理论与实践，其主要概念为存在体验课程、合作、声音、对话、日志、地方；二是女性主义自传，其主要概念为共同体、中间通道、重建自我；三是从自传和传记的角度理解教师，包括合作性传记、自传实践、教师的“个人实践知识”、教师学问和教师生活的传记研究。在这三个流派中，“声音”的概念都是很重要的，其包括情境、描述与解释三个组成部分。要成为真正的教师，就必须考察、表达、留意并不断地澄清我们自己的声音。无疑，把课程理解为自传或传记文本的努力带来了重要的课程研究，例如，对话日志、自传的或传记的教师研究等。

7. 把课程理解为美学文本

在课程领域，把课程理解为美学文本的尝试先于从自传或传记的角度研究课程。把课程理解为美学文本的课程理论家们认为，课程是动词而不是名词，课程必须激励感知、判断、信仰、记忆、想象等活动。其将课程的重点转移到无意识的思维过程，以及交织在学生认知观点中的感情上来。美学经验与课程之间存在着密切的关系，这些美学经验包括线条（直接的体验）、色彩（情感的体验）、构造（家庭的体验）、大小（规模的体验）、质量（重力的体验）、空间（宇宙的体验）。这种课程理论要求我们致力于教育实践中的创造性、交流和合作；同时，要求理解想象在发展智力中的作用，培养美学的认识能力，理解教师及其工作的固有的美。总之，把课程理解为美学文本的努力对日常的和传统的课程提出了质疑，要求我们从多种角度来看待知识、教与学，并从深陷的感知中爬出来。

8. 把课程理解为神学文本

传统的课程理论容易忽略与宗教有关的主题。但是，在“为美国课程而做的斗争”中，宗教扮演了一个相当重要的角色。20 世纪 70 年代，一些课程理论家的著作奠定了 90 年代对教育中道德和伦理重新感兴趣（即道德话语）的基础，这可以被看作把课程理解为神学文本的先锋。作为神学文本理解的课程，也可以被看作作为个人的教师和作为集体的班级相结合的产物。应该看到，当代伦理学、解放神学和解释学的进展，都有助于神学在当代课程文本中的合法化。就解释学来讲，解释学在广义上是解释口头传统、其他口头交流、书面文本和美学产物的理论，在神学上指的是为了确立规范的宗教和法律的共同体的实践而定的文本解释的标准。就解放神学来讲，已被神学学者看作所有神学的规范的解放神学能够指导和丰富我们对课程的批判性理解，是对通向反思性实践的希望的承诺。总之，把课程理解为神学文本的努力可以被形容成一项身体、思想的精神在出生、死亡和复活的轮回中不断前进的运动。

9. 把课程理解为制度文本

把课程理解为制度文本意味着在课程的官僚化运作中理解课程。从根本上讲，它是一种与制度的日常运作明确地联系在一起的改良方法。在某种意义上，关于传统的课程开发的许多当代研究都旨在理解课程。课程开发包括课程政策、课程规划与设计以及课程实施三个方面。具体来讲，课程政策已先于课程的规划与设计而制定下来，当实施时，课程规划与设计将课程政策制度化。课程规划与设计的学科方法一般分成单学科模式、相关学科模式（融合课程）、广域模式三种。就课程评价来说，20 世纪 60 年代以来已经历了巨大的变化，人们对课程评价的界定是多元的，既有量化方法又有质性方法。但是，质性方法在课程评价领域（至少在理论范围内）已越来越为人们所接受，理解变成了课程评价的目的。

把课程理解为制度文本的努力，既与教师有关，因为学校课程的质量极大地依赖于教师的质量；又与学生有关，因为学生在课程话语中从一开始就占据了重要的位置。总之，课程开发领域已经进行了概念重建。由于课程领域的很多努力都致力于从政策、规划与设

99. 德洛尔 等

教育——财富蕴藏其中 1996 年*

国际 21 世纪教育委员会是根据 1991 年联合国教科文组织大会做出的《请总干事选定一个国际委员会来思考 21 世纪的教育与学习》的决议，于 1993 年成立的。委员会主席德洛尔（Jacques Dolors，1925— ）是前法国财经部长，其时为欧洲委员会主席（任期为 1985—1995 年）。国际 21 世纪教育委员会的 14 名委员多数是政治家、科学家、经济学家、社会活动家和行政人员，其中有 2 个人（日本的天城勋和中国的周南照）为教育专家。

国际 21 世纪教育委员会致力于从教育与文化，教育与公民权利义务，教育与社会团结，教育、工作与就业，教育与发展，教育、研究与科学 6 个方面来研究教育的发展方向，涉及传播技术、教师与教学过程、经费筹措与管理等横向专题，并以此为基础写成报告。

《教育——财富蕴藏其中》（*Learning*：*The Treasure Within*）一书系由德洛尔任主席的国际 21 世纪教育委员会向联合国教科文组织提交的报告。该委员会根据它对当时世界的基本认识，认为在未来的社会里，“教育比任何时候都更处于人和社区发展的关键位置”。教育不但要承担起为全球化的世界带来和平的重任，而且要促进社会的团结和民主的参与；在经济增长中扮演重要角色的同时，不能回避其促进人的发展的基本职能。

为了实现以上职能，教育必须做出相应的改革。具体而言，就是要以四个“学会”为其支柱：让受教育者学会认识、学会做事、学会共同生活、学会生存。而一个终身教育体系的形成则是实现这些目标的根本保障和工作原则。在“终身教育”的思想方面，报告承袭了 1972 年富尔等人的著名报告《学会生存》的基本思想，并将终身教育的概念发展为“与生命有共同外延”的不断造就人、不断扩展其知识和才能以及不断培养其判断能力和行动能力的过程。报告还提出了一些教育改革的方针和具体建议。

《教育——财富蕴藏其中》一书除序言外，分为五个部分。

序言“教育：必要的乌托邦”，简要分析了世界面临的问题和挑战，并指出了教育所要承担的责任。

第一部分（前景）包括第 1 章到第 3 章。第 1 章“从基层社区到世界性社会”揭示了人类活动的全球化趋势，指出教育应为了解他人、了解其他民族乃至全世界的和平相处贡献力量；第 2 章“从社会团结到民主参与”论述了教育在促进社会民主化方面的任务；第

---

* 本书中译本，联合国教科文组织总部中文科译，北京，教育科学出版社，1996。

3 章“从经济增长到人的发展”指出了教育在促进经济发展方面遇到的问题，并进而指出教育的根本目的是为了人的发展。

第二部分（原则）包括第四章“教育的四个支柱”和第 5 章“终身教育”。四个支柱即学会认知、学会做事、学会共同生活、学会生存。

第三部分（方针）包括第 6 章到第 9 章。第 6 章“从基础教育到大学”重新审视了各级各类教育，并将其纳入终身教育的体系，指出在它们之间增强沟通的必要性。第 7 章“教师在探索新的前景”肯定了教师在教育系统中的主导地位，同时提倡一种更加尊重学生选择自由因而更加平等的师生关系。第 8 章“教育的选择：政治当局的作用”指出教育与行政机构合作的必要性。第 9 章“国际合作：地球村的教育问题”呼吁加强教育的国际合作。

结束语收录了国际 21 世纪教育委员会 11 名委员单独撰写的报告，“以更好地反映所讨论的各个问题看法的多样性和内容的丰富性”，也表明未来社会的多元性和委员会的宽容态度。

一、教育的核心地位

1. 社会的要求

报告在序言中指出，20 世纪是“一个以喧嚣、狂热以及分布不均的经济和科学进步为标志的社会”，而“一个忧虑和希望参半的新世纪即将开始”。

当前世界面临着三大挑战：(1) 环境的破坏和区域发展的不平衡，这对人类的持久发展甚至人类的生存构成威胁；(2) 随着全球化的展开，民族矛盾日益突出；(3) 民主制度在某些地方有衰落的趋势。

21 世纪问题的焦点是要消除一系列的紧张关系。这些紧张关系首先是整体和局部的关系，例如，全球化情势下对“世界公民”与“本地人”这种双重身份的适应；普遍性与个别人的特殊性；传统与现代性；适应变革而又不自我否定；长期发展与短期利益；必要的社会竞争与机会均等原则。其次是精神与物质之间的紧张关系，这关系到人类的生存问题。

教育应承担至少三个方面的职能：(1) 要毫无例外地使所有人的创造才能或潜力都结出丰硕的果实，为实现这一目标必须使每个人都具有自我负责和实现个人计划的能力；(2) 要重新强调教育的伦理和文化内涵；(3) 教育不可回避自己为推动经济和社会发展而应完成的使命。“教育比任何时候都更处于人和社区发展的关键位置。”

2. 教育的使命

(1) 增进理解。全球人口仍在持续增长，而技术又使时间和空间空前缩短。无论人们对“全球一体化”存在多少疑虑，也不论人们是否愿意，全球在经济、科学、文化和政治等方面的相互依赖关系正日益加深。冷战结束后，似乎和平更容易得到，但战争却更容易爆发了。两大阵营的存在曾经长期掩盖或抑制的国与国之间、民族与民族之间以及宗教团体之间的紧张关系，如今都重新暴露出来；而且，由于全球化的发展，这些矛盾不再仅仅涉及国家，还涉及有些既不属于某个国家也不具有公共机构特征的实体（如某些政治集团和某些恐怖组织），这使得和平更加脆弱。

帮助将事实上的相互依赖变成有意识的团结互助，是教育的主要任务之一。教育要教给个人一整套知识，使其学会正确地观察和分析各种事物，以批判的精神来对待大量流通的信息；还要使其在尊重多样性的基础上了解他人，使人们不但意识到自己文化的独特性，而且意识到人类共同遗产的存在。只有更好地了解他人，人们才能更好地了解自己，从而更有责任感，更加团结。只有这种基本的理解建立起来，世界和平才可能实现。这就是教育在这一问题上的乌托邦。

(2) 促进民主。由于贫困和排斥现象越来越严重，不平等情况日益加剧，国际如此，国家内部各社会群体之间也如此，而能够增强内聚力的价值观普遍遭到各种形式的怀疑。但是民主的理想是我们不应当放弃的。

每个人是否能了解关系重大的事件，而且关心民主生活，是对教育的一个挑战。为此，教育必须与各种形式的排斥现象做斗争，使每个人得到受教育的机会。而且，教育教学的过程本身应体现出民主的原则，使教学体系尽可能多样化，同时建立更民主的师生关系。

(3) 促进人的发展。尽管不否定教育作为经济发展动力的观点，但是目前的情况是：世界经济的增长极不均衡；经济对教育的要求也发生了变化：不是要教育系统为工业部门培养工人，而是要为改革培养有发展前途的、能够迅速变革的人。所以，要以一种更开阔的眼光即以促进人的发展为目的来看教育。

单纯追求提高生产力的模式必然走向死胡同，教育必须考虑经济发展，但更需要考虑其伦理、文化和生态内涵。扩大了内涵的教育概念应该使每一个人都能发现、发挥和加强自己的创造潜力，要使人学会生存，实现个人全面发展。不能再把教育单纯看作一种手段和达到某些目的（技能、能力、经济目的）的必经之路，而是要从根本上促进人的发展。

二、教育的四大支柱

信息的流通、存储和传播手段的进步使我们每月面临着无数的选择。所以，应该找出一种标准，为人们在信息的海洋上航行提供指南。目前的正规教育仅仅是或主要是针对学会认知，较少针对学会做事，而学会共同生活、学会生存则很少顾及。但是，这四个支柱应得到同等重视。

1. 学会认知

学会认知更多的是掌握认知的手段，而不是获得经过分类的系统化知识。它包括两个层次：一个层次是使每个人学会了解其周围的世界，这是作为人生手段的层次；另一个层次是要乐于理解、认识和发现，这是作为人生目的的层次。

学会认知的过程是永无止境的，随着工作性质和内容的变化，学习过程与工作经历的结合越来越紧密。只有最初的教育提供了有助于终身继续在工作之中和之外学习的动力，这才是成功的教育。

2. 学会做事

由于未来的工作难以预料，所以学会做事并不是学会某些固定不变的实践方法。学会做事再不仅仅是获得一种资格，而是发展起相应的能力。在未来的高技术化的组织里，需要的是基于行为表现而非基于知识的新型资格。交往能力、与他人共事的能力、管理和解决冲突的能力越来越重要。

3. 学会共同生活

鉴于迄今为止的人类历史始终是一部冲突史，教育应该重新设计，使人们通过扩大对其他人及其文化和精神价值的认识来避免冲突，或以和平的方式来解决冲突。应留出足够的时间和机会，让学生们以合作的方式来完成一些共同目标。使学生本着尊重多元性、相互了解的态度以及和平与平等的价值观，在开展共同项目和学习管理冲突的过程中，增进对他人的了解和对相互依存问题的认识。

在学校里传授非暴力的观念。要安排属于不同群体的人之间进行接触，并使这种接触在一种平等的氛围中进行。这种活动还要有共同的目标和计划。只有这样才能消除潜在的敌对情绪，取而代之以一种平静的合作甚至友谊。要使学生懂得人类的多样性，教他们认识到地球上所有人之间不但具有相似性，而且互相依存。

要做到以上这些，教育教学形式本身不应与“承认他人”的原则相违背。以教条压制学生的做法应该抛弃，而“通过对话而各自阐述自己的理由进行争论，这是21世纪教育需要的一种手段”。

4. 学会生存

“生存”（to be），也可译作“存在”，或者“做人”。“学会生存”作为前三个“学会”的总结，指教育应当促进每个人的全面发展，即身心、智力、敏感性、审美意识、个人责任感、精神价值等方面的发展。应该使每个人借助于青年时代的教育，形成一种独立自主的、富有批判精神的思想意识，以及培养自己的判断力，以便由他自己确定在人生的各种不同的情况下他认为应该做的事情。

教育的基本作用在于使人们具有思想、判断、情感和想象方面的自由，从而保证人人充分发挥自己的才能和尽可能地掌握自己的命运。所以，要向青少年提供一切可能的美学、艺术、体育、科学、文化和社会方面的发现和实验机会。教育要尊重每一独立个体的选择和创造性，而不能忽视人的任何一种潜力。

三、终身教育与终身教育体系下的正规教育

1. 终身教育

通常把一生划分为几个不同时期——包括接受学校教育的儿童和青年时期、成年职业活动时期和退休时期——的做法不再符合现代生活的实际，更不符合未来的要求。同时，由于社会提供的校外学习机会也正在增加，过去启蒙教育与继续教育之间的传统区分也需要重新考虑。今后人的整个一生都是学习的时间，终身教育与生命有着共同的外延。终身教育是不断造就人、不断扩展其知识和才能以及不断培养其判断能力和行动能力的过程。

终身教育是多层面的教育。知识、技能、共同生活的知识和生存知识是同一个现实的四个密切相关的方面。

终身教育覆盖广泛的空间：家庭教育是一切教育的第一个场所，并负责情感、价值观、行为方式等方面的传授；社区环境也具有教育影响，人们可通过它进行合作学习，还可以更深入地学习公民的权利与义务；在职业界不但能学习一般技能，还能使员工更好地

认识自己和辨别方向；此外，博物馆、图书馆、电影电视都可视为进行终身教育的资源；最重要的教育机构——学校具有不可取代的位置，是进行一切教育的基础。

终身教育遵循机会均等原则。终身教育要求为任何人在任何阶段提供学习的机会。所以，必须为那些因各种原因未能完成全部学业或因学习失败而离开教育系统的人提供新的机会，也要提高处境不利的居民的入学率，并对过早辍学的青年进行非正规教育。

2. 终身教育体系下的正规教育

基于学习化社会已经来临这一基本判断，遵循机会均等的原则，正规教育要做的最大的改革是要沟通各阶段的学习，使每个人在任何阶段都可以重新进入正规教育系统，而不是使人一旦离开就要抱憾终生。

要与学业失败做斗争。教育系统的首要目标应是降低来自社会边缘和处境不利阶层的儿童在社会里易受伤害的程度，以便打破贫困和排斥现象的恶性循环。在学校内部要尽可能地照顾到学生的特殊性，采取更灵活的措施，而不是隔离他们。在校外，要为那些过早失学的青年提供重返学校学习或补课的机会。

要用新的证明方式承认获得的能力。启蒙教育的学业失败使个人在劳动市场上处于极为不利的地位。如果企业和包括大学在内的正规教育系统能够承认其已经获得的技能，特别是职业生活过程中获得的技能，那么，职业界与教育之间就有了过渡的机会。每个人都获得重新证明自己的机会，就能更好地发挥其潜力。

四、民主的理想

贯穿本书的基本价值观或出发点是民主的理想。这与机会均等原则、与对多元化的尊重息息相通。其主要倾向是：（1）对全球文化多元化的认同。人群要认识自己，更要通过了解别的群体来了解自身，人们要相互理解，学会共同生活，学会与人合作，从而使国际合作成为可能，使和平成为可能。（2）教育参与的民主化。承认社会各方面办教育的权利。承认学校拥有真正的自主权。（3）尊重个体的差异性，并力主为每个人提供受教育的机会和特别的教育内容，甚至采取更为灵活的制度。（4）更加民主的师生关系。首先，教师须以学生现有的起点决定其教学的起点；其次，为使学生能够在独立的自主能力、创造性和好奇心等方面得到发展，教师应为其留出某种空间；最后，教师要从“独奏者”的角色过渡到“伴奏者”的角色，不再是传授知识，而是帮助学生去发现、组织和应用知识，引导他们而不是塑造他们。

（张国兵）

100. 博耶

教育演说选 1997年*

博耶（Ernest L. Boyer，1928—1995）是美国教育家。他出生于美国俄亥俄州的代顿。父亲在当地经营一家批发书店。博耶曾先后就读于梅赛亚学院和格林维尔学院；后在南加利福尼亚大学获得硕士学位和博士学位。获得博士学位后，他曾在洛杉矶的罗耀拉大学任教。1965年，博耶进入纽约州立大学担任执行教务长，后任校长（1970—1977年）。他还担任过美国联邦教育部长（1977—1979年）、卡内基促进教育基金会主席（1979—1995年）。在博耶担任卡内基促进教育基金会主席期间，正是该基金会的90年历史上最有成效、最为辉煌和最富有创造力的一个时期。由于教育工作的卓越成效和教育思想的广泛影响，博耶生前被世界上140多所大学授予荣誉博士学位。除《教育演说选》外，他的其他主要教育著作有《中学：关于美国中等教育的报告》（1983年）、《大学：美国大学生的就读经验》（1987年）、《学术水平的反思：大学教授的工作重点》（1990年）等。

《教育演说选》（*Selected Speeches*）是博耶生前自选的一本教育演说集，出版于1997年。博耶在美国国内外做过很多演说，留下了1 400多份演说手稿。他夫人在该书的“中译本序”中写道：“在他逝世前不久，我请他挑选了12篇最能够代表他的思想的演说，汇编成了这本演说选集。…… 这些演说涉及教育的深层价值和基本经验，纵贯美国教育的全过程，从学前教育到高等教育乃至终身教育。”卡内基促进教育基金会前秘书劳伦·M·格林在该书的“前言”中指出：“博耶博士发表的演讲就像弹奏的和弦一样，曾经在他的各种各样的听众当中引起了强烈的共鸣…… 也许，在以后的若干世代里仍然会如此。”《教育演说选》全书分为三个部分：第一部分“基础教育”；第二部分“高等教育”；第三部分“挑战与对策”。

一、基础教育

这一部分收入四篇演说：《准备学习：国家的指令》《基础学校》《中学：关于1983—1984年教育改革大辩论的思考》《学校改革的回顾与前瞻》。博耶论述了以下三个方面：

1. 让所有的儿童都为学习做好准备

博耶指出，儿童是最为宝贵的资源，如果一个国家不能很好地关心他们，使他们为学

* 本书中译本名为《关于美国教育改革的演讲》，涂艳国、方彤译，北京，教育科学出版社，2002。

关注的教学危机。

为了缓解这种教学危机，建议采取某种方法确保高等院校与基础学校之间形成一种必不可少的伙伴关系，使他们的教师共同探讨教育目标和教育目的。例如，共同建立一个专科中学网络，得到部分联邦资助，提供优质教学；共同举办一个“未来教师”暑期教学计划，学习有关学科和教学技能。高等院校还应该真心实意地维护公立学校的教学意义和教学尊严；同时，共同促进教师的继续教育。高等院校与基础学校之间的合作是一场重要的并日益发展的运动。

2. 学校教学的挑战与对策

博耶指出，长期以来，美国学校的教学是以课时为基础，而不是以学习为基础的。这使得学习已成为追求旁枝末节学问的一种操练。

但是，一个真正受过教育的人，意味着他能够超越割裂的事实，在更广阔的背景中进行学习；更重要的是，意味着发现事物之间的联系。为此，我们需要一种更加主题化的课程，超越各自学科的界限，使用各种学科来表明更宏大和更综合的目的。在设立的综合学科中，可以有称为“生命周期”的综合学科，称为“符号使用”的综合学科，称为“世界性语言”的综合学科，称为“人类共性”的综合学科，称为“生存与消费”的综合学科，称为“人与自然联系”的综合学科。只有当学校以真正的学习共同体——教室里的学生为重点，所有这一切才有可能实现。

谈到宗教在公立教育中的作用，我们断然拒绝宗教灌输和宗教压制。在学校中，任何违反个人意愿的宗教行为和宗教仪式都不应该强加给学生。但是，不了解宗教文化的人，也不可能成为一个受过良好教育的人。

3. 艺术教育的挑战与对策

博耶指出，艺术是人类最主要的语言形式。如果儿童不了解艺术，那不仅会丧失我们的文明，而且会丧失我们的人性。艺术绝不是一种可有可无的点缀品，艺术深深扎根于使我们成为真正的人的东西之中。只有通过艺术，才会使生命之结局圆满。

因此，没有艺术的教育是不完整的教育。为了促使儿童的潜力达到充分的发展，艺术的终身学习在儿童生活的头几年就应该开始。因为艺术扩展了语言，能激励创造性，使儿童有新的求知方式。

4. 信息技术教育的挑战与对策

博耶指出，在信息技术时代，学习确实已经没有止境了。但是，如何帮助学生理解信息社会，确保新的技术能够弥合而不是扩大受教育者之间的差距，这是一个首要的和紧迫的挑战。

在知识社会中，信息实际上是最宝贵的资源。因此，教育应该培养每个人而不是少数人的能力。面对教育机会和教育公平，主要的是信息的分类和选择。对于学生来说，最需要的不仅仅是更多的信息，而是融会贯通的能力。在 21 世纪中，我们将超越获取信息机会的老路。但要达到这样的目标，我们最需要的是循循善诱的杰出教师。因为高新技术可以传递信息，但却不能传递智慧。

（单中惠）

后　记

本书的编写始于1999年，有众多的专业学者（包括海外留学生）拨冗为本书撰稿。其中有些经典名著目前尚无中译本，是作者在克服了诸多困难、多方寻觅外文原著及认真研读原著后写成的，故本书堪称学界同人共同努力和集体合作的成果。这里还应特别说明的是，北京师范大学吴式颖先生及华中师范大学任钟印先生对本书给予了大力支持。他们曾参加本书的编辑会议，对全书篇目的确定、编写体例的制定乃至作者的遴选等都提出了许多具体的意见；任钟印先生还应我们邀请撰写了富有特色的“前言”，为本书增色不少。他们实际上亦应为本书的主编之一，对他们的辛勤劳动在此谨致衷心谢意。任钟印先生已在2012年底仙逝，在此我们谨对他表示深切的怀念。

2000年12月本书出版后，受到了广大读者的欢迎；2002年，台湾昭明出版社还购买了本书的版权，在港澳台地区及海外华人聚居区发行。2004年再版时，我们对全书篇目做了一些修订，删去了2篇经典名著提要，同时又增加了6篇经典名著提要。至此，本书收入的经典名著提要共为100篇。

2014年3月，中国人民大学出版社联系我们，希望再次修订出版《西方教育学名著提要》。为了这次修订出版，我们在武汉进行了讨论，并确定了全书篇目调整及修改的原则：一是全书控制篇幅，仍然收入100篇经典名著提要；二是每位教育家（除赫尔巴特和杜威外）只收入一篇经典名著提要（故忍痛删去若干篇提要）；三是增加一些教育家（华生、怀特海、阿普尔、多尔、达林-哈蒙德、博耶）的经典名著提要；四是对原有名著提要进行全面审读和修改（有些属于重写），以提高质量，减少差错，统一体例。经过我们分头努力，完成了这一工作。在本书即将付梓之际，我们要衷心感谢中国人民大学出版社提供的再版机会。本书策划编辑王雪颖及责任编辑孟庆晓为本书的再次修订出版做了大量的辛勤工作，在此一并致谢。

单中惠　杨汉麟

2015年12月谨识